倒産処理プレーヤーの役割

担い手の理論化とグローバル化への試み

Players and Professionals in Corporate Insolvency:
Theoretical Approach and Global Perspective

佐藤鉄男　【編著】
中西　正

北島(村田)典子／杉本和士／高田賢治／
倉部真由美／水元宏典／藤本利一／杉本純子／
名津井吉裕／玉井裕貴／金　春【著】

発行　民事法研究会

はしがき──本書の成り立ち

　倒産は、人間が自給自足、物々交換という牧歌的な経済活動から脱し、信用取引を始めて以降その発生が不可避となった。時の経済状況により、多かったり少なかったりの波や、発生業種に種々の変遷はあっても、倒産ゼロ社会は基本的になくなったのである。このことは、社会主義を標榜する中国（中華人民共和国）が市場経済原理の導入に伴い倒産法の整備を図ったことからもわかる。

　現代社会において、人間は言わば倒産と共存しているわけだが、とかく倒産は、債務者の裏切り、債権者の損害、従業員の職場喪失等々、負のイメージでとらえられがちである。しかし、実は倒産によるリストラチュアリングが事業再編、資源再分配を促しプラスの効果をもたらすことも少なくない。上手に倒産を乗り越えるということである。それには、倒産に対処する法とそれを動かす使い手・担い手が必要であることは容易に想像できる。

　つまり、倒産法が存在し、使い手としての、典型的には法律家が存在していなければならないということである。法の使い手は、法律家に限られるわけではないが、差し当たり法律家で考えてみよう。ここで、「最悪の倒産法、最高の法律家」が存するA国と、「最高の倒産法、最悪の法律家」が存するB国、の2国があったとしてこれを比較した場合、倒産処理はどちらがうまくいくであろうか。おそらく、前者であろう。すなわち、適切な使い手を得れば、悪法や法の不備はカバーできるからであり、日本では（倒産処理の例ではないが）大岡裁きがまさにその証左といえよう。

　もとより、倒産現象を規律する倒産法は各国さまざまであり、その比較研究は、わが国はもちろん、世界の研究者が、そして国際倒産に遭遇した実務家が盛んに行っているところである。しかし、これはかなり骨の折れる作業となる。倒産という現象そのものは万国共通性があっても、関連する分野も多い倒産法は、安易な比較を許さないくらい絶妙な体系的位置に陣取っているからである。そして、その倒産法を動かすマン・パワーもまた国によって違っていることも想像に難くない。

　本書において、われわれが着目しているのは、倒産という現象に垣間みられる人間の問題である。倒産が発生すると、それはさまざまな者の日常を変え

はしがき

る。まずは直接の影響が及ぶという意味で（当事者性があると表現できよう）、債権者と債務者を典型に、債務者の従業員、役員、株主といった存在が思い浮かぶ。ところが、その影響は、同一方向の単純なものではなく、むしろ対立し、また質を異にしたものであることが多い。そうなると、当事者性のある者だけで倒産への合理的な対処を実現させることは困難となり、ここに自らの利害ではなく公的で専門的な視点で関与する者の出番が現れることになる。すなわち、債務者と債権者を中心とした内々で処理ができないとなると、当事者の誰かが公の機関に解決の場を求めたり、あるいは公の機関が解決に乗り出すこともありうる。言い換えれば、倒産処理にはさまざまな側面があるが、法的な権利義務の帰趨が最重要課題となることから裁判所とのかかわりがあるのは当然であろうし、大型の倒産事件で社会的影響が大きくなれば、国家（行政）が積極的に関与することだってありうるということである。そして、その現場は、裁判官、弁護士、公認会計士、その他、法人の倒産事件であれば企業運営にかかわる各種の専門家、が支えているものと思われる。したがって、倒産処理の成否の鍵を握るのは現場に現れるプレーヤー、担い手のパフォーマンスのいかんということになろう。この点が本書を貫く基本的な問題関心であり、プレーヤーと担い手は本書では共に広くとらえ、同じ意味で使っている。

しかし、倒産処理の現場に、誰がどのように関与すべきか、定説があるわけではない。倒産処理におけるプレーヤーの現れ方は歴史的に変遷してきたし、世界に目を向ければさまざまな姿があり、またそれは個々の事件によって違いがありうるものでもある。確かに、ここに高度な専門資格者等が関与すれば処理の質は上がると思われるが、それには費用を伴うところ、倒産は性質上最も費用負担にはシビアーな場面なので、オーバーキャストで専門家のための処理になっては意味がない。先人はどのように苦労してきたか、諸外国ではどのような工夫がされているのか、歴史的視点と比較法的視点でこれを眺め、倒産処理における担い手の役割を基礎づけたい、そのような思いを執筆者一同は共有したのである。

本書の執筆者は、日本民事訴訟法学会に所属し、倒産法を中心に研究する20代から60代の大学研究者13人である。手弁当で予備的な研究会合をもった後、学術振興会の科学研究費・基盤研究（B）課題番号25285028「倒産手続の担い

手——その変遷と展開の理論的分析」(代表:佐藤鉄男)として3年間(平成25年度~27年度)の研究助成が得られたことで加速した。この間、関東と関西で交互に研究会合を重ねるとともに、メンバーのほとんどが海外調査に出向いた。渡航先は、イギリス、中国、アメリカ、ドイツ、フランス、オーストラリアに及ぶ。そして、順次研究成果を公表することも行ってきた。まず、2014年5月18日、九州大学で行われた日本民事訴訟法学会の第84回大会における、シンポジウム「倒産手続の担い手——その役割と考え方」として結実した(民事訴訟雑誌61号に収録されている。このシンポジウムに関しては、民事紛争処理研究基金の助成も受けた)。また、2015年2月17日にハワイで開催された「日本ハワイ倒産シンポジウム」では、セッションの1つを私どもで担当した(同シンポジウムでは、ハワイ大学のCharles D. Booth教授、ハワイ倒産裁判所のFaris判事ほか、現地の関係者に大変お世話になった)。さらに、関係の法律雑誌や所属大学の紀要等に成果の一部を公表してきており、その中には改訂して本書に収録したものもあるが、本書は書き下ろし原稿が中心である。

　本書の構成は、第1章から第4章および終章から成っている。第1章「わが国における倒産処理のプレーヤー」では、わが国の倒産処理の担い手の変遷をたどり、そして、主宰者としての裁判所をめぐる状況を眺めた後、新たなプレーヤーとして、主として裁判外での倒産処理を演出している存在について触れる。第2章「管財人の選定・報酬・法的地位」では、倒産処理に最も深いかかわりのある管財人について扱う。管財人に関しては多くの先行研究があるが、本書では、歴史と比較法、そして報酬問題、破産管財人の法的地位と目的論、といった切り口で検討している。続く第3章「事業再生のプレーヤーと債権者の利益」では、主として再建型手続を中心に、再生債務者概念、計画案の作成、債権者の利益保護の各種仕組み、さらには財団財産の放棄、といった問題に取り組んでいる。そして、第4章「倒産処理のグローバル化を見据えて」は、本研究で行った海外調査やメンバーの日頃の関心を基に、本書のテーマである倒産処理のプレーヤーを意識して、諸外国における倒産法の新しい状況について述べたものである。今や国際的な要素をもった倒産事件は茶飯事であり、わが国のプレーヤーが諸外国のプレーヤーと接触する機会も多くなっており、ここで述べたことがよい意味での刺激になることもあるだろうと信じてい

る。終章は、今日の倒産処理が特定人のワンマンショーではなく、関係する人々のチームプレーとなっておりそれが今後の鍵となることを指摘して結びとなっている。

　本書に係る研究会活動は、奇しくもアラ還（around 還暦）の佐藤、中西と次の世代の気鋭の研究者が切磋琢磨する場となり、充実していた（参加者は科学研究費研究会メンバー一覧参照）。この間、調査にご協力いただいた海外の皆様、国内での研究会にゲストとしてご協力いただいた研究者と実務家の皆様、と多くの方にもお世話になった。そして、出版事情の厳しい折、本書の刊行をお引き受けいただいた民事法研究会の田口信義社長、編集部の安倍雄一氏にもお世話になった。これらの方々、団体に心から感謝申し上げたい。

　なお、本書は、共同研究を通じ全員が問題意識を共有したが、個々の論考は執筆分担を明示しており、よい意味での個性を尊重する意味で、細かい表現等の形式的な統一は控えた。そこにも味わいを感じていただければ、望外の喜びである。

　2017年2月

　　　　　　　良き倒産処理のために　執筆者を代表して　佐　藤　鉄　男

解題——本書を読み解く補助線

はじめに

　かつて「法の担い手」に着目し、「法の主体の重要性」を説いたのは三ヶ月章であった。三ヶ月は、「法は、人間に出でて、人間に働きかけるものであるが、それはあくまでも人間の営みを通じてなされるものである……このことは、法を動かす人間の如何によって、法のもつ意義や効用も大きく異なってくる可能性があるということにほかならない」と述べている（三ヶ月章『法学入門』（弘文堂・1982年）106頁）。ある法制度の運用の成否いかんはそれを担う人的要素に大きく依存し、たとえ理想的な法制度を構想しようとも、その社会においてこれを支える担い手が十分に備わっていなければならない、という視点は、特に手続法のあり方を構想する際に欠かせない。

　もっとも、三ヶ月によってここで想定されているのは主に「プロフェッション（Profession）としての法律家」（同書108頁以下）であった。これに対して、本書における各論稿が検討の対象とする倒産処理（これは法的倒産手続に限られない）の「担い手（Träger）」の概念はこれよりも広範なものである。さらには、本来、「担い手」ではなく利害関係人であるはずの債権者が、その利害関係の重大性ゆえに倒産処理に主体的に関与する局面までをも包摂する意図において、「倒産処理プレーヤー」の用語が本書表題に採用されているものと理解される（佐藤鉄男「はしがき——本書の成り立ち」参照）。

　このような本書全体の文脈において、所収される各論稿がどのように位置づけられるのか、読者が各論稿について関心をもって読み解いていくことができるよう、ここで読み解いていくうえでの補助線の提示を試みることとしよう。

　この「はじめに」および第1章から第3章までの解題を杉本和士が、第4章および終章の解題を藤本利一が、そして末尾の「倒産法学、倒産実務における本書の意義」を中西正が担当する。

（杉本和士）

解題──本書を読み解く補助線

第1章　わが国における倒産処理のプレーヤー

　第1章は、日本法における「伝統的な倒産処理プレーヤー」である手続主宰者としての裁判所・裁判官と手続遂行機関としての管財人に関する諸論稿と、この範疇に含まれない「新たな倒産処理プレーヤー」に関する諸論稿で構成される。

　まず、佐藤鉄男「第1節　担い手にみるわが国の倒産法概史──第三者機関中心モデルの生成と変遷」は、日本法における倒産法の歴史的変遷を踏まえて、法的倒産手続の伝統的な「担い手」である裁判所・裁判官と手続遂行機関としての管財人制度について概観する。同論文は、本書全体のいわば「序曲」として、倒産手続の「担い手」がどのようにありうるのか、という問いを示唆するとともに、これに続く各論稿で論じられる多様な「担い手」のあり方についての可能性を予期させるであろう。他方、同「第2節　わが国における裁判所と倒産手続」は、司法手続＝民事手続としての倒産手続という視点に移動し、そこにおいて中心的に倒産処理を担ってきた裁判所・裁判官の果たしてきた役割と機能が論じられる。

　次に、北島（村田）典子「第3節　新たなプレーヤー──産業再生機構を中心に──」は、行政主導のいわゆる「官製ファンド」株式会社の嚆矢となった産業再生機構についてとり上げる。ここでは、その事業再生手法の特徴についての概観を行うとともに、同機構の活動当時において批判的なニュアンスを含んで用いられることもあった「官製ファンド」という位置づけに関連して、従来、焦点のあてられることが乏しかった行政（政府）との関係についての考察がなされている。この考察は、今後の行政型倒産ADR全般についての評価にも影響を及ぼすといえよう。次いで、杉本和士「第5節　準則型私的整理の担い手となる機関──地域経済活性化支援機構（REVIC）および中小企業再生支援協議会」では、「ポスト産業再生機構」として位置づけられた企業再生支援機構から名称変更を経た地域経済活性化支援機構（REVIC）と、中小企業の再生支援業務を担う中小企業再生支援協議会をとり上げる。いわゆる準則型私的整理（制度化された私的整理）の担い手としての両者の特徴や活動のあり方を踏まえつつ、行政型倒産ADRの担い手となる機関の行方を模索しようとする。

さらに、北島（村田）典子「第4節　産業再生機構による事業再生・事業再生ADR・民事再生手続の比較」は、以上の行政型倒産ADR（ここでは産業再生機構が想定される）による事業再生につき、同じく準則型私的整理に分類される民間型倒産ADRとしての事業再生ADRおよび法的倒産手続としての民事再生手続のそれぞれによる場合と比較しつつ、その特徴を彫塑しようと試みる。

(杉本和士)

第2章　管財人の選定・報酬・法的地位

　佐藤鉄男「第1節　管財人制度にみる日本・ドイツ・中国の倒産法比較」では、まず、倒産手続の中核的な担い手である管財人という制度について、比較法的な視点により各事項における各国に共通する点と相違する点が示される。

　高田賢治「第2節　管財人候補者の選定」は、従来、論じられることのなかった管財人候補者の選定という問題に取り組み、わが国の会社更生手続における「債権者主導型」会社更生の可能性を模索する。特に債権者の意向を管財人候補者選定に介在させるべきか否かという、従来、日本法においては着目されることのなかった視点は注目すべきである（この視点は、次の第3章のテーマにも関係する）。管財人が中立公平な立場にあることは当然の前提であるものの、その候補者選定にあたって、特に再建型倒産手続運営のあり方に最大の利害関係を有する債権者、特に金融機関等の主要債権者にどこまで関与を認めるべきか、という視点は、比較法的な観点または立法論的な観点からも興味深い。なお、筆者（杉本）の私見を述べると、倒産手続を主宰する中立公平な立場にあるべき管財人候補者の選定に、企業倒産の局面において主要債権者の地位を占めることの想定される金融機関がどこまで関与できるのか、という問題は、金融機関が社会において担う公共的役割いかんにも大きくかかわるものである。このことは比較法の検討にあたり留意すべきであろう。

　倉部真由美「第3節　倒産手続における手続機関の報酬とその規制──日米英独の比較」は、主に比較法的観点から手続機関の報酬規制について論じるものである。たとえば、会社法分野における取締役等の機関に対する報酬決定のあり方は重要な問題であるにもかかわらず、管財人の報酬のあり方について

は、中立公平な立場にある裁判所が関与しているという制度的担保があるためか、従来、正面から論じられることはなかった。しかし、各国の法制度を概観すると、実は、管財人等の手続機関の報酬に関する規律をもたないわが国のあり方はいわば「ガラパゴス」的であることが倉部論文によって明らかにされる。

杉本和士「第4節　破産管財人の法的地位――破産法律関係と実体法律関係の結節点」は、今日の学説では意識的に分断して論じられる破産手続における破産法律関係と実体法律関係のそれぞれにかかわる破産管財人の法的地位、その果たすべき役割について論じる。具体的には、近時の最高裁判決を題材にしつつ、上記主題に関する代表的な学説である伊藤眞教授の見解の客観的描写を試みながら、破産手続の目的を行動原理とする破産管財人が破産法律関係と実体法律関係を連結する「結節点」として機能し、両者を結びつけているという視点を提示しようとするものである。

(杉本和士)

第3章　事業再生のプレーヤーと債権者の利益

第3章では、最大の利害関係を有する債権者の利益を倒産手続のどの段階において、誰が、どのように考慮すべきか、という視点をもって各論稿を読み解くこととなろう。特に企業倒産について再建型手続（事業再生の視点）が世界的にも広く普及しつつある今日において、倒産手続における債権者の地位「復権」をいかに果たすべきかというアクチュアルな視点は、以下の各論稿を読み解くうえで欠かせない。

中西正「第1節　『再生債務者＝D.I.P.』概念の再検討――民事再生における事業再構築のプロセスの検討」、水元宏典「第2節　更生管財人・再生債務者等の計画案作成における善管注意義務・公平誠実義務」および藤本利一「第3節　『債権者一般の利益』概念の意義と機能」は、相互に関連する内容であり、あわせて読み解くべきである。

まず、水元論文では、倒産法の目的論としての「債権者の集団的満足の最大化論」が「計画弁済額の極大化すべき義務」を導くものではないことに注意を喚起する。「債権者の集団的満足の最大化」とは、正確には「債務者の財産的

価値の最大化」であるとし、この前提の下、再建型の更生手続や再生手続において計画案作成を担う更生管財人や再生債務者・管財人の義務論を検討すべきであるとされる。そして、管財人・再生債務者が計画案作成に際して債務者の財産的価値を最大化すべき善管注意義務を負うとしても、具体的に財産的価値を最大化すべき計画とは一義的・客観的に明らかではない。そこで、その採否選択については、利益相反となる場合を除いて、経営判断原則の下での裁量を認めるべきだと説く。

　他方、中西論文は、事業再構築計画の成立に向けた「プロセス」という動態的側面に着目しようとする。前提として、債務者財産価値の最大化を前提としてその配分を志向する債権者と、むしろ自己の事業再生（自主再建）を志向しがちとなる債務者との間で生じうる相克関係を浮かび上がらせる。そして、この相克関係がとりわけ鮮明に顕在化するのが再生債務者に計画案作成を委ねるD.I.P.型を採用する再生手続であり、D.I.P.＝再生債務者として、債権者の満足の引当てとなるべき債務者財産価値の最大化と自らの事業再生の実現を同時に担うことの困難さが示される（なお、フランス法において、企業再建を前提とする倒産手続の創設に伴い、伝統的な「管財人」制度が解体されたのも、この困難さを意識してのことであり、中西論文の指摘は再建型倒産手続の担い手に関する本質を突くものといえよう。第4章第6節〔杉本和士〕を参照）。以上の相克関係の打開策として、財産価値最大化の判断に債権者が関与すべく、再生債務者は自らの提案する事業再構築の方針について再生債権者と交渉し、適切な情報提供を行いつつ、再生債権者側からの対案提示を求めるべきである旨が説かれる。そのうえで、D.I.P.制度について、再生債務者は計画案の一本化の交渉に努めなければならないとする交渉志向型の制度としての再構成を提示する。

　藤本論文では、主に再建型倒産手続における担保権者を始めとする利害関係人の地位に関して、わが国において清算価値保障原則として理解されている「債権者一般の利益」概念に着目する。ここでは、主にアメリカ法の議論（特にCharles J. Tabbの見解）を紹介し（さらに、補充的にイギリス法の議論、Jennifer Payneの見解が参照される）、そこから日本法の問題状況を投影しようと試みる。

　以上と関連して、杉本純子「第4節　債権者機関（債権者集会・債権者委員会）──日米の比較にみる債権者機関の役割と位置づけ」は、債権者が利害関

係人としての地位を超えて、倒産手続に関与する「プレーヤー」として手続機関を構成し事業再生に関与することを実現させる債権者集会・債権者委員会制度（これを「債権者機関」と総称する）について論じる。アメリカ法を母法とする債権者委員会制度は世界的に波及しつつあり、わが国においてもその役割や位置づけについて十分に把握しておくことは急務である。上記論文では、そのアメリカ法における債権者委員会に関する議論、さらに債権者機関一般に関する議論を踏まえつつ、日本法についての検討を行う。

最後に、名津井吉裕「第5節　破産財団から放棄された財産の担い手」は、破産財団に属する財産（特に換価困難な財産）について破産管財人が裁判所の許可を得て放棄をした場合、その放棄財産に関する担い手をどのように考えるべきかという問題について扱う。破産管財人による管理処分を一次的に位置づける（すなわち、放棄を原則として否定する）とともに、破産管財人による管理処分に代わる二次的な担い手の方向性が論じられる。

(杉本和士)

第4章　倒産処理のグローバル化を見据えて

事業を再生するという場合、何をすればよいのか。さまざまなことが考えられるけれども、ざっくりといえば、貸借対照表の左側（借方）において収益性を改善し、その右側（貸方）において負債を圧縮することが求められる（その際、損益計算書の分析も欠かせない）。アメリカ連邦倒産法、特にその第11章手続はこうした処理を実施することにおいて、他国の追随を許さないともいわれる。藤本利一「第2節　アメリカの倒産手続と裁判所──未完の裁判所・裁判官に映るあるべき司法像の変遷」は、裁判所が事業再生を担う過程において、アメリカ法上、種々生じた問題を時系列で追いかけたものである。アメリカの裁判所は、delegation（権限付託と外部機関の利用）をくり返しつつも、事業再生を担うという点ではぶれなかった。

佐藤鉄男「第1節　プレーヤーをめぐる各国の特徴」では広く世界各国の担い手のあり方を取り上げて、これを概観しているが、ここではアメリカ法に関する視点から、以下において、本章の各論考にコメントを付す。いわば世界一周の試みである。

玉井裕貴「第4節　ドイツ倒産法における自己管理手続の展開と『D.I.P. 型』再建手続定着への模索」は、ドイツ倒産法における「D.I.P. 型」手続とされる、自己管理（Eigenverwaltung）手続について取り上げ、当該手続の歴史的展開、および、手続の実情について検討するものである。第11章手続の影響を受けて制定されたこの手続は、裁判所が選任する監督人（Sachwalter）＝第三者機関の設置が義務づけられていることからも、民事再生法の「後見型」手続の構成と類似する。しかし、日本とは異なり、円滑に機能していないとされ、その原因が探求される。

　玉井論文で印象的なのは、くり返し紹介される自己管理型手続への批判である。自己管理命令が法律上も例外と位置づけられていることから、経営破綻の原因をつくった既存経営者を徹底して信用しないことがうかがえる。裏返せば管財人に対する（主として裁判所の）信頼が根強いということにもなろうか。一方、日本では、民事再生法制定時に、D.I.P. 制度に対する倒産実務家（管財人経験者）の信頼ないし期待が強かったとされる。管財人制度の母法国との間でなぜこうした違いが生じたのか、興味深いところである。

　この論考を違う視角から分析するものとして、名津井吉裕「第5節　ドイツ倒産手続の担い手の役割に関する覚書――裁判所、管財人および債務者」が有益である。名津井の現地インタビュー調査に基づいて著されたこの論文において興味深いのは、従前の経営陣が申立ておよびその後の手続遂行に関与するか、という点である。玉井論文にもあったように、既存経営者が退陣した後、手続が申し立てられた成功事案があった。しかし、保護手続（Schutzschirmverfahren）は、従前の業務執行者がとどまることを前提として構築されている。

　アメリカでは、D.I.P. に対して、ドイツほどの強い異議はみられない。その前提として、少なくない事案で、既存経営者が手続開始時にはすでに退任していることがあげられる。このことは、事業再生において、財務再構築ではなく、事業再構築を先行させることから生じるものと思われる。すなわち、債務者企業の収益性改善を試み、それに成功したもののみが、財務再構築＝法的整理手続に移行できるということである。経営陣の交代は、前者のプロセスにおいて頻繁に起こり得る。ドイツにおいて自己管理型手続が活用される可能性

は、「既存経営者の申立て」という点へのこだわりを放棄したところから高まるのかもしれない。

　杉本和士「第6節　フランス企業倒産手続を担う専門職——司法管理人および司法受任者」は、精密にフランス倒産法における手続機関制度を紹介している。そこでは、「管理人としての職務」と「債権者代表としての職務」が、司法管理人と司法受任者に分属されていることが示されている。事業再生という視点から、やや強引な解釈をすれば、前者がパイの増大に関与し、後者がその分配を担う、ともいえようか。アメリカ法では、D.I.P.の行動に対し、債権者委員会による監視・牽制があり（前掲第3章第4節〔杉本純子〕参照）、こうしたガバナンスの「分業」という点において基本的な発想を共有するも、司法受任者が債務者企業の清算機能を担うという点において、異質である。

　債務者企業に管理処分権等をなお残す場合、その行使に対するチェックが必要となるのは、国や制度を問わないはずである。フランス法は、司法管理人を設置しつつ、企業規模に応じて、その不在を許容する柔軟性をもち、コスト意識の高さが顕著である。他方、清算機能を担う司法受任者を必要的に選任することをどのように理解すればよいか。アメリカ法を主たる比較法とする筆者（藤本）には、この点にどうしても「呪い（倒産手続＝清算）」が感じられ、その意味で、名津井論文に示されているようなドイツ法における「倒産文化」の残滓が、なおフランス法にも垣間みられるように思われるのである。

　高田賢治「第3節　イギリス企業倒産手続の担い手——裁判所を中心に」は、複雑で難解なイギリス企業倒産手続の概要をわかりやすく整序し提示している点においてすぐれている。その際、清算人の関与、モラトリアム（権利行使禁止）の有無、計画案決議型（計画による権利変更）を分析の柱としていて、全体への見通しがよくなっている。

　イギリス法において興味深いことは、まず、モラトリアムの導入についての消極性であろう。法的整理手続（insolvency proceeding）のコアは何か、という問題があるが、裁判所（司法権）の下での権利行使禁止はその不可欠の要素であろう。上述のように、事業再生が事業再構築と財務再構築から成るものであると解すれば、かかるモラトリアム、アメリカ法の文脈におけるステイは、この貸借対照表のリバランスを支える支点となる。見方を変えると、イギリス

の裁判所は、事業再生に冷淡ないし無関心である（あった）といっても過言ではない。この点は、裁判所の構成員（裁判官）とは何者か、ということが関連するようにも思われる。すなわち、裁判官はバリスタ（およびその集団）の利益代表者である点に注目すれば、答は自明となる。バリスタの本来的職務に思いをはせるべきであろう。

整理計画（Schemes of arrangement）における裁判所の姿勢も興味深い。裁判所が申立て段階で組分けに注視するのは、絶対優先原則および清算価値保障原則の下、清算価値では弁済を受けられない組の議決権を奪うからであろう（藤本利一「倒産法の世界のこれから」法学セミナー717号（2014年）26頁参照）。一方、認可の段階では、裁判所による計画の公正さや遂行可能性の判断が求められることになるはずである。その意味で、イギリス裁判所は、会社整理により事業再生に（不承不承ながら）参加せざるを得なくなった、と理解することもでき、現在かの地の中堅若手研究者によるアメリカ法研究が進展していることも、故あることである。

金春「第7節　オーストラリアの企業再生手続における裁判所の関与のあり方——任意管理手続・会社整理計画における裁判所の事後的、後見的な役割を中心として」は、イギリス法を母法国とするオーストラリア法の概要ついて、その沿革を踏まえつつ最新の改正動向をも紹介するものである。モラトリアムや計画認可の効力に関連して、裁判所の関与の度合いは、イギリス同様、そう強くないことがうかがえる。この点については、金も、裁判所は「あくまでも事後的に、後見的な役割を果たすことに重点をおいている」とされ、「その代わりに行政機関が重要な役割を果たしている」という。企業再生に関し裁判所の関与のあり方を検討するうえで重要な指摘であろう。

整理協定（Schemes of arrangement）について、協定案策定後、裁判所への申立て前に、「証券投資委員会に対し14日間にわたる協定案についての審査期間を与えなければならない」とする点は興味深い。類似した規律が、ニューディール期のアメリカ法においてみられた。裁判所を中心とした従前の倒産実務に対する決定的な懐疑から、後の連邦最高裁判事である Douglas は、再建計画案につき証券取引委員会による事前審査を義務づけた。この審査を経なければ、債権者ですらその案の内容をみることもできない。種々の理由からこの構

想は破綻し、倒産法が機能不全に陥った（藤本利一「アメリカ法における1970年の企業再建——William O. Douglas の構想とその帰結」阪大法学65巻2号（2015年）81頁参照）。金によれば、オーストラリア法の文脈でも、この点は問題となっているようであり、行政機関の関与のあり方については、今後もなお検討を要する課題である。

（藤本利一）

終章　倒産処理プレーヤーの今後——真の専門家集団へ

　アメリカを起点に、ヨーロッパからイギリスへ、そしてオーストラリアを旅してきた本稿も最終の目的地に到着する。佐藤論文（第4章第1節）は、「人間社会に不可避の倒産現象を誰がどう対処するか」という視点から、その担い手の役割について、広く諸国の法制度およびその沿革を参照しつつ論じるものである。そこから浮き彫りにされたのは、倒産という現象を扱いながら、各国の「プレーヤー」のあり方にみられるさまざまな相違である。その国の歴史、制度や文化を背景にして生じるこうした違いは、今後どういう方向に向かうのであろうか。佐藤により示される解は、「脱専門家」と「チーム INSOL」というキーワードの下、終章（佐藤鉄男「倒産処理プレーヤーの今後——真の専門家集団へ」）において提示される。すなわち、「倒産村」からの逸脱と、多様なプロフェッショナルズとの協働である。

　アメリカ法において、倒産事件は、当初、個別の訴訟事件の束と考えられていた。その結果、倒産事件の管轄権は裁判所（司法）に委ねられることになったけれども、Kennedy の分析を踏まえていえば、これはもしかしたら、偶然の産物かもしれない。しかし、そのおかげで倒産事件では、法の支配の下、完璧なものではないとしても、少数者（反対債権者等）への一定の配慮がなされてきたようにも思われる。こうした伝統を今後も受け継いでいくには、アメリカ法がそうであったように、「事業再生」を司法の領域で実践していかなければならない。そのためには、既存のプレーヤーの再編や何よりも彼ら・彼女らの意識改革が不可欠なものとなろう。佐藤論文および本書は、その意味で、これからのあるべき道筋を照らし出す灯りとなるのかもしれない。

（藤本利一）

解題——本書を読み解く補助線

倒産法学、倒産実務における本書の意義

1　倒産法の発展の過程は、ごく簡単にいうなら、以下のように要約できようか。

(1)　初期において、倒産法とは破産法（清算型倒産手続）のことであった。破産手続の当初の目的は、債務者が期限の到来した債務を一般的・継続的に支払えないことから生ずる混乱・紛争を解決する点にあったと思われる。債務者の財産を包括的に差し押さえ、債権者の権利行使を禁止して、配当手続を行う（債務者財産の公平な分配を行う）ことにより、この目的を達成したわけである。

(2)　その後、経済が発展し、信用制度の確立、とりわけ担保信用の確立が強く求められると、別除権、相殺権などの、ファースト・プライオリティーを保障された担保的地位が創設されることとなった。わが国の破産法の母法である1877年のドイツ破産法は、私（中西）には、100年ほど続いた担保的地位を確立せんとする改革の到達点であったように、思われる。

これと同時に、無担保信用（無担保債権者）が、新たに創設されたファースト・プライオリティーの犠牲とならないよう配慮され、不足額責任主義、偏頗行為否認、相殺禁止などが、整備された。

この時期に「倒産実体法」の概念が成立したと思われる。そこでは、「破産手続における債務者財産の分配基準」が問題とされ、倒産実体法は可及的に平時実体法を尊重するという基本原則が確立された（平時に行ったリスク管理を破産手続でも可及的に尊重した）とみることが、許されようか。信用の供与が大きな役割を果たす一方で、債務者の倒産という現象を容認する経済体制において、信用供与者の自助努力＝リスク管理を支援するこの原則は、不変の価値をもつと思われる。

(3)　その後、破産手続において、債務者の財産を解体・清算せず、債務者に事業を継続させて、その将来収益から債務を弁済させる手法が（破産配当の代わりであるから一部を弁済させて残部を免除することになる）、創設された。これが破産回避の和議の制度であり、再生型倒産手続の誕生である。

再生型倒産手続は、事業再構築の部分と、財務再構築の部分により、構成

される。

　事業再構築とは、債務者の事業をリストラクチャー（再構築）して、その収益力を向上させることである。

　他方、財務再構築とは、債務者が負う債務を、向上した収益力により支払える範囲に圧縮することである。破産手続で形成された債務者財産の分配基準（倒産実体法の基本原則）は、財務再構築＝権利変更を行う際の基準に転換され、清算価値保障原則と相まって、信用供与者の自助努力＝リスク管理を支援する機能を、再生型倒産手続においても維持せしめることとなる。

⑷　再生型倒産手続は、その後、アメリカなどを中心に、大きく発展した。

　最も著しい発展をみせたのは、事業再構築の部分である。これは、債務者の財務状況を分析する技術、事業からの収益を予測する技術、事業を再構築する技術などの進展によるものと、いえようか。これに合わせて、DESやDDSなど、財務再構築の技術も発展していったと思われる。

　また、債務者ではない第三者が事業再構築する手法も、再生型倒産手続に取り入れられた。すなわち、債務者の事業を第三者に譲渡し、その第三者の下で事業再構築が行われ、第三者は債務者に事業の対価を支払い、その対価を債権者に分配する際に債務者財産の分配基準が妥当するという手続が、再生型倒産処理と位置づけられた。

　再生型倒産手続をすぐれた事業再構築の場とならしめたのは、D.I.P. であると思われる。私（中西）が理解するところのD.I.P. とは、債務者が、事業再構築案と財務再構築案を策定し、これを債権者団に提示し、債権者と交渉し、策定・提示した案を修正し、債権者全体の多数の支持が得られたなら、反対する債権者がいても、法の強制力の助けにより財務再構築が実現され、債務者は事業再生を遂げる、という手続である。

　D.I.P. が再生型倒産手続をすぐれた事業再構築の場とならしめる理由は、次のとおりだと思われる。債務者の事業を最もよく知るのは債務者自身である。このような債務者が専門家の助力を得て策定した事業再構築案を、多様なバックグラウンドをもつ多数の債権者が検討し、修正を加え、債務者と債権者の多数が納得する結果が得られたなら、それは、限られた時間と費用の中で得られる最善の策であるとみることが、許される。

2 　事業再構築を基軸とすれば、倒産処理・倒産法の新たな位置づけがみえてこよう。

　「事業再構築」は連続性をもった幅の広い概念であり、ある企業が倒産状態にない場合にもある場合にも問題となる。事業再構築は、財務状況がさほど毀損していない時点で、より高い収益力をめざすために、問題となり得るし、財務状況が極めて悪化し、デフォルトを避けるために、必要とされることもある。

　このような観点からは、「再生型倒産処理」とは、事業再構築の一場面であり、事業再構築のほか、株主や債権者の「権利変更」（財務再構築）をしなければ、債務者の「事業再生」が不可能な場合をいうと定義することも、可能となる。もはや事業再構築が無意味になった場合、すなわち、事業再構築しても企業価値が清算価値を下回る場合には、破産手続などの清算手続が行われることに鑑みれば、再生型倒産処理とは、事業再構築という連続帯が尽きる点に位置する、遅きに失した事業再構築だと、いえるのである。

　事業再構築は、倒産処理と市場を結びつける概念でもある。ある企業が事業計画を示し、信用供与者と交渉し、双方合意のうえで、与信を受け、事業を展開したが、市場の支持を得られず、競争に敗れ、倒産した。そこで、再生型倒産処理において、事業を再構築し、再度信用供与者と交渉し、双方が納得のうえで（債権者側は多数決となる）、権利変更と新たな信用供与を受け、市場での競争に戻る（再び市場に信を問う）わけである。企業・事業の新陳代謝を促し、活力ある経済社会を維持するという倒産処理のマクロ経済的機能は、このような結びつきを強化してこそ、十分に発揮されるものと思われる。

　以上のように理解するなら、平時に、競争力・収益力を高めるために行う事業再構築、私的整理で行われる事業再構築、そして再生型倒産処理で行われる事業再構築は、1つの直線上に並ぶことになる。

3 　以上のように理解したとき、再生型倒産処理は誰が遂行するのであろう。

　財務再構築を担当するのが法律家である点に、異論はないであろう。そこでは、倒産実体法は可及的に平時実体法を尊重するという原則が妥当し、信用の供与が大きな役割を果たす一方で、債務者の倒産という現象を容認する経済体制において、平時に行われた信用供与者の自助努力＝リスク管理を、再生型倒

産手続でも可及的に尊重することになる。

　しかし、事業再構築は、そうではない。それは、基本的にビジネスに属する業務であり、金融、会計、そしてビジネスの専門家により、遂行される。もちろん、法律家も関与しなければならない。事業再構築計画の策定において法律問題を解決するのは、法律家である。必要な情報が利害関係人にいきわたっているか、法律違反などの不正は行われていないかをチェックするのも、法律家である。しかし、自らの専門でない事項については、抑制的でなければならない。とりわけ、裁判所による介入は、事業再構築をめぐる交渉が公平であること、適正であることを保障するためにのみ、行われるべきである。

　再生型倒産処理を効果的に遂行するためには、債務者、債権者、裁判所、あるいは事業譲渡を受けたい（スポンサーになりたい）第三者以外のプレーヤーも、必要である。その例として、再生ファンド（十分な資金と事業再構築に必要なノウハウ・スタッフを有する組織）を、あげることができる。債務者は自主再生を望んでいるが、事業再構築を行う能力がなく、債権者も、リスクを負う余裕はないし、債務者の事業再構築を支援するノウハウもないという場合、再生ファンドが倒産債権を買い、債権者の立場で債務者の事業再構築計画の立案を支援し、債務者が再生すれば、債権を買値より高い値段で債権者に買い戻してもらう。また、債務者が事業譲渡型・スポンサー型の再生を望むなら、ファンドが債務者の全株式を引き受けて、事業再構築をし、事業再生を遂げたと判断すれば、その株式を上場するなどして売却する。これらにより債務者の事業再生が促進されよう。

　私見によれば、以上が最も進んだ倒産処理の姿である。そして、そこでは、法律家のみならず、金融、会計、そしてビジネスの専門家が、チームをつくって、倒産処理にあたることになる。さらに、再生ファンドのように、このようなチーム自体を備えた組織が、倒産処理に貢献する。これらが、本書でいうところの、「チームINSOL」である。

4　本書は、最も進んだ倒産処理実務において、誰がどのような役割を果たすべきかを理論的に検討した、わが国で初めての論文集である。残念なことに、わが国で、このような倒産処理実務が確立されたとは、いいがたい。それだけに、理想的な再生型倒産処理実務を確立するためわれわれは何をなすべきかを

考える際、本書は重要な指針を与えてくれるものと自負している。
　倒産法学、および倒産実務における本書の意義は、以上のとおりであると考える次第である。

（中西　正）

『倒産処理プレーヤーの役割』
目　次

第1章　わが国における倒産処理のプレーヤー

第1節　担い手にみるわが国の倒産法概史──第三者機関中心モデルの生成と変遷 …………………… 佐藤鉄男・2

Ⅰ　はじめに ……………………………………………………………… 2
Ⅱ　立法展開のあらまし ………………………………………………… 3
　1．固有法としての分散 ……………………………………………… 3
　2．明治23（1890）年・旧商法第3編「破産」 …………………… 4
　3．大正11（1922）年・破産法・和議法 ………………………… 6
　4．昭和13（1938）年・会社整理・特別清算 …………………… 8
　5．昭和27（1952）年・会社更生法 ……………………………… 9
　6．平成の倒産法制 ………………………………………………… 10
Ⅲ　主宰者たる倒産裁判所・裁判官 ………………………………… 13
Ⅳ　倒産手続遂行機関 ………………………………………………… 16
　1．清算型手続の担い手 …………………………………………… 16
　2．再建型手続の担い手 …………………………………………… 17
Ⅴ　担い手をめぐる若干の展望 ……………………………………… 19

第2節　わが国における裁判所と倒産手続 ………… 佐藤鉄男・21

Ⅰ　はじめに …………………………………………………………… 21
Ⅱ　司法上の手続の一環としての倒産手続 ………………………… 22
　1．歴史的展開 ……………………………………………………… 23
　2．倒産裁判所の現在状況 ………………………………………… 24
Ⅲ　倒産事件と裁判所の関係 ………………………………………… 26

1．狭義の倒産裁判所の事件処理 …………………………………… 26
　　2．倒産事件から派生する紛争と裁判所 …………………………… 28
　Ⅳ　二段階システムと倒産裁判所 ……………………………………… 30
　　1．債権確定の場合（破産内在問題） ……………………………… 30
　　2．否認権の場合（破産固有権限） ………………………………… 31
　　3．法人役員の責任追及（外部問題の手続特則） ………………… 33
　　4．担保権消滅許可制度――変則的な二段階システム …………… 34
　Ⅴ　倒産手続を裁判所が主宰する意味 ………………………………… 36

第3節　新たなプレーヤー――産業再生機構を中心に――
……………………………………… 北島（村田）典子・40

Ⅰ　はじめに――本稿の目的―― ………………………………………… 40
Ⅱ　産業再生機構による事業再生 ………………………………………… 43
　　1．はじめに ……………………………………………………………… 43
　　2．産業再生機構の業務――事業再生手法―― …………………… 43
　　　(1)　事前相談・事業再生計画案の作成・デューディリジェンス ……… 43
　　　(2)　支援決定 …………………………………………………………… 45
　　　(3)　債権買取申込み等の求め・一時停止 …………………………… 47
　　　(4)　債権買取決定 ……………………………………………………… 47
　　　(5)　私的整理の実施 …………………………………………………… 48
　　　(6)　債権または持分の譲渡その他の処分の決定等 ………………… 48
　　3．小　括 ……………………………………………………………… 49
Ⅲ　政府の関与 ……………………………………………………………… 50
　　1．政府による関与の形態 …………………………………………… 50
　　2．産業再生機構の組織形態 ………………………………………… 51
　　　(1)　株式会社形態の認可法人 ………………………………………… 51
　　　(2)　役員等 ……………………………………………………………… 52
　　　(3)　産業再生委員会 …………………………………………………… 52
　　3．支援基準の設定等 ………………………………………………… 53
　　　(1)　産業再生委員会 …………………………………………………… 53

(2) 支援基準 ……………………………………………………………… 53
　　(3) 支援基準の意義 ……………………………………………………… 55
　4．主務大臣に対する意見聴取 ……………………………………………… 57
　5．政府の関与と「処分」 …………………………………………………… 58
　　(1) 不服申立制度 ………………………………………………………… 58
　　(2) 行政事件訴訟法適用の可能性 ……………………………………… 59
Ⅳ　おわりに ……………………………………………………………………… 61

第4節　産業再生機構による事業再生・事業再生ADR・民事再生手続の比較 ……………… 北島（村田）典子・63

Ⅰ　はじめに——本稿の目的—— ……………………………………………… 63
Ⅱ　産業再生機構と事業再生ADRによる事業再生 ………………………… 65
　1．産業再生機構による事業再生 …………………………………………… 65
　　(1) 手続の概要 …………………………………………………………… 65
　　(2) 再生可能性の判断と専門家の関与 ………………………………… 66
　2．事業再生ADRによる事業再生 ………………………………………… 67
　　(1) 手続の概要 …………………………………………………………… 67
　　(2) 手続の流れ …………………………………………………………… 68
　　(3) 手続実施者 …………………………………………………………… 75
Ⅲ　比較・検討 …………………………………………………………………… 77
　1．再生可能性を判断する主体・時期 ……………………………………… 77
　2．債権者の位置づけ——地位・手続への関与—— ……………………… 79
　3．専門家の関与 ……………………………………………………………… 80
Ⅳ　おわりに ……………………………………………………………………… 82

第5節　準則型私的整理の担い手となる機関——地域経済活性化支援機構（REVIC）および中小企業再生支援協議会 ……………………………… 杉本和士・84

Ⅰ　はじめに ……………………………………………………………………… 84
Ⅱ　株式会社地域経済活性化支援機構（REVIC） ………………………… 85

Ⅲ　中小企業再生支援協議会 …………………………………… 86
Ⅳ　準則型私的整理の担い手の行方 …………………………… 88

第2章　管財人の選定・報酬・法的地位

第1節　管財人制度にみる日本・ドイツ・中国の倒産法比較 …………………………………………………… 佐藤鉄男・90

Ⅰ　はじめに ………………………………………………………… 90
Ⅱ　3カ国の管財人制度の概要 ………………………………… 92
　1．日　本 ……………………………………………………… 92
　2．ドイツ ……………………………………………………… 93
　3．中　国 ……………………………………………………… 94
Ⅲ　管財人制度をめぐる比較対照 ……………………………… 96
　1．管財人の給源と選任方法 ………………………………… 97
　2．管財人の役割と地位 ……………………………………… 99
　3．管財人の責任 …………………………………………… 102
　4．管財人の報酬 …………………………………………… 104
Ⅳ　結びに代えて ………………………………………………… 107

第2節　管財人候補者の選定 ……………………… 高田賢治・109

Ⅰ　はじめに ……………………………………………………… 109
　1．問題の所在 ……………………………………………… 109
　2．比較法による示唆 ……………………………………… 110
　　(1)　アメリカ ……………………………………………… 110
　　(2)　フランス ……………………………………………… 111
　　(3)　ドイツ ………………………………………………… 111
　　(4)　イギリス ……………………………………………… 112

(5) 小　括 ··· 112
　3．検討方法 ··· 113
Ⅱ　管財人選任権限の根拠 ··· 113
　1．設例：私的整理が事前に存在するプレパッケージ型の事案 ············· 113
　2．問題の所在 ··· 115
　　(1) 事業再生方針と管財人選任権限 ······································· 115
　　(2) 破産手続 ··· 116
　　(3) 更生手続 ··· 117
　　(4) 小　括 ··· 117
Ⅲ　管財人候補者選定における債権者の意向反映 ······························· 118
　1．破産手続 ··· 118
　　(1) 事業の廃止 ··· 118
　　(2) 中立の調査機関 ·· 118
　　(3) 債権者の無関心 ·· 119
　2．更生手続 ··· 119
　　(1) 更生手続の特徴 ·· 119
　　(2) 債権者の意向の反映 ··· 120
　　(3) プレパッケージ型会社更生 ·· 120
　　(4) グローバル化と倒産法 ·· 122
　　(5) 「DIP型」会社更生 ··· 123
　　(6) 債権者の無関心 ·· 124
Ⅳ　「債権者主導型」会社更生 ·· 125
　1．「債権者主導型」会社更生の要件と運用 ································· 125
　　(1) 要　件 ··· 125
　　(2) 運　用 ··· 125
　2．主要債権者の範囲 ··· 125
Ⅴ　おわりに ··· 127

第3節　**倒産手続における手続機関の報酬とその規制**
　　　　　　――日米英独の比較 ································ 倉部真由美・128

- I　はじめに ……………………………………………………………………… 128
  - 1．本稿の目的——手続追行主体の報酬のあり方 ………………… 128
  - 2．わが国における報酬をめぐる議論の困難性 …………………… 129
- II　わが国における手続追行主体の報酬のあり方 …………………… 129
  - 1．破産管財人等に共通する事項 …………………………………… 130
  - 2．破産管財人の報酬をめぐる現状 ………………………………… 131
    - (1)　報酬の決定時期 ……………………………………………… 131
    - (2)　報酬の算定基準 ……………………………………………… 132
    - (3)　報酬についての情報公開 …………………………………… 135
  - 3．民事再生手続における監督委員の報酬 ………………………… 136
- III　アメリカ連邦倒産法における専門家の報酬の規律 ……………… 136
  - 1．倒産事件における専門家の報酬 ………………………………… 136
  - 2．「合理的な」報酬の算定をめぐる議論 ………………………… 137
    - (1)　Johnson ファクター ………………………………………… 137
    - (2)　Lodestar アプローチ ………………………………………… 138
  - 3．管財人の報酬の上限 ……………………………………………… 139
- IV　イギリス倒産法における管理人・清算人の報酬の規律 ………… 139
  - 1．イギリス倒産法における手続機関 ……………………………… 139
  - 2．清算人・管理人の報酬 …………………………………………… 140
    - (1)　報酬を決定する主体 ………………………………………… 140
    - (2)　報酬の算出基準 ……………………………………………… 140
    - (3)　情報公開と不服申立て ……………………………………… 141
- V　ドイツにおける管財人の報酬の規律 ……………………………… 142
- VI　各国の比較とわが国の位置づけ …………………………………… 143
  - 1．報酬決定のプロセスにおける債権者の関与の程度 …………… 143
    - (1)　手続機関を選任する主体と報酬を決定する主体との関係 …… 143
    - (2)　不服申立て …………………………………………………… 145
  - 2．算定基準や考慮要素の公表・法定 ……………………………… 145
    - (1)　わが国の特殊性 ……………………………………………… 145
    - (2)　わが国における算定基準等の公表の可能性 ……………… 146

Ⅶ 結びに ……………………………………………………………………… 146

第4節 破産管財人の法的地位──破産法律関係と実体法
律関係の結節点 ………………………………… 杉本和士・148

Ⅰ はじめに ………………………………………………………………… 148
Ⅱ 破産管財人による不法原因給付に基づく不当利得返還請求の可否
   ──最判平成26・10・28民集68巻8号1325頁 …………………… 150
  1．最判平成26・10・28の事案と問題の所在 ………………………… 150
   ⑴ 事　案 …………………………………………………………… 150
   ⑵ 問題の所在 ……………………………………………………… 151
  2．最高裁平成26年判決における法廷意見と木内裁判官補足意見 ……… 153
   ⑴ 法廷意見の検討 ………………………………………………… 154
   ⑵ 木内道祥裁判官の補足意見の検討 …………………………… 155
Ⅲ 破産法律関係と実体法律関係における破産管財人の法的地位 …… 159
  1．破産管財人の法的地位に関する伊藤眞教授の見解 …………… 160
   ⑴ 破産管財人の法的地位をめぐる3つの局面 ………………… 160
   ⑵ 破産管財人の実体法上の地位をめぐる3つの基準 ………………… 162
   〔図〕　破産手続における内部関係（破産法律関係）と外部関係（実体法律関
        係） ……………………………………………………………… 165
   ⑶ 伊藤説からみた最高裁平成26年判決の評価 ……………………… 166
  2．破産法律関係と実体法律関係の結節点としての破産管財人の役割と
     義務 ……………………………………………………………………… 169
   ⑴ 破産手続内の破産法律関係と破産手続外の実体法律関係 ………… 169
   ⑵ 結節点としての破産管財人の役割と義務 ……………………… 171
Ⅳ おわりに ………………………………………………………………… 174

第3章　事業再生のプレーヤーと債権者の利益

第1節　「再生債務者＝D.I.P.」概念の再検討──民事再生における事業再構築のプロセスの検討
中西　正・178

はじめに ·· 178
Ⅰ　問題の提起 ··· 179
Ⅱ　債務者財産の価値の最大化 ·· 180
　1．はじめに ··· 180
　2．価値最大化原則の根拠 ·· 181
　　(1)　公平な損失分担 ··· 181
　　(2)　再生債務者の事業再生 ··· 181
Ⅲ　事業再構築計画を策定し決定するプロセス ······························ 182
　1．はじめに ··· 182
　2．事業再構築の方針を決定する権限 ··· 182
　　(1)　総　説 ··· 182
　　(2)　再生債権者全体の利益 ··· 183
　　(3)　価値最大化の判断 ··· 183
　3．A案・B案・C案の一本化 ··· 184
　　(1)　一本化の試み ··· 184
　　(2)　一本化の過程の規律 ··· 185
　4．一本化が不可能な場合 ·· 186
　　(1)　総　説 ··· 186
　　(2)　手続の流れ ··· 187
　　(3)　管理命令 ··· 187
Ⅳ　「再生債務者＝D.I.P.」概念 ··· 188
　1．はじめに ··· 188

2．検　討 ……………………………………………………………… 189
　　　⑴　債務者財産価値最大化との関係 ……………………………… 189
　　　⑵　再生債権者との関係 …………………………………………… 189
　　　⑶　プライオリティ・ルールとの関係 …………………………… 190
　　　⑷　公平誠実義務との関係 ………………………………………… 190
　　3．「再生債務者＝D.I.P.」の再構成 ……………………………… 191
　Ⅴ　結　び ……………………………………………………………………… 191

第2節　更生管財人・再生債務者等の計画案作成における善管注意義務・公平誠実義務 …………… 水元宏典・193

　Ⅰ　はじめに ……………………………………………………………………… 193
　Ⅱ　更生管財人 …………………………………………………………………… 194
　　1．問題の所在 ………………………………………………………… 194
　　2．計画弁済額の極大化 ……………………………………………… 194
　　　⑴　債権者の集団的満足の最大化論 ……………………………… 194
　　　⑵　債務者の財産的価値の最大化論 ……………………………… 195
　　3．継続企業価値の分配 ……………………………………………… 197
　　4．清算価値の分配 …………………………………………………… 201
　Ⅲ　再生管財人 …………………………………………………………………… 203
　　1．問題の所在 ………………………………………………………… 203
　　2．計画弁済額の極大化 ……………………………………………… 204
　　3．継続企業価値の分配 ……………………………………………… 204
　　4．清算価値の分配 …………………………………………………… 206
　Ⅳ　再生債務者 …………………………………………………………………… 207
　　1．問題の所在 ………………………………………………………… 207
　　2．計画弁済額の極大化 ……………………………………………… 209
　　3．継続企業価値の分配 ……………………………………………… 209
　　4．清算価値の分配 …………………………………………………… 210
　Ⅴ　おわりに ……………………………………………………………………… 211

第3節 「債権者一般の利益」概念の意義と機能
.... 藤本利一・212

はじめに 212
Ⅰ アメリカ法にみる再建型倒産処理手続の成り立ち（constitution）
　.. 213
　1．連邦倒産法第11章手続の基礎 213
　2．私的整理に対する優越 214
Ⅱ アメリカ法における「最善の利益」（Best Interest Test）概念 215
　1．目　的 215
　2．最善の利益テスト（Best Interest Test）により保護される者 216
　3．最善の利益テスト（Best Interest Test）で守られる価値 217
Ⅲ 組分けの重要性 217
　1．総　説 217
　2．組分けの規律 219
Ⅳ クラムダウンの仕組み 221
　1．総　説 221
　2．担保権者に保障される価値 223
　　(1) 前　提 223
　　(2) クラムダウンの第1手法（1129条(b)(2)(A)(i)）................... 224
　　(3) クラムダウンの第2手法（1129条(b)(2)(A)(ii)）.................. 227
　　(4) クラムダウンの第3手法（1129条(b)(2)(A)(iii)）................. 227
　　(5) 沿革を踏まえた考察 228
　3．一般債権者や持分権者に保障される価値 232
　　(1) 絶対優先原則 232
　　(2) 不公正な差別 233
　　(3) ギフト問題 234
　　(4) 絶対優先原則の沿革を踏まえた若干の検討 235
Ⅴ イギリス法における保障されるべき価値の議論——out-of-the money の問題 236

1．Schemes of Arrangement の活用 …………………………………… 237
　2．out-of-the money による処理——My Travel Group Plc 事件 ……… 238
　3．価値評価をめぐる問題——Re Bluebrook Ltd 事件 ………………… 239
　4．若干の検討 ……………………………………………………………… 240
Ⅵ　日本法への投影 ………………………………………………………… 240
　1．再建型倒産処理手続の憲法的価値 …………………………………… 240
　2．清算価値保障原則の意義 ……………………………………………… 242
　3．保障されるべき清算価値の内容 ……………………………………… 243
　4．権利保護条項の位置づけ ……………………………………………… 244
　5．絶対優先原則の意義 …………………………………………………… 247
結びに代えて ………………………………………………………………… 248

第4節　債権者機関（債権者集会・債権者委員会）——日米の比較にみる債権者機関の役割と位置づけ
　　　　　　　　　　　　　　　　　　　　　　　杉本純子・250

Ⅰ　はじめに ………………………………………………………………… 250
Ⅱ　日本における債権者機関の現状 ……………………………………… 252
　1．債権者集会 ……………………………………………………………… 252
　2．債権者委員会 …………………………………………………………… 254
Ⅲ　アメリカにおける債権者機関の役割 ………………………………… 257
　1．アメリカ連邦倒産法第11章手続における債権者委員会の役割と権限
　　　……………………………………………………………………………… 257
　2．債権者委員会に対する情報開示 ……………………………………… 258
　　(1)　再建計画に関する情報開示 ………………………………………… 259
　　(2)　資産売却（事業譲渡含む）に関する情報開示 …………………… 259
　　(3)　秘密情報の開示 ……………………………………………………… 260
　3．第11章手続改正議論における債権者委員会不要論の検討 ………… 262
　　(1)　第11章手続改正検討委員会の発足 ………………………………… 262
　　(2)　債権者委員会に関する改正指針 …………………………………… 263
　　(3)　中小企業の第11章手続における債権者委員会の改正指針 ……… 266

Ⅳ　わが国における債権者委員会活用の可能性 ………………………… 267
　1．アメリカにおける債権者機関の位置づけ …………………………… 267
　2．日本における債権者機関の位置づけ ………………………………… 269
　3．日本における債権者委員会活用の可能性 …………………………… 270
　　(1)　私的整理との比較にみる債権者委員会の可能性 ……………… 270
　　(2)　その他の債権者に対する情報伝達機関としての債権者委員会の可
　　　　能性 ……………………………………………………………………… 273
Ⅴ　おわりに ……………………………………………………………………… 274

第5節　破産財団から放棄された財産の担い手
………………………………………………………… 名津井吉裕・276

Ⅰ　はじめに ……………………………………………………………………… 276
　1．本稿の趣旨 ……………………………………………………………… 276
　2．前提問題の整理 ………………………………………………………… 278
　　(1)　破産法人の自由財産否定の原則 ……………………………… 278
　　(2)　例外肯定説 ……………………………………………………… 279
　　(3)　例外否定説 ……………………………………………………… 281
Ⅱ　財団放棄の意義および効果 ……………………………………………… 282
　1．権利の放棄 ……………………………………………………………… 282
　　(1)　民法上の放棄 …………………………………………………… 282
　　(2)　「権利の放棄」の意義 ………………………………………… 284
　　(3)　判　例 …………………………………………………………… 286
　2．法人破産における取締役の地位 …………………………………… 287
　　(1)　意　義 …………………………………………………………… 287
　　(2)　判　例 …………………………………………………………… 287
　　(3)　委任関係の終了とその範囲 …………………………………… 289
　3．別除権放棄の意思表示の相手方 …………………………………… 291
　　(1)　問題の所在 ……………………………………………………… 291
　　(2)　判　例 …………………………………………………………… 292
　　(3)　財団放棄前の通知 ……………………………………………… 294

4．財団放棄された財産の管理処分 …………………………… 295
　　(1) 財団放棄された財産の担い手の不在 …………………… 295
　　(2) 財団放棄の許容性とそのあり方 ………………………… 296
　　(3) 清算人説の再構成 ………………………………………… 298
　　(4) 破産者説（自由財産肯定論）の問題点 ………………… 301
　　(5) 清算法人（清算人）による最終処分 …………………… 303
Ⅲ　結びに代えて ……………………………………………………… 304

第4章　倒産処理のグローバル化を見据えて

第1節　プレーヤーをめぐる各国の特徴 ………… 佐藤鉄男・306

Ⅰ　はじめに …………………………………………………………… 306
Ⅱ　倒産処理の担い手をめぐる諸相 ………………………………… 307
Ⅲ　担い手の範囲とポイント ………………………………………… 309
　1．担い手リスト …………………………………………………… 309
　2．担い手の役割分担のポイント ………………………………… 310
Ⅳ　主要国の倒産処理プレーヤー概観 ……………………………… 312
　1．コモン・ロー系諸国の倒産法 ………………………………… 312
　　(1) イギリス …………………………………………………… 313
　　(2) アメリカ …………………………………………………… 313
　　(3) その他 ……………………………………………………… 314
　2．ローマ法・ゲルマン系諸国の倒産法 ………………………… 315
　　(1) ドイツ ……………………………………………………… 315
　　(2) 中国 ………………………………………………………… 316
　　(3) オーストリア ……………………………………………… 318
　　(4) オランダ …………………………………………………… 318
　　(5) スイス ……………………………………………………… 319

	(6) ロシア ……………………………………………………………… 319
	(7) 北欧諸国 …………………………………………………………… 319
3．ナポレオン法系諸国の倒産法 ……………………………………… 320
	(1) フランス …………………………………………………………… 320
	(2) ベルギー …………………………………………………………… 321
	(3) イタリア …………………………………………………………… 322
	(4) スペイン …………………………………………………………… 322
	(5) メキシコ …………………………………………………………… 323
Ⅴ　結びに代えて ………………………………………………………… 323

第2節　アメリカの倒産手続と裁判所──未完の裁判所・裁判官に映るあるべき司法像の変遷 …… 藤本利一・324

はじめに ……………………………………………………………………… 324
Ⅰ　倒産裁判所の生成と展開──Frank R. Kennedy 教授の分析 …… 326
　1．倒産裁判所の不在 ……………………………………………………… 326
　　(1) 1800年法 ……………………………………………………………… 326
　　(2) 1841年法 ……………………………………………………………… 327
　2．倒産裁判所の生成と発展 …………………………………………… 328
　　(1) 1867年法 ……………………………………………………………… 328
　　(2) 1898年法 ……………………………………………………………… 330
　　(3) 1938年改正法（チャンドラー法）………………………………… 332
　　(4) 1978年法 ……………………………………………………………… 336
　3．小　括 ………………………………………………………………… 337
Ⅱ　倒産裁判所制度の確立とその瑕疵──Charles J. Tabb 教授の整理
　 ……………………………………………………………………………… 339
　1．1898年法における2つの問題点 …………………………………… 340
　2．1978年法制定時の3つの問題点 …………………………………… 341
　3．審理人から裁判官へ ………………………………………………… 343
　4．小　括 ………………………………………………………………… 344
Ⅲ　倒産裁判官の役割論──Melissa B. Jacoby 教授の警鐘 …………… 345

1．Jacoby 教授の問題提起 ………………………………………………… 345
　2．事件管理論 ……………………………………………………………… 347
　　(1) 連邦地方裁判所における裁判官像の転換——積極的な裁判官 …… 347
　　(2) 倒産裁判官の「消極性」 …………………………………………… 349
　　(3) 消極性による弊害と対策 …………………………………………… 350
　3．利害関係人による合意への倒産裁判官の介入 ……………………… 352
　　(1) 問題の所在 …………………………………………………………… 352
　　(2) 設例——In re Las Vegas Monorail Co. 事件 …………………… 352
　　(3) 裁判官の不介入の理由 ……………………………………………… 353
　　(4) クラスアクション和解との類比 …………………………………… 354
　4．小　括 …………………………………………………………………… 357
まとめと展望 …………………………………………………………………… 359

第3節　イギリス企業倒産手続の担い手
　　　　　——裁判所を中心に………………………………… 高田賢治・362

Ⅰ　はじめに ……………………………………………………………………… 362
　1．本稿の目的 ……………………………………………………………… 362
　2．イギリス企業倒産手続の種類 ………………………………………… 363
　　〈表1〉　イギリス企業倒産手続の種類 ……………………………… 364
　3．検討の方法 ……………………………………………………………… 364
　　〈表2〉　共通の構造をもつ手続 ……………………………………… 365
Ⅱ　強制清算と債権者による任意清算 ………………………………………… 365
　1．強制清算 ………………………………………………………………… 365
　　(1) 強制清算の開始 ……………………………………………………… 365
　　(2) 清算人 ………………………………………………………………… 366
　　(3) 清算委員会（liquidation committees）…………………………… 367
　2．債権者による任意清算 ………………………………………………… 367
　　(1) 任意清算の開始 ……………………………………………………… 367
　　(2) 任意清算開始の効果 ………………………………………………… 368
　　(3) 債権者集会（meeting of creditors）……………………………… 369

(4) 清算人の選任 ································· 369
　　(5) 清算委員会 ··································· 370
　　(6) 裁判所に対する申立て ······················· 370
　3．強制清算と債権者による任意清算の比較 ········· 371
　　(1) 清算命令の有無と管財官による調査の有無 ······ 371
　　(2) 清算人の要許可行為の範囲 ···················· 371
Ⅲ　管理命令による会社管理と裁判外の会社管理 ········ 372
　1．1986年倒産法における管理レシーバーシップと会社管理 ········ 372
　　(1) 管理レシーバーシップ ························ 372
　　(2) 会社管理の創設 ······························· 373
　2．2002年エンタープライズ法による改正 ············ 374
　　(1) 管理レシーバーシップの制限 ·················· 374
　　(2) 裁判外の会社管理の創設 ······················ 374
　3．管理命令による会社管理 ························ 374
　4．裁判外の会社管理 ······························· 375
　5．管理人の権限 ··································· 376
　6．管理命令による会社管理と裁判外の会社管理の比較 ········ 377
　　(1) 申立権者と管理人選任権者の範囲 ·············· 377
　　(2) 管理命令の不存在 ···························· 378
Ⅳ　整理計画と会社任意整理 ························· 378
　1．整理計画 ······································· 378
　　(1) 整理計画の概要 ······························· 378
　　(2) 債権者集会等の開催命令 ······················ 378
　　(3) 債権者集会等における承認決議 ················ 380
　　(4) 裁判所の認可 ································ 380
　2．会社任意整理 ··································· 381
　　(1) 会社任意整理の概要 ·························· 381
　　(2) 会社任意整理の開始 ·························· 381
　　(3) 会社任意整理の決議 ·························· 382
　　(4) 計画の履行 ·································· 383

3．整理計画と会社任意整理の比較 ························· 384
Ⅴ　おわりに ··· 385

第4節　ドイツ倒産法における自己管理手続の展開と「D.I.P. 型」再建手続定着への模索 …… 玉井裕貴・387

Ⅰ　はじめに ··· 387
Ⅱ　ドイツにおける自己管理手続の位置づけ ·················· 388
　1．序　説 ··· 388
　2．和議法の展開 ··· 389
　　(1)　和議法の成立 ··· 389
　　(2)　和議法成立後の倒産法改正議論 ······················· 391
　　(3)　和議手続による企業の再建 ···························· 392
　3．1994/1999年法における自己管理手続 ··················· 392
　　(1)　倒産法委員会の議論 ···································· 392
　　(2)　1994/1999年法の立法過程 ······························ 393
　　(3)　1994/1999年法における自己管理 ····················· 395
　　(4)　1994/1999年法下の自己管理手続の評価と実際 ····· 401
　4．2012年改正倒産法による自己管理手続の改革 ········· 405
　　(1)　ESUG による倒産法改正 ······························ 405
　　(2)　ESUG による自己管理の改革 ························· 407
Ⅲ　自己管理手続の課題 ·· 410
　1．裁判所の対応 ··· 411
　　(1)　自己管理命令発令の予測可能性 ······················· 411
　　(2)　再建手続を引き受ける裁判所の経験不足 ············ 412
　2．監督人による監督 ··· 412
　3．債権者委員会を通じた債権者の手続への関与 ········· 413
Ⅳ　検　討 ·· 414
　1．裁判所の問題 ··· 414
　2．監督機関の問題 ·· 416
Ⅴ　結びに代えて ·· 418

第5節　ドイツ倒産手続の担い手の役割に関する覚書
── 裁判所、管財人および債務者 …… 名津井吉裕・420

- Ⅰ　はじめに …………………………………………………………… 420
- Ⅱ　事前調査 …………………………………………………………… 421
  - 1．倒産裁判所 ……………………………………………………… 421
  - 2．倒産管財人 ……………………………………………………… 424
  - 3．自己管理 ………………………………………………………… 427
- Ⅲ　現地調査 …………………………………………………………… 430
  - 1．インタビューに対する回答 …………………………………… 430
  - 2．倒産裁判所 ……………………………………………………… 431
    - (1) 倒産裁判官の職務 …………………………………………… 431
    - (2) 管轄集中 ……………………………………………………… 432
  - 3．倒産管財人 ……………………………………………………… 432
    - (1) 管財人の資格審査 …………………………………………… 432
    - (2) 倒産管財人という職業 ……………………………………… 433
    - (3) 倒産管財人協会（VID） …………………………………… 433
    - (4) 職務原則 ……………………………………………………… 433
    - (5) 倒産管財人の選抜・選任（一般） ………………………… 434
    - (6) 倒産管財人の選抜・選任に対する債権者の影響力 ……… 435
  - 4．債務者 …………………………………………………………… 437
    - (1) 自己管理手続 ………………………………………………… 437
    - (2) 監督人の属性、倒産処理計画の作成に対する監督人の関与 ……… 440
    - (3) 開始申立て前の役員退任と専門家の役員就任 …………… 441
    - (4) 否認訴訟への債務者の訴訟参加 …………………………… 442
    - (5) 監督人は裁判所の補助者か、債務者の補助者か ………… 442
- Ⅳ　若干の検討 ………………………………………………………… 443
- Ⅴ　結びに代えて ……………………………………………………… 444

第6節 フランス企業倒産手続を担う専門職——司法管理人および司法受任者……杉本和士・445

Ⅰ フランス企業倒産法制の概観……445
   1．総　説……445
   2．調停手続……447
   3．保護手続……448
   4．裁判上の再建・清算手続……449
      〔図〕　各倒産手続開始段階の基本構造……450
      〈表〉　各倒産手続に関与する主な手続機関・専門職……450
Ⅱ 司法管理人の地位と資格……451
   1．地　位……451
      (1)　任務・地位……451
      (2)　監督・懲戒……452
   2．資　格……452
      (1)　司法管理人全国リストへの登録……452
      (2)　全国リスト登録のための条件……453
Ⅲ 司法受任者の地位と資格……454
   1．地　位……454
      (1)　任務・地位……454
      (2)　監督・懲戒……455
   2．資　格……455
      (1)　司法受任者全国リストへの登録……455
      (2)　全国リスト登録のための条件……456
Ⅳ 若干の比較法的検討……457

第7節 オーストラリアの企業再生手続における裁判所の関与のあり方——任意管理手続・会社整理計画における裁判所の事後的、後見的な役割を中心として……金　春・459

はじめに ………………………………………………………………………… 459
I　オーストラリアにおける企業再生手続の種類 ……………………… 460
　1．企業倒産手続の沿革 ……………………………………………………… 460
　2．企業再生手続の種類 ……………………………………………………… 461
II　任意管理手続・会社整理計画の枠組み ……………………………… 462
　1．手続の導入の背景 ………………………………………………………… 462
　2．任意管理手続 ……………………………………………………………… 464
　　(1)　任意管理手続の開始 ………………………………………………… 464
　　(2)　任意管理手続の開始の効力――一時停止 ………………………… 466
　　(3)　管理人の法的地位・権限、責任等 ………………………………… 468
　　(4)　債権者集会 …………………………………………………………… 470
　　(5)　任意管理手続の終了 ………………………………………………… 472
　3．会社整理計画 ……………………………………………………………… 472
　　(1)　会社整理計画の内容 ………………………………………………… 472
　　(2)　会社整理計画の効力 ………………………………………………… 473
　　(3)　会社整理計画の終了、変更 (variation)、執行停止 (termination) … 473
III　若干の検討 ……………………………………………………………… 476
　1．裁判所の事後的、後見的な役割の根拠 ……………………………… 476
　2．裁判所の事後的、後見的な役割と再建型手続の機能および近時の改
　　正の動向 ………………………………………………………………… 477
　　(1)　再建型手続の機能との関係 ………………………………………… 477
　　(2)　近時の改正の動向との関係 ………………………………………… 478
　3．法的整理か私的整理かの問題と裁判所の役割 ……………………… 480

終章　倒産処理プレーヤーの今後
**　　　――真の専門家集団へ――** ……………………………… 佐藤鉄男・482

I　はじめに ………………………………………………………………… 482
II　倒産弁護士の誕生と成長 ……………………………………………… 483
III　倒産手続の担い手の集団化 …………………………………………… 485
　1．世界の傾向 ……………………………………………………………… 485

2．日本の状況 ……………………………………………………… 487
　　3．専門家相互の関係 ……………………………………………… 489
　　4．チーム INSOL …………………………………………………… 490
Ⅳ　おわりに ……………………………………………………………… 492

・編者略歴 ………………………………………………………………… 493
・科学研究費研究会メンバー一覧 ……………………………………… 495

凡　例

〈法令等略語表〉

民再	民事再生法
民再規	民事再生規則
会更	会社更生法
旧会更	昭和27年改正前会社更生法
会更規	会社更生規則
破	破産法
旧破	旧破産法（大正11・4・25法律71号）（廃止）
破規	破産規則
和	和議法（廃止）
民	民法
会社	会社法
民訴	民事訴訟法
民執	民事執行法
商登	商業登記法
商登規	商業登記規則
憲	日本国憲法
行訴	行政事件訴訟法

〈判例集・判例評釈書誌略語表〉

民録	大審院民事判決録
民集	最高裁判所民事判例集、大審院民事判例集
行集	行政事件裁判例集
高民集	高等裁判所民事判例集
裁判集民	最高裁判所裁判集民事
金判	金融・商事判例
金法	金融法務事情
判時	判例時報
判タ	判例タイムズ

〈定期刊行物略語表〉

銀法	銀行法務21
リマークス	私法判例リマークス
重判解	重要判例解説(ジュリスト臨時増刊)
ジュリ	ジュリスト
商事	旬刊商事法務
法協	法学協会雑誌
法教	法学教室
曹時	法曹時報
民訴雑誌	民事訴訟雑誌
民商	民商法雑誌
同法	同志社法学

第1章

わが国における倒産処理のプレーヤー

第1節 担い手にみるわが国の倒産法概史
―― 第三者機関中心モデルの生成と変遷

I　はじめに

　支払能力を失い多数の債権者への債務不履行が不可避となる倒産現象は、自由な経済活動の延長で私的自治の下、純粋に当事者（債務者と債権者）だけで「けり」をつけることができなくはないが（私的整理）、利害関係のない第三者を交えないと収拾がつけにくい極限状況である。帰属する自治組織や公的な機関が介入することで倒産の処理が秩序立って行われることで、社会の混乱、崩壊が阻止される。倒産の処理に介入する第三者には、古今東西さまざまな者が存在した。なかには、整理屋とよばれ、力ずくの処理で混乱は抑えるものの、結果的に不正義を増長させてしまう、招かざる第三者もいた。[1]

　この点、倒産が不可避であることを前提とした経済社会では、これへの公認された対処法が確立されることになる。すなわち、まずは社会の総意として破産者に対して厳しくのぞむ制裁の体系が破産法の出発点であった[2]。しかし、倒産への対処法としては、破産者への制裁とともに、残余財産への包括的執行という債務者に対する債権者の最終的な権利実現という側面のほうがより重視されるようになる。すなわち、単純化していえば、債務者の元に残った財産は乏しい一方で、これを取り巻く債権者の債権額ははるかに多くあり、自由な競争に任せては早い者勝ち、強い者勝ちの弊が避けられないので、ここに第三者が介入しいかに債権者間の共同的・公平的満足を実現するか、という側面である。そして、この第三者は、倒産が社会的な関心事であることから、公的な機

---

[1]　わが国でも整理屋の存在はそれほど遠い過去のことではない、田原睦夫「整理屋の時代と弁護士の倒産実務――事業再生に活躍する弁護士の礎のために」松嶋英機弁護士古稀記念論文集『時代をリードする再生論』（商事法務・2013年）270頁。
[2]　園尾隆司「破産者への制裁の歴史と倒産法制の将来」民訴雑誌61号（2015年）51頁、小梁吉章「破産と恥辱」広島法科大学院論集4号（2008年）35頁。

関が倒産の処理を取り仕切る（主宰者）という形をとって現れることになる。すなわち、行政機関であったり、司法機関であったり、である。また、倒産は数に波はあれ頻発するものであり、複雑な様相も呈しているのが常なので、個別の事件の処理を遂行する専門的な第三者（手続遂行者）の存在も必然となってくる。

　そこで本稿では、わが国の倒産システムがこのような意味での担い手に焦点をあてた場合どのような変遷をたどってきたのか、そこから何が読み取れるか、若干の比較法的視点も交えつつ歴史からの学びを得たいと願うものである。

II　立法展開のあらまし

　自給自足や現金取引でことを済ませていた時代なら倒産現象とは無縁であったであろうから、倒産現象とそれへの対処はある程度まで経済が発展してからのことになろう。そもそも何をもって倒産法とするか自体が必ずしも自明ではないが、倒産者の存在を前提にそれに特化した対処のシステムは、中世のヨーロッパ諸国がローマ法に基づく強制執行から全体執行を分化させ現在の破産法につながるものを展開させたことに始まるとされる。債権者をだました者としての倒産者に対する制裁とともに、その者の総財産を換価し配当するといった要素が備わった制度が16世紀以降のヨーロッパ諸国で認識できる。その展開の詳細は、園尾論文（脚注2参照）に委ねるとして、本稿で検討するわが国の倒産立法のあらましを概観しておこう。

1．固有法としての分散

　わが国の倒産立法の最初のものは、鎖国体制下の江戸時代にみられ、すなわち欧米諸国からの直接の影響はない固有のものである。当時すでに司法機関である奉行所による訴訟（出入筋：民事、吟味筋：刑事）制度が整い、敗訴した者がそこで命じられた債務の履行をしない場合には村町役人立ち会いの下で全財産を対象とした強制執行の制度「身代限り」も存在していたとされる。これと一部で重なり混同されることもあるが、基本的な理解として身代限りと区別さ

3

れ、現在の倒産処理に近いものとして「分散」の慣習が存在し、やがて公事方御定書[3]の下巻に成文化されるに至っている。

当時の分散は、身代限りを避ける私的整理的なもので、債務者の全財産の売却とその平等な配当を債務者と債権者の合意で進めるものであった。奉行所が関係することはなく、行政職の村町役人が関与するものであった[4]。

そして、身代限り、分散は、明治期に至っても存続していた[5]。すなわち、明治5年6月の太政官布告「華士族平民身代限規則」、そして、明治23年8月の法律「家資分散法」である。これらは江戸時代からの身代限り、分散の発想を引き継ぐものであったが、家資分散法は、旧商法破産編の制定と同じ年のもので、商人破産主義を採用した後者に対し、非商人を対象としたもので、裁判所（区裁判所）が関与するようになり、家資分散者は選挙権・被選挙権を喪失するものとされた。

2．明治23（1890）年・旧商法第3編「破産」

明治維新により長きにわたった江戸時代の幕藩体制が終焉し、わが国の近代期が始まり、新たな統治体制の構築、そして法体系の整備が急務となった。それは実質はともかく、少なくとも形のうえでは西洋法に倣った基本法典をわが国に整えることであり、ドイツやフランスから法律顧問を招聘し精力的に作業が進められた。

その中の一つである商法の中に、西洋法モデルの倒産制度が整えられた。すなわち、明治23年法律第32号の商法（いわゆる旧商法）第3編破産がそれである。これは、ドイツ人ロエスレルがフランス法をモデルにした破産制度であった。同じ明治23年に公布された民法とともに施行反対の声が上がり法典論争がくり広げられたことが知られ、特に民法は施行されることなくつくり直されることになったが、商法に関しても、施行が延期されたりした。そんな中、破産

3　第8代将軍徳川吉宗の享保の改革の折に、裁判に際し準拠すべき法令や判例が上下2巻の公事方御定書としてまとめられた。

4　園尾隆司『民事訴訟・執行・破産の近現代史』（弘文堂・2009年）43頁、浅古弘ほか編『日本法制史』（青林書院・2010年）244頁〔神保文夫〕。

5　地域によっては、経済的に破綻した債務者に頼母子講等の形で再建資金を工面する工夫もあった。小梁吉章『倒産法講義』（信山社・2005年）59頁。「仕法」という独特の私的整理もあった。山内八郎「倒産処理手続としての『仕法』の慣例について」判タ641号（1987年）50頁。

編は明治26年7月1日から施行に至った[6]。

そこで、この破産制度であるが、次のようなものであった。すなわち、商人破産主義を採用し、破産者に対する資格制限があり、免責制度は存しない。旧商法全体がフランス法モデルなので破産に係る実体・手続規定も当時のフランス法に倣っていた。担い手としては、家資分散と異なり、破産の管轄裁判所は地方裁判所とされ合議事件の扱いで[7]、裁判所は、裁判官1名を主任官として指名し、あわせて破産管財人を選任する。個々の事件の管財活動は破産管財人が担い、管財人は主任官の指揮・監督に復する（旧商法983条、1013条）。

裁判所は管轄区ごとに破産管財人名簿を備え置き、その名簿の中から破産管財人を選任すべきものとされた（旧商法1008条）。名簿登載の要件や個々の事件の選任基準について詳しい規定はなかった。同じ明治23年制定の裁判所構成法[8]が弁護士の名称とその職務内容を公認するに至ったが、江戸時代の公事師[9]の流れを汲む代言人を転化させたものであり、わが国最初の弁護士法の制定、弁護士試験の実施は明治26年まで待つ必要があり、その意味で、破産管財人の給源として期待される弁護士の数も資質も不十分な状況にあった[10]。ちなみに、区裁判所に管轄のある、非商人の家資分散は、資格制限の制裁に主眼があり、管財活動は想定されておらず、担い手は特に必要なかった。

制度の枠組みが整い、裁判所が倒産処理を主宰することになったものの、実質的な意味での担い手は育っていなかったともいえる。すなわち、従来の身代限りや分散では当該地域に根ざした村町役人が処理に際して後見的に関与して

6　破産の部分のほか、会社や手形の部分も施行されたが、明治32年に現行商法が施行されたことに伴い、破産編以外は廃止された。

7　旧商法や家資分散法が制定された明治23年は、裁判所構成法の制定により司法制度も現代に通ずる形で整備された年でもある。第1審裁判権は地方裁判所と区裁判所が分担することになり、その当時、地方裁判所は全国48カ所（各府県に1、北海道3。ほかに、甲号支部56、乙号支部22）、区裁判所は全国300カ所であり、現在の裁判所所在状況に近い。フランス法モデルの破産制度であるが、商事裁判所は倣う素地がなかった。

8　商法施行条例に、地方裁判所の意見を聞き司法大臣が任命するなどの規定があった。代言人、公証人で計算事務に明るい者が良いと述べるのは、長谷川喬『改正破産法正義』（信山社・1996年復刻版、初出は1893年）117頁。

9　江戸時代には裁判をするには、地方の者は奉行所に出向く必要があり、当事者に代わってこれをする職業者としての公事師が生まれ、奉行所近くには公事師が宿泊する公事宿があったとされる。当事者から不当な利益を得る弊害も少なくなかった。

10　弁護士制度の展開については、大野正男『職業史としての弁護士および弁護士団体の歴史』（日本評論社・2013年復刻版）参照。

いたが、これも村町役人の制度転換（任命制）で地域的基盤を失い関与者として適格を欠くようになっていた。裁判所、弁護士が関与する倒産処理への転換は誤りではなかったとしても、現実の担い手不足は[11]、今から考えると、制度の空転[12]、ひいては倒産事件に反社会勢力がつけ入る隙を与えたのかもしれない。

3．大正11（1922）年・破産法・和議法

　旧商法下の破産法は、施行されたものの、当初から倒産実体法規定で不備が多く、運用も芳しくなかったので、すぐに改正作業が始められることになった。明治35年にはすでに破産法草案が公表されていたが、旧商法と同じ明治23年に公布された民事訴訟法、明治29年に公布された民法、明治32年に公布された商法、と倒産法に関連する基本法がドイツ法モデルのものとなっていたので、破産法もドイツ法モデルへの転換がほぼ必然であった。もっとも、成案に至るまでにはやや時間を要し、大正11年、ようやく（商法の一部ではなく）破産法（旧破産法）が公布され、翌年から施行された。同法は1877年ドイツ破産法に倣うところが多かった。

　また、公布・施行とも破産法とセットで和議法が制定された。和議法については、まだドイツに和議法がなかった（制定は1927年）こともあり、立法上参照されたのは1914年制定のオーストリア和議法であった。周知のとおり、この破産法、和議法は、細かな改正を除けば、結果的に平成の倒産法改正まで長く施行されることになる。

　大正期の改正に際しては、破産、和議事件の管轄は区裁判所に改められた[13]。ちなみに、この体制は、第二次世界大戦後の裁判所改革で、倒産事件の管轄が地方裁判所に変更されるまで続いた。区裁判所では倒産事件の合議事件扱いは不要となり、主任官の制度も廃止された。また、一般破産主義の採用に

11　ちなみに、明治23年の裁判官数は1531名、弁護士数は1315名であった。
12　旧商法・破産の宣告件数は、施行から廃止まで、年間最高292件、最低63件である。
13　これは、ドイツにおいて、区裁判所（Amtsgericht）に破産事件の管轄があったことによる。ドイツでは、全面改正がなされた現行制度（1994年制定、1999年施行）でもこの点は変わっていない。ただし、すべての区裁判所が倒産事件を扱うのではなく、ラント裁判所所在地にある、指定された区裁判所というのが現在の扱いである（§2 InsO）。区裁判所といっても、その後のわが国の簡易裁判所と異なり、ドイツでも当時の日本でも裁判官は法曹資格を有する者で構成される。

伴い、家資分散法は廃止された。

　裁判所は倒産事件を主宰する立場であり、個別事件を現場で処理する存在として、裁判所は手続機関を選任し、これを監督する（旧破157条、161条）。破産事件では、破産管財人が必置とされ、破産者から管理処分権を奪い、破産管財人に委ねる（同法7条）。これに対し、和議事件では、債務者の管理処分権は維持し、調査のための整理委員、監督のための和議管財人を各々必要に応じて選任するものとされた。この時点で、清算型手続と再建型手続が揃うとともに、機関の考え方についても、管理型と監督型、必置型と任意型、という具合に現在と同じ発想が生まれていたといえる。問題は運用である。

　それには担い手たる裁判官や弁護士の数が重要であるが、裁判官数は明治23年から第二次世界大戦終了後までほとんど変化がなかった一方で、弁護士は、大正年間に増加したが、その後は第二次世界大戦終戦までの間5000名強で推移した。ただ、この間、金融恐慌を経験するなど倒産法の出番も多かったであろうことを考えると、担い手が充実したといえる数字ではなかったであろう。

　まず、破産に関してであるが、大正破産法の施行に伴い破産の申立ては急増し改正直前の10倍になったが破産宣告数は2～3倍になったにすぎない。当時は、まだ免責制度もなく、破産の申立てといえばほとんど債権者申立てが占めていた。破産申立ては債権者からすれば債務者を威嚇する手段で、債務者から自分だけにある程度弁済されれば取り下げることが多かった（宣告に至るのは申立ての2～3割）。またこの大正破産法において破産財団が少なく手続費用を賄えない事件は破産宣告と同時に破産廃止とする制度（同時廃止）が導入され（旧破145条）、その場合、破産管財人は選任されることなくしたがって管財活動もない。幸か不幸か、破産申立件数、破産宣告件数が増加しても破産管財人が極端に不足するという事態に至ることはなかった。

14　平成改正前のわが国の倒産手続機関の状況については、佐藤鉄男「倒産手続における機関の再構成」ジュリ1111号（1997年）187頁。

15　園尾・前掲書（注4）280～281頁。こうした破産統計については、加藤正治博士が早くから注目し、著書の多くで統計を紹介していた。

16　しかし、破産宣告に伴う、各種の資格制限の効果は発生する。同時廃止は、管財人の選任を要しない点で家資分散と共通する（園尾・前掲書（注4）179頁）。同時廃止は最初から破産制度を自己否定する側面を有していたが、そのことの問題が大きくなったのは個人破産が急増してからである。佐藤鉄男「破産廃止に関する一考察──同時廃止を中心に」東北学院法学71号（2011年）1頁。

片や和議に関しては、当初から欠点の多い制度とされ、当事者にとって使いにくく、裁判所も欠点の多い制度の利用には慎重であったため、一貫して低迷を続けた。担い手が不足するということもなかった。申立ては、全国合計で二桁の年が多く、三桁台になっても取下げが多く、昭和55〜61年に7年連続で申立件数が500件台を数えたのが最高で、この間の開始率は5割ほどであった。[17]

4．昭和13（1938）年・会社整理・特別清算

　前述の破産法、和議法により、清算型、再建型の基本的な倒産処理制度が形の上では整備されたものの、すこぶる低調であった。そこで、昭和13年の商法改正に際し、債務者が株式会社の場合に限定した倒産処理制度がつけ加えられた。当時のイギリス法が参考にされたとされるもので、会社整理は、再建をめざす私的整理に裁判所の監視の目を及ぼすこと、特別清算は破産ほど厳格ではないが債務超過等の状況下で通常清算よりは慎重に清算を進めることを意図して導入された。

　個々の事件の担い手として、会社整理では、検査役、整理委員、監督員、管理人と一見多彩を極め、特別清算でも、清算人、監査委員、検査役が規定されていた。事案に応じ、適材適所で対処しようとの意図がうかがえるが、その利用実態たるやどちらも申立ては二桁台、開始件数に至っては一桁の年も珍しくないという状態がずっと続いた。その意味で、裁判所が関与する倒産処理メニューは増えたものの、低迷の解消につながることはなかった。会社整理は後に廃止されることになるが、特別清算は徐々に一定の需要が掘り起こされることになり（三桁台の開始）、改正を経て現在に至っている。

　この2つの制度における各機関の役割や相互関係は、かなり複雑でわかりにくいものである。現段階でここから何か有用な知見を得ようとしても生産的ではない。しかし、担い手として弁護士のほかに公認会計士などが活用されるようになったのは、これが商法に根拠をもつ倒産処理制度だったことにもよろう。

17　データは、麻上正信＝谷口安平編『注解和議法』（青林書院・1985年）8〜9頁、青山善充編『和議法の実証的研究』（商事法務研究会・1998年）4〜5頁。園尾・前掲書（注4）283頁は、破産・和議は機能せず、弁護士は法廷内活動にあたるだけで、任意整理も発展せず、倒産現象には不法勢力がはびこることになったとする。

5．昭和27（1952）年・会社更生法

　第二次世界大戦における敗戦は、わが国の憲法、統治体制の転換をもたらすこととなり、種々の法改正や新法制定があった[18]。倒産法もその例外ではなく、アメリカ法の影響を受けて、破産法に免責制度がつけ加えられるとともに（旧破366条ノ2以下）、会社更生法が制定された。これは、株式会社に限定した制度である点で会社整理や特別清算と共通しているが、担保権者から株主まで広い範囲で利害関係の調整を試みることで企業の再建を後押しする、本格的な再建型の倒産手続であった。

　裁判所が企業再建を主宰すること自体は和議、会社整理で経験済みであったのに、会社更生法の制定・施行は、法曹が本格的にビジネスに乗り出すものと話題になる一方で、実業界からは強い懸念や批判が湧き上がることになった[19]。

　個々の企業の再建現場を担うのは、必置機関として債務者に代わり管理処分権を掌握する管財人である。また、裁判所は、必要に応じ調査委員を選任したり、開始前に保全管理人を選任することもできるものとされた。鍵を握る管財人について、同法は「信託会社、銀行その他の法人は、管財人となることができる」と規定し（旧会更95条2項）、破産管財人との違いを意識させたが、積極的に選任要件を示すことはしていない。どのような者が管財人に選任されていたかというと、弁護士の選任は半分もなく、法人を選任する例も少なかったとされる[20]。

　会社更生の存在はそれなりに認知され相応に利用もされた[21]。その後、1980

---

[18] 昭和22年制定の裁判所法、同法の翌々年改正によって、わが国の裁判所制度は大きく変化した。特に、地方裁判所と同格の家庭裁判所の設置、地方裁判所と第1審裁判権を分担するものの従来の区裁判所とは趣旨を異にした簡易裁判所の設置、は新機軸であった。簡易裁判所では裁判官が必ずしも法曹資格を要しないことも関係し、倒産事件は地方裁判所が管轄権をもつことに変更された。

[19] 訴訟中心の活動をしていた弁護士にとっては新たな知見をもってのぞむ必要がある分野となることを意味し、実業界から債権者の権利を犠牲にして企業の再建を優先する悪しき法との声が上がった。詳しくは、三ヶ月章「会社更生法の司法政策的意義――理念と現実の開きの直視と対策の提案」同『会社更生法研究』（有斐閣・1970年）215頁。

[20] 三ヶ月・前掲論文（注19）291頁。昭和33〜41年の管財人178人のうち、弁護士は50人、会社役員67人、債権者17人、公認会計士など8人、更生会社役員6人、法人4、その他26、であった。これについては、宮脇幸彦＝時岡泰『改正会社更生法の解説』（法曹会・1969年）316〜317頁。

[21] ちなみに、史上最も会社更生が利用（申立て）された昭和39（1964）年には、全国49の地方裁判所中35の裁判所で、合計172件の申立てがあった。この年の和議は80、会社整理は39。

年代以降は、会社更生は大企業向けの事件で中小の企業が気軽にするものではないという事実上の振り分けが働くようになり事件数は大幅に減った[22]。その傾向は、現行会社更生法の施行後も続き、特に同法が競合管轄の定めをおいたことも手伝い（会更5条6項）、会社更生は東京地方裁判所、大阪地方裁判所以外ではめったに申し立てられないようになった[23]。

6．平成の倒産法制

　大正11年の破産法、和議法、昭和13年の会社整理、特別清算、昭和27年の会社更生法、といわゆる倒産5法制時代が長く続くことになるが、肯定的評価のゆえであったわけではない。実際、手形取引が盛んであったこの時代、手形不渡りは倒産の代名詞であったが、そこから推測できる倒産件数と比較すると、裁判所の倒産5法制が利用される率は甚だ低かった（倒産における2割司法）。やがてわが国社会はバブル経済とその崩壊という浮き沈みを経験し、不良債権処理が国家的課題となり、倒産法制も真価が問われる時を迎えた。しかし、それはいよいよ当時の倒産法制の不備を露呈させ、運用上の工夫で対処するのにも限界があり抜本的改正が喫緊の課題となったのである[24]。平成8（1996）年10月、法務大臣から法制審議会に倒産法制改正の要否が諮問され、同審議会は倒産法部会を設置し改正作業に着手した。

　当初は当時の倒産5法制を一挙に改正することも視野にあったが、諸般の事情で、段階的に全法制がつくり替えられることになった[25]。すなわち、まず中小企業の利用を念頭に一般的な再建型手続を用意するということで、和議法を廃止し民事再生法を制定（平成11（1999）年）し、次いで、会社更生法（平成14

---

[22] 手続利用の推移の評価は、加藤哲夫『企業倒産処理法制における基本的諸相』（成文堂・2007年）257頁。また、262頁以下の倒産法制の歴史的鳥瞰も参照。

[23] 花村良一「近年における法的倒産処理手続を巡る状況——統計的分析と一般的事件動向を中心に」事業再生と債権管理（2008年）122号114頁。もっとも、競合管轄は破産法、民事再生法でも存在するが（破5条8項・9項、民再5条8項・9項）、会社更生法の場合、規模による限定がない。

[24] 制定法の改正機運が盛り上がらなかった間に、倒産法制を使う実務家が徐々にその質量を高めた。東西倒産法実務研究会が東京と大阪の倒産実務を示した『和議』『会社更生・会社整理』『破産・特別清算』（商事法務研究会・1988〜1989年）の3部作は、当時の倒産処理を知りうる貴重なものである。

[25] 時間軸でこの間の状況を筆者が描いたものとして、佐藤鉄男「倒産法制の明日へ——倒産処理の不易と流行」ジュリ1414号（2011年）107頁。

(2002) 年) と破産法 (平成16 (2004) 年) をつくり替え、さらに会社法制定の際に、会社整理を廃止し特別清算は改正のうえ存続した。[26]

現行法であるので詳論は要しないと思うが、立法という点で担い手問題はマイナー・チェンジにとどまっている。[27] 主宰者としての裁判所に関しては、ほとんど変更点はない。[28] すなわち、裁判所は個々の事件の現場を担う機関を選任し、その監督にあたる。手続の進行を管理し、重要な局面では決定の形で判断を示す。倒産手続と裁判所の関係はこちらがメインであり、事件処理の過程で生じた争訟事項については、訴訟事件を扱う裁判体に委ねることになるが、この点に関しては旧法より対象が拡大し規定も整理されたが新たな問題も生じている。[29] 一方、個別事件の担い手となる機関も、細かな見直しはされているが、大きく旧法のそれと変わったところはない。

簡単に確認すると、次のようになろう。破産と会社更生では、従来と同様、管理処分権を掌握する管財人が必置機関とされる。これに対し、民事再生では、原則として債務者に管理処分権を残し（民再38条1項）、多くの場合、監督委員が選任され、これが債務者の日常的な助言監督にあたる。[30] この債務者の経営権を温存させるスタイルは従来の和議と同様であるが、時に管財人を選任する方式も用意され（同法64条）、要はケースに応じて遂行者を使い分けるというものであるが、その発想自体はかつての会社整理がそれに近かったという意味では新機軸ではない。

---

26 倒産法制を通じて共通性の高い倒産実体法に関しては、第3弾となる現行破産法制定の際に、先行した民事再生法、会社更生法も一緒に改正する形がとられた。
27 民事再生、会社更生、破産の3法の状況については、佐藤鉄男「倒産三法における機関の位置づけ」福永有利先生古稀記念『企業紛争と民事手続法理論』（商事法務・2005年）659頁。
28 倒産手続との関係で裁判所は、2つの異なった意義がある。すなわち、①現に個々の事件が係属する裁判体としての裁判所と、②事件が係属している官署としての裁判所（破2条3項）である。この区別は、旧法下から存在したものである。法文では、前者を単に「裁判所」と表現し、後者を「破産（再生・更生・特別清算）裁判所」と表現している。
29 これについては、佐藤鉄男「わが国のVis attractiva concursusに関する一考察——倒産関連紛争をどこで解決するか」同法62巻6号（上北武男教授古稀）21頁（2011年）。近時生じている問題については、島岡大雄ほか編『倒産と訴訟』（商事法務・2013年）の各論考で分析されている。
30 アメリカ倒産法の用語に倣い、占有債務者（Debtor in possession）の言い方がこれ以降定着したが、債務者の管理処分権の扱いは前身の和議でも同じであった。しかし、公平誠実義務（民再38条2項）が明文化された。逆に、会社更生において、実質的に経営権が温存される余地が明文化された（会更67条3項）。田原睦夫「DIP型会社更生事件の管財人の欠格事由」福永古稀・前掲書（注27）683頁。

債権者が倒産手続に集団として関係し影響を与える債権者集会については合理化の方向での改正があった。すなわち、従来極めて低調で債権者関与の実が乏しいのが現実であったので、破産ではその開催を任意化し、民事再生や会社更生では決議を要する場合しか開く必要がなく、書面決議の方法も可能とした。その代わり、柔軟な形で債権者の意向を手続に反映させる方法として、債権者委員会の制度を導入した（破144条以下、民再117条以下、会更117条以下）。もっとも、これまでのところ活用例が少なく、期待したような意味でのよい影響につながっていない。

　総じていうと、時間差で異なる外国法を参考にした関係で旧倒産法制の担い手をめぐる状況はいささか複雑であったが、ほぼ全面改正ながら比較的短期間の集中審議で整備された平成の倒産法制は、すっきりしたものになった。大きくは、管財人に委ねるか、債務者に管理処分権を残し監督委員をつけるか、である。それ自体は従来も存在した形であり目新しいわけではないが、担い手の内実というか、倒産手続を支える人材をめぐる状況は大きく変わってきていた。端的にいえば、専門家の質量の充実ということであり、具体的には、裁判所にあっては倒産専門部、弁護士にあっては専門家のネットワークを介し人材育成、ノウハウの伝承が進むようになったということである[32]。

　以上の倒産立法の展開を受け、以下では、裁判所・裁判官と手続遂行機関に分けて、横断的に分析してみたい。

---

[31] 従来は、同じ名称なのに任務が違っていたり（破産・会社更生の管財人と和議管財人）、任務が同じなのに名称が異なったり（破産管財人、管理人、清算人）していた。こういう現象はわが国に限ったことではない。諸外国でも、担い手の名称について似たような現象が存在する。たとえば、現行のイギリス倒産法において、債務者の財産の管理処分を担う機関が、個人破産では trustee、会社の清算では liquidator、会社の管理では administrator となっている。中島弘雅＝田頭章一編『英米倒産法キーワード』（弘文堂・2003年）111頁〔高田賢治〕。

[32] 東京地方裁判所の民事第8部、同20部、大阪地方裁判所の第6民事部がそれであるが、他の地方裁判所でも倒産事件は担当が特定し、これは英米の表現でいえば、「倒産裁判所」ともよべる。目的は異なるが、全国倒産弁護士ネットワーク、事業再生研究機構、事業再生実務家協会などの団体が、メンバーの重複もあるが、専門家の組織化を図っている。佐藤鉄男「倒産処理プレーヤーの今後――真の専門家集団へ――」本書終章（482頁以下）参照。

Ⅲ　主宰者たる倒産裁判所・裁判官

　冒頭で述べたように、倒産現象は当事者だけで決着をつけることができないわけではないが、複雑に利害が絡み合うことも多く、適切な解決には公的な機関の関与が望まれるものである。グローバル経済の現代では、国境を越える倒産事件（国際倒産）をどのように処理するか国家法の域を超えた問題も重要であるが、さしあたり国内事件で考えれば、要は国家が倒産処理にどう乗り出すかである。現代に生きる者にしてみれば、三権のうちの司法（裁判所）と倒産事件のかかわりは一見すると自明のように思えるが、必ずしもそれは必然ではない。

　そもそも経済活動の広がりがそれほど大きくない限りでは、倒産は国の問題というよりは地域の問題として現れるものであり、わが国の江戸時代の分散は、奉行所や公事師ではなく、村町役人という地域を治める行政職が関与していた。裁判所、そして法律家と倒産事件のかかわりは、明治に入り外国法をモデルに統治体制、法制度が整備された際に理念先行で始まったものである。ところが、この段階では裁判所も弁護士もわが国ではその質量が不足していたといわざるを得ず、制度が十分機能しなかったであろうことは想像に難くない。倒産事件への裁判所のかかわりも試行錯誤であったと思われる。地方裁判所の合議事件で主任官を決める方式（旧商法破産編）で始まり、旧破産法下では区裁判所での扱いが長く続き、第二次世界大戦後に地方裁判所の事件となり、その後の日本経済の変化で、消費者破産の急増やバブル経済の破綻があり、倒産法の重要度が上がったことで裁判所の体制が整うことになったといえよう。しかし、終始一貫、わが国では「倒産裁判所」は通常裁判所の一部署にすぎず、裁判官も一般の人事異動の一環として倒産事件を扱う部に配属され一時期だけ倒産事件に携わるにすぎない。[33]

　司法（裁判所）と倒産事件のかかわりが特異であるのは、諸外国にもみられ

---

[33] その意味で、諸外国にみられるように、破産裁判官（bankruptcy judge）として倒産事件に長く携わる裁判官は日本には存在しない。しかし、前掲（注32）の専門部所属裁判官は専門性が高く情報発信力もあり、実務をリードしていることは間違いない。英米法系列の破産裁判官については、中島＝田頭・前掲書（注31）85頁以下〔髙田賢治〕。

ることである。倒産事件は、債権者の信頼を裏切る犯罪として、また債務者に対する債権者の権利実現・調整を要するものとして、裁判所との結びつきは早くからあったが、その処理となると司法本来の訴訟事件とは異なることが多く、管財人等の人材を手当てしその管財活動を監督し複数の事件を管理するという作用は行政的な色彩も強い。実際、倒産法に関する行政的な側面は、現在も端的に行政機関が担っている国がある。[34]また、裁判所が関与する場合も、固有の意味での裁判官以外の者が担当することが多い。[35]この点は、アメリカに典型的な現象がみられ、倒産事件を担当するのは通常裁判所たる連邦地方裁判所であるが、その職員が倒産事件に係る個々の案件を処理する「破産裁判官」となり、さらに倒産処理に係る行政的な作用は行政機関である「連邦管財官（United States Trustee）」が担うという構造が確立していった。[36]その結果、連邦地方裁判所、破産裁判官、連邦管財官の権限の線引きという極めてデリケートな問題が生ずることになる。わが国において、債権の確定や役員責任をめぐって「裁判所」と「倒産裁判所」とで決定手続と訴訟手続の関係が問題になることがあるが、格段に複雑になっている。こうしたことからも、司法（裁判所）と倒産事件のかかわりにはいろいろな可能性があることがわかるが、わが国では、あくまで通常の裁判所・裁判官が、「非訟」事件の一つとして倒産事件に係る行政的な作用を含めて受けもっているタイプということになろう。ちなみに、フランスでは商事裁判所（Tribunal de commerce）が倒産事件を管轄し、そこでは商人が裁判官になっている点で再建型手続特有のビジネス判断には向いていたといえるが、[37]フランス法に倣った明治23年旧商法破産編もこの点は真似ようがなかった。

---

34 典型は通商産業省の倒産局（Insolvency Service）が倒産実務家（Insolvency Practitioner）の監督を始めとする倒産行政を担っている。ここに至るまでのイギリスにおける倒産と行政機関の関係については、高田賢治『破産管財人制度論』（有斐閣・2012年）の特に、第4章、第6章参照。

35 その意味は、国家三権の均衡関係に照らし、その崇高な権限行使のため憲法等で特別な身分保障がされている、という意味である（憲法78条、アメリカ憲法 Article Ⅲ）。

36 これについては、髙木新二郎『アメリカ連邦倒産法』（商事法務研究会・1996年）の特に、第9章と第10章、阿部信一郎＝粕谷宇史『わかりやすいアメリカ連邦倒産法』（商事法務・2014年）24～27頁。

37 フランスの倒産法は、商法の一部として出発し（1806年）、いったん商法から独立した（1955年法、1976年法、1985年法）後、2000年に再び商法に編纂された（商法典第6部となった）。なお、非商人たる個人の倒産処理は商事裁判所の扱いではない。

ところで、わが国の倒産法では、会社更生、特別清算がその適用対象を原則として株式会社としているものの、破産、民事再生は適用対象を限定しない一般的なものであり、本来その間口は広い。しかし、倒産事件のすべてが裁判所に来ているわけではない。私的整理でうまく処理されている分には問題はないが、裁判所以外の公的な機関が処理にあたっている場合がわが国でもある。裁判所の手続を利用する場合との功罪は議論の余地があるが、国（政府）がその処理にあたるというものである。それは社会的影響に由来すると思われる。典型は、金融機関の破綻処理である。金融機関が裁判所の倒産手続の利用適格（「破産能力」）を欠くわけではないが、金融システムへの影響をおそれ長い間、監督官庁たる大蔵省（当時。現財務省）、その所管下にある預金保険機構が金融機関の破綻処理を担ってきた。また、バブル経済崩壊後の住専（住宅金融専門会社）処理や大型の破綻案件では、整理回収機構、産業再生機構による政府主導の処理が行われてきた。社会主義経済を経験した後、これを改め社会主義市場経済を標榜し倒産法も復活させた中国（中華人民共和国）では、倒産事件は裁判所（人民法院）の管轄下におかれているが、政府の関与が今も強くあり、奇しくもわが国と似た現象を感知することができる。

　倒産処理を主宰する公的な立場としては、実は裁判所と行政は競合関係にあるのであり、したがって、裁判所が主宰する場合も、行政的な作用を裁判所としてどう提供するか、また裁判所関与の基本線が何であるのかは、変遷もし、これからも議論が続けられるべきものなのであろう。最終的には、債務者と債

38　アメリカでは、金融機関は連邦倒産法の債務者能力（who may be a debtor）が否定され、連邦預金保険公社による処理に委ねられている。わが国では、昭和初期の金融恐慌の時代に破産、和議に至った銀行も多くあったが、戦後は銀行不倒産神話の時代が、預金保険制度が整備されても続いた。しかし、預金保険には限度があるのであり、やがて裁判所の手続の利用体制が整えられその例も現れるようになった。金融機関等の更生手続の特例等に関する法律が、狭義の金融機関のみならず、保険会社、証券会社が裁判所の倒産手続を使う場合の特例を定めている。

39　産業再生機構は、その後、企業再生支援機構、地域経済活性化支援機構へと継承されていくことになるが、目的、手法は変化してきている。北島（村田）典子「新たなプレーヤー──産業再生機構を中心に──」本章第3節（40頁）、同「産業再生機構による事業再生・事業再生ADR・民事再生手続の比較」本章第4節（63頁）参照。

40　公的機関関与と市場メカニズムの関係について分析するのは、冨山和彦ほか「事業再生と市場経済──市場経済メカニズムにおける再生型『整理』手法の積極的役割」松嶋古稀・前掲書（注1）38頁。

41　これについては、政府役人で構成される清算組が管財人に就任する形で頻繁に現れる（佐藤鉄男「管財人制度にみる日本・ドイツ・中国の倒産法比較」本書第2章第1節（90頁）参照）。

権者ら利害関係人の権利義務問題に帰着することが裁判所や法曹の倒産処理関与の基本線であると考える。

IV　倒産手続遂行機関

　倒産処理を行政が担う場合は、主宰者であるとともに遂行者ともなることが多い。これに対し、裁判所が主宰する際には、個々の事件の処理業務の現場まで裁判所が介入することは通常ない。裁判所が選任するか、債権者ら利害関係人が選任し裁判所が承認した、特別の者に現場を委ねるのが通常であり、その典型はいうまでもなく管財人である。

　明治23年旧商法破産編以来、わが国では、管財人が手続遂行の中心となってきた。もっとも、その基本的役割は清算型手続と再建型手続という具合に手続の種類により違ってくることが容易に想像できるので、2つに分けて検討することとする。

1．清算型手続の担い手

　経済的に破綻した状態の者にこれまでどおりの財産管理は任せられないというのが倒産制度の基本にあるので、債務者から管理処分権を奪い管財人にこれを専属させる。清算型手続では、原則として事業継続という積極的なビジネス展開は要せず、過去の権利義務の精査が中心で、せいぜい財産の売却で商的なセンスが必要となる程度であるから、訴訟を主戦場とする弁護士が給源となるのは当を得たものといえよう。ところが、この弁護士ですら、わが国では明治23年旧商法破産編の施行と同時期に誕生したにすぎないので、適切な担い手を求めて選任要件を定めることなど不可能であった。その後、大正11年の旧破産法の時代になって以降も、弁護士人口は増えておらず、おそらくは破産制度が社会的インフラとして威力を発揮しようにも担い手となる管財人候補者の不足で望むべくもなかったものと思われる。

　しかし、破産は、いわゆる自己破産が主流となるのはずっと後のことで、長らく債権者の申立てで始まることが多かったことから、管財人は申立債権者の利害とも債務者の利害とも離れ中立の立場で関与するものとし、弁護士をこれ

にあてること（弁護士管財人モデル）は理念としては疑問なく確立した。否む しろ、他に適切な給源を望みようがなかったともいえる。しかし、弁護士の不 足という現実もあり、他に給源を求めて失敗したり、そもそも制度が利用され ず、反社会勢力がそこに跋扈するという弊害も生んでしまった。それでも、戦 後のわが国の経済の発展により、社会の倒産現象への理解も変わり、また消費 者破産の急増は全国の裁判所、弁護士に破産事件を浸透させた。平成の倒産法 改正やこの間の弁護士人口の拡大から考えて、破産制度に関する限り社会的イ ンフラとして効用を発揮できる体制は整ったといえる。そして、これを担う管 財人弁護士のあり方としてエポック・メーキングな判例も現れるに至ってい る。[42]

もっとも、裁判所が専門職たる弁護士を権限が集中する管財人に選任する破 産が倒産手続の中心として機能するようになると、制度は裁判所・管財人お任 せ（親方日の丸）となり債権者を蚊帳の外においてしまう現象にもつながって しまった。

2．再建型手続の担い手

さて、これに対し再建型手続はどうであったか。こちらについては、始まり が和議で、現在の再建型の主流が民事再生である点が、それなりに意味のある ことであろうと考える。すなわち、倒産が債権者を裏切る悪であり債務者の無 能の証しであると決めつけるのは妥当ではない。したがって、その対処法が破 産清算しかないというのでは、不当でもあり、かえって社会的な無駄につなが りかねない。経済的なつまずきが必ずしも債務者の無能やその事業の有用性の 欠如を意味するとは限らないわけで、債務者に復活の可能性があり債権者もま たそれを望んでいるということがありうる。

その意味で、再建型の原型は債務者に管理処分権を残すことであり、和議も 再生もまさにこれを地で行くものである。これは先進諸国の倒産法制も同じ発 想に立ち、世界で最も有名な再建型手続であるアメリカ倒産法第11章 （Reorganization）もそうである。この場合、手続遂行の中心つまり担い手は債

---

[42] 破産管財人の善管注意義務が問題となった、最判平成18・12・21民集60巻10号3964頁である。オ 口千晴判事の補足意見は、弁護士管財人モデルを前提に成り立つ。

務者本人ということになるが、私的整理ではなしに裁判所の手続によるという場合には、何らかの形で債務者を監督ないし補助する第三者が担い手として望まれることになる。[43]これに関しては、和議や会社整理はもちろん、現在の民事再生法、そして世界各国の立法でも、さまざまな名称の機関が用意され、各種の専門家をもって具体的に担われてきた。そのどれがよいか、一つひとつをここで詳論する余裕はないし、そもそも事件によって違うはずである。だが、大正・昭和・平成の倒産法制で種々の機関が現れたことは、倒産手続にはいろいろな側面がありサポートの仕方もいろいろあることを示唆し、後にさまざまな担い手が登場する素地をつくったことは間違いない。

　このように考えると、わが国の会社更生法が管財人方式をとっているのは、むしろ再建型手続としては歴史上、比較法上、例外的なものということになる。所有と経営が完全に分離されていて、再建させるのはあくまで事業であり会社それ自体ではないと割り切れれば、管理処分権を変動させ資本構造も入れ替える会社更生の理念型からすれば管財人方式は合理的といえる。しかし、わが国の会社の実態も会社更生の運用も理念どおりのものではなかった。会社更生法の管財人方式は、破産管財人的なかかわりを担う法律管財人と経営再建を担う事業管財人の分職という、法文からは明確でない運用が定着していた。[44]さらに、現行会社更生法が管財人の選任に関し、役員責任を問われる可能性のある者は排除すると規定したこともあり（会更67条3項）、早々に開始当時の役員を管財人に選任する方式（いわゆるD.I.P.型更生）を生み出した。こうなると、管財人方式といっても、機関として善管注意義務を負うことは当然として、実質的には債務者の経営権は温存されているという意味で、実は再建型の主流に歩み寄ったことがわかる。

43　第三者機関ではなく、債権者が債務者の対抗勢力となるよう債権者委員会を充実させたり、債務者の代理人となる専門家に期待することも考えられる（アメリカ方式）。また、管理処分権を維持し続ける債務者も、法人の場合はその機関が手続遂行の鍵を握ることになる。これについては、村田典子「民事再生法上の公平誠実義務と会社役員の義務への影響」神作裕之ほか編『会社裁判にかかる理論の到達点』（商事法務・2014年）635頁。加藤哲夫「日米における『再生債務者・DIP』論の一断面」民訴雑誌61号（2015年）1頁。中西正「『再生債務者＝D.I.P.』概念の再検討──民事再生における事業再構築のプロセスの検討──」本書第3章第1節（178頁）。
44　金融機関の破綻処理では、分職ではなく、弁護士、公認会計士、預金保険機構の三者を金融整理管財人に選任するトロイカ方式が採用されることが多い。

V　担い手をめぐる若干の展望

　以上を踏まえ、最後に、倒産手続の担い手につき若干の展望を述べてみたい。

　倒産手続と裁判所・裁判官、そして弁護士の結びつきは、わが国では必然でも自明でもなかった。むしろ、国家法の一環として倒産法が制定され、破産清算の場面における権利義務の決着という部分を中心に裁判所、そして破産管財人に選任された弁護士が厳格にこなせるとの信頼は得るようになった。それ自体は、倒産処理と裁判所、弁護士を結びつけるものとして、今日では疑問を差し挟む者はいないだろう。しかし、倒産案件には再建に向かわせるのが望ましいものもあるところ、当然、それに関与することは事業の継続というビジネスに乗り出すことを意味するので、本来、裁判所や法曹が当然に得意とするところではなかった。したがって、債務者の管理処分権は維持したまま、第三者の関与は調査や監督的なものを基本としてスタートした。そして、破産管財人の経験に和議の整理委員や管財人の経験も加わるようになり、会社更生のような本格的ビジネス案件にも裁判所や弁護士が関与していくことが宣言された。しかし、再建型の案件には、やはり法律家だけではカバーしきれない側面が多くあり、裁判所も弁護士も異業種の助けを倒産処理に関して深めていくことになる。

　おそらく、今日では、倒産処理、事業再生の世界が法律家の独壇場ではないことは明確であり、個々の事件処理でもさまざまな専門家人材の知恵を結集させるチーム力が重要になったことは間違いない。そのことは単に法律家の側の事情というにとどまらず、むしろ債務者はもちろん債権者の多くも望むところであろう。かつてのように問題の多い私的整理ではなく、制度化された私的整理が充実し、時には裁判所の倒産手続以上に効果的であることはその証左といってよい。もっとも、担い手問題は最後は生身の人間に関することであり、現在の倒産処理を担っている人々にとってこの分野が専門家たる彼（女）にとって職業的欲求を満たすものであるのか、それいかんによって状況はいくらでも変わりうるものであろうし、他方で費用・報酬の問題もあろう。今後の推移は

予想が難しいが、それをフォローする際には歴史的視点も大事であろう。

〔初出：金融法務事情2005号（2014年）〕

（佐藤鉄男）

第2節 わが国における裁判所と倒産手続

I はじめに

　倒産事件は裁判所が扱う事件の中では異質な部類に属している。国によっては、倒産裁判所は当該国の裁判所機構の中で特殊な位置にあることも多い。これに対し、わが国では、倒産事件は通常の裁判所において通常の職業裁判官によって担われている。倒産事件は法律問題の坩堝といわれ、ここから派生する紛争も多い。裁判所は、大元となる破産、再生等の倒産手続と派生する各種の紛争をどのように関係づけて対処しているのか、決定手続と判決手続をリレーさせる独特の仕組みの意義・効用はどうなのか。これらの問題を中心に、私的整理ではなく、倒産事件が裁判所で処理されていることの意味を考えてみたい。

　わが国においては、破産、再生、更生、特別清算の4種類が裁判所の倒産手続として用意され利用をみている。これらにあって、裁判所は手続の主宰者つまり最高責任者の地位にあると考えられている。このことは、倒産事件の処理のために国家の司法制度が利用されるからには、裁判所の強制力が事件処理の後ろ盾となることを意味し、関係者間の合意をベースに倒産処理が試みられる私的整理とは一線が画される。

　倒産は私的な経済現象ではあるが、時にその影響は社会的な広がりをもち、利害関係が錯綜することも多い。したがって、原則として関係者の申立てを契機に裁判所が主催する倒産手続が利用されることになる。この点は、日常的な民事の紛争と民事訴訟の関係に似ている。しかし、今日のように発展した経済社会にあっては、時に1つの倒産事件が広く地域一帯、あるいは全国的にまた世界的に影響を及ぼすことがなくはない。そうなると、単に裁判所が倒産処理の受け皿として破産手続などを用意するにとどまらず、より直截的に国家が倒

産処理に乗り出すこともある。
　私企業の経済的破綻の処理が裁判所の倒産手続によらない例は、わが国では金融機関の破綻にみられた。長く倒産そのものを顕在化させることなく政府主導で救済的な処理がなされ、バブル経済の崩壊後に破綻が顕在化しても、預金保険制度の充実と相まって資金援助などによる救済が優先された。しかし、やがて金融機関等の更生手続等の特例に関する法律が整備され、証券会社、保険会社、銀行の破綻処理が裁判所の倒産手続に委ねられる例も現れてはいる。また、裁判所の再生手続や更生手続では再建型とはいっても手遅れ観が否めないこともあり、企業の抱える不良債権問題が経済全体に悪影響を及ぼしたことから、やはり政府が国策として企業の再生に乗り出すこともしている。産業再生機構、企業再生支援機構、地域経済活性化支援機構は時限措置とされながらも、裁判所ではなく、政府の国策会社が直接に、破綻回避、事業再生を推進するものである。また、かつては成功の保障のなかった私的整理が、ガイドラインの設定、行政の援助、認証された民間の事業再生ADRと制度化されたものに依拠するようにもなってきた。
　このように倒産処理をめぐる状況は大きく変化してきたが、裁判所の倒産手続は、とりわけ平成の倒産法改正を経て以降はその存在意義を確たるものとしているように思える。以下、他国との違いを浮き彫りにする意味で、わが国における倒産手続と裁判所の関係、裁判所の位置づけや問題点を描き出してみたい。

Ⅱ　司法上の手続の一環としての倒産手続

　破産手続を始めとする倒産手続が裁判所で行われるということは、国家三権の一翼である司法上の手続としてこれが存在していることを意味する。しかし、倒産と司法の関係は必然的なつながりではなく、司法制度も国によりさまざまである。わが国の倒産手続と裁判所がどのような位置づけにあるのか検討してみたい。

1. 歴史的展開

　わが国において、倒産手続と裁判所のかかわりは、明治23年商法第3編破産（いわゆる旧々破産法）に始まる。それ以前、鎖国体制下の江戸時代にも経済的に破綻する者がなかったわけではなく、分散というわが国固有の倒産制度があったとされるが、これに関係するのは村町役人であり、つまり行政職が担い手であった。経済規模も小さく、したがって複雑な対処もさほど要しない分散は地域内で片のつく問題という位置づけにすぎなかったものと思われる。

　これが法典の整備が進み権利義務の体系ができあがってくると、倒産にかかわる問題は司法制度で扱うべきものとされ地方裁判所が管轄する破産手続がスタートした。根拠法である明治23年商法はフランス法をモデルとしていたので、破産は商人世界の問題として商法の一環であり商人破産主義を採用していた。[1] しかし、フランスの伝統ともいうべき商事裁判所（Tribunal de commerce）、すなわち破産手続ほか商事事件を、商人の中から選任された名誉職裁判官が担当する仕組みは、その素地のなかったわが国には導入されなかった。したがって、明治以来、わが国では、倒産手続は職業裁判官から成る通常の司法制度に組み込まれ運営されてきた。もっとも、当初はこの職業裁判官の質量も伴わない中、破産手続は地方裁判所の合議事件という位置づけであったので、その中から個別の事件ごとに主任官を指定する方式が採用されていた。[2]

　その後、関連する民法、商法、民事訴訟法といった基本法典がドイツ法に依拠するところが大きいものであったので、早くから破産法の改正は話題となっていた。結実したのは大正時代で、商法典の一部という形ではなく、破産法と和議法が同時に単行法として制定された（大正11年）。その際に、倒産事件の管轄は、地方裁判所から区裁判所へと変更され、単独事件の扱いとなった。この点でも、ドイツのやり方に倣ったことになる。破産法と和議法は昭和時代を貫き、平成の倒産法改正まで施行され続け、この間、昭和13年には商法の中に会社整理・特別清算が加えられ、昭和27年には会社更生法が制定され、倒産法制は形の上で充実していった。この間、倒産手続を担当するのは一貫して職業

1　非商人については、従前の分散の名残を汲む形で別途、家資分散法が制定された。
2　明治23年商法980条1項、983条。この主任官方式もフランス法に倣うものであった。

裁判官であり現在へと至っているが、敗戦を受けての諸改革では、憲法そして統治体制が変わり司法制度にも変更があり、その関係で倒産事件は、地方裁判所の管轄へと改められた。[3]

その後、わが国は1990年代には戦後体制が限界を迎え諸々の改革が推進され、司法制度も改革論議を経て、裁判員裁判、労働審判、知的財産高等裁判所、といった新機軸が加わったが、倒産事件に関しては全面的な法改正はあったが、司法制度上の変革はそれほどみられない。ただ、将来的には、東京地方裁判所の倒産事件等の担当部が、執行部に続き、大方の裁判所機能が集中する霞が関を離れ、独立する計画が固まりつつあるとのことである。

2．倒産裁判所の現在状況

諸外国では、倒産事件を担当する裁判所が裁判所システムの中で特別な位置づけにあることが少なくない。そして、わが国でも狭義・広義で意味を異にするが、裁判所と倒産事件を結びつけた「倒産（正確には、破産・再生・更生・特別清算）裁判所」という言い方が確立している。しかし、わが国の場合、そうした表現をしていても倒産事件を扱う特別な裁判所が存在しているのではなく、前述のとおり、職業裁判官から成る通常の裁判所がこれを扱っており、具体的に事件を担当している裁判所をそのようによんでいるにすぎない。しかも紛らわしいことに、実際に事件を担当する裁判所は狭義の倒産裁判所と位置づけ、これを条文の文言では、単に「裁判所」と表現する一方で、倒産事件が係属する官署としての裁判所が広義のそれでありこれを条文上「倒産裁判所」と表現している。[4]

具体的に倒産事件と裁判所の結びつきを、破産法の条文によって確認してお

---

[3] 従前の区裁判所は廃止され、最下級の裁判所としての位置づけや配置の点で対応するものとして簡易裁判所が導入されたが、職業裁判官を充てる点は同じであるものの裁判官としての任命資格を異にしたことも関係し、倒産事件は地方裁判所の管轄に改められた。

[4] 定義規定でこれを確認しているのは、破2条3項、会更2条4項。たとえば、東京の破産事件であれば、東京地方裁判所が広義の破産裁判所であり、狭義の破産裁判所は、民事第20部に所属し事務分配基準により個々の事件を担当している、たとえばA裁判官ということになる。このことは倒産事件から派生する紛争の管轄に関係してくる。園尾隆司「倒産手続と各種の争訟」松嶋英機ほか編『倒産・再生訴訟』（民事法研究会・2014年）424頁。

こう。まず、破産事件の職分管轄は地方裁判所に専属し（破6条）、土地管轄については、債務者が営業者の場合はその主たる営業所所在地、営業者でない場合はその者の普通裁判籍所在地が原則となる（同法5条1項）。そのほか、債務者の財産所在地の裁判所も補充的に管轄権をもつほか、事件処理上の便宜から関連事件管轄を広く認めている（親子会社、法人と代表者、主債務者と保証人などで、いずれかの者の事件が係属する裁判所に他の者の管轄を認める、同条3～7項）。さらに、大型事件（債権者数を基準に）について中核となる裁判所の管轄も認めている（同条8項・9項）。

裁判所において倒産事件を基本的な意味で扱うのは、狭義の倒産裁判所、倒産法の条文にいう「裁判所」である。では、その「裁判所」はいかなる存在であるのか。その点につき、特別な規定があるわけではない。地方裁判所に専属管轄がある事件であるというほか、あとは各裁判所の事務分配によって担当が決まる。通常は単独制の扱いであるが、合議制によることもある。各地方裁判所（支部も含む）に配属される裁判官の人数や特性はさまざまであり、具体的な事件分配もさまざまな諸条件の下で行われることになると思われる。地方裁判所が担当する事件の中でも倒産事件は、異質の部類に属し、通常の訴訟事件とは趣が異なり後見的行政の要素を多く有している。裁判所における対応はこれを蓄積し所内で伝播することが望ましいものであるので、裁判所の事務分配上、倒産事件に関し特別部を設けている場合が少なくない。特別部の意味には2通りあり、専門部と集中部である。前者はもっぱら倒産事件を扱う裁判部で、東京地方裁判所の民事第20部、大阪地方裁判所の第6民事部が知られている。そして、規模が大きく事件数の多い裁判所では、倒産事件を一カ部に

---

5 細かな違いはあるが、民事再生法、会社更生法、会社法でもほぼ共通している。
6 やや古い情報であるが、大型事件や特殊な問題を抱えた事件で合議制がとられることがあるほか、原則は単独制のようである。司法研修所編『破産事件の処理に関する実務上の諸問題』（法曹会・1986年）65頁。
7 山本和彦ほか『倒産法概説〔第2版補訂版〕』（弘文堂・2015年）366頁〔山本和彦〕。
8 東京地方裁判所民事第8部も、更生事件、特別清算を扱う専門部であるが、あわせて商事関係の訴訟・非訟事件をも扱っている。東京、大阪の専門部の専門性の高さ、そして情報発信力は刮目すべきものであり、諸外国における「倒産裁判官」と良い意味で張り合えるものであるが、人事ローテーションで特別な扱いとなっているわけではないようである。中島弘雅＝佐藤鉄男『現代倒産手続法』（有斐閣・2013年）45頁。

集中させる集中部体制が整っているが、すべての裁判所でそのような体制が可能なわけではない。

ともあれ、狭義の倒産裁判所と広義の倒産裁判所を使い分けている関係で、詳しくは後述するが、その体制の差で微妙な問題が現れることになる。

Ⅲ　倒産事件と裁判所の関係

以下では、狭義の倒産裁判所における倒産事件の基本的な権限と扱いを概観した後、広義の倒産裁判所と倒産事件の関係について考えてみたい。

1．狭義の倒産裁判所の事件処理

まず、倒産事件の主宰者として狭義の倒産裁判所は、どのように位置づけされているのであろうか。破産法に従って概観してみたい。

破産事件に係る狭義の破産裁判所の職務は、多岐にわたるが、①その開始から終了に至るまでの節目の裁判をすること、②破産事件処理の現場を担う破産管財人等の機関の選任・監督、③債権者集会の招集・指揮、④付随する事件の裁判（各種保全処分、債権査定、否認の請求、役員の責任査定、担保権消滅許可、免責の許否）といったものに分けることができる。これらの裁判はすべて決定の方式でなされ、裁判所は口頭弁論を開く必要はなく、職権調査ができるものとされている（破8条）。破産事件は濃淡さまざまな形で多くの者に利害関係が及ぶ可能性があるので、通常の民事訴訟のように弁論主義の下で対立する原告と被告の出方を待つようなわけにはいかないからであろう。同様に、いっ

9　金融法務事情の毎年3月の号では、高等裁判所所在地の8地方裁判所における前年度の破産事件の処理状況の概要が特集されている。最新は、2038号（2016年）の平成27年の概要である。

10　この点は、そもそも倒産事件というものが大小さまざまな紛争を内在するものであり、そのすべてが倒産事件を扱う狭義の倒産裁判所で完結的に処理されるわけではないことによる。実際、最高裁判例として倒産をめぐる重要判例として残っている多くは、通常訴訟によっている。この点にターゲットを絞った力作が相次いでいる。島岡大雄ほか編『倒産と訴訟』（商事法務・2013年）、松嶋ほか・前掲書（注4）、滝澤孝臣編著『倒産訴訟の論点』（青林書院・2014年）。

11　河崎祐子「倒産手続における裁判所の役割についての序論的考察」法学〔東北大学〕74巻6号(2011年) 104頁、中本敏嗣「民事再生事件処理における裁判所の関与の在り方」田原睦夫先生古稀・最高裁判事退官記念『現代民事法の実務と理論（下巻）』（金融財政事情研究会・2013年）526頁。

12　いわゆるオール決定主義であり、民事執行や民事保全の裁判と同じである。

たんされた破産手続に関する裁判の影響も広がりがあるので、不服申立てについては、即時抗告の機会を個別に定め、主体については「利害関係を有する者」ができるとオープンにしている（同法9条）。即時抗告がされると、その判断は破産裁判所の上級に位置する高等裁判所が担当することになる。

　狭義の破産裁判所のオール決定主義、職権調査は、破産事件の性質を考えればこれを誤りと説く必要はない[13]。しかし、前述したように、狭義の破産裁判所の職務は多岐にわたっており、破産事件に係る裁判といっても十把一絡げではとらえにくい面がある。すなわち、利害関係の影響が拡散的に現れるものもあれば、利害関係の対立軸が鮮明なものもある。たとえば、一部の債権者がある債務者の破産申立てを行ったところ債務者がこれを争うような場合はまさに二当事者が対立している場合であろう[14]。また、利害関係が広がるものの、公益性を帯びるというよりは、要は多数当事者となって現れる債権者がどう考えるか、すなわち自己決定に重きがあるという場合もあろう。この点は、再建型の再生・更生事件においてみることができる。というのも、改正前の更生、そして和議では、開始決定の段階で裁判所が債務者の再建の見込みについて高めのハードルを設定していたことも関係して取下げが少なくなかった[15]。また、和議条件や更生計画に関しても、債権者らによる可決と裁判所による認可という二段構えの構造である点は同じでも、可決要件が現行法より高かった分[16]、裁判所をパターナリスティックにしていたものと思われる。

　そもそも倒産事件の影響が社会的な広がりをもっているといっても、基本にあるのは債務者とこれに対する債権者の民事上の権利義務であるから、裁判所が職権調査をしようにも証明主題がみえているとは限らない。債権者ら当事者

13　倒産事件と裁判を受ける権利との関係につき、その性質から非公開の決定手続によることも違憲ではないとしたのは、最大決昭和45・6・24民集24巻6号610頁、最決平成3・2・21金判866号26頁。
14　債務者が債権者の破産申立てに抵抗するケースとして、破産原因がないとする場合のほか、当該債権者の債権が不存在であるとして申立資格を争う場合が考えられる。この点については、霜島甲一『倒産法体系』（勁草書房・1990年）125頁。
15　旧会社更生法では、手続開始段階から「更生の見込」を問うていた（同法38条5項）。和議においては明文でそうしたハードルを課していたわけではなく運用によるものであった（したがって、裁判所によって差があった）。しかし、開始段階の高いハードルが現実の再建の成功につながっていたわけではない。
16　和議において、4分の3（和49条、旧破306条）、会社更生においても、各々のクラスで少しずつ可決要件が違った（旧会更205条、たとえば一般の更生債権者のクラスで3分の2）。

からの情報提供が重要になるし、倒産手続においては破産管財人等の手続機関による情報の集約こそが、裁判所の職権調査の前提になるものと思われる。[17]

2．倒産事件から派生する紛争と裁判所

　倒産事件に関する裁判という形での狭義の倒産裁判所の出番は実に多いものの、倒産事件に関係するあらゆる問題が狭義の倒産裁判所に引き取られそこで完結するのではない（旧会更71条参照）。すなわち、狭義の倒産裁判所の専属管轄に属する倒産事件に関する裁判も、即時抗告がされれば審級システムにより高等裁判所に移審するのは当然であるし、事柄の性質上、問題の最終決着を広義の倒産裁判所に委ねることもあれば（リレー問題）、あるいは倒産事件から派生していても扱いとしては通常事件にすぎないもの（当事者適格問題）も多くある[18]。これも破産を例にして示しておこう。

　まず前者、狭義・広義の破産裁判所が巧みに役割を分担している状況、これをリレー問題として取り上げてみよう。

　これにあたるのは、現行法では、破産債権の確定、否認権、法人の役員の責任追及、の3つである[19]。すなわち、債権調査の段階で異議が出た場合、否認権行使、役員の責任追及、に関して、訴訟手続とは別に、迅速な解決をめどとした決定手続を用意していることである（破125条、174条、178条）。その趣旨は、狭義または広義の破産裁判所に管轄を集中させることで、背後にある破[20]

17　裁判所の情報収集の間接化（管財人等を介する）と集団化（債権者集会や委員会を介する）といえる。また、倒産手続における職権主義と当事者主義の問題として考察するのは、西口元「破産手続における当事者主義的運用──破産手続における職権主義とその運用」櫻井孝一先生古稀記念『倒産法学の軌跡と展望』（成文堂・2001年）197頁。書記官の役割も大きいと思われる。重政伊利＝大林弘幸『破産事件における書記官事務の研究──法人管財事件を中心として──』（司法協会・2013年）が詳細である。

18　さらに別の視点を含めて指摘するものとして、山本和彦「倒産事件における各種訴訟の立法論的課題」島岡ほか・前掲書（注10）476頁。

19　リレーのニュアンスは3つ同じではない。破産債権の確定に関しては、狭義の破産裁判所の査定決定を必ず経て異議の訴えで広義の破産裁判所の訴訟になるが、否認権と役員の責任追及では、狭義の破産裁判所の決定手続を経ずに訴訟になることもある（決定手続を先行させる場合は、狭義の破産裁判所）。そして、訴訟になる場合も、否認の訴えが広義の破産裁判所の管轄となることが定められているのに対し（破173条2項）、責任追及の訴えについては破産法に規定はなく会社法の定めによる（会社848条）点で異なる。結果的に、責任追及の訴えについても広義の破産裁判所に係属することになることが多いであろう。

20　従来から関連紛争の管轄を破産裁判所に集中させる発想は、洋の東西を問わず存在した。これに

産事件全体の情報を前提に決定手続で迅速な解決の可能性を開こうというものである。決定手続であるので、ことにあたる裁判所として審理原則を異にすることはないが、紛争性が強く対立軸が明確であることが多いので、審尋すべき当事者や理由づけに関し格別な規定がおかれている。ところが、上記の3つの問題は、破産事件から派生した紛争であるが、どれも実体的な権利義務の帰趨を問うものであるので、決定手続で完結させてしまうと裁判を受ける権利との関係で違憲の疑いが出てこないとも限らない。そこで、当初の決定に不服がある場合には、異議の訴えという形で、広義の破産裁判所による判決手続へと接続することとなっている（破126条、175条、180条）。多くの場合、決定手続の段階で決着がついているという意味で所期の目的は達せられているといえるが、利害対立が厳しく異議が出ると決定手続の分、屋下に屋の観を呈してしまうことになる。いずれにしても微妙な問題であり、角度を変えて後述する。

　次に後者、倒産事件から派生する通常事件について考えてみよう。

　そもそも、これについては、取り上げる問題の射程を厳密に画することが難しいところもあるが、以下のような問題である。すなわち、破産手続の開始に伴い、破産者は破産財団に関する管理処分権を失い破産管財人に専属する（破79条）。その関係で、破産財団に関する訴訟につき当事者適格を有するのは破産管財人ということになる（同法80条）。破産管財人が原告または被告となって破産財団に関する訴訟が新たに始まる場合のほか、これに関する訴訟が従前から係属していた場合においては、当該訴訟はいったん中断し破産管財人によって受継される扱いとなっている。そして、この中断・受継には、破産者が当事者であった場合（同法44条）と、破産者が当事者ではないものの破産財団に関係する債権者代位訴訟と詐害行為取消訴訟（同法45条）が区別されている。ただ、いずれの場合にしても大元の破産手続に大いに関係する紛争であり、攻撃防御方法はまさに破産法規定ということになるとしても、あくまで通常の訴訟事件であり、係属裁判所が広義の破産裁判所と合致することがあっても、特別な意味はない。[21]

については、佐藤鉄男「わが国の Vis attractiva concursus に関する一考察——倒産関連紛争をどこで解決するか——」同法62巻6号（2011年）21頁。

21　しかし、重要な倒産判例とされるものの多くは、狭義・広義の破産裁判所によって出されたものではなく、こうした意味での通常事件である。たとえば、別除権、相殺権（相殺禁止）といった倒

Ⅳ 二段階システムと倒産裁判所

前述したように、現行法は、債権の確定、否認権、法人の役員の責任追及、の3つにつき、狭義の倒産裁判所における決定手続と広義の倒産裁判所の訴訟手続のリレーという巧みな紛争解決の仕組みを採用している。アイディアとしては、昭和13年に、商法上の会社整理、特別清算における役員の責任追及手段として初めて採用され、昭和27年の旧会社更生法において、役員の責任追及に加え否認権に拡大された。それを平成の倒産法改正の際に、債権の確定にまで及ぼし、民事再生法、会社更生法、破産法とほぼ共通のものとなったのである[23]。しかし、債権の確定、否認権、法人の役員の責任追及では事柄を異にしたところがある関係で、リレーの意味も微妙に違っている。以下、原則として、破産法のそれで説明する。

1．債権確定の場合（破産内在問題）

破産手続における破産債権の確定は、もっぱら破産手続内の問題ともいうべきものである。すなわち、仮に実体と異なる債権届出がされていても、関係者から異議等が出なければ直ちに確定する扱いとなっているという意味においてである（破産式確定。破124条）。もっとも、それは実体的な権利義務に係る問題であるから、最終的に訴訟手続による決着の機会がないとなると違憲の疑いが生じかねないものである。リレー方式はそうした事情に即した巧みな仕組み

産法の典型問題でも格別な手続規定があるわけではないので、通常事件として現れる。近時のもので例をあげれば（ここでは、破産以外でもあげる）、相殺禁止につき、最判平成24・5・28民集66巻7号3123頁、最判平成26・6・5民集68巻5号462頁、再生における別除権協定の破産移行後の関係につき、最判平成26・6・5民集68巻5号403頁。また、形の上ではよくある不当利得返還請求であるが、不法原因給付と破産管財人の地位が問題になっていたのは、最判平成26・10・28民集68巻8号1325頁。つまり、わが国において倒産判例は倒産裁判所によってのみつくられるのではない。これに対し、英米の倒産裁判所は裁判機関に徹し倒産関連紛争につき管轄を集中させ自ら多くの倒産判例を生み出している。

22 商法のそれについては、佐藤鉄男「会社整理・特別清算における取締役等の責任追及」判タ866号（1995年）422頁。

23 この制度のルーツであった特別清算では、債権の確定や否認権の制度を有していないので、従来からの役員の責任追及のみで存在するにとどまる。

と位置づけられよう。

　まず、破産債権の存在・額は、実質的に破産手続内でその利害関係が完結する。つまり、それは配当の多寡に収斂し、いずれは破産法人の消滅、破産免責によって実利を失ってしまう存在だからである。要は破産手続の外にいる者には関係のない問題といえるので、その存否・額に疑義があるという場合も、話を外に広げず（つまり、狭義の破産裁判所で）決定手続により簡易迅速に解決できるのは合理性がある。それが異議のある破産債権については債権査定の申立てを前置させる点に現れたといえる。ただ、債権調査の段階で異議の出るような債権は、問題がこじれていることも多く、査定決定では決着がつかず第 2 ラウンドたる訴訟へ突入する成り行きもおのずと少なくはないであろう[24]。すでに、当該破産債権をめぐる利害の対立軸もはっきりしてきているので、異議の訴えは、広義の破産裁判所にて対立当事者に判決手続の場を提供するものとなる（破126条）。なお、破産手続開始当時に当該債権について訴訟が係属していた場合には、査定決定を経たうえで当該訴訟の受継によって判決手続が確保されることになる（同法127条）。これらの判決手続によって破産債権の存否・額が判断された際には、それが対立当事者の主張・立証の結果であるとしても、破産債権者の全員に判決の効力があるとするのは（同法131条）、これが破産手続内の問題たるゆえんであろう。

2．否認権の場合（破産固有権限）

　次に、否認権の場合であるが、二段階システム自体は旧会社更生法においてすでに導入されており、これが平成の倒産法改正で民事再生法、破産法でも採用されたことになる。否認権の制度は、倒産法固有の制度であり、ひときわ存在感のあるものである。倒産手続が係属している限りでしか行使し得ない点では倒産手続に内在するものであるが、類似した詐害行為取消権（民424条）という制度が民法上存在しており[25]、また相手方とされる受益者または転得者は

24　債権査定の申立てが前置されるので、いわゆる債権確定の訴えという形（旧破244条）はなくなった。困難な査定事件が狭義の破産裁判所に集中すると長期化の懸念が現れる。
25　倒産手続開始時に係属していた詐害行為取消訴訟は中断し（破45条）、破産管財人によって否認訴訟へと訴えの変更がされて受継されることが想定されている。そして受継後に破産手続が終了した際には、再度中断し元の当事者によって受継されることになる。倒産手続中は、債権者は詐害行為

倒産手続の外部に位置することも多いこと[26]等を考え合わせると債権確定の場合とは違っていよう。

　二段階システムとはいっても、否認権の行使については、訴え、否認の請求、抗弁によるものとされ（破173条）、決定手続である第一段階の否認の請求（同法174条）を前置すべきものとしているわけではない。すなわち、刻々と変化する情勢の中でなされた行為が否認に服するかは、微妙な場合が多く、否認権が問題となる事件は難事件になりがちであり、決定手続によることは迂遠になりかねないからである。この点でまず債権の確定とは違っているわけだが、否認の請求による場合も訴えによる場合もその管轄は広義の破産裁判所とされている（同法173条2項）。背景となる破産事件について把握している狭義の破産裁判所の管轄とはさせていないことを意味する[27]。また、抗弁による行使が認められているということは、破産事件から派生する形でランダムに提起される通常訴訟、したがって破産裁判所とのつながりは特に想定されないまま、否認権の成否が争われるということもあるということである[28]。

　現行規定にみる否認権と裁判所の関係は、良くいえば柔軟、悪くいえば中途半端でもある。否認の請求を用意している点で、否認権行使に関しても簡易迅速な解決を良しとする（債権確定、役員の責任追及と）共通思想が読み取れる。しかし、否認権の行使は相手方の現在の地位を脅かすものであり、最初から破産手続の側からの発想にのみ立つのが好ましいかは疑問もあり得よう。訴えの提起を許可した狭義の破産裁判所（破78条2項10号）に管轄させるのは中立性の点で問題でもあろう[29]。

取消訴訟を提起できず（東京地判平成19・3・26判時1967号105頁）、また、破産免責が確定すると詐害行為取消権は行使の基礎を欠くとされる（最判平成9・2・25判時1607号51頁）。もっとも、否認権は破産債権の消滅の影響を受けるものではないとされる（最判昭和58・11・25民集37巻9号1430頁）。

26　偏頗行為否認の場合は、相手方となる受益者も破産債権者となるべき者なので手続内部の問題にとどまっているが、詐害行為否認や転得者が現れた場合には、利害関係が破産手続の外部の者にまで及ばざるを得ない。

27　この点、旧会社更生法と同じであるが（旧会更82条2項）、旧破産法における否認訴訟にはそもそも管轄規定がなかったので民事訴訟法の管轄規定に従うほかなく、破産裁判所以外で否認訴訟が展開されることも少なくなかった。

28　抗弁による否認権行使は、債権査定に対する異議の訴えのほか、倒産事件から派生する紛争の通常訴訟でもありうる。後者の場合、破産裁判所以外での訴訟となることもある。

29　再生手続における否認権行使の場合は、管財人が選任される場合は別として、管理処分権を引き

だが、今度は、二段階システムを構成する否認の請求と異議の訴えが同じく広義の破産裁判所の管轄に服していることの問題が出てくる。このことは、両者は審級関係にはなく、あくまで同一審級内での決定手続と判決手続の役割分担という関係に立ち、実際にどう運用するかは裁判所の事務分配の話になってくる。[30]審級関係の発想でとらえれば裁判体を変えるのが望ましいようにも思えるが、変えるにしても、バトンがリレーされたうえで決定手続と判決手続との接続は何を理想形とすればよいのか描きにくい。否認権行使場面における対立の構図はどの段階であれ変わりはないと思われるが、裁判所は審理原則を異にした形で同じ問題を扱うことになる。[31]

3．法人役員の責任追及（外部問題の手続特則）

同じく二段階システムを採用しながらも、法人役員の責任追及は前二者とはまた異なったニュアンスをもつ。責任査定と異議の訴えという形で倒産手続内での解決の途が開かれているが、それはあくまで手続的便宜にとどまり、責任の基礎は法人根拠法に本籍を有するものである点で、債権確定ともまた否認権とも違うからである。以下、法人は株式会社で、それが破産手続開始決定に至ったという最も典型的な例で考えてみたい。

その場合、役員の責任を基礎づけるのは、会社法の役員責任規定であり（会社423条）、否認権のような固有の要件設定が破産法の中にあるわけではない。そして、責任を問われる取締役らは会社の破産手続との関係では、利害関係人であるということはできても、破産債権者のように破産手続に内在する存在ではない。また、責任を追及する手段もその本来的手段は責任追及の訴えである

続きもつ再生債務者には否認権行使権限が認められていない。代わりに監督委員が否認権を行使することになるが、裁判所によって特別にその権限が付与されて初めて可能になる（民再56条）。その段階で否認の成否についての心証をとることはないにしても、狭義の再生裁判所に管轄させるわけにはいかなかったのだと思われる。

30 事務分配は裁判官会議を経たうえで機械的に運用される。規模の大きい裁判所では運用の幅が大きいが、規模の小さい裁判所では運用しようにも選択の余地は乏しい。破産裁判所たる地方裁判所によっては、否認の請求と異議の訴えの事務分配方針が異なることもある。解決の統一性や公平性の問題意識でこれを分析するのは、伊藤眞「否認権行使を巡る紛争解決のあり方──紛争解決に関する統一性判断の実現を求めて」島岡ほか・前掲書（注30）454頁、特に464頁〜466頁。

31 逆に、裁判体が変わらない事務分配になることも否定されない。その場合、決定手続における心証ごとに判決手続に持ち越されることの可否はどのように意識されるべきなのか。

(同法847条)。したがって、仮に責任査定の制度が存在していなければ、役員に対する損害賠償請求は破産財団に関係する訴訟として破産管財人によって提起される通常訴訟である[32]。

しかし、役員の責任追及が常に通常訴訟によるほかないというのでは追及者の負担が大きいので、決定手続による簡易迅速な責任の実現イコール損害の回復、というのがこの制度の狙いであった。他方で、ことが会社実体法上の権利義務の問題なので、判決手続で争う余地を残しておかないと違憲の疑いが出てこないとも限らない。そうしたバランスの下にある二段階システムである。まず、責任査定という手続的武器を利用するイニシアチブは管財人にあり[33]、責任査定決定に対する役員または管財人による異議の訴えによって広義の破産裁判所における判決手続へと移行する。その他の点では、二段階システムとしてほぼ問題状況は同じと思われる。

4．担保権消滅許可制度──変則的な二段階システム

平成倒産法改正の新機軸の一つに担保権消滅許可の制度がある。すなわち、倒産手続においても（別除権ないし更生担保権と）最上位の処遇を受けうるのが担保権であるが、時に当該手続の足枷になることがあった。そこで、破産、再生、更生で制度設計に差はあるものの、最終的には存在していた担保権を消滅させる点で共通する制度が導入された。その効果のゆえに、憲法問題を避けるべく、慎重な審議のうえ、要件、手続の点で工夫が凝らされたのだと思われるが[34]、ここでは、破産と再生につき、この制度と裁判所のかかわりに注意しつつ述べてみたい。

---

[32] 役員に対する責任追及が平時において会社からされにくいため株主による代表訴訟がクローズアップされる。倒産手続開始時には破産管財人によって責任追及がされることが期待されそれが望ましくもあるので、係属中の代表訴訟は中断し管財人によって受継され、新規に代表訴訟は提起できないというのが通説となっている（金融整理管財人の場合は、別論とされている。最判平成15・6・12民集57巻6号640頁）。破産管財人が通常訴訟によった例として、大阪地判昭和49・4・26判時781号103頁。

[33] 条文上は狭義の破産裁判所の職権によることも想定されているほか、再生手続において管財人が選任されない場合には、債権者にも申立権がある（民再143条2項）。

[34] 多くの文献があるが、要件論は、倉部真由美「担保権消滅請求の要件論」佐藤鉄男＝松村正哲編『担保権消滅請求の理論と実務』（民事法研究会・2014年）30頁、手続論は、高田賢治「担保権消滅請求の手続論」同書47頁。

まず、破産の場合である。担保権者は別除権者として破産手続によらずして実行ができるとはされているが（破65条）、破産財団に属する財産については破産管財人の換価権も及んでいる（同法184条2項）。管財人が任意売却を目論んでも十分な満足の及ばない後順位の担保権者の抵抗にあうことが多かった。そこで、管財人の任意売却を後押しする意味で導入されたのが破産法における担保権消滅許可の制度である。導入後も公式にこれを利用する例はそれほど多くはないが、伝家の宝刀という意味で、破産管財人は狭義の破産裁判所に担保権消滅許可を申し立てることができる（同法186条1項）。売却内容や組入金について事前に担保権者と協議しておくことが前提になるが、裁判所は所定の要件をチェックする。ここで重要なのは、担保権者の対抗措置であり、①当該裁判所に自ら担保権実行の申立てをするか（同法187条）、②管財人に対し買受けの申出をするか（同法188条）、③即時抗告するか（同法189条4項）、が使い分けられる。[35] これらのハードルをクリアし売却の相手方が金銭を納付すれば担保権は消滅する（同法190条4項）。この間の裁判所の対応はすべて決定手続によっている。ことは担保権の消長という重大な問題ではあるが、迅速に判断されるほど破産手続への効用は大きいであろうからここに慎重な判決手続は無用というものである。

では、一切判決手続につながるルートがないのかというとそうではない。すなわち、確かに担保権は消滅させられるが、もちろん何の見返りもなしに消滅が導かれるわけではなく、買受人が納付した金銭がしかるべく担保権者に配当されることになっている（破191条）。この配当につき、破産法は民事執行法の規定を準用する（同条3項）。したがって、配当期日において配当表を作成する方法によって行われることになる（民執85条）。この場合、狭義の破産裁判所が執行裁判所に置き換えられ、裁判所は破産管財人や担保権者を審尋することもできる。そのうえで配当表に基づき配当がなされることになるが、ここに記載された担保権者の債権・額に不服があれば、破産管財人であれ担保権者であれ異議の申出ができ（同法89条）、さらに配当異議訴訟を提起することがで

---

35 前二者は、主として売却価格について異議がある場合であり、即時抗告は消滅許可要件の充足を疑う場合である。価格については、自ら買ってよい場合は買受けの申出で、買う気はないがもう少し高いだろうという場合が担保権実行の申立てである。

きる（同法90条）。こうして、最終的には、破産における担保権消滅許可の制度では、関係者に判決手続の機会が保障されているのである。

　次に、再生の場合である。担保権を消滅に至らしめる効果の点では、破産のそれと同じであるが、制度趣旨を異にしており、したがって、要件や担保権者の対抗措置も異なっている。すなわち、債務者の再生に向け、担保目的財産につき実行をかけられては困るので、実務では別除権協定が試みられているところであるが常に功を奏するわけではない。そこで、債務者の事業の再生に欠くことのできない財産につき、その財産の価額相当額を納付することで担保権を消滅に導き当該財産を確保させようというものである。もちろん、再生手続本体に密接に結びついたものであるので、狭義の再生裁判所が担当する。担保権者は、要件が充足していないとして、即時抗告で争える（民再148条4項）ほか、消滅に導く申出額に不服がある場合には、広義の再生裁判所に価額の決定を請求することができる（同法149条）。再生裁判所は、評価人を選任しその評価を参考に価額を決定するが、これには担保権者も再生債務者等も即時抗告ができる（同法150条5項）。価額問題が決着し金銭が納付されると、担保権は消滅する（同法152条2項）。この間、すべて決定手続で処理され、判決手続の機会はない。

　このように担保権の消滅が導かれるが、もちろん価額相当の金銭が納付されそれが担保権者に配当されることが予定されている（民再153条）。この先は破産の場合とほぼ同様である。すなわち、狭義の再生裁判所は、民事執行の例に倣い（同条3項による民事執行法の準用）、配当期日において配当表を作成する方式で配当する。裁判所は、再生債務者等および担保権者を審尋することができるし、それらの者で配当表に不服がある場合は配当異議の申出ができ（民執89条）、さらに配当異議の訴えの途が確保されている（同法90条）。つまり、民事再生法における担保権消滅許可の制度でも判決手続で権利義務に関する最終的な決着の途は残されているのである。

V　倒産手続を裁判所が主宰する意味

　極限の経済現象たる倒産は法律問題の坩堝でもあり、これを裁判所が取り扱

うのは必然ではないとしても不思議なことではない。しかし、倒産処理にはさまざまな側面があり、実際に裁判所が倒産処理のために行っている作用は、固有の裁判作用にとどまらず、後見的行政的な作用にまでわたっている。もとより現代の裁判所が固有の裁判作用以外のことも引き受けていることはわが国に限ったことではないので、それ自体は問題ではない。逆に、倒産処理に係る作用は裁判所以外でも提供できるものが多く、実際、不安定な純粋型の私的整理は別として、制度化された私的整理のスキームが、国家レベル、行政レベル、民間レベルで提供されており[36]、裁判所の倒産処理が回避されることもある。

しかし、それでも現代社会において、裁判所の倒産手続がセイフティ・ネットとして不可欠の存在になっていることは誰も否定しないだろう。それでは、われわれは今、裁判所の倒産手続に何を期待しているのであろうか、そして主宰者としての裁判所に求めているものは何か。もとより、それは倒産手続の目的論も関係し、さまざまな理解がありうるところであるが[37]、主宰者として常に意識しなければならないものであろう。

少なくとも、司法制度の一環としてのわが国の裁判所を前提に考えれば、倒産事件は必然的に多くの法律問題を包含するところ、それを最も的確に扱い得るのは裁判所をおいてほかに考えにくい。したがって、ここで期待されている裁判所の役割は、裁判所の本来業務と異なることはなく、法適用のための認定と判断という司法本来の作用にほかならない。すなわち、倒産手続に関し所定の効果を導く要件が充足しているか、開始から終了に至るまでまさに裁判所の判断の積み重ねで1つの倒産事件が進んでいく[38]、また本稿で述べたようにここから派生する個別紛争も大元の倒産事件と関連づけられながら解決されてい

---

36 国家レベルとは、住専（住宅金融専門会社）処理に始まり、整理回収機構の機能の一部、産業再生機構、企業再生支援機構、地域経済活性化支援機構がそれであり、行政レベルとは、中小企業再生支援協議会（厳密には、都道府県の商工会議所などの指定支援団体）、民間レベルでは、事業再生実務家協会、のことである。さらに裁判所も、4種類の倒産手続のほか、特定調停のメニューを有する。また、業種的には、長い間、金融機関の破綻処理は国家（監督官庁）主導の救済策が講じられ裁判所の手続が回避されてきた。

37 破産法、民事再生法、会社更生法の1条は目的規定となっている。それが倒産手続の絶対的普遍の目的として固定したものとまではいえないだろう。筆者の理解は、佐藤鉄男「倒産手続の目的論と利害関係人」田原睦夫先生古稀・最高裁判事退官記念・前掲書（注11）30頁。また、河崎・前掲論文（注11）も同じ視点に立っているものと思われる。

38 たとえば、破産手続の開始決定は、債務者に破産能力があるか、破産原因が存在しているか、障害事由が存在していないか、といった諸要件の判断結果なのである。

く、司法本来の作用が倒産処理に寄与しているといえる。それは決定手続で判断がなされる場合であっても変わることはない。もっとも、倒産事件から派生する紛争も大元の倒産事件の管轄裁判所に集約して一体的に解決されるのはよいとして、事柄によっては判決手続をもってのぞむことがふさわしいものもあるように思える。わが国では、倒産事件に特化した特別裁判所という意味での倒産裁判所も倒産裁判官も存在しない。[39]しかし、わが国のそれが倒産事件に不適格であることを意味するものではなく、むしろ司法本来の作用が発揮されることで倒産事件の適正な処理が進むのだと考える。

　しかし、他方で、システムとして倒産事件を処理するには、後見的行政的な作用も必要となってくる。たとえば、誰を破産管財人に選任するか、債権届出期間をどう設定し、債権者集会をいつどこでどうやって開くか、配当の方式はどうするか、管財人の報酬をいくらにするか等々、いわゆるマネジメント的なところは司法本来の作用ではないものも多い。これらは、必ずしも裁判所が引き受けなくてもよいものであり、アウトソーシングも可能かもしれない。もちろん、裁判所という組織が絶対的にできないという意味ではなく、仮に裁判所が引き受ける際には、その性質に照らし裁判所も発想を異にして対応にのぞみ、関係者もそのことを理解しておくべきことになろう。

　いずれにせよ、司法本来の作用で裁判所が倒産処理に寄与し社会の期待に応えるという意味では、現行法が倒産事件から派生する紛争として狭義・広義の裁判所が管轄する類型の事件を的確かつ迅速に処理することは重要な意味をもつことになろう。そのための努力を裁判所は現行法が採用する二段階システムの活用等で図ってきている。しかし、それ自体が実はどれもニュアンスを異にしているという意味で完成形にはなっておらず、改善の余地を残しているように思える。また、倒産事件から派生する紛争の多くは倒産法の論点をまといながらも雑多な通常訴訟として裁判所の通常部に係属する。これらも的確かつ迅速に処理されて初めて裁判所の倒産事件がよく機能しているといえるようにな

---

[39] 著名な倒産弁護士が、実質的意味での倒産裁判官をめざして任官し、東京地方裁判所民事第20部への配属は1年にとどまったものの、その間に種々の改革を行った。須藤正彦ほか編『事業再生と民事司法にかけた熱き思い――高木新二郎の軌跡』（商事法務・2016年）45頁以下。民事第20部以外の勤務の効用も大きかった。高木新二郎『随想・弁護士任官裁判官』（商事法務研究会・2000年）77頁、164頁。

るであろう。しかし、その点は裁判所一般の問題に帰すものである。倒産事件に特化した専門裁判所・裁判官もタブーと考えるべきではない。

〔初出：事業再生と債権管理149号（2015年）〕

（佐藤鉄男）

第3節 新たなプレーヤー
――産業再生機構を中心に――

I　はじめに ――本稿の目的――

　近年、株式会社産業再生機構、株式会社企業再生支援機構[1]、株式会社地域経済活性化支援機構[2]といった、政府が関与する事業再生主体の設立が続いている。これらの組織は、ある政策目的の実現のために、一定の政府の関与を伴って、対象となる債務者の事業再生を行う主体である。法的倒産処理手続に直接関与するプレーヤーではないが、事業の再生という広い世界を想定すると、これらの主体が事業再生分野に与える影響は相当大きいといえよう。

　いうまでもなく、産業再生機構を始めとするこれらの事業再生主体の大きな特徴は、政府の強い関与があることである。しかし、その関与のあり方や、そこで生じうる問題点についてまとまった検討を加えたものはあまり多くないように思われる[3]。そこで、本稿は、政府の関与がある事業再生主体の先駆であ

---

[1]　株式会社企業再生支援機構は、有用な経営資源を有しながら過大な債務を抱える企業の経営再建を支援するために設立された官民ファンドの株式会社である。平成21（2009）年に発足し、平成22〜24（2010〜2012）年には日本航空の再建を主導した。同25（2013）年、地域経済の活性化や中堅・中小企業の事業再生に向けた支援機構を強化するために改組され、株式会社地域経済活性化支援機構に改称された。

[2]　中小企業などの経営再建を支援するために、政府と金融機関が出資し合って平成25（2013）年3月18日に設立された。中小企業者等に対する金融の円滑化を図るための臨時措置に関する法律（金融円滑化法）が終わるのを前に、企業再生支援機構を中小企業支援に専念する組織へと衣替えしたものである。支援受付期間は5年間。直接支援するために政府保証付きで金融機関から資金を借り、平成25（2013）年度は出資・融資のために1兆円の資金枠を設けた。

[3]　産業再生機構に関する文献として、楠本博「産業再生法の改正と産業再生機構の設置」銀法616号（2003年）117頁、高木新二郎「事業再生のために利点が多い産業再生機構のより一層の利用を」金法1681号（2003年）16頁、同「産業再生機構のその後」銀法622号（2003年）28頁、同「産業再生機構の現状と今後」金法1690号（2003年）60頁、吾郷俊樹「産業再生機構」税務弘報51巻8号（2003年）146頁、田作朋雄「産業再生機構の機能と展望」ジュリ1285号（2004年）22頁、松井清隆「産業再生機構の『実行支援』について――ハンズ・オンの日々」NBL810号（2005年）13頁、高木新二郎「産業再生機構回顧」金法1800号（2007年）68頁、中野瑞彦「株式会社産業再生機構――株式会社産業再生機構の役割――」事業再編実務研究会編『最新事業再編の理論・実務と論点――21世紀

Ⅰ　はじめに ——本稿の目的——

る産業再生機構を素材として、その業務について簡単に確認した後に、政府の関与のあり方を、産業再生機構の組織形態への関与と事業再生という機構の業務への関与という2つの側面から検討していきたい。

　もちろん、産業再生機構は、平成15（2003）年4月16日に設立され、同年5月8日に業務を開始し、約4年間活動した後、平成19（2007）年3月に解散、同年6月に清算を結了した、すでにその役割を終えた組織である。しかし、産業再生機構の解散後も、企業再生支援機構や地域経済活性化支援機構という、政府が関与する形の事業再生主体の設立が続いている。当然、これらの機構ごとに設立目的を有しており、そのあり方も異なるが、産業再生機構が端緒となって、政府が関与する事業再生主体の設立が続いているとすれば、今あらためて産業再生機構という組織およびその事業再生の手法について確認しておくことに意義を見出すことができよう。そこで、本稿では、これら政府が関与する事業再生主体の原型ともいいうる産業再生機構について検討を加えたいと思う。また、近年、事業再生ADRを始めとする裁判外事業再生手続が用いられるようになってきている。これら裁判外の事業再生手続の手法は、私的整理ガイドラインや産業再生機構のそれを参考にし、継承しているものと思われる。その点でも、産業再生機構による事業再生を振り返る意義があろう。

　産業再生機構は、株式会社産業再生機構法（以下、「産再機構法」と表す）に基づいて、平成15（2003）年5月8日の業務開始から、約4年間の活動期間のうちに、41件の企業グループ（対象事業者）に再生支援をする旨の決定（以下、「支援決定」という）をして、事業の再生支援を行った。産業再生機構は、日

型私的整理の手法と展望——』（民事法研究会・2009年）224頁、岩村充＝杉本和士＝長野聡「産業再生機構の果たした役割」季刊企業と法創造7巻1号（2010年）15頁等がある。

4　産業再生機構が支援決定を行った41グループの案件の一覧表は、預金保険機構のウェブサイトで確認することができる（預金保険機構保管情報。株式会社産業再生機構（活動中公表資料類）支援企業に関する発表資料〈http://www.dic.go.jp/IRCJ/ja/shienkigyo.html〉）。
　また、産業再生機構による事業再生の実際については、同機構より詳細な機構業務の実務に関する書籍が出版されている。株式会社産業再生機構編著『産業再生機構・事業再生の実践Ⅰ～Ⅲ』（商事法務・2006年）参照。
　41件という数について、産業再生委員長であった髙木新二郎氏は、「これだけの大がかりなスキームをつくり、10兆円の政府保証の枠までいただいて、支援決定をした案件がわずか41件とは論外です。少なくとも100件以上はやるべきだったといまでも思っております」と述べている。須藤正彦＝小林信明＝山本和彦編『事業再生と民事司法にかけた熱き思い——髙木新二郎の軌跡——』（商事法務・2016年）101頁。

第1章　第3節　新たなプレーヤー――産業再生機構を中心に――

本経済立て直しのための一つの原動力として、平成14（2002）年10月30日の「改革加速のための総合対応策」[5]の中で、その構想が示された機関である[6]。当時の政府は、不良債権処理を加速することによって、金融仲介機能の速やかな回復を図るとともに、資源の新たな成長分野への円滑な移行を可能にし、金融および産業の早期再生を図るための取組みを強化するとの方針を示し、「金融機関の不良債権処理の加速化に併せ、産業・金融一体となった対応を進めるため、企業・産業の再生を政府として強力に推進する」ための具体的な方策として、「産業再生機構（仮称）」を創設することとした[7]。かかる方針の下に創設された産業再生機構は、「……雇用の安定等に配慮しつつ、我が国の産業の再生を図るとともに、金融機関等の不良債権の処理の促進による信用秩序の維持を図るため、有用な経営資源を有しながら過大な債務を負っている事業者に対し、過剰供給構造その他の当該事業者の属する事業分野の実態を考慮しつつ、当該事業者に対して金融機関等が有する債権の買取り等を通じてその事業の再生を支援すること」（産再機構法1条）を目的とする機関であった。産業再生機構は、事業再生手続の中で中立的な調整者として機能し、企業の再生を加速する機関として位置づけられており、また、その活動を通じて、貸出債権市場の発展や事業再生ビジネス、さらにはこれらに関する人材の育成を図ることを期待されていたものである[8]。

以下では、まず、産業再生機構による事業再生手法の概要を明らかにしたうえで（Ⅱ）、政府の関与のあり方を検討した後に（Ⅲ）、産業再生機構による事

---

5 「改革加速のための総合対応策」は、平成14（2002）年10月30日に経済財政諮問会議により示された政策である（同対応策は、首相官邸のウェブサイト〈http://www.kantei.go.jp/jp/singi/keizai/tousin/021030sougou.html〉にて確認することができる）。当時の金融・経済情勢の不確実性の高まりを踏まえて、不良債権処理を加速することにより、金融仲介機能の速やかな回復を図るとともに、資源の新たな成長分野への円滑な移行を可能にし、金融および産業の早期再生を図るための取組みの強化をうたっていた。
6 その後、平成14（2002）年12月19日に産業再生・雇用対策戦略本部決定によって示された「企業・産業再生に関する基本指針」の中で、株式会社産業再生機構（仮称）についてより詳しい構想が示された（〈http://www.kantei.go.jp/jp/singi/sangyosaisei/kettei/021219sisin.html〉）。
7 産業再生機構設立の経緯については、内閣府産業再生機構担当室（旧産業再生機構設立準備室法案チーム編）『株式会社産業再生機構法の考え方』（2003年）1頁以下、株式会社産業再生機構編著『産業再生機構・事業再生の実践Ⅰ』（商事法務・2006年）3～4頁〔伊藤豊〕が詳しい。
8 吾郷俊樹「日本経済立て直しのためのエンジン――産業再生機構の発足」時の法令1702号（2003年）7頁。
9 吾郷・前掲論文（注8）7頁。

業再生の特質およびそこから生じうる課題を指摘することとしたい（Ⅳ）。

Ⅱ　産業再生機構による事業再生

1．はじめに

　産業再生機構による事業再生は、産業再生機構が、対象となる債務者企業に対して金融機関が有する債権を買い取ることによって債権を集約し、産業再生機構とメインとなる金融機関で債権の相当部分を保有することで債務者企業の再生を効率的かつ強力に進めていくという方法である。このように債権の買取りを中心に据える再生方法は、関係金融機関が多数に上る場合には、相互に疑心暗鬼が生じて金融機関同士での調整が進まず、調整に手間取っている間に、全体が悪化して劣化していくことが多かったことから、産業再生機構が中立的な第三者として調整役を担うことで、再生を進めることを意図したものであった。債権の買取り後は、産業再生機構は基本的に私的整理を行うものとされていた。[11]

　産再機構法が予定する具体的な手続の流れは以下のとおりであるが、実際の運用においてはさまざまな工夫がなされていたようである。[12] それらについても折に触れて確認しつつ、まずは産業再生機構による事業再生手法を確認しておきたい。

2．産業再生機構の業務──事業再生手法──

(1)　事前相談・事業再生計画案の作成・デューディリジェンス

　産業再生機構による事業再生を利用しようとする者は、事業再生計画を添付して、産業再生機構に対して再生支援の申込みを行わなければならない（産再機構法22条1項・2項）。しかし、事業者等（以下、「対象事業者」という）によっていきなり事業再生計画を添付して再生支援の申込みが行われる場合には、

10　吾郷・前掲論文（注8）8頁、内閣府産業再生機構（仮称）設立準備室「産業再生機構法案及びその施行に伴う整備法案の概要」NBL755号（2003年）11頁。
11　吾郷・前掲論文（注8）8頁。
12　株式会社産業再生機構・前掲書（注4）参照。

産業再生機構としては、持ち込まれた事業再生計画に基づいて再生可能性を判断せざるを得ず、結局、再生支援を行わない決定をせざるを得ない事態も生じかねなかった。そこで、円滑に再生可能性の判断ができるように、再生支援の申込み前に非公式な打診（いわゆる「事前相談」）が行われるであろうことが、産再機構法制定当初から想定されており、実際にそのような運用がなされていた。これは、法律で定められた手続ではなく、法律外で予定されていたものである。[13]

事前相談は、実際には次のように行われていた。産業再生機構は、案件の事前相談を受けると、メイン銀行等から預かった資料等により、案件組成の可能性を大まかに検証する（このことを、産業再生機構内部では「プレDD（デューディリジェンス）」とよんでいた。以下、本稿でも、このことを「プレDD」と表す）。このような方法がとられた理由は、産業再生機構の人員が限られ、かつ本格的なデューディリジェンス（以下、「DD」と表す）に入る場合には、外部委託に伴う費用負担が機構に発生することを考慮して、支援の蓋然性がない案件にそうした貴重な資源を投入することはできないと考えられたことによる。プレDDは産業再生機構の資源配分適正化のための予備調査としての性格をもっていた。また、プレDDには、DDに入るにあたっての戦略、仮説を構築するための作業という意味も込められていた。[14] プレDDは、DDおよび事業再生計画策定に入る前の作業であり、大きな枠組みとして事業再生可能性を評価し、その後に続く計画策定のプロセスの足がかりとなるような戦略仮説を打ち出すとともに、支援の障害事由の探索を行い、DDの中で検証されるべき問題点の抽出を行うための重要な作業と位置づけられていた。[15]

プレDDの結果、DDへ進んでよいと判断されると、ビジネス、財務、不動産、法務、環境等に関する外部専門家への委託を行ってDDに入る。DDは、事業再生計画の策定と同時進行で相互に影響を及ぼし合いながら進められていたとされる。[16] 事業再生計画作成の目的は、事業再生の実行段階における道しるべを示し、対象事業の再生が可能であるとの確信を得ることと、その確実な

---

13 内閣府産業再生機構担当室・前掲書（注7）35頁以下。
14 株式会社産業再生機構・前掲書（注7）5～6頁〔伊藤豊〕、53頁〔渡辺美衡〕。
15 株式会社産業再生機構・前掲書（注7）15頁〔尾城雅尚〕。
16 株式会社産業再生機構・前掲書（注7）15頁〔尾城雅尚〕。

再生のために必要となる金融支援、すなわち放棄額と、ニューマネー必要額を算定することにあったという[17]。また、DD は計画の合理性に客観的な担保を与える役割も担っていた。事業再生計画は、それによって定められた金融支援の内容が、支援の依頼を受けるすべての関係金融機関にとって合理的なものとして受け入れられる内容でなければならない。産業再生機構は、中立・公平な役割をもって対象事業者の債権者間調整を行うのであり、その立場から金融支援内容の合理性を担保させることが、計画策定にあたっての第2の目的とされていた[18]。

DD の報告がおおむね出揃い、事業再生計画の形に仕上がっていく段階では、各利害関係人との調整が重要になる。債権者の中心であるメイン銀行はいうまでもなく、現経営者、現株主、場合によっては、非メイン金融機関、従業員、スポンサー事前選定型の場合にはスポンサー候補者との間で事業再生計画の内容を調整する。事業再生計画の策定主体は、産再機構法上は、対象事業者および支援申込み銀行であるが（産再機構法22条1項・2項参照）、実態としては、産業再生機構職員、委託先の外部専門家、メイン銀行、事業者の中心となる役職員の混成チームによって策定されることが多かったとのことである[19]。事業再生計画は、確実な事業再生を担保するための基礎となり、また関係金融機関にとっては金融支援という重要な意思決定を求められる根拠となる重要なものであるため、対象事業者・持込金融機関との事前相談の過程で、産業再生機構の職員が相当程度主体的な関与をしながら事業再生計画の策定を進めていく方針がとられていたという。案件持ち込みを受けて事前相談が開始されてから、支援決定を行うまでの産業再生機構の実態的な業務としては、DD を遂行しながら事業再生計画の策定を実質的に行い（もちろん、対象事業者・持ち込み金融機関との共同作業ではあるが）、それに必要な各種の調整を行うというものであったとされる[20]。

(2) 支援決定

事業の再生を図ろうとする債務者は、債権者である金融機関等と連名で、事

---

17 株式会社産業再生機構・前掲書（注7）19〜20頁〔尾城雅尚〕。
18 株式会社産業再生機構・前掲書（注7）20頁〔尾城雅尚〕。
19 株式会社産業再生機構・前掲書（注7）6頁〔伊藤豊〕。
20 株式会社産業再生機構・前掲書（注7）12頁〔尾城雅尚〕。

業再生計画を添付して、産業再生機構に対して、再生支援を申し込む（産再機構法22条1項・2項）。添付された事業再生計画は、再生可能性の高さを判断するための資料として用いられることになる。申込みを受けた産業再生機構は、遅滞なく、支援基準に従って、再生支援をするかどうかを決定するとともに、その結果を当該申込みをした事業者および金融機関等に通知しなければならない（同条3項前段）。支援基準は、事業の再生の支援をするかどうかの基準であって、これは、産業再生機構が債権買取り等をするかどうかを決定するにあたって従うべき基準とともにあらかじめ主務大臣が定めるものである（同法21条1項）。主務大臣が支援基準を定めようとするときは、あらかじめ、再生支援の対象となる事業者の事業を所管する大臣の意見を聴かなければならず（同条2項）、また、支援基準は公表が義務づけられていた（同条4項）。

産業再生機構が、事業の再生可能性が高いと判断して再生支援をする旨の決定（支援決定）を行ったときは、あわせて、対象事業者の債権者である金融機関等のうち、事業再生計画に基づく対象事業者の再生のために協力を求める必要があると認められるもの（以下、「関係金融機関等」という）の選定および債権買取申込み等期間の決定、一時停止（産再機構法24条1項）の要請をするかどうかの決定、対象事業者の事業の再生に必要と認められる額（同法25条2項。以下、「必要債権額」という）の決定を行わなければならない（同法22条3項）。また、産業再生機構が支援決定をするかどうかを決定しようとするときは、あらかじめ、主務大臣の意見を聴かなければならない（同条6項）。

21　内閣府産業再生機構（仮称）設立準備室・前掲論文（注10）9頁。
22　株式会社産業再生機構支援基準（平成15年5月2日内閣府・財務省・経済産業省告示第1号）。
23　産再機構法における主務大臣は、内閣総理大臣、財務大臣および経済産業大臣である（同法54条1項）。
24　なお、支援決定を行った後も、産業再生機構は、以下の場合には支援決定を撤回しなければならない（産再機構法28条1項柱書）。買取申込み等期間が満了しても、買取申込み等がなかった場合（同項1号）、買取決定を行わなかったとき（同項2号）、買取申込み等期間内に、関係金融機関等が一時停止の要請に反して回収等を行ったことにより、他の関係金融機関等による買取申込み等に係る債権額では必要債権額に満たないことが明らかになったとき（同項3号）、買取申込み等期間内に、対象事業者が、破産手続開始決定、再生手続開始決定、更生手続開始決定、特別清算手続開始の命令、または外国倒産処理手続の承認の決定を受けたとき（同項4号）。
25　産再機構法22条6項によって意見を聴かれた主務大臣は、遅滞なく、その内容を事業所管大臣に通知し（同条7項）、当該通知を受けた事業所管大臣は、過剰供給構造その他の当該事業者の属する事業分野の実態を考慮して必要があると認めるときは、機構に対して意見を述べることができる（同条8項）。

実際には、利害関係人との調整を含めて事業再生計画が完成した段階で支援決定の手続を行っていたようである。また、支援決定後数日の間に関係金融機関すべてを招集して債権者説明会を開催し、その後個別交渉に入ることが通例となっていたとされる。

(3) 債権買取申込み等の求め・一時停止

産業再生機構は、支援決定を行ったときは、直ちに関係金融機関等に対して、買取申込み期間内に、当該関係金融機関等が対象事業者に対して有するすべての債権について、債権買取りの申込み、または、事業再生計画に従って債権の管理または処分をすることの同意をする旨の回答を求めなければならない（産再機構法23条1項）。この債権買取りの申込みは、価格を示して行う（同条2項）。

産業再生機構は、関係金融機関等が対象事業者に対して債権の回収等をすることによって、買取申込み等期間が満了する前に対象事業者の事業の再生が困難となるおそれがあると認められるときは、買取申込み等の求めと同時に、すべての関係金融機関等に対して、買取申込み等期間が満了するまでの間、回収等をしないことを要請しなければならない（産再機構法24条1項）。

(4) 債権買取決定

産業再生機構は、買取申込み等期間が満了し、または買取申込み等期間が満了する前にすべての関係金融機関等から買取申込み等があったときは、速やかに、それぞれの買取申込み等に対して、支援基準に従って、債権買取り等をするかどうかを決定しなければならない（産再機構法25条1項）。買取決定に際しては、買取申込み等に係る債権のうち、買取りをすることができると見込まれるものの額および同意に係るものの額の合計額が、対象事業者の事業の再生に必要と認められる額としてあらかじめ機構が定めた額に満たないときは、買取決定を行ってはならない（同条2項）。産業再生機構が買取決定を行うとするときは、あらかじめ、主務大臣の意見を聴かなければならない（同条4項）。再生に必要な債権額に達するだけの回答が集まったときは、一括して買取決定

---

26 株式会社産業再生機構・前掲書（注7）6頁〔伊藤豊〕。
27 株式会社産業再生機構・前掲書（注7）7頁〔伊藤豊〕。この債権者との交渉が、産業再生機構として多大な労力を費やした仕事だったとの記述もある（同7頁参照）。

を行う[28]。産業再生機構が債権の買取りを行う場合の価格は、支援決定に係る事業再生計画を勘案した適正な時価を上回ってはならない（産再機構法26条）。

(5) 私的整理の実施

債権買取り後は、産業再生機構は、基本的に私的整理を行うことになる。さらに、成立した事業再生計画の実施を監督することによって事業の再生を支援する。特に、債権買取り後の債務者企業の再生計画の実施状況について、産業再生機構は、大口債権者という立場から、メインバンクとともにこれをフォローし、債務者企業からも定期的に計画の進捗報告を求めることでモニタリングを実施し、必要に応じて債務者企業に対して追加的に対策を講じるよう要請するという手法が想定されていた[29]。再生計画の期間については、生産性向上、財務構造改善が実現するまでに要する時間として、改正産業活力再生特別措置法上の認定基準も踏まえて3年以内とされていた[30]。また、産業再生機構は、必要に応じて、融資・保証等にも対応する[31]。事業の再生は、あくまでも当事者である対象事業者がスポンサーやメイン銀行とともに実施するものであるとしつつも、実際のところ、産業再生機構は、支援決定以降、スポンサーが経営を掌握するまでの間においては、機構の職員を派遣し、事業者の従業員とともに具体的な経営課題の克服に取り組んできたとされている[32]。

(6) 債権または持分の譲渡その他の処分の決定等

買い取った債権または持分権を譲渡することで、産業再生機構は、債務者との関係から離脱する。産業再生機構が、対象事業者に係る債権または持分の譲渡その他の処分の決定を行おうとするときは、あらかじめ、主務大臣の意見を聴かなければならない（産再機構法29条1項）。産業再生機構は、買取決定の日から3年以内に、当該買取決定に係る対象事業者について、すべての債権および持分の譲渡その他の処分を行うよう努めなければならない（同条3項）。

実際には、債権については、事業者の借り換え（リファイナンス）によって

---

[28] 買取決定後、通常1～2カ月後に債権放棄および実際の債権買取りが行われていたそうである。株式会社産業再生機構・前掲書（注7）7頁〔伊藤豊〕。
[29] 内閣府産業再生機構（仮称）設立準備室・前掲論文（注10）20頁。
[30] 内閣府産業再生機構（仮称）設立準備室・前掲論文（注10）18頁。
[31] 吾郷・前掲論文（注8）13頁、内閣府産業再生機構（仮称）設立準備室・前掲論文（注10）11頁。
[32] 株式会社産業再生機構・前掲書（注7）7～8頁〔伊藤豊〕。

産業再生機構保有の債権の一括弁済を受けて回収することが中心となり、株式については、機構が支配権を有している場合には、事業を承継するスポンサーを選定し、当該スポンサーに売却することが中心的な方法となっていたようである。なお、産業再生機構が少数株主である場合には、支配株主への譲渡や市場での売却等を行っていたとされる[33]。

3．小 括

　産業再生機構による事業再生は、その運用実態をみると、実質的には産業再生機構（の職員）が中心となって行っていたと評価できよう。産業再生機構の組織づくりにおいては、民間の叡智を結集することに重点がおかれていた。また、設立当初より、活動期間は5年間と定められていたことから、当該期間内に成果を上げることができるように、即戦力の専門家を結集することが必須とされていた。そのような趣旨の下に集められた専門的職員は、おおむね、投資銀行・ファンド・金融機関系が3割程度、会計・税務系が3割程度、ビジネス系が3割程度、弁護士が1割弱だったという。なお、民間企業から産業再生機構に入社する職員は、前職を退職して入社することが求められた[34]。

　前述のように、産業再生機構は、事前相談の段階から、対象事業者の再生可能性を慎重かつ厳密に審査しながら、実現可能かつ有効な事業再生計画の作成を実質的に行っていた。このことは、真に再生が可能な債務者のみを慎重に選んで手続の対象とし、なおかつ手続の主宰者である産業再生機構自身がその再生を主導するというものであって、再生型の法的倒産処理手続の一般法である民事再生法が予定する再生手法とは異なる様相を呈するものといえよう。また、対象事業者の再生可能性の判断や、再生方針の決定にあたっては、法務のほか、財務、ビジネス、不動産等のさまざまな専門家が手続に関与していたのも大きな特徴といえよう（産業再生機構による事業再生と民事再生手続の具体的な相違については、後掲本章第4節参照）。

　このような産業再生機構による再生手法は、対象事業者の事業再生の失敗

---

[33] 株式会社産業再生機構・前掲書（注7）8頁〔伊藤豊〕。
[34] 株式会社産業再生機構編『産業再生機構・事業再生の実践Ⅲ』（商事法務・2006年）223頁〔成田達治〕。

が、手続主宰者であると同時に大口債権者、さらには株式保有者でもある産業再生機構の直接の損失となり、ひいては国民の負担に直結するという危険を、できる限り避けなければならないという事情と[35]、事業の再生によって国の経済の活性化を図るという政策に起因するとも考えられる[36]。次項では、産業再生機構による事業再生について、主として政府の関与の仕方に着目して、その特質を検討していきたい。

Ⅲ 政府の関与

1．政府による関与の形態

産業再生機構による事業再生に対する主な政府の関与としては、①機構の役員、産業再生委員会委員の選任の認可、②支援基準の作成や、産業再生委員会による支援決定時や債権買取決定時の意見陳述、③予算等の認可、④産業再生機構の借入れへの政府保証、⑤産業再生機構の監督等がある。

たとえば、③産業再生機構は、毎事業年度の開始前に、当該事業年度の予算を主務大臣に提出して、その認可を受けなければならず、認可を受けた予算を変更しようとするときも、同様に、あらためて主務大臣の認可を受けなければならない（産再機構法35条）。また、決算について、産業再生機構は、毎事業年度終了後3月以内に、その事業年度の貸借対照表、損益計算書および営業報告書を主務大臣に提出して、その承認を受けなければならない（同法38条）。

④産業再生機構は、債権の買取り等のための資金を民間から調達する必要があるが、その資金調達に際して政府保証を行える旨の規定もおかれていた（同法40条）。さらに、産業再生機構の解散時に、産業再生機構がその財産をもって債務を完済することができないときは、政府は、予算で定める金額の範囲内

---

35 産業再生機構が資金調達を得るにあたっては政府保証を付与することができ（産再機構法40条）、また、産業再生機構が解散するときに債務超過にある場合には、政府は、予算で定める金額の範囲内において、機構に対し、債務を完済するために必要な費用の全部または一部を補助することができることとされていた（同法46条）。
36 産再機構法の立法過程では、国民負担に関する質問が集中した。内閣府産業再生機構担当室・前掲書（注7）93～95頁参照。

において、産業再生機構に対して、当該債務を完済するために要する費用の全部または一部に相当する金額を補助することができるものとされていた（同法46条）。

⑤産業再生機構は、主務大臣が産再機構法の定めるところに従って監督するほか（同法41条1項）、主務大臣は、この産再機構法を施行するため必要があると認めるときは、産業再生機構に対して、その業務に関して監督上必要な命令をすることができ（同条2項）、また、主務大臣は、産再機構法を施行するため必要があると認めるときは、産業再生機構にその業務に関して報告をさせ、またはその職員に、産業再生機構の営業所、事務所その他の事業場に立ち入り、帳簿、書類、その他の物件を検査させることも可能であった（同法42条1項）。

このように、政府は、産業再生機構の予算を認可する権限を有し、また必要な場合には業務に関する命令を発令すること等によって、産業再生機構の業務を側面から監督・規制することが可能であった。これらに加えて、政府は、産業再生機構の組織面および業務運営面の両者において、直接的な規制を行っていた。次にその点を確認しておきたい。

2．産業再生機構の組織形態

(1) 株式会社形態の認可法人

産業再生機構は、主務大臣の認可により、一を限り設立される株式会社形態の認可法人であった[37]。これは、産業・金融の再生という政策目的を担いながら市場に近い場で活動する産業再生機構の性格を反映したものと説明されている[38]。また、産業再生機構が効率的な業務執行を行うとともにその業務の公共性を担保するためには、安定した株主の下におく必要があると考えられたことから、預金保険機構[39]が産業再生機構設立の発起人となり（産再機構法47条）[40]、

---

37 株式会社形態の認可法人という形は、わが国の政府系機関として初の形態であった。産業再生機構の設立にあたっても、機構がどのような形態をとるのかについて議論が集中していた。
38 内閣府産業再生機構（仮称）設立準備室・前掲論文（注10）7頁参照。
39 内閣府産業再生機構担当室・前掲書（注7）58頁。
40 預金保険機構は、金融庁長官が金融機関に対して債務超過等の要因があると認めて、金融整理管財人による業務および財産の管理を命ずる処分を発出する場合に、預金保険機構自身が金融整理管財人として旧経営陣に代わって破綻した金融機関の業務を運営するなどの金融破綻処理業務や、破

産業再生機構の株式を常時2分の1以上保有することが法律上義務づけられていた（同法4条1項）。産業再生機構が新株を発行しようとするときは、主務大臣の認可を受けなければならなかった（同条2項）。

(2) 役員等

産業再生機構の役員（取締役・監査役）の選任および解任の決議は、主務大臣の認可を受けなければ効力を生じない（産再機構法12条）。

(3) 産業再生委員会

産業再生委員会は、産業再生機構の中で、再生支援決定、債権買取決定、債権または持分の譲渡その他の処分の決定などの意思決定を行う重要な機関である。産業再生委員会は、平成14（2002）年の株式会社の監査等に関する商法の特例に関する法律（商法特例法）の改正で新設された重要財産委員会と同様の法的性質を有するものとされ、取締役会の議決事項の一部について、取締役会から委任（権限委譲）を受けて、取締役から選定された委員が決定するという制度設計となっていた[41]（産再機構法15条2項）。

産業再生委員会は、取締役である委員3人以上7人以内で組織する（産再機構法16条1項）。産業再生機構の通常の業務執行に重要な責任を有する代表取締役は、少なくとも業務の重要事項を決定する産業再生委員会の決定に責任をもつ必要があると考えられたことから、産業再生委員のうち少なくとも1人以上は、産業再生機構の代表取締役であるとされた[42]（同条2項）。産業再生委員は、取締役会の決議により選定される（同条3項）。

産業再生委員の選定および解職の決議は、主務大臣の認可を受けなければ、その効力を生じない（産再機構法16条4項）。これは、産業再生委員会が、産業再生機構の業務の特に重要な事項を決定することから、委員会の適正性・公正

綻金融機関等から取得した資産の回収、破綻金融機関の旧経営陣等の民事・刑事上の責任追及といった業務も行っている。

また、預金保険機構を株主とする株式会社整理回収機構も、企業再生支援業務に携わっており、債権者の立場から再生計画の策定に関与するなど、事業再生実務に大きくかかわっている。整理回収機構は、破綻金融機関の破綻処理には公的資金が投入されているという事情を背景として、破綻金融機関等の旧経営陣に対して厳しく責任追及を行うなど、破綻処理・事業再生の分野における文化を形成したといえよう。

41 内閣府産業再生機構担当室・前掲書（注7）22頁。
42 内閣府産業再生機構担当室・前掲書（注7）23頁。

性を担保することとしたものである。[43]

3．支援基準の設定等

　政府による産業再生機構への関与の中で重要な意義を有するのは、支援基準の決定および産業再生委員会による支援決定や債権買取決定時の意見陳述といえよう。産業再生機構による事業再生は、対象事業者の債権を買い取り、その事業者の事業再生を進めるという手法であるため、対象事業者の再生の失敗は即座に機構の損失として跳ね返ってくる。そもそも、産業再生機構が担う事業再生という業務は一定程度のリスクを伴うものである。しかし、結局は国民の負担へとつながる産業再生機構の損失は最小限に抑える必要があった。そのための方策として採用されたのが、①産業再生委員会の設置と、②支援基準の設定である。[44]

(1)　産業再生委員会

　産業再生委員会は、前述のとおり、再生支援決定、債権買取決定、債権または持分の譲渡その他の処分の決定といった、産業再生機構の業務のうち最も重要なものについて意思決定を行う機関である。産業再生機構は、この産業再生委員会の決定なくしては債権の買取りや処分を行うことはできない仕組みとなっていた。産再機構法は、産業再生委員会の委員の選定・解職の決議は、主務大臣が認可しなければ効力を生じないとすることによって、政府の関与を通じて人的な面から機構の業務の適正さを担保していたといえよう。

(2)　支援基準

　産業再生委員会による再生支援決定や債権買取決定は、主務大臣があらかじめ定めて公表する支援基準に基づいて行われるものとされていた。産業再生機構は、公的な関与（政府保証等の国費の投入）のある株式会社であるから、案件の判断に際しても、主務大臣が定める客観的要件（基準）を満たしている必要があると考えられたのである。[45]主務大臣は、産業活力再生特別措置法の基本方針・事業分野別指針との整合性に配慮しながら、対象事業者の事業を所管す

43　内閣府産業再生機構担当室・前掲書（注7）23頁。
44　吾郷・前掲論文（注8）9頁。
45　内閣府産業再生機構担当室・前掲書（注7）32頁以下。

る大臣(事業所管大臣)の意見を聴いて支援基準を定めて公表する(産再機構法21条2項・3項)。支援基準の内容は、「企業・産業再生に関する基本方針」[46]において示され、「株式会社産業再生機構支援基準」(平成15年5月2日内閣府・財務省・経済産業省告示第1号)により定められた。

支援基準の具体的な内容は以下のとおりであった。

　㋐　**支援決定基準**

産業再生機構が支援決定を行うにあたって従うべき基準は、次の(1)から(5)までのいずれも満たす必要がある(以下は、その要約である)。

(1) 申込事業者が、買取決定が行われると見込まれる日から3年以内に、①生産性向上基準[47]および②財務健全化基準[48]を満たすこと[49]。ただし、当該事業者の属する事業分野の特性等を勘案し、合理的と認められる特段の事情があると産業再生委員会が認める場合は、これを硬直的に適用することとはしない。

(2) 申込事業者を支援決定時点で清算した場合の当該事業者に対する債権の価値を、事業再生計画を実施した場合の当該債権の価値が下回らないと見込まれること。

(3) 買取決定が行われると見込まれる日から3年以内に、新たなスポンサーの関与等により申込事業者の資金調達(リファイナンス)が可能な状況となる等、産業再生機構が当該事業者の債権の買取りを行った場合

---

[46] 平成14(2002)年12月19日の産業再生・雇用対策戦略本部決定。同資料は、首相官邸のウェブサイト〈http://www.kantei.go.jp/jp/singi/sangyosaisei/kettei/021219sisin.html〉で確認することができる。

[47] 株式会社産業再生機構支援基準1.(1)①。それによると、生産性向上基準とは、次のa)からd)までのいずれかを満たすこととされる。a) 自己資本当期純利益率が2%ポイント以上向上、b) 有形固定資産回転率が5%以上向上、c) 従業員1人あたり付加価値額が6%以上向上、d) a) からc) までに相当する生産性の向上を示す他の指標の改善。

[48] 株式会社産業再生機構支援基準1.(1)②。それによると、財務健全化基準とは、次のa) およびb) のいずれも満たすことである。a) 有利子負債のキャッシュフローに対する比率が10倍以内、b) 経常収入が経常支出を上回ること。

[49] かかる基準は、同時期に抜本改正された産業活力再生特別措置法と同じであった。産業活力再生特別措置法と同じ基準を適用することとしたのは、産業再生機構が、過剰債務企業の生産性の向上、財務構造の改善を求めるという点において、同法と同様の目的をもつと考えられたためである。吾郷・前掲論文(注8)9～10頁。

に、当該債権の処分が可能となる蓋然性が高いと見込まれること。
(4) 過剰供給構造にある事業分野に属する事業を有する事業者については、事業再生計画の実施が過剰供給構造の解消を妨げるものではないこと。
(5) 申込事業者が、労働組合等と事業再生計画の内容等について話合いを行ったことまたは行う予定であること。

(イ) 債権買取決定基準

債権買取決定基準は、次の(1)から(3)までのいずれも満たす必要がある。

(1) 買取価格は、支援決定に係る事業再生計画を勘案した適正な時価を上回らない価格であること。また、その他の法に規定する買取決定の要件を満たすこと。
(2) 買取決定時点においても、支援決定基準を満たすこと。
(3) 支援決定までに、対象事業者が労働組合等と事業再生計画の内容等について話合いを行っていなかった場合には、当該話合いを行ったこと。

(3) 支援基準の意義

産業再生委員会による支援決定および債権買取決定は、事業所管大臣の意見を聴いて主務大臣が決定した支援基準に基づいて行われる。上記の支援基準をみていくと、支援決定の判断を行うに際しては、具体的基準に基づいて判断される対象事業者の再生の見込みの有無、再生計画実施時の債権価値が支援決定時点で清算した場合の債権価値を下回らないこと、産業再生機構が買い取った債権を処分する可能性の有無等が重視されており、対象事業者の再生可能性を慎重に検討する手続となっていたことがわかる。

上記(2)(ア)支援決定基準(1)の要件は、産業再生機構による事業再生が事業の生産性の向上と財務の健全化という2つの側面から再生を図る旨を明示していた。しかも、生産性向上基準と財務健全化基準は、客観的な数値基準を定めて、詳細かつ具体的な判断が可能となるような仕組みとなっていた。この基準は主務大臣が定めるのであって、その意味で、産業再生機構による判断は、主

務大臣が定めたものに一定程度拘束されていたということができる。上記(2)(ア)支援決定基準(2)は、支援決定の時点で、対象事業者を清算した場合の当該対象事業者に対する債権の価値について、事業再生計画を実施した場合の当該債権の価値が下回らないと見込まれることを要求することによって、産業再生機構（さらには債権を保持し続けるメインバンク）が再生の結果、損失を被る可能性を回避することを担保していたといえる。

　産業再生機構は、経済情勢、対象事業者の事業の状況等を考慮しつつ、買取決定の日から3年以内に、対象事業者から買い取ったすべての債権および持分について、譲渡その他の処分を行うよう努めなければならなかった（産再機構法29条3項）。上記(2)(ア)支援決定基準(3)の要件は、事業再生の「出口」を十分に確保できるかどうかの判断を求めるものであったといえる。産業再生機構による事業再生は、産業再生機構が非メインの金融機関の債権を買い取ることによって債権を集約して、メインの金融機関と産業再生機構で、対象事業者の事業再生を強力に推進し、その後、産業再生機構は新たなスポンサーへの債務者の債権の譲渡等によって、債務者との関係から離脱することを予定していた。買い取った債権の処分が可能となる蓋然性が高いかどうかは、産業再生機構による事業再生手続が予定どおり進行するか否かを、出口の面から検討するものである。上記(2)(ア)支援基準(3)は、その出口が確保されていることを、手続開始時点で求めたものといえる。

　これらの支援決定基準は、債権の買取決定時点においても満たされていなければならなかった。つまり、支援決定があり、債権買取りの募集が行われるなど、事業再生の手続が進んでいる途中でも、生産性が向上するか、財務は健全化するか、債権の価値が下落することはないか、新たなスポンサーが登場する可能性が高いかといった債務者の事業再生可能性が厳しく評価されることになる。これは、支援決定という、産業再生機構による事業再生手続を開始する決定がなされることによって、当該対象事業者の価値が下落した場合には、産業再生機構による事業再生は以後進めないということを意味しよう。[50]

---

[50] 産業再生機構は、買取決定を行わなかった場合は、支援決定を撤回しなければならない（産再機構法28条1項2号）。したがって、買取決定時点で、買取決定がなされないということは、産業再生機構による事業再生が終了することを意味する。

以上のように、主務大臣の定める支援基準を遵守することによって、産業再生機構による事業再生は、再生可能性の高い事業者を対象とすること、手続中も再生可能性が引き続き精査されること、ひいては産業再生機構が確実な事業再生を行うこと、それとともに産業再生機構が損失を被らない状況を確保することが担保されていたといえよう。これらは、まさに政府が用意した枠組みの中で事業再生を行うということを意味していた。

4．主務大臣に対する意見聴取

産業再生機構が、支援決定を行うときはあらかじめ主務大臣の意見を聴かなければならない（産再機構法22条6項）。これは、政府は、金融機関の不良債権処理の加速化にあわせて、産業再生機構の資金調達に対する政府保証の付与など財政的支援を行うこととしていたため、主務大臣は、再生可能性の低い事業者に対して支援決定が行われて国費が無駄に使用されることのないよう、申込事業者が産業再生機構による再生支援のプロセスに入っていくことについて意見を述べることとしたものであった。[52]「意見を聴く」としているのは、再生可能性の有無を前提として事業・企業に対して再生の支援を行うかどうかという総合的な判断が求められること、最終的な判断は産業再生機構が行うという仕組みとなっていることを理由としていた。[53]

産業再生機構が債権の買取決定を行おうとするときにも、あらかじめ、主務大臣の意見を聴かなければならない（産再機構法25条4項）。これは、政府が産業再生機構に対して財政的支援を行うために、産業再生機構による債権の買取決定にあたって、当該決定が買取決定基準に該当しているか等の適正性を政府が確認する観点から、主務大臣が意見を述べることとしたものであった。[54]

産業再生機構が、支援決定や債権買取決定という重要な業務を行う際には、そこで従うべき客観的基準があらかじめ詳細に定められていることに加えて、これらの決定を行う際には主務大臣の意見を聴かなければならないとすること

---

51 株式会社産業再生機構設立時（平成15年4月16日）の主務大臣は、小泉純一郎内閣総理大臣、塩川正十郎財務大臣、平沼赳夫経済産業大臣であった。
52 内閣府産業再生機構担当室・前掲書（注7）36頁。
53 内閣府産業再生機構担当室・前掲書（注7）36頁。
54 内閣府産業再生機構担当室・前掲書（注7）42頁。

で、2段階での政府の関与が用意されていたのである[55]。

5．政府の関与と「処分」

(1) 不服申立制度

これまでみてきたように、産業再生機構による事業再生においては、産業再生機構の組織面、および業務運営面（事業再生）の両者において、法制度上は政府が積極的に関与する仕組みとなっていた。特に、支援基準の設定、産業再生機構による支援決定や債権買取決定の前提としての主務大臣に対する意見聴取は、産業再生機構が事業再生という業務を行う過程で重要な意思決定を行う際に、政府の判断が影響しうることを意味することの証左といえよう。これは、通常の私的整理や法的倒産手続にはみられない特徴である。このような特質は、産業再生機構による事業再生が、国の政策目的の実現と一体となって行われていたことの現れといえよう。

ところで、産業再生機構による事業再生手続には、不服申立（異議申立）制度は用意されていない。たとえば、対象事業者と債権者である金融機関等が、産業再生機構に対して再生支援を申し込んだが、それが認められなかった場合に、対象事業者または債権者（あるいはその両者）が、産業再生機構による支援拒否に対して不服申立てをすることが認められるか。あるいは、支援決定が認められた場合に、他の債権者が当該支援決定は認められるべきではないとして不服申立てをすることができるか。産再機構法の中には、このような不服を申し立てる手続は定められていない。また、産業再生機構は、関係金融機関等から債権の買取申込みがあったときは、それぞれの買取申込み等に対して、支援基準に従って、債権買取り等をするかどうかを決定しなければならない（産再機構法25条1項）が、この買取決定がなされなかった場合に、何らかの不服を申し立てる手段も認められていない。

支援申込みに対する拒否の決定は、当該事業者が産業再生機構による事業再

---

[55] もっとも、個別の支援決定、処分決定を行う際には、主務大臣や事業所管大臣の意見を聴くこととされているが、必ずしも、産業再生機構がそれに従うことは求められていなかった。また、これらの意見は法令上必須の公表事項とされていたことから、各省庁が内々に産業再生機構の業務に関与できない仕組みとなっていたことが、産業再生機構が主務省庁からの独立性を確保するうえで有効に機能していたとの指摘もある。株式会社産業再生機構編著・前掲書（注34）220頁〔成田達治〕。

生を利用できないということを意味する。しかも、前述のように、支援決定を行うための支援基準は公表されていることから、対象事業者自身が、自らが基準を満たしていると主張して支援決定を求める場合も一応想定できよう[56]。しかし、産再機構法は、支援をしないという決定に対する不服申立手段を設けていない。このことは、産業再生機構による事業再生をどのように考えるかに関係すると思われる。考えられる理由として、産業再生機構による事業再生は、あくまで政府の政策を実現する手段であって、政府と密接な関係を有し、その意向を受けて活動する産業再生機構はいわゆる絶対的判断権者であって、事業者が、政府が用意する事業再生の制度を利用できなかったとしても、この者はそもそも不服を申し立てるような立場にはないというものがある。しかし、一般に、行政主体による処分行為についても不服申立てが認められている現代社会においては、このような考えをとることは困難といえよう。むしろ、産業再生機構の活動に政府が密接に関与するということは、不服申立ての余地を生じさせることを意味する。

(2) 行政事件訴訟法適用の可能性

仮に産業再生機構による支援決定が、行政事件訴訟法が定める「行政庁の処分その他公権力の行使に当たる行為」(行訴3条2項)にあたるとすると、支援決定の適法性を争うためには、原則として行政事件訴訟法上の取消訴訟を用いなければならなくなり(取消訴訟の排他的管轄)、行政事件訴訟法上のさまざまな規律に服する余地が生じる。確かに、行政庁とは、一般に国・地方公共団体の機関と考えられていることから、それ以外の組織の行為については、それが行政庁ではないことを理由として処分に該当しないとも考えられるが、行政事件訴訟法の立案関係者は、同法にいう行政庁は、必ずしも国・地方公共団体の機関に限らない旨を明示していたし[57]、学説上も、同法にいう行政庁は、法律によって公権力行使の権限を与えられている機関であればよく、たとえば民法上の法人であっても、そのような権限を法律によって与えられていれば行政庁に該当するとの見解も示されている[58]。また、下級審裁判例においては、医師

---

56 もっとも、支援決定が行われないような事案については、たいてい事前相談の段階で、申立て自体を回避する方向に進んでいたようである。
57 杉本良吉『行政事件訴訟法の解説』(法曹会・1963年) 9頁。
58 櫻井敬子＝橋本博之『行政法〔第5版〕』(弘文堂・2016年) 256頁。仙台地判昭和57・3・30行集

会や日本中央競馬会の行った行為について処分性を認めたものもある[59]。産業再生機構は、国・地方公共団体の機関とはいえないが、そのことだけをもって産業再生機構による行為が処分該当性を否定されるわけではなく、その可能性を検討する意義は残されていよう。

　もっとも、産業再生機構による支援決定が「処分」に該当するか否かは、現段階では明らかではない。ある行為の処分該当性について、最高裁判所は[60]、「行政庁の処分」とは、「行政庁の法令に基づく行為のすべてを意味するものではなく、公権力の主体たる国または公共団体が行う行為のうち、その行為によって、直接国民の権利義務を形成またはその範囲を確定することが法律上認められているものをいう」との基準を定立した。この定義によれば、行政庁の行為について、それが処分にあたるためには、①その行為が「公権力の行使」として行われなければならず、②「その行為によって直接国民の権利義務を形成またはその範囲を確定する」法律上の効果が認められる必要があることになる。処分性の有無は、行政庁の行為に係る根拠法令の仕組みを解釈することによって判定される[61]。

　そこで、産業再生機構による支援決定についてみると、産再機構法22条1項は、「過大な債務を負っている事業者であって、その債権者である一以上の金融機関等と協力してその事業の再生を図ろうとする者は、当該金融機関等と連名で、機構に対し、再生支援を申し込むことができる」と定めている。産業再生機構が行う支援決定によって、対象事業者は産業再生機構が用意する手続を利用して事業再生を図る権利が得られることから、②の要件は満たされると考えることができよう。他方、①の公権力性の判断は困難である。確かに、産業再生機構の支援決定は、一方性を有する法律上の行為であるが、行為の一方性

33巻3号692頁。
59　医師会のする優生保護法（当時）に基づく医師の指定が行政処分にあたるとされた例（前掲（注58）仙台地判昭和57・3・30、日本中央競馬会がした調教師の免許更新の拒否が公権力の行使にあたるのでこれに対する仮処分は許されないとした例（東京高判昭和57・12・9行集33巻12号2416頁）がある。「行政庁」該当性については、高橋滋ほか編『条解行政事件訴訟法〔第4版〕』（弘文堂・2014年）42頁以下〔高橋滋〕参照。
60　最判昭和39・10・29民集18巻8号1809頁〔大田区ごみ焼却場事件判決〕。
61　櫻井＝橋本・前掲書（注58）267頁。

のみでは、その公権力性は基礎づけられないとされている。公権力行使該当性については従来からさまざまな議論があり、産業再生機構による支援決定が処分にあたるか否かについても慎重に検討する必要がある。支援決定自体を裁判で争うことがあまり考えられないこともあって、ここでは、処分該当性については、その可能性があるとの指摘にとどめることにしたい。

　産業再生機構は、すでに解散し清算が結了しているが、同じように政府が関与する事業再生機関が設立されることもありうるのであって、今後、新たな事業再生のための機関を設立する際には、上記の点についても考察する必要が出てこよう。

Ⅳ　おわりに

　産業再生機構は、不良債権の処理と企業・産業の再生という、当時の政府の政策を実現する１つの手段として設立された機関である。産業再生機構は、「事業の再生」を明確な目的として掲げており、これは、債権者が債権を回収するための手段としての選択肢、すなわち、債務者を解体・清算するか、それとも再生を図るかという考慮から出てくる考え方というよりも、むしろ、事業の再生それ自体を前面に押し出した制度であったということができよう。その意味で、産業再生機構の活動は、倒産を未然に予防し、窮境に至る前の段階で事業の再生を図る手続であったということができる。産業再生機構は、もちろんすでにその役割を終えた機関ではあるが、倒産の世界に、早期の事業再生という概念を広く浸透させ、事業再生の一手法を提示するという大きな功績を残

62　塩野宏『行政法Ⅰ〔第６版〕』（有斐閣・2015年）155頁以下。
63　高橋ほか・前掲書（注59）44頁以下〔高橋滋〕参照。
64　株式会社地域経済活性化支援機構法（平成21年６月26日法律第63号）25条１項は、「過大な債務を負っている事業者であって、債権者その他の者と協力してその事業の再生を図ろうとするもの（次に掲げる法人を除く。）は、機構に対し、再生支援の申込みをすることができる」と定めていることから、地域経済活性化支援機構による支援決定も、産業再生機構と同じく、本文中の②「その行為によって直接国民の権利義務を形成しまたはその範囲を確定する」法律上の効果が認められるという要件が満たされる余地がある。産業再生機構について述べたのと同じく、①の公権力性の判断によって、地域経済活性化支援機構による支援決定が処分にあたるかどうかが判断されることになろうか。

したプレーヤーであったといえよう[65]。もっとも、これらは、産業再生機構が公的機関としての面を有していたからこそ成し遂げられた部分も少なくない[66]。

　産業再生機構は、不良債権の処理・事業の再生という明確な政策目的を実現するための装置であり、政府の政策と密接な関係を有していた。また、産業再生機構の失敗（損失）は、国民負担に直結することになっていたこともあり、産業再生機構は、手続過程において、対象事業者の再生可能性を、複数の段階でかつ非常に慎重に判断していた。特に、運用面では、事前相談と同時に、さまざまな専門的知識・技能を有する専門家が、対象事業者の再生可能性を判断すると同時に、問題点を把握したうえで事業再生計画案を作成していたということは特筆に値しよう。このような専門家の活躍（関与）が、対象事業者の事業再生の可能性を高めていたということができる。事業再生可能性をどのようにして、誰が判断するのか。かかる問題は、同じく事業再生を行う手段である他の手続に対して参考となる面がある。

　産業再生機構について、もう１つの注目すべき点は、政府の密接な関与があったということである。産業再生機構の組織面、および業務面（事業再生の実施）のそれぞれに関して、政府（主務大臣）の関与が定められており、特に、支援基準の設定や主務大臣に対する意見聴取にその影響を強くみてとることができる。そして、このような政府の関与および産業再生機構の業務のあり方は、行政事件訴訟法適用の可能性を示唆する一面もあった。もっとも、この点は十分な検討ができておらず、今後の課題である。

（北島（村田）典子）

65　産業再生委員長であった高木新二郎氏は、「産業再生機構の活動によって、ワークアウトによる早期事業再生の文化が日本に普及させることができたというのが最大の成果だと思っております」と述べている（須藤＝小林＝山本・前掲書（注４）102頁）。

66　産業再生機構については、公的な衣をまとって民間の厳しい市場性を貫くという、官と民の利点をあわせもったことが成功の要因であるとして、民間金融機関における事業再生の観点から、産業再生機構による事業再生手法が提示する課題を指摘するものとして、中野・前掲論文（注３）235頁参照。

第4節 産業再生機構による事業再生・事業再生ADR・民事再生手続の比較

I はじめに——本稿の目的——

　近年、私的整理ガイドラインの制定、株式会社産業再生機構の設立、それに続く株式会社企業再生支援機構や株式会社地域経済活性化支援機構の設立、さらに事業再生実務家協会による事業再生ADRの実施、中小企業再生支援協議会による事業再生等、さまざまな事業再生の手法が確立しつつある。そして、地域金融機関による事業再生支援や中小企業再生支援協議会による事業再生の積極的な活用が、民事再生手続の利用件数の減少につながっているのではないかとの指摘がなされている。[1]このような状況において、事業の再生を目的に掲げる（民再1条参照）民事再生手続はどのような役割を果たすべきであるか。また、民事再生手続における事業の再生はどのようにして図られるのか。

　かかる問題を考える前提として、本稿では、産業再生機構による事業再生、事業再生ADRによる事業再生、民事再生手続による再生の三者を素材として、各手続における「事業再生」を実現する過程を比較・検討することを目的とする。これら3つの手続は、運営主体や対象とする債権者、手続を規律する規定など、多くの点で異なっているが、事業の再生を目的とする点では共通するということができよう。[2][3]同じく事業の再生を目的に掲げていることに着

1　「特集　私的整理と民事再生の境界」事業再生と債権管理152号（2016年）10頁以下参照。
2　たとえば、事業再生ADRの目的は、事業再生・企業再生そのものにあると指摘するものとして、松嶋英機「事業再生ADRの現状と今後の課題」法律のひろば2010年9月号26頁がある。
3　事業再生ADRも法的倒産手続も債務者の事業の再生を目的とする点では同じであるとする見解として、山本和彦「事業再生ADRと法的倒産手続との連続性の確保について」同『倒産法制の現代的課題——民事手続法研究Ⅱ』（有斐閣・2014年）395頁（初出：松嶋英機弁護士古稀記念論文集『時代をリードする再生論』（商事法務・2013年））。民事再生法や会社更生法といった倒産法の目的

目して、それぞれ事業の再生をどのような手続によって実現しようとしているのか、それはどのような主体によって担われているのか等を検討することで、裁判外における事業再生の実現方法を確認し、さらに、民事再生手続における事業の再生のあり方、その実現方法についての考察を進める際の基本的検討を行いたいと思う。その際には、本書の中心となるテーマである「IP」に着目し、各手続において事業再生を進める主体はどのような者であるのかについて注目することとする。

　もちろん、比較対象の一つとしている株式会社産業再生機構は、平成19（2007）年3月に解散、同年6月に清算を結了した、すでにその役割を終えた組織である。しかし、産業再生機構の解散後も、企業再生支援機構や、地域経済活性化支援機構という、政府が関与する形の事業再生主体の設立が続いていることや、産業再生機構が提示した事業再生手法のあり方は、その後の裁判外の事業再生手法に一定の影響を与えたと考えられることから、ここでは比較対象の一つに取り上げることとした。産業再生機構が公的機関としての性格を強く有していたことは、産業再生機構による事業再生手法を検討するうえで欠かせない視点である。その点は十分に考慮する必要があると思われるが（この問題については、本章第3節参照）、企業・産業の再生を目的とする機関であった産業再生機構による事業再生を考察することは、事業の再生という目的を実現する手法のあり方を考えるうえでの一助となろう。

　本稿は、まず、産業再生機構と事業再生ADRによる事業再生手法を検討したうえで（Ⅱ）、両手続において事業の再生を達成するのに重要な意義を有すると思われる点を抽出し、簡単な比較検討を試みたいと思う（Ⅲ）。

を「事業の再生」と断定することができるのかといった問題関心から、倒産法が事業再生を目的とするものとして理解されるようになった過程に、事業再生ADR制度の創設があるとの理解から、事業再生ADR創設に至る議論の変遷をたどるものとして、河崎祐子「事業再生ADRの法的位置づけ」今中利昭先生傘寿記念『会社法・倒産法の現代的展開』（民事法研究会・2015年）651頁がある。

II　産業再生機構と事業再生ADRによる事業再生

1．産業再生機構による事業再生

(1)　手続の概要

　産業再生機構による事業再生については、前節で検討したとおりであるが、ここであらためてその手法について簡単に振り返っておこう。産業再生機構による事業再生は、対象となる債務者企業に対して金融機関が有する債権を買い取ることによって債権を集約し、産業再生機構とメインとなる金融機関で債権の相当部分を保有することで債務者企業の再生を効率的かつ強力に進めるという方法である。

　産業再生機構による事業再生を利用しようとする者は、法律上は、事業再生計画を添付して、産業再生機構に対して再生支援の申込みを行わなければならない（株式会社産業再生機構法（以下、「産再機構法」という）22条1項・2項）とされていたが、実際には、正式な申込み前に事前相談が行われており、産業再生機構は事前相談を受けて、案件組成の可能性を大まかに検討するという方法がとられていた。産業再生機構は、この段階で、対象となる債務者企業の事業再生可能性を大まかに判断し、その後の計画策定に向けた戦略を打ち出すとともに、支援を妨げるような事由の有無を検討していた。その後、本格的なデューディリジェンスに進むと、ビジネス、財務、不動産、法務、環境等に関する外部専門家への委託を行う。これと並行して事業再生計画の策定が進められ、デューディリジェンスの報告書が出揃い、事業再生計画の形ができあがっていくと、各利害関係人との調整が重要な意義をもってくる。

　事業の再生を図ろうとする債務者が、債権者である金融機関と連名で産業再生機構に対して再生支援を申し込むと、産業再生機構は、遅滞なく、支援基準

4　産再機構法上は、対象事業者および支援申込み銀行が、事業再生計画を作成する主体として想定されていたが（同法22条1項・2項参照）、実際には、産業再生機構の職員、委託先の外部専門家、メイン金融機関、事業者の中心となる役職員の混成チームによって再生計画が策定されることが多かったようである。株式会社産業再生機構編著『産業再生機構・事業再生の実践I』（商事法務・2006年）6頁〔伊藤豊〕。

に従って、再生支援をするかどうかを決定する（産再機構法22条3項前段）。産業再生機構が、対象事業者の事業再生の可能性が高いと判断して、再生支援をする旨の決定を行ったときは、あわせて、対象事業者の債権者である金融機関等のうち、事業再生計画に基づく対象事業者の再生のために協力を求める必要があると認められるものの選定および債権買取申込み等期間の決定、一時停止（産再機構法24条1項）の要請をするかどうかの決定、対象事業者の事業の再生に必要と認められる額（同法25条2項。以下、「必要債権額」という）の決定を行わなければならない（同法22条3項）。産業再生機構は支援決定を行ったときは、直ちに関係金融機関等に対して、買取申込み期間内に、当該関係金融機関等が対象事業者に対して有するすべての債権について、債権買取りの申込み、または、事業再生計画に従って債権の管理または処分をすることの同意をする旨の回答を求めることになる（同法23条1項）。産業再生機構は、債権買取り後は、基本的に私的整理を行う。また、成立した事業再生計画の実施を監督することで事業の再生を支援する。その後、産業再生機構は、買い取った債権または持分権を譲渡することで対象事業者との関係から離脱する。

　産業再生機構による事業再生については、法制度上は、債権買取りが産業再生機構による事業再生にとって大きな意義を有するようにもみえるが、実際に重視されていたのは、債権を買い取ること自体ではなく、債務者会社、実際には産業再生機構の職員が、業務と財務の両面にリストラクチャリングを含む事業再生計画案を作成し、それに対して金融債権者の同意をとって確定させて実行するという点にあったようである[5]。それを反映するかのように、メイン金融機関には買取請求を行わないで債権者として残ってもらい、再生の過程に付き合ってもらうのが原則的な運用であったとされる[6]。

(2)　再生可能性の判断と専門家の関与

　前節で検討したとおり、産業再生機構による事業再生の大きな特徴として、政府の密接な関与をあげることができるが、加えて、ビジネス、財務、法務、不動産等さまざまな専門的知識や技能を有する者が手続に関与していた点をあ

---

[5]　須藤正彦＝小林信明＝山本和彦『事業再生と民事司法にかけた熱き思い――高木新二郎の軌跡――』（商事法務・2016年）91頁。

[6]　須藤＝小林＝山本・前掲書（注5）91頁。

げることができよう。このことは、産業再生機構が、即座に国民の負担に結びつくような失敗をすることができないという責務を負っていたことに起因すると考えられるが、産業再生機構による事業再生の場合には、事前相談を含む、手続の複数の段階で、対象事業者の再生可能性や事業再生の方法が慎重に検討されていたということができる。そして、そこでは、専門家が大きな役割を果たしていた。この専門家の関与は、産業再生機構による事業再生の公正さや妥当性を支えるという意義を有していたということもできよう。

2．事業再生 ADR による事業再生

(1) 手続の概要

次に、事業再生実務家協会（Japanese Association of Turnaround Professionals。以下、「JATP」と表す）[7]による事業再生 ADR[8]による事業再生手続を確認しておこう。JATP は、裁判外紛争解決手続の利用の促進に関する法律（ADR法）に基づいて、平成20（2008）年10月に法務大臣から認証紛争解決事業者として認証を受け、同年11月に、経済産業大臣から産業活力再生特別措置法（以下、「産活法」という）[9]に基づいて、特定認証解決事業者としての認定を受けて、事業再生 ADR 事業を行う機関である[10]。活動を開始した平成20（2008）年から平成26（2014）年6月30日までの間に、事業再生 ADR には、合計50件、184社の手続利用申請があったとのことである[11][12]。

事業再生 ADR は、企業のための私的再生手続と位置づけられ、経営不振に

---

[7] JATP 設立と資格取得の経緯については、松嶋・前掲論文（注 2）26頁参照。同論文によれば、JATP 設立の主要な目的は、再生人材の育成を通じて広く事業再生に寄与することであったが、もう1つの目的として産業再生機構あるいは同機構が支援決定した再建企業へ再建のプロを派遣する場合の供給源としての役割があったという。

[8] 事業再生 ADR 創設に至る経緯については、河崎・前掲論文（注 3）650頁以下参照。

[9] 産業活力再生特別措置法は、平成26（2014）年1月20日付けで産業競争力強化法の施行に伴って廃止された。事業再生 ADR は産業競争力強化法に引き継がれている。

[10] 平成19（2007）年8月に、産活法が改正・施行され、経済産業大臣の認定を受ける制度ができた。そこで、法務大臣の認証を受けた ADR 事業者であって、かつ、事業再生に関する紛争を取り扱う事業者としての特別の要件をも満たした場合に限り、経済産業大臣の認定を受けて、事業再生 ADR を実施することが可能となる（産活法48条）。

[11] 事業再生実務家協会は、事業再生 ADR の手続を実施するものであり、平成28（2016）年7月現在、わが国唯一の特定認証紛争解決事業者（事業再生 ADR 事業者）である。

[12] 事業再生実務家協会編『事業再生 ADR のすべて』（商事法務・2015年）374頁〔三枝知央＝原美弥子〕。詳細については、376頁以下参照。

陥った企業が、裁判外の私的整理により、債権者（主として金融債権者のみを対象とする）との間で話合いにより債務を調整し、再建計画を合意する手続である。民間の事業再生 ADR 事業者である JATP による私的整理でありながら、法的根拠を有しており、公正中立な専門家である第三者が関与することによって、手続の透明性や公平性、信頼性を確保することを目的としている。[13]

　事業再生 ADR 手続を利用できる債務者の資格については、事業を行う者であれば、法令上特段の制限はない（特定認証 ADR 手続に基づく事業再生手続規則1条参照。以下、同規則を「協会規則」という）。事業再生 ADR 手続の当事者となる債権者（「対象債権者」という）は、原則として金融債権者である。私的整理と大きく異なる点は、メイン金融機関が和解をよびかけるのではなく、JATP が手続を実施し、具体的な各案件について、厳格な要件を満たす手続実施者[14]を選任して、公正中立な立場から和解を仲介することにある。

(2)　手続の流れ

　手続の流れは以下のとおりである。[15]

　　(ア)　事前相談および利用申請

　JATP は、対象債務者からの問合せを受けると、まずは事務局で事前相談を行う。事前相談を経た結果、事業再生 ADR の利用を希望する場合は、債務者は所定の手続利用申請書を提出する。

　　(イ)　審査員による審査

　JATP 内に事業再生の専門家から成る選定委員会を設け、事業再生 ADR の手続利用申請があると、手続実施者候補者として登録された者の中から審査員を選び、速やかに審査会を組織する。この審査会が、資料や事情聴取等を通じて、①利用申請を行った債務者が、事業再生 ADR 手続の申込者（債務者）と

---

[13] 事業再生実務家協会・前掲書（注12）26頁〔清水祐介〕。
[14] 手続実施者とは、民間紛争解決手続において和解の仲介を実施する者をいう（ADR 法2条2号）。
[15] 手続の概要については、山宮慎一郎「事業再生 ADR 手続の流れ——事業再生実務家協会の手続をもとに」事業再生実務家協会＝事業再生 ADR 委員会編『事業再生 ADR の実践』（商事法務・2009年）27頁以下、須藤英章「私的整理ガイドラインと事業再生 ADR」「裁判外事業再生」実務研究会編『裁判外事業再生の実務』（商事法務・2009年）121頁以下、中村廉平「金融機関から見た事業再生 ADR——事業再生実務家協会による特定認証取得 ADR 第1号の認定を契機として」同書186頁以下、事業再生実務家協会・前掲書（注12）38頁以下〔清水祐介〕、中島弘雅ほか〈〈シンポジウム〉事業再生のツールとしての倒産 ADR——挑戦する ADR」仲裁と ADR 11号（2016年）97頁以下〔富永浩明発言〕を参照。

しての要件を満たす可能性があるか、②当該案件が、「事業再生計画案の成立の見通し」と「履行可能性」の観点からみて、他の事業再生手続に比べて本手続を利用するのに適する可能性があるかを審査する（協会規則10条）。

　(ウ)　仮受理

　審査の結果、上記の可能性ありと判断された場合には、JATPは本手続の利用を仮に受理し、その旨を債務者に通知する（協会規則11条）。JATPは、JATP内に事業再生の有識者から成る選定委員会を設けて、仮受理の後、手続実施者候補として登録された者の中から、案件ごとに、その業種・規模等に照らして適切な者を選定する（同規則12条）。あわせて、JATPと債務者が、事業再生ADRの手続費用について合意書を締結して、債務者は業務委託金を納付する。選任された手続実施者選任予定者は債務者と個別に面談をして、その事業、財務内容、経営状況および事業再生の意向について事情聴取を行う。また、以降、手続実施者選任予定者が、債務者の事業再生計画案の策定にも直接関与することになる。

　手続実施者選任予定者は、債務者との面談を通じて、債務者が抱える問題点の把握に努めるとともに、さらに詳細な分析を行うため、必要に応じて、外部

16　事業再生ADRを利用する債務者として、平成26年1月17日経済産業省告示第8号二(1)(i)は、次の要件を満たすことを求めている。①過剰債務を主因として経営困難な状況に陥っており、自力による再生が困難であること、②技術、ブランド、商圏、人材等の事業基盤があり、その事業に収益性や将来性がある等事業価値があり、重要な事業部門で営業利益を計上している等債権者の支援により再生の可能性があること、③再生手続開始または会社更生法もしくは金融機関等の更生手続の特例等に関する法律の規定による更生手続開始の申立てにより信用力が低下し、事業価値が著しく毀損される等、事業再生に支障が生じるおそれがあること。

　さらに、協会規則22条では、事業再生ADRの正式申込者の要件として、さらに次の事由を定めている。④事業再生ADRを用いた事業再生によって、債権者が破産手続によるよりも多い回収を見込める可能性があること、⑤手続実施者選任予定者の意見および助言に基づき、法令適合性、公正・妥当性および経済合理性があると認められる事業再生計画案の概要を策定する可能性があることである。

17　事業再生計画案成立の見通しの判断にあたっては、対象となりうる主たる債権者との交渉経緯、およびその時点での当該主たる債権者の意向が斟酌されるため、主たる金融機関との事前協議が重要となるとされている（事業再生実務家協会・前掲書（注12）41～42頁〔清水祐介〕）。

18　当該案件の審査員であった者の中から手続実施者選任予定者を選任することが一般的とされる。事業再生実務家協会・前掲書（注12）42頁〔清水祐介〕。

19　業務委託金は、JATPが手続申請を仮受理する際に、手続実施者選任予定者によって案件を多岐にわたって審査し、事業再生計画案の概要の策定に助言を行わせるために要する費用として納付するものとされている（山宮・前掲論文（注15）53頁）。

専門家(弁護士・公認会計士・税理士・不動産鑑定士等)の協力を得て、事業・財務・法務の各方面にわたる調査を行うことができる。実際には、債務者のほうであらかじめ弁護士を申立代理人に立て、監査法人・公認会計士や事業コンサルティング会社に事業再生計画案策定の協力を依頼していることが多く、申立代理人やコンサルティング会社が事業・財務・法務の各方面での調査・助言を行って、事業再生計画案の素案を作成しているのが一般的とされる。この場合は、手続実施者選任予定者の役割は、第一次的には債務者側で作成した成果物を検証することであって、自らあらためて外部専門家に依頼することは少ないようである。[20]

(エ) 正式申込み

手続実施者選任予定者は、申請を行った債務者と個別に面談をして(協会規則19条)、その事業状況、業務内容および法令上の問題点について、事業・財務・法務の各方面から調査を行う。利用申請が正式に受理されるためには、①債務者が事業再生ADR手続の申込者としての要件(経済産業省告示第8号二(1)(i)。協会規則22条)を満たすこと[21]と、②事業再生計画案概要を策定することが必須である。計画案の概要については、ⓐ債権者にとっての経済的合理性があること(破産配当より高い回収率見込みがあること)、ⓑ債務者の自助努力、ⓒ実行可能性、ⓓ債権者全員の合意を得られる見込みの4点に加えて、原則として、数値計画並びに債務弁済計画および債権者の権利変更の具体的内容を含むことが必要となる(同規則21条2項)。これらの要件を満たす計画案概要の策定のために、手続実施者選任予定者は意見を述べ、助言をすることができる(同条1項)。

債務者は、事業再生計画案概要の策定後、ADR手続利用の正式申込みを行う。[22]債務者の正式申込みによって事業再生ADR手続が開始する[23](協会規則24

---

20 山宮・前掲論文(注15)33頁。
21 前掲(注16)参照。
22 手続申請時には、事業再生計画案の概要の提出を義務づけられてはいないが、正式申込時には、事業再生計画案の概要が必要である。そこで、債務者は、遅くとも、手続申請前に事業再生計画案の概要を策定しておき、仮受理後、手続実施者選任予定者からの意見および助言を得て、事業再生計画案の概要を完成させることが予定されている。事業再生実務家協会・前掲書(注12)287頁〔多比羅誠〕。
23 ADR法では、紛争の当事者双方からの依頼を受けて手続を行うとされているが、事業再生ADR

条1項・2項参照)。債務者および事業再生計画案の概要が、それぞれ要件(同規則22条・21条2項参照)を満たしていることについて、手続実施者選任予定者が確認し、JATPに報告書を提出すると(同規則24条1項)、JATPは、業務委託中間金の納付確認後、申込みを正式に受理し、その旨を債務者に通知する(同条2項)。[24]

債務者としては、正式申立てに先立って、非公式にではあるが、主要金融債権者と接触を図り、債務者が事業再生ADR手続を検討していることについて、主要金融債権者から率直な意見を求める必要があるとされている。[25]

　(オ)　一時停止

正式受理後速やかに、債務者とJATPの連名によって、対象債権者に対して一時停止を要請する通知を発する(協会規則25条1項)。[26]なお、この一時停止の通知には法的強制力はない。

　(カ)　概要説明のための債権者会議(第1回会議)

一時停止通知後、原則として2週間以内に、「事業再生計画案の概要の説明のための債権者会議」(第1回会議)が開催される(経済産業省関係産業競争力強化法施行規則(平成26年1月17日経済産業省令第1号)21条(以下、「経産省令」という)、協会規則26条1項)。第1回会議では、対象債務者が、①現在の資産および負債の状況、②事業再生計画案の概要の説明を行うとともに、これらに対する質疑応答および債権者間の意見の交換を行わなければならない(経産省令22条1項)。第1回会議では、一時停止の追認など重要事項の決議に対象債権者全員の同意が必要であることから、全員の参加が求められる。

第1回会議において、対象債権者の過半数の決議によって手続実施者が選任される(経産省令22条2項2号)。これにより、それまで手続実施者選任予定者

　　では、対象とされた債権者からの依頼は、概要説明のための債権者会議において確認されるものとなっているとのことである。須藤・前掲論文(注15)123頁。

24　業務委託中間金は、事業再生ADR手続の正式申込みを行うにあたり、JATPが納付を受ける手続費用であって、JATPによる手続実施に要する費用として請求されるものである(山宮・前掲論文(注15)53頁)。

25　山宮・前掲論文(注15)33頁。

26　一時停止の内容は、債権者全員の同意によって決定される期間中に、①債権の回収、②担保の設定、③法的倒産手続の開始申立てをしないことをいう。事業再生に係る認証紛争解決事業者の認定等に関する省令(平成19年8月6日経済産業省令第53号)7条。

として案件にかかわってきた者が、正式な手続実施者に就任することになる。そのほか、第1回会議において、一時停止の具体的内容およびその期間の決議、協議のための債権者会議（第2回債権者集会）・決議のための債権者会議（第3回債権者集会）の開催日時・場所の決議が行われる（同条2項）。

(キ) 債務者による事業再生計画案の策定

債務者は、仮受理後、選任された手続実施者選任予定者からの意見および助言に基づき、事業再生計画案の概要を策定する（協会規則21条2項）。債務者は、事業再生計画案の概要を策定した後に、事業再生ADRの正式な申込みを行う。手続実施者が事業再生計画案の調査を行う必要があることから、債務者は遅くとも第1回債権者会議後には事業再生計画案を提出することになろう。事業再生ADRは、JATPに利用申請が正式受理されて一時停止の通知がなされた後は、事業再生計画案の基本的部分についての修正は予定していないとのことである。[27]したがって、正式申請の段階で、十分に練られた計画案を用意する必要があり、[28]その計画案や事業計画には少なくともメイン金融機関、場合によっては準メイン金融機関の了承が必要とされている。[29]つまり、正式な申込みに至るまでの段階で、事業再生計画案の概要はほぼまとまり、主要債権者の意見も反映された内容のものになることが予定されているといえる。[30]

事業再生計画案の策定にあたっては、必要的記載事項が定められており（経産省令28条1項各号、協会規則27条2項各号）、[31]それを満たす必要がある。

(ク) 手続実施者による調査、報告書・確認書の作成

手続実施者は、「事業再生計画案を協議するための債権者会議」（第2回会議）

---

27 松嶋・前掲論文（注2）29頁。
28 事業再生ADR制度創設から間もない段階で、申請を正式に受理して一時停止の通知を発する時点での計画案は、すでにできるだけ修正が少ないところまで、つまり最終提案に近いものへ進んでいるべきだと考えられていた。松嶋英機ほか「〈パネル・ディスカッション〉事業再生ADRの実践(1)──申請の準備から一時停止の通知まで」事業再生実務家協会＝事業再生ADR委員会・前掲書（注15）163頁〔住田昌弘発言〕、166頁〔土屋章発言〕。
29 松嶋・前掲論文（注2）29頁。
30 山宮・前掲論文（注15）34頁。
31 内容は次のとおりである。①経営が困難になった原因、②事業の再構築のための方策、③自己資本充実のための措置、④資産・負債並びに収益・費用の見込みに関する事項、⑤資金調達に関する計画、⑥債務の弁済に関する計画、⑦対象債権者の権利の変更、⑧債権額の回収の見込み（破産手続における債権額の回収見込みより大きいことが必要）。また、債権放棄を内容とする事業再生計画案の場合には、さらに厳格な要件が求められる。

において、事業再生計画案が公正かつ妥当で経済的合理性を有する内容のものであるか否かについて意見を述べなければならない（経産省令24条）。そこで、第1回債権者会議の後、第2回債権者会議の前に、手続実施者は、事業・財務・法務の各方面から調査を行い、債務者が策定した事業再生計画案の法令適合性、公正・妥当性、手続合理性および実行可能性について調査をして、調査報告書を作成し、JATPに提出しなければならない（協会規則28条1項・4項・5項）[32]。この手続実施者が作成する調査報告書は、金融機関が事業再生計画案に賛成するかどうかを判断する際の重要な資料としての機能を有している[33]。

(ケ) 協議のための債権者会議（第2回会議）

「事業再生計画案を協議するための債権者会議」（第2回会議）では、債務者が対象債権者に対して事業再生計画案の内容を説明し（協会規則29条4項1号）、手続実施者が当該計画案に関する調査報告書を対象債権者に対して報告する。手続実施者から調査報告書の提出を受けたJATP（同規則28条5項）は、遅くとも第2回会議の開催日までに、事業再生計画案および調査報告書を対象債権者に送付する（同規則29条1項）。

(コ) 決議のための債権者会議（第3回会議）

「事業再生計画案の決議のための債権者会議」（第3回会議）では、事業再生計画案の成立を決議する。計画成立には、対象債権者全員の書面による同意が必要となる（経産省令26条）[34]。対象債権者全員が期日に出席し、同意書を提出したときは、手続実施者はその内容を確認し、全同意書が提出されたことを報告し、事業再生計画の成立を宣言する。JATPは、決議の結果を速やかに対象債権者に書面で通知する（協会規則30条7項）。

決議の成立に至らない場合には、対象債権者全員の同意を得て、続行期日を

---

32 調査報告書の内容はおおむね以下のものとされている。①債務者の概況、②過年度の事業の経過、③経営困難に陥った原因、④実態貸借対照表の検証、対象債務者の事業再生ADR利用要件の充足、⑤事業計画、数値計画の相当性と実行可能性（現在のビジネスの状況）、⑥事業再生ADR成立後、原則3事業年度内に債務超過が解消し、経常利益を黒字化することができるか、⑦金融支援の内容、その相当性、合理性、衡平性、⑧スポンサー選定の相当性合理性である（事業再生実務家協会・前掲書（注12）50～51頁〔清水祐介〕。
33 事業再生実務家協会・前掲書（注12）141頁〔柴原多〕。
34 第3回債権者会議における事業再生計画案の決議は、対象債権者全員の書面による同意によって成立することから、第3回債権者会議の開催日時および開催場所については、第1回債権者会議において、債権者全員の一致をもって決定する必要がある（経産省令22条2項5号）。

定めることも可能である（経産省令27条、協会規則30項4項）[35]。

　(サ)　事業再生 ADR 手続の終了

　事業再生 ADR 手続は、以下の5つの場合に終了する（協会規則34条1項各号）。

① 事業再生計画案の成立の決議のとき。
② 債務者および対象債権者が本手続以外の方法で解決することに合意したとき。
③ 以下のいずれかの場合において手続実施者が相当と認めて本手続の終了を決定したとき。
　ⓐ 債権者の全部または一部が本手続への参加を拒否・離脱して今後も参加しない意思を明確に示したとき。
　ⓑ 所定の期間内に事業再生計画案の提出がなく、その見込みもないとき。
　ⓒ 対象債権者の全部または一部が事業再生計画案に同意せずまたは同意の見込みに乏しいとき。
　ⓓ 債務者または対象債権者の全員が本手続を終了するようJATPまたは手続実施者に通知するとき。
　ⓔ その他事業再生計画案の成立の決議に至らないことが明らかとなったとき。
④ 正式申込み後、債務者が申込手数料を納付せず、または申込書および提出書類の不備を補正・追完せず、JATP が申込み不受理を通知したとき。
⑤ 債務者が所定の期間内に本手続に関する費用を納付せず、JATP が本手続の終了を決定したとき。

　(シ)　計画の効果・履行・終了

　事業再生計画は決議の時に効力を生じる（協会規則30条8項）。事業再生計画

35　反対する対象債権者が意見を変える余地が全くなく、決議の続行に同意しない場合には、事業再生 ADR を終了させたうえで法的手続に移行する方法、事業再生 ADR を終了または維持したうえで、特定調停手続を利用する方法などが想定されている（事業再生実務家協会・前掲書（注12）149頁〔柴原多〕）。この問題について検討した論文として、山本和彦「私的整理と多数決」NBL1022号（2014年）14頁、濱田芳貴「私的整理と多数決原理に関する論点整理」事業再生と債権管理144号（2014年）4頁がある。

が成立して、手続が終了した後、計画の履行について所定の書式（経済産業省告示第 8 号様式第一）による報告が求められる。また、履行のチェックのためにモニタリング委員会が設置される場合があり、手続実施者であった者が対象債権者の要請を受けてモニタリング委員に就任する事例もあるという。

(3) 手続実施者

事業再生 ADR においては、手続実施者が重要な役割を果たす[36]。手続実施者は、専門的・中立的な見地から、事業再生計画案の内容を検証し、それだけでなく、積極的に専門家としての高度な知見をもって債権者と債務者の間の債権債務調整を促進する役割を担うものとされている[37]。

手続実施者の就任にあたっては、「事業再生に係る債務者と債権者との間の権利関係を適切に調整した経験を有すること」[38]が要件となっている。JATP は、手続実施者候補者として登録された者の中から、案件ごとに、その業種・規模等に照らして適切な者を選定しているとのことである。手続実施者は、計画案の概要説明のための債権者会議（第 1 回会議）の決議事項である[39]。選任される手続実施者の中には、監督委員または管財人（管理型民事再生の管財人または更生管財人）の経験を有する 1 名以上が含まれなければならない（経産省令

---

[36] 手続実施者については、事業再生実務家協会・前掲書（注12）95頁以下〔清水祐介〕が詳しい。
[37] 事業再生実務家協会・前掲書（注12）95頁以下〔清水祐介〕。
[38] 経産省令17条各号参照。同条は、この要件に該当する者として 4 類型をあげている。①産業競争力強化法127条 2 項の認定支援機関において中小企業再生支援業務の統括責任者または当該統括責任者を補佐する者として事業再生に係る債務者とその債権者との間の権利関係を適切に調整した経験を有すること（経産省令17条 1 号。いわゆる中小企業再生支援協議会においてプロジェクトマネージャー、サブマネージャーとして再生支援業務を行った経験のある者）、②産業競争力強化法51条 1 項 1 号の手続実施者を補佐する者として事業再生に係る債務者とその債権者との間の権利関係を 3 件以上適切に調整した経験を有すること（同条 2 号。事業再生 ADR 手続において手続実施者の補佐人として 3 件以上事案に関与した場合を指す）、③産業再生機構または地域経済活性化支援機構（株式会社企業再生支援機構法の一部を改正する法律（平成25年法律第 2 号）による改正前の株式会社企業再生支援機構法 1 条の企業再生支援機構を含む）において事業再生に係る債務者とその債権者との間の権利関係を適切に調整した経験を有すること（同条 3 号）、④一般に公表された債務処理を行うための手続（破産手続、民事再生手続、会社更生法（平成14年法律第154号）または金融機関等の更生手続の特例等に関する法律（平成 8 年法律第95号）の規定による更生手続および特別清算に関する手続を除く）についての準則（公正かつ適正なものと認められるものに限る）に基づき、事業再生に係る債務者とその債権者との間の権利関係を適切に調整した経験を有すること（同条 4 号。つまり、私的整理ガイドラインに基づく事業再生手続の専門家アドバイザー経験者であること）である。
[39] 事業再生実務家協会・前掲書（注12）97頁〔清水祐介〕。

22条3項)。手続実施者および手続実施者選任予定者は正当な理由なく辞任することはできない(協会規則15条1項)。手続実施者らが職務を遂行せず、または職務の遂行を不当に遅延している場合には、JATPは、その手続実施者らを解任することができる[40](同条2項)。

手続実施者は、和解の仲介者として位置づけられており[41]、債権債務関係を適切に調整する役割を担う。事件が仮受理されると、手続実施者選任予定者は、債務者について事業・財務・法務の各方面から調査を行い(協会規則20条)、対象債権者の合意を得る見込みのある要件の満たされた事業再生計画案の概要が策定されるよう調整し、必要な助言を適宜行う(同規則21条)。正式申込みがあったとしても、手続実施者が、債務者および事業再生計画案の概要が所定の要件を満たしていることを確認しなければ、JATPは申込みを正式に受理することはない。手続実施者の判断が、事業再生ADRの利用を左右する仕組みとなっている。

手続実施者は、事業再生計画案が法令に違反し、または公正妥当性または経済的合理性に問題があると判断したときは計画案の修正を求めることもできる(協会規則28条4項なお書き)。

事業再生ADRにおける手続実施者は、事業再生計画案の調査・検証にとどまらず、手続の主宰者として、手続の進行の過程で生じうる問題点につきJATPと協議して意見や解決策を示したり、手続参加や事業再生計画案への同意に難色を示す債権者と接触を図り協議を行い、これを債務者にフィードバックして債権債務関係の調整を仲介するという役割も担っており、事業再生ADR手続成立に向けたより積極的な関与が期待されている[42]。

---

40 解任の場合、JATPは、代わりの手続実施者選任予定者を選定し(協会規則16条)、JATPが新たな手続実施者選任のための債権者会議を招集する(同規則15条3項)。
41 事業再生実務家協会・前掲書(注12)99頁〔清水祐介〕。
42 山宮・前掲論文(注15)29頁。

III 比較・検討

1．再生可能性を判断する主体・時期

　産業再生機構による事業再生とJATPによる事業再生ADR、そして法的倒産処理手続である民事再生手続を並べた場合、対象となる事業者（債務者）の再生可能性について判断する主体・時期・程度に違いをみることができる。

　産業再生機構の場合は、支援決定および債権買取決定の段階で、あらかじめ主務大臣によって定められた支援基準に照らして、産業再生委員会によって、対象事業者の再生可能性が厳しく評価される構造になっていた。しかも、実際の運用では、事前相談の段階で行われるプレデューディリジェンス（プレDD）[43]、つまり正式な支援決定より前の段階（本来のデューディリジェンスよりも前の段階）で、産業再生機構（の職員）によって対象事業者の再生可能性が慎重に検討されていた。産業再生機構による事業再生の場合には、債権者たちが再生計画の合理性・遂行可能性等を判断して、計画の是非に対する債権者の総意が示される「決議」という手続は予定されていない。債権者は産業再生機構に対して自己が有する債権を売却するか、計画に同意するかの選択権を有するのみである。したがって、産業再生機構による事業再生の場合には、対象事業者の再生可能性は、原則として産業再生委員会によって判断され、しかもその判断は、あらかじめ定められた具体的な数値基準によって複数の段階で行われ、そのうえ、正式に手続が開始される前の段階で慎重に判断されていた。

　事業再生ADRの場合は、（正式な申込みよりも前に行われる）手続利用申請があると、手続実施者選任予定者の中から選任される審査会が、債務者の事業再生ADR手続申込者としての要件充足性や事業再生計画案成立の見通しや履行可能性に鑑みて、ADR手続の利用を希望する債務者について、手続の利用可能性を判断する。手続申込者の要件として、事業に収益性や将来性があるなど

---

[43] 産業再生機構は、案件の事前相談を受けると、まずは、メイン金融機関等から預かった資料等によって、案件組成の可能性を大まかに検証していた。このことをプレDD（デューディリジェンス）とよぶ（本章第3節II 2参照）。

事業価値があって再生可能性があることが求められているため、事業再生ADRの場合も、正式に手続が開始する前（正式申込みの前）の段階で、JATPが選任する手続実施者選任予定者が、債務者の事業の再生可能性について判断し、見込みがある者のみを対象として、事業再生ADR手続を開始することになっている。その際に満たすべき数値基準があらかじめ示されているわけではなく、事業再生の専門家である手続実施者選任予定者が、債務者の事業の再生可能性を多方面から検証する。また、事業再生ADRの場合は、債権者が、再生計画案による債務者の再生可能性を判断して決議を行うという手続が用意されている。したがって、事業再生ADRの場合は、債務者の再生可能性について、まずは手続実施者選任予定者が正式な手続開始前の段階で評価を行い、次いで手続実施者が更なる評価を行い、それを受けて、債権者が判断するという構造になっている。

　これに対して、民事再生手続の場合には、債務者の再生可能性は、基本的に、決議の段階で債権者によって判断されることになる。再生手続開始の時点では、再生計画案の作成もしくは可決の見込みのみが判断され（民再25条3号）、再生可能性そのものは判断の対象ではない。民事再生手続においては、債権者自らが、自身が有する情報および債務者から提供される情報に基づいて、債務者の再生可能性を判断するのであって、制度上は、専門家による判断が供される仕組みとなっているわけではない。

　このように、3つの手続の間では、再生可能性を判断する時期・主体・程度に差がみられる。産業再生機構の場合、上記のように厳格に再生可能性が判断される理由は、産業再生機構が、日本の不良債権処理を促進し、産業の再生を図るという政策目的の下に設立された機関であること、政府の関与が密接であったこと、その活動によって国民負担を生じることのないよう十分に配慮する必要があったことによろう。その意味で、産業再生機構による事業再生手法は、特殊なものであったと評価することができる。事業再生ADRの場合は、公正中立な第三者である専門家が作成過程に関与した事業再生計画案に対して、さらに専門家が行った債務者および事業再生計画に対する調査・検討に基づいて、債権者が債務者の再生可能性を判断する。これによって、債権者は安

心して債務者との交渉に応じることができるとの評価もある。[44]他方、民事再生手続では、再生可能性の判断は基本的に債権者に委ねられているのであって、手続における債権者の役割が非常に重要であることにあらためて気づかされる。そこでは、自身で情報を収集し、再生可能性を判断するという債権者の地位について、検討を加えていく必要があろう。

2．債権者の位置づけ——地位・手続への関与——

　先に検討したように、3つの手続では、債務者（事業）の再生可能性の判断のあり方と関連して、再生可能性の判断主体にも差異がみられた。そして、このような手続構造は、債権者の手続への関与の仕方の違いとしても現れてこよう。事業再生ADRと民事再生手続の場合には、債権者が、債権者集会での決議によって債務者の事業の再生可能性を判断する。事業再生ADRの場合は、対象債権者の全員一致で計画が成立し（協会規則30条1項）、民事再生手続の場合は、議決権者の過半数の同意かつ議決権者の議決権の総額の2分の1以上の議決権を有する者の同意で再生計画案が可決され（民再172条の3第1項）、裁判所の認可（同法174条）を経て、計画が成立する。両手続においては、債権者の判断こそが、債務者の事業の再生の成否を決するのであって、その役割は重大である。そして、手続の中で債務者と債権者の債権・債務関係が調整されるという点でも、事業譲渡の場合は別として、手続を経た後も債権者と債務者との関係が維持されうるという点でも、債権者は、基本的には一番の利害関係人として対象債務者の再生に関与する。そうであるからこそ、債権者による事業再生可能性についての判断が重要であると考えられよう。債権者自らが、再生計画案の合理性を進んで判断することが求められる。[45]

　これに対して、産業再生機構の場合には、再生可能性の判断主体は産業再生委員会（産業再生機構）であった。産業再生機構の場合には、支援決定後、対

44　事業再生実務家協会・前掲書（注12）33頁〔清水祐介〕。
45　事業再生ADRに関して、「いわゆるお上頼みの発想」は捨てて、再建計画案が経済合理性に適ったものであれば、債権者もそれが誰の提案であるか、誰が仲介しているのかにかかわらず合意に向かうことが期待できようとの方向性を示すものとして、山本和彦「事業再生ADRの意義と課題」MARR188号32頁。山本和彦「事業再生手続におけるADR」事業再生実務家協会＝事業再生ADR委員会・前掲書（注15）14頁。

象債権者(多くは非メイン金融機関)は、産業再生機構に対して債権買取りの申込みを行うのであって、当該債権者は、債務者の事業再生から脱却する、言い換えると債務者との関係から離れることが事業再生手続の一制度として組み込まれていた(しかもそれが原則的な形態として位置づけられていた)[46]。産業再生機構による事業再生は、主として、産業・事業の再生が目的であって、債権者と債務者の利害関係を適切に調整すること(民再1条参照)を目的とするものではない。その手段として、債権の買取りによる債権の集約という方法がとられているのであって、かかる点も産業再生機構による事業再生の特色であり、特殊な再生手法と位置づけることになろう。産業再生機構は、中立的な手続の主宰者として位置づけられているが、同時に、債権買取りを通じて債権者としての立場も併有することになる。このことは、産業再生機構による事業再生の大きな特徴といえるが、債権の買取りは、債権を集約することによって債務者の事業再生を進めやすくするということに力点がおかれているのであって、債権の買取りは、あくまで事業再生を進めるための手段の一つである。もちろん、手続主宰者が債権者としての地位も有することで、他の債権者が公正な手続が行われないのではないかという懸念が生じるかもしれない。しかし、産業再生機構の場合には、それが国の政策を実施する機関であり、また、主務大臣が定める支援基準の設定や手続の仕組み等によって再生可能性が客観的に判断される制度が整っているという信頼が、この手続を支えていたと考えられる。

3．専門家の関与

　産業再生機構による事業再生と事業再生 ADR に共通する点は、いずれの手続においても、専門的知識を有する者が手続に積極的に関与し、債務者および事業再生計画案を綿密に調査し、場合によっては再生計画案の作成に積極的に関与していることである。これは、両手続の大きな特徴といえよう。産業再生機構は、プレ DD によって債務者の大まかな再生可能性等を判断して正式な DD へと進むと、DD を遂行しながら、事業再生計画の策定を実質的に行い、

---

[46] もちろん、債権者には、債権を産業再生機構に売却するという方法だけでなく、事業再生計画に従って債権の管理または処分をすることに同意をするという選択も認められている(産再機構法23条1項2号)。

さらに必要な各種の調整を行っていた。事業再生 ADR の場合は、JATP が利用申請を受けた後に審査員が再生可能性や計画案成立の見込み等を判断する。そして、仮受理の後に手続実施者選任予定者が選定され、この者が債務者の事業の状況や業務内容等について、事業・財務・法務の各方面から調査を行う。手続実施者選任予定者は債務者が再生計画案を作成するにあたって、意見を述べ、助言を行う。制度の構造上は、いずれの手続においても、債務者が（あるいは債務者と債権者が共同で）計画案を作成するものとされていたが、産業再生機構（その職員）あるいは事業再生 ADR における手続実施者選任予定者が、事業再生計画の策定に深く関与することとなっていた。

　このように、産業再生機構の場合も事業再生 ADR の場合も、手続が正式に開始する前の段階から、手続遂行中も、さらに計画の履行過程においても、専門家が積極的に関与する構造となっていた。産業再生機構の場合は、民間の専門家を動員して不良債権処理および産業の再生という政策を実現することを目的としており、財務、法務、会計等を専門とする者が手続を主導する制度であった。事業再生 ADR の場合も、手続実施者の要件は厳しく、限られた者のみがその職を担うこととなっている。このような専門家の関与こそが、手続の成否を決する重要な要素を担っていたといえよう[47]。

　他方、民事再生手続の場合には、専門家の関与が制度的に保障されているわけではない。大部分の案件で選任される監督委員が重要な役割を担っている[48]が、監督委員には弁護士が選任されるのが通例であり、財務や会計といった経済的な判断に通じた者が中心となって手続に関与するのとは様相が若干異なるともいえよう。もっとも、実際には、民事再生手続の場合にも多様な専門家が関与する事例も多いと考えられる[49]。事業再生の専門家の関与が事業再生手続に対する債権者の信頼を担保し、事業再生手続を促進する重要な要素となっていたことは、産業再生機構による事業再生や事業再生 ADR と民事再生手続

---

[47] 事業再生 ADR については、事前準備と専門家の関与こそが事業再生 ADR の成否を決する最重要ポイントであるとの指摘もある。事業再生実務家協会・前掲書（注12）33頁〔清水祐介〕。
[48] 監督委員の役割については議論がある。民事再生手続における監督委員の役割等については、民事再生実務合同研究会編『民事再生手続と監督委員』（商事法務・2008年）が詳しい。
[49] 特に大規模な民事再生の案件では、債務者（申立代理人）の側で、会計や財務、ビジネス等の専門家を活用して、事業再生計画を練り、再生計画を作成しているとの情報を、事業再生に通じた弁護士の方よりうかがった。

との手続構造の違いを考慮に入れたとしても、今後、法的手続のあり方を考える際に、何らかの形で検討する必要があると思われる。

Ⅳ　おわりに

　産業再生機構による事業再生は、一方で、政府の関与がある、再生可能性が慎重かつ厳密に判断される、専門家が手続を主導するものであって債権者は手続からの離脱を保障されているなど、特殊なものであったが、他方で、何が事業再生の手続に対する信頼を与え得るのか、事業再生手続のあり方を考えるうえでどのようなことを考慮する必要があるのかなど、事業再生を行う制度を考えるうえでの視点を与えてくれたといえよう。産業再生機構が、「中立な第三者・調整役」として手続に関与するということは、産業再生機構が自己の利益のみを追求することなく、債務者の事業の再生可能性や事業再生計画案の合理性を、専門家の知見をもって客観的に判断することを意味している。産業再生機構の公的な性格のほか、債務者の事業の状況および事業再生計画案が専門家によって厳密に判断されるということが、産業再生機構に対する信頼を支えていたといえよう。すなわち、再生可能性について判断を行う主体（専門家）および、綿密な検証を得た結果提示される再生計画案という客体に対する信頼こそが、産業再生機構を支える根幹となっていたと評価できよう。

　事業再生ADRでは、手続実施者選任予定者の関与を受けつつ、債務者が専門家の手を借りて事業再生計画案を作成し、手続実施者が計画案の妥当性・公正性を慎重に調査して、その調査報告書を債権者に提示して、債権者が当該計画案に合意するか否かの判断を行う。事業再生ADRの場合、基本的には債務者が債権者に対して再生への協力を要請するが、その内容の妥当性や衡平・公正性について手続実施者が後押しをするという構造になっている。[50]ここでも、やはり、事業再生計画案が専門家によって検証されること、専門家が手続に関与していることが手続に対する信頼を担保しているといえよう。

　他方、民事再生手続の場合には、監督委員の選任や裁判所の関与によって、手続の公正さが担保されている。しかし、再生計画案、特に債務者事業の再生

---

[50] 松嶋ほか・前掲パネル・ディスカッション（注28）164〜165頁〔玉井豊文発言〕。

計画案の内容の経済合理性や妥当性を判断する責任は債権者自身に大きく委ねられているといえよう。民事再生手続における事業の再生という目的の位置づけ、および倒産処理手続としての民事再生手続の役割について、あらためて考える必要があろう。

　もちろん、3つの手続はそれぞれ特徴があり、対象債権者が一部の者に限られる等、大きな相違点もある。また、いずれも「中立・公正な第三者の関与」がある手続ではあるが、それぞれ関与する主体の属性も関与の仕方も異なる。したがって、裁判外での事業再生の展開を、直ちに法的手続に反映することには慎重になる必要がある。しかし、いずれも同じく事業の再生を目的とする手続であるとすれば、当該手続による事業の再生を実現するために必要な手段を考えることにも意義がある。事業再生計画案の内容の公正さ・妥当性の判断は、裁判官では代替できないものであるとすれば、民事再生手続への専門家の関与を検討することも一考に値しよう[51]。もっとも、その際には、法的手続の意義は一体何であるのかについてあらためて検討する必要があると思われる。

（北島（村田）典子）

---

[51] 民事再生実務に事業改善手法を導入すべきとの提案として、河本茂行「事業再構築の導入」事業再生と債権管理152号（2016年）50頁以下がある。

第5節 準則型私的整理の担い手となる機関
——地域経済活性化支援機構（REVIC）および中小企業再生支援協議会

I　はじめに

　近年、法的整理に準じる形で、あらかじめ定められた手続準則に則り実施される私的整理は、従前の私的整理とは区別され、「準則型私的整理」（または「制度化された私的整理」）と呼称されている。この準則型私的整理においては、法的整理に倣い、中立公平な第三者機関が私的整理の手続を主宰することが一般化している。他方、特定調停のような司法型倒産 ADR を除いて裁判所の関与がないという点、また、対象債権が原則として金融債権者に限られる（いわゆる取引債権者は対象債権から除外される）という点は、私的整理に固有の特徴であり、法的整理との重要な相違点であるといえる。

　このような準則型私的整理手続としては、主に以下のものをあげることができる。まず、平成11（1999）年11月に成立した「特定債務等の調整の促進のための特定調停に関する法律」（特定調停法）に基づく特定調停、平成13（2001）年6月に発足した私的整理ガイドライン研究会が同年9月に取りまとめて公表した「私的整理に関するガイドライン」（私的整理ガイドライン）を嚆矢に、平成19（2007）年に産業活力再生特別措置法（現在の産業競争力強化法）の改正により創設された、事業再生実務家協会が主宰する事業再生 ADR、また平成15（2003）年4月から平成19（2007）年3月まで活動を行った株式会社産業再生機構および平成21（2009）年10月以降活動を行っている株式会社企業再生支援機構（平成25（2013）年3月より「株式会社地域経済活性化支援機構」に社名変更がなされている）による事業再生スキーム、さらには同じく産業活力再生特別措置法（現在の産業競争力強化法）により創設され、平成15（2003）年2月から今

日に至るまで活動する中小企業再生支援協議会による中小企業再生支援スキーム等である（以上は、「経営者保証に関するガイドライン」七(1)ロが「準則型私的整理」として掲げるものである[1]）。

本稿では、これらの準則型私的整理の担い手となっている機関のうち、平成28（2016）年現在、活動を継続している株式会社地域経済活性化支援機構と中小企業再生支援協議会をとり上げて、その特徴を簡略に紹介する。両者は、いわゆる倒産ADRのうち、行政型倒産ADRとして分類されるものである。

II　株式会社地域経済活性化支援機構（REVIC）

株式会社地域経済活性化支援機構（Regional Economy Vitalization Corporation of Japan；以下、「REVIC」という）は、株式会社地域経済活性化支援機構法を根拠とする。その目的は、「雇用機会の確保に配慮しつつ、地域における総合的な経済力の向上を通じて地域経済の活性化を図り、併せてこれにより地域の信用秩序の基盤強化にも資するようにするため、金融機関、地方公共団体等と連携しつつ、有用な経営資源を有しながら過大な債務を負っている中小企業者その他の事業者に対して金融機関等が有する債権の買取りその他の業務を通じた当該事業者の事業の再生の支援及び地域経済の活性化に資する資金供給を行う投資事業有限責任組合の無限責任組合員としてその業務を執行する株式会社の経営管理その他の業務を通じた地域経済の活性化に資する事業活動の支援を行うこと」（同法1条）にある。

まず、REVICの特徴として、支援事業対象者の範囲が広く、原則としては

---

[1] 近時の私的整理全般について、「裁判外事業再生」実務研究会編『裁判外事業再生の実務』（商事法務・2009年）、事業再編実務研究会編『あるべき私的整理手続の実務』（民事法研究会・2014年）、また、倒産ADR全般の状況について、中島弘雅ほか「〈シンポジウム〉事業再生のツールとしての倒産ADR──挑戦するADR」仲裁とADR11号（2016年）93頁、中島弘雅「倒産ADRの現状と課題──『法的整理から倒産ADRへ』の流れを受けて──」上野泰男先生古稀祝賀『現代民事手続の法理』（弘文堂・2017年刊行予定）を参照。

産業再生機構および事業再生ADRについては、北島（村田）典子「産業再生機構による事業再生・事業再生ADR・民事再生手続の比較」本章第4節（63頁以下）、また、産業再生機構による事業再生スキームにつき、北島（村田）典子「新たなプレーヤー──産業再生機構を中心に」本章第3節（40頁以下）、岩村充ほか「産業再生機構の果たした役割」季刊企業と法創造（早稲田大学）7巻1号（通巻23号（2010年））15頁および各論文の引用する諸文献を参照。

制限がない点をあげることができる。この点において、中小企業者のみを対象とする中小企業再生支援協議会とは対照的である。実際には、企業再生支援機構以来、中小企業や医療・学校法人等の地域密着型の事業者が主な支援事業対象となっているが、それ以外の全国規模または海外拠点を有する企業も対象者として想定されている。もっとも、前記の目的規定に照らして、支援事業対象となる企業の業種は考慮されているようである。

　REVICによる基本的な事業再生スキームは、産業再生機構以来のいわば「機構スキーム」を承継しているように思われるが、具体的には「ハンズオン」再生という支援手法を特徴とする。すなわち、金融機関等の債権の買い取り、支援対象事業者に対する投融資、プロフェッショナル人材の派遣を行うことで、いわば対象事業者の「内側」から事業再生を支援することができる点が、準則型私的整理の担い手たる機関としてのREVICの大きな特徴である。同時に、このことは、REVIC職員が、弁護士を含む事業再生の専門家集団により構成されることの強みを示すようにも思われる。

Ⅲ　中小企業再生支援協議会

　中小企業再生支援協議会（以下、「支援協議会」という）とは、現在では全国47の各都道府県に1カ所ずつ、中小企業再生支援業務を行う者として認定を受けた商工会議所等の認定支援機関を受託機関として、その内部に設置された支援業務部門の通称である（産業競争力強化法127条、128条（旧産業活力再生特別措置法41条、42条））。この認定支援機関が実施する支援事業の内容、手続および基準等について、中小企業庁の定める「中小企業再生支援協議会事業実施基本要領」（以下、「基本要領」という）およびその「Q&A」によって定められて中小企業庁のホームページ等において公表されている（産業競争力強化法126条参照。適宜、この基本要領等は改訂されている）。その他、後述する再生計画策定に関しては、「中小企業再生支援スキーム」が定められて公表されている。

　以上のように、特に全国の都道府県に設置されている点が支援協議会の大き

2　なお、同法は平成30（2018）年3月31日を、廃止を含めた見直し期限としているため、同法に依拠する支援協議会はあくまでも時限的なものである。

な特徴であるといえる。このことは、近年においてこの支援協議会による支援スキームの利用件数が著しく増加した一因として推測される[3]。あわせて、特にいわゆる中小企業金融円滑化法（中小企業者等に対する金融の円滑化を図るための臨時措置に関する法律。平成25（2013）年3月末が期限）終了後の出口対策として支援協議会の役割は拡充傾向にあり、これに伴い取扱件数も増加したという評価が可能であろう。もっとも、すべての取扱案件の処理が事業再生を目的とした私的整理ではなく、暫定リスケジュール（「暫定リスケ」）案件の件数が大多数を占めている（累計で全件数の約90％を占める）点には留意が必要である[4]。

　支援協議会は、「経営環境の悪化しつつある中小企業に対し、多種多様で、事業内容や課題も地域性が強いという中小企業の特性を踏まえ、各地域の関係機関や専門家等が連携して、きめ細かに中小企業が取り組む事業再生を支援することにより、地域経済において大きな役割を果たす中小企業の活力の再生を図る」（基本要領「1．事業の目的」）旨が定められている。このように、地域経済への考慮という点では、REVICと共通する。また、利用対象者（申込者）として、「中小企業者」（産業競争力強化法2条17項）に限定されているが、現在ではこれに常時使用する従業員数が300人以下の医療法人も加えられている（基本要領Q&A・Q10参照）。

　支援協議会による支援スキームについて、まず第一次対応として、支援業務部門（ここには、主に金融機関出身者から選任される常駐専門家である統括責任者（プロジェクトマネージャー）、および統括責任者補佐（サブマネージャー）が配置される）による窓口相談が行われる。ここでは、支援業務部門が業務実施方針・方法に基づき、中小企業の再生に係る相談に応じる（基本要領四(3)①。詳

---

[3] 平成23年度で完了件数255件であったのが、平成26年度では2484件となっている。ところが、平成27年度には1319件と減少しており、今後の利用傾向が注目される。中小企業庁ホームページ「中小企業再生支援協議会の活動状況」〈http://www.chusho.meti.go.jp/keiei/saisei/kyougikai/index.htm〉参照。

[4] この傾向に対しては、中島弘雅「近時の行政型倒産ADR盛況に潜む危険な兆候について」金判1499号（2016年）1頁が警鐘を鳴らす。今後は、暫定リスケ後のフォローアップのあり方が重要になってくるだろう。支援協議会における暫定リスケ後の「出口」対策については、加藤寛史＝堀口真「協議会における『暫定リスケ』の活用状況と『出口』に向けた取組状況（事例紹介）」事業再生と債権管理154号（2016年）16頁を参照。

細につき同「五　窓口相談（第一次対応）」参照）。支援業務部門は、窓口相談（第一次相談）で把握した相談企業の状況に基づき、再生計画策定支援を行うことが適当であると判断した場合には、必要に応じて、弁護士、公認会計士、税理士、中小企業診断士、金融関係者等の外部専門家を活用しつつ、主要債権者等との連携を図りながら再生計画の策定支援（第二次対応）を行う（基本要領四(3)②）。具体的には、統括責任者が必要に応じて弁護士、公認会計士または税理士等の外部専門家も含めて個別支援チームを編成し、中立公正な立場から再生計画の策定支援を行う（詳細につき同「六　再生計画策定支援（第二次対応）」参照）。運用上、再生計画において債権放棄を伴う場合には、外部専門家として弁護士が原則として関与するものとされているほか、債権者会議（バンク・ミーティング）が開催されているようである。

Ⅳ　準則型私的整理の担い手の行方

　法的整理のみならず、準則型私的整理の利用可能性が広がり、さらにその担い手が多様化することは、事業再生の「多チャンネル化」をもたらし、多種多様な個別事例に応じた適切な選択を可能とする点で好ましいものといえよう。ただし、重要なのは、そこで行われる事業再生の質であり、この質の面が時間や費用といったコストとトレード・オフの関係において犠牲にされてはならない。さらには、準則型私的整理においても、公正・公平・衡平といった倒産法における基本理念の下で法的問題へ対処する局面が不可避であることに思いをめぐらせれば、法的整理の場合と同様に、準則型私的整理を主宰する機関および利用者の双方において弁護士等の法律家が積極的に関与することが望まれる。とりわけ、債務者側に事業再生に精通した弁護士が選任されていれば、法的整理の選択も視野に含めることが可能となり、準則型私的整理と法的整理の連動が促進されることが期待できるであろう。準則型私的整理につき更なる改善が図られることで、法的整理とともに事業再生が活性化することが理想である。

（杉本和士）

第2章

管財人の選定・報酬・法的地位

第1節　管財人制度にみる日本・ドイツ・中国の倒産法比較

I　はじめに

　裁判所で倒産事件を処理するに際しては、債務者や債権者といった直接の利害関係人のほか、弁護士などの専門家が事件処理を推進する特別なポストを与えられ重要な役割を果たすことが多い。その名称や種類、そして給源は、国により、また時代により（つまり法改正）さまざまな姿がある。こうした倒産手続の担い手に焦点をあて、比較法的、歴史的な分析を試みるプロジェクトに取り組んできたが、本節はその一つとして、管財人制度について、日本、ドイツ、中国の3カ国の比較を試みるものである。

　倒産法の比較は本来必ずしも容易なことではない。実体法と手続法が交錯する倒産法は、基本法典の存在を前提にその応用系として存在するので、倒産法に現われた違いだけを比較するのはいささか皮相の誇りを免れないところではある。しかし、管財人は倒産手続のいわばシンボル的な存在であるので、倒産法上に現われた違いをみるだけでも、自国の状況を相対的に位置づけることが可能になり、問題発見の契機にこと欠かない。

　以下では、日本、ドイツ、中国の比較を試みるが、それは次の理由による。わが国の現在の倒産法学の基礎は旧破産法の下で築かれたといってよく、この旧破産法（1922年）はドイツの旧破産法（1877年）を母法とするものであった。その後、ドイツは1994年に現行倒産法を制定（施行は1999年）、わが国も1999年の民事再生法に始まり会社更生法、破産法、会社法（特別清算）へと至る一連の倒産法改正を行い、もはや法継受的なつながりは薄くなったものの、

1　わが国最初の近代倒産法は、明治23（1890）年制定の旧商法第3編破産であり、同法はフランス法を母法としていた。しかし、その後に制定された基本法典がドイツ法に倣うところが多かったので早くから改正の要が叫ばれ、大正11（1922）年の旧破産法にとって代わられ、旧破産法は現行破産法の制定まで80年以上の命脈を保った。

概念の多くは旧法のそれを維持しているという意味でドイツ法の影響は残っている。片や、中国は、古くはわが国の律令制度は中国に倣うものであったが、鎖国や明治期の法典継受で両国の法体系は異なったものとなり、また中国は1949年に社会主義国となり国家体制を変えておりそれはすなわち破産制度を想定しないものであった。しかし、中国も改革解放路線の流れで現在は社会主義市場経済という形で競争原理を取り入れ、今では破産制度の存在を肯定し、法典も整備されるに至っている。制定に際して参考とされたと思われるのが、社会主義国となる前に存在していた破産法である。もっとも、その歴史は比較的浅く、先行して破産法を整備していた主要国の立法例を参考にした1906年法が最も古く、その後の日中の戦時体制もあり日本法の影響の濃い破産法も制定された（1935年法）[2]。その後、周知のとおり、中国大陸は社会主義国家体制の下で旧法制は廃棄されたが、当時の法制は台湾においては施行され続けた。台湾では、その後に改正された部分もあるが、破産、和議、会社更生と倒産法制はわが国と類似した状況が続いた[3]。これに対し、中国大陸（中華人民共和国）では、いったん破産のない社会が実現したかにみえたが、不採算企業を温存させる非効率を招き経済を沈滞させたので[4]、この点では考え方を改めることとなった。すなわち、1986年に国有企業向けの企業破産法（試行）を制定し、1991年には、民間企業向けに、不十分な内容ではあったが、民事訴訟法の第19章に破産の章を加えた。しかし、これらは不備が目立ち実用には耐えなかったので、本格的な倒産法典の整備が急務となり、2006年に新たな企業破産法が制定されることになった[5]。中国の現行倒産法制は、従来有していた概念に、最新の外国法が参照される形で制定されたものであり、その意味で、3カ国の倒産法の比較は沿革的にも有意義なものといえる[6]。

2　当時の中国では倒産法の比較法研究もなされていたとみられ、1944年に出版された呉伝頤編著『比較破産法』（商務印書館）が、2013年に復刻出版されている。ドイツ、日本の影響が大きいことについては、同書34頁参照。
3　その間の動きについては、楊光華「台湾2004年破産法改正草案概説」横浜国際経済法学16巻1号（2007年）132頁。
4　こうした旧社会主義国と破産の関係については、伊藤眞『破産――破滅か更生か――』（有斐閣・1989年）2頁。
5　この中国の現行破産法については、金春『中国の倒産制度における労働者の地位・処遇』（商事法務・2007年）、福岡真之介＝金春『中国倒産法の概要と実務』（商事法務・2011年）。
6　Chao He〔2013〕*Das chinesische und das deutsche Insolvenzverfahren in Vergleich* は、中国とド

Ⅱ　3カ国の管財人制度の概要

比較を試みるに先立って、3カ国の管財人制度を倒産法のアウトラインとともに概観しておくことが便宜であろう。

1．日　本

まず、日本は、いわゆる縦割型の倒産法制で各手続別に法典を異にしているが、管財人は破産、民事再生、会社更生に共通するもので、ひとことでいえば、債務者の管理処分権を全面的に握る存在で、手続の中心となる中立的な機関とされている（破78条1項、民再66条、会更72条1項）。裁判所によって選任され、裁判所の監督を受けるが、弁護士などの専門家が候補者名簿の中から選ばれる慣行が確立しており、利害関係人に対しては善管注意義務を負い、これに反すれば利害関係人に対して損害賠償の責任が発生する（破85条、民再78条、60条、会更80条）。もっとも、破産、会社更生では、管財人は必置機関とされているのに対し、民事再生では、管財人を選任するケースは例外で（民再64条）、通常は手続開始決定後も債務者が管理処分権を維持するD.I.P.方式で、そのお目付け役として弁護士などの専門家が監督委員という形で関与する扱いとなっている（同法54条）。当然、管財人は費用の前払いおよび報酬を受け取ることができるとされており（破87条、民再78条、61条、会更81条）、それは財団債権・共益債権の扱いである。しかし、報酬に関する特別な法律、規則は存在しない。実際のところ、一番大きく影響するのは債務者財産の多寡であり、これに事件の難易度や実際の作業量が加味されているようである。

日本では、管財人は弁護士の倒産事件関与の基本とされている観があり、弁護士会には3年ほどの実務経験を経た弁護士のための新任管財人研修のプログラムがありこれを終えた弁護士が管財人候補者名簿に登載され、易しい事件の

イツの倒産法を多角的に比較しているが、特に、管財人制度は両国で共通点が多いとしている、S.7.

[7]　会社更生でも、更生会社の役員が管財人に選任されるD.I.P.型更生という運用が許容されている（会更67条3項）。また、更生事件の管財人は、法律管財人（弁護士）、事業管財人（実業家）という運用も多くみられる。

管財人代理や管財人で実績を積んでから難しい事件への登用の途が開かれるようである[8]。

　管財人の地位・性質をめぐっては、講学上諸説が説かれてきたが、倒産事件では必然となる複雑な利害関係を調整する中立的・独立的・専門的立場が強調される。そして、具体的な事例を通じて管財人の地位が問われることも少なくないし[9]、管財人の責任が問題となった判例も登場している[10]。

　管財人は、債権者集会や債権者委員会に報告などの義務を負わされることがあるものの、債権者から直接的に信任を受けたり解任されたりする関係には立っていない。

2．ドイツ

　ドイツの倒産法制は、かつては破産と和議が別建てであったが、現行法では、清算型と再建型を一本化する方式に変わった。管財人（Insolvenzverwalter）が債務者財産の管理処分権を握り、手続の中心的な存在となる点は日本と同じである。例外的に、管財人を選任しない D.I.P. 方式たる自己管理（Eigenverwaltung）が定められている（§§270-285 InsO）。管財人は、債務者から独立し、その任に耐える専門性を要するとされており（§56 InsO）、あらかじめ作成された候補者名簿の中から裁判所が個々の事件の適任者を選任する。善管注意義務があり、これに反すれば利害関係人に対し損害賠償責任を負う（§60 InsO）。

　管財人は報酬を受ける権利があり、報酬は財団財産の価値、事件の難易度を勘案して決められる（§63 InsO）。報酬をめぐる詳細は、別に報酬法が定められている[11]。

---

[8] 裁判所書記官実務研究報告書（重政伊利＝大林弘幸）『破産事件における書記官事務の研究』（司法協会・2013年）32頁。やがて、困難な著名事件の管財人への就任に適した弁護士は絞られることになる。

[9] 管財人は、債務者の地位を承継するものであるとされる場合と第三者の地位に立つとされる場合があるが、後者のほうが多い。水元宏典「破産管財人の法的地位」高木新二郎＝伊藤眞編集代表『講座・倒産の法システム第2巻清算型倒産処理手続・個人再生手続』（日本評論社・2010年）37頁。

[10] 破産管財人が破産者の敷金返還請求権につき質権を有する者に対してどのような地位に立つか、質権設定者たる破産者の担保価値維持義務を承継する一方で、管財人の善管注意義務は否定された、最判平成18・12・21民集60巻10号3964頁である。

[11] 倒産報酬法（InsVV）では、管財人の報酬を中心に、その他の機関や債権者委員の報酬などにつ

ドイツでも、管財人は裁判所によって選任されその監督を受けることは日本と同じであるが、債権者との関係で日本にはない規律がみられる。すなわち、管財人の選任について債権者に直接的な権限が与えられていることである。具体的には、管財人が選任された直後の債権者集会（Gläubigerversammlung）は、別の管財人を裁判所に具申できるとされている点である（§57 InsO）。これは倒産手続における債権者の利害関係の大きさに鑑み、管財人について債権者の意向を反映させることを意図したものである。さらに、2011年にはこれをより強化する意味で、管財人の選任に先立って、原則として、仮債権者委員会は管財人の条件や人物に意見を述べる機会が与えられるものとされ、裁判所はこれを安易に無視することはできない等の規定が追加された（§56a InsO）。

3．中　国

中国（中華人民共和国）の現行倒産法制は、清算型の破産と再建型の更生（重整）、和議（和解）が１つの法典に収められたものである[12]。管財人（管理人）制度は、共通事項として法典の前半に規定がおかれている。手続の種類により、また事件の特性により、管財人は異なった役割を果たすことが想定されているが、役割が異なっても、裁判所によって専門家が選任され手続に関与する者はすべて管財人とよばれる[13]。

倒産制度そのものが社会主義市場経済秩序の維持に資するべきものとされている（中国破産法１条）ことが関係し、管財人制度の運用も大きくその影響を受けている。しかし、管財人制度自体は、日本やドイツのそれと共通する点が多い。すなわち、管財人は裁判所（人民法院）によって選任されることになっており（同法22条）、選任の対象となる管財人候補者名簿は、有資格者の申請

いて定めている。管財人の報酬は、最終的な債務者財産の価値が基準となる。価値が２万5000ユーロの場合はその40％を筆頭に、50万ユーロを超える場合はその0.5％、その間でさらに５段階に分かれており、計７段階となっている。

12　その意味では、近時の潮流である清算型と再建型を合わせもった統一的倒産法というべきものであるが、法典の名称は「企業破産法」となっている（本節では、「中国破産法」と引用する）。福岡＝金・前掲書（注５）４頁。

13　言い換えれば、日本式に、管財人、監督委員、調査委員と役割の違いに応じて別個の名称の機関とすることをしていないということである。したがって、管財人（管理人）という名称にそぐわない役割の場合もある。劉穎「中国倒産管財人制度に関する一考察」中央大学大学院研究年報（法学研究科篇）42号（2013年）67頁、74頁。

に基づき裁判所が作成している[14]。特徴的なのは、管財人には所定の能力が担保された個人または団体が選任されうるとし、団体については、①清算組、②律師（弁護士）事務所、③会計事務所、④破産清算事務所、⑤その他の社会仲介機構、と限定列挙していることである（同法24条）。これは、管財人として倒産事件に関与しうる資格者を具体的に示していることを意味する。④や⑤の団体にも律師や会計士が所属しこれを支えており、個人が管財人に選任される場合も律師や会計士の有資格者とされており、この中で異質なのは清算組であろう。これは、管財人に政府の関係部署の人員を複数ピックアップして就任させる仕組みであり、旧法からの名残りとされるものであるが、国有企業などの事例で倒産が周囲に与える影響の大きい場合に、清算組という形で政府が倒産事件に関与することを意味している（同法133条）[15]。

前述のとおり、管財人は裁判所によって選任されるが、債権者との関係について詳細な規定がおかれているのが中国法の特徴である。すなわち、管財人は、債権者集会と債権者委員会の監督を受けるものと規定され（中国破産法23条1項）、債権者集会には裁判所が選任した管財人の解任・交代要求の権利が認められている点である（同法22条2項、61条1項2号）。また、管財人の報酬も裁判所が決定するが、債権者集会はこれに異議を述べることができる（同法28条2項）。さらに、管財人の管財業務のうち重要なものについては債権者委員会の許可を要するものが数多く指定されている（同法69条）。

管財人は、専門家として、勤勉かつ忠実に職務を行う義務があり（中国破産法27条）、これに反すれば、罰金（罰款）に処せられ、損害賠償を負うべきものとされている（同法130条）。こうした責任が伴うが、もちろん正当な管財活動については報酬を受け得るものとされ、報酬については、最高人民法院の司法解釈が用意されている。管財人の報酬は配当実施額に応じて7段階に分けて標

---

[14] 管財人の選任に関する詳細は、最高人民法院が定める、管財人指定に関する司法解釈で定められている。名簿は高級人民法院または中級人民法院単位で作成され、ハードカバーの冊子体で関係者に配布されているようである（2013年10月31日、訪問した西安の律師事務所にて現物を確認する機会があった）。

[15] 国有企業に限らず、民間企業であっても大型の事件は社会への影響が大きいことが政府の倒産事件関与を正当化する。清算組が管財人となる場合、これを構成する政府役人は本務を抱えた存在であるので、必要に応じて集まって事件処理の節目節目で決断を行い、日常の現場は律師や会計士の資格者に委託しているという。

準化されている。この報酬は、担保権者の満足分は含まない計算であるが、管財人が担保目的財産について換価活動などを行った場合は担保権者にその分の報酬を請求しうることになっている（報酬司法解釈13条）。

このように、中国の倒産法制では、全体の条文が日本・ドイツに比べて少ない割に、管財人に関して、比較的詳細な規律が用意されていることがわかる。

Ⅲ　管財人制度をめぐる比較対照

次に、管財人制度をめぐって、いくつかの視点で日本、ドイツ、中国を比較してみよう。

倒産手続を誰がどのように担っているか、それは歴史的に変遷してきているし、国による違いも多い。倒産手続においては、濃淡さまざまな利害関係をもった者が現われこれらの者の行動が手続を動かすことはもちろんであるが、第三者が専門的・中立的な立場で関与しないことには秩序立った処理が確保しにくい性質のものである。とりわけ、名称はともかく、わが国でいえば管財人のように管理処分権が専属する形で手続の中心的な存在となるというあり方は、倒産手続の担い手としてはベーシックなものであろう。その場合、債権者や債務者などの直接的な利害関係人の役割は後退することになるが、逆に、第三者の関与は控えめなものにして、当事者の自治を前面に押し出すタイプの倒産手続も工夫されることもあり、担い手問題はそもそも単線的なものではない。

しかし、第三者の立場で倒産手続に関与する場合、中心的な存在として大きな権限を委ねられる「管財人」的なものの登場は共通現象といってよいだろう[17]。そのうえ、日本・ドイツ・中国の3カ国は沿革的なつながりもあるので、比較対照することは自国の位置を確認するきっかけとなり、理論的にも実践的にも意味のあることであろう。なお、ドイツ、中国の倒産法が統一法典であるのに対し、日本は手続ごとに根拠法が異なっているが、原則として破産法を比

16　100万元以下で12%、100万元超〜500万元で10%、500万元〜1000万元で8%、1000万元〜5000万元で6%、5000万元〜1億元で3%、1億元〜5億元で1%、5億元超で0.5%、が標準となっている。

17　正確にいえば、中国の管財人は強い権限がある場合も弱い権限にとどまる場合も同じく管財人とよばれる点が日本、ドイツとは異なっている（注13参照）。

較の中心に据えることとする。

1．管財人の給源と選任方法

まず、どこの誰がどのように管財人に就任することになるのかからみてみよう。

これについては、弁護士などの有資格者が裁判所によって選任されている点で三国にさほど差はないようにみえるが、法規上は違いがある。日本は、管財人は裁判所が選任すること、法人でもよいことが規定されているのみで（破74条）、どのような者が一般的にこれにふさわしいかについて完全に沈黙している。しかし、現実には、各地の弁護士会と裁判所で管財人候補者名簿を整備し、そこから個別の事件の状況や利害関係に照らしほぼ全件で弁護士が選任されていることが知られている。[18] ドイツでも、管財人は裁判所によって選任されるが、自然人に限定され、経営に詳しく利害関係人から独立していること[19]が法で示されたうえで（§56 InsO）、報酬法から、弁護士、会計士、税理士、その他資格者が選任対象であることが明らかになっている（§5 InsVV）。これに対し、中国では、管財人が裁判所によって選任されることは同じであるが、管財人となりうるのは、清算組、律師事務所、会計士事務所、破産清算事務所などの社会仲介機構という具合に団体の就任が原則となるものとされ、簡易な事件でのみこれらの団体に属する資格者個人の選任を妨げないものとしている（中国破産法24条）。給源の定め方としてはドイツと中国は類似しているといえるが、改革により市場経済の論理を取り入れてもなお社会主義は掲げており倒産処理が公共性を帯びており清算組を管財人に選任するという独特の状況が存在していることは異色といえる。[20] もっとも、日本でも、大型の倒産事件で行

---

18 倒産事件では法律問題が多く訴訟を必要とすることもあること、利害関係人に対して公正・公平であることが要求され職業的自立・自治が整っていることから、弁護士が望ましいと理解されている。伊藤眞ほか『条解破産法〔第2版〕』（弘文堂・2014年）600頁。利害関係のチェックについては、裁判所書記官実務研究報告書・前掲書（注8）33頁。旧法下での情報であるが、選任方法についてやや踏み込んだ叙述をしたものとして、司法研修所編『破産事件の処理に関する実務上の諸問題』（法曹会・1986年）106頁以下参照。

19 選任に際し管財人の独立性をどのようにチェックするか、日本で利害関係をチェックするのと類似の難しさがある。ドイツでは、民事訴訟法の裁判官の除斥事由（§41 ZPO）が参照されたりするが、倒産事件の管財人の独立性確保には不十分と解されている。

20 清算組の管財人就任は破産法の文言上は選択肢の一つにすぎない形であるが、現実には選任例は

政が倒産処理の担い手の一翼となる例は散見できる[21]。

この三国では、イギリスの倒産実務家（Insolvency Practitioner）のような倒産事件関与のための特別の資格制度はないようだが、有資格者なら誰でもよいという運用ではなく、倒産処理の安定と信頼確保のため、管財人の選任には十分な能力担保に努めていることがうかがわれる。どの資格者ないし団体が管財人に就任しているか、その比率を比較できるようなデータはないが、基本的にはこの三国の建前は弁護士中心とみることが可能であろう。その意味で、倒産実務家の主流が会計士であるイギリスとは異なる[22]。

個々の事件で選任された管財人の適否を比較することは困難であるが、管財人の選・解任に関係者つまり債権者の意向を反映させる仕組みに興味深い違いがある。日本では、基本的に管財人の選任に関係者が事前に具体的に関与する途は用意されておらず、わずかに就任後の具体的な不適任事由をもってする裁判所への解任申立権があるにとどまる（破75条2項）。もちろん、管財人の不適切な事件処理の影響を受けるのは利害関係人であり、こうした情報を裁判所に上申し職権発動を促す形で債権者らが管財人をコントロールすることも不可能ではない。こうした日本と比べると、ドイツ、中国は、管財人の選・解任に関して債権者の意向がよりストレートに反映されるようになっている。すなわち、以下のような仕組みが存在する。ドイツでは、最初の債権者集会において裁判所が選任した管財人を別の者に交代させる決議をすれば、裁判所はこれに強く拘束されることになる（§57 InsO）。また、2011年の改正により、原則として、裁判所は当該事件の管財人の選任に先立って、その条件や人物について債権者委員会の意見を聴取すべき旨の規定が加わり（§56a InsO）、管財人に関する債権者の権限が強まった。中国もまたドイツに同調しており、債権者集会は裁判所が選任した管財人が不適任であれば解任と別の者への交代を要求でき

多く、その結果、清算組の母体である行政の意向が強くなり、裁判所の倒産手続として裁判所や債権者のコントロールが利かない問題が生じていることは、劉・前掲論文（注13）81頁。

21　日本航空（JAL）の更生手続では、企業再生支援機構が支援決定をするとともに組織として管財人の一翼を占めたし、また金融機関の破綻処理に際しては預金保険機構が金融整理管財人の一翼を占めることが少なくない。この点については、山本和彦「企業再生支援機構とJALの更生手続」ジュリ1401号（2010年）12頁。

22　イギリスの倒産実務家については、高田賢治『破産管財人制度論』（有斐閣・2012年）168頁以下の「資格制度の創設」で詳しく紹介されている。

るものとされている（中国破産法22条2項、61条）。そのうえ、管財人は債権者集会と債権者委員会の監督を受ける存在である旨が定められており（同法23条）、債権者集会は管財人の報酬について異議を述べることもできるし（同法28条2項）、管財人の業務のうち債権者委員会の許可を要する事項が多数設定されているのも中国の特徴である（同法69条）。[23] もっとも、中国においても、この債権者集会の管財人交代要求が常に功を奏しているわけではなく、最終的な決定権はあくまで裁判所に留保されている。[24]

倒産手続に最も濃い利害関係をもつ債権者と管財人の関係をどのように規定するかは難しい問題であり、法文化や関連制度の違いもあり直ちに真似られるものではないが、ドイツ、中国の状況は日本にとって刺激的なものであろう。

2．管財人の役割と地位

次に、三国における管財人の役割、地位について比較してみよう。この点は、当然のことながら、倒産手続における各種プレーヤーのかかわり方いかんの影響を受ける相関的なものであるが、管財人とは手続の中心的な担い手となるものを指すものとし、このことを前提に比較する。日本では、手続の種類によって多くの機関メニューがあり管財人は必置ではなくメニューの一つにすぎないこともあるが、中国では、機関メニューが単純で管財人が必置となっているが、管財業務全般を遂行する、その意味で通例に倣う場合のほか、特に重整（更生）手続において監督的な役割にとどめる場合も管財人と同じ名称を使っている点は注意を要する。

日本では、管財人に債務者財産（破産財団）の管理処分権が専属し（破78条）、これをめぐる訴訟の当事者適格を有し（同法80条）、積極・消極財産の管理・調査・換価から配当までを担い、その間必要に応じて、双方未履行双務契約の処理、否認権の行使、役員の責任追及なども行う。まさに、権限集中型の

23　この債権者委員会の要許可事項は、内容的には、日本の管財人が裁判所の許可を要する事項として列挙されているものと共通するものが多い（破78条2項）。市場経済における倒産リスクにまだ慣れていない中国では、倒産時に債権者の怒りは大きいことが多く、時には不合理な要求もするようだが、手続へのコミットは強いようである。
24　債権者集会による管財人交代要求は書面をもって申し立てるべきものとされ、管財人にも書面による弁明の機会が与えられており（管財人選任司法解釈31条）、裁判所も交代には慎重なようである。Chao He, *supra note* 6, S.34

機関である。ドイツにおいても、開始決定により債務者の財産の管理処分権は管財人に移動するものとされ（§80 InsO）、これに権限が集中しており、その位置づけは日本とほぼ同様と思われる。違う点といえば、ドイツの現行倒産法は清算型と再建型をあわせもっているので、財産を換価・配当するか、事業譲渡による再建をするか、倒産計画（Insolvenzplan）による再建を企図するか、どの場合も管財人がその中心にあることであろう。こうした日本、ドイツに比べると、中国の管財人は、確かに必置機関で手続の中心を担う存在ではあると一応はいえそうであるが、その基本的職務として法定された内容は事務的レベルのものが多い（中国破産法25条1号〜9号）。むしろ、重要事項は債権者集会に基本権限があり管財人はそれに従う関係にあり（同法61条1号〜11号）[25]、また債権者委員会への報告を要する事項も多くあり（同法69条1号〜10号）、債権者こそが上位にあるというのが正確であろう。

　次に、こうした管財人の法的地位をいかなるものと理解するか、これは三国とも好んで論じてきた問題であり、三国の議論は密着したものである[26]。もっとも、先行して議論を展開したドイツや日本では、やがて管財人の法的地位のいかんで個別的な問題の結論へと演繹的につなげることは適切ではないと解されるようになり、やや議論は下火の傾向にある。ところが、中国では管財人は社会主義市場経済秩序に資するべき倒産制度の唯一の手続機関ともいうべき存在であることもあって、その法的地位は重要な論点とされているようである。ともあれ、沿革的な関係で、この点の議論は三国で共通性が高い。すなわち、倒産手続の中心的な担い手である管財人の地位をどのように説明するか、そこには、①倒産手続の内部的法律関係、②権限行使の理念、③外部者との実体的法律関係、という3つの側面があるとされる[27]。代理か代表か機関か、さまざ

[25] たとえば、債権の調査・確定では、日本やドイツでは債権者相互の牽制による調査はもちろんであるが、債務者の帳簿や資料と照合できる管財人の異議権が大きな意味をもっている。これに対し、中国では、管財人は債権の認否までは行うが、争いのある債権の決着は債権者と債務者でされる扱いで、管財人はその当事者ではない（中国破産法58条）。もっとも、最優先順位の破産債権とされる労働債権については、届出を要しないものとされ、債権者集会の調査には服さず管財人の調査にのみ服する扱いとなっている（同法48条2項）。
[26] 呉・前掲書（注2）240頁以下の管財人の法的地位をめぐる議論の箇所では、当時のドイツ、日本の議論が忠実に紹介されているし、劉・前掲論文（注13）77頁以下によれば、現在も好んで論じられ、日本の最新の学説も参照されているとのことである。
[27] 破産管財人の法的地位をめぐる問題の学説的展開をたどり、その意義を分析し、破産理論やプラ

まなバリエーションを従えながら議論が展開されてきた。すなわち、管財人が、破産者からその財産関係を引き継ぎそれを管理処分することから始まり、債権者の最大かつ公平な満足へと向けて法的処理する破産手続のダイナミズムをいかに統一的に説明するかである。[28]

さまざまな見解が唱えられていることは三国で共通するが、現在における議論の趨勢には違いがみられる。すなわち、ほぼ同じような形で管財人の法的地位を論じているものの、三国において通説と目されるものが異なっている状況にある。ドイツでは、管財人は自己の名で私法上の職務を行う、特別の司法機関であるとする職務説（Amtstheorie）が判例・通説と理解されている。[29] これに対し、日本では、管財人を債務者の財産について管理処分権を委ねられた独立の管理機構と解する管理機構人格説が広く支持されている。[30] 一方、中国では、社会主義体制下でいったん破産制度を否定し、その後、計画経済から社会主義市場経済への移行に伴い破産制度を復活させるという形で、ドイツや日本の学説を十分参照しつつ、独自の展開をみせている。[31] というのも、依然として清算組が管財人に選任され事件処理が社会的要請すなわち公共性を帯びることが多いこと、管財人の権限が債権者集会や債権者委員会の制約を受ける度合いが強いこと、といった特徴があることが関係する。つまり、前者の観点で法定機構説、後者の観点で債権者代理説、が導かれやすく、この2つが中国では管財人の法的地位をめぐる対立の中心とされてきたようである。さらに、清算組が管財人になる場合は裁判所のコントロールが利きにくくなるという問題は

イオリティの問題との関係を整理した文献として、水元・前掲論文（注9）。
28　日本にあっては、管理処分権を掌握し手続の中心にあることは同じでも、事業の継続を前提に動く再生手続の管財人や更生管財人と破産管財人では違いがあるうえ、再生債務者もまた機関と位置づけられ（民再38条参照）その法的地位がやはり問われることとなり、問題は複雑化し拡散した感もある。公平誠実義務が課せられており、再生債務者は第三者性を帯びることは裁判例でも肯定されている（大阪地判平成20・10・31判時2039号51頁）。多くの文献があるが、新しいものとして、岡伸浩「再生債務者の法的地位と第三者性」慶應法学26号（2013年）35頁。
29　職務説が判例の立場であることについては、Pape / Uhlenbruck / Voigt-Salus〔2010〕*Insolvezrecht 2. Aufl.* S.148　学説において通説であることについては、Eberhard Braun〔2010〕*Insolvenzordnung 4. Aufl.* §80 Rn.19.
30　山木戸克己『破産法』（青林書院新社・1975年）80頁以下で管理機構人格説が唱えられて以来、谷口安平『倒産処理法〔第2版〕』（筑摩書房・1980年）60頁、伊藤眞『破産法・民事再生法〔第3版〕』（有斐閣・2014年）203頁、と受け継がれることになる。
31　劉・前掲論文（注13）77頁以下で、現在の中国の学説状況が詳しく分析されている。

あるが、市場経済を導入したとはいえ、社会主義体制は維持しているので、やはり中国にとって破産制度はそこから社会的利益を拭い去ることは意図されていない（中国破産法1条）。その意味で、管財人をめぐる日本の最新の研究が、公害発生源を抱えた企業（たとえば、産業廃棄物処理業者）の破産事件の管財業務において管財人が周囲の環境にも配慮すべきことを問うていることは、現象的には中国の管財人論と似ている面ができたともいえよう。その意味で、管財人の法的地位は、倒産手続の目的に絡んでくることがわかる[32]。

3．管財人の責任

次に、その役割や法的地位とも密接に関係する、管財人の責任について三国を比較してみよう。その基本的な法的構造は、三国で共通性が高い。すなわち、善管注意義務を負い、これに反した場合は損害賠償義務が生ずる点である。

まず、日本では、破産法85条がこれを定める。損害賠償を負う相手方を法文では「利害関係人」と幅をもたせている。この責任は、管財人がその個人として負うものと理解される[34]。しかも、管財人に選任されるのが原則として弁護士であるという運用と相まって、この善管注意義務は一般人のそれではなくその資格・地位に応じた高度なものと理解されている。結論的に管財人の個人責任は否定されたものの、別除権者となる質権者と破産財団ひいては破産債権者の利害が対立する場合の管財人の事案処理をめぐって最高裁判所まで争われたケースでその認識が深まった[35]。本件を通じ管財人が倒産手続をめぐる複雑な

---

32 こういう側面を管財人の職務の中に位置づけた試みとして、伊藤眞「破産管財人の職務再考」判タ1183号（2005年）35頁。沖野眞已ほか「〈パネルディスカッション〉破産事件における管理・換価困難案件の処理をめぐる諸問題」事業再生と債権管理151号（2016年）18頁特に、事例6と事例7参照。
33 伊藤眞ほか「破産管財人の善管注意義務──『利害関係人』概念のパラダイム・シフト」金法1930号（2011年）64頁、佐藤鉄男「倒産手続の目的論と利害関係人」田原睦夫先生古稀・最高裁判事退官記念論文集『現代民事法の実務と理論（下巻）』（金融財政事情研究会・2013年）30頁。
34 伊藤ほか・前掲書（注18）669頁。なお、管財人の行為によって生じた損害は財団債権として破産財団からも回復されうる（破148条1項4号）が、管財人の個人責任と不真正連帯債務の関係に立つ。破産財団が先に賠償に応じた場合は、管財人に求償できる。
35 前掲（注10）最判平成18・12・21である。破産者が賃借人となっていた賃貸借契約につき、管財人が破産手続開始後の賃料を敷金で充当させるべく未払いとしたところ、敷金を質権の目的としていた質権者が管財人を相手に責任追及などの訴えを提起したものである。個人責任は否定された

利害関係の調整役として難しい位置にあることが再確認されたといえる。それは、倒産手続の目的論に関係し、管財人が債務者や債権者という限られた範囲の者のことだけ考えればよいのではなく、広い視野での目配りが必要になったことを意味する。[36]

次に、ドイツでは、日本とほぼ同様で、管財人は善管注意義務を負い、これに反したときにはすべての利害関係人（allen Beteiligten）に対し損害賠償を負うべきものとされている（§60 Abs.1 InsO）。これは、不法行為責任を補充する特別の法定責任と理解されており[37]、責任の相手方を「すべての利害関係人」としている点は、日本や中国とはニュアンスを異にしている。すなわち、どのように損害が認定されるかという問題はあるが、債務者、債権者はもちろんのこと、財団債権者、取戻権者、別除権者も損害賠償を求める権利者としては基本的には区別されていない。[38] 法文で帰責性についての言及はされていないが、基本原則に従い、管財人に故意または過失があった場合と解され、ドイツで、管財人はそもそも経営に詳しく、債権者からも債務者からも独立していることが選任要件であり、かつ、専門家が選任されているので、個人の資質が劣っていること自体で過失に該当することになろう。求められる水準は相当に高いと思われる。

一方、中国であるが、管財人の義務と責任は別々に離れた位置に規定されている。[39] まず、管財人の義務は「職業道徳」という形で、「勤勉尽責、忠実執行職務」と表現されているが（中国破産法27条）、これ自体は日本やドイツの善管

が、管財人は担保価値を維持する質権設定者の義務を破産者から承継しているとして、破産財団に対する不当利得返還請求は認められた。
36　ただ、利害関係人の範囲が広がりすぎることへの警戒から、これの区分けを試みたのが、伊藤ほか・前掲論文（注33）である。また、管財人と財団債権・共益債権の関係を問題としたものとして、山本克己「財団債権・共益債権の債務者——管理機構人格説の検討を兼ねて」田原古稀・退官記念・前掲書（注33）64頁。
37　Ludwig Häsemeyer〔2007〕, *Insolvenzrecht 4. aufl.* Rn.6.35.
38　もっとも、損害が倒産債権者の全体に及ぶ場合（Gesamtschaden）は、個々の債権者がばらばらに損害賠償を求めるべきではなく、新しい管財人がまとめて旧管財人にこれを求めるべきものとされている（§92 InsO）。また、管財業務と関係のない管財人の不法行為の被害者も60条の管財人責任の利害関係人には該当しないと解される（Reinhard Bork,〔2009〕*Einführung in das Insolvenzrecht 5. aufl.* Rn.58）。なお、財団不足となった場合の財団債権者に対する管財人の責任は別条文とされている（§61 InsO）。
39　このことは、中国倒産法では責任規定が第11章でまとめて規定されていることによるもので、義務と責任が連動していないことを意味するものではないと思われる。

注意義務に準じたものと解される[40]。そして、義務に違反した場合には、裁判所によって罰金に処されるほか、これによって損害を受けた債権者、債務者または「第三人」に賠償責任を負うものとされている（同法130条）。債権者と債務者は倒産手続に係る主たる利害関係人として当然であるとしても、これと第三者を並べている点は日本やドイツとやや異なっている。すなわち、日本やドイツは管財人がその職務に関し賠償責任を負うのは、濃淡はともかく利害関係で絞りをかけているのに対し、中国は債権者と債務者以外はいきなり第三者としてしまっているのである。その分、取戻権者、別除権者、財団債権者といった利害関係が明白な者に対する責任があいまいなものになっていることがわかる。また、中国でも帰責性の基準について言及がなく、どの程度の過失で責任を問われるかはっきりしないところがある。そして、この点は、中国における管財人の選任状況との関係で課題があるとされている[41]。すなわち、中国では、管財人は、清算組、社会仲介機構というように組織・団体が選任される場合のほか有資格者が個人で選任される場合もある。個人で選任される場合は職業責任保険に入ることが義務づけられているが（同法24条4項）、組織・団体の場合はそれ自体が多様である関係で責任があいまいになりかねないおそれが懸念されている[42]。

この点は、管財人を自然人に限定したドイツにはない問題である。もっとも、日本も法人管財人が許容されているが、現実には選任に際しての利益相反問題もあって、弁護士法人を選任する例は多くないようで、規模の大きい事件では弁護士個人レベルでチームを組むことが多く、責任があいまいになることは回避されている。個人か団体か、中国も実務的な検証を要するところであろう。

4．管財人の報酬

続いて、管財人の報酬について比較してみたい。

まず、日本であるが、管財人は費用の前払いおよび報酬を受け取ることがで

40　Chao He, *supra note* 6 S.35.
41　Chao He, *supra note* 6 S.36.
42　Chao He, *supra note* 6 S.36〜37.

き（破87条1項）、この権利は財団債権として最優先の扱いとなる（同法148条1項1号、152条2項）。もっとも、具体的な報酬の基準についてはドイツや中国のような規定はなく、裁判所が「その職務と責任にふさわしい額を定める」との規則があるにとどまる（破規27条）。倒産手続、とりわけ破産手続は経済的に破綻した者の財産的清算を図るものであるが、その労を担う管財人への報酬は破産財団から賄うものとし、破産債権者に優先させないことにはなり手が現われなくなってしまう。このことは理解されていても、現実にはわずかの破産配当に甘んじる破産債権者からすれば、管財人報酬の額とその合理性には無関心ではいられないであろう。事件の規模や難易度に照らして適正な報酬が支払われているものと思われるが、公式に示された基準はなく透明性という点では問題がなくはない。個人破産の多くを少額管財事件として、管財人報酬を一律処理している（20万円）ことと比べると、確かに事件差が不可避とはいえ、債権者はもちろん当の管財人も自分の報酬の算定方法がわからないというのは望ましいことではなく、基準が規定されている外国の例は参考に値する。実際、倒産事件をめぐる報酬トラブルが弁護士懲戒申立てや訴訟に発展する例が跡を絶たないのは、このあたりに原因があるのかもしれない。なお、管財

43 本稿では詳しく取り上げることはしないが、アメリカにおいても、管財人を始めとする専門家には、裁判所が利害関係人の意向を確認して（notice and hearing）裁判所が報酬額を決める扱いで、配当金額が基準とされる。5000ドル未満で25％、5000ドル～5万ドルで10％、5万ドル～10万ドルで5％、10万ドル以上で3％未満、と区分されている（11 U.S.C. §326 (a)）。福岡真之介『アメリカ連邦倒産法概説』（商事法務・2008年）80頁、82頁。
44 日本では、画一的基準はないが、配当財団ではなく、収集した財団額をベースに報酬が決められている、竹下守夫編集代表『大コンメンタール破産法』（青林書院・2008年）368～369頁〔園尾隆司〕。
45 報酬については債権者の視点が必要であると指摘するのは、日本弁護士連合会倒産法制等検討委員会編『倒産処理と弁護士倫理』（金融財政事情研究会・2013年）9頁〔須藤英章〕。
46 和田東子「誰も知らない破産管財人の選任と報酬のルール」リーダーズノート編集部編『誰が司法を裁くのか』（リーダーズノート・2010年）155頁。破産財団130万円のケースで、破産管財人報酬が85万円、配当額45万円という例が示されている（同書165頁、175頁）。
47 少額管財か通常管財かの振り分けをめぐって、申立代理人と管財人の役割分担と報酬の関係は微妙な問題となっている、日本弁護士連合会倒産法制等検討委員会「中小規模裁判所における法人破産事件処理の在り方」金法1982号（2013年）12～13頁。
48 管財人の報酬だけでなく、日本では、申立代理人の報酬にも問題が出ており、管財人が申立代理人を相手に報酬の返還（理屈は、不法行為や否認権）を求める裁判例が増えている。不法行為の例として、東京地判平成21・2・13判時2036号43頁、東京地判平成25・2・6判時2177号72頁、がある。また、報酬に対する否認権行使の例として、東京地判平成9・3・25判時1621号113頁、神戸地伊丹支決平成19・11・28判時2001号88頁、東京地判平成22・10・14判タ1340号83頁、東京地判平成

人は報酬の受領に際して、源泉徴収義務を負うとされる[49]。

　次に、ドイツであるが、管財人報酬の位置づけは日本と同じであり、管財人の報酬は財団債権とされ（§54 InsO）、金額は裁判所によって決められる。具体的な金額は、倒産法63条を受ける形で、倒産報酬法が定める基準に従うことになる。報酬は手続終了時の財団の価額から算定される。もちろん、事件には個性があり管財人の実際の作業量は異なってくるので、加減の調整がされることも当然である[50]。建前として報酬は、最終の財団の確定を待つという意味で後払いであるが、手続が半年を超えて続く事件では、裁判所によって前払いが許可されることもある（§9 InsVV）。清算型で追加配当がなされた場合や再建型で管財人が計画の履行監視を行った場合は、報酬の追加がされる（§6 InsVV）。管財人は想定される報酬の範囲で、自らの業務遂行のコストや賠償責任保険の保険料は賄わなければならないが、管財業務の過程で必要となった立替金については、報酬とは別に別途実費が弁償される。

　一方、中国であるが、報酬に関しても日本やドイツと共通するところが多く、特に、報酬に関する最高人民法院の司法解釈があり、その内容はドイツの倒産報酬法と似通っている。管財人報酬の基準は、最終的な配当財産の総額によって段階的に算定されるのが基本である（報酬司法解釈2条1項）[51]。そして、管財人報酬は「倒産費用」と位置づけられ、共益債権と同格で、破産財団から随時優先弁済が保障されている[52]。なお、広大な国土を有する中国は地域による経済格差があるため、標準報酬から30％の幅で調整がされるべきこと（同条2項）、また、事件の難易度に応じ報酬も柔軟に変更すべきものともされている（同解釈9条）。さらに興味深いことに、管財人が別除権の目的物について換

23・10・24判時2140号23頁、がある。申立代理人と管財人は、労力と報酬がアンバランスで、お互いに自分が割を食っているとの感覚をもっているようである。
49　これについては、最判平成23・1・14判時2105号3頁。
50　倒産報酬法3条（§3 InsVV）で報酬の増減要素について法定されている。最終の財団にはならないが、取戻権や別除権対応の作業が多かった場合、労働関係の問題が多かった場合、債権者の数が多かった場合、などは報酬の加算要素とされている。
51　中国やアメリカは配当額を基準にし、日本やドイツは最終の財団財産の額を基準とする違いがあり、単純に比較してよいか問題はあるが、標準報酬どおりなら、報酬の高いほうから中国、ドイツ、日本、アメリカの順になる。
52　倒産費用（中国破産法41条）と共益債権（同法42条）は別に定められ、同様のプライオリティが与えられている（同法43条）。

価等の寄与をすることが少なからずあり、その場合には、本来の報酬とは別に担保権者に対して別に特別報酬を請求することができるものとされている（同解釈13条）[53]。管財人報酬に関する中国のあり方で最も興味を引くのは、これについて債権者の関与権が法定されていることである。すなわち、確かに管財人報酬を決めるのは裁判所の権限ではあるものの、債権者集会には報酬について管財人と協議することができ（同解釈7条）、裁判所が決めた管財人報酬に異議を唱えることもできるとされている（中国破産法28条2項）[54]。管財人報酬が債務者の財産から債権者への配当に先立って随時優先弁済されることに照らせば、最も利害関係の濃い債権者に特化して報酬問題のけりをつけさせる趣旨かと思われる[55]。

IV　結びに代えて

以上、日本、ドイツ、中国の管財人制度をいくつかの論点から比較してみた。法理論としても法実務としても、応用系に属する倒産手続は、多くの前提を土台にしているので本来はこれだけを単純に比較するのは皮相的であろう。しかし、裁判所の倒産手続では中心となる推進役の登場は不可避であり、名称はともかく、その人をめぐる問題は、この三国に限らず、間違いなく倒産法の重要テーマである。そして、沿革的にも、三国の倒産法はつながりのあるものであり、諸々の諸状況や前提が異なっていても、法現象として現われた管財人制度の異同それ自体でも意味のある情報であろう。

それぞれの国が管財人をめぐる問題をどのように規律しているか。それを知

---

[53] Chao He, *supra note* 6 S.39 劉・前掲（注13）72頁。この点は、日本の担保権消滅許可請求における破産財団への組入金（破186条1項1号）、ドイツにおける担保権者の手続分担金（§171 InsO）と対比可能なものである。

[54] 日本でも、裁判所がする管財人報酬の決定は即時抗告が可能な裁判であるので（破87条2項）、債権者は利害関係人としてこれに異議を唱えることはもちろん可能であろう。伊藤ほか・前掲書（注18）677頁。しかし、利害関係人では希釈されがちであり、債権者集会に管財人報酬について特に協議、異議の権限を定める中国法には意味があろう。

[55] 市場経済における債権が貸倒リスクを伴うことに中国の債権者はまだ慣れていないようで、その分、債権者は倒産手続に（時には不合理なほど）強い参加意欲をもっている。管財人はこうした債権者の存在を意識し管財業務にのぞむ。比較的高い報酬比率はその見返りともいえるが、管財人はこういう債権者を納得させる活動が求められることになる。インタビューの機会を得た西安の律師からそのような倒産観を感じた。

ることは今の自国のそれを客観視するよい契機となる。管財人に関する規律の差異は、自国制度の改善のヒントといえる。ドイツ、中国からは、日本の管財人が裁判所直轄型とでもいおうか、債権者からすれば距離を感じるのもわかる気がする。日本の倒産手続は管財人次第で債権者は受け身で結果を待つだけなのである。その意味で倒産観の違いも意識させる問題であった。理論、実務の参考になれば幸いである。

〔初出：金融法務事情1988号（2014年）〕

（佐藤鉄男）

第2節 管財人候補者の選定

I はじめに

1．問題の所在

　本稿は、管財人候補者の選定において債権者の意向を反映すべきであるか否かという問題を検討する。この問題を取り上げる理由は、次のとおりである。

　わが国の破産事件、再生事件、または更生事件を担当する裁判体としての倒産裁判所は、地方裁判所の裁判官によって構成されている。地方裁判所の裁判官によって構成される倒産裁判所は、手続開始申立てについての裁判のほか、債権の査定の裁判、役員の責任に基づく損害賠償請求の査定の裁判など重要な争訟事務を担っている。また、倒産手続の担い手という観点からみても、わが国の倒産裁判所は、管財人・監督委員・調査委員など倒産手続の主要な機関の選任・監督という重要な役割を担っている。もっとも、管財人の選任権限が裁判所に付与されている根拠については、十分に明らかであるとはいえない。

　たとえば、破産裁判所について、その職務を次の5つに分類する見解は、概略、以下のように論じる。

　破産裁判所の職務は、①破産手続の開始（破30条1項）、破産手続の終了（同法220条1項等）にかかわる裁判を行うこと、②破産管財人の選任（同法30条1

1　本稿は、日本民事訴訟法学会大会シンポジウム「倒産手続の担い手――その役割と考え方――」（2014年5月18日、九州大学。以下では、「学会シンポジウム」として引用する）民訴雑誌61号（2015年）85頁以下の報告内容に加筆・修正をしたものである。
2　たとえば、破産法の法文上、破産事件を担当する裁判体は、単に「裁判所」といい、破産事件が係属している地方裁判所を「破産裁判所」という。破産法2条3項参照。本稿における倒産裁判所は、破産法、民事再生法、および会社更生法の法文上では「裁判所」に相当するものを意味する。
3　伊藤眞『破産法・民事再生法〔第3版〕』（有斐閣・2014年）205～206頁。

項柱書)、債権者集会の招集・指揮（同法135条1項柱書本文、137条)、破産債権の受理（同法111条）など破産手続の実施を内容とする職務、③破産管財人などの機関に対する監督をなすこと、④破産債権者など利害関係人間の権利義務に関する争いを裁判によって解決すること（同法125条、126条、174条、175条、178条、180条等)、⑤破産手続に付随する手続としての免責許可の申立てについての裁判をなすこと（同法248条）の5つがある。これらのうち①④⑤が破産事件に関する裁判機関としての職務であり、②③が破産手続の実施に係る手続機関としての職務である。債権者集会の指揮など手続機関としての職務の一部を破産管財人など裁判所以外の機関に委ねることも立法政策として可能である。[4]

以上の見解を前提にすると、破産管財人の選任権限も裁判所以外の機関に委ねるという立法政策を採用する余地があると考えられる。

2．比較法による示唆

諸外国の管財人制度を概観すると、裁判所に管財人選任権限を付与することが必ずしも当然ではないことがわかる。簡単な比較にとどまるが、以下、アメリカ、フランス、ドイツ、イギリスにおける管財人選任制度を確認する。[5]

(1) アメリカ

アメリカにおいては、連邦地方裁判所の一部を「倒産裁判所（bankruptcy court)」とよぶ。この倒産裁判所は、「倒産裁判官（Bankruptcy Judge)」によって構成されるが、この倒産裁判官は、任期制であり、合衆国憲法上身分保障がないなど連邦地方裁判所の裁判官とは身分が異なる。[6] 倒産裁判官は、管財人の任命義務など事件管理の要素から解放されている。

連邦管財官（United States Trustee）という行政機関は、倒産手続の管理面

---

4 伊藤・前掲書（注3）206頁注55。
5 各国の清算型手続における管財人選任に関する条文については、竹下守夫監修『破産法比較条文の研究』（信山社・2014年）255頁参照。英米法系諸国の管財人制度については、中島弘雅＝田頭章一編『英米倒産法キーワード』（弘文堂・2003年）105頁〔高田賢治〕参照。
6 阿部信一郎編『わかりやすいアメリカ連邦倒産法』（商事法務・2014年）24～27頁など参照。倒産裁判官の地位について、浅香吉幹『現代アメリカの司法』（東京大学出版会・1999年）68頁、近時の判例について、浅香吉幹「アメリカ破産法の憲法問題——破産条項、契約条項、司法権条項をめぐって」伊藤眞先生古稀祝賀『民事手続の現代的使命』（有斐閣・2015年）711頁。沿革について、藤本利一「アメリカの倒産手続と裁判所——未完の裁判所・裁判官に映るあるべき司法像の変遷」本書第4章第2節（324頁）参照。

に関与する。連邦管財官は、破産管財人候補者パネルという管財人候補者のリストを整備することで、管財人の選任の偏りを防止する役割を果たしている。連邦管財官は、裁判所の命令に基づいて、管財人候補者から暫定的な管財人を選任する。その後、債権者集会において債権者は、管財人を選任することができるが、債権者集会において実際に管財人が選任されることはごく稀である。

アメリカ連邦倒産法のチャプター11の手続においては、事件の多くがD.I.P型で進められる。チャプター11において管財人が選任されることは、例外的である。チャプター11において D.I.P の不正行為など管財人選任要件を満たすときは、倒産裁判所が管財人選任命令を発令する。選任命令があると、利害関係人の決議または連邦管財官の指名により、管財人が選任される。

(2) **フランス**

フランスは、裁判所が倒産手続の機関を選任する点で、わが国と共通する。ただし、倒産事件の管轄は、商事裁判所であり、商事裁判所の裁判官は、商事裁判官という商人である。このことから、わが国の地方裁判所の裁判官とフランスの商事裁判所の裁判官とは、バックグラウンドが異なるようである。

(3) **ドイツ**

ドイツにおいては、管財人の選任段階において債権者の意向が反映されうる仕組みが採用されている。ドイツでは、裁判所が候補者名簿の中から管財人を

---

7 リン・ロパキ（田頭章一訳）「アメリカ合衆国の倒産処理制度」民事訴訟法学会編『民事訴訟法・倒産法の現代的潮流』（信山社・1998年）213頁、中島＝田頭・前掲書（注5）115頁〔高田賢治〕参照。
8 竹下・前掲書（注5）6頁〔加藤哲夫〕、258頁、中島＝田頭・前掲書（注5）116頁〔高田賢治〕。
9 アメリカのD.I.Pについて、中島＝田頭・前掲書（注5）76頁〔田頭章一〕参照。
10 チャプター11の管財人候補者選定の実務について、堀内秀晃ほか『アメリカ事業再生の実務——連邦倒産法Chapter11とワークアウトを中心に』（金融財政事情研究会・2011年）20頁参照。
11 フランスの清算手続における清算人の選任について、竹下・前掲書（注5）36頁〔西澤宗英〕参照。清算手続以外の機関の特徴を含むフランス倒産法制の概要について、同書25頁〔西澤〕、杉本和士「フランスにおける物的担保法制と倒産法制の関係」池田真朗ほか編『動産債権担保——比較法のマトリクス』（商事法務・2015年）237頁参照。
12 小梁吉章『フランス倒産法』（信山社・2005年）121頁参照。手続機関の担当者について杉本和士「フランス企業倒産手続を担う専門職——司法管理人および司法受任者」本書第4章第6節（445頁）参照。

選任し、その後、債権者集会において別の候補者が管財人に選任されうる[13]。なお、ドイツにおいては、2011年に倒産法の一部が改正され、2012年より施行されている。管財人選任に関する改正の内容については、後述する。

(4) イギリス

イギリス[14]では、管財人に相当する機関を選任する管理型の倒産手続には、清算型である会社清算と再生型である会社管理がある。会社清算においては、債権者集会が清算人を選任するが、管財官という行政機関が清算人を担当するか、あるいは行政機関が清算人を選任する場合がある。

会社管理は、管理人が選任される管理型の手続であり、債権者・担保権者の個別的な権利行使を禁止しつつ、管理人が財産の管理処分権・事業遂行権をもって、事業再生を進める手続である。会社管理における管理人の選任権限は、会社財産を包括的に担保にとっている浮動担保権者に付与されている。債務者会社など申立人が管理人を選任する場合もあるが、その場合も、実際には、その候補者選定について浮動担保権者の同意が必要となる仕組みである。なお、イギリスの清算人・管理人を担当するには、倒産実務家資格が必要となる[15]。

(5) 小 括

以上、諸外国の倒産手続における倒産裁判所の裁判官の構成や管財人選任権限の所在を比較すると、管財人選任制度が多様であることが明らかになる。大まかに分類すると、裁判所など公的機関が管財人を選任した後に債権者集会が最終的に管財人の選任権限をもつ国（アメリカ・ドイツ・イギリス）および、商事裁判所という商人である裁判官が管財人を選任する国（フランス）がある。この観点から比較すると、わが国の特徴としては、通常の民事事件を扱う地方裁判所の裁判官が倒産裁判所を構成しつつ、裁判所が管財人の選任権限をもつことをあげることができる。この点が、わが国の管財人選任制度の特徴である。

---

13 ドイツの管財人選任に関する規定について、竹下・前掲書（注5）259頁、ドイツの実情について、名津井吉裕「ドイツ倒産手続の担い手の役割に関する覚書――裁判所、管財人および債務者」本書第4章第5節（420頁）参照。

14 イギリス倒産法の概要について、竹下・前掲書（注5）13頁［長谷部由起子］、高田賢治『破産管財人制度論』（有斐閣・2012年）45頁、高田賢治「イギリス企業倒産手続の担い手――裁判所を中心に」本書第4章第3節（362頁）参照。

15 倒産実務家資格制度について、高田・前掲書（注14）168頁参照。

3．検討方法

　本稿は、比較法的な観点から明らかとなったわが国の管財人選任制度の特徴を踏まえ、管財人選任のあり方について検討するものである。検討にあたっては、倒産裁判所の裁判官を地方裁判所の裁判官によって構成されるという現行制度を維持することを前提とする。これは、現在の倒産裁判所が手続開始申立てについての裁判や債権査定決定などの争訟事務を担当しており、それらの扱いをどうするかという問題も関係して議論が拡散することを避けるためである。

　では、倒産裁判所を地方裁判所の裁判官が担うことを前提にすると、わが国において地方裁判所の裁判官によって構成される倒産裁判所に管財人の選任権限を付与する根拠は、何かが問題となる。以下では、1つの設例を用いて、この問題を検討する。

II　管財人選任権限の根拠

1．設例：私的整理が事前に存在するプレパッケージ型の事案[16]

　　A社は、金融機関Bから融資を受けていた。Bは、Aの不動産（土地・建物）、預金、売掛債権等の将来債権、在庫商品等の集合動産など実質的にAの全財産について、担保を取得していた担保権者であり、Aの主要債権者であった。
　　債務者Aは、債務超過となった後、主要債権者Bに対して協議を申し入れた。Aは、自主再建をめざすため、元本の返済猶予と遅延損害金の免除を要請した。しかし、AとBの協議の場において、BがAに紹介した専門家が策定した事業再生方針は、次のようなものであった。
　　事業価値を維持するには、Aの事業をスポンサー企業C社へ事業譲渡す

16　本稿においてプレパッケージ型とは、広く法的整理の申立て前に私的整理の交渉（スポンサー選定等を含む事業再生方針についての話合いなど）があることを含む意味で用いる。

ることが必要であり、早期に事業譲渡を実施し、経営者Dは交代すべきである。

　経営者Dは、当初、専門家の示した事業再生方針に同意していたが、しばらくして、経営コンサルタントである友人から、Dの経営のままで自主再建することは可能であるし、そのための助言は惜しまないとのアドバイスを受けてから態度が急変し、当初の事業再生方針に非協力的になった。つまり、Dは、経営者の交代は受け入れられないし、自主再建を強く希望すると主張するようになった。

　しかし、Dによる自主再建は、実際は困難であり、Aの事業の性質上、事業価値を維持するには、Cに早期に事業譲渡すべきであるというのがBの認識である。なお、事業価値を維持するために、商取引債権者等の少額債権者に全額弁済する予定である。

　以上の状況において、Bが、Aについて更生手続開始の申立てをする場合、裁判所は、どのような点を考慮して管財人を選任すべきであろうか。[17]

　なお、前記設例は、会社の総資産を包括的に担保取得した債権者1名が存在する事案である。この設例については、現在のわが国の更生手続の実務を前提として、全資産を担保提供している会社の更生事件が実際にあるのか、全資産を担保提供した債務者が担保権者の意向を無視して自主再建に走る事例があるのかという趣旨の指摘がある。[18]しかしながら、会社が不動産・動産・債権などの財産を包括的に担保提供することは、理論的に可能であること、担保融資のあり方は、将来、変化しうること、および会社が総財産を担保提供する場面を想定することで、債権者相互の対立という問題を棚上げして、債権者と債務者との対立に単純化することができることから、総財産を担保提供した事例を用いている。

　また、担保権者の意向に経営者が従わない事例があるかという点についても、事業譲渡も経営者の協力なしに実施できないことは確かであるし、経営者

---

[17] 管財人の「選任」とは、管財人の候補者選定と任命の両方を合わせた意味で用いている。管財人の「候補者選定」と管財人の正式な「任命」とを区別する必要がある場合は、それぞれ候補者選定、任命の用語を用いている。
[18] 「学会シンポジウム」民訴雑誌61号129頁〔中井康之発言〕。

であり続けたいとの希望をもつ者はいるであろうし、専門家から魅力的な助言があれば、経営権保持に傾く者もあろう。

以上より、本稿の趣旨を明確にすることを優先し、あえて極端な設例を用いている。

2．問題の所在

(1) 事業再生方針と管財人選任権限

事業再生方針の策定とその遂行は、1つの正解があって事前に成功するか失敗するかが明らかであるという性質のものではない。事業再生方針には、いくつかの選択肢があり、それらのうち、一定のリスクを伴う判断を迫られる。こうした性質から、事業再生方針の策定とその遂行は、経営判断であると考えられる。経営判断は、本来ならば、その結果について影響を受ける利害関係人が行うべきである。そして、再生手続・更生手続においては、債権者等の利害関係人が計画案について債権者集会の決議等を通じて意思決定することで経営判断することになる。

しかし、債権者集会のように集会の決議という方法による場合、事業再生方針の策定・修正のために集会を数回は開催する必要が生じることになるかもしれず、意思決定に時間と費用がかかることが予想される。債権者は事業再生の専門家ではないので、事業再生方針を理解させるために事業再生に関する専門知識を提供するなど多大の時間・労力を要する可能性がある。

債権者委員会のように債権者の代表機関の形式を採用する場合は、少人数の委員会の開催であるため、時間と費用の問題は改善されるものの、債権者委員会を選任するための債権者集会を開催する必要があることから時間と費用がかかるという問題が残る。さらに、債権者委員会を、債権者の中から代表債権者が選任される制度であるとするならば、事業再生に関する専門知識に欠けるという問題が残る。

そこで、利害関係人や利害関係人の代表機関が直接、事業再生方針の策定に関与する方法ではなく、利害関係人が、自らが信頼する専門家を管財人候補者という形で選定し、裁判所が原則としてその候補者を管財人として任命するという方法が考えらえる。この方法による場合、利害関係人によって選定され、

裁判所によって任命された管財人が事業再生方針を策定・遂行することになる。利害関係人による管財人候補者の選定という方法は、債権者集会や債権者委員会における事業再生方針の策定よりも、迅速かつ専門的に事業再生方針の策定をすることができ、スムーズに遂行することができる点にメリットがある。

　事業再生方針を迅速かつ専門的に策定・遂行する必要があるならば、裁判所が管財人を選任すればよいという考え方もあり得よう。しかし、利害関係人の意向の反映を犠牲にして迅速・専門的に手続を進めるのではなく、管財人候補者の選定権限を利害関係人に付与することによって、可能な限り利害関係人の意向反映に努めるべきではないかと思われる。債権者の意向反映を重視する立場からみると、裁判所に管財人の選任権限が付与される根拠は、どこにあるのかが問題となる。裁判所の管財人選任権限の根拠について、破産手続と更生手続に分けて、それぞれ分析する。

(2) **破産手続**

　破産手続の場合、裁判所は、破産財団に属する財産の管理処分方針について、積極的に提案する立場にない。裁判所は、破産管財人の破産財団に属する財産の処分案について許可を与える立場にすぎない（破78条2項各号）。たとえ裁判所の許可が付与されても、破産管財人は、善管注意義務違反の責任を追及される可能性がある。では、なぜ裁判所が破産管財人を選任するのであろうか。

　破産手続においては、多くの場合、債権者には、破産手続に積極的に関与しようという意欲が欠けている。一般に、破産手続において、債権者が手続について無関心になっている場合が多いといわれる。債権者が手続に無関心であるにもかかわらず、破産管財人の選任に債権者の意向を反映しようとすると、一部の債権者が（場合によっては債務者等と通謀して）、不適切な破産管財人を選任して、破産手続を濫用して自己の利益を図ろうとする危険性がある[19]。それゆえ、破産手続において中立的な機関である裁判所が破産管財人を選任することには、相当な理由があるといえる。

19　旧破産法における監査委員制度の問題点について、高田・前掲（注14）11頁参照。

(3) 更生手続

　更生手続の場合、裁判所は、事業譲渡か自主再建かという事業再生方針について積極的に提案する立場にない。裁判所は、事業譲渡について要件を満たす場合に許可を付与するにすぎない（会更46条2項）。たとえ事業譲渡が裁判所によって許可されたとしても、そのことが譲渡先において事業再生が成功することを裁判所が保証したということを意味しない。

　しかし、更生手続においては、日本航空（JAL）のような超巨大企業が会社更生を利用する場合がある。それに伴って、更生事件が社会に及ぼす影響が極めて大きい場合がありうる。[20]たとえば、多数の被害者を出した不法行為企業の事案や電力会社など公益的事業を営む企業の事案の場合、社会的に影響の大きい更生事件となりうる。このような事案においては、社会的影響の大きさを考慮して、裁判所が中立的な立場から適切な管財人を選任することに、相当の理由があると考えられる。

(4) 小　括

　以上をまとめると、裁判所が管財人を選任する権限をもつ正当化根拠としては、債権者の無関心と社会的影響の大きさがあげられる。そうすると、反対に、①債権者が合理的な関心をもっており、かつ②企業規模や事業内容から考えて、社会的影響が小さい事案であれば、必ずしも裁判所に管財人選任権限を付与する必要はないと考えることができる。そこで、債権者が合理的な関心をもっており、かつ社会的な影響が小さい事案に限定して、債権者の意向に基づいて管財人を選任する制度があり得よう。もっとも、債権者が合理的な関心をもっているかどうか、社会的な影響が小さいかどうかの判断は裁判所がすることになる点を考慮すると、事案ごとに管財人選任権限を変動させるよりも、手続申立て後の管財人候補者を選定する段階において、債権者の意向を反映する事案とそうすべきでない事案とに振り分けて前者の事案について、管財人候補者選定の運用を変更することが望ましいと考えられる。

　そこで、Ⅲにおいては、管財人の候補者選定の運用論として、債権者の意向を反映した管財人候補者選定の可能性を、破産手続と更生手続について検討す

20　佐藤鉄男「倒産三法における機関の位置づけ」福永有利先生古稀記念『企業紛争と民事手続法理論』（商事法務・2005年）673頁。

る。[21]

III 管財人候補者選定における債権者の意向反映

1. 破産手続

(1) 事業の廃止

　破産事件においては、原則として事業が廃止される。[22]事業の廃止を前提とすると、破産管財人の管財事務は、経営判断の側面よりもむしろ破産財団に属する財産の適正価額による換価・処分の側面が中心となる。財産の適正価額による換価という破産管財人の職務の特徴を重視すると、破産管財人の候補者選定に債権者の意向を反映させる必要性は小さいといえる。

(2) 中立の調査機関

　破産管財人は、債務者の不正行為を調査する調査機関としての役割を果たす。これは、直接的には当該破産事件における債権者の利益を図るための調査であるが、間接的には破産制度に対する社会からの信頼の維持という側面がある。

　中立的な調査を職務とする破産管財人と財産の管理処分を職務とする破産管財人という職務分担の工夫によって破産管財人を複数選任することもできるが、費用の問題があるため、実際には複数の破産管財人を選任することは困難であろう。破産管財人が1名であることを前提にすると、破産管財人は、中立的な調査機関としての役割が重要である。

　したがって、破産管財人の中立的な調査機関としての役割を重視するならば、破産管財人の候補者選定において、債権者の意向を反映する余地は小さいといえる。

---

[21] 事件ごとに債権者の意向を反映すべき事件とそうでない事件を振り分ける必要性があることから、本稿では、債権者に管財人の任命権限を全面的に付与するという立法論を採用していない。

[22] 例外的に破産手続において事業を継続し、事業譲渡をする場合（破78条2項3号参照）は、破産管財人の候補者選定について債権者の意向反映を図るべきであるという考え方もありうる。ただし、更生手続と異なり、破産手続には計画案の決議という仕組みが用意されていない点を重視するならば、破産手続における事業譲渡において、債権者の意向反映の要請は、更生手続のそれよりも後退するという考え方もありうる。

(3) **債権者の無関心**

　法人の破産事件の大部分は、破産管財人が選任される管財事件として扱われているであろう。しかし、実際には、法人の破産事件であっても異時廃止で終わる事件や、債権者に対してごくわずかな配当にとどまる事件が多いと思われる。破産事件の配当率が低いと予想される多くの事件においては、債権者が破産手続に合理的な関心をもつことが期待できない。異時廃止のように無配当の事件では、債権者が手続に関心をもつことができないのは当然である。

　ほとんどの破産事件において、債権者が手続に合理的な関心をもつことが期待できない。たとえ破産管財人候補者の選定に債権者の意向を反映させるような仕組みを導入したとしても、かえって濫用を招く危険性が高く、その仕組みが適切に機能するとは思われない。

　以上より、事業廃止となって財産の換価業務が中心であること、中立的な調査が重要な職務であること、および債権者の無関心という3つの理由により、破産手続においては、債権者の意向に基づいて破産管財人候補者を選定して、裁判所がその候補者を管財人に任命する運用は、採用すべきではない。債権者の意向の反映の必要性が低く、意向を反映させる制度を採用すると濫用の危険性が高いからである。

2．更生手続

(1) **更生手続の特徴**

　更生手続の対象は、法律上の制約として株式会社に限定されるが、必ずしも大企業に限定されているわけではない。通常規模の会社の事業再生の方法として、再生手続とともに、更生手続が選択肢となることが望ましい。そのような観点からみた場合、更生管財人候補者の選定に、債権者の意向を反映させることが必要であろうか。仮に債権者の意向の反映が必要であるとすれば、それは可能であるかが問題となる。

　更生管財人は、事業遂行権限をもつ。更生管財人は、事業を継続しつつ、事業再生方針を策定して、それを前提とした債務の減免と弁済計画を策定し、それらを主な内容とする更生計画案を作成する。このため、更生手続においては、破産手続と比べて、更生管財人による事業再生方針の策定が重要な職務と

なる。

　更生手続においても、破産手続と同様に、更生管財人は、中立的な調査機関としての役割を果たすことが期待されている。しかし、更生手続においては、裁判所は、必要に応じて調査委員を選任することができる。また、費用の面から、管財人を追加選任することができる場合も多いであろう。

　更生手続には、「更生計画案の決議」という仕組みがある。更生手続は、更生計画案の決議を通じて、債権者の合理的な意思が反映される仕組みとなっている。そこで、更生計画案において事業譲渡の提案がされる場合、更生計画案の決議は、事業再生方針の決定、つまり経営判断を含むことになる。更生手続は、事業再生方針の決定にあたり、その判断の結果に影響を受ける利害関係人の合理的な意思が反映される仕組みを採用しているとみることができる。

(2)　**債権者の意向の反映**

　ところが、設例のように、更生手続の申立て前の段階において、すでに私的整理の交渉が進められていて、しかも事業の性質上、迅速に事業譲渡をしなければ事業価値が劣化するような事案では、事情が異なる。そのようなケースにおいては、事業譲渡か否かの最終的な経営判断を、更生計画案の決議の段階まで留保しておくことは、事業価値の著しい劣化を招き、かえって債権者等の利害関係人にとって望ましくない結果をもたらすことになる。

　そこで、債権者の利益保護を図ることを目的として、計画外の事業譲渡によって迅速に事業再生を図ることが必要となる。しかし、計画外の事業譲渡による場合、更生計画案の決議の段階において、すでに、事業譲渡という重要な事業再生方針が決定された後に利害関係人の集会が開催されることになる。つまり、計画外の事業譲渡の場合、実際上、重要な経営判断について、債権者の意向を反映させる機会が失われるという問題がある。計画外の事業譲渡によって事業価値が維持されるのであれば、債権者の利益は確保されているため、債権者の意向の反映は犠牲にされてもやむを得ないという考え方もあり得よう。

(3)　**プレパッケージ型会社更生**

　設例の場面において、裁判所が、中立的な更生管財人を選任したとしよう。その更生管財人は、事業再生方針を策定するにあたり、自らの経営判断において策定するはずであり、事前の私的整理において策定された事業再生方針を引

き継ぐとは限らない。つまり、更生手続では、中立的な更生管財人が関与することで、私的整理において債務者と債権者との協議に基づいて策定された事業再生方針が白紙に戻る可能性がある[23]。債権者には、更生計画案の決議において否決するという対応がありうるが、計画外の事業譲渡のように決議前に実質的に事業再生方針が決められている場合は、債権者に有効な対抗措置はない。

　私的整理において事業譲渡を予定していた場合であっても、裁判所によって選任された更生管財人は、更生会社の事業を一から精査して、計画外の事業譲渡をすべきか、自主再建をすべきかを独立して判断するであろう。さらに、計画外の事業譲渡を選択する場合であっても、更生管財人は、公正な決定方法として譲受人決定方法に入札を採用するかもしれない。更生手続開始前における譲受人候補者との交渉による価格設定は、公正な価格と考えられないといった理由や、更生手続開始前の譲受人候補者を譲渡先とするには、他の譲渡先がみつからない蓋然性が高い場合に限られると考えるかもしれないからである。

　この状況を債権者の立場からみた場合、更生手続は、私的整理段階の事業再生方針が白紙に戻るリスクのある手続であると認識されることになる。つまり、私的整理において協議を重ねていた債権者にとって、更生手続は、予見可能性の低い手続であることを意味する。債権者にとって予見可能性の低い事業再生ツールは、重大な欠陥があるものとみなされて利用されないであろう。

　債権者は、債権回収の最大化を図ることは当然であるが、そのためにより大きなリスクを抱えることもしない。債権者は、一定程度の債権回収の見込みがある場合、リスク回避のために予見可能性の低い手続を選択しないであろう。債権者が更生手続を利用しないとしても、その経済的に窮境にある会社には、いったいどのような選択肢が残されているのであろうか。

　公正な私的整理として進んでいたものを、債務者が反対する場合、やむなく

23　更生管財人は、更生計画の可決可能性を考えて行動する以上、更生計画の決議の可能性に反する行動はとりにくいのではないかという指摘がある。「学会シンポジウム」民訴雑誌61号122頁〔黒木和彰発言〕。しかし、計画外の事業譲渡の場合は、後の決議をさほど意識せずに行動するかもしれず、さらに、中立性を厳格に維持しようと意識する更生管財人が選任されると、私的整理において選定されたスポンサー選定であること自体を理由として、スポンサー選定作業をやり直すかもしれない。スポンサー選定に関する理論的問題については、田中亘「事業再生におけるスポンサー選定に関する理論的問題」山本和彦＝事業再生研究機構編『事業再生におけるスポンサー選定のあり方』（商事法務・2016年）152頁以下参照。

債務者の意向を尊重した事業再生を選択するであろう。一部の債権者の反対があり、債権者全員の同意が得られない場合、反対債権者に大幅に譲歩する形で事業再生方針を修正して、私的整理を進めるかもしれない。それでも、事業価値がどの程度毀損するか予測がつかない更生手続よりはましであるというのが、債権者の経済合理的な判断となる場合がある。

このような場合、事業再生方針の策定に、できる限り債権者の意向が反映されるべきであるという立場が妥当であると思われる。計画外の事業譲渡においても債権者の意向を反映させる可能性を探求すべきである。迅速な事業再生と経営判断についての債権者の意向の反映を両立させるには、事業再生方針を決定する更生管財人の候補者選定について、債権者の意向を反映させる機会を設けるべきであると考える。

(4) グローバル化と倒産法

将来、グローバル化の波がわが国の倒産法にも到来すると、事業再生のみを目的として日本の企業が外国へ移転するという時代が到来するかもしれない。

ドイツにおいては、2007年に事業再生手続を利用するためにドイツの企業がイギリスに移転した事件があった。その事件を契機として、「倒産法の競争」とよばれる問題が注目を集めて、ドイツ倒産法には、自己管理型の利用を促進することや、債権者の予見可能性を高めることなど、改善すべき点があると認識されるようになった。そして、2011年にドイツ倒産法の一部を改正する「企業再生簡易化法」が成立し、2012年より施行されている。[24]

この2012年企業再生簡易化法による改正のうち、管財人候補者の選定との関係では、次の改正点が注目に値する。

管財人候補者の選定について、債権者の影響力を強めるために、手続のより早い段階で債権者が関与することができるようにした。すなわち、倒産手続の開始前に設置される仮債権者委員会が、管財人の選定の条件とその候補者について意見を述べる機会を与えられる。裁判所は、その候補者が不適任な場合に限り、別の人物を管財人に選任することができ、その場合も、仮債権者委員会

---

[24] ドイツの倒産法改正について、久保寛典「ドイツ企業再建法における企業再建手法としてのデット・エクイティ・スワップ」福岡大学法学論叢58巻1号 (2013年) 255頁、松村和徳ほか「ドイツ倒産法制の改正動向 (1)」比較法学49巻2号 (2015年) 268頁、玉井裕貴「ドイツ倒産法における自己管理手続の展開と『D.I.P型』再建手続定着への模索」本書第4章第4節 (387頁) 参照。

の定める管財人選定の条件に基づいて選任しなければならない。この改正の目的は、債権者の予見可能性を高める点にある。

このように、債権者集会において管財人を選任することができる制度をもつ国であっても、手続のより早い段階において債権者の意向を反映させる工夫を試みている。ドイツの状況を踏まえると、わが国においても、公正な私的整理が進められている事案について、債権者の予見可能性を高めるために、債権者の意向を反映した更生管財人の候補者選定をすべきであると考えられる。

(5) 「DIP 型」会社更生

現在の裁判所が更生手続開始前の管財人候補者選定に関して、利害関係人の意向を全く無視しているということではない。たとえば、「DIP 型」会社更生という実務運用がある。[25]これは、現経営者を事業家管財人に、申立代理人を法律家管財人に選任する実務をいう。「DIP 型」会社更生の条件としては、次の４つがあげられる。[26]

① 現経営陣に不正行為等の違法な経営責任の問題がないこと
② 主要債権者が現経営陣の経営関与に反対していないこと
③ スポンサーとなるべき者がいる場合はその了解があること
④ 現経営陣の経営関与によって更生手続の適正な遂行が損なわれるような事情が認められないこと

「DIP 型」会社更生が念頭におくプレパッケージ型事業再生は、事業再生方針について主要債権者と経営者（債務者）の意見が一致している事案である。では、設例のように、債権者と経営者の意見が食い違う場合に、どうするかという問題が残るであろう。つまり、前記②の条件を満たさない事案になるため、「DIP」型会社更生の選択肢はないとすると、債務者に大幅に譲歩して不本意な私的整理を進めるか、予見可能性はないが更生手続を利用することによって債務者を全面的に排除して中立の管財人の事業再生方針に賭けてみるかの選択を迫られることになる。

現在の更生手続の実務を「DIP 型」会社更生と従来型会社更生（裁判所が中

---

[25] 「DIP 型」会社更生について、東京地裁会社更生実務研究会編『最新実務会社更生』（金融財政事情研究会・2011年）17頁参照。
[26] 東京地裁会社更生実務研究会・前掲書（注25）21～22頁。

立的な候補者を選定する方法)の2つに分けるものと位置づけるならば、本稿の提案は、第3の選択肢として、「債権者主導型」会社更生の運用を導入して、3つに振り分ける点に特徴がある。

設例に対する解答としては、次のような運用をすべきである。

申立て前の私的整理段階で事業再生方針の策定に関与してきた専門家がある場合、債権者Bは、管財人候補者としてその専門家を選定する。裁判所は、次に述べる要件を充足する場合は、その候補者を管財人に任命する。この運用によって、債権者の意向の反映が、更生計画案の決議の段階から、管財人の選任時という早い時期に前倒しされることになる。

主要債権者と債務者との間で公正な私的整理が進められてきた場合、更生手続の申立てを受理した裁判所は、債権者にとって予見可能性の高い手続運用を心がけるべきである。予見可能性の高い運用をすることによって、私的整理から更生手続へと移行するプレパッケージ型会社更生が促進されると考えられる。予見可能性を高めつつ、迅速性を維持するには、管財人候補者の選定において債権者の意向を反映させる方法が望ましいと思われる。

(6) 債権者の無関心

更生手続は、計画弁済という形で債権者に対して弁済することが予定されており、利害関係人が更生手続に合理的な関心をもつ蓋然性が高い手続である。更生手続においては、担保権者は、個別的権利行使が禁止され、議決権をもつ利害関係人に含まれる。したがって、担保権者は更生手続に関心をもつと考えられ、更生手続においては、管財人の候補者選定について合理的な関心をもつ主要債権者として担保権者を想定することができる。

Ⅱ1の設例は、担保権者が不足部分を更生債権として有しており、それが更生債権のほとんどを占める場合である。担保権者でもある債権者の意向を反映した管財人候補者の選定という運用を導入しても、破産手続と比較して濫用の危険性は低いであろう。[27]

---

[27] 債権者のもつ「合理的な関心」とは、自己の立場に立った「主観的な関心」であり、債権者全体の立場からみると濫用の危険があると考えるのが一般的という指摘がある(「学会シンポジウム」民訴雑誌61号124頁〔林圭介発言〕)。しかし、そのような前提に立つ場合、債権者の合理的な意向によって進められる適正な私的整理が存在し得ないと考えることになるのではないかという疑問がある。また、債権者の意向は、更生管財人候補という専門家の選定という形で反映されるにとどま

Ⅳ 「債権者主導型」会社更生

1．「債権者主導型」会社更生の要件と運用

(1) 要 件
「債権者主導型」会社更生の要件としては、「DIP型」会社更生の要件を参考にすると、次のようなものが考えられる。
① 専門家が関与する公正な私的整理が進められていること
② 主要債権者がその候補者（専門家）が管財人となることを望んでいること
③ スポンサーとなるべき者がいる場合はその了解があること
④ その候補者（専門家）が管財人となることによって更生手続の適正な遂行が損なわれるような事情が認められないこと

(2) 運 用
主要債権者が更生手続開始の申立てをする際に、管財人候補者を記載した書面を提出し、裁判所が、その候補者が適任か否かを判断したうえで管財人を任命するという運用が考えられる。主要債権者が選定した候補者を裁判所が管財人に任命した場合であっても、裁判所は、相当と認める場合に、中立的な管財人を法律家管財人として追加選任したり、調査委員を選任したりすることができる。また、公正な私的整理が進められているとは認められない場合や、専門家が更生管財人の適性を欠く場合には、裁判所が管財人候補者を選定すると申立人に通知すべきである。

2．主要債権者の範囲

「債権者主導型」会社更生の運用にあたっては、主要債権者をどの範囲の債権者と考えるかという点が問題となる。「DIP型」会社更生の場合は、「主要債権者の具体的な範囲は、更生計画案の可決要件や債権額の分布状況等を踏まえ

る。なお、更生債権の行使や更生担保権の評価等の局面においては、別の管財人に単独職務執行をさせるなどの工夫の余地がある。

て、事案ごとに裁判所と協議する必要がある」とされている[28]。したがって、「債権者主導型」会社更生においても、基本的に更生計画案の可決要件を満たすかどうかが、主要債権者の判定基準として参考になると考えられる。

このような基準に対しては、本当に金融債権者の意向を反映させれば足りるのか、商取引債権者などの意向を無視してよいかという指摘があろう。しかし、更生手続は、更生計画案の決議において債権者数（いわゆる頭数）を要件としていないのであり、そのことによって商取引債権者などの意向を無視することができてしまうという問題は、更生手続一般に妥当する批判であり、「債権者主導型」会社更生に特別に存在する問題ではない。再生手続における可決要件を検討した研究においては、むしろ頭数要件の廃止を主張する見解が有力である[29]。本稿において、この問題について特定の立場に立つ意図はないが、仮にプレパッケージ型事業再生としての更生手続において商取引債権者の保護が必要であるとすれば、上記要件に「⑤商取引債権を少額債権として弁済すること[30]」を追加することが考えられよう。

また、主要債権者は、どのような順位の債権者かという問題があるが、経営判断の結果について最も影響を受ける利害関係人が経営判断する専門家を選ぶという点からすれば、事業再生方針の結果について最も影響を受ける順位の債権者を主要債権者として考えることになる。

仮に絶対優先による価値の分配を前提にするならば、100％弁済を受ける見込みがある優先債権者および担保余剰のある担保権者は、主要債権者に入らない。また、弁済を受ける見込みのない約定劣後債権者および無償取得される株式をもつ株主も、ここでいう主要債権者に入らない。多くの場合、弁済額の変動の影響を受けるのは、更生債権者であろう。なお、ここで更生債権者とは、担保権者であって、不足額部分を更生債権として有する債権者を含む（前述Ⅲ2(6)参照）。

28　東京地裁会社更生実務研究会・前掲書（注25）83頁参照。
29　松下淳一「再生計画案可決のためのいわゆる頭数要件について」前田重行ほか編『企業法の変遷』（有斐閣・2009年）431頁参照。
30　「学会シンポジウム」民訴雑誌61号128頁〔赫高規発言〕参照。

V おわりに

　専門家が関与する公正な私的整理が進められている事案において、主要債権者が適切と考える事業再生方針に経営者が従わない場合、更生手続開始の申立てが、債権者の有力な対抗手段になりうる。しかし、裁判所が中立の管財人を選任すると私的整理段階の事業再生方針が引き継がれない可能性があり、予見可能性が低い。

　更生手続の利用を促進するには、現在よりも債権者にとって予見可能性の高い手続となる必要がある。債権者にとって予見可能性を高めるための方策としては、更生管財人候補者の選定に債権者の意向を反映させる運用が考えられる。「債権者主導型」会社更生の運用によって、公正な私的整理から更生手続へと事業再生方針が引き継がれる蓋然性が高くなり、更生手続を利用した迅速な事業再生が現在よりも促進されると考えられる。

（高田賢治）

31　本稿では検討していないが、私的整理案に経営者ではなく一部債権者が反対する場合も同じように考えられる。

第3節 倒産手続における手続機関の報酬とその規制
―― 日米英独の比較

I はじめに

1. 本稿の目的――手続追行主体の報酬のあり方

　倒産手続には、多様な手続機関が設けられており、通常、弁護士や公認会計士等の専門家がそれらの手続機関に選任される。そして、手続機関には、報酬を受け取る権利が定められている（たとえば、破87条1項、民再61条1項、78条、会更81条1項など）。手続機関に対して、その職務内容に見合った報酬を提供することは、個々の事件において充実した仕事をするインセンティブを与えることになり、ひいてはその後の人材の確保も期待することができる。

　しかし、その一方で、報酬の財源は、債権者への弁済の原資となる財産であり、その弁済原資を不必要に減少させることがないよう、手続機関が実際に行った仕事の内容と報酬のバランスを図ることが求められる。すなわち、報酬が仕事内容よりも過大であれば、債権者の不満が募ることになるであろうし、反対に報酬が過少であれば、手続機関に選任された専門家の意欲がそがれることになるであろう。

　このように手続機関の報酬は、それを受け取る専門家自身にとってはもちろんのこと、債権者にとっても関心事であるはずである。それでは、手続機関の報酬は、どのように定められ、その報酬決定の手続や金額の透明性はどのように実現されるものなのだろうか。また、手続機関に選任された専門家および債権者にとって納得することができる手続にはどのようなあり方が考えられるのだろうか。

2．わが国における報酬をめぐる議論の困難性

このような手続機関の報酬に関する問題意識は、目新しいものではなく、古くからこれを扱う文献は存在する。しかし、報酬に関する情報は極めて乏しいといわざるを得ない。たとえば、1985（昭和60）年当時、三宅省三弁護士は、「報酬については今まで殆ど論ぜられたことがなく、霧の中であった」と述べておられ、それを一部分でも晴らすことが課題であるが、それは難問であると続けている。難問である理由として、次のような点が指摘されている。すなわち、報酬に関する基準が少ない、仮に基準性のあるものがあっても公表されていない、また、公表できない性格のものであるといった点である。これらの点は現在にも通ずる指摘であり、今もなお報酬の議論は霧の中である。

本稿では、以上のような問題意識から、日本、アメリカ、イギリス、ドイツの４カ国をとり上げ、これらの国々における手続機関の報酬のあり方について、①報酬を決定する主体、②算定基準、③上限や下限等の規制の有無、④情報公開の方法、⑤不服に対処するための手続の有無を比較することにより、各国の特色を確認し、そのうえで、わが国はどのように位置づけられるのかを明らかにすることにしたい。

なお、本稿では、法的倒産手続における手続追行主体としての手続機関を検討の対象とし、調査委員等の他の目的をもつ手続機関やいわゆる準則型私的整理における専門家は検討の対象としない。

II　わが国における手続追行主体の報酬のあり方

最初に、わが国の法的倒産手続における手続追行主体たる手続機関の報酬のあり方について整理する。

法的倒産手続における手続追行主体として、破産手続および会社更生手続では、管財人が選任される（破74条、会更67条）。また、民事再生手続では、再生

1　たとえば、斎藤常三郎「破産管財人の報酬に就て」同『破産法及び和議法研究第２巻』（弘文堂書房・1927年）38頁、古川純一「破産管財人の報酬決定の時期およびその額」判タ210号（1967年）67頁。
2　三宅省三「管財人・管理人等の報酬と問題点」自由と正義36巻１号（1985年）33頁。

債務者自身による手続の追行が可能とされているものの（民再38条）、監督委員が選任される事件が大多数を占めているのが現状である（同法54条）[3]。この場合、監督委員が直接的に手続を追行するわけではないが、再生債務者を監督することにより果たす役割は大きい。さらに、民事再生手続においても、管理命令が発令され、手続が管財人の手に委ねられる場合もある（同法64条）。破産管財人、更生管財人、民事再生手続上の監督委員および管財人（以下では、これらを総称して破産管財人等と述べる）について、容易に得られる情報は限られており、かつ、共通しているので、これを先に確認する。

次に、項をあらためて、破産管財人に注目し、報酬を決定する手続、時期、算定基準など広くとり上げて、わが国の管財人報酬の実情を明らかにしていくことにしたい。

1．破産管財人等に共通する事項

破産管財人等は、裁判所により選任され（破74条、民再54条2項、64条2項、会更67条1項）、その監督に服することになる（破75条、民再57条1項、78条、会更68条1項）。報酬については、破産管財人等は「裁判所が定める報酬」を受けることができるとされている（破87条1項、民再61条1項、78条、会更81条1項）。破産管財人等の報酬を受ける権利は、財団債権または共益債権として最優先の扱いがされている（破148条1項1号、152条2項、民再119条4号、会更127条4号）。このように、①報酬を決定する主体は、わが国では3つの手続を通じてもっぱら裁判所であることがわかる。

次に、②算定基準についてみてみると、規則において、「その職務と責任にふさわしい」額と定められているのみであり（破規27条、民再規25条、27条、会更規22条）[4]、具体的な②算定基準や③規制はみあたらない。

3　山本和彦＝山本研編／民事再生研究会著『民事再生法の実証的研究』（商事法務・2014年）57頁〔上江洲純子〕参照。

4　破産規則27条「裁判所は、破産管財人又は破産管財人代理の報酬を定めるに当たっては、その職務と責任にふさわしい額を定めるものとする」。

　民事再生規則25条「裁判所が定める監督委員の報酬の額は、その職務と責任にふさわしいものでなければならない」。

　会社更生規則22条「裁判所は、管財人、管財人代理又は法律顧問の報酬を定めるに当たっては、その職務と責任にふさわしい額を定めるものとする」。

また、④情報公開については、管財人等には直接交付する等の告知がなされるほか、債権者に対しては計算報告の際に知らされることが予定されている。いずれの場合も、決定した後の報酬額について知らされ、その算出のプロセスについてどれほど報告されるのかは不明である。

　さらに、⑤不服申立ての手続としては、報酬を定める決定に対しては、即時抗告をすることができると定められている（破87条2項、民再61条4項、78条、会更81条4項）。即時抗告が可能となったのは、平成の全面的な倒産法改正の中で、民事再生法において定められたのが最初であり、その後、会社更生法および破産法が続いて改正された際にも導入されたという経緯がある。即時抗告をすることができる者は、破産管財人等のほか、債権者、破産者・再生債務者・更生会社等の利害関係人である（破9条、民再9条、会更9条）。実際に、即時抗告がされるケースはあるようであるが、確認することができた公表されている事件は、破産管財人に関する1件のみであった。

2．破産管財人の報酬をめぐる現状

　ここでは、破産管財人の報酬のあり方をとり上げ、報酬を決定する手続、時期、算定基準、および情報公開について確認することにしたい。

(1) 報酬の決定時期

　破産管財人の報酬決定に際しては、一事件の破産手続全体について算定すべきであると考えられてきたようである。報酬決定をする時期は、通常は各配当の許可申立ての前であり、したがって、最後配当のみの場合には、最後配当の許可申立ての前に報酬決定がされ、中間配当（ないし追加配当）がされる場合も、各配当の許可申立ての前に報酬決定がされる。また、異時廃止の場合、

5　旧破産法に即時抗告が定められていない点を批判するものとして、斎藤・前掲論文（注1）57頁。
6　東京高決昭和38・3・13判時331号24頁は、破産事件において、破産債権者の4名の弁護士の1名が監査委員に選任されたが、弁護士の監査委員が、監査委員に対する報酬決定に対して、報酬額が低額過ぎるとして争った事件である。本決定は、監査事務の遂行に有益な専門的知識経験を有し、監査事務の遂行にあたり、他の監査委員に比して重要な役割を果たした等の事情から、当該監査委員の報酬決定を改めた。
7　斎藤・前掲論文（注1）41頁。
8　東京地裁破産再生実務研究会編著『破産・民事再生の実務〔第3版〕破産編』（きんざい・2014年、以下、『破産・民事再生の実務』とする）174頁。

廃止の申立てがあった時に報酬決定をする。[9]

　破産財団の規模が大きく、換価作業に相当の期間が見込まれるなど、やむを得ない事情により業務が長期化し、配当も困難な事案では、配当に至る前の適当な時期に報酬決定をしたり、さらに特殊な事件では、月額報酬にして、一定額を毎月支払うこともありうる。[10]

　なお、いずれの場合であっても、実際には、報酬額決定の上申書の提出や換価作業の終了についての報告等、破産管財人から何らかの連絡を受けた後に決定がされているようである。[11]

(2) 報酬の算定基準

(ア) 職務と責任にふさわしい額

　前述のように、算定基準については、規則において「その職務と責任にふさわしい」額とされているのみで、具体的には定められておらず、裁判官に任せられている。非常に抽象的ではあるが、わが国において、このような規定がされたことは、実は画期的なことであった。

　というのも、旧破産法が施行された1923（大正12）年から消費者破産の申立件数が多数に上る1975（昭和50）年頃までの約50年間は、債権者申立てが一般的であり、破産手続の主たる目的は配当額の確保であったことから、管財人報酬は可能な限り低額に抑えるという運用がなされてきた。しかし、社会・経済の状況が変化し、管財事務を迅速に処理し、混乱を最小限にとどめようとする機運が高まったことから、管財人の技能・スピード・労力に見合った報酬額とすべきとの批判もなされるようになった。このような状況の下、報酬は「その職務と責任にふさわしい」額でなければならないとする規則が設けられるに至ったのである。[12]

　したがって、後述のアメリカ、イギリス、ドイツで設けられているような報酬の明確な算定基準や規制が存在するわけではないが、わが国としては現状で

9　『破産・民事再生の実務』174頁。
10　『破産・民事再生の実務』174頁、竹下守夫編集代表『大コンメンタール破産法』（青林書院・2007年、以下、『大コンメンタール』とする）371頁〔園尾隆司〕。
11　裁判所書記官実務研究報告書（重政伊利＝大林弘幸）『破産事件における書記官事務の研究——法人管財事件を中心として——』（司法協会・2013年、以下、『書記官事務の研究』とする）264頁。
12　以上につき、『大コンメンタール』369〜370頁〔園尾隆司〕。

も以前に比べれば、少なくとも職務内容とのバランスを意識した指針が示された点では、一歩進んだということができる。

(イ)　報酬額の決定と考慮要素

しかし、「その職務と責任にふさわしい」額では、算定基準として抽象的であることは否めない。現状では、公表されていないものの、裁判所の内部では、一応の基準が存在するようである。[13] 具体的な算出方法としては、実際に債権者に配当した総額ではなく、破産管財人が収集した財団の金額を基準として、裁判所内部で定めている一定の率を乗じて標準報酬額を算出し、それに以下のような要素を考慮して修正を加えたうえで、報酬金額を決定するのが一般的な方法のようである。[14]

標準報酬額を修正する際に考慮される要素としては、次のような点があげられる。[15]

ⓐ　管財業務の難易や手間
ⓑ　破産管財人の職務執行の適切さ
ⓒ　財団増殖や早期処理の面における功績
ⓓ　配当額や配当率との均衡
ⓔ　関連破産事件等諸般の事情
ⓕ　破産管財業務が破産管財人である弁護士の本来の業務に与えた影響
ⓖ　破産管財人の員数
ⓗ　報酬決定当時の物価水準、公務員および民間企業従業員の給料ベースその他一般社会経済上の状態
ⓘ　その他の事情

もっとも、これらは文献から収集することができた例示であり、実務では各庁さまざまで、全国的に統一されているわけではない。[16]

13　古川・前掲論文（注1）88頁以下、『大コンメンタール』368頁〔園尾隆司〕など。
14　山本克己＝小久保孝雄＝中井康之編『新基本法コンメンタール』（日本評論社・2014年、以下、『新基本法コンメンタール』とする）201頁〔植田智彦〕。最近の文献で、裁判所内部に一定の標準率が存在することを明記しているのはこの文献のみである。
15　東京地方裁判所破産再生部については、『破産・民事再生の実務』174頁。さらに詳細に考慮要素をあげるのは、『新基本法コンメンタール』201頁〔植田智彦〕。旧破産法下の文献ではあるが、考慮要素を優先順位も示しつつ詳細に解説するものとして、古川・前掲論文（注1）89～93頁。
16　『書記官事務の研究』264頁。

(ウ)　報酬金額の最低基準と予納金

　かつて、破産管財人の報酬の最低基準は、個人破産の場合には50万円、法人破産においては100万円とされていた。それゆえ、破産管財人を選任して破産手続を行うためには、予納金として、最低でも150万円は納めなければならなかった。しかし、小規模な株式会社で、その法人と代表者である個人の両方につき破産手続を行うような場合、最低金額の150万円、あるいは負債額が大きければ比例して増額する予納金を準備することができず、破産申立てができないという事態が生じていた。[17]

　そこで、1999（平成11）年4月から東京地方裁判所破産再生部において、「少額管財手続」の運用が開始された。この手続は、「財団収集業務がないか、または短期間でこれを終えることができると見込まれる代理人申立ての破産事件について、原則として20万円の予納金により破産管財人を選任して公正な清算を行う手続」と定義づけられている。[18]現在では、全国に同様の運用が広まっている。[19]

　少額管財が導入される以前には、破産手続の申立てをすると、すべて管財人の報酬になるだけだという宣伝をして、債務整理の依頼をよびかけている弁護士がいたようで、このような情報を裁判所も入手していた。[20]このことも予納金を低額にする運用を検討するきっかけの一つとなっていたと思われる。

　配当金と管財人報酬との関係をみてみると、少額管財手続の運用開始後1年ほどは、管財人報酬総額が配当総額よりも高かったようである。しかし、2001（平成13）年6月の1カ月を対象とした短期調査によると、法人等少額管財事件の平均収集財団の額は約114万円、個人の少額管財事件は約60万円であるのに対し、管財人の平均報酬額は法人等少額管財事件の場合は約30万2,000円、個人の少額管財事件の場合は約31万1,000円であった。また、少額管財事件全体でみても、同月の配当総額は約1億2,750万円であるのに対し、管財人の報酬総額約1億2,160万円を上回っている。[21]

17　『大コンメンタール』370頁〔園尾隆司〕、『新基本法コンメンタール』201頁〔植田智彦〕。
18　園尾隆司ほか編著『少額管財手続の理論と実務』（経済法令研究会・2001年）20頁〔園尾隆司〕。
19　『大コンメンタール』370頁〔園尾隆司〕、『新基本法コンメンタール』201頁〔植田智彦〕。
20　園尾ほか・前掲書（注18）71頁〔杉浦徳宏〕、268頁〔植村京子〕。
21　園尾ほか・前掲書（注18）269頁〔植村京子〕。

また、管財人の報酬は、法人等少額管財手続で、管財人の報酬が決定ないし内定した事件は246件で、その総額が7437万5000円であった。最高額は300万円、最低額は0円、平均報酬は、前述のとおり30万2000円である。管財人の報酬が0円の事件も相当数あるようであるが、その後の運用では、1人の管財人に平均3件から5件程度同時に依頼しているようである。そうすると、常に少額管財事件を受任している弁護士の場合であれば、年間20件から40件受任することになり、その結果、いくつかの事件で報酬が0円または低額であったとしても、全体的には1件あたり約30万円の報酬を確保することができる。しかし、ここにおいても、管財人の報酬は公表されていない。少額管財手続は、管財人を受任する弁護士との協議も経て、裁判所と弁護士の協力の下、定着してきた手続であるが、裁判所が協議の席で管財人の報酬まで記載した詳細な統計表も資料として用意したところ、後日、複数の管財人から報酬まで公表することへの抵抗があり、管財人報酬だけは内部資料にとどめたとの経緯が紹介されている。[23] 予納金を低く抑えても、1人の管財人が一定数の事件をこなすことにより一定の報酬が確保される点は、少額管財手続の隠れた特色ということができる。[24]

　したがって、公表されている予納金の一覧表から、少なくとも管財人報酬の最低金額は明らかである。また、「少額管財手続」が運用上導入されたことにより、一定の場合には、報酬の低額化が図られている。

(3) **報酬についての情報公開**

　報酬について、報酬を受け取る手続機関のほかに関心をもつ者は、債権者であり、債権者が報酬に関する情報をいかにして得るのかが問題となる。報酬決定がされると破産管財人に同決定正本を交付送達するほか、債権者集会の場で裁判官が口頭で決定する運用も広く行われているようである。[25] 東京地方裁判所破産再生部では、原則として、破産管財人と裁判官が事前に報酬額を協議したうえで、債権者集会（廃止の場合は廃止に関する意見聴取および計算報告の集会、配当の場合は配当手続に入る直前の債権者集会）で報酬決定をし、これを調

22　園尾ほか・前掲書（注18）266頁〔植村京子〕。
23　園尾ほか・前掲書（注18）64頁〔杉浦徳宏〕。
24　園尾ほか・前掲書（注18）72頁〔杉浦徳宏〕。
25　『書記官事務の研究』264頁。

3. 民事再生手続における監督委員の報酬

　民事再生手続における監督委員の報酬についても、破産管財人の場合と同様に、算定基準が定められているわけではなく、また、公表されている基準もない。かつて、和議の時代には、整理委員の報酬額が地域ごとに大きくばらついており、また、整理委員補助者の報酬額については、東京地方裁判所が高額に、大阪地方裁判所が低額になる傾向があるなどの事情から、報酬額について一定の基準が示されるべきであるとの指摘がなされていた。[27]

　民事再生法が施行された後も、一定の基準が示されているわけではないが、実務上の規則性がみられるところもある。たとえば、東京地方裁判所では、監督委員に再生計画認可時に予納金合計額の50％を支払っているようである。[28] 民事再生手続における予納金については、地方裁判所ごとに負債総額に応じた予納金基準額が定められており、主要地方裁判所についてはその基準額表も公開されている。[29] したがって、当該地方裁判所の運用と予納金基準額がわかれば、おおよその報酬額は予想できるという状況にある。

Ⅲ　アメリカ連邦倒産法における専門家の報酬の規律

1. 倒産事件における専門家の報酬

　アメリカ連邦倒産法では、管財人、調査委員および専門家に対して、実際に提供した必要なサービスに対する合理的な（reasonable）報酬と実費が支払われることとされている（330条(a)(1)）。[30] これらの支払いについては、すべての

26　『破産・民事再生の実務』174頁。
27　青山善充編『和議法の実証的研究』（商事法務研究会・1998年）146頁以下〔中島弘雅＝田邊誠〕。
28　山本和彦＝山本研・前掲書（注3）74頁〔上江洲純子〕、園尾隆司＝小林秀之編『条解民事再生法』（弘文堂・2003年）327頁〔多比羅誠〕。
29　園尾隆司＝小林秀之編『条解民事再生法〔第3版〕』（弘文堂・2013年）110頁〔重政伊利〕。
30　アメリカ連邦倒産法332条または333条により選任されたオンブズマンも330条に基づいて報酬の支払いを受けることができる。

利害関係人と連邦管財官（United States trustee）[31]に通知がされ、審問を経たうえで、裁判官が決定する（330条(a)(1)）。したがって、①報酬を決定する主体は、裁判所であり、④情報公開については、決定の前にすべての利害関係人への通知と審問を経ることから、決定に至るまでのプロセスと情報にアクセスする機会が設けられているということができる。

②算定基準については、具体的な基準が定められているわけではなく、合理的な報酬とされているだけであるが、決定に際して、「次の事項を含むすべての関連事項を考慮に入れつつ、そのサービスの性質、範囲、価値等を検討しなければならない」と定められ、次のような考慮すべき事項が定められている（330条(3)(a)～(f)）。

(a) サービスに費やした時間
(b) サービスのための時間あたりの報酬
(c) サービスが、手続のために必要であったか、手続の終結に向けてなされたサービスがその時点で有益であったか
(d) 対処する問題点の複雑さ、重要性、性質に照らして、合理的な時間内にサービスが提供されたか
(e) 専門家に関しては、その者の資格の有無、資格がない場合は、倒産の分野における能力・経験があるか
(f) 倒産事件以外に同等の能力を有する実務家が通常請求する報酬額と比較して合理的な報酬か

2．「合理的な」報酬の算定をめぐる議論

(1) Johnson ファクター

合理的な報酬を決定するにあたり考慮すべき6つの要素は、1994年のアメリカ連邦倒産法改正の際に定められたものである。これが定められる以前には、1970年代のリーディングケースである2件の事件[32]において摘示された12の要

---

[31] 連邦管財官（United States trustee）については、中島弘雅＝田頭章一編『英米倒産法キーワード』（弘文堂・2003年）114頁以下〔高田賢治〕参照。
[32] *Johnson v. Georgia Highway Express, Inc.*, 488 F.2d 714 (5th Cir. 1974), *In re First Colonial Corp. of America*, 544 F.2d 1291, 11 C.B.C. 131 (5th Cir.), cert. denied,431 U.S. 904, 97 S. Ct. 1696, 52 L. Ed. 2d 388 (1977). なお、前者は倒産事件ではなくクラスアクションの事件であった。

素を考慮すべきであると考えられていた。それらの要素は、Johnson ファクターとよばれており、次の12点があげられている。
① 求められる時間と労力
② その事件における問題の新規性（novelty）と困難さ
③ 適切に法的サービスを実践するために求められるスキル
④ 当該事件を受任するにあたり排除される他の弁護士
⑤ 同等の仕事について一般的な報酬
⑥ 報酬が固定か条件付きか
⑦ 依頼人やその他の状況により急ぐことが求められる程度
⑧ 弁護士のサービスに必要とされた金額と得られた成果の金額
⑨ 弁護士の経験、名声、能力
⑩ 当該事件の望ましさ
⑪ 依頼人との委任関係の性質と長さ
⑫ 類似事件における報酬

これらの12の要素がさらに整理されて、1994年の改正の際に330条(a)(3)に定められるに至った。[33]

(2) Lodestar アプローチ

他方、合理的な報酬の算定の方法として採用されていたもう1つのアプローチが、Lodestar アプローチとよばれるものである。これによると、当該事件に要する適切な時間の合計を算出し、時間あたりの報酬額を乗じて算出するという2段階を経る。[34]

前述の Johnson ファクターと Lodestar アプローチの両方をあわせて用いる場合もあるようである。すなわち、先に Lodestar アプローチを用いて報酬額を算出した後に、Johnson ファクターを考慮して修正するのである。いずれにしても、330条(a)(3)が定められている現在では、ここに列挙されている6つの要素は考慮しなければならない。[35]

---

33 COLLIER ON BANKRUPTCY 16th ed. ¶ 330.03 [9].
34 Id. ¶ 330.03 [10].
35 Ibid.

3．管財人の報酬の上限

　さらに、アメリカ連邦倒産法では、特に管財人については、報酬の上限が定められている。なお、管財人が選任されるのは、清算型の第7章手続とD.I.P.方式が原則である再建型の第11章手続において例外的に管財人が選任される場合である。

　報酬の上限は、管財人から当事者に配当または交付される全額（all moneys disbursed or turned over in the case by the trustee to parties in interest）を基準として、4段階に分けられ、各段階ごとに一定額を超えることはできないものとされている。その上限は、5,000ドル未満の場合は25％、5,000ドルから5万ドルの間であれば10％、5万ドルから10万ドルの間であれば5％、そして、10万ドル以上の場合は3％未満の合理的な割合となっている（326条(a)）。

Ⅳ　イギリス倒産法における管理人・清算人の報酬の規律

1．イギリス倒産法における手続機関

　イギリス1986年倒産法（Insolvency Act 1986. c. 45. 以下では、単に「イギリス倒産法」という）における倒産手続は、多様かつ複雑であるため[36]、本稿では、企業倒産手続[37]において選任される、わが国の管財人に相当する手続機関をとり上げる。管財人に相当する手続機関を選任する企業倒産手続としては、清算人（liquidator）が選任される清算型の会社清算と管理人が選任される再建型の会社管理がある[38]。なお、イギリスでは、清算人・管理人を担当するためには、

---

[36] イギリス倒産法の概要について、竹下守夫ほか『破産法比較条文の研究』（信山社・2014年）13頁〔長谷部由起子〕、高田賢治『破産管財人制度論』（有斐閣・2012年）45頁参照。

[37] イギリス倒産法の企業倒産手続については、高田賢治「イギリス企業倒産手続の担い手――裁判所を中心に」本書第4章第3節（362頁）がわかりやすい。

[38] 会社清算には、債権者による任意清算（Creditors' Voluntary Winding up. イギリス倒産法97条以下）と裁判所による清算（Winding up by the court. 同法117条以下）がある。会社管理は、管理命令による会社整理に加え、2002年エンタープライズ法による改正によって、裁判外の会社整理が導入され、2種類となっている。これらの各種手続について詳細は、高田・前掲論文（注37）363頁以下参照。また、2002年エンタープライズ法については、倉部真由美「イギリスにおける倒産文化のアメリカ化」福永有利先生古稀記念『企業紛争と民事手続法理論』（商事法務・2005年）629〜658

倒産実務家（Insolvency practitioner）の資格が必要である[39]。

2．清算人・管理人の報酬[40]

(1) 報酬を決定する主体

清算人・管理人の報酬を決定するのは裁判所ではなく、債権者である。清算人と管理人で同趣旨の規定がされているため（イギリス倒産規則4.127条、2.106条）、ここでは、清算人についてみていくことにする。

報酬の決定については、債権者委員会が設置されている場合には、債権者委員会が定めることとされ（イギリス倒産規則4.127条3C項）、債権者委員会が設置されていない、または設置されていても報酬に関する決定をしない場合には、債権者集会の決議によって定めることができるとされている（同条5項）。

報酬の決定については、裁判所の実務指針（PRACTICE DIRECTION-INSOLVENCY PROCEEDINGS）のPart6 Para21にガイドラインが示されている。この報酬に関する指針の目的は、報酬が公正、合理的、かつ仕事の性質と程度にふさわしい額であることを確保することにあるとされている。

(2) 報酬の算出基準

報酬の基準は、次の3つの方法のうち1つまたは2つ以上を組み合わせて定められる（イギリス倒産規則4.127条3A項）。

① 換価もしくは配当された破産財団の資産価値のパーセンテージ、またはそれぞれの資産価値に対するパーセンテージの組み合わせによる方法
② 倒産実務家およびそのスタッフが破産において生じた事項に対して適正に費やした時間に対する方法
③ 一定の額による方法

さらに、債権者委員会が報酬を決定するにあたり考慮しなければならない事項として、次の4点が定められている（イギリス倒産規則4.127条4項）。

ⓐ 事件の複雑さ（または複雑でないこと）
ⓑ 清算に関して、（清算人としての）倒産実務家に課された例外的な種類ま

頁、髙田・前掲書（注36）47頁参照。
39 倒産実務家資格制度について、髙田・前掲書（注36）168頁参照。
40 清算人・管理人の報酬については、竹下ほか・前掲書（注36）305～307頁〔長谷部由起子〕に負うところが大きい。また、イギリス倒産規則の和訳についても、参考にさせていただいた。

たは程度の責任にかかわる諸事情
ⓒ　倒産実務家が清算人としての義務を遂行しているか、または遂行したことについての効率性
ⓓ　清算人が処理すべき財産の価値および性質

強制清算（裁判所による清算）において、管財官（official receiver）[41]以外の者が清算人であって、以上の方法では報酬が確定しない場合には、イギリス倒産規則附則第6に定めるところに従って、報酬を受けることができる（同規則4.127A条）。この場合、附則第6で報酬率が定められており、報酬の算出方法はやや複雑である。

まず、ⓘ清算人が破産者の資産を換価することによって受領した金額（これに対する付加価値税を含み、担保権者に対して支払った金額は控除される）を基準として、これに附則第6において定められる「換価についての報酬率」を乗ずる。この「換価についての報酬率」は、5000ポンドまでは20％、5,000ポンドを超えて1万ポンドまでの間は15％、1万ポンドを超えて10万ポンドまでの間は10％、10万ポンドを超えた場合は5％とされている。

次に、ⓘⓘ債権者に配当した金額を基準として、これにイギリス倒産規則附則第6に定められた「配当についての報酬率」を乗ずる。この「配当についての報酬率」は、5000ポンドまでは10％、5000ポンドを超えて1万ポンドまでの間は7.5％、1万ポンドを超えて10万ポンドまでの間は5％、10万ポンドを超える場合は2.5％とされている。

そして、ⓘおよびⓘⓘによって算出された金額を合算した総額が報酬となるのである。

他方、任意清算の場合は、清算人の申立てによりイギリス倒産規則4.127条2～4項に従って、裁判所が定めることになる（同規則4.127条7）。

(3) **情報公開と不服申立て**

イギリスにおいて、報酬を決定する主体は債権者であるため、債権者に対する情報の提供は十分になされていることが前提である。むしろ問題は、清算人・管理人からの不服申立ての機会であるが、この点も十分に整えられている

---

[41] 管財官とは、経済破綻の公正かつ効率的な処理の確保、企業の促進、詐欺・非違法行為等の抑止を目的とする倒産局（Insolvency service）の職員である。高田・前掲論文（注37）366頁。

ということができる。以下では、清算人について紹介する。

　清算人は、清算委員会の定めた報酬率、報酬額または報酬基準に不服があるときは、債権者集会の決議で報酬率または報酬額の引き上げ、または報酬基準の変更をするように求めることができる（イギリス倒産規則4.129A条）。

　また、清算人が清算委員会もしくは債権者集会の決議で定めた報酬の基準に不服があるとき、または報酬基準が定まらず、イギリス倒産規則附則第6で定められた報酬率による報酬とされたことに不服があるときには、裁判所に対して増額請求をすることもできる（イギリス倒産規則4.130条）。

　他方、債権者の側からも、清算人の報酬に不服がある場合には、裁判所に減額の請求をすることができることとされている（イギリス倒産規則4.131条）。

V　ドイツにおける管財人の報酬の規律

　1994年ドイツ倒産法（Insolvenz ordnung. 以下では、単に「ドイツ倒産法」という）は、清算型と再建型を一本化している。管財人（Insolvenzverwalter）が手続を追行する主体であり、日本法からは理解しやすい。例外的に、管財人を選任しない D.I.P. 方式の自己管理（Eigenverwaltung）が定められている（ドイツ倒産法270条～285条）。

　管財人の報酬は、倒産裁判所が決定する（ドイツ倒産法64条）。管財人を中心にその他の機関や債権者委員の報酬をめぐる詳細については、倒産報酬法（InsVV）において定められている。

　報酬の算定は、倒産手続の終結時における倒産財団の価値を基準として算定されることが、ドイツ倒産法63条第2文に定められているが、これは旧法下において政令によって定められていた基準を法律に取り込んだものである。報酬の算定にあたっては、この基準とは別に、倒産管財人の職務遂行の範囲および難易が考慮されることとなっている（63条）。また、報酬を増額・減額するために考慮すべき具体的な事項が、倒産報酬法3条に列挙されている。[43]

42　竹下ほか・前掲書（注36）308頁。
43　Peter Leonhardt/StefanSmid/Mark Zeuner (Hrsg.), Insonvenzrechtliche Veregütungsverordnung (InsVV), 1 Aufl. 2014. §3.

さらに、管財人の報酬には上限が定められており、倒産手続の終結時における倒産財団の価値が2万5000ユーロの場合は40％、5万ユーロまでは25％、25万ユーロまでは7％、50万ユーロまでは3％、2500万ユーロまでは2％、5000万ユーロまでは1％、そして、5000万ユーロを超える場合は0.5％という7段階が設けられている（倒産報酬法2条）。

不服申立てについては、管財人、債務者および債権者は即時抗告をすることができると定められている（ドイツ倒産法64条3項）。

Ⅵ　各国の比較とわが国の位置づけ

各国の手続追行主体の報酬のあり方を概観してきたが、その中でわが国がどのような位置づけにあるのか、債権者の関与の程度および算定基準の公表・法定という視点から整理してみたい。

1．報酬決定のプロセスにおける債権者の関与の程度

(1)　手続機関を選任する主体と報酬を決定する主体との関係

日本、アメリカ、ドイツでは、報酬を決定するのは裁判所（裁判官）であるが、イギリスでは、債権者委員会、場合によっては債権者集会の決議によって定めることとされており、債権者が主導する点にイギリスの特徴がある。

このようなイギリスの特徴は、実は、そもそも手続機関を選任するのが債権者であるという次のような事情に起因するといえよう[44]。すなわち、会社清算においては、債権者集会が清算人を選任し、また、会社管理では、管理人の選任権限は、会社財産を包括的に担保目的物とする浮動担保権者に付与されているのである。会社管理では、債務者会社など申立人が管理人を選任する場合もあるが、その場合でも、実際には、その候補者選定について浮動担保権者の同意が必要となる仕組みとなっている。したがって、イギリスの倒産手続では、清算人・管理人の選任も報酬の決定も債権者に委ねられており、一貫して債権者のコントロールが及ぶ手続となっているということができる。

---

[44]　詳細は、髙田・前掲論文（注37）366頁、369頁、375～376頁参照。

そういう意味で最近興味深い動きがみられるのがドイツである[45]。ドイツでは、管財人（Insolvenzverwalter）の選任に対する債権者の関与の程度が強まってきているのである。従来、ドイツでは、管財人については、裁判所が、あらかじめ作成された候補者名簿の中から個々の事件の適任者を選任することとされているものの、債権者にも管財人の選任に直接に関与する権限が与えられてきた。また、管財人が選任された直後の債権者集会は、別の管財人を裁判所に具申することも認められている（ドイツ倒産法57条）。さらに、2011年には、これを強化して、管財人の選任に先立って、原則として、仮債権者委員会は管財人の条件や人物に意見を述べる機会が与えられるものとされ、裁判所はこれを安易に無視することはできない等の規定が追加されたのである（同法56a条）。これに伴い、報酬についても債権者の影響力が強まり、かつては中立性の点から問題視され、無効と解されていた報酬の合意が、再び注目されているというのである[46]。

イギリスの状況に加え、ドイツのこのような最近の変化をみてみると、債権者が手続機関を選任するのであれば、おのずと報酬も債権者が決定するという方向にシフトしやすくなるといえよう。しかし、手続機関の中立性が保たれなくなるおそれもある。

他方、手続追行主体の選任も報酬の決定も裁判所（裁判官）の権限としているのは、日本とアメリカであるが、アメリカでは、報酬の決定にあたり、すべての債権者に通知がされ、審問に関与する機会が設けられているほか、報酬決定の際の考慮要素に関する議論を経て、考慮しなければならない要素が法定され、さらに報酬の上限も設けられており、わが国と比べて格段に債権者に対する手続保障と情報の提供がなされているということができる。したがって、手続機関の選任および報酬の決定のいずれについても債権者の関与の機会が最も少ないのが日本である。

---

[45] ドイツの最近の動向について、竹下ほか・前掲書（注36）260頁、久保寛展「ドイツ企業再建法における企業再建手法としてのデット・エクイティ・スワップ」福岡大学法学論叢58巻1号（2013年）259頁、佐藤鉄男「管財人制度にみる日本・ドイツ・中国の倒産法比較」本章第1節（90頁）、同「破産管財人の報酬に関する視点と論点」立命館法学369・370号（2017年）掲載予定。
[46] 以上につき、佐藤・前掲論文（注45）立命館法学369・370号。

(2) 不服申立て

 報酬の決定に対する債権者の関与が徹底しているのがイギリスであるが、清算人・管理人からの不服申立ての手続が他の国々に比べて細かく整備されている点もイギリスの特徴ということができる。

 日本とドイツは即時抗告を認めており、アメリカでは不服申立てについて定められていない。ドイツおよびアメリカでは算定基準や上限の定めがあり、ドイツであれば即時抗告において争う場合、アメリカであれば審問で意見を述べる場合に、手がかりとなる情報があるが、日本の場合、算定基準が不明瞭のため、争うにも、その報酬額が高額すぎるのか、あるいは低額すぎるのか判断をするための手がかりがない。

2．算定基準や考慮要素の公表・法定

(1) わが国の特殊性

 いずれの国においても、報酬の基準となる額を算出し、事件の難易などを考慮して修正を加えるというプロセスは共通している。報酬算定の基礎は、アメリカのみ配当財団であり、その他は、収集財団である。その算定基準については、明確さの程度はあるにしても、法定している国ばかりであった。なかでも、ドイツは、報酬に特化した法律を定めて、その中で、詳細な基準を設けている。また、イギリスに限っては部分的に明確な算定基準が示されていた（イギリス倒産規則附則第6）。アメリカおよび日本は、「合理的」あるいは「その職務と責任にふさわしい」額という抽象的な算定基準である。報酬の算出方法、考慮要素、そして上限については、日本を除く3カ国が、法律で定めている。このようにみてみると、算定基準の法定はタブーではなく、少なくとも本稿が調査対象とした国々の中では、日本がかなり特殊な状況であるといえる。

 なお、本稿ではフランス倒産法を扱うことができなかったが、研究会において杉本和士准教授より、「司法管理人、司法受任者、計画履行監督人および清算人の報酬については、コンセイユ・デタ（Conseil d'État）の議を経たデクレ（2006年12月23日デクレ1709号。商法典 R.663-6条以下）により定型的に定められている（商法典 L.663-2条）」との情報提供をいただいた。フランスを含めても、やはり日本のみが特殊であることに変わりはないようである。

(2) わが国における算定基準等の公表の可能性

わが国において、報酬の算定基準や算定に至るプロセスを法定する、あるいは、法定まではしなくても、公表することには支障があるのだろうか。

実は、かつて、わが国においても、報酬の算定基準とプロセスが詳細に公表されたことがある。[47] 公表された1967（昭和40）年当時の東京地方裁判所で採用されていたという表によると、収集財団の額を基準として、最低でも2割を標準的報酬額とし、収集財団の額が多額となるに従って、逓減するように定められている。[48] そして、この標準的報酬額を、諸事情を考慮して修正しており、その考慮要素について非常に詳細に紹介されている。

しかし、現在では、これほど詳しい情報を入手することはできない。手続機関の報酬は、債権の中で頂点のプライオリティを付与されているのであり、それは債権者の「痛み」を伴うものであると考えれば、[49] 手続機関の報酬が財団（共益）債権として扱われ、さらに、財団（共益）債権の中でも優先されるのはなぜかという抽象的な正当化根拠がまずもって重要であるのはもちろんのこと、[50] 具体的な額がいかにして算出されるのか、その基準やプロセスを公表することも債権者を納得させる重要な情報ということができる。[51]

Ⅶ 結びに

本稿の目的は、手続機関の報酬のあり方について各国の状況を確認し、いかにわが国がこの問題を霧の中に包み込んできたかを明らかにすることにあった。もちろん、現在の裁判所の運用を正面から批判するつもりはなく、裁判所による報酬の算定を信頼していないということでもない。ただ、過去に報酬の

---

47 古川・前掲論文（注1）87頁。
48 古川・前掲論文（注1）91頁。
49 債権者の「痛み」が、報酬問題の基本的視座であると指摘するものとして、佐藤・前掲論文（注45）立命館法学369・370号。Jennifer Dickfos, *The Costs and Benefits of Regulating the Market for Corporate Insolvency Practitioner Remuneration*, 25 Int. Insolv. Rev. 56 (2016).
50 中西正「財団債権の根拠」法と政治40巻4号（1989年）289頁。
51 報酬について債権者の視点の必要性を指摘するものとして、日本弁護士連合会倒産法制等検討委員会編『倒産処理と弁護士倫理』（金融財政事情研究会・2013年）9頁〔須藤英章〕、佐藤・前掲論文（注45）立命館法学369・370号。

VII 結びに

算定基準を公表すべきとする指摘がみられるところでもあり、常に報酬の算定基準やプロセスを見直す作業は必要であろう[52]。その見直しのためには、裁判所の内部にとどまらず、裁判所の外部においても議論をすべきなのではないだろうか。本稿が、報酬問題の議論を喚起する契機となり、そのための資料を少しでも提供できたとすれば幸いである。

(倉部真由美)

---

[52] 斎藤・前掲論文（注1）55頁、古川・前掲論文（注1）88〜89頁。アメリカ法と比較し、わが国において報酬算定基準が定められていないことを踏まえ、「各裁判所における今後の研究と一応設定した基準についての普段の見直しが必要」と指摘するものとして、『大コンメンタール』368頁〔園尾隆司〕。

第4節 破産管財人の法的地位
——破産法律関係と実体法律関係の結節点

I　はじめに

　破産手続における破産管財人の法的地位につき、今日、破産手続内部の破産法律関係における地位の問題が破産手続外部の個別の実体法律関係における破産管財人の実体法上の地位に関する問題、すなわち破産管財人のいわゆる「第三者」性（第三者的地位）の問題にそのまま連動するものではないとして、両者を意識的に区別して論じる見解が通説となっていると考えられる。[1]

　このうち、破産管財人の実体法上の地位としての「第三者」性に関して、破産管財人が不動産物権変動に関する対抗関係に立つ「第三者」（民177条）や通謀虚偽表示における善意者保護規定における「第三者」（同法94条2項）に該当するか等の点において、一定の議論および判例の蓄積がある。[2]たとえば、民法177条の「第三者」性に関しては、破産手続開始の決定により債務者の責任財産につき包括的差押えがなされたという概念把握を前提に、破産管財人には差押債権者（類似）の地位が認められ、「破産管財人は破産者の一般承継人ではなく、破産債権者の利益のために独立の地位を与えられた破産財団の管理機

---

[1]　破産手続内部の破産法律関係における破産管財人の法的地位論と、破産手続外部における実体法律関係における破産管財人の「第三者」性（第三者的地位）とを意識的に区別して論じるものとして、伊藤眞「破産管財人の法的地位——破産財団代表説の光と影」法教43号（1984年）23頁（以下、「破産管財人の法的地位」として引用する）を嚆矢として、櫻井孝一「破産管財人の第三者的地位」道下徹＝高橋欣一編『裁判実務大系(6)破産訴訟法』（青林書院・1985年）164頁、伊藤眞「破産管財人の第三者性」民商93巻臨時増刊号(2)（1986年）91頁（以下、「破産管財人の第三者性」として引用する）、中西正「破産管財人の実体法上の地位」田原睦夫先生古稀・最高裁判事退官記念論文集『現代民事法の実務と理論（下巻）』（金融財政事情研究会・2013年）387頁等がある。

[2]　前掲（注1）に掲げた諸文献のほか、破産管財人の法的地位に関する概観について、垣内秀介「破産管財人の地位と権限」山本克己ほか編『新破産法の理論と実務』（判例タイムズ社・2008年）139頁、伊藤眞ほか『条解破産法〔第2版〕』（弘文堂・2014年）577頁以下、加々美博久「破産管財人の地位と職務」竹下守夫＝藤田耕三編集代表『破産法大系(1)破産手続法』（青林書院・2014年）215頁等を参照。

関として、民法第177条、(筆者注：旧)信託法第3条にいわゆる第三者にあたるものと解すべき」である（最判昭和38・7・30裁判集民67号175頁）、と説明される。他方で、たとえば、最判平成18・12・21民集60巻10号3964頁が、債権質権設定者たる債務者が質権者に対して負っていた担保価値維持義務につき、「破産管財人は、質権設定者が質権者に対して負う上記義務を承継すると解される」と説示したように、「破産管財人は破産者の地位を一般的に承継する」と説かれることもある。このように、判例や学説は、破産管財人の実体法上の地位につき、「破産者の地位を（一般的に）承継する」というルールと「差押債権者の地位を有する」というルールを、権利・法律関係の性質に応じて使い分けてきた[3]、と指摘される。

そうすると、具体的な事案につき、この2つのルールのいずれが適用されるのかといった表層的な論点に議論が収斂しがちとなる。しかし、この2つのルールの併用が決して万能ではないことは自明であり、これにより必ずしも適切な帰結が導かれるとは限らない。破産管財人の実体法上の地位を検討するにあたり、破産手続開始前の債務者（破産者）または債権者（破産債権者）のいずれかの地位とのアナロジーによって一義的に決定しようとするアプローチには限界がある。そこで、本稿は、破産管財人の実体法上の地位について、あらためて破産管財人の法的地位論の全体においてどのように位置づけられるのかを検討するものである。この点に関して、近時の最高裁判例（最判平成26・10・28民集68巻8号1325頁）において争われた、不法原因給付に基づく不当利得返還請求権の破産管財人による行使の可否という問題を1つの題材としてとり上げる[4]。この判例は直接的には破産管財人の「第三者」性が争点とされた事案に関するものではないものの、そこに現われた問題解決のあり方は、上記の債務者または債権者の法的地位とのアナロジーに依拠するアプローチの限界を示す各論的な題材として適しているものと考えられる。

3 　中西・前掲論文（注1）390頁。
4 　本稿は、山下華穂「破産管財人・再生債務者による不法原因給付に基づく不当利得返還請求権行使の可否」（2016年1月、加藤哲夫教授指導の下で早稲田大学大学院法務研究科に提出された研究論文（リサーチ・ペーパー）。未公表）および同論文執筆時に筆者が山下氏との間で行った議論に負うところが大きい。ただし、本稿における内容および見解は、いずれも筆者が責任を負うものである。

Ⅱ　破産管財人による不法原因給付に基づく不当利得返還請求の可否——最判平成26・10・28民集68巻8号1325頁

1．最判平成26・10・28の事案と問題の所在

(1)　事　案

　前掲最判平成26・10・28（以下、「最高裁平成26年判決」という）は、結論として、具体的事情の下、受益者が、給付者の破産管財人に対して配当金の給付が不法原因給付にあたることを理由としてその返還を拒むことは、信義則上許されない旨を判示したものである。まず、その事案を確認しておく。

　本件事案は、破産者株式会社Ａ（以下、「破産会社」という）の破産管財人であるＸ（原告・控訴人・上告人）が、Ｙ（被告・被控訴人・被上告人）と破産会社との間の契約が公序良俗に反して無効であるとして、当該契約により破産会社から金銭の給付を受けたＹに対し、不当利得返還請求権に基づき、上記の給付額の一部およびこれに対する遅延損害金の支払いを求めた、というものである。認定された事実関係は以下のとおりである。

　破産会社は、平成22（2010）年2月頃から、金銭の出資および配当に係る事業（以下、「本件事業」という）を開始した。本件事業は、もっぱら新規の会員から集めた出資金を先に会員となった者への配当金の支払いに充てることを内容とする金銭の配当組織であり、無限連鎖講の防止に関する法律2条に規定する無限連鎖講に該当するものであった。

　Ｙは、平成22（2010）年3月、破産会社と本件事業の会員になる旨の契約を締結した。Ｙは、同年12月までの間に、上記契約に基づき、破産会社に対して818万4200円を出資金として支払い、破産会社から2951万7035円の配当金の給付を受けた（以下、上記配当金額から上記出資金額を控除した残額2133万2835円に係る配当金を「本件配当金」という）。破産会社は、本件事業において、少なくとも、4035名の会員を集め、会員から総額25億6127万7750円の出資金の支払いを受けたが、平成23（2011）年2月21日、破産手続開始の決定を受け、Ｘが破産管財人に選任された。上記破産手続においては、本件事業によって損失を受

けた者が破産債権者の多数を占めている。

第1審判決および控訴審判決は、結論において上記契約に基づく配当金の給付が不法原因給付に該当することを理由に、破産管財人であるXによる不当利得返還請求権の行使を否定した。そこで、Xが上告受理申立てをした。以上が事実関係である。

(2) **問題の所在**

さて、この事案における問題の所在は、最高裁判決とは異なり、第1審および控訴審の両判決が破産管財人による不法原因給付に基づく不当利得返還請求権の行使を否定する理由づけから明らかとなる。

第1審判決（東京地判平成24・1・27金判1454号23頁）は、「本件事業は、刑罰をもってその開設及び勧誘が禁止されている無限連鎖講に当たり、本件事業の主催者である破産会社による本件契約に基づく金銭の交付（以下、「本件交付」という。）は、いずれも不法な原因のために給付をしたと認められるから、不法原因給付（民法708条）に当たるといえ、本件交付を行った者はその返還を請求できないのが原則である」旨を確認したうえで、以下のような理由を述べて破産管財人による不当利得返還請求権の行使を否定している。

すなわち、「破産開始決定時に破産者が有していた財産権の管理及び処分する権利は破産管財人に専属している（破産法78条）ところ、本件で、Xは、本件契約が無効であることを前提に、破産会社が破産開始決定時に有していたYに対する不当利得返還請求権を、破産者に代わって上記管理処分権に基づき行使していると認められる」（下線は引用者による。以下同じ）、と。この説示を受けて、同じ結論をとる控訴審判決（東京高判平成24・6・6金判1454号22頁）も、「破産管財人は、破産会社が破産手続開始決定時に有していた不当利得返還請求権を、破産者に代わって行使するものである」とくり返し強調する。

次いで、「そうすると、不法原因給付によって返還請求権が否定される第三債務者に対する債権について、債務者ではなく債権者が債務者に代わって当該債務を管理するために債権者代位権に基づいてこれを代位行使した場合にも、不法原因給付に基づき返還請求権が否定されるべきであること（大審院大正5年11月21日判決・民録22輯2250頁参照）と同様に、総債権者のために破産財団に属する財産を管理する破産管財人が破産財団に属する債権を行使する場合であ

151

っても、破産者が破産開始決定前に当該債権を取得した時から不法原因給付により返還請求権が否定される場合には、破産管財人による不当利得返還請求は、民法708条により許されないと解するのが相当である」、という。控訴審判決もおおむね第1審判決の理由づけを引用する。

　仮に破産管財人の法的地位が破産者の一般承継人であるとすれば、債務者＝破産者による不法原因給付に基づく不当利得返還請求権が認められない（民708条本文）ため、破産管財人による同請求権の行使も認められない、という帰結となろう。しかし、第1審判決もその控訴審判決もこのような「破産管財人が破産者の地位を一般的に承継する」という論法を持ち出してはいない。他方で、両判決は、「破産管財人が破産者に代わってその権利を行使する」という前提の下、債権者が債権者代位権（民423条）に基づき債務者の不法原因給付に基づく不当利得返還請求権を代位行使する場合について「民法第四百二十三条ノ定ムル代位訴権ハ債権者カ其債務者ニ属スル権利ヲ行ウニ他ナラサレハ債務者カ請求スルコトヲ得サルモノハ債権者ニ於テモ之ヲ請求スルコトヲ得サルノ筋合ナリトス」と判示する大判大正5・11・21民録22輯2250頁を参照引用することで、破産管財人による不当利得返還請求権の行使を否定する結論を導いている。つまり、破産管財人が管理処分権に基づいて不当利得返還請求権を「破産者に代わって」行使することは、債権者代位権に基づいて同請求権を行使するのに等しい、という論法である。

　そして、この論法によると、代位債権者のみならず、差押債権者や債権譲渡の譲受人においても、債務者の不法原因給付による不当利得返還請求権を行使することはできないと考えられそうである。そうすると、破産管財人に差押債権者（類似）の地位を認める通説的見解によれば、破産管財人といえども不

5　畑佳秀「判解」曹時68巻7号（2016年）1909頁脚注(7)も、「本件の問題について、①破産管財人を破産者自身と同視し、又はその一般承継人として取り扱う場合には、破産管財人も民法708条により返還を請求することが許されないとの結論につながりやすい」旨を指摘する。

6　畑・前掲判解（注5）1902頁は、広く給付者以外の第三者として、代位債権者、差押債権者、債権譲渡の譲受人、相続人等について不法原因給付における「懲罰的趣旨が及ばず返還請求をすることができると解すると、給付者にとって民法708条の適用を潜脱することが容易となって相当ではないといえる」と指摘する。これに対して、伊藤眞『破産──破滅か更生か』（有斐閣・1989年）170～172頁は、相続人と債権譲渡の譲受人については不法原因給付を理由にその返還請求権行使を否定する一方、差押債権者についてはこれを肯定している。

法原因給付に基づく不当利得返還請求権を行使することができないとの帰結が当然に導かれることになろう。

　しかし、このような帰結がはたして妥当なものかどうかについては検討を要する。最高裁平成26年判決における事案は、無限連鎖講に該当する事業を営み、多数（約4000名）の会員による出資金を集めた会社の破産手続開始前に、特定の会員のみが出資金を上回る配当金の給付を受けたというものであった。そうすると、破産管財人はこの配当金の給付を詐害行為または偏頗行為として否認権の対象とすることも考えられる。この点について、第1審判決は、「なお」書きとして、「破産管財人が否認権を行使する場合には、破産管財人が、その独自の権能により、破産債権者のために、契約の相手方の悪意などその他の要件を満たした上で、破産者にもなしえない権限を行使するものであり、否認権の行使によって取得する請求権が、破産管財人が法律に基づき特別に取得する債権としての性質が強いことに鑑みれば、例え破産者による行為が不法原因給付に当たるとしても、返還請求権は否定されないと解すべきである（大審院昭和6年5月15日判決・民集10巻6号327頁参照）が、本件は、破産者が元々有していた債権を破産管財人がその管理処分権に基づいて行使するものであり、事案を異にするものである」、と説いている。しかし、この事案における破産管財人による不当利得返還請求権の行使が、実質的には破産手続開始前に逸出した財産の回復、あるいは破産手続における債権者間の個別具体的局面での衡平の実現を目的とするならば、否認権を行使する場合と結論が異なるのには違和感が残る。

2．最高裁平成26年判決における法廷意見と木内裁判官補足意見

　最高裁平成26年判決は、結論として、不法原因給付に基づく不当利得返還請求権につき、破産管財人による行使を許容した。ただし、あくまで無限連鎖講

7　なお、ここで参照引用されている大判昭和6・5・15民集10巻6号327頁と同一当事者の事案につき、大判昭和7・4・5法律新聞3405号15頁は、破産者が不法原因給付に基づく不当利得返還請求権を有していないにもかかわらず、破産管財人はこの請求権を有するという法理はない旨を判示している。

8　これに対して、木村真也「判批」事業再生と債権管理151号（2016年）150頁は、破産管財人につき、不法原因給付に基づく不当利得返還請求権の行使が民法708条により認められなければ、詐害行為否認等の法律構成によっても同様に請求が排斥されるべきではないか、と述べる。

に関する本件の具体的事案に関する事例判断である点には留意が必要であり、一般的に、不法原因給付事例において破産管財人による不当利得返還請求権行使を認めたものではない[9]。そして、法廷意見と木内補足意見は、いずれも信義則を根拠に上記結論を導いているが、木内補足意見は、「返還請求する者が破産管財人であることと信義則の関係」として、破産手続の目的（破1条）の下での破産管財人の任務遂行という一般論に言及する点が注目される。

(1) 法廷意見の検討

(ア) 法廷意見

法廷意見は、次のように判示して、不当利得返還請求権を認めている。

①「本件配当金は、関与することが禁止された無限連鎖講に該当する本件事業によってYに給付されたものであって、その仕組み上、他の会員が出えんした金銭を原資とするものである。そして、本件事業の会員の相当部分の者は、出えんした金銭の額に相当する金銭を受領することができないまま破産会社の破綻により損失を受け、被害の救済を受けることもできずに破産債権者の多数を占めるに至っているというのである」。

②「このような事実関係の下で、破産会社の破産管財人であるXが、Yに対して本件配当金の返還を求め、これにつき破産手続の中で損失を受けた上記会員らを含む破産債権者への配当を行うなど適正かつ公平な清算を図ろうとすることは、衡平にかなうというべきである。仮に、Yが破産管財人に対して本件配当金の返還を拒むことができるとするならば、被害者である他の会員の損失の下にYが不当な利益を保持し続けることを是認することになって、およそ相当であるとはいい難い。したがって、上記の事情の下においては、Yが、Xに対し、本件配当金の給付が不法原因給付に当たることを理由としてその返還を拒むことは、信義則上許されないと解するのが相当である」、と。

このように、法廷意見は、本件配当金の給付が不法原因給付にあたるとしても、信義則上、破産管財人によるその返還請求を受益者は拒むことができない、という結論をとる。

(イ) 法廷意見の分析

まず、法廷意見は、①無限連鎖講に該当する本件事業において、受益者の受

---

9 大澤彩「判批」重判解〔平成26年度〕（ジュリ1479号）80頁（2015年）。

けた給付たる配当金は他の会員が出捐した金銭を原資とする仕組みである旨を指摘する。これは、破産管財人と受益者の二者の関係にとどまらず、配当金の原資を出捐したものの、破産債権者としてその相当額の金銭を取り戻すことのできない他の被害者会員の損失と受益者の得た給付との間に直接の関連性（密接不可分の関係）があることを意味する。そのうえで、②破産管財人が受益者から配当金の返還を受け、これについて破産手続において損失を受けた他の会員を含む破産債権者全体に対する「配当を行うなど」、「適正かつ公平な清算を図ることは、衡平にかなう」とし、他方、受益者が配当金の返還を拒むことは、「被害者である他の会員の損失の下に」受益者が「不当な利益を保持し続けることを是認すること」となり、「相当であるとはいい難い」と説く。このように、法廷意見は、あくまで破産管財人がその利益を代表する破産債権者全体、特に他の被害者会員と出資金を上回る配当金を受けた受益者との間の具体的な利益衡量に基づく衡平の観点から、信義則を根拠に、破産管財人と受益者との間における法律関係（不法原因給付に基づく不当利得返還請求権（民708条））につき判断を行っている。

(2) **木内道祥裁判官の補足意見の検討**

(ア) 木内道祥裁判官の補足意見

他方、木内道祥裁判官の補足意見（以下、「木内補足意見」という）は、信義則上、破産管財人による不当利得返還請求権を拒むことができないという結論は法廷意見と同様であるが、この信義則の意味するところにつき、次のように説く。

① 「私は、本件の事実関係の下で、不法原因給付としての返還拒否が信義則上許されないとの法廷意見に賛同するものであるが、返還請求する者が破産管

---

10 畑・前掲判解（注5）1904頁、大澤・前掲判批（注9）80頁。
11 畑・前掲判解（注5）1910頁脚注⒀は、破産管財人が不当利得として返還を受けた金銭が、手続費用に充てられる等の場合もあり、「結果的に損を受けた会員らを含む破産債権者への配当に充てられるとは限らない」ため、「本判決の『適正かつ公平な清算を図ろうとする』との書きぶりは、このように最終的には破産債権者への配当に充てられない場合も含めて破産管財人の権利行使を認める趣旨を反映させたものであろうと思われる」と指摘する。
12 大澤・前掲判批（注9）80頁。さらに、同評釈は、無限連鎖講の仕組みにおいて上位者である配当金受給者は、下位たる被害者との関係では「加害者」に等しいという見方がありうるものの、「本判決は受給者の不法性を正面から問題にする必要がある民法708条但書ではなく、信義則を用いることによって受給者の不法性以外の要素に依拠して当事者間の衡平を図った」と評する。

財人であることと信義則の関係について、私の考えるところを述べることとする。……その事業実施者が破産した場合、破産管財人が行う給付（利得）の返還請求は、破産者に代わって行うものということはできない。破産制度の目的は『債務者の財産等の適正かつ公平な清算を図る』ことであり（個人破産については『債務者について経済生活の再生の機会の確保を図る』ことが加わる。）、その目的のために『債権者その他の利害関係人の利害及び債務者と債権者との間の権利関係を適切に調整』（破産法1条）するという破産管財人の任務の遂行としてこれを行うのである」。

②「破産管財人の任務遂行によって得られた資産は、破産財団に属し、手続費用を含む財団債権及び破産債権の全てを支払って余剰が生ずるというような稀有な事例を除けば、破産者に交付されることはない。破産手続の廃止は、破産財団が破産手続の費用に不足する場合になされることはもちろんであるが、破産管財人は換価し得るものは換価し尽くして手続費用を含む財団債権に充て、なお不足する場合に廃止の申立てを行うのが実務の通例であり、破産管財人が第三者から回復した財産が破産廃止により破産者に戻されるようなことは、実際上、考えられない。会員を含む破産債権者への配当が実施されれば、その配当額については破産者の債務が減額されることにはなるが、破産者にとっての破産債務の消滅ないし自然債務化は、破産配当の有無を問わず、法人であれば破産終結に伴う法人格の消滅により、個人であれば免責許可によってなされるのが破産制度の基本的な仕組みであり、破産管財人に対する給付の返還が直ちに破産者の債務の消滅に結び付くものではない。破産管財人の不当利得返還請求を認めることをもって、反倫理的な事業を行った破産者に法律上の保護を与えることになるということはできない」。

③「以上の観点からすれば、本件において、破産管財人の返還請求を認めないとすれば、他の会員の損失の下に本件事業により相当額の利得を得た者がその利得を保持し続けることを許容することになるのは法廷意見の述べるとおりであり、他方、本件における破産管財人の返還請求はそのような結果を回避して、損失を受けた会員を含む破産債権者など利害関係人の権利関係を適切に調整するためのものであるから、不法原因給付にあたることを理由として給付の返還を拒むことは、信義則上許されないと解すべきである」、と。

(イ) 木内補足意見の分析と従来の下級審裁判例

　木内補足意見は、結論としては、法廷意見と同じく信義則に依拠しながら、これに賛同するものの、法廷意見とは以下の点で根本的にその根拠づけの論理が異なるように思われる。

　まず、木内補足意見は、①破産管財人が破産者の不法原因給付に基づく不当利得返還請求権を行使するのは、「破産者に代わって行うもの」ではない旨を明言し、第1審および控訴審の両判決が前提としていた「破産管財人が破産者に代わってその権利を行使する」という見解を否定する。このことは、破産管財人が破産者に帰属する不当利得返還請求権をその代理人として行使するのでもなければ、代位行使するのでもない、ということを含意する。そして、これに続けて、「債務者の財産等の適正かつ公平な清算を図る」という「破産制度の目的」のために「債権者その他の利害関係人の利害及び債務者と債権者との間の権利関係を適切に調整」（破1条）するのが破産管財人の任務であり、その遂行として同請求権を行使している旨を説く。そのうえで、②「破産管財人に対する給付の返還が直ちに破産者の債務の消滅に結び付くものではな」く、「破産管財人の不当利得返還請求を認めることをもって、反倫理的な事業を行った破産者に法律上の保護を与えることにな」らないという実質的な根拠を示しつつ、③「本件において」、破産管財人は、「他の会員の損失の下に本件事業により相当額の利得を得た者がその利得を保持し続ける」という不相当な結果（これは、前述のとおり法廷意見の判示する利益衡量の下での評価である）を「回避して、損失を受けた会員を含む破産債権者など利害関係人の権利関係を適切に調整する」任務を負うことから、「不法原因給付に当たることを理由として給付の返還を拒むことは、信義則上許されない」と結論づける。

　このように、木内補足意見も、法廷意見と同様、あくまで信義則に基づく事例判断として結論づけてはいるものの、この信義則につき、①破産制度の目的（破1条）の下での利害および権利関係の調整という任務の遂行として、破産管財人が破産者の不当利得返還請求権を行使する、という一般論を提示したうえで、②不法原因給付制度の趣旨との関係に言及しつつも、③本件の具体的事案につき、上記の任務遂行の要請が認められる点を信義則の考慮要素として取り入れている点で法廷意見とは異なる。より踏み込んで木内補足意見を読み込

もうとすれば、そこには一般論として、破産手続の目的（破1条）の下、管理処分権の帰属する破産管財人はその任務遂行のために、破産者とは独立した地位が認められることが示唆されているといえる。

　以上の一般論を貫徹していたのが、出水順弁護士の見解である。出水弁護士は、「破産管財人は、破産者の有する権利義務を『承継』するのではなく、同等のものの管理処分権を取得する立場にあると考えることができるとすれば、破産管財人としての独自の立場で不当利得返還請求権を行使することになり、破産管財人に非難性の要素はなく、むしろ債権者のためになるのであるから、破産管財人が不法原因給付債権を行使する場合には、返還請求が認められることになる」（圏点は引用者による）[13]と説く。

　下級審裁判例にも、詐欺的商法に関する事例（豊田商事事件）につき、①「破産管財人は、裁判所によって選任され……、裁判所の監督のもとに……、総債権者に公平な満足を得させることを目的として、破産法に基づく固有の権限をもって管財業務を執行する独立した法主体であって、その権利行使は破産者の権利承継人または代理人としてするものではない」として、破産管財人による不当利得返還請求権の行使を認めた大阪地判昭和62・4・30判時1246号36頁がある[14]（なお、同じく豊田商事事件に関する大阪地判平成元・9・14判時1348号100頁も同じ結論をとる）。また、無限連鎖講に関する事例については、②「破産管財人は、破産債権者全体の利益を代表して、総債権者に公平な配当を行うことを目的として、破産者に帰属する財産について、破産者に代わって管理処分権を行使する独立の法主体である」との一般論に基づき、破産管財人による上記請求権の行使を認めた東京地判平成18・5・23判時1937号102頁があるほか、最高裁平成26年判決の事案におけるのと同一の破産手続において破産管財人が別の会員に対して不当利得返還請求をした事案につき、③東京高判平成24・5・31判タ1372号149頁が、「破産管財人は、破産法に基づき、裁判所の監督の下に、総債権者に公平な満足を得させることを目的として、固有の権限をもって管財業務を遂行する独立の主体であり、破産管財人による権利行使は、破産者

13　出水順「破産管財人による不法原因給付債権の行使に関する覚書」田原睦夫先生古稀・最高裁判事退官記念論文集『現代民事法の実務と理論（下巻）』（金融財政事情研究会・2013年）442頁。
14　同裁判例につき、伊藤・前掲書（注6）164頁以下、上原敏夫「判批」倒産判例百選〔第4版〕（2006年）188頁を参照。

の権利承継人又は代理人としての立場で破産者の権利を行使するものではなく、また、破産者に代位して破産者の権利を行使するものでもない」という一般論に基づいて、破産管財人による破産者の不当利得返還請求権の行使を認めている。

このように、従来の下級審裁判例の傾向としては、先にみた最高裁平成26年判決の第1審判決や控訴審判決は例外的であるものの、豊田商事事件に関する前掲大阪地判昭和62・4・30をリーディング・ケースとして、破産管財人を破産者や代位債権者の地位と切り離して、その独立の法主体性を強調するのが趨勢であった。この点で、木内補足意見は、従来の下級審裁判例の流れを汲むものとして位置づけることができよう。

III 破産法律関係と実体法律関係における破産管財人の法的地位

次に、学説は、最高裁平成26年判決に現われた問題をどのようにとらえるのであろうか。今日、破産管財人の法的地位に関する議論は、伊藤眞教授の学説を中心に、その検討あるいは批判という形で行われている。[15] 伊藤説の特徴は、詳細は後述するが、破産手続内部において、いわゆる管理機構人格説の下、破産者および破産債権者から「独立した法主体」性を破産管財人に認め、破産手続の目的に照らしてその管理処分権に基づき破産管財人がその職務を遂行するとしつつも、他方で、実体法律関係においては、破産管財人を破産者の一般承継人の地位にある（破産者と同視する）、または差押債権者の地位にある、ととらえる点にある。前者は木内補足意見や出水弁護士の見解、そして従来の下級審裁判例に親和的であるが、後者によると、最高裁平成26年判決における事案

15 水元宏典「破産管財人の法的地位」高木新二郎＝伊藤眞編集代表『講座・倒産の法システム第2巻清算型倒産処理手続・個人再生手続』（日本評論社・2010年）37頁（同37頁は、「わが国における現在の学説の到達点という意味において」、伊藤説をもって「通説ということができる」と指摘する）、山本克己「財団債権・共益債権の債務者——管理機構人格説の検討を兼ねて」田原古稀・退官記念・前掲書（注1）64頁、中西・前掲論文（注1）387頁、籠池信宏「破産管財人の法的地位——通説に対する批判的考察」岡正晶ほか監修『倒産法の最新論点ソリューション』（弘文堂・2013年）226頁、河崎祐子「『破産管財人論』再考」伊藤眞先生古稀祝賀『民事手続の現代的使命』（有斐閣・2015年）801頁等。

の第1審判決や控訴審判決の見解につながりやすい。そこで、以下においては伊藤説を読み解きながら、前記問題への学説の応接のあり方を検討することにしたい。

1．破産管財人の法的地位に関する伊藤眞教授の見解

(1) 破産管財人の法的地位をめぐる3つの局面

まず、伊藤眞教授は、「破産管財人の法的地位をめぐる議論の局面」を以下の3つに分けて論じる[16]。

第1は、「破産法律関係における破産管財人の地位」であり、そこでは「破産手続の内部的法律関係」[17]における破産管財人の諸権限やその職務内容が説明される。そして、「これらの地位や権限をいかに統一的に説明し、第2および第3の局面につなげることができるかが第1の局面である」[18]と指摘される。つまり、ここで破産法律関係における破産管財人の法的地位をどのように把握するのかという点は、3つすべての局面に影響を及ぼすことを意味する。そこで、伊藤説は、破産管財人の法的地位につき、山木戸克己博士の提唱による管理機構人格説、すなわち、「破産財団の管理機構としての管財人は破産財団の管理処分権の帰属する法主体（法的人格者）である」[19]とする見解に与する[20]。さらに、このように破産管財人の法主体性を認める「破産理論は、破産関係を統一的ないし体系的に把握するについての理論構成の問題であって、破産管財の個別的事項に関する解釈において結論の差異を導くものはほとんどない」との山木戸博士の認識を超えて、この「管理機構人格説の帰結として」、「破産手続上の法律関係においても、また外部の第三者との法律関係においても、破産管財人が破産者や破産債権者とは独立の法主体とみなされる」[21]という見解を導出し、この立場を破産管財人の法的地位をめぐる議論の起点に据えるのが伊藤

---

16 伊藤眞『破産法・民事再生法〔第3版〕』（有斐閣・2014年）199～200頁、同「破産管財人の法的地位と第三者性——管理機構人格説の揺らぎ？」岡伸浩ほか編著『破産管財人の財産換価』（商事法務・2015年）547～548頁（以下、「法的地位と第三者性」として引用する）。
17 伊藤・前掲書（注16）200頁。
18 伊藤・前掲論文（注16）「法的地位と第三者性」548頁。
19 山木戸克己『破産法』（青林書院・1974年）80頁以下。
20 伊藤・前掲論文（注16）「法的地位と第三者性」550頁、伊藤・前掲（注16）204頁。
21 伊藤・前掲論文（注16）「法的地位と第三者性」549頁、伊藤・前掲書（注16）203頁。

説の特徴である。そして、伊藤説は、独立する破産管財人と切り離される破産者、破産債権者および財団債権者を「破産手続内の利害関係人」としてとらえて、破産管財人はこれらの者に対して善管注意義務を負う（破85条）とする[22]。

第2は、「破産管財人の職務遂行に当たっての指導理念をどこに求めるかという局面であり、破産債権者の利益実現と破産者の経済的再生（破1条参照）、そして事案によっては、社会正義の具現にも配慮しなければならない破産管財人の職務遂行の基礎となるべき指導理念をどのように構成するかに関わる[23]」とし、以上は、「最終的には、破産手続の目的論に還元される[24]」という。ここで、独立の法主体である破産管財人が、その帰属する管理処分権を行使して職務を執行する局面では、最終的には破産手続の目的論が作用することを示唆する。

第3は、破産手続内の破産法律関係に関する第1の局面と区別される、「破産手続外の第三者との実体法律関係において破産管財人の地位をどのように構成するかという局面」であり、「破産管財人を『第三者』とみることができるか、それはいかなる根拠によるものかに関わる[25]」とされる。いわゆる「第三者」性に関する議論である。

そして、これら3つの局面（「三段階構成」）の相互関係につき、「第1の局面において、破産財団の管理機構としての破産管財人に各権能や権限の帰属主体としての法主体性または法人格を付与し、第2の局面において、破産法の目的に沿うように、管理機構たる破産管財人の職務遂行の指導理念を構成し、第3の局面において、管理機構としての破産管財人と破産財団所属財産の帰属主体としての破産者とを、実体的法律関係において区別する」というのが、「管理

22　伊藤・前掲論文（注16）「法的地位と第三者性」562頁。これに対して、「破産管財人の管理機構としての行為に基づく外部の利害関係人との関係は、第一次的には、財団債権（破148条1項4号など）を生じさせる原因とな」るという（同563頁）。「破産手続内の利害関係人」（破産債権者、財団債権者および破産者）と「破産手続外の利害関係人」（別除権者、取戻権者および破産手続外の第三者）とを区別する見解については、伊藤眞ほか「破産管財人の善管注意義務──『利害関係人』概念のパラダイム・シフト──」金法1930号（2011年）64頁を参照（同見解の詳細な検討については、山本研「破産管財人の善管注意義務と担保価値維持義務」岡ほか・前掲書（注16）573頁を参照）。伊藤眞「破産管財人等の職務と地位」事業再生と債権管理119号（2008年）4頁も参照。
23　伊藤・前掲論文（注16）「法的地位と第三者性」548頁。
24　伊藤・前掲書（注16）200頁。
25　伊藤・前掲論文（注16）「法的地位と第三者性」548頁。

機構法主体説の基本発想」だとされる。[26]

(2) 破産管財人の実体法上の地位をめぐる3つの基準

　以上のように、伊藤説は、管理機構人格説（管理機構法主体説）を基調としつつ、その帰結として、破産管財人が破産者および破産債権者とは独立した法主体として扱われる、という立場をとる。前述のとおり、「管理機構としての破産管財人と破産財団所属財産の帰属主体としての破産者とを、実体的法律関係において区別する」というのである。

　そのうえで、上記第3の局面、すなわち破産手続外の実体法律関係（外部法律関係）における破産管財人の実体法上の地位について、「一般実体法の規定の解釈としてその地位を定める」ため、以下の3つの基準を提示する。[27]すなわち、「第1は、破産者またはその一般承継人と同視される破産管財人、第2は、破産手続開始決定の効果として破産財団所属財産についての差押債権者と同様の法律上の地位を認められる破産管財人、第3は、倒産実体法上で否認権や双方未履行双務契約の解除権などの特別の法的地位を認められる破産管財人」である、という。[28]

　この3つの基準のうち、特に第1の基準は、管理機構人格説に与する伊藤説の特徴を成しているといえる。この基準を採用する根拠として、「破産者またはその一般承継人と同視される破産管財人とは、破産者から破産管財人への管理処分権の移転こそあれ、法律関係の相手方からすれば、そのことをもって法的地位の変更を受忍すべき理由がない」[29]からであると説明される。これは、破産手続開始時における破産者に関する破産手続外の実体法律関係（外部法律関係）が、原則として維持されるべきだという価値判断を示す。そして、この一般的承継が生じる前提として、前述の「独立した法主体としての破産管財人」という考え方がその基礎にあることを見逃してはならない。「承継とは、その基本として、管理機構たる破産管財人が従来の法律関係の主体である破産者と同一の地位に立つものとして取り扱うべきことを意味するのであり、管理機構として破産者からの独立性を前提とするからこそ、承継の意義が認められ

26　伊藤・前掲論文（注16）「法的地位と第三者性」548頁。
27　伊藤・前掲論文（注16）「法的地位と第三者性」567頁。
28　伊藤・前掲論文（注16）「法的地位と第三者性」567頁。伊藤・前掲書（注16）326頁以下参照。
29　伊藤・前掲論文（注16）「法的地位と第三者性」567頁。

る」という説明は、このことを端的に示す。

　ところで、この第1の基準、つまり「破産者またはその一般承継人としての破産管財人」という点に対しては、「破産管財人を破産者から独立した法主体として位置づける」立場と「整合しない」とか、「『倒産法的清算』は、総債権に対する責任財産の絶対的不足状態において、プライオリティルールに基づく責任財産の衡平分配を実現することを目的としているところ、破産管財人を破産者と同視し、破産管財人が既存の債権債務関係に直接『拘束』されることを前提としていたのでは、このような倒産法の法目的を達成することはできない」との批判がなされている。しかし、伊藤教授自らが反論するように、前者については、前述のように、破産管財人に「独立した法主体」を認めることを前提として破産者の地位の一般承継が可能となるのであるから、整合性に問題はない（むしろ論理的に整合する）。また、後者については、「破産清算は外部の第三者の利益を犠牲にしたり、不合理な負担を受忍させて進められるべきものではな」く、「破産財団に属し、また属すべき財産の公平な分配が破産手続の目的であることはいうまでもないが、破産財団に属すべき財産の範囲や破産財団に属する財産についての第三者の権利の取扱いは、……一般実体法の規範によって定まる」とし、「これが承継の意味であり、経済社会の基礎として破産手続が機能するための前提条件でもある」と、伊藤教授によって反論がなされている。特に「承継」の意義に関して批判と反論がうまく噛み合っていないようにも思われるが、いずれにせよ、伊藤説は、破産管財人が破産者の

30　伊藤・前掲論文（注16）「法的地位と第三者性」570～571頁。
31　籠池・前掲論文（注15）229～230頁。
32　伊藤・前掲論文（注16）「法的地位と第三者性」570頁。
33　そもそも破産管財人を破産者の一般承継人とみる見解は、破産手続開始により管理処分権が破産者から破産管財人に移転する結果、破産管財人は破産財団に帰属する個々の財産の特定承継人となるという見解との対立の文脈で主張されたものである（伊藤・前掲論文（注1）「破産管財人の法的地位」25～27頁、伊藤・前掲論文（注1）「破産管財人の第三者性」93～95頁参照）。この点につき、最判昭和59・2・2民集38巻3号431頁は、「債務者が破産宣告決定を受けた場合においても、その効果の実質的内容は、破産者の所有財産に対する管理処分権能が剥奪されて破産管財人に帰属せしめられるとともに、破産債権者による個別的な権利行使を禁止されることになるというにとどまり、これにより破産者の財産の所有権が破産財団又は破産管財人に譲渡されたことになるものではな」いと説示している。今中利昭「破産宣告の動産売買先取特権に基づく物上代位に及ぼす影響」判タ427号（1981年）37頁、特に43～44頁、伊藤眞「判批」法教47号（1984年）71頁、小林秀之「判批」ジュリ826号（1984年）98～99頁も参照。

地位を一般的に承継するからといって、直ちに「破産管財人を破産者と同視し、破産管財人が既存の債権債務関係に直接『拘束』されることを前提」とするものではない。ここでいう「承継」とは、破産手続開始に伴い、債務者（破産者）の下の管理処分権が破産管財人に専属する（破78条1項）帰結として、破産者とその相手方との間の従前の権利・法律関係を引き継ぐことを意味するのであって[34]、「拘束」とまで読み込むべきではない[35]。確かに、「財産帰属主体の破産者とは独立の法主体」として管理処分権が帰属する破産管財人が、「破産者の地位の一般的承継人」であるという記述だけを表層的にとらえれば二律背反的のようであるけれども、伊藤説は、破産管財人の法的地位につき、「独立」性を前提としつつ「承継」性の概念を導入することで、「独立」性と「承継」性とを両立させているわけである。

また、第2の基準に関して、いったん、破産債権者全体に対して破産財団財産上の差押債権者の地位が付与され帰属するとの見解に対して[36]、伊藤教授は、「管理機構たる破産管財人に差押債権者の地位を認める」のは、「あくまで仮想的なものであり、破産管財人の管理処分権を基礎としたものであ」り、他方、「破産債権者は、破産管財人の管理処分権の行使によって利益を受ける破産手続の利害関係人であり、破産管財人は、管理機構として破産債権者の利益実現を目的として管理処分権を行使する」のであるから、「破産債権者全体に差押債権者の地位が帰属するとの考え方には、無理がある」と批判する（圏点は引用者による）[37]。ここでも、外部法律関係において破産管財人が差押債権者（類

---

[34] 筆者の理解は、中西・前掲論文（注1）397頁が、「破産管財人は破産者の地位を承継するというルールは、要するに、ある破産手続の利害関係人の権利（法律関係）が破産手続で尊重されるべき場面の、比喩的な表現にすぎないものと思われる」と指摘するところと変わらない。しかし、伊藤説は、いったん、破産管財人を破産者や破産債権者から独立した法主体たる管理機構として把握するため、そのうえで、破産者の従前の権利・法律関係を明確に破産管財人に承継させる（破産管財人につき破産者の地位と同視する）という論理を必要とすると考えられる。

[35] たとえば、伊藤説は、賃貸借契約中の解約予告期間条項、敷金等放棄条項や違約金条項が破産管財人を拘束するかという論点について、「実体法上有効と認められるかぎり、法53条1項にしたがって解除権を行使する破産管財人もその負担を受任せざるをえず、これに拘束されると解すべきである」と説く（伊藤・前掲書（注16）363頁脚注(83)）。確かに、ここでは破産者の負担する上記の各条項により破産管財人が拘束されるという結論をとっているが、この帰結は第1の基準を単純に形式的に適用した結果として導かれたものではないであろう。

[36] 中西・前掲論文（注1）403〜404頁。

[37] 伊藤・前掲論文（注16）「法的地位と第三者性」571〜572頁。

Ⅲ 破産法律関係と実体法律関係における破産管財人の法的地位

〔図〕 破産手続における内部関係（破産法律関係）と外部関係（実体法律関係）

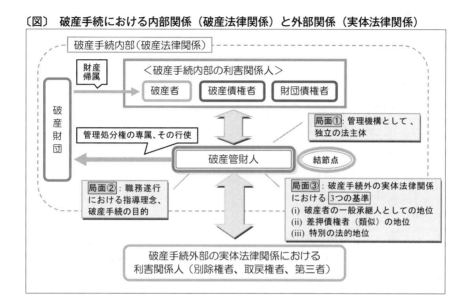

似）の地位として扱われるとしつつも、破産管財人は破産債権者の地位を代表または代理するのではなく、あくまで「独立の法主体」としての地位を有することを強調しているとみることができる。

このように、内部関係において管理機構として位置づけられ、管理処分権が専属し、これを行使する破産管財人（破78条1項）は、いわば内部関係と外部関係の結節点として機能することになる。そして、伊藤説の説く破産手続外部の実体法律関係を規律する3つの基準は、破産法が破産管財人に特別の地位を認めている場合（第3の基準の場合）を除き、「破産手続内の利害関係人」とされる破産者や破産債権者（差押債権者）と破産手続外の利害関係人（第三者）との間の従前の実体法上のプライオリティー秩序を原則として維持しようとしつつ、その対応を管理機構として管理処分権の帰属する破産管財人に委ねようとするものだといえる。[38] 要するに、破産手続開始時における債務者（破産者）

---

[38] この点につき、河崎・前掲論文（注15）815頁は、伊藤説について、「管財人と利害関係人との関係を『内部の法律関係』と『外部の法律関係』とに区別し」たうえで、「『内部の法律関係』を構成するのは、①破産者、②『内部』の債権者、そして③法律の規定によって特別に地位の強化された『内部』の債権者であり、これら三つの『内部の法律関係』者の立場を統括するのが管財人」であるから、「『外部の法律関係』からみると『管財人の地位』は三つの基準で分けられる」と説く。

165

と第三者との間の権利・法律関係、あるいは一般債権者（差押債権者）と第三者との間の実体的プライオリティー関係を維持するために、破産管財人は、破産者または差押債権者の地位として外部法律関係に対処するという擬制をするわけである。

(3) **伊藤説からみた最高裁平成26年判決の評価**

では、以上の伊藤説によれば、最高裁平成26年判決はどのように評価されるのであろうか。

(ア) **最高裁平成26年判決の事案への3基準の適用**

まず、最高裁平成26年判決の事案は、無限連鎖講に該当する事業において、不法原因給付となる配当金が、実質的には、破産手続において破産債権者となる、他の被害者会員の出捐した金銭を原資とする点で特殊性があるとはいえ、破産者（債務者）と受益者（会員であるが、破産債権者ではない）との間の不当利得返還請求権という権利関係は、破産手続外の第三者との間の実体法律関係である。

そこで、この権利関係に対応する破産管財人の実体法上の地位について、前述の3つの基準を検討すると、否認権行使のような破産法上の特別の法的地位が問題となるわけではないため、第1または第2の基準の適用が考えられる。第1の基準によれば、不法原因給付を行った破産者の地位と破産管財人は同視されることになり、その不当利得返還請求権の行使は認められない。また、第2の基準、つまり破産管財人を差押債権者と同視するという基準によっても、前述のように（前記Ⅱ1(2)参照）、代位債権者による上記請求権の行使を否定した大審院判例に基づき、差押債権者の場合も同様に否定すべきだと考えれば、やはり破産管財人による行使も否定されることになる。しかし、伊藤教授は、不当利得返還請求権の相続人や債権譲渡の譲受人についてはその権利行使を否定するものの、差押債権者には「不法原因給付の理論が適用されず」、権利行使が認められるという見解をとり、「破産管財人＝差押債権者という定式を大前提とし、……差押債権者には不法原因給付の理論は適用されないという結論を小前提とすれば、管財人についても不法原因給付の理論が適用されず」、破産管財人は給付の「返還を受けられるという結論が導かれる」と説いている（さらに、代位債権者についても、差押債権者や破産管財人と同様の地位に立つとい

う）。したがって、伊藤説に従うと、最高裁平成26年判決の事案について、破産管財人による不当利得返還請求権の行使が認められるという帰結がおのずと導かれると考えられそうである。

(イ) 伊藤教授による最高裁平成26年判決の評価

ところで、伊藤教授は、「基礎概念と個別的問題を検討する視点との関係の考察」として（なお、ここでの「基礎概念」とは破産管財人の地位に関する「管理機構としての法主体性」を指している）、最高裁平成26年判決につき、以下のような評価を示している。

まず、「原審が、不当利得返還請求権に関する破産管財人の管理処分権について、債権者代位権と同様に、破産者に属する権利を破産管財人が自らの名において代わって行使するとの考え方を基礎にしているのに対して、最高裁判決は、当該権利が破産者に帰属することとは独立に、破産手続目的実現のための管理処分権が破産管財人に与えられていることを重視しており、独立の法主体性を認める管理機構人格説に親和的なものと理解できる」と指摘したうえで、ただし、「本判決がその点についての立場を明らかにしているわけではなく、……原審のような考え方を前提とすれば、およそ不当利得返還請求が認められる余地はないという点で、管理機構人格説に親和的なものと考えられる」と注記されている。前述のとおり、伊藤教授は、代位債権者についても差押債権者や破産管財人と同様、不法原因給付に基づく不当利得返還請求権の行使が認められるという解釈をとっており、ここでは代位債権者も破産管財人と同様の地位におかれている。しかし、上記の記述によると、第１審判決や控訴審（原審）判決が前提としていた「破産管財人が破産者に代わってその権利を行使する」という考え方、つまり破産管財人による管理処分権の行使が、債権者代位権に基づく権利行使に等しいという考え方は、管理機構人格説＝伊藤説とは対置されている。ここから推察するに、伊藤説によれば、管理機構としての破産

---

39 伊藤・前掲書（注6）171〜172頁。また、伊藤・前掲書（注16）327頁脚注(4)では、「差押債権者や代位債権者についても、その者が債務者と同視されるべき特段の事情が存在する場合を除いて、破産管財人と同様の地位に立つと解すべきであろう」と説明されている。
40 伊藤・前掲論文（注16）「法的地位と第三者性」552頁。
41 伊藤・前掲論文（注16）「法的地位と第三者性」572頁参照。
42 伊藤・前掲論文（注16）「法的地位と第三者性」554頁、同頁脚注(14)。

管財人は、破産者から管理処分権の移転を受ける点では代位債権者と共通するものの、反面、代位債権者とは異なり、破産手続においてその独自の地位の下で管理処分権を行使するということなのであろうか。[43]

また、木内補足意見（前記Ⅱ2(2)(ｱ)の②の説示部分）に関して、「返還を受けた配当金を破産配当として破産債権者に分配すれば、それに対応して破産債権の額、すなわち破産者の債務が減額されることになる」が、「不当利得返還請求権についての破産管財人の管理処分権は、そのような結果とは独立のものであり、不当利得返還請求権の帰属主体である破産者が、債務の減額という利益を受けることは、同請求権の管理処分主体である破産管財人が破産債権者などの利益のためにそれを行使することの障害になら」ず、「これは、破産管財人の管理処分権が、財産の帰属主体である破産者から切り離され、破産手続の目的を実現するための独立の存在であることを意味している」と評する。[44]

以上のように、伊藤教授は、最高裁平成26年判決（特に木内補足意見）について、破産手続外部の実体法律関係の側面ではなく、破産手続内部の破産法律関係の側面、つまり破産管財人の法的地位に関する管理機構人格説との関係の側面に着目している。これは、なぜだろうか。確かに、最高裁平成26年判決の評価に関する上記記述が管理機構人格説の有用性を根拠づける文脈のものであることも影響しているであろう。しかし、伊藤教授が「基礎概念と個別的問題を検討する視点との関係の考察」にあたり同判決をとり上げていることからすれば、その意図は、破産手続内部の破産法律関係のみならず、破産手続外部の実体法律関係における個別的問題についても管理機構人格説、厳密には管理機構としての破産管財人が破産手続の目的を実現するために独立の法主体性を有するという見解が実践的意義を有する点を示そうとしていると推察される。つまり、伊藤説における三段階構成において、破産管財人が第1の局面と第3の局面とされる破産手続内外の2つの法律関係の結節点として機能することから

---

43 ただし、債権者代位訴訟における代位債権者の当事者適格につき、実体法上の管理権を基礎とする法定訴訟担当構成を前提とした場合（伊藤眞『民事訴訟法〔第5版〕』（有斐閣・2016年）189頁、572頁以下参照）、破産管財人の当事者適格（破80条）も、その固有の利益を基礎とする固有適格ではなく、あくまで破産者から移転する管理処分権を基礎とする法定訴訟担当であると考えるのであろう（通説同様、伊藤教授は、破産管財人の当事者適格（破80条）を法定訴訟担当として説明する。同183頁）。

44 伊藤・前掲論文（注16）「法的地位と第三者性」552〜553頁。

すれば、その法的地位が双方の局面において作用するわけである（これが第2の局面として位置づけられるものであろう）。

以上から、伊藤教授の説く管理機構人格説によると、管理機構としての破産管財人の独立の法主体性という「基礎概念」は、不法原因給付に基づく不当利得返還請求権行使の可否という「個別的問題」において、破産管財人は破産者の一般承継人として不当利得返還請求権を取得するものの、反面、破産者の不法性については、破産管財人は破産者からの独立性ゆえに承継しない（つまり、「破産管財人の手は汚れていない」）[45]、という具体的帰結を導くことになると考えられる。

2．破産法律関係と実体法律関係の結節点としての破産管財人の役割と義務

(1) 破産手続内の破産法律関係と破産手続外の実体法律関係

以上においてみてきたように、最高裁平成26年判決は、事例判断にすぎないものの、破産管財人の法的地位論について、いわばリトマス紙のような働きをみせてくれるように思われる。そこで判定されるのは、破産管財人を破産者（債務者）または破産債権者（差押債権者）と同視して実体法律関係を把握するのか、それとも管理処分権を行使する破産管財人は破産者や破産債権者から独立した法主体として、実体法律関係においても破産手続の目的に照らして、その独自の地位を考慮するのか、という点である。前者によると、不法原因給付に基づく不当利得返還請求権は、破産管財人といえども行使できず、他方、後者では破産管財人が独自の地位において同請求権を行使することが認められうる、という帰結を導きやすい。

伊藤説が説くように、破産手続開始後も、従前の権利・法律関係については平時の実体法上の規律が妥当する、つまり債務者（破産者）と第三者との権利・法律関係、あるいは一般債権者（差押債権者）と第三者との実体的プライオリティー秩序が（第3の基準が妥当する場合を除いて）原則として維持されるとしても、実際に管理処分権の専属する破産管財人が、破産者または差押債権

---

[45] 破産管財人に対する不法原因給付の理論の適否について、伊藤・前掲書（注6）170頁で示されている表現である。

者と同視される地位において破産手続外の従前の権利・法律関係を処理するというのは、あくまでフィクションにすぎない。そこに現実に現われるのは、破産手続の目的を実現すべく管理処分権を行使する管理機構として職務を遂行する破産管財人そのものである。したがって、理論体系上、破産手続内外の関係を区分したとしても、両者の結節点として位置づけられる破産管財人の地位は、破産手続内部にとどまらず、外部の実体法律関係にも影響を及ぼすと考えるのが自然である。

最高裁平成26年判決において、法廷意見は、以上の問題を避けて、あくまで具体的事案を前提とした信義則を用いて、破産管財人の一般的な法的地位に極力言及せずに実体法の枠組みでの問題解決を図った。これに対して、木内補足意見は、一般論として破産手続の目的（破1条）の下での破産管財人の地位や任務について言及したうえで、その一般的な地位や任務を梃子としつつ、具体的事案の下での信義則による解決を導いた。伊藤説の説く第2の局面が示唆するように、ここでの破産管財人の地位や任務は破産手続の目的によって規定される関係にあり、そうすると、破産手続の目的とは何か、そこに何が含まれるのか、という点が重要な地位を占めることとなる。[47]

破産手続のみならず法的倒産手続の目的論は、従来、あまり意識されることがなかったが、たとえば、破産法1条のような目的規定の文言解釈の問題にとどまるのか、それともさらに広がりのある概念としてとらえるべきなのか、また、そこで考慮されるべき要素は何であるべきか等について議論されてよいだろう。[48]およそ手続機関の地位、その行動原理や義務について論じる際、意識

---

46 河崎・前掲論文（注15）818頁も、「素朴な疑問」として、「破産手続の『内部』と『外部』は、理論上は分離できても、実際にはつながっている」と指摘するとおりである。

47 伊藤・前掲書（注16）20頁以下では、「倒産処理の目的」として、「総債権者の満足の最大化、利害関係人の権利の公平な実現および債務者の経済的再生に集約される」とされ、さらに「この目的を実現するための手続、すなわち各種の倒産処理手続に共通する指導理念」として、「公平・平等・衡平の観念」と「手続保障の理念」が説かれている。しかし、これらの点が破産法律関係または実体法律関係にどのように影響を及ぼすことになるのかという点については、なお議論されるべき余白部分となっているように思われる。

48 佐藤鉄男「倒産手続の目的論と利害関係人」田原古稀・退官記念・前掲書（注1）30頁は、倒産三法（破産法、民事再生法および会社更生法）の各第1条の目的規定をもって「それが以後の思考を許さない到達点にあるとみるのは早計であろう」（同50頁）として、その文言解釈の限界を指摘しつつも、差し当たり、各規定を手がかりに目的論の検討を行う。そして、これらの目的諸規定が「制度相互の異同を体現している」（同42頁）ものの、「『権利（利害）関係の調整』という共通項を

的にそこで前提とする目的論を明確にすることは、批判可能性を高める点でも有益であると思われる。しかしそのうえで、破産手続の目的論が具体的な問題解決の局面でどのように作用するのが適当か、そこにいかなる規範的意義を認めるべきかという問題は、具体的な目的論を提示した下でなお慎重に考えなければならない。[49]

(2) 結節点としての破産管財人の役割と義務

すでに述べたように、破産管財人は、破産手続の内部関係と外部関係の結節点としてその役割を果たすことになる。その際、破産管財人は、破産手続内外の利害関係人の利益調整の任務も負うこととなる。利害関係人間の利益調整が問題となる局面とは、「財団増殖・最大配当の利益とそれ以外の利益とが抵触」する、「破産者に関係する広義の利害関係人の間の利害調整の問題」であり、これは、「①債権者間の利害調整」、「②担保権者と一般債権者との利益調整」、「③債権者以外の利害関係人と債権者の利益調整」の各問題として分類される。[50]

これらの調整問題に関して、特に管理機構人格説によると破産管財人が独立の法主体として破産手続内外の利害関係人に対して義務を負うため、破産管財人が各利害関係人に対して負う義務の調整が問題となりうる。[51] 具体的には、

括りだすことが可能である」(同54頁)と指摘する。しかし、佐藤教授が的確に指摘するとおり、「調整の基準は既存の実体法秩序の尊重のはずである」(同55頁)としても、「目的論の視点」として考慮されるべき「利害関係人」の範囲も各手続で異なり(同50頁以下参照)、「調整すべき権利(利害)の範囲については、各手続は少なくともその建前は異にしており、それによって利害関係人の意味合いそして線引きも違っている」(同62頁)。そうすると、共通項とされる「権利(利害)関係の調整」という目的の内実は、やはり各手続に即して検討されなければならず、その結果、目的論による調整が実体的プライオリティーに及ぼす影響も各手続によって異なりうるであろう。

いずれにせよ、このように倒産法では実定法レヴェルで目的規定を定めた条文を備えており、これらの条文が、判例においても実際にしばしば参照され言及されることを考えると(同57頁以下参照)、「個別の事件における法解釈・運用でも有用」(同62頁)であると考えられる。なお、このような意義を有する倒産手続の目的論につき、今日、理論上はともかく、解釈論において具体的実益がほとんど認められない民事訴訟法における目的論のドグマーティクとは区別するように注意しなければならない。

49 この点に関して、水元・前掲論文(注15)49頁が、通説(＝伊藤説)においては、「目的論がかつての破産請求権論の役割を代替し、指導理念がかつての破産債権者の法的地位に関する理論の役目を担っているとも考えられる。しかし、通説が提示する目的論や理念は、かつての破産請求権論や破産債権者の法的地位に関する理論に比べてもさらに高次の理論であり、そこから具体的な法命題を導出できるかは疑問である」との懸念を示す。

50 山本和彦「破産管財人の負う義務の内容と調整——『第3の義務』はあるのか」岡ほか・前掲書(注16) 613頁。

51 山本和彦・前掲論文(注50) 616頁脚注(17)は、「破産管財人に『管理機構』という独立した人格を

上記②「担保権者と一般債権者との利益調整」についてである。この破産管財人の負う義務については、破産手続内外の利害関係人一般に対する善管注意義務（破85条）であると考えられてきたが[52]、破産手続内部の利害関係人、特に破産手続における破産財団からの受益者である破産債権者と財団債権者のみを「利害関係人」（同条2項）ととらえて、破産手続外部の取戻権者、別除権者またはその他の第三者といった利害関係人に対する対外的な義務（破産管財人が破産者から承継する義務）とを区別する見解が近時は有力である（伊藤説もこの分類を前提とする。前記1(1)参照）[53]。この見解に従うと、上記②の問題については、破産管財人が一般債権者（破産債権者）と担保権者（別除権者）のそれぞれに対して負う義務の性質や内容に応じて、調整することが求められよう[54]。

以上のように、上記②の場面において破産管財人が各利害関係人に対して負う義務の調整問題は生じうるものの、上記いずれの調整問題も、実体法上のプライオリティー・ルールに委ねられるべき性質のものであり、本来、そこに破産管財人の法的地位が影響を及ぼすことはないはずである。このことから、上記の調整問題の場面において破産管財人独自の実体法上の地位はもはや問題とならず、債権者相互の関係については実体法上のプライオリティー・ルールを問題にすれば足りるとの見解も主張されている[55]。

これに対して、伊藤教授は、確かに、「破産管財人の中心的職務は、破産債権者全体の利益実現であり、各種の実体法および手続法上の権能、権限あるいは義務は、その目的のために行使し、また履践される」ものの、「破産管財人の職務は、それに尽きるものではなく、廃棄物の処理や土壌汚染の除去にみら

前提としたため、破産手続の受益者を超えて多様な利害関係人を並列に論じてしまう傾向を招いたようにも思われる」と指摘する。

52 伊藤ほか・前掲書（注2）668頁、竹下守夫ほか編『大コンメンタール破産法』（青林書院・2008年）360頁〔菅家忠行〕等。
53 伊藤ほか・前掲論文（注22）64頁、山本研・前掲論文（注22）605～606頁、山本和彦・前掲論文（注50）615頁等。
54 山本和彦・前掲論文（注50）627頁以下参照。
55 水元・前掲論文（注15）49頁、籠池・前掲論文（注15）231頁（破産管財人は、「倒産実体法が定めるプライオリティルールに基づいて衡平分配を実施する、公的手続機関（執行機関）としての地位にある」と説く）、中西・前掲論文（注1）417頁（「当該利害関係人の権利に関する倒産実体法上の規定や理論により、当該利害関係人の権利が破産手続上尊重されるべきか否か（どの程度に尊重されるべきか）を検討することにより、解決されるべきである」とし、「破産管財人はその結果を尊重して、その職務を遂行するだけなのである」と説く）等。

れるように、ときには、破産債権者への利益配分を制限する結果となるとしても、破産財団から放棄することをせず、社会的正義に沿った行動をすることが求められる」ため、「破産管財人は、破産債権者の利益実現を第一義としつつも、破産者が負っている社会的義務を承継したり、また、破産財団所属財産についての公法上の義務を果たさなければならない」とし、「管理機構としての独立性」を前提として「破産管財人の職務の多様性」が実現されるべき旨を説く。[56] さらに、破産債権者間の関係についても、たとえば、人身損害等に基づく損害賠償債権につき、「破産管財人の職務遂行に求められる社会的相当性という不文の規律」に基づき、「一般破産債権に過ぎない損害賠償債権に対して優先的破産債権や財団債権よりも優先して満足を与える」方策が正当化される旨を説いていたことがある。[57] これらは、管理機構人格説の下で破産管財人が独立の法主体性を認められる結果として、利害関係人に関する実体的プライオリティーの実現を超えた多様な職務の実現が可能となる、という点で、管理機構人格説を採用する実践的意義の一面であるとはいえよう。

確かに、廃棄物の処理や土壌汚染の除去に関する義務については、破産者が法令上の義務として負担していた場合に破産管財人がその義務を承継するものとして扱うべきである。[58] しかし、破産管財人が社会的相当性という不文の規律に基づき人身損害等に基づく損害賠償債権につき優遇すべきとの立論は、もはや破産管財人に独立の法主体性を認めることにより実体法上のプライオリティー・ルールを歪めるものであり、破産手続の内部関係と外部関係の結節点としての本来の役割を逸脱させる結果とならないだろうか。[59] また、実体法上の義務を超えて、社会正義や社会的相当性の観点からいかなる職務が破産管財人に対して課されるべきかという議論は、つまるところ、破産手続の目的論に帰

56　伊藤・前掲論文（注16）「法的地位と第三者性」556〜557頁。
57　伊藤眞「破産管財人の職務再考──破産清算による社会正義の実現を求めて」判タ1183号（2005年）43〜44頁。この点に関するプライオリティー・ルールとの関係については、佐藤鉄男「倒産手続における不法行為債権の処遇」福永有利ほか『倒産実体法──改正のあり方を探る（別冊 NBL69号）』（商事法務・2002年）4頁を参照。
58　山本和彦・前掲論文（注50）622〜623頁。
59　水元・前掲論文（注15）49頁は、通説＝伊藤説においては、「債権者相互のプライオリティーの問題」を始めとする「破産債権者の法的地位に関する理論の一部が破産管財人の法的地位に関する理論によって侵食されているように思われる」と指摘する。

着する（このことは、伊藤説の三段階構成における第2の局面が示すところである）。しかし、前述のように、この目的論について正面からその内容が議論されておらず、また、破産管財人の職務の範囲を画する規範としてはあまりにも漠然としているという問題がある。

Ⅳ おわりに

　本稿では、不法原因給付に基づく不当利得返還請求権の破産管財人による行使の可否が問題となった最高裁平成26年判決における法廷意見と木内補足意見を比較検討し、これを端緒として、破産管財人の法的地位論に関する伊藤説についての描写を行った。そこでは、破産手続内の破産法律関係と破産手続外の実体法律関係を意識的に区別し、それぞれにおける破産管財人の法的地位を論じつつも、管理機構人格説を前提に、破産管財人を管理機構たる「独立の法主体」として措定することで、破産手続の目的を実現すべく破産管財人が破産手続の内部関係と外部関係の結節点として機能するという構造が存在することを確認した。

　そのうえで、最高裁平成26年判決に関する伊藤説による評価のあり方を参照しながら、破産管財人の独立の法主体としての地位が破産手続の内部関係のみならず、外部の実体法律関係にも影響する点を示した。ただし、破産手続の目的論が破産管財人の職務遂行を通じて破産手続内外の関係に及ぼす影響については、十分な検討を行うだけの用意が筆者にはないため、この検討は他日を期することとしたい。

　なお、本稿は、もっぱら破産手続における破産管財人だけに着目してその法的地位を論じてきたが、同じく法的倒産手続の手続機関である、再生手続における再生債務者および管財人の地位、並びに更生手続における更生管財人の地位と比較対照し、総合的に検討する作業が、破産管財人の法的地位を明らかに

60　山本和彦・前掲論文（注50）618頁は、「破産管財人は実体法（倒産実体法を含む）上のルールをどこまで回避・変容できるかという問題であり、実質的平等が妥当する再建型手続であればともかく、形式的平等が妥当する破産手続においては（他のすべての債権者の同意がない限り）困難である」と指摘する。この指摘は、ここでの問題が、破産手続の目的が清算価値を形式的平等に従い分配することに尽きるのか、という目的論に帰着する可能性を示唆している。

するのに必要であることは否めない。その検討に際しては、前述のとおり（前記Ⅲ2(1)）、各手続における利害関係人や目的論との関係も考慮する必要があろう。この点においても、本稿での検討はいまだに不十分なものであるといわざるを得ず、残された課題となろう。

（杉本和士）

第3章

事業再生のプレーヤーと債権者の利益

第1節 「再生債務者＝D.I.P.」概念の再検討——民事再生における事業再構築のプロセスの検討——

はじめに

　民事再生において、再生債務者の事業が再生を果たすには、次の2つの課題が解決されなければならない。第1は、債務者の事業を改革して収益力を向上させること、すなわち事業再構築である。そして、第2は、負担している債務を向上した収益力により支払える範囲に圧縮すること、すなわち財務再構築である。

　現在民事再生事件の減少が問題となっているが、民事再生実務の以下のような問題も、その原因となっているように思われる。

① 私的整理と比較すれば、わが国の民事再生は、再生債務者の事業を再構築する能力に問題がある。

② この問題を解決するには、事業デューディリジェンスを行い、事業再構築計画を債権者と交渉しつつ策定し、策定された計画を検証するなど、事業再構築を意識した実務を確立することが、必要である。

③ 事業再構築を行うには、商取引債権の保護が必要不可欠である。そして、このような形式的債権者平等原則違反を正当化するため、債務者の事業価値を最大化し、最大化された価値を公平かつ合理的な基準で分配することが、必要となる。

　本稿は、実践的な観点から導かれた上述①・②・③の結論が、理論的にも正当であることを、論じようとするものである。

　検討は［設例1］に基づいて行うが、必要に応じて［設例2］にも言及する

1　多比羅誠ほか「私的整理と民事再生の境界」事業再生と債権管理152号（2016年）9頁以下を参照。

ことにしたい。

I 問題の提起

──［設例1］──

　A社は、地方で家電販売店を展開する株式会社である。スケール・メリットを享受できず、郊外店の不採算もあり、長らく債務超過を解消できず、金融債権者には元本の猶予を得て利息だけを支払い、取引債権者には約定どおり支払いを続けていた。しかし、ある大手家電メーカーから今後は現金取引以外には応じないと通告され、資金繰りがつかなくなったため、民事再生手続開始の申立てを行い、再生手続開始決定を受けた。

　A社は自主再生をめざして、再生手続を進めた。不合理なコストをカットし、若干の希望退職者を募れば、何とか清算価値を上回る弁済ができるという戦略であった。

　他方、B社、C社から、A社の事業の譲渡を受けたい旨の申出があった。

　B社は、同業者で、全国的に店舗を展開しているが、その地方の都心部の店舗が少ないので、それを補うためにA社を買収するという戦略であった。

　C社は、投資ファンドで、新会社を設立し、A社の事業の譲渡を受け、地域密着型家電量販ビジネスに精通するDを社長にして、事業を再生した後、その株式を売却する戦略であった。

　B社、C社が申し出た買収価額は、いずれも、A社が提案する総弁済額よりも多かった。

　B社が提示する買収価格はC社のそれより多い一方、B社は都心部の店舗は残すが、郊外店は3分の1を閉店する戦略であるため、C社が買収した場合よりも多くの従業員が解雇される見込みである。

　以上の状況の下で、再生債権者からは、B社もしくはC社への事業譲渡を求める声が高まった。しかし、A社は、自らの事業再生方針が最適であるとし、事業譲渡型の民事再生を拒絶している。

　本設例で、A社の事業再構築の方針は、どのようにして決定されるべき

であろうか。

　以下、A社に自主再生をさせる案を「A案」、B社に事業譲渡する案を「B案」、C社に事業譲渡する案を「C案」として、検討を行う。

　なお、本稿では、A社は、債務超過であったが、「ある大手家電メーカー」（大口取引先）から現金取引を要求されなければ、引き続き商取引債権を支払うことは可能であったものとする。また、A社の全株式の90％は、A社の代表取締役一族により所有されているものとする。

―― [設例2] ――

　A社は、上場企業であり、再生手続開始決定を受けた後、B社をスポンサーとして（A社の全株式を無対価で消却しB社から出資を受ける）、事業再生を図ろうとした。ところが、ある大口の債権者が、C社をスポンサーとして（A社の全株式を無対価で消却しC社から出資を受ける）、事業再生を図るべきだと主張し、少なからぬ債権者がこれに賛同した（その余は［設例1］に同じであるとする）。

　A社の事業再構築の方針は、どのようにして決定されるべきであろうか。

II　債務者財産の価値の最大化

1．はじめに

　民事再生手続の目的は、①再生債務者の事業を再生すること、および、②再生債権者らによる損失の分担を公平に行うこと（利害関係人の権利を適切に調整すること）である（民再1条参照）。

　そして、このような目的を達成する際の基本原則の一つとして、債務者財産の価値の最大化（債務者財産の価値を最大化して利害関係人に分配すること。以下、「価値最大化原則」という）をあげることができると、思われる。[2]

---

[2] 山本和彦『倒産処理法入門〔第4版〕』（有斐閣・2012年）1頁以下、松下淳一『民事再生法入門〔第2版〕』（有斐閣・2014年）2頁以下、山本和彦ほか『倒産法概説〔第2版〕』（弘文堂・2010年）

2．価値最大化原則の根拠

この価値最大化原則の根拠は、以下のように考えられる。

(1) 公平な損失分担

第1は、再生債権者の利益保護である。再生債権者は債務者が倒産したことにより損失を被る一方、再生債務者財産（再生債務者の事業から得られる将来収益）は再生債権に対する配当の原資である。再生債権者が受ける損失を最小限に抑えるため、債務者財産の価値を最大化するのは、利害関係人による損失分担の公平性からの、当然の帰結である（上述1②参照）。

(2) 再生債務者の事業再生

第2に、再生債務者の事業再生からの根拠づけも可能であると思われる。民事再生法は、再生債務者の事業の再生をその目的とする（上述1①参照）。ただし、ここにいう「事業の再生」は、どのような再生でもよいわけではない。そこで、どのような事業再生が行われるべきかが問題となる。

物的・人的資源を、もつべきでない人・企業から、もつべき人・企業へと移転し、経済社会全体の生産性を高めることが、倒産処理の社会経済的機能である[3]。民事再生も、倒産処理を行う法的手続である以上、このような機能の維持に配慮せねばならないと思われる。

A案、B案、C案の選択が問題となる場面で、このような機能が正常に働くなら、債務者の事業は、基本的には、その収益力を最も高める人・企業に移転することになると思われる。そして、収益力を最も高める人・企業とは、当該事業の買受価額（再生債務者の場合は弁済総額）を最も高く設定する者のことである。なぜなら、再生債務者または事業の買受希望者は、基本的には、自らが事業再構築すれば、再生債務者の事業からどれくらいの収益を得ることができるかを予測し、それに基づいて事業の価値（弁済総額・買受価額）を決定すると、考えられるからである[4]。

5頁以下〔水元宏典〕を、参照。
[3] 伊藤眞『破産——破滅か更生か——』（有斐閣・1989年）6頁以下、山本ほか・前掲書（注2）18頁以下〔水元宏典〕を、参照。
[4] ここに、「価額」とは、B案、C案においては買受価額、A案においては弁済総額のことである。ただし、弁済総額は、現在価値に引き直したうえで、債務不履行（A社再破綻など）のリスクを勘

ただし、A社自体からの利益のほか、A社が周囲に及ぼす利益も、経済社会全体の生産性の向上と関係しよう。したがって、従業員の雇用、事業の継続、取引先・地域への影響なども、債務者財産の価値最大化の判断の要素となる。何が判断の要素であるべきかは難しい問題であるが、価額が絶対的な基準ではない点に異論はないと思われる。[5]

Ⅲ　事業再構築計画を策定し決定するプロセス[6]

1．はじめに

　しかし、A案、B案、C案の選択（再生債務者の事業再構築の方針の決定）は、債務者財産の価値の最大化とは何かという一義的・客観的基準を適用して決定するのではなく、再生債務者が、A案、B案、C案に基づいて、再生債権者と交渉し、これらを一本化し、一本化ができない場合には、債権者集会が、A案、B案、C案の中から選択するというプロセスにおいて、解決されるべきである。

　以下、検討したい。

2．事業再構築の方針を決定する権限

(1) 総　説

　まず、再生債務者の事業再構築の方針を最終的に決定する権限をもつのは誰かが、問題となる。決定権限は再生債権者全体に帰属する、すなわち、A案、B案、C案の選択は最終的には債権者集会が行うと、解すべきである。

　以下、理由を述べる。

案せねばならない。山本和彦「清算価値保障原則について」青山善充先生古稀祝賀論文集『民事手続法学の新たな地平』（有斐閣・2009年）926頁以下。

5　水元宏典『倒産法における一般実体法の規制原理』（有斐閣・2002年）83頁以下は、この問題に関する先駆的な業績である。

6　Ⅲの議論は、河崎祐子「民事再生手続におけるガバナンスのシステムをめぐって」民訴雑誌53巻（2007年）185頁以下を参照した。

(2) 再生債権者全体の利益

第1に、A案、B案、C案の選択は再生債権者全体の利益の処分となるからである。

再生債務者財産の価値は、実質的には再生債権者全体に「優先的に」帰属し（後述4(1)参照）、再生債務者はその管理処分権を再生債権者全体の利益のために行使せねばならなくなると思われる[7]。したがって、管理処分権行使の方法（A案、B案、C案の選択は処分に該当する）をめぐり、両者の間で争いが生じた場合には、最終的には再生債権者全体が行使方法を決めるべきである。

B案・C案（一括弁済型）と異なり、A案（収益弁済型）の場合、再生債権者は、A社が計画どおりに弁済できないリスク（たとえば、A社再破綻のリスク）を負担する。そうでない選択肢があるにもかかわらず、新たなリスクを負担させるのなら、再生債権者の賛成が必要である。

(3) 価値最大化の判断

第2に、A案、B案、C案のうち、債権者集会が選択したものが、債務者財産の価値を最大化する案だとみることが許されるからである。

すなわち、A案、B案、C案のどれが債務者財産の価値を最大化するかは、価額を基軸に、従業員の雇用、事業の継続、取引先・地域への影響などを考慮して判断すべきである。しかし、債務者財産の価値の最大化を判断するための基準を定立し、裁判所、再生管財人、再生債務者代理人らがこれを適用して決めるのは、適切ではない。このように複雑な要素が絡む判断に関して、一義的に明確な基準を定立することは困難であるし、ビジネスや会計の要素を含む以上、法律家は判断の主体としての適格性を欠いていると思われるからである。

このような判断は「経済社会」自体が行うのが適切である。従業員の雇用、事業の継続、取引先・地域への影響等の判断要素は、経済社会全体の生産性を最も高める方針が選ばれるべきであるという考慮（倒産処理の社会経済的機能を維持すべきであるとの考慮）に由来するからである。しかし、これは現実的には不可能であろう。

---

[7] 債権者は債務者財産より完全な満足を得ることができないこと、債権者はプライオリティー・ルールでは株主に優先することが、その理由である。中西正「民事再生手続の概要と問題点」法教230号（1999年）6頁以下、道垣内弘人「『人の性格』の変容」野村豊弘ほか『倒産手続と民事実体法（別冊NBL60号）』（商事法務研究会・2000年）251頁も参照。

したがって、「経済社会」の判断に代替し得る判断のスキームが必要となるが、以下の理由から、債権者集会の決議は経済社会の判断に代替し得ると思われる。

　再生債権者全体とは、再生債務者の事業とかかわりをもち、業種、企業の規模、地域性などにつき十分な多様性をもつ、いわば当該問題に関する経済社会の代表者である。

　他方、再生計画案の可決は、債権額だけでなく、頭数も要件とされ、このような多様性が反映される仕組みになっている。

　そして、経済社会の中に存在するA社の事業を再生するための戦略が、A案、B案、C案という形で提示され、個々の再生債権者は、議決権を行使する際、主として価額を基準に判断するが、立場によっては、A社の自主再生、雇用、取引先や地域の利益を加味して判断したり、これらを価額に優先して判断したりする。

　このように、バランスのとれた多様性をもつ、価値観の集合体である点に鑑みれば、債権者集会の判断は、経済社会の代表者が、どのような方針が経済社会全体の生産性を最も高めるかを、価額を基軸に、従業員の雇用等々の要素も加味して判断した結果であると、みることが許されよう。

3．A案・B案・C案の一本化

(1) 一本化の試み

　以上のように、債権者集会がA案、B案、C案の最終的な決定権限をもつとしても、まずは、再生債務者が、A社の事業再生の方針の一本化を試みるべきである。[8]すなわち、A社が、再生債権者（B案を主張する債権者・C案を主張する債権者）と交渉し、再生債権者の意向を踏まえながら、再生債権者の多数が受け容れる事業再構築の方針を策定し、それを前提とした再生計画案を、提出すべきである。

　以下、その理由を述べる。

　A案、B案、C案に基づいて交渉して一本化するシステムは、経済社会に存

8　A社が、A案を断念し、B案、C案、それらを修正した案などに基づき、再生計画案を策定、提出することも、「一本化」である。

在するA社の事業再構築のための戦略を可及的に吸収し、最も合理的な方針をまとめ上げることを可能にすると思われる。すなわち、債務者財産価値の最大化を可能にすると思われる。上記2(3)での議論は、一本化の過程にこそ妥当しよう。

A社の情報はA社自身に集中・偏在している点に鑑みれば、このような一本化交渉は、A社（再生債務者＝D.I.P.）を中心に、正当な範囲の情報開示の下で、試みるのが、合理的である。

［設例2］であれば一本化を試みる理由は以上に尽きるが、［設例1］の場合は、さらに以下のような理由がある。

民事再生法では、株主は、プライオリティー・ルール上は再生債権者に後れるが、株式が残れば（株式は権利変更の対象とされていない）、再生債務者の事業の価値を把握できる。再生債権者と株主の間には絶対優先原則は妥当しないのである[9]。そして、このような、株主の利益を維持するための自主再生を、再生債務者はD.I.P.として実現することが認められている（以下、株主の利益を維持するため自主再生を実現しようとする再生債務者を「再生債務者＝株主」という）。民事再生法の主たる適用対象である中小企業の場合、経営者の経営権の維持を保障する必要性が高いことが、その理由である[10]。

したがって、再生債務者＝株主は、自主再生を望むのであれば、これに賛同するよう再生債権者を説得し、自らの生き残りを実現する機会を、保障されるべきである。債権者集会においてA案の支持を求める機会だけでなく、A案自体の支持は困難であっても、再生債権者との交渉により、多数の債権者の支持を得られるようA案を修正し、修正されたA案を提出し、可決され、認可される機会を、保障されるべきである。

(2) **一本化の過程の規律**

裁判所は、再生債務者＝株主に対する自主再生を実現する機会の保障を実質化するため、一本化の作業が進展している間は、再生債務者のみに再生計画案

---

[9] 松下淳一「再生計画・更生計画による債権者と株主との利害調整について」新堂幸司先生古稀祝賀『民事訴訟法理論の新たな構築（下巻）』（有斐閣・2001年）753頁以下、769頁。
[10] 適時の民事再生手続開始申立ての促進、中小企業における経営者の非代替性などが、その理由であろう。松下・前掲論文（注9）754頁、768頁以下、770頁も、参照。

の提出を認めるべきである。[11]

ただし、再生債務者が誠実に交渉しない場合には、直ちに一本化の作業を打ち切るべきである。

また、再生債権者が誠実に交渉に応じない場合、その債権者の再生計画案は付議すべきでない（たとえば、C案を支持する債権者が誠実に交渉に応じず多数派工作に専念する場合には、C案を付議すべきでない）。

このようにしても、明らかに不当な結果が生じる可能性は皆無ではない。裁判所は、たとえば、B案を付議せず、A案、C案から選択させるなどして、このような危険を除去することができよう。ただし、どのような事情が、このような扱い（たとえば、再生債権者からB案の実現の可能性を奪うこと）を正当化するかについては、慎重な検討が必要であろう。[12]

4．一本化が不可能な場合

(1) 総　説

再生債務者と再生債権者の意見の隔たりが大きく、合理的な期間が経過したにもかかわらず、D.I.P.の下での事業再生方針の一本化ができない場合には、裁判所は、A案、B案、C案を策定・提出せしめ、債権者集会で決議させるべきである。

その理由は、再生債務者の事業再構築の方針を最終的に決定する権限は、再生債権者全体に帰属するからである（上述2参照）。［設例2］については、理由は以上に尽きるといえる。

しかし、［設例1］の場合は、さらに、再生債務者＝株主の利益との調整が問題となる。再生債務者＝株主は、自主再生を実現する機会を保障されなければならないが、すなわち、絶対優先原則が妥当しない中で、再生債務者を通して交渉し、債権者集会の可決を得て、自主再生を実現する機会を保障されねば

11　松下・前掲論文（注9）759頁を、参照（「独占的期間」）。
12　再生手続開始の適時申立てを促進するため、B案、C案の付議は可及的に抑制すべきだとの批判が、一部の実務家の間では強いと思われる。しかし、財務状況の適正な開示と、将来収益の正確な予測により、債務者の与信リスクが正確に把握され、債務者に対する信用供与が急速に減少し、債務者が再生手続を申し立てざるを得ない状況に追い込まれるというプロセスにより、適時申立ては実現されるべきである。

ならないが、保障されるべき利益は以上にとどまるからである。再生債務者財産の価値は再生債権者全体に「株主より優先的に」帰属しているのであり、株主の地位を再生債権者の地位に完全に優先させ、再生債権者の意に反して、これを実現することは、許されないわけである。

(2) **手続の流れ**

A社は自主再生型再生計画案を策定し、提出する（民再163条1項）。

この間、A社は、①A案、B案、C案の選択を不可能・無意味にするような事業の変更をしてはならず、②再生計画案を策定する際に必要な情報を「正当な範囲」で開示せねばならない。[13] 監督委員は、これらの義務の遵守を監督すべきである。

B案、C案を支持する再生債権者は、それを内容とする事業譲渡型再生計画案を、それぞれ策定・提出する（民再163条2項）。[14]

そして、債権者集会がA案、B案、C案のいずれを選択するかを決定する。[15]

(3) **管理命令**

債権者集会がB案もしくはC案を可決し、裁判所がこれを認可し、認可決定が確定したにもかかわらず、A社が事業譲渡を拒む場合には、裁判所は管理命令を発令すべきである。[16] 再生手続を廃止し、その後の牽連破産において保全管理人が事業譲渡しても、同じ結果を達成できよう（管理命令は再生手続を廃止

---

13 ［設例1］（非上場の中小企業）の場合、A社の情報は通常A社自身に偏在している。この情報の非対称性の解消なくして、B案、C案の立案も、交渉による一本化も、A案・B案・C案の決議も、実現不可能であろう。無制限な情報開示は適切でないので、情報の受け手として債権者委員会等の活用や、適正なスポンサー候補が現れた場合に監督委員が再生債務者に対して情報開示促進を助言することが、考えられようか。

14 届出再生債権者も再生計画案を提出し得る（民再163条2項）。重要な利害関係人に再生計画案の提出権限を与えることで、複数の案の競合とこれを前提とした利害関係人間の交渉を可能とし、これを通じて、より公正かつ妥当な計画が作成され、より望ましい再生計画案が提出されることを促す趣旨であるといわれる。才口千晴ほか編『民事再生法の理論と実務（下）』（ぎょうせい・2000年）86頁〔田頭章一〕、松下淳一「民事再生計画」ジュリ1171号（2000年）57頁、東京地方裁判所破産再生実務研究会編著『破産・民事再生の実務〔第3版〕民事再生・個人再生編』（金融財政事情研究会・2014年）264頁。松下・前掲論文（注9）772頁も、参照。

15 複数の再生計画案を付議する場合の問題点につき、東京地裁破産再生実務研究会・前掲書（注14）269頁。問題を完全に解決するには立法的な手当てが必要であろう。

16 鹿子木康「再生事件における適正な手続進行を確保するための工夫」松嶋英機弁護士古稀記念論文集『時代をリードする再生論』（商事法務・2013年）168頁も、参照。

し得る場合に限定すべきである)。これは、再生債権者全体に債務者財産の価値が優先的に帰属する実質と、再生債務者にその管理処分権が帰属する形式の間隙を埋めるための措置であり、再生管財人（保全管理人）は再生債権者全体の意思を実現すべく管理処分権を行使せねばならない。

Ⅳ 「再生債務者＝D.I.P.」概念

1．はじめに

　現在の民事再生実務では、A案、B案、C案のいずれを選択するかを決定する権限は、事実上、再生債務者にあるといえる。再生債務者は再生手続開始後も管理処分権を失わず（民再38条1項）、それゆえ、その事業の譲渡も再生債務者の権限となり（同法42条1項）、A社はこれをしない自由、つまり自主再生を進める自由も有している。仮にA社が事業譲渡に同意しても、再生債権者の多数がB社への事業譲渡を望んでいるにもかかわらず、A社がC社へ事業譲渡することとし、裁判所がそれを許可すれば、C社に事業が譲渡されよう。

　また、仮に再生債権者がB案、C案を望んでも、必要とされる情報を開示する仕組みが整っていない以上、B案、C案を策定し裁判所に提出することは困難であろう。

　しかし、再生債務者＝D.I.P.は公平誠実義務を負うことから（民再38条2項）、以上のようなスキームによっても、合理的な事業再構築計画が策定・提出されると考えられているように、思われる。

　また、この結果を正当化すべく、民事再生手続において、再生債権者に帰属するのは再生債務者財産の価値のうち清算価値保障原則により保障された部分にとどまり、それを超える部分は再生債務者自身に帰属し、再生債務者が自由に処分でき、再生債権者はこれに干渉できないという理論が、一部の実務家により強く支持されていると、思われる。

17　管理命令により実行するか、手続廃止・牽連破産・保全管理命令により実行するかは、どちらが合理的かにより、決定されるべきである。

2．検 討

しかし、以上のような「再生債務者＝ D.I.P.」概念には、さまざまな問題があると思われる。以下、検討する。

(1) 債務者財産価値最大化との関係

事業再構築の方針を決定するプロセスからＢ案、Ｃ案を排除し、債権者集会からＡ案・Ｂ案・Ｃ案を選択する機会を奪うなら、経済社会において存在する再生債務者の事業を再生するための戦略を可能な限り吸収し、一本化し、再生債務者の事業価値を最大化して、経済社会全体の生産性を高めることは、不可能となる。Ａ案を策定する際に再生債権者と交渉するというスキームとなってはいない点に対しても、同様の批判が妥当しよう。

再生債務者（Ａ社）はＡ案を実現するため全力で交渉し、再生債権者の一部はＢ案、Ｃ案の実現のため全力で交渉し、このような交渉を経て、最終的には債権者集会が決定するというスキームこそ、債務者財産の価値の最大化を実現すると思われる。上述Ⅲ2(3)、3(1)を参照されたい。

(2) 再生債権者との関係

以上のような「再生債務者＝ D.I.P.」の構造に、清算価値保障原則を重ね合わせれば、Ａ社は、破産手続が開始された場合に予測される配当を少しでも超える額を提示するなら、たとえＢ案、Ｃ案も客観的には実現可能であったとしても、Ａ案（自主再生案）を実現することが可能となる。この場合、再生債権者には、事実上、Ａ案か清算価値かの選択肢しかないことになる。そして、裁判所が清算価値を可及的に低く設定し、これを前提に再生計画（案）が策定・可決・認可されるなら、民事再生は、再生債権者の著しい犠牲の下で、再生債務者の事業を再生することになる。しかも、上述2(1)で論じたように、そこでなされた事業再構築が合理的である保障はないのである。

再生債権者は民事再生手続の主要なユーザーである。申し立てるのは再生債務者であるとしても、再生債権者の意向は無視できないからである。したがって、価値最大化原則を無視し、事業再構築計画の策定に際して再生債権者の意向を無視する運営をするなら、民事再生手続の利用件数は、他の事業再生の選択肢ができたときに、減少していくことになろう。

(3) プライオリティー・ルールとの関係

プライオリティー・ルール上、再生債権と株式の間に絶対優先原則が妥当しない以上、再生債権者と株主が、再生債務者財産の価値に関し、どのように支配を及ぼすかが問題となる。上述 1 末尾記載の理論は、この問題につき、再生債務者財産の価値のうち清算価値を再生債権者に与え、それを超える部分を株主に与えるべきであると答える趣旨であろう。

しかし、たとえ再生債務者財産の全価値が弁済に供されても、再生債権者が完全な満足を得ることができず損失負担を免れない状況の下では、この結論は不合理であり不公平であろう。債務超過の株式会社の株式が、清算価値を超える部分の財産価値を支配する正当化根拠は、存在しないと思われる。再生債務者が債務超過の株式会社の場合、株主は、再生債務者財産上の財産的利益ではなく[18]、自主再生が実現すれば再生債務者財産上の価値を保持できるという期待を保護されているとみるべきである。株主に権利を残すか否かは、再生債権者全体（債権者集会）が決めることであり、「絶対的優先原則が妥当しない」とは、株式を消却しない再生計画案が債権者集会で可決されても（再生債権者の多数が賛成しても）、清算価値保障原則違反にはならず、再生計画の不認可事由にならないことを、意味するにすぎない。

(4) 公平誠実義務との関係

［設例 1］のように、再生債務者＝株主が自主再生をめざすなら、株主が、再生債務者＝ D.I.P. をとおして、再生債権者に対して、自らの権利の貫徹を試みることになる。これは不公平であり、不当な結果を生ぜしめるのではないかという疑念が生じよう。

再生債務者には公平誠実義務が課されているので（民再38条 2 項）、再生債権者と株主の間で公平性が問題となることはないという反論は、正当でない。利害関係人間で利益の対立が生じた場合（［設例 1 ］では、A社の株主の利益、B社への事業譲渡を求める再生債権者の利益、C社への事業譲渡を求める再生債権者の利益が、厳しく対立している）、再生債務者＝株主も現実には利害関係人の 1 人である以上、これが中立・公平な立場から利害の対立を調整するというルール

---

18 再生債権者に劣後して弁済を受ける権利を有するのは当然であるが、再生債務者が債務超過に陥っている以上、実益はないと思われる。

は、プレーヤーが審判を兼ねるのと同様、判断の正当性・公正性に疑問を生ぜしめる。また、公平誠実義務という制約の下では、再生債務者＝株主も、自らの利益を十分に主張することができない。この点も、不当である。

再生債務者＝株主と再生債権者間の公平を図り、債務者財産の価値最大化の原則を実現するためには、再生債権者と再生債務者＝株主間に「武器対等」を保障すべきである。すなわち、再生債権者に、再生債務者＝株主が提出した再生計画案を否決し、再生手続を廃止させ、牽連破産にする以上の武器を与えるべきである。つまり、再生債権者に、B案・C案につき再生計画案を策定・提出する機会を保障（正当な情報提供も保障されなければならない）し、A案・B案・C案から選択する権利を与えなければならない。

3．「再生債務者＝D.I.P.」の再構成

再生債務者＝D.I.P.は、公平誠実義務を課されている以上、公平で合理的な事業再構築方針が策定されるはずであるという前提の下で、基本的に単独で事業再構築計画を策定し、事実上の選択肢はA案か清算価値かいずれかであるという状況の下で、再生債権者にA案に賛成するよう説得する制度であってはならない。

再生債務者＝D.I.P.は、自らが正当であると信じる事業再構築の方針を提案し、再生債権者と交渉し、再生債権者からの要求があれば、正当な範囲・方法で自らに関する情報を開示して、再生債権者がB案、C案を策定することを可能ならしめたうえで、A案・B案・C案の一本化のために交渉し、交渉が決裂したときには債権者集会の判断に従うという、交渉志向型の制度でなければならない。

V　結　び

本稿で行った検討によれば、債務者財産の価値の最大化は、以下のように定義されるべきである。

再生債務者の事業再構築の方針は、再生債務者が策定・提案し（設例のA案）、再生債権者からの修正要求を受け、交渉による修正を試み、債権者の多

数から支持される案としたうえで、債権者集会の可決を受けるというプロセスにおいて、決定されるべきである。

　再生債務者案を軸とするなら交渉がまとまらない場合には、設例のＡ案、Ｂ案、Ｃ案のように、再生債務者、再生債権者が事業再構築の案を策定・提案し、再生債務者を中心とした交渉により一本化を試み、一本化できない場合には、債権者集会が選択するというプロセスにより、決定されるべきである。その際、再生債務者は、Ｂ案、Ｃ案を策定するために必要な情報を、Ｂ案、Ｃ案の策定を希望する再生債権者に、正当な範囲・方法で開示しなければならない。

　以上のようなプロセスにより決定された事業再構築の方針こそが、債務者財産の価値を最大化する事業再構築計画である[19]。

　上述Ⅱ２(2)で、「Ａ案、Ｂ案、Ｃ案のいずれが、Ａ社の財産の価値を最大化するかは、それぞれの案が提示する事業の価値（弁済総額・買受価額）を主たる基準とし、従業員の雇用、事業の継続、取引先・地域への影響なども勘案しつつ、決定されるべきである」と論じたが、このような基準は、事業再構築計画を策定・決定する際の指針にすぎないと、みるべきであろう。

　　　　　　　　　　　　　　　　　　　　　　　　　　（中西　正）

---

[19] 本稿での検討によれば、再生債務者の公平誠実義務（民再38条２項）の内容は、概略、以下のように解されよう。
　① 再生債務者は、民事再生手続の利害関係人の実体法上の地位を、プライオリティー・ルールに従って尊重しなければならない。また、権利行使を禁じられている再生債権者に代わり、その権利（再生手続開始決定により成立した差押債権者の地位）を行使しなければならない。
　② 再生債務者の事業再構築は、株主の地位が消滅する場合（[設例２]の場合）には、再生債権者全体（あるいは再生債権者の多数）が望む方法をとらなければならない。また、必要な限度で、自らの事業に関する情報を開示しなければならない。この場合、再生債務者＝D.I.P.の根拠は、再生債務者の事業を最もよく理解しているのは再生債務者自身である点に求められようか。
　③ 株主の地位が消滅しない場合（[設例１]の場合）には、再生債務者＝株主は自らの生き残りを賭けて再生債権者全体と交渉することができる。ここでは、ⓐ交渉の過程で必要とされる自らの事業に関する情報を再生債権者に開示すること、ⓑ再生債権者全体との交渉により決まった事項（再生債権者多数の賛成を得た事項）を誠実に履行することが、公平誠実義務の内容となるように思われる。

第2節 更生管財人・再生債務者等の計画案作成における善管注意義務・公平誠実義務

I はじめに

　本稿が検討する問題は、手続機関の義務論と関係する。とりわけ、更生管財人（法文上は「管財人」であるが、以下、便宜上「更生管財人」という）・再生債務者等（民再2条2号）の善管注意義務・公平誠実義務にかかわる問題である。といっても、問題の局面は、更生計画案・再生計画案の作成に限定される[1]。このため、破産管財人の善管注意義務については、必要な限りで言及するにとどめ、さしあたり検討対象から除外する。また、本稿では、更生計画案・再生計画案とも、収益弁済型のものを想定している。債務者の資産をすべて処分し換価金を配分する清算型（解体清算型だけでなく事業譲渡型を含む）の計画案は、破産手続における清算方式と類似するため、その作成における更生管財人・再生債務者等の善管注意義務・公平誠実義務についても、破産管財人の換価局面における善管注意義務論を基点として考えざるを得ないからである。

1　スポンサー選定の局面における更生管財人・再生債務者等の善管注意義務・公平誠実義務については、三上二郎「スポンサー選定における管財人および再生債務者の義務」伊藤眞先生古稀祝賀論文集『民事手続の現代的使命』（有斐閣・2015年）1099頁、蓑毛良和「スポンサー選定における管財人または再生債務者の義務」山本和彦＝事業再生研究機構編『事業再生におけるスポンサー選定のあり方』（商事法務・2016年）98頁、松下祐記「スポンサー選定における管財人または再生債務者の義務について」同書131頁などがある。また、義務論ではなく、交渉プロセスという視点から計画案の作成を検討するものとしては、佐藤鉄男「交渉プロセスとしての更生・再生計画案の作成・可決・認可」井上治典先生追悼記念論文集『民事紛争と手続理論の現在』（法律文化社・2008年）487頁、中西正「民事再生における事業再構築プロセスの検討――『再生債務者＝D.I.P.』概念の再検討」事業再生と債権管理152号（2016年）74頁（本章第1節（178頁以下）に加筆・修正のうえ再録）などがある。交渉プロセスからみた倒産処理制度の全体像については、河崎祐子『企業再建手続運営プロセスの法理』（信山社・2004年）383頁以下参照。

II 更生管財人

1. 問題の所在

　更生管財人は、所定の期間内に更生計画案を作成し、裁判所に提出しなければならない（会更184条1項）。更生計画案の作成は、このように更生管財人の職務の一つである。他方で、更生管財人は、善良な管理者の注意をもって、その職務を行わなければならず（同法80条1項）、その注意を怠ったときには、利害関係人に対して損害賠償の責任を負う（同条2項）。

　このため、更生管財人としては、更生計画案を作成する際に、善管注意義務の問題を避けて通ることができない。すなわち、善管注意義務に違反しないためには、どのような更生計画案を作成すべきなのかが問題となる。問題は多岐にわたると思われるが、筆者の能力と紙幅の関係から、本稿では、財産的価値の分配面に着目したい。具体的には、①計画弁済額の極大化、②継続企業価値の分配、③清算価値の分配について、順次検討を行う。

　なお、以下で検討する更生管財人の善管注意義務は、過失の程度ではなく、1つの独立した債務であり、また、狭義の注意義務のほか、公平誠実義務を含むものとする。

2. 計画弁済額の極大化

(1) 債権者の集団的満足の最大化論

　倒産法の目的論においては、債権者の集団的満足の最大化が説かれることが

2　基本文献として、須藤英章「更生計画による権利変更の基準」山本克己ほか編『新会社更生法の理論と実務』（判例タイムズ社・2003年）222頁、松下淳一＝事業再生研究機構編『新・更生計画の実務と理論』（商事法務・2014年）305頁以下参照。

3　破産管財人の善管注意義務に関する議論であるが、それが過失の程度なのか独立した債務なのかについては、伊藤眞ほか「破産管財人の善管注意義務」金法1930号（2011年）64頁、66頁注4参照。

4　取締役の善管注意義務と忠実義務との関係については議論があり、忠実義務を別個独立の義務ととらえる立場もあり得るが、判例（最判昭和45・6・2民集24巻6号625頁）は、忠実義務を善管注意義務の一つの具体的な現れととらえている（江頭憲治郎『株式会社法〔第6版〕』（有斐閣・2015年）430頁参照）。その趣旨は、更生管財人の善管注意義務と公平誠実義務との関係についても妥当する。同旨、伊藤眞『会社更生法』（有斐閣・2012年）113頁。

ある[5]。しかし、このような目的論を強調したからといって、更生管財人は、たとえ更生会社が債務超過の場合であっても、更生計画案の作成において、更生債権者の計画弁済額を極大化すべき善管注意義務を負わないと考える。その理由は、更生債権者の集団的満足の最大化がその計画弁済額の極大化を必ずしも意味しないからである（なお、本稿では、特に数額について「極大化」の語を用い、「最大化」と区別している）。

すなわち、倒産手続においては、債権者の満足は債務者財産の換価によって実現される。その換価方法には、清算と再建があり、その具体的な内容もさまざまである。債権者の集団的満足の最大化にとって最適な換価方法は、債権者の短期的な利益計算によれば、債権者への手続内配当額を極大化する換価方法である。他方で、債権者の中長期的な利益計算によれば、債権者への手続内配当額を極大化する換価方法が必ずしも最適とはいえない[6]。

一般に債務者会社の消滅を予定する破産手続では、短期的な利益計算で足りる。したがって、破産管財人については、合理的に可能な範囲で、破産配当額を極大化する換価方法を選択すべき善管注意義務があるといえる。これに対して、債務者会社の存続も可能な再建型手続では、短期的な利益計算では足りない。特に収益弁済型の計画は、中長期的な利益計算を必要とする。したがって、更生管財人に計画弁済額を極大化すべき義務を課すことは、最適でない計画案の作成を義務づけることにもなりかねず、相当でない。

(2) 債務者の財産的価値の最大化論

倒産法の目的論において説かれている、債権者の集団的満足の最大化という命題は、理論的には不正確であり、債務者の財産的価値の最大化というのが正しい。なぜなら、債権者の集団的満足の最大化といわれる場合、そこにいう「債権者」は、残余財産請求権者のことであり、債務超過を暗黙の前提として、便宜的に「債権者」と表示されているにすぎないからである。残余財産請

---

5 さしあたり、山本和彦ほか『倒産法概説〔第2版補訂版〕』（弘文堂・2015年）5〜6頁〔水元宏典〕。
6 たとえば、ゴルフ場経営会社の更生手続を想定すると、ゴルフ会員権者の組は、預託金返還請求権に対する計画弁済額の多寡よりも、ゴルフ場の存続と優先プレー権の維持のほうを重視するかもしれない。このような債権者の投資判断の多様性については、河崎祐子「民事再生手続における計画によらない事業譲渡について」法学73巻3号（2009年）359頁、382頁。

求権者の集団的満足の最大化といい直すならば、それは債務者の財産的価値の最大化と同義となる。[7]

　倒産法の目的論において、債務者の財産的価値の最大化を推していけば、更生管財人は、合理的に可能な範囲で、更生会社の財産的価値を最大化すべき善管注意義務を負うと解すべきことになる。しかし、そう解したとしても、最大化された企業価値が権利者の間でどのように分配されるべきか（更生債権者の計画弁済額をどの程度とすべきか）は、更生管財人が財産的価値最大化義務を果たした後の問題である（この問題、すなわち企業価値の分配の正しさについては、後述3および4参照）。したがって、倒産法の目的を債務者の財産的価値の最大化と再構成したとしても、計画弁済額を極大化すべき義務なるものはやはり導かれない。[8]

　むしろ、倒産法の目的論において債務者の財産的価値の最大化を強調するのであれば、更生管財人としては、更生計画案の作成において、財産的価値を最大化する事業計画を選択すべき善管注意義務を負うのかが問題となる。すなわち、事業の再構築を予定する再建型手続では、再建計画の内容は大きく分けて、事業計画とその成果の分配から成るところ、債務者の財産的価値の最大化は事業計画の内容に大きく依存する。したがって、更生管財人が合理的に可能な範囲で更生会社の財産的価値を最大化すべき善管注意義務を負うと解するならば、同様に更生計画案の作成においても財産的価値を最大化する事業計画を選択すべき善管注意義務を負うと解すべきことになる。とはいえ、財産的価値を最大化する事業計画が何かは一義的・客観的には明らかでないから、事業計画の採否選択においては、利益相反となる場合を除き、いわゆる経営判断原則の下で一定の裁量権が与えられるべきである。[9]

[7] 米国の倒産法学説における財産価値最大化理論については、水元宏典『倒産法における一般実体法の規制原理』（有斐閣・2002年）39頁以下参照。

[8] 以上は、森まどか「会社法からみた再生債務者の誠実義務」関西法律特許事務所編『民事特別法の諸問題〈第五巻（上）〉』（関西法律特許事務所・2010年）241頁、特に258頁以下がすでに再生計画との関係で論じるところを敷衍したものである。

[9] なお、再生手続の文脈ではあるが、債権者が別の事業計画を支持するなどして、複数の事業計画が提案された場合の解決策については、中西・前掲論文（注1）がある。それによれば、再生債務者が債務超過の場合、最終的には再生債権者団体に決定権が与えられるが、その前段階として、再生債務者等は事業計画の一本化をめざすべきであると説く（同77頁、本書184頁）。また、前提として、債務者の財産的価値の最大化のためには、届出再生債権者の計画案提出権の実質化（正当な情

3．継続企業価値の分配

　再建型手続の意義は、清算価値の分配に代えて、それを上回る継続企業価値を権利者に分配することにある、と説かれている[10]。このような意義を強調する場合、更生管財人としては、更生計画案の作成において、更生会社の継続企業価値を分配すべき善管注意義務を負うのかが問題となる。

　しかし、更生計画案が前提として採用する具体的な事業計画を離れて、この問題を抽象的に論じる意義は乏しい。なぜなら、抽象的に論じる限りにおいては、清算価値を分配すれば、継続企業価値の下限は分配したことになるからである。

　敷衍すると、継続企業価値の評価は事業計画の内容に大きく依存するところ[11]、事業計画の内容は理論的には無限である。そうすると、ある事業計画の下での継続企業価値が清算価値を下回る可能性は論理的には排除されない。その結果、更生計画案が権利者に対して清算価値を保障している限り、抽象的には、更生会社の継続企業価値の下限は分配していることになる。たとえば、更生会社の清算価値を100とする。a事業計画の下での継続企業価値は200から300とする。これに対して、x事業計画の下での継続企業価値はゼロから100とする。仮に更生計画案がa事業計画を採用しながら150しか分配しない場合であっても、更生管財人は、少なくともx事業計画の下での継続企業価値は分配している計算となる。

　問題はむしろ、更生計画案が前提として採用する具体的な事業計画の下での継続企業価値であり、それが正しく分配されているかである[12]。とはいえ、具体的な事業計画との関係においても、権利者（更生担保権者・更生債権者・株主）

報開示）が重要であるとも説く（同78～79頁、本書185頁）。本稿の視点からは、事業計画の採否選択における再生債務者等の善管注意義務について、その具体的内容を検討するものとして解釈でき、示唆に富む。

10　たとえば、伊藤・前掲書（注4）12～13頁。

11　このため、現行の会社更生法は、手続開始の時点においては継続企業価値の評価を求めていない（会更83条2項）。更生計画案においてどのような事業計画が前提とされるかは、手続開始の時点ではいまだ定まっていないからである。

12　その前提問題として、そもそも更生管財人が更生計画案の作成においてどのような事業計画を採用すべきかについては、本文前掲Ⅱ2(2)のとおり、更生管財人の財産的価値最大化義務論と関係する。

に分配される価値の総和は、更生手続の理念型（すなわち全面的なDESを行うエクイティー・レシーバーシップ型）の下ではもとより、収益弁済型の下でも更生会社の資本構成が維持される限りは、常に継続企業価値以上となる。したがって、権利者に分配される価値の総和だけでなく、各権利者の組に分配される価値にも注目する必要がある。そうすると、まず最初に思いつくであろう問題は、次のとおりである。

すなわち、更生管財人は、更生計画案の作成において、採用する具体的な事業計画の下での継続企業価値を、まず更生担保権者の組の弁済に充て、その残余を更生債権者の組の弁済に充て、さらに残余があれば株主の組の満足に充てるべき善管注意義務を負うのか、という問題である（単純化のため更生担保権者の組・更生債権者の組・株主の組の3組としている）。

結論から先に述べるならば、更生管財人はそのような更生計画案を作成すべき善管注意義務を負わないと解すべきである。その理由は、以下のとおりである。

まず、再建型手続においては、企業価値の分配の正しさを測る基準として、絶対優先原則、相対優先原則、清算価値保障原則があり得る（ほかにも平等原則や遂行可能原則が重要であるが、さしあたり以下では説明を省略する）。絶対優先原則とは、先順位の権利が完全に満足させられない限り後順位の権利に満足を与えてはいけない、との原則である[13]。そこでは、継続企業価値の評価を前提として、それを清算における優先順位に従って権利者に割り付ける必要がある。これに対して、相対優先原則とは、先順位の権利者に与えられる満足は後順位の権利者に与えられる満足よりも相対的に大きくなければならない、との原則である[14]。そこでは、継続企業価値の評価・割付は前提とされていない[15]。また、絶対優先原則を満たせば、必然的に相対優先原則は満たす関係にある。最後に、清算価値保障原則とは、計画によって配分される利益は破産配当を上

---

13 たとえば、伊藤・前掲書（注4）555頁。
14 たとえば、伊藤・前掲書（注4）555頁。
15 相対優先原則の下では、更生会社の企業価値は計画の遂行可能性（遂行可能原則を満たすか否か）を評価する際の一要素として考慮されるにすぎない。詳細は、栗原伸輔「会社更生法における『公正かつ衡平』の意義について（1）」法協130巻7号（2013年）1503頁、1527頁注（33）参照。なお、権利者に対して分配される価値の総和として継続企業価値の枠を設定し、その枠内において権利の相対的取扱いを求める相対優先原則なるものは、後掲（注22）のとおり、とり得ない。

回るべしとの原則であり、もとより継続企業価値の評価・割付とは無関係の基準である。

ところで、わが国の会社更生法の母法を概観すると、1938年の米国チャンドラー法における、大規模公開会社向けの再建型手続である第Ⅹ章手続は、計画の認可要件として、絶対優先原則を採用していた。他方で、小規模閉鎖会社向けの再建型手続である第ⅩⅠ章手続は、絶対優先原則をとらず、清算価値保障原則を採用していた。チャンドラー法の第Ⅹ章手続が絶対優先原則を採用した理由は、債務者企業の経営者に近い者(担保権者と株主)の共謀から大衆投資家(無担保社債権者)の利益を保護することにあった。しかし、絶対優先原則の適用においては、前述のとおり、継続企業価値を優先順位に従って権利者に割り付ける必要があるため、継続企業価値の評価をめぐる争いが先鋭化し、手続に混乱をもたらした。また、大衆投資のあり方も株式投資に変化していった。このため、1978年の現行法がチャンドラー法の第Ⅹ章手続と第ⅩⅠ章手続を統合し、新たにチャプター11手続を創設するに際しては、清算価値保障原則は採用されたが、絶対優先原則については、限定的な採用にとどまった。具体的には、計画案に同意した組については絶対優先原則を適用しないものとし、その適用は、不同意の組について計画をクラム・ダウンする場合に限られた[17]。

わが国の会社更生法においても、現在の指導的見解は、更生計画の認可要件である「公正かつ衡平」(会更199条2項2号)の解釈論として、絶対優先原則を採用しない[18]。これは、組の同意(多数決)によって絶対優先原則の適用を除外できるとする理解であり、絶対優先原則については、個ではなく団体に処分

---

16 たとえば、伊藤・前掲書(注4)631〜632頁。
17 以上、その詳細は、松下淳一「再生計画・更生計画による債権者と株主との利害調整について」新堂幸司先生古稀祝賀『民事訴訟法理論の新たな構築(下)』(有斐閣・2001年)749頁、753〜757頁、村田典子「再建型倒産処理手続の機能(2・完)」民商129巻4＝5号(2003年)646頁、651〜666頁、山本慶子「再建型倒産手続における利害関係人の間の『公正・衡平』な権利分配のあり方」金融研究27巻法律特集号(2008年)111頁、114〜123頁、藤本利一「『債権者一般の利益』概念の意義と機能」松嶋英機ほか編『専門訴訟講座⑧倒産・再生訴訟』(民事法研究会・2014年)304頁、330〜332頁(本章第3節(212頁以下)に加筆・修正のうえ再録)、同「アメリカ法における1970年の企業再建」阪大法学65巻2号(2015年)447頁、栗原伸輔「会社更生法における『公正かつ衡平』の意義について(4)」法協132巻3号(2015年)485頁、505〜509頁による。
18 伊藤・前掲書(注4)555〜558頁、628〜629頁。なお、会社更生法168条3項の「公正かつ衡平」についても同様である。

権を認める趣旨である。このような理解によれば、少なくとも同意した組については、継続企業価値の評価・割付は回避可能となる。これに対して、不同意の組については、更生計画を認可し計画内容を飲み込ませる場合、本来であれば絶対優先原則の適用が問題となるはずである。ところが、わが国では、この場合においても、不同意の組に適用される権利保護条項は、絶対優先原則によらず、たとえば更生債権者の組に関していえば、清算価値保障原則と実質的には同じ内容となっている（会更200条1項2号参照）。このため、継続企業価値の評価をめぐる争いを可及的に回避すべき要請は、わが国では一層強いものといえる。

継続企業価値のうち更生担保権者の組の弁済に充てた残りをすべて更生債権者の組の弁済に充て、その残余を株主の組の満足に充てることは、絶対優先原則に従った分配である。しかし、企業価値の分配の正しさを測る基準として、絶対優先原則は、組の同意や権利保護条項によって乗り越えられるのであるから、にもかかわらず更生管財人にあらかじめ絶対優先原則に従った計画案を作成させる義務を課すことは、継続企業価値の評価をめぐる争いを無用に先鋭化させるだけであって、相当でない。

わが国では、更生計画の認可要件である「公正かつ衡平」（会更199条2項2号）の解釈論としては、相対優先原則がとられている。これを認可要件と解する限り、相対優先原則からの逸脱は、組の同意（多数決）によって乗り越えることができない。また、相対優先原則の適用においては、継続企業価値の評価・割付は必然ではないから、その評価をめぐる争いが先鋭化することもない。このように考えると、更生管財人が相対優先原則に従わない更生計画案

---

19 このような理解に対して、松下・前掲論文（注17）770頁は慎重論を展開する。
20 伊藤・前掲書（注4）638頁以下、特に641〜642頁。もっとも、松下淳一「一部の組の不同意と権利保護条項」山本克己ほか・前掲書（注2）239頁、241頁が示唆するとおり、再建型手続の意義として継続企業価値の分配を強調するのであれば、不同意の組に適用される権利保護条項の内容としては、現在の支配的見解とは異なるが、絶対優先原則的な解釈や立法を指向すべきかもしれない。
21 ただし、相対優先原則を認可要件として理解することの意義については、検討の余地がある。その本格的な研究として、栗原・前掲論文（注15）1503頁、1542〜1544頁。
22 なお、本文で論じたとおり、絶対優先原則を採用しない趣旨が継続企業価値の評価をめぐる争いを可及的に回避することにある以上、絶対優先原則に代わる基準である相対優先原則が継続企業価値の分配という枠組みを採用することは背理である。同旨、伊藤・前掲書（注4）556頁参照。もちろん、計画の遂行可能性（遂行可能原則）の問題として継続企業価値が考慮されることはあり得る（前掲（注15）参照）。

を作成することは、原則として善管注意義務に違反すると解すべきである。その詳細は、更生計画の認可要件として清算価値保障原則を肯定する場合における、清算価値分配の問題と同様であるから、次の4の論述に譲る。[23]

4．清算価値の分配

　更生計画の認可要件（会更199条2項）として清算価値保障原則を観念する立場においては、更生管財人が清算価値保障原則を満たさない計画案を作成することは、原則として善管注意義務に違反すると解すべきである。その理由は以下のとおりである。

　まず、そもそも更生計画の認可要件として、清算価値保障原則を観念できるか、という問題については、現在の指導的見解は肯定説に立っている[24]。肯定説に従うならば、清算価値保障原則からの逸脱は、組の同意（多数決）によって乗り越えることができない。

　ところで、清算価値保障原則が更生計画の認可要件であると解する論拠としては、①更生手続の開始によって破産手続が停止することの代償に求める考え方[25]、②破産法が損失分配の準則的な調和を達成していることに求める考え方[26]、③破産配当を債務者に再投資するか否かについて債権者の投資判断の自由に求める考え方[27]があり、近時の有力説によれば、それらの考え方の根底には、破産配当が憲法上の財産権（憲29条）の内容をなしているという理解がある[28]。

　しかし、清算価値保障原則の究極の根拠が憲法上の財産権の保障に求められるとしても、そのことから直ちに更生管財人の清算価値分配義務を導出できるわけではない。更生管財人の法的地位について、公法上の職務説に立ち、公務

23　後掲（注31）参照。
24　伊藤・前掲書（注4）631～632頁、同「会社更生手続における更生担保権者の地位と組分け基準」判タ670号（1988年）4頁、23～24頁。
25　伊藤・前掲書（注4）632頁、同『破産法・民事再生法〔第3版〕』（有斐閣・2014年）957頁参照。
26　中西正「更生計画の条項」山本克己ほか・前掲書（注2）218頁、219頁。
27　山本和彦ほか・前掲書（注5）24頁〔水元宏典〕。
28　山本和彦「清算価値保障原則について」青山善充先生古稀祝賀論文集『民事手続法学の新たな地平』（有斐閣・2009年）909頁、916頁。なお、倒産法制と憲法の関係全般については、佐藤鉄男「倒産法の憲法的考察」民訴雑誌56号（2010年）1頁参照。

員の憲法遵守義務（憲99条）を引き合いに出したり、あるいは、更生管財人に就任する弁護士の人権擁護義務（弁護士法1条）を強調すれば格別、そうでなければ、財産権の保障（憲29条）と更生管財人の義務を直結させることは困難である。

他方で、更生裁判所は、更生手続を公正かつ迅速に行う責務を負い（会更13条、民訴2条）、更生管財人は、その監督に服する関係に立つ（会更68条1項）。このことから、更生管財人は、善管注意義務の内容として、更生手続の円滑な進行を図る義務を負うものと解すべきである（会更規21条の2参照）。そうすると、更生管財人がおよそ認可される余地のない更生計画案を作成することは、付議決定や認可決定を遅延させる等、手続の円滑な進行を阻害するから、善管注意義務違反の問題が生じ得る。更生管財人が清算価値保障原則を満たさない計画案を作成することも原則として同様に考えられる。

ただし、全員同意の場合には清算価値保障原則は適用されないと解するならば、清算価値保障原則を満たさない計画案が直ちに不認可となるわけではない[29]。また、清算価値保障原則の条文上の根拠については、会社更生法199条2項1号の「法令適合」に求めるか、同2号の「公正衡平」に求めるか、議論があり得るところ、1号に求める場合には、裁量認可（会更199条3項）の余地[30]があるから、清算価値保障原則を満たさない計画案が直ちに不認可となるわけではない。したがって、更生管財人が清算価値保障原則を満たさない計画案を作成したとしても、全員同意や裁量認可の合理的な見込みの下で作成したような場合においては、およそ認可される余地のない更生計画案を作成したとはいえない。この場合には、善管注意義務に違反したとはいえないであろう[31]。

29　山本和彦・前掲論文（注28）917頁。
30　山本和彦ほか・前掲書（注5）510頁〔中西正〕、山本和彦・前掲論文（注28）920〜921頁参照。
31　以上、清算価値保障原則について述べたことは、相対優先原則についても、それを認可要件と解する限り、妥当する。したがって、更生管財人が相対優先原則に従わない計画案を作成し、手続の円滑な進行を阻害した場合には、原則として善管注意義務に違反することになる。ただし、相対優先原則についても、組の全員同意によって適用が排除されるとすれば、全員同意の合理的な見込みの下で作成された場合は別論となる。

Ⅲ　再生管財人

1．問題の所在

　再生手続において管理命令が発令された場合（民再64条1項）、再生管財人（法文上は「管財人」であるが、以下、便宜上「再生管財人」という）は、所定の期間内に再生計画案を作成し、裁判所に提出しなければならない（同法163条1項、2条2号）。再生計画案の作成は、このように再生管財人の職務の一つである。他方で、再生管財人は、善良な管理者の注意をもって、その職務を行わなければならず（同法78条、60条1項）、その注意を怠ったときは、利害関係人に対して損害賠償の責任を負う（同法78条、60条2項）。

　そこで、再生管財人についても、更生管財人と同様の問題設定が可能となる。すなわち、再生管財人は、利害関係人に対して一定の財産的価値を分配する再生計画案を作成すべき善管注意義務を負っているのか、という問題である。

　再生管財人の善管注意義務についても、基本的には更生管財人のそれと同様に考えられる。しかし、義務の名宛人である利害関係人の範囲は、大きく異なる。すなわち、少なくとも本稿の問題設定との関係では、再生管財人の場合に利害関係人として想定できるのは、再生債権者だけとなる。というのも、再生計画による権利変更の対象となるのは、再生債権に限られるからである。確かに、株式に関しても各種の条項を再生計画に定めることができる（民再154条3項・4項）。しかし、株主の権利が再生計画の効力として変更されること（すなわち希釈化または消滅）は、現行法の下でも予定されていないというべきである。というのも、株主の権利を希釈化または消滅させるためには、第三者に対して新たに募集株式の発行等を行う必要があるが、再生計画そのものの効力として募集株式の発行等を行うことはできないからである。すなわち、募集株式の発行等は、会社の機関決定に委ねられており、たとえ再生計画において募集株式の発行等が定められたときでも、募集事項の決定は、なお取締役の決定ないし取締役会の決議に基づくものとされている（同法183条の2）。仮に再生計

画そのものの効力として募集株式の発行等を行うことができるというのであれば、再生管財人や届出再生債権者も募集株式の発行等を定める計画案を提出できるはずである。ところが、現行法は、かかる計画案の提出権者を再生債務者に限定している（同法166条の2第1項）[32]。

なお、本稿では以下、議論の単純化のため、約定劣後再生債権の届出はないものとする。

2．計画弁済額の極大化

倒産法の目的として債権者の集団的満足の最大化を強調したからといって、再生管財人は、再生計画案の作成において、再生債権者の計画弁済額を極大化すべき善管注意義務を負うわけではない。その理由は、更生管財人について述べたことと基本的には同様であり、再生債権者の集団的満足の最大化が必ずしも計画弁済額の極大化を意味しないからである。

また、倒産法の目的を債務者の財産的価値の最大化と再構成しても、再生債権者の計画弁済額を極大化すべき義務なるものはやはり導かれない。その理由も、更生管財人の場合と同様であり、再生管財人が合理的に可能な範囲で再生債務者の財産的価値を最大化すべき善管注意義務を負うと解しても、最大化された企業価値が再生債権者にどのように分配されるべきかは、再生管財人が当該義務を果たした後の問題といえるからである（この問題は次の3および4のとおり）。

3．継続企業価値の分配

再建型手続の意義として継続企業価値の分配を強調したとしても、再生管財人は、再生計画案の作成において、前提とする具体的な事業計画の下での継続企業価値のうち、別除権者等優先権者の取り分を除く価値のすべてを再生債権の弁済に充てるべき善管注意義務を負うわけではない[33]。

---

[32] 同旨、全国倒産処理弁護士ネットワーク編『新注釈民事再生法（下）〔第2版〕』（金融財政事情研究会・2010年）13頁〔岡正晶〕。なお、鹿子木康編『民事再生の手引き』（商事法務・2012年）302頁によれば、再生管財人は、再生債務者との連名であれば、かかる計画案を提出できるという。しかし、再生管財人単独ではやはり無理である。

[33] なお、再生管財人が再生計画案の作成において、そもそもどのような事業計画を採用すべきか、

その理由は、更生管財人が絶対優先原則に従った計画案を作成すべき義務を負わない理由とおおむね同様である。すなわち、継続企業価値のうち別除権者等優先権者の取り分を除く価値のすべてを再生債権の弁済に充てることは、あたかも絶対優先原則が適用されたかのような分配となる。しかし、再生計画による権利変更に服する権利者は再生債権者に限られるから、再生計画の認可要件（民再174条2項）として、絶対優先原則の適用はない。[34]

そもそも、絶対優先原則を厳密に適用するならば、債務超過の場合に株主の権利はゼロとなるべきである。しかし、再生手続では、株主の権利を変更（消滅・希釈化）する再生計画案の作成・遂行は再生債務者の機関決定に委ねられている（民再183条の2。前述1参照）。このため、そもそも再生管財人はかかる計画案を提出できない（同法166条の2第1項）。[35]

そこで、債務超過であっても株主の地位が存続する場合において、再生管財人が継続企業価値のうち別除権者等優先権者の取り分を除く価値のすべてを再生債権の弁済に充てるならば、別除権者等優先権者・再生債権者・株主の取得する価値の総和は継続企業価値を超えてしまう。その結果、会社の内部留保はマイナスとなり、かかる計画案は遂行の見込み（遂行可能原則）や二次破綻の危険性において問題が生じる。[36] だからといって、債務超過の場合に再生債務者ないしその機関に株主の権利を消滅させる義務を課すことは、中小企業やオーナー企業の再建を念頭において制度設計された民事再生法の立法趣旨に合致しない。

また、再生手続では、計画の認可要件として、相対優先原則も適用されな

という前提問題については、更生管財人の場合と同様、本文前掲Ⅱ2(2)で論じた財産的価値最大化義務論が関係する。すなわち、倒産法の目的論として財産的価値最大化を強調すれば、再生管財人は、再生債務者の財産的価値を最大化する事業計画を採用すべき善管注意義務を負うことになるが、かかる事業計画が何かは一義的・客観的には明らかでないため、その採否選択においては、利益相反にあたらない限り、一定の裁量権が与えられる。前掲（注9）および（注12）参照。

34　絶対優先原則は観念的清算のコロラリーであるところ、伊藤・前掲書（注4）510頁は、再生手続において観念的清算を持ち込む余地がないと説き、絶対優先原則の適用を否定する。

35　前掲（注32）参照。

36　そもそも、継続企業価値が計画期間内のフリー・キャッシュフローの総和（プラス遊休資産の換価益）よりも大きいならば、継続企業価値のうち別除権者等優先権者の取り分を除く価値の全部を再生債権者に分配する計画案は、適切なDESを実施しない限り、遂行可能性に乏しい。更生計画の文脈ではあるが、須藤・前掲論文（注2）222頁参照。

い。再生計画による権利変更に服する権利者は再生債権者に限られるからである。そうすると、結局のところ、再生計画による企業価値の分配の正しさは、絶対優先原則や相対優先原則の適用によって測ることが予定されていないものといえる。仮に実質的な意味において絶対優先的な正しさや相対優先的な正しさを観念し得たとしても、かかる正しさは、認可要件と解されていない以上、再生計画案の可決（再生債権者団体の同意）によって代替され得る。

4．清算価値の分配

　再生管財人が清算価値保障原則を満たさない計画案を作成することは、原則として善管注意義務に違反すると解すべきである。その理由は、更生管財人について論じたこととほぼ同様である。

　すなわち、再生計画の認可要件である「債権者一般の利益」（民再174条2項第4号）については、それを清算価値保障原則として理解するのが一般的である[37]。また、再生裁判所は、再生手続を公正かつ迅速に行う責務を負い（同法18条、民訴2条）、再生管財人は、その監督に服する関係に立つから（民再78条、57条1項）、再生手続の円滑な進行を図るべき善管注意義務を負うと解すべきである（民再規27条1項、23条の2参照）。したがって、再生管財人がおよそ認可される余地のない再生計画案を作成することは、付議決定や認可決定を遅延させる等、手続の円滑な進行を阻害するから、善管注意義務違反が問題となり得る。再生管財人が清算価値保障原則を満たさない計画案を作成することも原則として同様に考えられる[38]。ただし、再生債権者の全員同意があれば清算

---

[37] 伊藤・前掲書（注25）1015頁。これに対して、髙田賢治「清算価値保障原則の再構成」伊藤古稀・前掲書（注1）891頁は、清算価値保障原則に対して根本的な反省を迫っており、注目される。また、鹿子木・前掲書（注32）276頁は、「債権者一般の利益」の内実として、場合によっては清算配当率よりも高率のものを想定しており、これもまた注目される。さらに、清算価値といっても、それは解体清算価値に限られるか、という問題もある（山本和彦・前掲論文（注28）925～926頁）。なお、「債権者の一般の利益」の諸相については、佐藤鉄男「倒産法における債権者の一般の利益」伊藤古稀・前掲書（注1）861頁、髙田賢治「倒産法における債権者の一般の利益」今中利昭先生傘寿記念『会社法・倒産法の現代的展開』（民事法研究会・2015年）486頁参照。

[38] なお、約定劣後再生債権の届出がない場合を想定すれば、再生手続ではクラム・ダウンがないため（民再174条の2参照）、再生債務者等がおよそ可決される余地のない計画案を作成することも、およそ認可される余地のない計画案を作成することと同様に考えられそうである。

価値保障原則の適用が排除されると解する立場においては、再生管財人が全員同意の合理的な見込みの下で清算価値保障原則を満たさない計画案を作成した場合は、別論となる。

Ⅳ 再生債務者

1．問題の所在

再生管財人について論じたこと（前述Ⅲ参照）が再生債務者にどの程度妥当するかが、ここでの問題である。

まず第1に、管理命令が発令された場合でも、再生債務者には計画案の提出権がある（民再163条2項）。しかし、この場合の再生債務者は、事件の当事者にすぎず、手続機関としての性格を有しないと考えられる（同法38条3項参照）。したがって、管理命令が発令された場合には、再生管財人について論じたことは妥当せず、再生債務者は、計画案の作成・提出においても手続機関としての義務を負うことはない。

第2に、管理命令が発令されない場合においては、再生債務者は、手続機関としての性格を有する（民再38条2項）。この場合、再生債務者は、所定の期間内に再生計画案を作成し、裁判所に提出しなければならない（同法163条1項、2条2号）。しかし、再生計画案の作成に関しても手続機関としての性格がなお認められるべきかについては、検討の余地がある。というのも、再生計画案の内容は再生債権者と再生債務者の利害に影響を及ぼすところ、計画案の作成に関しても再生債務者（会社）が手続機関として債権者に対して公平誠実義務を負うことになれば（同法38条2項）、他方で再生債務者の取締役は会社機関として再生債務者に対して善管注意義務（忠実義務を含む）を負うため（会社330条、民644条）、取締役がその板挟みになるおそれが生じるからである。しかし、有力説が説くように、取締役は再生債務者の機関として再生債務者の義務を遂行すべき立場に立つのであるから、取締役においては再生債務者が公平誠

---

39 たとえば、山本和彦・前掲論文（注28）917頁。
40 前掲（注4）参照。

実義務に違反しないように業務を遂行すべき善管注意義務が会社との関係で生じる。このように解するならば、板挟みの問題は解釈論として回避できる。

　第3に、管理命令が発令されない場合において、再生計画案の作成が再生債務者の手続機関としての職務の一つであると解しても、再生管財人については規定されている善管注意義務（民再78条、60条）が、再生債務者には規定されていない。債権者に対する公平誠実義務が規定されているのみである（同法38条2項）。しかし、有力説が説くように、公平誠実義務の規定は、再生債務者が債権者のための財産管理人であることの現れであり、かかる財産管理人の地位に基づいて、再生債務者は、債権者に対して善管注意義務を当然に負う。なお、ここにいう債権者は、本稿が問題とする再生計画案の作成との関係では、計画による権利変更の対象となる債権者であり、すなわち再生債権者である。

　以上のとおり考えるならば、再生管財人について論じたこと（前述Ⅲ参照）は、管理命令が発令されない場合において、基本的には再生債務者にも妥当することになる。ただし、再生債務者については、従来の法人格や責任財産とは別に、手続機関として独立した法人格や責任財産を観念する余地がない。したがって、再生債務者が善管注意義務（公平誠実義務を含むものとする[43]――以下省略）に違反した場合においても、再生債務者自身に対して損害賠償責任を追及することは原則として意味がなく、再生債務者の善管注意義務違反は、再生債務者の取締役や代理人に対する責任追及、あるいは、管理命令の発令や再生手続の廃止等の前提として問題となるにすぎない。

　以下、再生管財人について論じたことを再生債務者に置き換えて敷衍する。局面はもちろん管理命令が発令されていない場合である。

41　田原睦夫「民事再生手続と会社の機関」河合伸一判事退官・古稀記念論文集『会社法・金融取引法の理論と実務』（商事法務・2002年）105頁、110頁、山本克己「再生債務者の機関性：理論的検討」事業再生と債権管理115号（2007年）4頁、10頁。なお、問題の全体像については、髙田賢治「DIPの法的地位」今中利昭先生古稀記念『最新倒産法・会社法をめぐる実務上の諸問題』（民事法研究会・2005年）167頁が詳しい。
42　村田典子「民事再生法上の公平誠実義務と会社役員の義務への影響」神作裕之ほか編『会社裁判にかかる理論の到達点』（商事法務・2014年）635頁、643頁。
43　前掲（注4）参照。

2．計画弁済額の極大化

　倒産法の目的として債権者の集団的満足の最大化を強調したとしても、再生債務者は、再生計画案の作成において、再生債権者の計画弁済額を極大化すべき善管注意義務を負わない。また、倒産法の目的を債務者の財産的価値の最大化と再構成しても、再生債権者の計画弁済額を極大化すべき義務なるものはやはり導かれない。その理由はいずれも再生管財人について論じたことと同様であり、くり返さない。[44]

3．継続企業価値の分配

　再建型手続の意義として継続企業価値の分配を強調したとしても、再生債務者は、再生計画案の作成において、前提とする具体的な事業計画の下での継続企業価値のうち、別除権者等優先権者の取り分を除く価値のすべてを再生債権の弁済に充てるべき善管注意義務を負うわけではない。この理由も再生管財人について論じたことと同様である。[45]

　もちろん、再生債務者は、再生管財人と異なって、株主の権利を変更（希釈化または消滅）する内容の計画案を提出できる。すなわち、再生債務者は、債務超過の場合、裁判所の許可を得て、第三者に対して募集株式の発行等を定める再生計画案を提出することができる（民再166条の2）。また、再生計画にそのような条項を定めたときは、再生債務者は、取締役の決定ないし取締役会の決議によって、募集事項を定めることができる（同法183条の2）。そうすると、再生債務者については、債務超過であるにもかかわらず株主の地位を存続さ

44　理由づけは異なるが、同旨の結論として、全国倒産処理弁護士ネットワーク編『新注釈民事再生法（上）〔第2版〕』（金融財政事情研究会・2010年）189頁〔三森仁〕。
45　また、再生債務者が再生計画案の作成においてどのような事業計画を採用すべきか、という前提問題についても、再生管財人の場合と同様であり、前掲（注33）に述べたことが基本的には妥当する。なお、この問題と関連して近時、「再生債務者の自主再建の権利」について議論が活発化している。詳細は、田中亘ほか「パネルディスカッション」山本和彦＝事業再生研究機構・前掲書（注1）159頁、162頁以下、中井康之「事業再生におけるスポンサー選定の前に」同書203頁参照。反対のベクトルにおいては、「再生債務者の破産の権利（債権者申立ての再生手続において再建に協力しない権利）」も問題となる。いずれも再生債務者の財産的価値最大化義務論と関係する問題といえる。事業計画の採否選択については、再生債務者に一定の裁量が認められると解しても、おのずと限界はあろう。

せ、その一方で継続企業価値のうち別除権者等優先権者の取り分を除く価値のすべてを再生債権の弁済に充てない場合においては、再生債権者から株主に価値を移転したとして、再生債権者に対する誠実義務に疑問が生じ得る。

しかし、別に利益相反の問題がない限り、それだけでは誠実義務に違反しないと解すべきである。というのも、再生債務者が債務超過の場合に株主の権利の消滅を必要的とするならば、中小企業・オーナー企業の再建は困難となり、だからといって株主の地位を存続させつつ、継続企業価値のうち別除権者等優先権者の取り分を除く価値の全部を再生債権の弁済に充てるならば、今度は計画の遂行の見込み（遂行可能原則）が犠牲となるからである。

そもそも、再生手続では、前述のとおり、企業価値の分配について絶対優先的な正しさも相対優先的な正しさも再生計画案の可決（再生債権者団体の同意）によって代替可能であるから、再生債務者があらかじめ計画案の作成において絶対優先的な分配はもとより相対優先的な分配も義務づけられるいわれはない。

4．清算価値の分配

手続機関としての再生債務者が清算価値保障原則を満たさない計画案を作成することは、原則として善管注意義務に違反する。その理由も再生管財人について論じたことと同様であり、手続機関としての再生債務者も再生手続の円滑な進行を図るべき善管注意義務を負っていると解すべきである（民再規1条1項、23条の2参照）。[46]

---

[46] 最高裁判所事務総局民事局監修『条解民事再生規則〔新版〕』（法曹会・2005年）1頁によれば、民事再生規則1条1項に規定する再生債務者の円滑進行努力義務は、訓示規定であるという。確かに、事件の当事者としての再生債務者については、そのとおりであろう。しかし、管理命令の発令がない場合の機関としての再生債務者については、善管注意義務の内容として、手続の円滑な進行を図るべき義務を想定できる。また、同書64頁注(3)は、再生債務者が裁判所の直接の監督には服さないことから、監督委員が選任されず再生債務者のみが手続を進行させる場合には、同規則23条の2が規定する円滑進行のための協議は適用されないと説く。確かに、当事者としての再生債務者については、裁判所の直接の監督は及ばない。しかし、機関としての再生債務者については、裁判所の監督を想定できる。

V おわりに

　本稿は、更生管財人・再生債務者等の計画案作成における善管注意義務・公平誠実義務について、検討を行った。これは、損害賠償責任を負うかという問題でもあるから、いわばミニマム・スタンダードとしての評価規範を探求したものである。ベスト・プラクティスが何かに相当する行為規範を探求するのであれば、清算価値さえ分配する計画案を作成すれば足りるとする論者はいないであろう。また、計画案作成における善管注意義務・公平誠実義務をめぐる問題については、本稿が扱った以外にも多くの問題（たとえば情報開示の問題など）が伏在していることはもとより明らかである。同様に、破産管財人の善管注意義務論を含めて、清算型の計画案作成における問題についても、他日を期したい。

（水元宏典）

第3節 「債権者一般の利益」概念の意義と機能

はじめに

　「債権者一般の利益」とは、民事再生法を典型として、会社更生法、会社法上の特別清算において用いられる用語であり、これは、一般に、清算価値保障原則として理解されている[1]。山本和彦教授のすぐれた論考においても、これらの概念が種々の局面で問題になることが指摘されている。そうしたすべての項目について詳細に論じることは、筆者の力量を超えるため、本稿においては、一定の視点に基づき、若干の比較法的要素を取り入れつつ、これらの概念の理論的基礎を考察したい。

　清算価値保障原則が大きな意味をもつのは、事業は収益性があるけれども、一時的に資金繰りに行き詰まった会社ないし事業の救済を考える場合であろう。こうした企業またはその事業を清算してしまうことは、社会経済的にみても、適切でないと思われる。

　各国の再建型倒産処理手続は、こうした事案に対し、完成度の違いはあっても、事業を存続させるためのスキームを提供していると思われる。その中核と考えられるのは、権利変更であり、それを多数決で（本人の同意なく）実現することである。この場合、少数派となった反対債権者の利益や、反対多数となった組の処遇が問題となる。これらは、権利者本人の同意なく財産権を裁判所、つまり国家によって収奪するシステムであるとも評価できる[2]。

1　山本和彦「清算価値保障原則について」同『倒産法制の現代的課題』（有斐閣・2014年）57頁（初出：青山善充先生古稀記念『民事手続法学の新たな地平』（有斐閣・2009年）908頁所収）。
2　伊藤眞「会社更生手続における更生担保権者の地位と組分け基準」判タ670号（1988年）4頁。近時、再建型倒産処理手続における担保権者と他の利害関係人のリバランスを実現するため、当該手続について憲法上の収用条項の観点から分析を加える可能性をご教示いただいた（Interview with Charels J. Tabb, *Mildred Van Voorhis Jones Chair in Law, University of Illinois College of Law* (October 13, 2014) at Foley & Lardner LLP in Chicago.）。また、この点に関する史的展開を踏ま

本稿では、こうした収用理論の視角を踏まえ、再建型倒産処理手続のあり方、それを踏まえた清算価値保障原則の意義を考えてみたい。以下では、まず、アメリカ法における最善の利益テスト（best-interest test）の概要について示し、それらの成果を踏まえて、日本法への若干の示唆を考察したい。

I　アメリカ法にみる再建型倒産処理手続の成り立ち（constitution）

1．連邦倒産法第11章手続の基礎

　連邦倒産法第11章手続は、窮境にある企業の再建のために用いられる世界的にも有名な制度である。この手続の基礎にある考えは、救済可能な事業の再建に成功できれば、その会社ないし事業を清算するよりも、債務者企業の利害関係人すべて（たとえば、債権者、株主、従業員、地域共同体等）がより多くの価値を手にすることができるということである。この手続は、継続企業価値のうち、債務者の清算価値を超える部分を取り込むことを目的とする。しかし、このような、いわば、仮説から手続の構想が出発していることには、注意が必要であろう。清算するよりも、再建を試みることが、より多くの価値を利害関係人に提供できるか否か、法律学内在的に証明することは、困難であるように思われるからである。この場合、価値評価の方法が重要になるけれども、それ

　　えた研究が、その後、公表された（Tabb, *The Bankruptcy Clause, the Fifth Amendment, and the Limited Rights of Secured Creditors in Bankruptcy*, 2015 U. Ill. L. Rev. 765.）。
3　本稿でアメリカ法という言葉を用いる場合、アメリカ合衆国連邦倒産法を意味している。この法の概要について、高木新二郎『アメリカ連邦倒産法』（商事法務・1996年）、福岡真之介『アメリカ連邦倒産法概説』（商事法務・2008年）、堀内秀晃ほか『アメリカ事業再生の実務――連邦倒産法Chapter11とワークアウトを中心に』（金融財政事情研究会・2011年）等が有益である。また、阿部信一郎ほか『わかりやすいアメリカ連邦倒産法』（商事法務・2014年）が近時刊行された。興味深い論点を取り上げたコラムを多数掲載しつつ、基本的かつ重要な事項を具体的に説き起こす最新の良書である。
4　Charles J. Tabb, THE LAW OF BANKRUPTCY at 92 (4th, 2016).
5　Id. 絶対優先原則に関する重要文献として、松下淳一「再生計画・更生計画による債権者と株主との利害調整について」新堂幸司先生古稀祝賀『民事訴訟理論の新たな構築（下巻）』（有斐閣・2001年）749頁。また、近時の注目するべき論考として、栗原伸輔「会社更生法における『公正かつ衡平』について(1)～(4)」法協130巻7号（2013年）1頁、8号（2013年）83頁、132巻2号（2015年）95頁、3号（2015年）111頁参照。

は隣接諸科学との応接を求められることになる。

　第11章手続の究極の目的は、債務者の債務を整理するための計画を認可することである[6]。多くの場合、債権者や株主の組において、多数決により、合意されるが、稀に、クラムダウンが行われることがある[7]。第11章手続は、事業譲渡の手段として活用されることも多いといわれるが、あくまでも、その基本は、債務整理計画を策定することにあると考えられる。司法が事業再生を担う場合、その中核は、債務整理、換言すれば、（権利者の同意のない）権利変更にあると思われる。

2．私的整理に対する優越

　清算するよりも、会社ないし事業を再建したほうが、利害関係人により大きな価値をもたらすことができる、という考えから出発するとしても、その具体化の手段は、第11章手続のような法的整理手続に限定されるわけではない。同じ価値を、たとえば、私的整理（work out）[8]によって、提供することもできるからである[9]。

　しかしながら、私的整理によれば、1人または少数債権者の反対によって、その成立が妨げられるおそれがある[10]。債務者企業の資金調達が多様化し、種々の異なった利害関心をもつ債権者が多数登場する近時の市場においては、全員一致は極めて困難な作業となっている。こうした、いわば、少数債権者による「横暴」を阻止するため、アメリカ法は、裁判所による保護を利用する[11]。第11章手続は、そのためのスキームを具体化した手続である。この手続では、裁判

6　Id.「私見では、事業譲渡ないし営業譲渡は、包括的清算（comprehensive liquidation）となる。優れた再建型手続は、こうした清算機能をも内包するが、こうした『清算』を選択する誘惑をどのように評価するかは難問である」藤本利一「計画外事業譲渡は『濫用』か？」銀法771号（2014年）34頁参照。

7　Id. クラムダウンについては、後掲Ⅳ参照。

8　いわゆる、out-of-court の私的整理（work out）である。この点については、藤本利一「倒産法の世界のこれから」法学セミナー717号（2014年）26頁、27頁〜28頁参照。

9　Tabb, supra note 4 at 92.

10　Jennifer Payne 教授は、こうした「横暴」を、Hold-up right の行使と表現される（Interview with Jennifer Payne, Professor of Corporate Finance Law, University of Oxford, Fellow and Tutor, Merton College（July 9, 2014））。

11　Tabb, supra note 4 at 92.

所が、債務者企業の債務について、和解的処理を定めた再建計画を認可する前に、その計画は、組分けされた利害関係人（債権者や株主等）の多数によって同意されていなければならない。換言すれば、少数の反対債権者が存在しても、計画が否決されない、ということである。第11章手続では、反対する組に対して、クラムダウンが適用され、計画が認可されれば、反対した者を含むすべての利害関係人が計画条項に拘束される。反対する少数債権者を「ねじ伏せる」ことが、私的整理に対する法的整理手続である第11章手続の優越点であり、まさに検討を加えるべき点である。

II　アメリカ法における「最善の利益」（Best Interest Test）概念

1. 目　的

　第11章手続は、すべての利害関係人のために債務者の資産の価値を最大化することを企図している。しかしながら、この重要な目的は、債務者に対し金銭上の利益を有する法主体の犠牲なしに、かつまたその同意なしには、達成され得ない、ということが、第11章手続の基本原則である。

　全体としての集団の「より大きな善（greater good）」を促進することで、利害関係人を清算するよりも悪く処遇してしまうことは正しくない。こうして、債権者や持分権者が、第11章手続の計画において、第7章手続で清算するよりも、より小さな価値しか得ることができず、かつ、当該計画に反対の議決をするのなら、当該計画は裁判所によって認可されない（アメリカ合衆国連邦倒産法（以下、法令名は省略する）1129条(a)(7)）。

　こうして、すべての債権者と持分権者は、第11章手続の計画条項に対し、限定した議決権限しか有しない。このすべての利害関係人に保障される基本ルー

12　この点は、イギリス法との重要な相違点である。イギリス法は、組内部の少数債権者にクラムダウンを適用するが、反対する組自身には、クラムダウンを適用できない。
13　Tabb, *supra* note 4 at 1135.
14　*Id.*
15　*Id.*
16　*Id.*

ルは、「最善の利益 (best interests)」テストとよばれる[17]。計画は、すべての債権者と株主にとって、「最善の利益」に適うものでなければならず、このことは、それら利害関係人が、少なくとも、債務者が第7章手続で清算された場合に得られたであろうよりも、第11章手続の計画の下で、より多くのものを得なければならない、ということを意味する[18]。

2．最善の利益テスト（Best Interest Test）により保護される者

最善の利益テストは、ある組で計画に反対する構成員の保護の下限を提供することを意図している[19]。同時に、たとえある組が計画に賛成するとしても、<u>当該組の個々の構成員すべてに、最善の利益テストの遵守を強く主張する権利が与えられている</u>[20]。こうして、最善の利益テストにより、ある組の権利ではなく、個々の債権者等の権利が保護されるのである。

最善の利益テストは、当該組が「権利変更（Impairment）」を受けない場合には、適用されない[21]。一般に、計画によって、その組の債権や株式等に変更がなされなければ、または、債務不履行が治癒され、当初の契約条件が復活する場合、その組は、権利変更がない、とされる[22]。ある組の債権の元本を全額弁済するという提案がされた場合、権利変更がないとして、最善の利益テストが適用されないのではないか、という問題があった。この点について、1994年に、重要な変更が1124条になされた[23]。判例上、第11章手続の計画を認可するために、solvent な状態にある債務者は、手続開始後の利息を支払う必要がないとされるが[24]、一方、第7章手続では、財団が solvent であれば、そのような利息は支払われることになる（726条(a)(5)）。1994年改正前により、旧1124条(3)が廃止され、その結果、ある組の債権の元本を全額弁済するという提案がさ

---

17 Id. この基準は、旧法第XI章手続336条(2)に由来する。
18 Id.
19 Id.
20 Id.
21 Id. at 1123.「権利変更（Impairment）」という用語は、連邦倒産法に規定される用語であるが（1124条）、本来は、「減損」という意味である。この点については、福岡・前掲書（注3）286頁注(642) 参照。
22 Id.
23 Id.
24 In re New Valley Corp., 168 B.R. 73 (Bankr. D.N.J. 1994).

れたとしても、最善の利益テストの適用を避けることができなくなった。[25]

3．最善の利益テスト（Best Interest Test）で守られる価値

　最善の利益テストを適用する際、裁判所は、第7章手続の下での仮想の清算価値を分析し、第11章手続の計画に基づく各組に対する弁済と比較する必要がある。[26] ある組で、清算価値が、第11章手続の計画で定められた弁済条件を上回る場合、最善の利益テストは満たされず、裁判所は当該計画を認可することは許されない。ただし、当該組の個々の構成員全員が当該計画に同意した場合は異なる。[27]

　清算価値を分析する際、裁判所は第7章手続に関連する諸規定を適用しなければならない。[28] 計画の立案者は、各組の請求権を包括的に評価するのと同様に、第7章手続における配当のために利用される財団に帰属する財産とその価値について、具体的な証拠を提出しなければならない。[29] 多数の事例で、公正かつ詳細な分析が必要となるが、裁判所は、仮想の清算を行うことそれ自体については、精密科学（exact science）であるとは認識しておらず、合理的な仮定と最善の推測に基づかざるを得ないところがある、と理解している。[30]

Ⅲ　組分けの重要性

1．総　説

　第11章手続における計画認可手続における中核は、債権者や持分権者の組分けである。[31] 権利変更を伴う計画の場合、それに対する賛否は、組ごとに行わ

---

[25] H.R. Rep. No. 103-835, 103rd Cong., at 47-48 (1994).
[26] Tabb, *supra* note 4 at 1136. See, e.g., In re W.R. Grace & Co., 475 B.R. 34, (D. Del. 2012). この判例によれば、倒産裁判所は、計画の効力が生じる日に第7章手続の清算がなされたものと仮定して、清算価値を決めるとされる。
[27] *Id.*
[28] *Id.* H.R. Rep. No. 95-595, 95th Cong. 1st Sess., at 412 (1977).
[29] *Id.*
[30] See In re Chicago Invs., LLC, 470 B.R. 32 (Bankr. D. Mass. 2012); In re Crowthers McCall Pattern, Inc., 120 B.R. 279 (Bankr. S.D.N.Y, 1990).
[31] わが国の重要な先行業績として、伊藤・前掲論文（注2）文献、山本研「更生計画における更生

れ、かつ、少なくとも1つの組の賛成が認可の要件となるため、各債権者等をどの組に分類するかは、計画の認可を左右する極めて重要な問題となる。

　債権者と持分権者は、分けられた組ごとに扱われる。各請求権を分類する主たる目的は、債権者の弁済を受ける権利に違いを認めることであり、それに基づいて、異なる処遇を正当化することである[32]。計画案の提案者は、組分けを指定しなければならない（1123条(a)(1)）。同じ組の債権者や持分権者については、平等な取扱いが保障される[33]。ただし、劣後的な取扱いについて、同意する場合は、この限りではない（1123条(a)(4)）。さらに、裁判所は、組分けが不適切であれば、当該計画を認可しない[34]。

　各組ごとに、計画に対する賛否を行い（1126条）、権利変更の対象となりうる（1124条）[35]。計画が認可されるには、すべての組が賛成するか、権利変更の対象とならなかったか、または、反対する組について、クラムダウンがなされることが必要である（1129条(a)(8)・(b)）。

　組内の反対者は、多数意見に拘束される（1126条(c)・(d)）[36]。計画案に同意し、または権利変更の対象とならなかった組はすべて、その計画において、「絶対優先原則（absolute priority rule）」の適用を免れる（1129条(a)(8)・(b)）。それによって、債務者企業の価値評価に過剰なコストをかけることが回避されるといわれる[37]。計画によって権利変更が行われる組がある場合、少なくとも、権利変更の対象となった組の一つが、計画案に賛成することが必要とされる（1129条(10)）[38]。

担保権および更生債権の組分け」事業再生研究機構編『更生計画の理論と実務』（商事法務・2004年）531頁がある。アメリカ法には、多数の文献が存在する（Cf. Tabb, *supra* note 4 at 1104 footnote 393.）。
[32] *Id*. この唯一の例外が、共益債権者の処遇である。基本的に組分けは必要とされず、計画の下で、全額弁済がなされる（*Id*. at footnote 394）。
[33] *Id*.
[34] *Id*. See In re Multiut Corp., 449B.R. 323,333（Bankr. N.D. 111. 2011）（「The improper classification of claims results in denial of confirmation under §1129(a)(1)」）.
[35] *Id*.
[36] *Id*.
[37] *Id*. 後述V参照。
[38] *Id*.

2．組分けの規律

　では、組分けを規律するルールは何か。連邦倒産法は、「実質上同一の（substantially similar）」債権と持分権が同一の組に分類されうる（1122条(a)）と規定するが、どの権利が同じ組に分類されなければならないのか、という点については沈黙している[39]。類似性は、債権や持分権の性質によって、決定される[40]。換言すれば、重要なのは、債務者に対する債権や持分権の性質とその効果である。類似性を判断するには、ある組の構成員が、当該組の議決に拘束されることが、公正であるかどうかを論じればよい[41]。また、類似性要件は、債権者や持分権者への弁済の対象となる債務者の資産に対して存在する、弁済に関する相対的なプライオリティによって判断される[42]。こうして、担保権者と一般債権者は、法的に、類似性がないこととなる。なぜなら、担保権者は債務者の特定の財産に優先弁済権をもち、一方、一般債権者は、担保目的財産を除いた一般財産から満足を得るからである[43]。同様に、一般債権者は、株主やパートナーシップの持分権者とも異なる。債権者が全額の満足を得て初めて、持分権者は弁済を受けることができる[44]。

　担保権者について、①担保目的財産が異なる場合、②担保目的物が仮に同一であっても、プライオリティが異なる場合、類似性は認められない[45]。たとえば、ある不動産について設定された担保権と、動産に設定された担保権は別の組に分けられ、同一不動産上に設定される担保権であっても、その優先順位が異なる場合、別の組に分けられる。1つの組に1人の担保権者ということも少

39　*Id.* at 1105.
40　*Id.* S. Rep. No. 95-989, 95th Cong., 2d Sess., at 118（1978）; H.R. Rep. No. 95-595, 95th Cong., 1st Sess., at 406（1977）. See also In re Johnston, 21 F.3d 323, 327（9th Cir. 1994）.
41　*Id.*
42　*Id.* See, e.g., In re Save Our Springs (S.O.S.) Alliance, Inc., 632 F.Sd 168, 174 (5th Cir. 2011); In re W.R. Grace & Co., 475 B.R. 34, 109-10（D. Del. 2012）; In re Frascella Enters., Inc., 360 B.R. 435, 442（Bankr. E.D. Pa. 2007）（類似性要件は、債権の内在的な性質によって判断されるのではなく、むしろ、債務者のもつ資産との関係で判断される、という）.
43　*Id.*
44　*Id.*
45　*Id.* See, e.g., In re A.O.V. Indus. Inc., 792 F.2d 1140（D.C. Cir. 1986）; In re Commercial W. Fin. Corp., 761 F.2d 1329（9th Cir. 1985）.

なくないといわれる。

　一般債権者についても、複数の分類が存在する[46]。一般債権者の中には、507条によって優先権を付与される者がいる。それゆえ、彼らを他の一般債権者と同じ組に分類することはできない。プライオリティが他者とは違うからである[47]。たとえば、4番目の優先順位をもつ債権者（507条(a)(4)）は、7番目の優先権をもつ債権者（507条(a)(7)）と同じ組には分類できない[48]。約定劣後債権（510条(a)）も、組分けを異にする必要がある[49]。

　しかしながら、通常、一般債権者のほとんどは「実質的に類似する」ものであり、その結果、同一の組に分類される[50]。債権が、取引債権であれ、被担保債権で担保目的物によって担保されない部分の債権であれ、否認権の行使によって生じる債権であれ、契約の拒絶によって生じる債権であれ、変わりはない[51]。しかし、このことは、すべての一般債権者が同じ組に分類されなければならないということを意味しない。債務者が単一の資産（不動産）しか有しない事例で、いわゆる恣意的な組分けを行う「ゲリマンダリング」が許されるかどうかが、連邦倒産法上、最も激しく論じられた争点になったように[52]、どのような組分けを行うかは、権利変更を受ける組にとって、極めて重要な問題である。

　持分権者にも同じような優先権に基づく分類がある。たとえば、優先株の持分権者は、通常株式の持分権者とは異なる組に分類される[53]。

46　*Id*. at 1106.
47　*Id*.
48　*Id*. 507条(a)(2)、(3)と(8)も同様である。
49　*Id*.
50　*Id*.
51　*Id*.
52　*Id*. at 1107.
53　*Id*. at 1106.

Ⅳ　クラムダウンの仕組み

1．総説

　計画の提出者は、権利変更された組が計画案に反対したとしても、1129条(b)に基づき、計画案の認可を求めることができる。反対する組があっても、計画を認可することをクラムダウンという。これは、計画が、反対する組に、「無理矢理押しつけられている（crammed down）」ことに由来する[54]。

　クラムダウンのルール（1129条(b)）は、1978年に、チャンドラー法第Ⅹ章手続と第ⅩⅠ章手続を統一する現行法が制定されるにあたり、重要な役割を果たした[55]。第Ⅹ章手続で採用されていた基準（financial standard）は、「絶対優先原則」であった。この原則は、平時における債権者と持分権者それぞれの組の権利の優先的地位を頑なに守るものである（チャンドラー法221条(7)）[56]。これに対して、第ⅩⅠ章手続および第ⅩⅡ章手続では、絶対優先原則の適用はなく、最善の利益テスト（the best interest test）の適用のみが求められた（チャンドラー法第ⅩⅠ章手続366条(2)、第ⅩⅡ章手続472条(2)）[57]。これらのルールが意味するのは、第Ⅹ章手続において、継続企業価値はすべて、平時の優先的地位に基づき、債権者に分配される一方、第ⅩⅠ章手続において、債権者には清算価値が保障されるにとどまるということである[58]。

　1978年法において、連邦議会は、さまざまな組の債権者と持分権者とに、清算価値と継続企業価値の差をどのように分配するかについて、利害関係人の交渉によるスキームの採用を決断した[59]。計画に同意した組や、権利変更を受けない組には、絶対優先原則は適用されなくなった（1129条(b)(8)・(1)）[60]。

54　*Id.* at 1149.
55　*Id.*
56　*Id.* この原則によれば、優先的地位にある組が完全な満足を得ない限り、それよりも劣後する組は、一切、弁済を受けることができない。
57　*Id.*
58　*Id.*
59　*Id.* at 1150.
60　*Id.*

しかし、権利変更された組が計画案に反対した場合、計画の立案者がクラムダウンの手続を望めば、絶対優先原則が適用されることになる（1129条(b)(1)）[61]。クラムダウンは、計画の立案者による申立てが必要である[62]。裁判所は、計画案が制定法の要件に合致しているか否かを判断しなければならないが、当該要件に合致するように当該計画を修正することはできない[63]。もっとも、絶対優先原則の適用を受けるのは、反対した組から下位の組だけである[64]。このことは、すべての組に絶対優先原則を適用していた第Ⅹ章手続の実務を大きく変えるものであった。

チャンドラー法第Ⅹ章手続（221条(2)）の文言を継続して利用しつつ、現行法は、権利変更を受けた組が計画案に反対したとしても、当該計画案が「不公平な差別をしておらず、公正かつ衡平」である限り、当該計画は認可されると規定する（1129条(b)(1)）[65]。この要件は、権利変更を受け、かつ計画に賛成しなかった各組の債権や持分権についてのみ適用される[66]。

担保権者について、「公正かつ衡平」基準の意味はこうである。担保権者は自己の担保権を保持し、担保目的物の現在価値を受け取らなければならないということ（1129条(b)(2)(A)）[67]。計画に反対する一般債権者の組について、「公正かつ衡平」とは、一般債権者の組が完全な満足を得ない限り、それに劣後する組は、計画の下で、いかなる財産も受け取ることや保持することができない、ということ（1129条(b)(2)(B)）[68]。これと同様の絶対優先原則は、株主にも適用される（1129条(b)(2)(C)）[69]。個人債務者には例外が認められる。個人債務者は、申立て後に取得した財産と収入を財団に組み入れる1115条によって、財団に含まれる財産を保持することができる（1129条(b)(2)(B)(ii)）[70]。

61　*Id*.
62　*Id*.
63　*Id*. at 1137-1138. H.R. Rep. No. 95-595, 95th Cong. 1st Sess., at 414 (1977).
64　*Id*.
65　*Id*.
66　*Id*.
67　*Id*. at 1151.
68　*Id*.
69　*Id*.
70　*Id*.

2．担保権者に保障される価値

(1) 前　提

　第11章手続では、債務者企業による担保目的物の保持ないし利用の必要性と、担保権者による担保目的物に対する権利の保持と債権回収の意欲との間に、緊張関係が継続して存在している[71]。ここではクラムダウンされる担保権者の組に対して、どのような保障が図られているかを確認する。

　ただし、アメリカ法における担保権者の組分けの現実について確認しておくことが大切であろう。すでに述べたように、担保権者について、①担保目的財産が異なる場合、②担保目的物が仮に同一であっても、プライオリティが異なる場合、別の組に分類され、1組、1担保権者であることが少なくないことに注意が必要である。

　前提として、担保権者には、担保目的物を基準とした、「完全な補償」が与えられなければならない[72]。このような「完全な補償」が付与されれば、債務者は、計画の認可後、担保権者が当該計画に反対したとしても、その担保目的物を保持することができる[73]。

　担保権者の組について、計画の認可のために必要な方法が3つある[74]。ⓐ計画に同意すること（1129条(a)(8)(A)、1126条(c)）、ⓑ権利変更が行われないこと（1129条(a)(8)(B)、1124条）、ⓒ1129条(b)(2)(A)の基準によりクラムダウンされること、である[75]。

　ⓑについては、被担保債務について不履行がなければ、計画による変更を行わないことを提案すればよく、また、不履行があれば、それを治癒して、当初の契約条件のまま、期限の利益を回復すればよい。一方、1994年の改正によって、計画の効力が生じる日に、認容された債権を全額現金で弁済すれば、権

71　*Id*. at 1156.
72　*Id*. at 1157. 判例の考えである（See In re Arnold & Baker Farms, 85 F.3d 1415, 1422（9th Cir. 1996）, cert. denied, 619 U.S. 1064（1997）; In re Murel Holding Corp., 75 F.2d 941,942（2d Cir. 1935）.）.
73　*Id*.
74　*Id*.
75　*Id*.
76　*Id*.

利変更はない、とされた（1124条(3)）。これを担保権者の組についてみると、担保権者は、担保目的物の価値を現金で全額弁済されれば、権利変更を受けなかったことになる。ただし、その組が、債権全額を被担保債権とし、オーバーローン部分の債権を一般債権としない選択をした場合（1111条(b)）は別である。[78]この場合、債務者は、担保目的物の価値を全額現金で弁済し、担保権を消滅させることはできない。[79]興味深い制度である。1994年改正後、債務者は、担保権者がこうした現金による清算に同意しない場合、クラムダウンによるしかないこととなった。

担保権者の組をクラムダウンするには、「完全な補償」が必要である。ここで、その本質を記せば、①担保権者が担保権を保持し続け、②計画の効力発生日を基準として、認容された被担保債権について、全額の弁済を受けること、になる。[80]連邦倒産法は、これに代替する3つの方法を定めている。ⅰ担保権者は、認容された被担保債権の範囲で、担保権を保持し、かつ、被担保債権全額および担保目的物の現在価値について、現金による分割弁済を受けること（1129条(b)(2)(A)(ⅰ)）、ⅱ担保権者は、担保権を消滅させ担保目的物を売却して得た売却代金の上に、担保権を設定し、かつその売却において、クレジット・ビッドの権利を取得すること（1129条(b)(2)(A)(ⅱ)）、ⅲ担保権者は、その担保権に「等価値として確信されるもの（indubitable equivalent）」を与えられること（1129条(b)(2)(A)(ⅱ)）である。[81]

(2) クラムダウンの第1手法（1129条(b)(2)(A)(ⅰ)）

上記(1)①の方法が最も一般的とされるが、この条文の解釈には注意が必要である。[82]まず、担保権者は、「認容された被担保債権の範囲で」担保権を保持する（1129条(b)(2)(B)(ⅰ)(Ⅰ)）。オーバーローンの場合、この部分は、担保目的物の価値によってカバーされる範囲となる（506条(a)）。[83]次に、分割弁済される場合には、「元本額（principal amount）」テストと「現在価値」テストを満たさなけれ

77　Id.
78　Id.
79　Id.
80　Id. at 1157-1158.
81　Id. at 1158.
82　Id.
83　Id.

ばならない（1129条(b)(2)(B)(i)(II)）。前者によれば、担保権者に対し計画により弁済される全額は、「認容された被担保債権額」となり、後者によれば、計画が効力を生じる日を基準とした、担保目的物の価値を意味する[84]。これら２つの基準が必要とされるのは、オーバーローン状態の担保権者が、1111条(b)(2)に基づく選択をすることで、被担保債権額が担保目的物の価値を上回る場合が生じるからである[85]。

1111条(b)(2)に基づく選択をした場合の帰結を例示（［事例１］）する[86]。ＡはＢに対し100ドルの債権を有し、それが、不動産甲により担保されているとする。この甲の価値が70ドルである場合、残り30ドルは、通常、一般債権となるが、担保権者Ａは、上記選択をして、30ドル部分を認容された被担保債権に組み込むことができるのである。その代償として、Ａは、30ドル部分について、一般債権として計画による弁済を受けることはできなくなる。

注意しなければならないのは、Ａが上記選択をすれば、一般債権（30ドル）に対する計画による弁済は受けられず、また被担保債権（100ドル）全額の弁済を受けられるとは限らないということである[87]。では、なぜ担保権者は上記選択をするのか。それは、Ａは、裁判所の決定した担保目的物の価値以上のものを、認可後、取得する可能性を保持したいからである[88]。これには、倒産裁判所の評価が低すぎた場合、もう１つは、認可後、担保目的物の価値が上昇する場合の２つが考えられる[89]。こうした選択は、Ｂが債務不履行に陥ったり、Ｂが担保目的物を利用して新規融資を獲得しようとしたり、さらには、担保目的物を売却しようとする場合に、大きな意味をもつ[90]。

これらのことから、価値評価の重要性がうかがえる。ただ、連邦倒産法には、価値評価に関する厳密なルールは存在しない。裁判所には、「評価の目的

---

[84] *Id.*
[85] *Id.*
[86] *Id.*
[87] *Id.* at 1159.
[88] *Id.*
[89] *Id.*
[90] *Id.*［事例１］において、認可の１年後、Ｂが担保目的物を85ドルで売却しようとしているとする。Ａが、1111条(b)(2)の選択をしなかった場合、Ｂは、売却代金から被担保債権部分70ドルを弁済し、15ドルを自分のものにできる。一方、Ａが選択をしていた場合、被担保債権額は100ドルとなり、売却代金85ドル全額がＡに支払われなければならない（*Id.*）。

や担保目的物の処分ないし利用の目的」(506条(a)(1)) に応じて、事件ごとに判断する裁量権が付与されているのみである。債務者が担保目的物を維持したい場合、裁判所は、その目的物をより低い清算価値ではなく、継続企業価値で評価することを好むといわれる。

　裁判所は、担保目的物の価値評価を終えても、その後、現在価値の分析を行わなければならない。債務者は、担保権者に対し、計画の効力発生日を基準とした担保目的物の価値について、分割弁済をすることが認められているが(1129条(b)(2)(A)(i)(Ⅱ))、この場合、貨幣の時間的価値を考えなければならない。それゆえ、反対する担保権者に対してクラムダウンをするに際し、債務者は、元本に対して、適切な割合の利息を弁済しなければならない。

　しかし、「クラムダウン・レイト」とよばれる利息の割合を決めることについて、激しい論争が存在する。リーディング・ケースとしてあげられるのが、第13章手続の事件である、*Till v. SCS Credit Corp* である。この事件で検討された基準はいずれも多数意見を獲得できず、そのため、なお、3つの方法が残され、決着がついていない。連邦最高裁判所の判事のうち、4名が、①フォーミュラー・アプローチ（またはプライム・プラス・アプローチ）を支持した。これは、プライムレートから出発し、これにリスク・プレミアムを上乗せする方法である。また、それに反対する4名の判事が、②「仮想契約」アプローチを支持した。これは、出発点として、債務者と担保権者との間の契約レートを出発点とし、債務者によるクラムダウンに伴う現実のリスクを考慮して、当該利率を調整する方法である。Thomas 判事は、①を異論を含みつつ支持したが、それは、債務者が当該アプローチを主張したからであって、②の

91　*Id.* at 1160.
92　*Id.*
93　*Id.*
94　*Id.*
95　*Id.* at 1161.
96　*Id.*
97　541 U. S. 465 (2004).
98　Tabb, *supra* note 4 at 1161.
99　541 U. S. at 478-479. スティーブンス判事の意見である。
100　541 U. S. at 492. スカーリア判事の反対意見である。
101　Tabb, *supra* note 4 at 1162.

方法に肯定的であった。最後の方法が、②の変形ともいえる、③「強制融資契約」アプローチである。これは、担保権を仮に実行して回収した金銭をあらためて融資した場合に得られる利率を債権者に認める方法である。これは、認可時に全額の弁済を受けた場合と同じ状況を債権者に認める考えである。

(3) クラムダウンの第2手法 (1129条(b)(2)(A)(ii))

債務者が担保目的物を売却する場合に対応したクラムダウンの方法がある (1129条(b)(2)(A)(ii))。この場合、担保権者は、2つの方法で保護される。1つは、担保目的物の売却に際し、担保権は消滅させるが、その売却代金の上に、担保権が移転するという方法である。今1つは、売却価額の公正さを疑う担保権者は、当該売買に際し、クレジット・ビッドを行い、自己の債権と入札価額を相殺することができる、というもの (363条(k)、1129条(b)(2)(A)(ii)) である。このクレジット・ビッドの権限は、担保権者に、あまりに低い評価額への対応策 (1111条(b)の選択権) と同様の保護を与える。

(4) クラムダウンの第3手法 (1129条(b)(2)(A)(iii))

3つ目は、クラムダウンする組に対して「等価値として確信されるもの (indubitable equivalent)」を提供する方法である (1129条(b)(2)(A)(iii))。これは、Murel Holding 事件において、Learned Hand 判事が用いた表現であった。「優先権を持つ担保権者は、『等価値として確信されるもの (indubitable equivalent)』以外の代替物を受け取ることを強制されない」、具体的には、連邦倒産法の立法資料によれば、たとえば、債権者に担保目的物を引き渡すこと、または、同等の担保を提供することは、この要件を満たすとされている。従前、

---

102 Id.
103 Id.
104 Id.
105 Id.
106 Id.
107 Id.
108 Id.
109 75 F. 2d 941, 942 (2d Cir. 1935).
110 Tabb *supra* note 4 at 1163.
111 124 Cong. Rec. S17, 421 (daily ed. Oct. 6, 1978) (remarks of Sen. DeConcini); 124 Cong. Rec. H11, 104 (daily ed. Sep. 28, 1978) (remarks of Rep. Edwards).
112 H. R. Rep. No. 95-595, 95th Cong. 6475 (1977).

この要件は、債権者への担保目的物の引渡しをめぐって論じられてきた[113]。しかし、被担保債権額よりも少ない額を現金で弁済すること、または、担保権と交換に株式を発行することは、この要件に合致しないとされている[114]。

(5) 沿革を踏まえた考察

1111条(b)(2)の選択が、担保権者の保護にとって、重要であることには関心が向けられるべきである。債務者が、市場が一時的に悪化している時期を狙って、第11章手続を申し立て、倒産裁判所によるより低い価値に基づくクラムダウンを利用しようとするリスクから、担保権者は保護されるべきだからである[115]。

現行法のクラムダウン制度と、1111条(b)を制定する基礎となった判例(*In re Pine Gate Assocs., Ltd.*)[116][117]がある。これは、チャンドラー法第XII章手続において、債務者による担保目的物の受戻しが問題となった事例である。裁判所の評価額の弁済で受戻しをしようとした債務者に対し、担保権者が被担保債権全額の弁済を求めて争った。著名な倒産裁判官である William Norton 判事は、債務者は被担保債権全額を弁済する必要はなく、裁判所の評価した額（上記額のおよそ70%）を弁済することで憲法上の要請は満たされるとし、担保権者の反対にもかかわらず、計画を認可した[118]。また、Norton 判事は、憲法上、どのタイミングで手続を申し立てるかは、債務者の自由であり、担保権者には裁判所の評価額より高い価格をつける権限はないと判示した[119]。

この判決の登場により、金融債権者は激しく動揺した。債務者が市場価格を見計らい、自己に有利なタイミングで倒産手続を申し立て、担保目的物の価値評価額を現金で弁済できれば、担保権は消滅するからである。もし、その後、担保目的物の価値が上昇すればどうなるのか、また、倒産裁判所は、債務者にとって有利に、相対的に低い価額で評価するとの評判もあった。

113　Tabb, *supra* note 4 at 1163.
114　Id.
115　Id. at 1159-1160.
116　10 C.B.C. 581 (Bankr. N. D. Ga. 1976).
117　Charles J. Tabb, *Credit Bidding, Security, and The Obsolescence of Chapter* 11, 2013 U. Ill. L. Rev. 103, 117.
118　Id. at 117-118.
119　Id. at 118.

IV　クラムダウンの仕組み

　しかし、金融債権者にとって好都合なことに、折しも、現行連邦倒産法の全面的見直し作業が進められていた。[120]当初、清算型手続であれ、再建型手続であれ、担保目的物が売却されるとき、担保権者を保護する規定、たとえば、クレジット・ビッドを行う権利などは、草案に含まれていなかった。しかし、Pine Gate 判決後、状況は一変した。直後に出た上院の草案には、クレジット・ビッドに関する権利が規定されていたのである。[121]もっとも、この規定は、担保目的物の譲渡に関するものであり、計画の認可に関するものではなかった。[122]その数カ月後、連邦議会議事録に、「Pine Gate 判決によって生じた、金融機関に不動産融資を躊躇させる問題は、再建型手続に特定のガイドラインを付加することで解決されるであろう」と記載され、最終的に、両院で、現行法の保護スキームが成立した。[123]

　しかし、担保目的物の価値を弁済し、それを保持するクラムダウンの手法をとれば、Pine Gate 判決の悪夢がよみがえるようにも思われる。[124]これに対応する方法が、担保権者による1111条(b)(2)の選択であった。この選択により、オーバーローンの状態でも、被担保債権額は、債権額全額となり、債務者は現金による清算ができなくなる。こうして担保権者は保護されることになった。

　もっとも、この選択は、1129条(b)(2)(A)(ii)によれば、363条に基づく譲渡や計画に基づく譲渡の場合には、できないという問題がある。[125]［事例１］において、仮に、担保目的物が70ドルで売却されれば、担保権者はそれを受け取るしかない。しかし、現行法である1978年法の立法者意思は、そうではなかったといわれる。[126]Tabb 教授によれば、連邦議会は、担保目的物の売却時にも、担保権者にクレジット・ビッドの権利を認めるべきであると考えていた、と分析される。[127]起草者の１人であり、主要なメンバーであった Klee 教授も、1111条(b)の選択が363条に基づく譲渡で除外されるのは、担保権者には、別途、下院修

120　Id.
121　Id. at 119.
122　Id. S. 2266, 95th Cong. §363(e) (1977).
123　Pub. L. No. 95-598, 92 Stat. 2549 (1978).
124　Tabb, supra note 117 at 120.
125　Id. at 122.
126　Id.
127　Id.

229

正案363条(k)によるクレジット・ビッドが認められるからである、としている。また、選択ができなくなるのは、その組の債権者がリコース債権者となるからである、とも述べている。[129]

こうした点について、近時、重要な判決 RadLAX Gateway Hotel, LLC v. Amalgamated Bank[130] がなされた。これは、債務者が、担保目的物を売却する計画に際し、担保権者である銀行に対しクラムダウンを求めた事案である。この売却手続において、銀行のクレジット・ビッドの可否が論じられた。担保目的物の売却手続におけるクレジット・ビッドの権利を否定した、第3および第5巡回区連邦控訴裁判所とは異なり、連邦最高裁判所は、これらとは異なる、第7巡回区連邦控訴裁判所の判断を支持し、担保目的物の売却手続において、クレジット・ビッドの権利を銀行に認めなかった計画の認可を否決した。[131] 判決理由はシンプルで、1129条(b)(2)(A)(ii)が同条(iii)の特則であり、同条(ii)の適用が問題になるということであった。[132]

Tabb 教授の分析によれば、連邦最高裁判所が、現行法の目的、沿革、政策意図を検討していない点に若干の留保を示されるが、[133] 上述のように、立法者、起草者意思からすれば、担保目的物の保持とその売却に差異を見出すのは難しく、連邦最高裁判所の結論が支持されてよいという。[134] しかし、それゆえに、1970年代と大きく変化した金融市場にある現在、担保権者と債務者との間のリバランスが必要であり、第11章手続の改正が求められると強調された。[135]

---

128 Kenneth N. Klee, *Legislative History of the New Bankruptcy Law*, 28 DEPAUL L. Rev. 941, 942-957 (1979).
129 124 CONG. REC. 32,407 (1978).
130 132 S. Ct. 2065 (2012).
131 *Id*. at 2072-2073.
132 *Id*. at 2071.
133 Tabb, *supra* note 4 at 1165.
134 Tabb, *supra* note 117 at 124, 145-150.
135 今日では、担保権者が債務者の資産のほぼすべてを掌握するという事態が生じている(Interview with Charels J. Tabb, *Mildred Van Voorhis Jones Chair in Law, University of Illinois College of Law* (October 13, 2014) at Foley & Lardner LLP in Chicago)。すなわち、担保権者によるいわば「丸取り」が起きているといえる。こうした点について、村田典子「当事者主導型倒産処理手続の機能の変容(一)(二・完)──アメリカ合衆国連邦倒産法第11章手続における債権者の手続支配──」民商138巻6号59〜84頁、同139巻1号37〜68頁(いずれも2008年)参照。またその後のアメリカ法における重要文献として、Kenneth M. Ayotte & Edward R. Morrison, *Creditor Control and Conflict in Chapter* 11, 1 J. Legal Analysis 511, 511-12 (2009) がある。これは、今世紀に生じた、担

こうした沿革を踏まえ、本稿の視点から、若干のコメントを述べる。クラムダウンに際し、担保権者にどのような価値が保障されるかについて、アメリカ法の展開はとても重要であると思われる。担保権を消滅させるために、担保権者に対し、担保目的物の価値を保障さえすればよい、ということが第一原則である。このことが憲法上の問題を生ぜしめた。この点を動かせないものとしても、なお問題となるのが、当該目的物の価値評価である。伝統的に、倒産裁判所の評価を金融機関は信用してこなかった。できる限り、市場による評価に近づけたいと考えていたといわれる。その結果、アメリカ法の対応は、担保目的物の現在価値を保障しつつ、これに加えて、元本全額を被担保債権とする選択権を担保権者に認め、分割弁済の際に利息の基準を検討し、クレジット・ビッドの権利を担保目的物の譲渡の場合にも広く認めることとなった。こうした論議は、日本法においても参照されてよい。何よりも重要なことは、担保権者が保持できる価値が、担保目的物に限定されるということであり、この点において、債務者の一般財産を前提にする清算価値保障原則との差異が明確になる。このことが議論の出発点となる。そのうえで、当該目的物をどのように評価するかが問われるべきである。またこの価値評価については、担保権者側の理解が重要であることも看取できた。この点への配慮を怠り、早期処分価値に限定すれば、担保権者による法的整理手続への不信ないし忌避を生ぜしめるのではないか。しかし、一方で、一般に、金融機関は政策に訴える力が強く、アメリカ法のような担保権者の保護政策をとった場合、担保権者の「丸取り」を許すことにもなる。難問である。

　これらの点についての議論が日本法でなお必要と感じられるのは、会社更生手続の利用事件数、またクラムダウンの利用件数がそれほど多くなかったことによるのではないか。担保権を別除権とした民事再生手続は中小企業の再生に大いに活用されたが、同時期に中小企業再生の切り札として期待されたイギリ

保権者の権限ないし影響力の爆発的な増大を論じたものである。もっとも、ここで重視するべきは、債務者のもつ価値を担保権者が独り占めしていると疑われている点、すなわち「実体（権）」の問題であろう。1978年法（現行法）は、こうした価値を利害関係人の交渉により、公平に分割するということがそもそもの目的であった。債務者の資産のすべてを担保権者が把握し、通常の分配ルールによれば、一般債権者に何ら分配のないケースを論じる近時の注目すべき文献として、Charles W. Mooney, Jr., *The (Il)Legitimacy of Bankruptcies for the Benefit of Secured Creditors*, 2015 U. ILL. L. Rev. 735。

スのCompany Voluntary Actが機能不全に終わったと評価されていることと対照的である。この手続は、担保権をコントロールできなかった。再建型手続の成否は、担保権の制約に大きく依存するはずであり、その方法に関する歴史的な到達点が、上記アメリカ法（クラムダウン）の規律であろう。とすれば、別除権型の再生手続も、失敗のリスクを孕んでいたはずであり、その成功の影には何が存在したのかという点は今後も突き詰めて検討されるべきであろう（この点については、後掲Ⅵ参照）。

3．一般債権者や持分権者に保障される価値

(1) 絶対優先原則

　一般債権者や持分権者の組が計画に反対し、計画の立案者が1129条(b)に基づいて計画の認可を求めた場合、その計画は、絶対優先原則に従う限りにおいて、認可される。一般に、絶対優先原則は、優先権をもつ者が完全な満足を得ない限り、その者に劣後する地位にある者は、何も得られない、ということを意味する。[137] 計画に反対する組からみて、計画が不公正な差別をせず、かつ公正・衡平である場合に、認可される（1129条(b)(1)）。[138]

　一般債権者にとって、「公正かつ衡平」とは、計画に反対する組が完全な弁済を受ける場合（1129条(b)(2)(B)(i)）、または、計画に反対する組に劣後する組が、その計画において、その所有する債権等を理由に、何も与えられない場合（1129条(b)(2)(B)(ⅱ)）である。[139] 持分権者も同様に考えられる。

　これら条文の効果は、計画を、実体法に基づくプライオリティ秩序に従わせることである。[140] 会社債権者が完全な弁済を受けるまで、その会社の株主には何も配当されない、ということが基本となる。倒産手続の開始によっても、このことは原則として変更されないが、ただ、債権者は自己の優先的権利を放棄することができる。[141]

136　藤本・前掲論文（注8）参照。
137　H.R. Rep. No. 95-595, 95th Cong. 251 (1977).
138　Tabb, *supra* note 4 at 1166.
139　*Id.*
140　*Id.* at 1167.
141　*Id.*

(2) 不公正な差別

　連邦倒産法においては、「修正された」または「相対的な」絶対優先原則が適用されるといわれる。[142] たとえば、一般債権者について、取引債権者A、優先的債権者B、劣後的債権者Cの3つの組があるとする（[事例2]）。Bは契約に基づいてCに対してのみ優先する。Aは、BCと同じプライオリティをもつ。このとき、Aが反対した場合、Aが完全な弁済を受けるまで、Cは何も得られない、ということはない。なぜなら、AとCは平等な地位にあるからである。

　同じ地位にある一般債権者を別々の組に分け、異なった取扱いをする場合、この不公正な差別の要件が問題となる。[143] これは、組分けの問題とも関連するが、1122条(a)は類似する権利を同じ組にすることができるというだけで、類似する権利を同じ1つの組にまとめることを要求していない。[144] 法律上、禁じられる差別の形態については規定がなく、それゆえ、同じ地位にある組について異なる取扱いをする場合、それが「公正」であれば許されると思われる。[145] これには、4つのテストを採用する裁判例が多くある。それは、①当該差別に合理的な理由があるか、②債務者は差別がなければ計画を認可することができたか、③差別は誠実に提案されたものか、④差別されている組の取扱い、である。

　裁判例の傾向として、その差別が、弁済の時期に関するものや、何をもって弁済するか、の違いにすぎない場合、差別を肯定する傾向にあるといわれる。[146] 問題は、同一の地位にある組同士で、弁済割合が異なる場合である。たとえば、事業の継続に必要な供給業者や労働者の組のように、その組の協力が再建のために必要な場合には、より多くの弁済が認められるかもしれない。[147] 劣後的債務についても問題になる。上記［事例2］において明らかなように、やっかいなのは、その債務が、一部の債権者にのみ劣後することが一般に多い

142　Id.
143　Id. at 1174-1175.
144　Id. at 1175, footnote 730.
145　Id.
146　Id.
147　Id.

ということである。この場合、取引債権の弁済率を一般債権すべてへの弁済率と比較して、その割合が計画の中で守られているかを判断するとされる。[148]

(3) ギフト問題

絶対優先原則の相対性を考えるうえで、ギフト問題は重要である。たとえば、第1順位から第4順位までの4つの組があるとする。このとき、第3順位の組が計画に反対したとすると、第1順位の組は、第2順位の組に自己の価値をギフトすることができるが、第4順位の組へのギフトは、第3順位の組が全額弁済されるまで、絶対優先原則の下、許されないこととなる。[149]

問題とされたのは、担保権者の組から一般債権者の組になされたギフトである。たとえば、担保権者の組が、租税債権者の組を除外しつつ、一般債権者に一定金額をギフトしたことが争われた（*In re SPM Manufacturing Corp.* 判決）。[150] これは第7章手続の事件であったが、第1巡回区連邦控訴裁判所は、このギフトを認めた。なぜなら、この事例で租税債権に対して弁済される価値は全くなく（out of the money）、担保権者の組は、倒産手続における配当について、望むことができたからである。[151] その後、第11章手続の事件でもギフトが用いられるようになったが、第2巡回区連邦控訴裁判所は、この法理を否定した（*In re DBSD North American Inc.* 判決）。[152・153]

このギフト問題の基礎にも、価値評価をめぐる問題が存在しているといわれる。[154] たとえば、担保権者の組から株主の組にギフトが行われる場合、一般債権者がそれを争うと、債務者企業を評価することが不可避となるからである。絶対優先原則を形式的に適用できれば、こうした評価の難問は回避されることになる。

---

148 *Id.* at 1176.
149 *Id.* at 1168.
150 984 F. 2d 1305（1st Cir. 1993).
151 Tabb, *supra* note 4 at 1168.
152 634 F. 3d 79（2nd Cir. 2011).
153 Amy Timm, *The Gift That Gives Too Much: Invalidating A Gifting Exception To The Absolute Priority Rule*, 2013 U. Ill. L. Rev. 1649.
154 Tabb, *supra* note 4 at 1168. Ralph Brubaker, *Taking Chapter 11's Distribution Rules Seriously: 'Inter-Class Gifting Is Dead! Long Live Inter-Class Gifting!'* in Bankruptcy Law Letter, 31 No. 4 Bankruptcy Law Letter 1 (2011).

(4) 絶対優先原則の沿革を踏まえた若干の検討

　チャンドラー法の時代、第Ⅹ章手続における絶対優先原則に対して、不満が増大し、債務者は、第Ⅹ章手続よりもむしろ、第Ⅺ章手続を利用した。このテストの意義は、債権者に清算価値を保障しつつ、それを超える継続企業価値のボーナスを株主に分配することにあった。本来、絶対優先原則は、会社内部者の陰謀から大衆投資家を保護するために必要とされたが、投資のあり方の変化は、こうした必要性を減殺した。第Ⅹ章手続が制定された1938年頃、公債は、通常、上位社債であり、絶対優先原則の下でも優先的な地位にあった。しかし、1978年頃には、大衆投資家は、劣後債や株式を購入しており、それらは最も劣後的な地位におかれるものであった。大衆投資家を保護するために絶対優先原則を利用する必要性は、こうした変化とともに、小さくなっていったのである。

　しかし、絶対優先原則への批判の多くは、より根本的なものであった。それは、絶対優先原則の適用に関連している。つまり、それを適用するには、債務者企業の継続企業価値が、まず最初に決められなければならない。次に、利害関係人は、その優先的地位に従い組分けされ、再建される債務者企業へ参加する権利が、優先順位の高い順番に、分配されていく。こうして、裁判所が決めた債務者企業の継続企業価値を下回る地位にあるすべての利害関係人は、完全に排除されることになる。

　こうした流れの中で、債務者の継続企業価値を確定するための司法手続は、時間を浪費し、費用がかさむものと評された。手続の遅延は、窮境にある企業にとって、致命的であったし、さらに悪いことに、有効で信頼できる評価の根拠は、見かけ倒しであり、幻であるともいわれた。しばしば引用されるフ

155　*Id.* at 1154.
156　*Id.*
157　*Id.*
158　*Id.*
159　*Id.*
160　*Id.*
161　*Id.*
162　*Id.*
163　*Id.*

レーズによれば、評価は、「あいまいな見積もりに基づく推測にすぎない」、とされる。[164]これが批判の根本である。

企業の評価は、しばしば、「capitalized earnings」基準でなされ、その評価のためには、2つの変数が確立されなければならなかった。①債務者企業の将来の予想収益と②割引率である。[165]予想収益（E）に割引率（R）を乗じることで、会社更生価値（V）が判明する（E×R＝V）。[166]もっとも、変数は正確に算定されるものではなく、それぞれは仮定に基づいて算出される。[167]収益や割引率を少し変えるだけで、企業の価値は変化するため、[168]その結果、価値評価をめぐる争いが顕在化したのである。[169]

絶対優先原則を墨守すれば、実体法秩序に対する倒産手続の忠誠を示すことができるが、価値評価のための時間と費用がかさみ、価値評価自体についての争いも生じる。アメリカ法がこの原則を相対化したことには十分な意味があったのであり、再生法の成功は、こうした争いをうまく回避できたことによるのではないか。この原則に代わり適用される、債権者の「最善の利益」テストは、債権者に清算価値のみを保障しつつ、それを超える「ボーナス」を株主に分配することを目的としていた。今後日本法を考えるうえでも斟酌すべき事柄であろう。

V　イギリス法における保障されるべき価値の議論
　　　——out-of-the money の問題

アメリカ法の議論に対して光を当て、その濃淡を明確にするため、イギリス

---

[164] *Id.* at 1154-1155.
[165] *Id.* at 1155.
[166] *Id.*
[167] *Id.*
[168] *Id.*
[169] *Id.* たとえば、債務者企業 A は、担保付債務が500万ドル、無担保債務が300万ドル、合計800万ドルの債務を負担しているとする。A の収益が130万ドル、割引率が6とする。A の価値は、このとき、780万ドルとなる（130万×6）。株主 B は、絶対優先原則の下、排除されてしまう。しかし、もし A の将来収益が135万ドルであれば、B は株式を保持することができる（135万ドル×6＝810万ドル）。あるいは、乗数を6.2としてもよい（130万ドル×6.2＝806万ドル）。こうして数値の確定をめぐる争いが深刻になる。

法において、近時、再建型手続における反対債権者の取扱いに関する興味深い議論について、Jennifer Payne 教授の論考を手がかりに概観する。

1．Schemes of Arrangement の活用

　スキームズ・オブ・アレンジメント（Schemes of Arrangement. 以下、「SA」と省略する）は、100年以上にわたって存在し、Company Voluntary Act（以下、「CVA」と省略する）やアドミニストレーション（Administration）よりも、相当に長い歴史をもつ。比較的最近になるまで、債務整理の手段としては評価されず、かつ、イギリスにおける企業救済に関する1980年代と1990年代の議論においても、有用な再生ツールとしては、考えられていなかった。しかし、過去10年の間に、SA は、とりわけ、国際的な金融危機の訪れとともに、次第に、債務整理の手段として利用されるようになった。
　SA の概要と長所・短所は以下のとおりである。第 1 に、債務者企業とその構成員または債権者との間で、和議ないし債務調整が裁判所に申し立てられる。第 2 に、当該計画案への適切な多数の同意を得るため、企業の持分権者または債権者の集会が開催される。それらは組分けされ、当該計画案を検討し、賛否の投票をする。そうした組分けは、「その権利が、共通の利益を目的としてともに協議することが不可能なほど異なっているのではない」人々の間でなされる。裁判所は、すべての組が当該計画案に賛成しない限り、当該計画案を認可することができない。その議決要件は、「債権額で75％以上の同意」であ

170　ここでイギリス法とは、イングランドとウェールズに適用される法律を意味する。イギリスの倒産法制については、中島弘雅「近時のイギリスにおける事業再生の枠組みについて」青山善充先生古稀祝賀『民事手続法学の新たな地平』（有斐閣・2009年）809頁、また藤本・前掲論文（注 8）を参照。
171　Jennifer Payne, *Debt Restructuring in English Law: Lessons from the United States and the Need for Reform*, 130 LQR 282（2014）．2017年 2 月15日に大阪大学において、Payne 教授は、「イギリスにおける債務整理手続のこれから（The future of UK debt restructuring）」と題する講演を行った。そこでは、2016年 5 月に公表されたイギリスの Insolvency Service による債務整理制度に関する改革提案（*A Review of the Corporate Insolvency Framework: A consultation on options for reform*, May 2016）が検討された。
172　*Id.* at 290.
173　*Id.*
174　*Id.*
175　*Id.* at 290-292.

る。このように、多数者が少数者を拘束することができる点は私的整理と対照的である。また、計画の中で、担保権を修正し、それを消滅させることもでき、その点において、CVA に対してもすぐれている。同時に、債務者企業が支払不能前でも利用できる。つまり、pre-insolvency でも機能する点は重要である。しかし、組分けが複雑になり、債権者集会の実施が困難になったり、モラトリアム（権利行使禁止の効果）が認められていないという欠点もある。

2．Out-of-money による処理——*My Travel Group Plc* 事件

　2004年、*My Travel Group Plc* 事件において、その企業グループは、巨額の債務を抱えていた。当該債務者企業と債権者らの間で、私的整理が試みられたが、失敗に終わった。社債権者が、自己に対して提案された株式の分配に反対したからである。[176] このとき、社債権者は、「アウト・オブ・ザ・マネー（out of the money）」であったといわれる。すなわち、それは、会社の資産によれば、優先権者にすら完全な弁済ができず、劣後的地位にある社債権者は、会社の清算において、何も弁済を受けることができない、という意味である。しかし、社債権者は、その反対権（Hold-up Rights）の行使をちらつかせ、より自己に都合のよい取引を得るべく交渉しようとしたのであった。[177]

　こうして社債権者の組に対するクラムダウンが必要になったが、SA では反対する組自体に対しクラムダウンを行うことができなかった。[178] そこで、SA とアドミニストレーションを併合して利用することが提案された。[179] 優先的権利は、SA によって権利変更され、債務者の事業と資産はすべて、優先権者が所有する新会社に譲渡された。[180] その結果、劣後的地位にある債権者は、権利変更を受けることはなかったが、旧会社に残されたため、実質上、何も得ることができなかった。こうして特定の債権者を計画から除外することで、上述の「複雑さ」は回避され、クラムダウンの不完全さが解消される。

　こうした「組分け」は控訴院で争われたが、債務整理の形式は維持され、社

176　*Id.* at 295.
177　*Id.*
178　*Id.*
179　*Id.*
180　*Id.*

V　イギリス法における保障されるべき価値の議論——out-of-the money の問題

債権者の同意は不要であるとされた。[181] SA において、このような場合、社債権者が、当該計画に不公正さを主張する適切な場は、裁判所による認可手続であったが、この事件ではアドミニストレーションが組み合わされたため、つまり事業譲渡されてしまったので、認可手続は行われなかった。[182]

3．価値評価をめぐる問題——*Re Bluebrook Ltd* 事件

　この事件において、Bluebrook Ltd らの事業は、プリパック型手続を用いて、新会社に譲渡された。[183] このとき、優先的地位をもつ融資債権者は、多数の計画を利用し、効率的に、その保有する債権を新会社の株式に転換したが、劣後的地位にある融資債権者は、旧会社にとどめおかれた。[184] こうして、旧会社グループは、巨額の債務から解放され、その事業を継続することとなった。

　裁判所の認可手続において、自分たちが何ら資産を有しない旧会社グループに取り残されたことは、計画の不公正を意味するとして、劣後的地位にある融資債権者から異議が提出された。[185]

　裁判所は、劣後的地位にある債権者は、何ら弁済を受けうる余地はなく、彼らのためには、何の価値も残されていないことから、計画による弁済から完全に排除され、議決権を与えられなかったとしても、計画を認可することは妨げられないと判示し、結果として、事実上、劣後的地位にある債権者の組自体のクラムダウンを認めた事案となった。[186]

　このとき、債務者企業らの価値評価基準が問題として争われた。基準いかんで、劣後的地位にある債権者らが、out-of-the money に該当するか否かが左右されるからである。しかし、裁判所は明確な基準を示さなかったと評価されている。[187]

181　*Id*. at 296.
182　*Id*.
183　*Id*.
184　*Id*.
185　*Id*.
186　*Id*. at 297.
187　*Id*.

4．若干の検討

　My Travel Group Plc 事件において重要なのは、社債権者がこの計画の対象当事者ではなく、当該計画案についての議決権を与えられなかったということである。こうした処理の基礎にある考えは次のようなものであろう。一般に、再生される会社の価値は、（実体）法的プライオリティに従い、分配されるべきであるから、劣後的地位にある債権者には、会社の価値が不足する場合、再生される会社のいかなる利益も分配されるべきではない、と。実質的にみても、こうした out of the money の債権者に議決権を付与すると、当該債権者は、議決権行使に際し、同意しないという脅迫を用いて、実体法のプライオリティを超える弁済を受ける力をもってしまう。こうした方法は、いわば、絶対優先原則を保持して、実体法秩序をあくまでも尊重しつつ、手続の簡易化を図るという利点がある。アメリカ法が、絶対優先原則を相対化したことと対照的である。手続を重視するアメリカ法と実体法を尊重する傾向が強いイギリス法の対比がみられてとても興味深い。[188]

　しかし、絶対優先原則を維持するということは、価値評価の呪縛に縛られることとなる。*Re Bluebrook Ltd* 事件でも、劣後的地位にある債権者が out-of-the money か否かをめぐって争われた。今後、イギリスの裁判所は、組分けの困難さの回避、反対組のクラムダウンの実現や債権者集会実施負担の軽減という手続上のメリットを凌駕する、価値評価の問題に直面するかもしれない。

Ⅵ　日本法への投影

1．再建型倒産処理手続の憲法的価値

　事業は堅調であるけれども、一時的に資金繰りに行き詰まった会社にできる

---

[188] Paul MacMahon, *Proceduralism, Civil Justice, and American Legal Thought*, 34 U. Pa. J. Int'l L. 545（2013）。先頃、London School of Economics に所属した著者によるこの論考は、イギリスと異なりなぜアメリカの研究者が手続を重視し研究してきたのかという問題を論じている。手続とは何かという問いについて真摯に検討してきた背景に、リーガルリアリズムの影響が存在することを示唆する点において興味深いものである。

VI　日本法への投影

ことは、清算を選ばないのであれば、債務の弁済期限を猶予してもらうか、債務の一部ないし全部を放棄してもらうことであろう。これらは、いずれも、債権者の同意なくしては実現できない事柄である。私的整理のように債権者全員から同意が調達できればよいが、企業の資金調達方法が多様化し、融資債権者の顔ぶれが複雑になった今日、そうした同意の調達は困難な作業となる。そうするうちに、債務者の資金繰りはさらに悪化しかねない。アメリカ法は、こうした状況で、裁判所の保護を利用する。裁判所の下で、債権者の回収行動を止めつつ、多数決による権利変更を行うのである。すなわち、権利者の同意なく、その内容が変更されることになる。

　伊藤眞教授によれば、「利害関係人にとって、ある組に分類されるということは、その組における多数決によって、計画案にしたがった権利変更を受ける」ということを意味し、「ある実体法上の権利がその権利主体の意思にかかわらず、内容を変更されるということは、憲法29条との関係でいえば例外的にのみ許されること」とされる。[189] また、この問題意識は、山本和彦教授の論考にもみてとれる。「債権の実質的価値は確実に保障される必要があり、再生計画において清算価値保障原則違反があるとすれば、それは憲法違反（財産権侵害）のおそれがある」とされる。[190]

　これらは、再建型倒産処理手続の理論を考えるうえで、起点となる貴重な指摘であると考える。本稿もこの筋に従って分析を試みた。倒産手続の核として行われていることが、権利変更であるならば、それは、権利者本人の同意なく財産権を裁判所、つまり国家によって収奪するシステムであるとも評価できる。[191] 倒産手続が国家による収用システムの一つであるとするならば、その正

189　伊藤・前掲論文（注2）8頁。
190　山本・前掲論文（注1）916頁。
191　こうした視点は、Richard A. Epstein 教授の収用理論（takings）が手がかりになるようにも思われる（Richard Epstein, *TAKINGS* (1999)、松浦好治監訳『公用収用の理論――公法私法二分論の克服と統合』（木鐸社・2000年）の翻訳がある）。Epstein 教授は、国家による財産権の収奪の正当性を考察するその理論枠組み構築のため、Thomas Hobbes の国家論を起源として説き起こし、John Rock の民主政の議論を経由し、自説を展開する。すなわち、再建型倒産処理手続を構想することは、その国家権力行使の正当性を問うことにもなり、法実証主義の下、近代国家の成立やあり方とも連関する課題となる。一方、アメリカ法における絶対的真理として、担保権者は、倒産手続において、担保目的物の「完全な価値」を取得することが憲法上の権利として認められている、と主張されてきたが、近時、収用条項を用いて、連邦議会がそうした担保権者の権利を変更し、制限する議論の可能性が示唆されている（Interview with Charels J. Tabb, *Mildred Van Voorhis Jones*

当性は、国家によって付与される「正当な補償」の内容にかかっている。権利の変更を受ける者に対して、どのような代償が与えられるべきか。このように憲法の枠組みを踏まえて議論を進めるべきであり、同時に、清算価値保障原則とクラムダウンにおける反対債権者（特に担保権者）の処遇が、まさに重要な問題となる。そこでは、収用理論がこうした問題解決のためにどこまで機能するものか、見極める必要があり、担保権者に保障されるべき価値と、民事再生法の担保権消滅請求制度にみられるように、その保護の手段として手続にとり入れられる方法を併行して吟味していくべきである。

2．清算価値保障原則の意義

清算価値保障原則について、日本法では、従来、債権者全体の利益を保護するものか、個々の債権者を保護するものか、という対立があったとされる。[192] 現在では、広く、いわゆる個別弁済基準説が支持されているようであり、筆者もこの見解に立ちたい。[193]

アメリカ法の最善の利益概念について簡単な紹介から、少し付言したい。最善の利益テストは、ある組で計画に反対する構成員の保護の下限を提供するとともに、計画に賛成した構成員にも適用されるものである。重要なのは、最善の利益テストにより、ある組の権利ではなく、個々の債権者や持分権者の権利が保護され、かつその保護は清算価値の保障で足りるという点である。

このことについては、従来、清算価値保障原則が少数債権者の保護のみを図るものか、賛成債権者をも含むものかという対立があった。[194] これは、100％の債権者が計画に賛成した場合にも、清算価値保障原則違反を理由に不認可とできるか、という問題として現れる。谷口安平名誉教授によれば、旧和議法について、債権者の誤解の可能性から、その認可要件の発動を肯定される。[195] 山本和彦教授は、この見解に対して、パターナリスティックにすぎるとしつつ、債

Chair in Law, University of Illinois College of Law（October 13, 2014）at Foley & Lardner LLP in Chicago.)。日本法においても、今後注目すべき議論である。

192　山本・前掲論文（注1）917頁。
193　山本・前掲論文（注1）919頁、伊藤・前掲論文（注2）23頁、中西正「更生計画の条項」判タ1132号（2003年）219頁等。
194　山本・前掲論文（注1）917頁。
195　谷口安平『倒産処理法〔第2版〕』（筑摩書房・1980年）352頁。

権者の決議(同意)を骨格とする再建型手続の存在の根幹を危うくする、と批判される。

　傾聴に値する議論であるが、「債権者の誤解」について敷衍したい。決議にあたり、債務者による債権者への勧誘をどう考えるか、という問題がある。仮に脅迫や詐欺など、違法な形で行われたのであれば、たとえば民事再生法174条1項3号で対応できるであろう。しかし、そこまでではなくとも、清算価値保障の意義を理解して議決したかどうかは、少額多数債権者が登場する場合、なお検討の余地があるのではないか。アメリカではかつて大衆投資家がそうであったが、債務者企業の再生に無関心な層にも清算価値保障を及ぼすべきであると考える。

3．保障されるべき清算価値の内容

　清算価値の基準時については、近時、認可の是非を判断する時点またはそれに近接する時点を基準に考えるとする見解が増加しているとされる。アメリカ法においても、計画の効力が発生する日とされており、大きな違いはないと思われる。最善の利益テストを適用する際、裁判所は、第7章手続の下での仮想の清算価値を分析し、第11章手続の計画に基づく各組に対する弁済と比較している。最善の利益テストが計画の認可にかかわる要件であるため、比較の基準となるのは、第11章手続の計画の内容である。そのうえで、第7章手続における各債権者の予想配当を検討することになる。あくまでも検証するべきは、計画のいわば適格性であるから、計画の効力が生じる時点で、清算価値が保障されていれば足りると解する。現実に進行している手続において、実際の価値を引き出すためにも、債権の調査が進み、財産の管理処分の帰趨が明らかとなり、つまり、貸借対照表(B/S)の両側に具体性のある数字が並び、計画案における権利変更と弁済率が定まった時点以降で考えるほうが自然であろう。ま

196　近時、イギリス法で注目される Schemes of arrangement では、法定多数で議決された権利変更の計画を、認可手続において、事後的に、裁判所が、少数債権者保護のため、不正な形の議決を否定する仕組みになっている。アメリカ法における少額多数債権者の処遇問題については、藤本・前掲論文(注6)36頁注(8)参照。

197　山本・前掲論文(注1)925頁、濱田芳貴「再生計画と清算価値保障原則」金判1258号(2007年)4頁、中井康之「財産評定をめぐる二、三の問題」事業再生と債権管理105号(2004年)96頁以下、園尾隆司=小林秀之編『条解民事再生法〔第3版〕』(弘文堂・2013年)481頁〔松下淳一〕。

た、破産清算はあくまでもフィクションであり、アメリカの裁判実務同様、過剰な厳密さを求めるべきではない。

　財産評定が手続開始時に、清算価値で行われる民事再生手続についていえば、これも、本来は、計画の効力が生じる時点で検討するべきものであるが、議決権を行使する組が1つしかなく、申立てから認可までが短期間に進行する簡易な手続であることから、便宜上、開始時の1回の評価で済ませているにすぎないと思われる。[198] 時間の推移により、事情の変更があった場合には、あらためて評価をし直す必要性は否定できない。

　問題は、開始決定時の価値を保障するといわれた会社更生手続であろう。再建型手続として、最善の利益テストが必要なことはいうまでもなく、そのテストは、あくまでも計画認可の適格性要件の一つである。計画の効力が生じる時点、つまり実際の弁済がなされる時点で、清算価値（「収用」に対する代償としての下限の価値）が保障されていなければ、憲法上の疑義が生じかねない。

4．権利保護条項の位置づけ

　アメリカ法を透かして日本法を考えた場合、興味深いのは、担保権者への対応であろう。そもそも、アメリカ法では、担保権者について、①担保目的財産が異なる場合、②担保目的物が仮に同一であっても、プライオリティが異なる場合、別の組に分類され、1組、1担保権者であることが少なくないといわれる。こうした取扱いの前提を押さえることは肝要である。

　計画に反対する担保権者には何が保障されるのか。画期的な判決として、*In re Pine Gate* 事件があった。この担保目的物の受戻しが問題となった事例では、担保権者の取得できる価値について争いが生じた。著名な倒産裁判官であるWilliam Norton 判事は、債務者は被担保債権全額を弁済する必要はなく、裁判所の評価した額（上記額のおよそ70％）を弁済することで憲法上の要請は満たされるとし、担保権者の反対にもかかわらず、計画を認可した。また、Norton 判事は、憲法上、どのタイミングで手続を申し立てるかは、債務者の自由であり、担保権者には裁判所の評価額より高い価格をつける権限はないと判示した。

198　園尾＝小林・前掲書（注197）481頁〔松下淳一〕、濱田・前掲論文（注197）3頁参照。

この判決の登場により、金融債権者は激しく動揺した。債務者が市場価格を見計らい、自己に有利なタイミングで倒産手続を申し立て、担保目的物の価値評価額を現金で弁済できれば、担保権は消滅するからである。金融債権者が心配したのは、その後、担保目的物の価値が上昇する可能性と、倒産裁判所の評価への不信であった。
　現行法立法作業で、金融債権者は、その地位を挽回したのであるが、そこで重視されたのは、クレジット・ビッドを利用した担保目的物の価額評価への介入であった。特にオーバーローンの場合に、一般債権部分を放棄することで、債務者の受戻しを防止する1111条(b)は、比較法的にみて興味深いものである。もっとも、こうした対応が、現在では、第11章手続の改正へ向けた導火線になっているのも皮肉ではある。
　日本法では、更生担保権には清算価値で足りる（担保権はそれを実行した際の回収額に相当する価値を保障すれば足りる）とする山本和彦教授の有力な見解と[199]ともに、それと並び立つ、松下淳一教授の正鵠を射た提言が重要であろう。[200]松下教授によれば、権利保護条項の役割は、清算価値の保障を前提にしながら、特定の組が不同意の場合にも更生計画による継続企業価値余剰の分配をどこまで受けられるのかという観点からの検討が必要とされる。
　アメリカ法においても、担保権者に対し、どこまでの保障を与えるべきかは、金融市場のあり方などがかかわってくることにもなり、難問である。現行法立案段階である1970年代半ば頃の金融の姿と、現在ではかなり異なるのはそうであろう。Tabb教授は、連邦最高裁判所の判決により、第11章手続が陳腐化したという。
　担保権を消滅させるために、担保権者に対し、本来、担保目的物の価値を保障すれば足りるということは、理論上、正しい。しかし、それに納得しない金融債権者が、政策的な影響力をもつことも否定できない。アメリカ法の対応は、担保目的物の現在価値を保障しつつ、これに加えて、元本全額を被担保債権とする選択権を担保権者に認め、分割弁済の際に利息の基準を検討し、クレジット・ビッドの権利を担保目的物の譲渡の場合（いわば附従性の回復）にも

199　山本・前掲論文（注1）921頁。
200　松下淳一「一部の組の不同意と権利保護条項」判タ1132号（2003年）239頁。

広く認める。こうした努力は、日本法からみても興味深いと思われる。理論上確認するべきは、清算価値保障とクラムダウン（特に担保権者）の連関である。前者が債務者の清算解体を前提とした全債権者に対する下限保障の問題であるのに対し、後者は担保目的物の価値を担保権者に保障する問題である。これについて、換価時期の選択、評価主体、目的物の売却か保持かによる評価基準の異同（保持する場合、より高い再調達価格となる可能性）[201]等について、憲法的価値を踏まえた論議が今後の日本でも必要になると思われる。

アメリカにおける再建型手続の歴史は、（反対する）担保権者をどのように「ねじ伏せる」のか、ということを中心として発展したようにも思われる。その第1原則は、倒産手続における担保権者の保持できる価値を担保目的物のそれに限定することであった。もっとも、同時に、倒産裁判所による当該目的物の評価に対し、金融機関は不信感を募らせていた。その結果が、現行法の規律として結実したのである。翻って考えた場合に、興味深い問題が顕在化しつつある。別除権協定である[202]。同じように担保権者を手続の外側におくイギリス法の失敗に対し、日本の民事再生法は十二分に機能したといえるのではないか。問題は、この手続において、担保権がどのように処遇されていたかということであろう。おそらく担保目的物の価値を評価し、被担保債権部分と一般債権部分に分け、前者について、分割弁済をしていたと思われる。担保権消滅請求制度がそれほど利用されていない現状からしても、アメリカで激しく対立し

---

201 山本和彦「担保権消滅請求制度について」同・前掲書（注1）118頁〜119頁（初出：今中利昭先生古稀記念『最新倒産法・会社法をめぐる実務上の諸問題』（民事法研究会・2005年）453頁所収）が重要である。担保目的物の任意売却と自己利用の差異につき民法理論を踏まえいち早く検証した貴重な論考である。田中亘「担保権消滅請求制度の経済分析(1)・(2・完)——民事再生法における担保権の制約の意義と問題点」NBL799号（2004年）31頁、801号（2005年）40頁、同「担保権消滅請求制度の経済分析」私法68号（2006年）142頁が経済分析の視点から有益である。
202 この問題について、山本和彦「別除権協定の効果について」同・前掲書（注1）121頁（初出：田原睦夫先生古稀・最高裁判事退官記念論文集『現代民事手続法の実務と理論（下巻）』（金融財政事情研究会・2013年）617頁所収）、三上徹「別除権協定の諸問題——民事再生法の影の主役——」商事法務編『再生・再編事例集4』（商事法務・2005年）37頁、倉部真由美「再生手続における別除権の処遇」NBL1005号（2013年）42頁、同「別除権協定について」事業再生研究機構編『民事再生の実務と理論』（商事法務・2010年）342頁、中井康之「別除権協定に基づく債権の取扱い」ジュリ1459号（2013年）90頁、岡伸浩「牽連破産における別除権協定の帰趨」慶應法学28号（2014年）57頁等多数の文献がある。また、近時、関西倒産実務交流会において、上田裕康弁護士、北野知広弁護士（大江橋法律事務所）による、別除権協定に違反した場合の効果に論じた最高裁判決に関する報告に接した。

て論じられた、担保目的物の価値評価をめぐる争いはあまり耳にしない。合意ベースで議論が進められたからであるかもしれない。しかし、このいわば「組分け」は、他の一般債権者にも影響を及ぼす。二当事者間の合意で決せられるものではない。別除権構成を採用した場合、誰がどのように、この「組分け」の適切さを保障してきたのか。そもそも、前提として、担保目的物の価値をどのような基準で、かつどのような方法によって定めるのか、真摯な議論が必要であろう。民事再生法の枠組みでは、再生債務者の公平誠実義務のあり方、監督委員の役割、裁判所の関与の仕方などが想起されるけれども、担保権の取扱いをめぐるアメリカ法の議論の沿革や今後の改正の動向は、担保権者の納得や他の一般債権者の利益保護など、日本の議論にとっても有益であると思われ、引き続き注視するべきである。

5．絶対優先原則の意義

絶対優先原則の意義は、実体法上のプライオリティないし秩序を倒産手続に反映させることにあると思われる。債権者と株主の関係がよく用いられる例示であるが、アメリカ法の沿革を参照すれば、こうした実体法秩序に拘束されることが、事業再生の目的との関係では、やや疑わしいものとして評価されることになる。現行アメリカ法においては、この原則は、「絶対」的なものではなく、相対化された。その理由は、債務者企業の（継続企業）価値評価を行わなければならないことにある。この評価には時間とコストがかかるうえ、常に争いの対象にもなる。このことを担い手の問題として考えた場合、実体法秩序を尊重する絶対優先原則を制限することで、手続のイニシアティブを会計専門家ではなく法律家の下にとどめたとも評価しうるのではないか。皮肉であろう。

---

[203] アメリカ法における担保権の処遇については、倉部真由美教授の重厚な研究がある。倉部真由美「イギリスにおける倒産文化のアメリカ化——担保権の処遇の観点から——」福永有利先生古稀記念『企業紛争と民事手続法理論』（商事法務・2005年）629頁、同「アメリカ連邦倒産法における担保権実行の制限——自動的停止をめぐる議論の変遷——(1)・(2・完)」民商123巻3号（2000年）352頁、5号（2001年）732頁等。

[204] アメリカ法の改正の契機を俯瞰する有益な文献として、Legislative Update, ABI Commission Produces New Video on the Need for Chapter 11 Reform Study, ABI J. 8 September (2014). がある。また、価値評価については、Legislative Update, Valuation Issues a Key Topic at Chapter 11 Commission Hearing in Las Vegas, ABI J. 10 April (2013). 参照。

こうした実体法秩序の維持と手続の簡素化の問題への対応策として、イギリス法の試みは興味深いものであった。out-of-the money になるか否かをどのような基準で判断するかは結論が出ていないようであるが、清算価値基準を用いることもありうる。その場合、いわば絶対優先原則を維持しつつ、清算価値原則を適用するという方法といえようか。こうすれば、継続企業価値を実際上数値化する面倒からも解放される。しかし、その場合、out-of-the money とされる債権者の組の利益をどのように保護するかはなお問題であろう。認可段階での異議が考えられるが、事業譲渡がされればそれも困難となる。

民事再生手続においても、その実証研究において、継続企業価値が常に計算されるものでないことが明らかとなっている[205]。アメリカ法の旧法では、絶対優先原則を適用しない手続の場合、Best Interest Test が用いられていた。このテストが、清算価値を超える部分の価値を株主等に分配することの正当化に用いられていた点を看過するべきでない。継続企業価値を算定し、その割付を実体法に基づいて厳密に行うことが理想ではあるが、再建型手続の歴史ないし経験は、その修正を許容し、その正当化のために、理論上、清算価値保障原則が位置づけられるのである。

結びに代えて

アレクシス・ド・トクヴィルは、アメリカにおいて自由が失われるのは、多数者の専制的権力を原因とし、それは少数者を絶望に追い込み、無政府状態を生み出すとして、多数者の専制を痛烈に批判した。本稿は、アメリカの倒産手続における少数者・反対者の権利保護の仕組みを、連邦倒産法の最善の利益概念やクラムダウンの制度などに求め、そこから日本法を眺めてみた。

多数決制度をとる法的整理手続において、反対する債権者に何をどのように保障するか、ということは、重要な問題であり、清算価値保障原則はその下限を担うだけでなく、担保権者の処遇、特にクラムダウンや、実体法秩序の倒産

---

[205] 藤本利一＝森まどか「再生手続における財産評定・情報提供」山本和彦＝山本研編『民事再生の実証的研究』（商事法務・2014年）94頁以下、藤本利一＝森まどか「再生手続における財産評定・情報提供」NBL998号（2013年）56頁以下参照。

手続への反映である絶対優先原則にも連関する重要な概念であることが理解できた。清算価値保障原則は、いわば、手続の成り立ちを支える必須の骨格ともいえ、それを踏まえた議論が今後も継続されるべきである。直近では、金融市場や融資のあり方の変化を踏まえた、担保権の処遇をめぐる議論が重要であろう。

　さらに、こうした問題は、「国境を越えて論じられる問題（cross-border）」であり、諸外国の動向には絶えず注意が必要である。今後、倒産手続の「標準化」の議論は避けて通れない。「標準化」へ向けて日本法の貢献がもしあるとするならば、従前の日本の理論や実務の蓄積が諸外国に還元されることを意味し、同時にそれは国民の利益にも適うことになろう。その意味で、これまでの日本法の理論や実務について、「翻訳可能性」が問われることになるかもしれない。清算価値保障原則のような「柱」を通して、日本法の成り立ちを考えていくことが求められているように思う。

（藤本利一）

第4節 債権者機関（債権者集会・債権者委員会）
──日米の比較にみる債権者機関の役割と位置づけ

I はじめに

　倒産処理手続における最も重要な利害関係人といえるのは債権者である。わが国の倒産手続の目的は各法律の1条に定められており、それぞれ文言は異なるが、会社更生法・民事再生法・破産法いずれにおいても、債務者と債権者との間の利害関係等を適切に調整することが目的としてあげられている。無担保債権者であれば、債務者の倒産手続開始によって債権回収に多大な影響を受けながらも自らの権利行使は原則的に禁止され（会更47条1項、民再85条1項、破100条1項）、最終的な弁済ないし配当を待つしかない状況に陥る。担保権者であれば優先的な債権回収が認められるものの（民再53条2項、破65条1項）、担保目的物が債務者の事業再生に必要不可欠なものである場合には、裁判所により担保権消滅の許可が出されることもある（会更104条、民再148条、破186条）。債権者は債務者の倒産手続開始によって最も影響を受け、大きな犠牲を強いられる。それゆえ、債権者の利益を考慮し、債権者に最大の満足を与えるよう、債務者と債権者の利害関係等を適切に調整しながら倒産手続を進行することは、倒産手続の目的として必然であるといえる。そうだとすれば、このような倒産手続の目的を実現するために、債権者は倒産手続の進行に密接に関与しているべきであるし、手続の進捗状況や方向性について熟知しているべきであると考えるのが自然であろう。ひとたび倒産手続が開始されれば、自己の債権回収の実現は債務者の倒産手続がいかに進行するのかに依拠しているからである。

　にもかかわらず、日本における債権者は、倒産手続に積極的に関与すること

I　はじめに

が少ないといわれる。特に無担保債権者は、倒産手続の開始により最終的な配当ないし再建計画による弁済を待つことしかできない立場を強いられながらも手続の進行過程に登場してくることが少ない。倒産処理におけるプレーヤーとして最も重要な地位にありながら、実際にはそれほど登場場面が多くないというのが日本の現状である。

倒産手続における債権者機関として、日本の倒産法は債権者集会（会更114条、民再114条、破135条）と債権者委員会（会更117条、民再117条、破144条）を設けている。しかし、いずれの機関も現在の倒産手続において活用されているとはいえない。債権者集会は従前より形骸化し、それを受けて平成16年破産法改正時に、その招集が任意化された。債権者委員会にあっては、後述するように、いまだ2件の会社更生事件において組織されるにとどまっている。日本において、債権者機関が活用されないのはなぜか。その原因はどこにあるのか。倒産処理手続における適切なガバナンス構造として、わが国の債権者ないし債権者機関はいかにあるべきなのか。

本稿は、日本における債権者機関の現状を確認しながら、債権者機関の更なる活用に向けて問題点の抽出と検討を試みるものである。検討にあたっては、アメリカにおける債権者機関の倒産手続への関与のあり方を参考とする。なお本稿では、手続の進行についてより積極的に債権者が関与すべき場面が多いと思われる再建型倒産手続における債権者機関のあり方に焦点をあてる。さらに、日米の比較においては、その活用に大きな相違がみられる債権者委員会のあり方に特に着目することとする。

1　山本和彦ほか『倒産法概説〔第2版補訂版〕』（弘文堂・2015年）365頁、相澤光江「債権者委員会」東京弁護士会倒産法部編『倒産法改正展望』（商事法務・2012年）423頁等。
2　会社更生手続においては、更生債権者以外にも更生担保権者、株主等が招集される関係人集会が規定されている。
3　東京地方裁判所において、Spansion Japan およびエルピーダメモリの更生事件において更生担保権者委員会が承認されている。前者につき坂井秀行＝粟田口太郎「史上初の更生担保権者委員会とその意義――Spansion Japan の更生手続」金法1918号（2011年）24頁、後者につき小林信明ほか「エルピーダ物語(1)～(7)」NBL1021号～1027号（2014年）。

Ⅱ 日本における債権者機関の現状

1．債権者集会

　債権者集会は、各倒産手続における一般の倒産債権者（更生債権者、再生債権者、破産債権者）で構成される機関であり、債務者と債権者との間の利害関係を適切に調整するべく、倒産手続の進行状況において十分な情報を得るために招集される（会更114条、民再114条、破135条）。倒産手続における最大の利害関係人である債権者に対して、手続の進行についての情報を開示し、それを基礎として管財人あるいは再生債務者等の業務についての意思決定の機会を与えるのがその目的である。[4] 特に再建型倒産手続においては、それらの機能に加えて、再生計画案ないし更生計画案の決議を行うことも重要な職務となる（会更191条、民再169条）。

　もっとも破産手続においては、破産管財人が財団所属の財産を迅速に換価し、それを債権者に配当することが目的であるため、債権者に対して必ず意思決定の機会を与えなければならない場面は少ない。迅速に債権者への配当を実現するためには、裁判所の監督の下に破産管財人が適正に管財業務を遂行することが重要であり、限りある破産財団の配分について債権者の意思決定を求める必要性は小さいと思われる。実際、多くの破産債権者は破産手続の追行についてほとんど関心をもたないのが現実である。彼らの最大の関心は、できるだけ早期に、できるだけ多くの配当を得ることにしかない。それゆえ、従前より債権者集会の形骸化がみられ、平成16年破産法改正時に、債権者集会の開催は任意化された。現在の東京地方裁判所破産再生部の実務では、全件において財産状況報告集会（破31条1項2号）、破産管財人の任務終了計算報告集会（同法88条3項・4項）および破産手続廃止に関する意見聴取集会（同法217条1項）をあわせて開催するのが一般的である。[5] 破産手続における債権者集会は、現在、

4　伊藤眞『破産法・民事再生法〔第3版〕』（有斐閣・2014年）138頁。
5　東京地裁破産再生部実務研究会編『破産・民事再生の実務〔第3版〕』（金融財政事情研究会・2014年）479頁。

破産手続における債権者の意思決定機関としてではなく、破産管財人から債権者への情報提供や債権者から破産管財人に対する意思伝達機関として位置づけられているといえる。

会社更生手続においては、債権者集会としてではなく、更生債権者を含む更生担保権者や株主等の利害関係人が招集される関係人集会が設けられている。更生手続における利害関係人が参集し、更生手続および更生会社に関する情報を受け、手続の基本事項について意見を申述し、更生計画について審議および決議を行う機関として、裁判所により招集される。ただ、多くの利害関係人を集結するには多大な費用がかかる一方で、情報開示、意見陳述、決議のいずれも集会を開催しなくとも実行が可能であるため、関係人集会の招集も必要的ではない（会更114条1項）。

民事再生手続においても、債権者は再生手続の進行状況についての情報開示を受ける必要があるため、財産状況報告集会（民再126条）を始めとする債権者集会の開催が予定されているが、更生手続と同様に総再生債権者を集結して集会を開催することが、再生債権者の意思形成や情報提供の方法として最適であるといえないことから、やはり債権者集会の開催は必要的なものとはされておらず、情報提供については文書の閲覧（同法16条）、再生債務者による情報開示（民再規1条2項）や債権者説明会（同規則61条1項）等をもって行い、再生計画案の決議については書面等投票によって行うこと（民再169条2項2号・3号、171条、187条2項）が認められている。

したがって、日本における債権者集会の役割は、倒産手続の進行に関する意思決定機関としてではなく、手続の進捗等について情報提供を受けたり債権者の意見を伝えたりする意思伝達機関として位置づけられている。確かに最大の

---

6 旧破産法においては、170条、194条、198条2項等において、監査委員の設置、扶助料の給与、営業の廃止、重要な財産の処分などに関して、債権者集会の必要的決議事項を定めていた。
7 伊藤・前掲書（注4）17頁。
8 民事再生法上では、再生手続の機関とされているのは民事再生法第3章に規定される監督委員、調査委員、管財人および保全管理人の4つであり、債権者集会および債権者委員会は機関として規定されていない。しかし、伊藤眞教授は、「法律上の権限を認められて再生手続の遂行に関与し、その前提として意思決定を行うことが予定される主体には、理論上の機関性を認めるべきである」とする（伊藤・前掲書（注4）821頁脚注(47)）。なお、債権者説明会（民再規61条）は、再生債権者に対する情報提供の場として位置づけられており、機関性は認められていない。

利害関係人として、総債権者が一堂に会する場で意思決定を集約することは困難であり、債権者集会の開催に伴う費用を考慮すれば、債権者集会は現在のように意思伝達機関として位置づけることは、債権者に対する最大の満足を実現する点からも妥当だと思われる。

2．債権者委員会

　債権者集会は総債権者で構成される機関であるため、その招集には費用がかかることに加えて、呼び出しや公告を要する（民再115条、破136条）ために手続としても重厚なものとなっている。したがって、債権者の意向をより簡易迅速な方法によって反映させるために設けられたのが債権者委員会である（会更117条、民再117条[9]、破144条[10][11]）。ただし、破産手続においても債権者委員会の制度が設けられてはいるものの、前述のとおり、破産手続において債権者が手続の進行に関心を抱くことは少なく、それゆえこれまで破産法上の債権者委員会が承認されたことはない。しかし再建型倒産手続においては、債務者の事業再生の手法や方針によって債権者の利益は大きな影響を受ける可能性があるため、手続の進行等に関心を抱く債権者は多いと考えられ、債権者委員会を設けて債権者の意向を簡易迅速に手続に反映させる必要性も高くなる。したがって以下では、より債権者委員会の活動が見込まれる更生手続ないし再生手続における債権者委員会について言及する。

　債権者委員会は、委員の数が3名以上10名以下であること、債権者（更生債

---

[9] 更生手続においては関係人委員会の制度が規定されており（会更114条）、権利の性質に応じて更生債権者委員会（同法117条2項）、更生担保権者委員会（同条6項）および株主委員会（同条7項）が含まれる。関係人委員会については、川嶋四郎「関係人委員会の意義と任務」判タ1132号（2003年）137頁参照。

[10] 再生手続においては、別除権者や一般優先債権者が手続外におかれるため（民再53条2項、122条2項）、再生債権者委員会しか構成されない。

[11] 旧破産法においては、債権者の意向を簡易迅速に手続に反映させるための機関として監査委員が規定されていた（旧破170条以下）。監査委員は破産債権者を代表する立場で破産管財人を監督する職責を有するものとされていた。しかし、実際には破産債権者が破産手続に対して無関心であることや、監査委員制度の濫用のおそれから、監査委員がおかれることはほとんどなかったといわれる。過去には実際に整理屋が監査委員として選任され、破産手続の円滑な進行に著しい支障を来した事例もあったことから、破産法改正時において、制度の濫用を防止しながら債権者の意見を適切に破産手続に反映できるような枠組みを構築すべく監査委員制度は廃止され、新たに債権者委員会が設けられた（山本ほか・前掲書（注1）367頁）。

民事法研究会

http://www.minjiho.com/

新刊のご案内 2017年3月
(2016年12月~2017年3月分)

※書籍の価格はすべて本体価格(税抜)の表示となっております。
※ご注文は、最寄りの書店へご注文いただくか、または弊社へ直接ファクシミリにてご注文ください。

3月刊

倒産処理プレーヤーの役割―狙い手の理論化とグローバル化への試み―
A5判・538頁・定価 本体5,800円+税
佐藤鉄男・中西 正 編著

管理組合・理事のためのマンション管理実務必携―管理組合の運営方法・税務、建物・設備の維持管理、トラブル対応―
A5判・288頁・定価 本体2,500円+税
マンション維持管理支援・専門家ネットワーク 編

事例にみる外国人の法的支援ハンドブック
A5判・286頁・定価 本体2,700円+税
神奈川青年司法書士協議会人権擁護委員会 編

2月刊

消費者六法〔2017年版〕―判例・約款付―
A5判箱入り並製・1583頁・定価 本体5,200円+税
編集代表 甲斐道太郎・松本恒雄・木村達也

クレジットカード用語事典〔第4版〕
A5判・259頁・定価 本体2,700円+税
末藤高義 著

持分会社の登記実務〔補訂版〕―合名・合資・合同会社の設立から清算結了まで―
A5判・271頁・定価 本体2,400円+税

アンケートご協力のお願い

FAX/TEL 03-5798-7258

| 購入した書籍名 | 倒産処理プレーヤーの役割 |

● 本書を何によってお知りになりましたか。
・日経新聞広告　　　　　　　　　　　　・新聞（新聞名　　　　　　）
・雑誌（雑誌名　　　　　　　）　　　　・書店（書店名　　　　　　）
・ホームページ（弊社以外）　　　　　　・知人・友人
・弊社ホームページ　　　　　　　　　　・その他（　　　　　　　　）

● 弊社のホームページをご覧になったことはありますか。
・よく見る　　・ときどき見る　　・ほとんど見ない　　・見たことがない

● 本書をどのようにご購入されましたか。
・書店（書店名　　　　　　　）　　　　・直接弊社から
・インターネット書店（書店名　　　　）・その他（　　　　　　　　）
・贈呈

● 本書についてのご感想をお聞かせください。
・内容は、　　（良い　　　　まあまあ　　　　不満）
・デザインは、（良い　　　　まあまあ　　　　不満）
・定価は、　　（安い　　　　普通　　　　　　高い）

- 読んでいる ・読んでいない
●本書のご購入の動機をお教えください。
・実務上 ・一般教養として ・試験のため
・プレゼント用に ・人に勧められて ・その他（　　　　　）
●本書に対するご意見や、出版してほしい企画等をお聞かせください。

■ご協力ありがとうございました。

住　所（〒　　　－　　　　）

　　　　　　　　　　　　　　　　　　　　　　　　　TEL.（　　）　　　－　　　　内
フリガナ
氏　名　　　　　　　　　　　　　　　　　　　　　　FAX.（　　）　　　－
（担当者名）

お得な情報が満載のメルマガ（新刊案内）をご希望の方はこちらにご記入ください。
　　　　　　　　　　　　　　　　　　　　　　　　　　　　　　（メルマガ希望の方のみ）
Email：

注文申込書

ご注文はFAXまたはホームページにてで受付けております

FAX 03-5798-7258
http://www.minjiho.com

本申込書で送料無料になります
※弊社へ直接お申込みの場合にのみ有効です。
※ホームページからご注文する際は、下記のクーポンコードをご入力ください。送料が無料になります。
クーポンコード 483716
有効期限 2018年3月31日まで

お申込日　平成　　年　　月　　日

書籍名

実践 成年後見［年間購読］年6回刊・年間購読8,400円(税・送料込)　　　号から購読申込み　　　冊

個人情報の取扱い　ご記入いただいた個人情報は、お申込書籍の送付および書籍等のご案内のみに利用いたします。

(新刊案内1703)

営業秘密管理実務マニュアル——管理体制の構築と漏えい時対応のすべて——
A5判・284頁・定価 本体 2,800円+税　服部 誠・小林 誠・岡田大輔・泉 修二 著

共有不動産の紛争解決の実務——使用方法・共有物分割の協議・訴訟から登記・税務まで——
A5判・348頁・定価 本体 3,400円+税　弁護士・司法書士 三平聡史 著

破産管財PRACTICE——留意点と具体的処理事例——
A5判・330頁・定価 本体 3,400円+税　中森 亘・野村剛司 監修　破産管財実務研究会 編著

【1月刊】

執行手続による債権回収——強制執行手続・担保権実行・強制競売——
A5判・335頁・定価 本体 3,400円+税　虎門中央法律事務所 編

REITのすべて〔第2版〕
A5判・696頁・定価 本体 7,200円+税　新家 寛・上野 元・片上尚子 編

コンパクト倒産・再生再編六法2017——判例付き——
A5判・718頁・定価 本体 3,500円+税　編集代表 伊藤 眞・多比羅誠・須藤英章

【12月刊】

"平和学"としてのスポーツ法入門——平和を愛する人が2020年までに必読の一冊——
A5判・354頁・定価 本体 2,800円+税　弁護士 辻口信良 著

M&Aアライアンス契約書の作成と審査の実務
A5判・603頁・定価 本体 5,400円+税　滝川宜信 著

最新情報の詳細は、弊社ホームページをご覧ください。http://www.minjiho.com/
注文申込書は裏面をご覧ください。

権者、再生債権者）の過半数が当該委員会の手続関与に同意していると認められること、当該委員会が債権者全体の利益を適切に代表すると認められること、の3つの要件を満たし、裁判所の承認を得ることによって発足する（会更117条1項、民再117条1項）。債権者過半数の同意については、形式的な意味ではなく、実質から判断して過半数の債権者の同意があると認められることを意味していると解される。また、債権者全体の利益を適切に代表することとは、債権者委員会が債権者全体の利益を代表し、その活動が適切に行われることとの意味が含まれている。

　債権者委員会の権限は、意見陳述権、再生債務者や管財人等に対する報告書等の徴求権・報告命令申立権、債権者集会の招集申立権および再建計画履行の監督権に分けられる。すなわち、裁判所は債権者委員会に意見の陳述を求めることができ（会更117条2項、民再117条2項）、債権者委員会は、裁判所、管財人や再生債務者、監督委員等に対して意見を述べることができる（会更117条3項、民再117条3項）。管財人や再生債務者等は、債権者委員会の意見を聴かなければならず（会更118条2項、民再118条2項）、財産について裁判所に提出した報告書等を債権者委員会にも提出しなければならない（会更119条1項、民再118条の2）。また、債権者委員会は債権者集会（会社更生手続においては関係人集会）を招集することができる（会更114条、民再114条）。債権者委員会に更生会社の事業の更生あるいは再生債務者の再生に貢献する活動があったと認められる場合には、債務者の財産から相当の費用の償還を受けることが許可され得る（会更117条4項、民再117条4項）。そして、再生手続における債権者委員会は再生計画の履行確保のための監督等を行うこともある（民再154条2項）。

　債権者委員会は、特に再建型倒産手続において債権者の意向を手続に反映させるための機関として重要な機関であるはずである。ところが、既述のとおり再建型倒産手続においても、これまで債権者委員会が承認されて活動した旨が

12　伊藤・前掲書（注4）640頁。
13　伊藤・前掲書（注4）641頁。なお、適切代表性の存在は、申立書の記載および添付書面によって明らかにしなければならない（民再規53条1項4号・2項1号）。
14　営業譲渡の許可に際しては、裁判所は知れている再生債権者の意見を聴くことに代えて債権者委員会の意見を聴くことで足りる（民再42条2項ただし書）。

公表されている事例はわずか2件にとどまっている[15]。さらにこれらの事例は、いずれも更生担保権者委員会の承認事例であり、無担保債権者から成る更生債権者委員会の承認事例はいまだ生じていない。したがって、日本における債権者委員会は制度としては存在しながらも、現実にはほとんど活用されることがない機関であるといわざるを得ない。

　その理由の一つとして指摘されるのが、債権者委員会に付与される機能が、主として債務者や管財人に対する意見陳述、すなわちアドバイザリー的役割にとどまっているという点である[16]。上記からわかるように、債権者委員会には再生債務者や管財人、裁判所に対して意見陳述したり、報告の徴求を行ったりする権限が付与されているにすぎず、手続の進行や方針に対する意思決定権限は有していない。したがって、管財人や債務者等に債権者の意見としては聴いてもらえるものの、その意見が手続の進行に反映されるか否かは最終的には管財人や再生債務者等に委ねざるを得ないのである。さらに、債権者委員会の承認要件として「債権者全体の利益を適切に代表すること」が求められているために要件を満たすことが困難であることや、大型倒産事件が多い会社更生手続では、原則的に裁判所によって選任される管財人が手続進行を担ってきたため、債権者が管財人の手続進行を信頼していた点もあげられよう。というのも、更生担保権者委員会が承認された2件の事例は、いずれも平成21年より東京地方裁判所で運用が開始されたいわゆるD.I.P.型会社更生手続における事例であるからである[17]。

15　粟田口太郎「債権者に対する情報開示」金法1957号（2012年）13頁によれば、東京地方裁判所において民事再生手続における債権者委員会の承認例が生じたとの報告がある。
16　相澤・前掲論文（注1）424頁。
17　D.I.P.型会社更生手続については、大門匡ほか「導入後2年を経過したD.I.P.型会社更生手続の運用状況」NBL963号（2011年）31頁参照。

III　アメリカにおける債権者機関の役割

1．アメリカ連邦倒産法第11章手続における債権者委員会の役割と権限

　アメリカにおける債権者機関としては、債権者委員会（Creditors' Committee）が制度としても実務的にも重要な役割を果たしている。特に再建型倒産手続であるアメリカ連邦倒産法第11章手続における債権者委員会は、手続を進行する債務者に対するカウンターパワーとして必須かつ極めて重要な中心的機関として位置づけられている[18]。

　第11章手続における債権者委員会の機能は、委員会を構成しないその他の債権者の意見を聴き、債権者らの利益保護を確実にするために、「債務者を補助、補佐し、監督することにある[19]」とされている。債権者委員会は、通常、債権額上位7名の無担保債権者により構成される（アメリカ連邦倒産法（以下、法令名を省略する）1102条(b)）。債権者委員会を構成する委員は、手続開始後可能な限り速やかに連邦管財官（U.S. Trustee）によって選任されることが推奨されているが、必須ではなく、無担保債権者の利益を公正に代表していると認められる限りにおいて、その選任にはかなりの自由度があるとされている[20]。債権者委員会は自らを代理する専門家を選任するほか[21]、債務者の行為、責任、財産状況や事業運営、事業の今後の見込み等について調査を行い、手続運営について債務者らと協議し、再建計画策定に参加し、一定の要件を満たす場合には、債権者委員会が自ら再建計画案を作成提出することができる（1103条(c)、1121条(c)）。

　債権者委員会は無担保債権者については設置が必要的である。ただし、小規

18　相澤・前掲論文（注1）423頁。
19　*Pan Am Corp. v. Delta Air Lines, Inc.*, 175B.R. 438, 514 (S.D.N.Y.1994).
20　堀内秀晃ほか『アメリカ事業再生の実務』（金融財政事情研究会・2011年）25頁。
21　一般的に、債権者委員会は倒産実務を専門とする弁護士によって代理されるのが通常であり、D.I.P.の財務活動を検査したり調査したりするために会計士が選任されることも多い（相澤・前掲論文（注1）423頁）。

模な倒産事件(申立て時の負債総額が200万ドル以下の場合)においては、採算性や必要性を考慮し、裁判所が債権者委員会を設置しないことを許可することができるとされている(1102条(a)(3))。大型の第11章手続においては、債権者委員会が活発に活動するのが通例となっており、債務者としても、業務・財務の現状や今後の手続の進め方等を債権者委員会に定期的に報告するとともに、再建計画提出時に至っては、債務者は再建計画の内容について債権者委員会から賛意を得るために最大限努力するとされる。[22]

2．債権者委員会に対する情報開示

第11章手続における債権者委員会に付与されている調査権限は広範であり、債権者委員会は、債務者の業務運営の監督および再建計画作成への参加という義務を全うするために適切な調査であれば何でも行うことができる。[23]調査の内容や程度は事案によって異なる。[24]それゆえ、第11章手続の債務者は、手続開始時に、債権者委員会から非常に多くの情報開示を求められる。[25]一般的な公開情報はもちろんのこと、草案段階におけるものを含む機密の非公開情報も提供しなければならない。[26]非公開情報の開示にあたっては、債務者は債権者委員会の構成債権者(あるいは債権者委員会を代理する専門家)と守秘義務契約の締結を条件にすることもできる。[27]なお、第11章手続においても、無担保債権者で構成される債権者委員会のほかに、担保権者によって構成される担保権者委員会が組織される場合がある。その際、担保権者委員会に付与される権限は、一般の債権者委員会の権限と同様であると考えられている。[28]したがって、

---

22 堀内ほか・前掲書(注20)25頁。
23 Collier on Bankruptcy ¶ 1103.05 (Alan N. Rensnick & Henry J. Somme eds.,16th ed.)
24 Id.
25 手続期間中、D.I.P.は連邦管財官(US trustee)から月次報告書の提出が求められるが、これらはすべて公開の情報となり、全債権者が閲覧可能である。また、全債権者は、倒産裁判所のオンライン事件簿上において、すべての公開情報を入手することができる。大型の第11章手続においては、D.I.P.は、倒産裁判所の事件簿やその他の事件情報の概要(聴聞期日、債権届出期間等)を含むウェブサイトの運営を行う通知・債権届出代理人(notice and claims agent)を雇うことができる。
26 Collier on Bankruptcy ¶ 1103.05 (Alan N. Rensnick & Henry J. Somme eds., 16th ed.)
27 Sandra Schirmang, *Creditor's Committees: What You Should Consider Before Deciding to Serve*, Business Credit May 2009, 2 (2009).
28 Peter C. Blan & Diane Harrison O'Gawa, *Creditor's Committees Under Chapter 11 of the United States Bankruptcy Code: Creation, Camposition, Powers, And Duties*, 73 Marg. L. Rev. 581, 592.

担保権者委員会に対する情報開示の内容に関しても、一般の債権者委員会と同様に考えることができる。

債権者委員会に開示される情報としては、主に以下のような情報があげられる。いずれの情報も債権者の利益につながる重要な情報であり、債権者委員会はその職務を全うするために積極的に情報開示を求めることができる。

(1) 再建計画に関する情報開示

再建計画作成過程における債権者委員会の役割は、その役割の中でも最も重要なものと考えられるため、債権者委員会は、債務者に対して、資産・負債・収益性・現在および将来の事業計画に関する財務情報や企業情報を開示するよう求めることができる[29]。さらに、債権者委員会は、債務者の代表的資産および負債の原因、配当原資をより増殖する可能性のある否認対象行為やその他第三者に対する請求権の有無についてまで情報を開示するよう求めることができるとされている[30]。

(2) 資産売却（事業譲渡含む）に関する情報開示

債権者委員会には、債務者の財務状況、資産、負債その他の事項に関する調査が広く認められているところ、これは資産売却についても適用される（1103条(c)(2)）。財団資産の売却（事業譲渡を含む）についての検討と回答は、債権者委員会の重要な機能の一つであるため、債権者委員会は資産売却に関する情報開示を受けることができる。その際、債権者委員会は債務者や管財人に対して提案された売却に関する情報を評価するだけでなく、提案された売却案に代わる代替案に関する情報も評価することができる[31]。また、これら資産評価等を行うため、鑑定人、ブローカー、投資銀行等の専門家を雇うこともできる。

さらに、債権者委員会は、資産購入や提案された競合案に利害関係を有する第三者に情報開示を求めるために、連邦倒産法1103条(c)および連邦倒産手続規則2004条に基づくディスカバリーを行うことができる。連邦倒産手続規則2004条は、「いかなる利害関係人」からでも申立てがあれば、倒産裁判所は、「いか

---

[29] 米国ニューヨークにて倒産実務を専門とする弁護士 Alec P. Ostrow 氏（経歴については〈http://www.beckerglynn.com/alec-p-ostrow/〉参照）へのインタビュー調査より（2015年ニューヨークにて実施）。
[30] Alec P. Ostrow 氏へのインタビュー調査（前掲・注29）より。
[31] Alec P. Ostrow 氏へのインタビュー調査（前掲・注29）より。

なる者に対する調査」を命じることができると規定する。この調査は、「債務者の行為、行動、又は財産、責任及び財務状況、又は債務者の資産管理ないし免責に影響を及ぼすあらゆる事項」に関連して行うことができる（連邦倒産手続規則2004条(b)）。当該規則は、意図的に調査対象を広範に規定しており、裁判所は、これに基づいて行われる調査の範囲は「自由な」ものであり、「迅速な情報収集」を実現する性質を有していると述べている。[32]

債権者委員会は、特定の資産売却等について異議を申し立てることもできる（1109条(b)参照）。具体的には、売却資産の価格やその他の売却条件、資産購入の申出への勧誘方法[33]、提案された入札方法、またはその資産売却それ自体に対しても、異議を申し立てることができる[34]。加えて、債権者委員会が債務者が有する特定の記録の入手を要求したにもかかわらず、当該記録の入手を拒否された場合、債権者委員会は当該資産売却に反対することもできる[35]。

(3) 秘密情報の開示

上記のとおり、第11章手続における債務者から債権者委員会への情報開示の内容は非常に広範である。したがって、開示される情報の中には機密性の高いものも当然含まれてくる。これら秘密情報の取扱いはどのようになされているのか。債権者委員会は、当該委員会の構成員ではないその他の債権者らに対して忠実義務を負っているため、秘密保護の必要性と忠実義務との調和をいかに図るのかが問題となる。

忠実義務との関係において、2005年の連邦倒産法改正により、債権者委員会は、①委員に指名されていない当該債権者委員会の種類の債権を有する債権者が情報にアクセスできるようにしなければならないこと、②そのような債権者

---

[32] *In re Dinubilo*, 177 B.R. 932, 939 (E.D. Cal. 1993); *In re Enron Corp.*, 281 B.R. 836, 840 (Bankr. S.D.N.Y. 2002); *Moore v. Eason* (*In re Bazemore*), 216 B.R. 1020, 1023 (Bankr. S.D. Ga. 1998); *In re Kreiss*, 46 B.R. 164, 165 (Bankr. E.D.N.Y. 1985); *In re GHR Cos.*, 41 B.R. 655, 660 (Bankr. D. Mass. 1984).

　ただ、連邦倒産手続規則2004条に基づくディスカバリーは調査範囲が広範に及ぶことから、濫用のおそれがあると指摘されている。ディスカバリー申立ての濫用を防止する方法として、連邦倒産手続規則2004条に基づく調査範囲を限定するよう裁判所に秘密保持命令を発令してもらう方法があるとされる。

[33] *In re Integrated Resources Inc.* 147 B.R. 650 (S.D.N.Y. 1992).
[34] *In re Hupp Indus.*, Inc., 140 B.R. 191 (Bankr. N.D. Ohio 1992).
[35] Alec P. Ostrow 氏へのインタビュー調査（前掲・注29）より。

に意見を求め、その意見を聴かなければならないこと、および③そのような債権者に対し更なる情報開示をせよとの裁判所からの命令があれば従わなければならないこと、という規定が新設された（1102条(b)(3)）。この規定は、債権者委員会が負う忠実義務を情報開示面において具体化したものとされる。ただ、当該規定は、債権者委員会が当該委員会の構成員ではないその他の債権者に対して必ず提供しなければならない情報はあるのか、あるいは機密性の高い秘密情報も提供しなければならないのか等については何も定めていない。したがって、債務者側の秘密保護を確実にし、かつ、債権者委員会が負う忠実義務も遵守するべく、債権者委員会は、債権者委員会間の協定と連邦管財官の承認を得たうえで、債務者に対して、秘密情報の範囲と性質を定義し、当該秘密情報の使用と開示を制限する秘密保持命令を裁判所に求めるように要求することができる[36]。また、個別的に、当該情報を債権者委員会の構成員ではないその他の債権者に開示しないよう求める決定を要求することもできる[37]。

しかし、債権者委員会は債務者に対して忠実義務を負うわけではないため、仮に保護されるべき秘密情報が開示されてしまったとしても、債務者が債権者委員会に対して忠実義務違反を主張することはできない。したがって、債務者としては、債権者委員会との間で秘密保持契約を締結し、債権者委員会に対して、契約上の秘密保持義務を課することが最も確実な秘密情報開示の防止策となる[38]。債務者が秘密保持契約に入れるべき条項については議論が多いが、秘密情報の対象を書面で示されるものだけでなく口頭で示されるものにも及ぶことを明確にすること、また、秘密保持義務が、現存する債権者委員会の構成員だけでなく、手続過程において、債権者委員会の委員を辞任したものや新たに選任されたものすべてにまで及ぶことを明確にする必要があると指摘されている[39]。

---

36 Brace Nathan, *Creditor's Committee Disclosure Obligations Updated: The Use of Internet Website*, Business Credit April 2010.1, 2.
37 In re FLYi Inc., 377 B. R. 140 (Bankr. D. Del., 2008).
38 Nathan, *supra note* 36, at 2.
39 Alec P. Ostrow 氏へのインタビュー調査（前掲・注29）より。

3．第11章手続改正議論における債権者委員会不要論の検討

(1) 第11章手続改正検討委員会の発足

　現在アメリカでは、第11章手続の改正議論が行われている。第11章手続は、1978年連邦倒産法において、それまでの1938年連邦倒産法、いわゆるチャンドラー法における第Ⅹ章手続会社更生手続（Corporate Reorganization）と、第ⅩⅠ章手続整理手続（Arrangements）が一本化されることによって制定された手続である。制定以来、長きにわたって有益な事業再生手段として活用されてきたが、昨今、現代の金融市場や金融商品、企業構造は1978年当時とは大きく異なり、より複雑に発展していること、また現在の第11章手続は、特に中小企業にとって費用が高すぎる等の意見が出されていたところであった。さらに、意図的なのか偶然なのか、これまでのアメリカにおける事業再生に関する法律は、1898年、1938年、1978年とすべて約40年ごとに見直しがなされてきている。おそらく、40年という期間が、市場や金融商品の発展に既存の法規制が耐え得る限界なのだろうといわれている。そして、1978年から40年弱を迎える今、再び事業再生に関する法律を評価し直す時が訪れたとし、the American Bankruptcy Institute は第11章手続改正に関する検討委員会（the Commission to Study the Reform of Chapter11）（以下、「改正検討委員会」という）を設けた。改正検討委員会は、2012年１月から検討を開始し、昨今の判例法や実務の発展を踏まえながら第11章手続に関する問題点について議論し、公に対するヒアリング調査等を行いながら第11章手続の改正指針を検討していった。その後、改正提案や議論に関する最終報告書（ABI Commission to Study

---

40　Chandler Act, ch 575, 52 Stat. 840（1938）, *repealed* by Bankruptcy Reform Act of 1978, Pub. L. No.95-598, 92 Stat. 2549.
41　第11章手続の制定経緯については、村田典子「当事者主導型倒産手続の機能の変容（一）」民商138巻６号（2008年）64頁以下参照。
42　American Bankruptcy Institute, *ABI Commission to Study the Reform of Chapter* 11: *Final Report and Reccomendations 2012～2014*, at 13（ABI, 2014）. ウェブ版として、<https://abiworld.app.box.com/s/vvircv5xv83aavl4dp4h>（2017年２月10日確認）。
43　*Id* at 2.
44　検討委員会は、アメリカの大型倒産事件等において債務者や債権者、その他の利害関係人の代理人を務めてきた倒産実務家、ニューヨーク州倒産裁判所元判事、連邦管財官、研究者等で構成されている。検討委員会の構成メンバーの経歴については、*See* ABI, *supra* note 42, at334-361.

the Reform of Chapter 11: Final Report and Recommendations 2012〜2014）を2014年12月1日に公表した。

(2) 債権者委員会に関する改正指針

改正検討委員会は、上記最終報告書において、連邦倒産法1102条(a)に基づく債権者委員会の改正についても議論し、その指針について以下のように提言している。[45]

・中小企業（small and medium-sized enterprise）の項目において提言されている指針を除いて、特段の事情により裁判所が命じない限りは、原則的に連邦倒産法1102条に基づく無担保債権者委員会は設置するべきである。「特段の事情」とは、債権者委員会の設置が財団の最善の利益とならない、あるいは一般の無担保債権者が全く配当を得られないか、逆に全額弁済が受けられる場合など、一般の無担保債権者の利益が代表者を必要としていない場合をいう。

・裁判所は職権で、また連邦管財官・利害関係人は、無担保債権者委員会の選任あるいは継続が財団の最善の利益になるかどうかを決めるための公聴会をすることができるとすべきである。

・連邦管財官が引き続き社債権者委員会など、無担保債権者委員会のほかに、持分証券保有者委員会など1つ以上の委員会を設置するか、あるいはさまざまな利害関係人から成る債務者で1つの債権者委員会を設置するのかに関して、裁量を維持すべきである。したがって、この部分については改正はない。

上記のような指針に至った経緯は以下のとおりである。改正検討委員会は、第11章手続における債権者委員会を存続すべきかについて議論を重ねてきたが、検討委員の中には、今や多くの債務者の資本構造において中心的な債権者は担保権者なのであるから、無担保債権者委員会の義務的設置はもはや正当化

---

45 ABI, *supra* note 42, at 38-39.

できるものではないと主張する者もいた。したがって、そのような立場の委員は、債権者委員会は、①無担保債権者は全額弁済なされることを期待している、あるいは②多くの事件において、債権者委員会を代表する債権者には資金がないことを理由に、債権者委員会は必要ないと主張する。

一方で、債権者委員会によって果たされる監督の役割は、第11章手続にとって必要であり、債権者委員会は存続するべきだと主張する検討委員もいる。そのような委員は、企業価値が人為的に減少させられたり、財団から財産が移転されたりしないかを確認するために、債務者が提案する再建計画案を十分に分析するという債権者委員会の役割も重視している。

最終的に、改正検討委員会は中小企業の事案を除いて、原則的にすべての事件において義務的な無担保債権者委員会の設置を維持する指針をもつに至った。改正検討委員会は、債権者委員会のD.I.P.を監督するだけでなく、他の利害関係人や利害関係人間における財団の配分をも監督する意味での伝統的な番犬（watch dog）としての役割に価値を見出している。再建計画を認可するために弁済を受けることができる債権を有する担保権者や共益債権者とは異なり、連邦倒産法は一般の無担保債権者に対して最低限の弁済を何も要求していない（もっとも、第11章手続では清算価値は保障されなければならない）。それゆえ改正検討委員会は、債権者委員会の存在は、一般の無担保債権者に対する最も重要な条文上規定される保護なのだと述べる。

もっとも、改正検討委員会は、もし債権者委員会の存続が無担保債権者の利益のために必要がないのであれば（無担保債権に全く配当がないか、あるいは全額弁済されるか）、債権者委員会は設置すべきではないという議論にも利点を見

---

46 ABI, *supra* note 42, at 41.
47 *Ibid*.
48 *Ibid*.
49 ABI, *supra* note 42, at 42.
50 第11章手続において、担保権付債権は、オートマティック・ステイからの救済が認められた場合は、担保権を実行することによって回収することができる（362条(d)）。オートマティック・ステイに拘束された担保権付債権は、再建計画に従って弁済を受けることになるが、基本的には、少なくとも再建計画の効力発生日における担保価値の弁済を受けることができる（1129条(a)(7)・(b)(2)(A)）。詳細について、福岡真之介『アメリカ連邦倒産法概説』（商事法務・2008年）205頁参照。
51 第11章手続において、共益債権は、再建計画の効力発生日に、認容された金額の全額が現金で支払われなければならない（1129条(a)(9)(A)）。
52 ABI, *supra* note 42, at 42.

Ⅲ　アメリカにおける債権者機関の役割

出している。改正検討委員会は、この基準を、公聴会において証拠に基づいてそれが示された場合に、裁判所は連邦管財官に債権者委員会を選任しないか、あるいは解散させるかを命ずることができる「特段の事情」の基準の一つにすべきであると言及している。[53]

　さらに改正検討委員会は、今後も積極的に債権者委員会を活用するに際して、債権者委員会が行うさまざまな活動に関連する費用と手続の遅延とのバランスに注意しなければならないことも指摘している。[54]その点について、改正検討委員会は無担保債権者委員会が他の債権者委員会（あるいは債務者とも、その場合は十分な保護がなされなければならないが）と専門家を共有できるよう裁判所が命じることができる場合や、委員会の専門家報酬や費用を全体費用あるいは個別の事案に関する費用のどちらかで上限を設ける場合等についても議論を行っている。[55]

　最後に、改正検討委員会は、債権者委員会の異なる構成員間において生じる利益の対立による影響について検討している。具体的には、第11章手続において、ある委員会メンバーの利益が他のメンバーの利益と一致しない、あるいはメンバーではないその他の無担保債権者の利益と一致しない場合である。たとえば、債権の代わりに再建した債務者の株式を受けることを求めている無担保債権者の利益は、債務者の取引債権者たちの利益とは一致しない。また、債務者の競争相手の株式を保有している委員会メンバーとも利益が対立する。連邦管財官は債権者委員会の選任手続において、それぞれの債権者の利益を考慮した質問を行ったうえで選任しているが、債権者間の利益の対立は時に避けられない場合もある。最終的に、改正検討委員会は、現行法上の裁判所と連邦管財官双方共に、ケースバイケースで債権者委員会に生じる利益対立に対処するためによく機能しており、同時に、債権者委員会により生ずる不必要なコストや遅延に対処する権限も十分に有していると結論づけ、この点に関しては改正は

53　*Ibid.*
54　*Ibid.*
55　*Ibid.* この点につき「多くの債権者委員会では複雑な交渉が行われ、それにより再建手続は遅延し、債務者財産から支出される共益債権、特に高価な専門家報酬が増大する」と指摘する文献がある。*see* Kenneth N. Klee & K. John Shaffer, *Creditors' Committees Under Chapter* 11 *of the Bankruptcy Code*, 44 S.C. L. Rev. 995, 1024-25（1993）.

265

なされないこととなった。

(3) 中小企業の第11章手続における債権者委員会の改正指針

上記改正指針において、「中小企業の項目において提言されている指針を除いて」との文言があったとおり、中小企業の第11章手続における債権者委員会の設置については、以下のような改正指針が提案されている[56]。

・1102条(a)に基づく債権者委員会は、無担保債権者あるいは連邦管財官が裁判所に対して債権者委員会の選任を求める申立てを行う、あるいは告知聴聞手続の後、裁判所が当該事件において無担保債権者の利益保護のために債権者委員会の選任が必要であると決定した場合でない限り、中小企業事件において選任されないとすべきである。

改正議論に関する最終報告書において、中小企業にとってより利用しやすい第11章手続となるような手法を検討することは、今回の第11章手続改正の要の一つとして掲げられている[57]。なお、報告書において中小企業たる "small and mid-sized enterprise (SME)" は、以下のように定義づけられている[58]。

債務者は事業主であって、
① 債務者自身の資本構成において公開有価証券を有していない、あるいは債務者とともに手続を行う関連会社があれば、当該関連会社の資本構成においても公開有価証券を有していない者。かつ、
② 手続申立日において、債務者とその関連会社の連結ベースで資産あるいは負債が1000万ドル（約12億円）以下である者。

改正検討委員会は、従来の債権者委員会が、中小企業の第11章手続において有益な監督機関として機能しているのかについて検討を行った。特に小規模企業の事件における債権者委員会にかかる費用に関して言及された実際の証言に

---

56 ABI, *supra* note 42, at 291.
57 *Id* at 6.
58 日本における中小企業の定義は、中小企業基本法2条1項に規定されている。

ついて、詳細な検討がなされた。報告書によれば、中小企業の第11章手続においては、そもそも債権者らが債権者委員会を組織することに無関心であるとされる。[59]債権者委員会は、債権者が一般の無担保債権者全体の代表として手続に関与しようとする場合で、かつ費用がある場合でなければ有効的に機能しない。しかし、中小企業の事件では、その双方を満たすような場合は例外的であると報告書は述べている。[60]したがって、債権者の手続への関心や手続費用の観点から、特に無担保債権者が債権者委員会の選任を裁判所に求める、あるいは裁判所が債権者委員会の選任が無担保債権者の利益のために必要であると認めない限り、中小企業の第11章手続において債権者委員会は設置しない、との改正指針を提案するに至った。

Ⅳ　わが国における債権者委員会活用の可能性

1．アメリカにおける債権者機関の位置づけ

　これまで、特に再建型倒産手続における日本とアメリカの債権者機関の位置づけをみてきた。アメリカにおける債権者委員会は債務者を監督するカウンターパワーとして、債務者と完全に対立する位置に立ち、債権者の意向を手続に反映させる活動をしている。債務者と対峙できるよう、債務者が有する情報は債権者委員会も入手することが可能であり、そのための法制度も整っている。ただし、アメリカ連邦倒産法第11章手続の方針や事業再生の手法について判断するのは基本的には債務者であり、主に債権者委員会は債務者の判断や行動が適切であるかを監視する役割を担っているように見受けられる。

　もっとも、債権者委員会が債務者と対峙する構造にあるのは、アメリカの倒産裁判所の位置づけによるところが大きいように思われる。[61]アメリカ倒産手続における倒産裁判所は、連邦倒産法の規定を実施するために必要・適切な決定・判決・令状を発することができる（105条(a)）。この規定により、倒産裁判

59　ABI, *supra* note 42, at 293.
60　*Ibid.*
61　アメリカの倒産手続と裁判所については、藤本利一「アメリカの倒産手続と裁判所――未完の裁判所・裁判官に映るあるべき司法像の変遷」本書第4章第2節（324頁）参照。

所には、連邦倒産法の目的を達成するために必要な決定等を行う広い裁量権が与えられている。[62]しかし、基本的には倒産裁判所は、連邦倒産法で必要とされる範囲において、決定や命令等を発令することによって後見的に債務者を監督し、手続全体の適切な進行を促す役割を担っている。それゆえ、事業再生の方針決定や利害関係人との利害調整に裁判所は関与せず、それらは主に債権者委員会らとの交渉で決められていくことになる。

　債権者としては、倒産裁判所が適切に利害調整されるよう積極的に協力してくれるわけではなく、連邦管財官も倒産事件の行政手続面の機能を有するにすぎないので、あくまで自分の利益は自分で保護しなければならない、との要請が生じる。特に無担保債権者は、自らが債務者の行動や再建方針の決定を積極的に監視しなければ、最終的にその影響はすべて自分たちに返ってくる。前述のABIの報告書で述べられているとおり、担保権者や共益債権者とは違って、無担保債権者に対して連邦倒産法は最低限の弁済を必ず保障するわけではない。無担保債権者にとっては、債権者委員会を設置して債務者を監視し、積極的に手続に関与していくことこそが、唯一連邦倒産法が与えた自己の利益を保護するための重要な手段なのである。それゆえ、費用をかけてでも、時間をかけてでも債権者委員会は積極的に債務者を監視し、コントロールしようとする。[63]このような債権者委員会の存在意義は、これからさらに議論が本格化するであろう第11章手続改正議論においても変わらないと思われる。債権者委員会についてABIの最終報告書が示す改正指針は、無担保債権者が全く弁済を受けられない、あるいは全額弁済を受けられる場合等、債権者が自らの利益を自分で保護しなければならないような状況が生じない事件においてのみ、例外的に債権者委員会の義務的設置を免除しているからである。

　さらに、アメリカにおける債権者委員会は、債務者と対峙する監督機関として機能するだけではなく、債権者委員会が債務者から入手する情報を、構成メ

62　福岡・前掲書（注50）80頁。
63　G. Ray Warner セントジョーンズ大学ロースクール教授は、アメリカにおける債権者委員会の活動について「アメリカでは債権者は自分の利益は自分で守らなければならない、と常に思っている。債権者委員会の活動費用が高くなって、結果的に自らの弁済に影響を与えることになっても、手続が多少遅延することになっても、D.I.P.の手続過程や再建方針について自分が納得するまで積極的に関与することが重要である」と述べる（2015年10月ニューヨーク在外研究時にインタビュー実施）。

ンバーではないその他の一般の債権者へと伝達する情報伝達機関としての役割も担っているように思われる。2005年に連邦倒産法1102条(b)(3)が規定されたことにより、債権者委員会はその他の債権者へ情報を提供しなければならないため、情報伝達機関としての役割はより重要となっている。

　ただし、アメリカの第11章手続において債権者委員会の活動がこれほどに活発な理由の一つに、活動費用が債務者の財産から支払われるという点は無視できない。通常、第11章手続における債権者委員会の活動費用の大半は、債権者委員会の代理人たる専門家の報酬だといわれる。[64] 特に大規模企業の第11章手続においては専門家報酬が高額になりすぎることが以前から指摘されており、近年ではその報酬は厳しくチェックされる傾向にあるとされる。[65] もっとも、専門家報酬を支払えるだけの債務者の財産があるからこそ、債権者委員会は代理人を雇えるのであり、債権者委員会も活発に活動できる。中小企業のように資産が少ない第11章手続では、債権者委員会の費用は債務者にとって大きな負担となり、かつそのような事件においては、そもそも債権者が手続関与に積極的でない。ABI の最終報告書が提案するように、中小企業の第11章手続においては、一般的な第11章手続の場合とは逆に、債権者委員会は原則的に設置せず、必要ある場合にのみ設置されるように改正されようとしている。

2．日本における債権者機関の位置づけ

　それでは、わが国における債権者機関は再建型倒産手続においていかなる位置づけにあるだろうか。まず、債権者集会（関係人集会）は更生手続ないし再生手続において共に、平成16年破産法改正以降は開催が任意化されており、その役割は管財人や再生債務者等の意思伝達機関にとどまっている。再建計画の決議に際しても、債権者集会の招集にかかる費用等の面から書面等の決議が用いられることもあり、債権者集会は機関性を有しながらもその実態はあまり確立されていないとするのが現在の位置づけであるように考える。各債権者が個々に債権届出等（会更135条、民再86条）を行うことによって各々倒産手続に

---

[64] 阿部信一郎＝粕谷宇史『わかりやすいアメリカ連邦倒産法』（商事法務・2014年）34頁参照。倒産手続における手続機関の報酬については、倉部真由美「倒産手続における手続機関の報酬とその規制——日米英独の比較」本書第2章第3節（128頁）参照。

[65] 阿部＝粕谷・前掲書（注64）34頁。

関与している状態である。債権者委員会に至っては制度が用意されているものの、実際にはほとんど活用されていない。したがって、わが国における債権者機関たる債権者集会ないし債権者委員会は、倒産手続において手続の意思決定機関としても監督機関としても位置づけられていないという結論になろう。

だとすれば、現在のわが国における倒産手続においては、債権者の満足はどのように保護されているのだろうか。債権者は債務者の倒産手続申立てによって自己の債権回収が原則的に禁止されながら、自らの利益に影響を与える倒産手続の遂行や方針に積極的に関与しようとしないのはなぜか。その理由の一つとして、債権者が抱く裁判所への信頼があるように思われる。債権者は国の司法機関たる裁判所を信頼し、裁判所が選任する更生管財人（会更67条）や監督委員（民再64条）を信頼する。債権者が自ら債務者や債務者の業務を調査・監督するよりも、裁判所に権限を付与された管財人や監督委員にそれを委ねたほうが、結果的には手続費用も抑えられ、手続も迅速に進行するからである。債務者や債務者の手続進行や再建方針の決定について、裁判所と裁判所が選任した管財人や監督委員が、債権者の利益を保護するために原則的には適切な判断や意見を下してくれる（と思われる）ため、債権者はアメリカのように、積極的に手続に関与して自分の利益を自分で保護する必要性が低いのである。このような構造は、アメリカと比較すると、債権者にとっては最も効率よく低コストで、自己の利益保護を図れているように思われる。そうだとすれば、債権者委員会をアメリカのようにもっと活用すべきであると考える必要もないといえるのかもしれない。[66]

3．日本における債権者委員会活用の可能性

(1)　私的整理との比較にみる債権者委員会の可能性

債権者自らは表立って主張せず、裁判所を全面的に信頼し、裁判所が選任する管財人や監督委員に手続進行と債務者等の監督を委ねる。現在この構造が成り立っているのは、わが国の法的倒産処理手続が健全に機能しているからだと

---

[66] 園尾隆司元東京高裁判事は、裁判所と監督委員の監督を債権者委員会による監督に代えることは当分先の課題になるだろうと述べる（同「倒産法改正の見通しとその基本構想──歴史からみた倒産法改正構想想定の留意点──」金法1974号（2013年）31頁）。

評価できよう。しかし昨今、法的企業倒産手続の件数は年々減少している[67]。もちろんこれは経済状況などさまざまな要因による結果であるが、その一方で私的整理は必ずしも減少しているわけではない、との指摘がある[68]。さらに、債権者側からは、法的倒産手続では債権者（会社更生手続においては更生担保権者・更生債権者、民事再生手続においては再生債権者）が手続中の議論の内容について詳しい情報が提供されず、手続にも関与できないことが多いため、現在、特に金融債権者等は法的倒産手続を避け、私的整理を望む傾向にあるとの意見も聞く[69]。倒産処理弁護士によれば、私的整理においては、債権者は積極的に自らの意見を主張し、債務者の手続進行に関与する場合も多いという[70]。私的整理の場合は、裁判所の関与もなく、事業再生ADR手続における手続実施者（産業競争力強化法51条1項1号）が選任される場合等を除いて、基本的には債務者と債権者（大半は金融債権者）の交渉において再建方針も再建計画も決まっていく。自らが債務者の行動を監視し、交渉しなければ、債権者の利益を保護することはできない。それゆえ、債権者は債務者の再建方針等に積極的に意見し、時にはリスクをも恐れない手法を主張し、それが債務者の事業再生を促進させ、結果として事業価値の向上につながることもあるという。わが国における債権者も、私的整理の場合には自ら積極的に関与する場合があるのである。

　ところが、債権者側の意見として、私的整理の場合には債権者の意見や意向を個別に聴取する機会等があるところ、法的倒産手続になると、裁判所と管財人・監督委員、再生債務者が主に手続を進行し、債権者（特に無担保債権者）は手続の進行を傍観せざるを得なくなる場合があるという[71]。また、会社更生

---

[67] 平成27年度の各地方の破産事件の概況を示す文献として、「特集・平成27年の破産事件概況」金法2038号（2016年）6頁以下。帝国データバンクによる2015年度の全国倒産集計として、〈http://www.tdb.co.jp/tosan/syukei/pdf/15nendo.pdf〉（2017年2月10日確認）。

[68] 園尾隆司「日本における昨年1年間の倒産関係の立法・運用状況」2015年東アジア倒産再建シンポジウム会議資料〈http://eaa-ir.com/jp/past/2015/files/2015_01_japan.pdf〉（2017年2月10日確認）1頁。

[69] 株式会社ゴードン・ブラザーズ・ジャパン執行役員シニアマネージングディレクター堀内秀晃氏へのインタビュー調査より（2016年9月26日実施）。

[70] アンダーソン・毛利・友常法律事務所柴田義人弁護士へのインタビュー調査より（2016年11月22日実施）。

[71] 堀内氏へのインタビュー調査・前掲（注69）より。

手続は原則的には更生管財人が手続を進行するが、平成21年より東京地方裁判所民事第8部によって導入されたD.I.P.型更生手続の場合には、従前の経営陣の中から事業家管財人が選任され、事業家管財人と法律家管財人、調査委員兼監督委員が中心となって手続が進行するため、一般の更生債権者だけでなく更生担保権者も手続の進行を傍観せざるを得ない場合もある[72]。債権者に対する情報提供も十分ではないため、結局のところ、債権者は裁判所や管財人・監督委員を信頼し、事業家管財人や再生債務者等の監督を任せることになる[73]。一方で、管財人や監督委員は、再建型倒産手続における利害関係人全体の利益を考慮し、牽連破産や二次破綻のおそれにも配慮しながら、事業家管財人や再生債務者を監督し、手続を遂行していく必要がある。債務者の再建方針や再建計画案についても、その内容が債権者ら利害関係人の利益を害さず適切なものであれば否定する必要はなく、積極的にその是非について意見をする役割までは担っていない[74]。確かに、倒産債権者によって債務者の提出した再建計画案が認可され、再建計画に従って債権者に対する弁済が行われるのであれば、債権者の利益は保護されていることにはなる。しかし、その再建計画が債務者の事業価値を最も向上させ、倒産債権者にとって最高の満足を与える内容であるかはわからない。

やはり、債権者は債務者にとって最大の利害関係人なのであるから、法的倒産手続においても、私的整理の場合のように、債務者の再建方針や再建計画に意見を主張するべきではないであろうか。私的整理においては債権者が積極的に関与する場合があるのであるから、法的倒産手続においても、意見を主張できる場を提供すれば、債権者は意見を主張し手続に関与するのではないだろうか。そして、それを実現する機関として債権者委員会を活用してはどうか。債権者が意見を主張できる場としては債権者集会が用意されているが、日本人の

---

72 D.I.P.型更生手続については、難波孝一ほか「会社更生事件の最近の実情と今後の新たな展開」金法1853号（2008年）27頁、大門ほか・前掲論文（注17）31頁等。

73 これまでに債権者委員会が組織された更生事件は、いずれもD.I.P.型更生手続の事案であり、またいずれも一般の更生債権者委員会ではなく、更生担保権者委員会が組織された（前掲（注3）参照）。

74 たとえば監督委員の役割について、村田典子「民事再生手続における監督委員の意義」事業再生研究機構編『民事再生の実務と理論』（商事法務・2010年）357頁、服部敬「再生計画の遂行・終結と監督委員の役割」同書222頁等参照。

性格上集団において意見を主張することよりも、少人数で構成される債権者委員会のほうがより活発な意見を期待できると思われる。確かに、現行法において債権者委員会に付与されている権限は限られており、中心的な役割は裁判所や債務者等に対する意見申述権にとどまる（会更117条3項、民再117条3項）。しかし、債務者に対する直接の利害関係人として、債務者が選択する手続進行や再建方針は結果としてすべて自らの弁済率につながることを意識し、一般の倒産債権者全体の利益代表の立場から、自分たちに対する最大の弁済率を実現するような再建方針や再建計画を債務者とともに模索できるよう意見を主張する機関として、債権者委員会を活用できる可能性はないだろうか。アメリカのように再生債務者等のカウンターパワーとして債権者委員会を位置づけるのではなく、債権者の意見を集約して債務者や債務者に伝達し主張する機関として債権者委員会を組織するのである。わが国の法的倒産手続では、裁判所や監督委員、管財人が事業家管財人や再生債務者の監督機関として適切に機能している。したがって、手続において債権者委員会が再生債務者等に意見を主張できる機会を特に監督委員や管財人が積極的に設けることによって、適切な監督の下に、債権者の意見が再建方針や再建計画に反映できるようになるのではないだろうか。

(2) **その他の債権者に対する情報伝達機関としての債権者委員会の可能性**

さらに、債権者委員会には、委員会の構成員ではないその他の債権者への情報伝達機関として活用する可能性があると考える。上記で述べたような再生債務者等に積極的に意見を主張する活動に債権者らが賛同しない場合もあろう。特に小規模企業の再生手続においては、再生債務者の資金状況等から債権者は多くの弁済を期待できない場合があり、再生債務者の再建方針や再建計画の策定について、債権者が積極的な関心を示さないことが考えられる。また、大規模企業の再建型倒産手続であっても、債権者らが再建方針や再建計画の策定に積極的に関与することを望まない場合もあろう。そのような場合には、再生債務者への意見伝達機関として債権者委員会を組織することは困難である。しかし、たとえ積極的な手続関与を望んでいない場合であっても、債権者は、債務者の再建方針や再建計画案の作成過程、手続の進捗状況等に関する情報の提供

は望んでいる[75]ことが多い。手続の進行や再建方針の決定については、裁判所や監督委員等の監督の下に適切な選択がなされると信頼はするが、それらの情報さえ債権者に十分に提供されないために、債権者は現状が何もわからず手続の進行を傍観することになってしまう場合がある。

　確かに、利害関係人である債権者は、裁判所において、裁判所に提出された文書等の閲覧や謄写等が認められている（会更11条、民再16条）。しかし自ら裁判所に出向かなければ閲覧等ができない現状は、遠方の債権者にとって非常に負担が大きいといわざるを得ない。そこで、平等に債権者が債務者の再建方針や手続の進捗等について情報を入手することができるよう、情報伝達機関として債権者委員会を活用してはどうか。債権者委員会は、監督委員や管財人、再生債務者等から直接に情報の提供を受ける代表者として活動し、債権者委員会が構成員ではないその他の債権者たちにそれらの情報を提供する。情報提供の方法としては、たとえば利害関係人である債権者のみがアクセスできるページをウェブ上に作成する方法等が考えられよう。情報の提供方法や提供される情報の範囲等については、前述したアメリカ連邦倒産法1102条(b)(2)に関する議論が参考になろう。

　積極的に債権者が再建方針や再建計画の策定に意見を主張しない場合であっても、債務者の現状や再建方針の決定に関する情報が広く債権者に提供されることにより、債権者は手続の進捗について知ることができ、予測することが可能となる。そうすれば、債権者らは債務者の再建方針等について自らの意見をもつようにもなり、それが意見伝達機関としての債権者委員会の活用にもつながるのではないだろうか。

V　おわりに

　本稿では倒産手続における債権者機関に着目し、日米における債権者機関の位置づけと役割を紹介するとともに、わが国における再建型倒産手続の債権者機関のあり方について検討を試みた。そして、私的整理との比較から債権者委員会活用の可能性を模索し、また情報伝達機関としての債権者委員会の活用を

75　堀内氏へのインタビュー調査・前掲（注69）より。

提言した。

　債権者委員会を債権者機関として活用させ、特に情報伝達機関として活用するためには、次に債権者への情報開示の問題にも取り組まなければならない[76]。債権者機関にどこまで情報開示するのか、そして情報はどのように開示するのか。アメリカを始めとする諸外国の中には、すでに倒産手続の申立て等を完全に電子化し、利害関係人はもちろんのこと、一般に対しても倒産手続に関する書面を公表している国がある。わが国においても今後国際倒産事件に備えて倒産手続の電子化は検討を始めるべきであり、電子化が進むことにより、情報伝達機関としての債権者委員会も機能しやすくなり、倒産手続における債権者機関の位置づけも変化していくとも考えられる。

　もっとも、わが国において債権者委員会が組織されない理由の一つとして、倒産法上規定される債権者委員会の成立要件が厳格である点があげられる（会更117条１項、民再117条１項）。本稿では、債権者委員会の機能面での活用可能性を検討するにとどまり、条文上の要件の検討に取り組むことはできなかった。この点については別稿を期したい。今後も、アメリカを中心とする諸外国の債権者機関の動向に目を向けながら、引き続きわが国における債権者機関の活用可能性を研究していきたい。

（杉本純子）

76　粟田口・前掲論文（注15）13頁。

第5節 破産財団から放棄された財産の担い手

I はじめに

1．本稿の趣旨

　破産管財人は破産財団に属する財産を管理・換価して破産債権者に配当を実施することをその主たる任務とするが、破産財団に属する財産にはしばしば換価（換価方法の多くは任意売却。破184条参照）の困難な財産が含まれる。換価の困難な財産としてはさまざまなものがあるが、換価できない理由の観点から、①当該財産が無価値あるいは価値が乏しいために買い手がつかず、換価できない財産（劣化・老朽化した中古の物品、回収困難な債権、破綻したゴルフ場のゴルフ会員権等）、②維持・管理に高額の費用を要するために買い手がつかず、換価できない財産（汚染された土壌、産業廃棄物が放置された山林、倒壊しそうな建物、担保余剰も収益性もないが管理費・公租公課等の負担を生ずる不動産、占有権原がないため賃料相当損害金を要する他人の土地上の建物等[1]）に大別することができる[2]。もっとも[3]、①の劣化した中古商品を例にとると、これを保管した倉

---

[1]　賃料等の収益がない場合のみならず、抵当権者が物上代位により当該不動産の賃料債権を差し押さえた場合もこれに含まれる。

[2]　後掲判例【2】大阪高判昭和53・12・21は、この場合に破産管財人が財産を破産財団から放棄して損害金の発生を防ぐことを認めたが、批判が強い。

[3]　黒田節哉「破産管財人の執務上の諸問題(4)——権利の放棄」道下徹＝高橋欣一編『裁判実務大系(6)破産訴訟法』（青林書院・1985年）277頁、永石一郎「破産財団の換価」石川明ほか編『破産・和議の実務と理論（判タ830号）』（判例タイムズ社・1994年）137頁、佐藤正八「財団財産の放棄」高木新二郎編『破産・和議の基礎知識』（青林書院・1996年）142頁、宮崎好賢「破産財団の換価(2)」三宅省三＝多比羅誠編『倒産処理・清算の法律相談Ⅱ』（青林書院・1998年）、佐藤鉄男「破産財団の放棄と管財人」同『ゼミナール破産法』（法学書院・1998年）49頁、中井康之「法人破産の特殊問題——破産財団からの放棄と清算手続」福永有利ほか『倒産実体法——改正のあり方を探る（別冊NBL69号）』（商事法務・2002年）148頁、山本弘「破産財団の範囲およびその管理・換価」同書137頁（特に145頁）、印藤弘二「破産財団からの財産放棄」高木新二郎＝伊藤眞編『講座倒産の法シス

庫の保管料等の維持費がかさむ場合には②に分類され得るという意味で、この区別は相対的であり、分類そのものに拘泥すべきではない。むしろ、上記の類型の意義は、①に分類される財産（動産、債権、有価証券が多い）は売却費用が売得金を上回ることから費用倒れになるのに対し、②に分類される財産（主に不動産）はそれ自体に価値がないわけではなく、当該財産に付随する経済的負担に起因して換価が困難になっている側面を浮き彫りにできる点にある。すなわち、②の財産は、財団所属財産として保有して維持・管理するだけで多額の費用が発生し、破産債権者のための配当原資を圧迫する点に特徴がある。これは、②の財産の維持・管理費用が、破産法148条1項2号・4号の財団債権に該当するからであり、破産財団を増殖させて高率かつ早期の配当を実現する職責を担う破産管財人としては、②の財産に付随する経済的負担を破産財団から速やかに切り離す必要に迫られる。

問題は、換価困難な財産を破産財団から切り離す手段として実務上しばしば行われる「破産財団からの放棄」（あるいは、「財団放棄」。以下では、主として後者の呼称を用いる）が、①の財産のみならず、諸々の理由から経済的負担を伴う②の財産についても許されるかという点にある。もっとも、個人破産と法人破産とでは前提が異なり、財団放棄された財産が破産した自然人の自由財産となることには異論がないのに対し、破産法人には自由財産は認められないとする立場では、そもそも財団放棄は許されないとする見解が支配的である。しかし、この点は次述2に譲り、放棄対象財産に立ち戻ると、①の財産と②の財産は、財団放棄の際に考慮すべき点が異なるため、区別する必要がある。すなわち、①の財産のように売却費用が売得金を上回る場合には、放棄対象財産に

テム(2)清算型倒産処理手続・個人再生手続』（日本評論社・2010年）65頁。
4 佐藤正八・前掲論文（注1）143頁は、①に含まれる動産、債権、有価証券等は、ほとんどの場合、任意売却、債権譲渡で処理できるから、問題が少ないという。
5 今中利昭＝今泉純一＝中井康之『実務倒産法講義〔第3版〕』（民事法研究会・2009年）849頁、小畑英一「破産財団の管理(2)」竹下守夫＝藤田耕三編集代表『破産法大系Ⅰ破産手続法』（青林書院・2014年）300頁等。
6 法人破産における自由財産を例外なく否定する見解（後述2(3)の例外否定説）は、本文のように財団放棄も否定するのが通常であるが、本稿は例外否定説の下でも財団放棄は可能とする立場である。なお、現行破産法では、法人破産において財団放棄を認めることを前提とした破産規則56条後段が設けられたことから、財団放棄の可否（あるいは、財団放棄が可能であること）について解釈論として疑問の余地がなくなったと指摘するのは、山本和彦「判批（後掲【8】最決平成16・10・1）」金法1748号（2005年）65頁等。

相当する損失が破産財団に生じる一方で、破産財団は売却費用の負担を免れる。破産管財人は本来、破産手続の円滑かつ迅速な進行に努める職責を負うため（破79条、88条1項、153条1項・2項、157条1項、195条1項等）、一定の売却益が見込める場合でも、売却までに多くの時間を必要とするときは、手続進行を優先して財団放棄をするほうが、破産債権者一般の利益に資する可能性がある[7]。これに対し、②の財産は、その維持・管理に要する高額の費用が破産財団を圧迫するため、破産債権者一般の利益を害さないためには、財団放棄によって破産財団の負担を軽減しなければならない。ところが、②の財団は、環境問題・公害問題[8]等の公共の利益に反する結果を引き起こすおそれがある。にもかかわらず、安易な財団放棄をして、汚染源その他の危険の除去・防止に要する多額の費用負担を回避することは許されない。よって、②の財産の最終処分には、行政その他の諸問題にまで配慮した総合的な判断と、それに基づく適切な対応措置が必要である[9]。

本稿は、財団放棄をめぐる上記のような問題意識から、特に法人破産における財団放棄に着眼し、放棄された財産の担い手に関する法律構成を検討するものである。以下では、本論に入る前に、法人破産における自由財産について筆者の立場を明らかにしたうえで（次述2）、財団放棄に関するわが国の裁判例を整理・分析しつつ、財団放棄の意義および効果の解明を試みる（後述Ⅱ）。

2．前提問題の整理

(1) 破産法人の自由財産否定の原則

破産した法人の自由財産については見解の対立があるが、まず破産法の基本

---

[7] この観点から財団放棄の許容性を説くものとして、旧法に関するものではあるが、司法研修所編『破産事件の処理に関する実務上の諸問題』（法曹会・1985年）187頁。新法に関しては、今中ほか・前掲書（注5）849頁等。

[8] 環境法上の問題を鳥瞰するには、大塚直『環境法〔第3版〕』（有斐閣・2010年）315頁以下および445頁以下等が便利である。

[9] この観点からの研究としては、近藤隆司「破産管財人の公害行政上の義務とその免脱可能性（一）（二・完）」早稲田大学大学院法研論集70号211頁以下、71号153頁以下（いずれも1994年）、永石一郎「破産管財人とCSR」一橋法学4巻2号（2005年）337頁、佐藤鉄男「財産放棄をめぐる管財人弁護士の権限と責任」小島武司先生古稀記念『民事司法の法理と政策（上）』（商事法務・2008年）961頁、鹿子木康＝島岡大雄編／東京地裁破産実務研究会著『破産管財の手引〔増補版〕』（金融財政事情研究会・2012年）160頁以下〔古谷慎吾〕、小畑・前掲論文（注5）309頁以下等がある。

的な立場を確認しておくと、同法は破産した法人について自由財産を予定していない（以下、「自由財産否定の原則」という）。すなわち、株式会社は、破産手続開始決定を解散事由とするが（会社471条5号）、破産手続による清算の目的の範囲内で、破産手続が終了するまで存続し（破35条。通常清算手続につき、会社476条）、破産手続終結決定（破220条1項）により、法人格も消滅する。破産手続終結の登記（同法257条7項・1項）がされると、登記記録が閉鎖される（商登規117条3項1号）。もっとも、この登記に創設的効力はなく、残余財産があるときや新たな財産が発見されたときには法人格は消滅せず、清算手続が開始されると登記記録も回復すると解されている[10]。しかしこの例外を除けば、原則として破産手続が終結してその旨の登記がされた場合、破産した法人の法人格は消滅する（なお、法人格消滅の時点は、理論上、破産手続終結決定が公告された時点と解されている[11]）。そうである以上、破産者に留保された財産や新得財産の受け皿として必要性が基礎づけられる自由財産のように、破産者の経済的更生を可能にするための財産的基盤は、個人破産においては、これを不可欠であるとしても、法人格の消滅を予定する法人破産においては観念する必要も根拠もないものと解さざるを得ない。この点については、【1】最判昭和60・11・15民集39巻7号1487頁が、法人を保険金受取人とする簡易生命保険契約について、法人が破産宣告（現：破産手続開始決定）を受けて解散した場合の還付金請求権は破産財団に属すると判示した際、「保険金受取人が法人であり、破産宣告を受けて解散したときには、還付金請求権を破産財団から除外して破産法人の自由な管理処分に委ねるべき合理的根拠はもはや存在しない」と述べたことに照らし、判例も破産法人の「自由財産否定の原則」を採用するものと解される。

(2) 例外肯定説

破産法人の自由財産否定の原則を前提としても、例外的に法人の自由財産を肯定する余地を認める見解が主張されている（以下、「例外肯定説」という）。例外肯定説は、法人破産において自由財産を認めるべき根拠として、①破産手続が開始した後も法人の組織は存続するところ、破産管財人の管理処分権は破産

---

10 今中ほか・前掲書（注5）891頁。
11 伊藤眞ほか『条解破産法〔第2版〕』（弘文堂・2014年）1461頁等。

財団のみに及び、法人の組織に関する事項には及ばないため、当該事項に関して自由財産を観念する余地があること、②同時破産廃止後に破産した法人の財産が発見された場合、破産管財人の管理処分権に服さない財産が生じるが、この種の財産の受け皿として法人の自由財産を観念する必要があることをあげる。このうち、とりわけ②の問題状況は、財団放棄された財産についても同様に生じる以上、法人破産においても自由財産を認めるべきものとされる[12]。ところで、平成12年改正前の旧破産法3条1項は属地主義を採用し、破産手続開始決定の効力を国内財産に限定していた。そのため、破産管財人の管理処分権も外国財産には及ばず、法人が外国財産を有する限り、必然的に自由財産と解さざるを得ないものとされていた[13]。しかし、現行法は普及主義を採用した結果（破34条1項カッコ書）、破産法人の外国財産も破産財団に含まれるため、破産法人が外国財産を有することは、例外的にせよ自由財産を肯定する論拠にならない。

　このように例外肯定説は、有力な論拠の1つを失ったものの、①および②を論拠として根強く支持されている。とりわけ実務は、同時破産廃止後に発見された財産、財団放棄された財産については例外的に破産法人の自由財産を認めるため、実務上の焦点は、もっぱら財団放棄の適切な運用のあり方にある[14]。こうした例外肯定説が形成される契機となった裁判例として、【2】大阪高判昭和53・12・21判時926号69頁が重要である。この事件においては、訴外Bから本件土地を賃借し、土地上に本件建物を所有していたA社に対し、Bが賃料不払いを理由に建物収去土地明渡請求訴訟を提起し、裁判所はBの請求を認容したのであるが、A社の敗訴判決の前に、A社がYらに対して本件建物を賃貸した。A社はその後破産宣告を受け、破産管財人に就任したXが、Yらに対す

12　山本和彦『倒産処理法入門〔第4版〕』（有斐閣・2012年）72頁、山本克己ほか編『基本法コンメンタール破産法』（日本評論社・2014年）88頁〔垣内秀介〕、伊藤ほか・前掲書（注11）311頁、印藤・前掲論文（注3）66頁、石井教文「破産財団の管理(1)」竹下＝藤田・前掲書（注5）272頁、小畑・前掲論文（注5）302頁等。

13　伊藤眞『破産法・民事再生法〔第3版〕』（有斐閣・2014年）249頁、伊藤ほか・前掲書（注11）305頁等。

14　破産財団からの放棄の「基準」ないし「方針」等の問題として検討されている。印藤・前掲論文（注3）76頁以下、鹿子木＝島岡・前掲書（注9）154頁〔松戸健一〕、小畑・前掲論文（注5）303頁以下等を参照。

る本件建物明渡請求訴訟を提起し、正当事由として破産手続を進行させる必要性および本件土地の賃料相当損害金（財団債務）による配当原資の減少防止を主張したところ、裁判所は、法人破産の管理費用（財団債務）を増大させる危険があることを理由に、破産財団に属する無用無益な財産（本件土地の占有権、本件建物の賃貸権）を放棄し、破産者に一任することを認めた。このとき財団放棄された財産が破産法人の自由財産になると解されたことはいうまでもない。【2】は【1】が登場する以前のものであるが、法人破産において財団放棄が許されることを前提として、破産手続本位の財団放棄を正面から認めた点が注目された。[15] その後、【1】によって破産法人の自由財産は否定されたが、【2】を契機として破産手続の進行に必要がある限り財団放棄は許されるという考えが先に実務に広く浸透していたため、最高裁判決である【1】の実務に対する影響力は小さく、安易な財団放棄を慎むべきことの警告にとどまったものと考えられる。

(3) 例外否定説

例外肯定説に対し、破産法人の自由財産を一切否定する見解も有力である（以下、「例外否定説」という）。[16] 例外否定説は、例外肯定説が掲げる①の論拠について、法人の組織に関する事項が破産管財人の権限に含まれないからといって、破産法人に自由財産を認めることはできないと指摘し、また論拠②についても、同時破産廃止後に発見された財産のような例外のために自由財産を認める必要はないと論じている。財団放棄された財産についても同様である。

---

15 【2】に言及する文献は多く（さしあたり、前掲（注3）に掲げた文献参照）、財団放棄が許されること自体は、【1】にもかかわらず、当然視されている観がある。

16 谷口安平『倒産処理法〔第2版〕』（筑摩書房・1986年）131頁、伊藤・前掲書（注13）247頁等。もっとも、伊藤・同書247頁注29は、例外否定説と同旨を述べながら、「実務においては」破産管財人が放棄した財産は自由財産になるとする。これは一種の折衷説ともいえるが、要するに伊藤説は、この問題について例外否定説を採用し、実務からは距離をおくということであろう。なお、法人倒産における財団放棄の可否はドイツ倒産法上も論点になっており、判例および支配的見解は、ドイツ倒産法32条3項、85条、207条3項2文の解釈論として法人倒産においても財団放棄を認めるのに対し、一部の有力説（K.Schmidt, KTS1988, S.1; ders, NJW2010, S.1489；しかし、ドイツ倒産法起草者の立場も同旨）はドイツ倒産法199条2文に依拠して、財団放棄を否定する。否定説は、倒産手続と会社清算手続は重なり、倒産財団と会社財産、管財人と清算人を等置するため、財団放棄をしようにも放棄される財産の受け皿がないと解するようであるが、財団放棄された財産の受け皿（つまり自由財産）がないことと財団放棄の可否を直結させている点で、わが国の例外否定説に通じるものがある。議論状況につき、Foerste, Insolvenzrecht, 6.Aufl., 2014, Rdnr.174；A.Schmidt/Lüdtke, Hamburger Kommentar zum Insolvenzrecht, 4.Aufl., 2012, §35 Rdnr.64等を参照。

しかしながら、例外否定説は、(2)で述べたとおり、実務の採用するところではない。むしろ、実務では例外肯定説が当然視され、後述するように近時は、別除権の目的となった不動産が破産財団から放棄された際に、別除権者が別除権放棄の意思表示をする相手方が誰であるかが争われた事案において、破産者を相手方にすべきとした判例まで登場している（後述Ⅱ3参照）。しかしその一方で、同種の事案において、清算人を相手方にすべきと判示したものもある。問題は、これらの事案において行われた財団放棄を理論的に把握するには、例外肯定説を採用しなければならないか、という点である。一般論として、破産法人に自由財産を認めることに問題がある以上（前述した「破産法人の自由財産否定の原則」）、法人破産の管財実務でしばしば行われる財団放棄をその例外としか説明できない現状に対しては、少なからず疑問がある。そこで次に、破産財団から放棄された財産の担い手となるべき者は誰かという点に着眼し、財団放棄の意義および効果について検討を加えることにする。

Ⅱ　財団放棄の意義および効果

1．権利の放棄

(1)　民法上の放棄

　財団放棄の検討に入る前に、権利の放棄（破78条2項12号）の意義を確認しておきたい。権利の放棄には、従来、絶対的放棄と相対的放棄の2つの態様があるとされる。[17] すなわち、絶対的放棄は、放棄によって物権（所有権・占有権）の消滅（無主物の創出）という効果を生じるのに対し、相対的放棄は、放棄によって物権が一定の他人に移転するという効果を生じるものをいう。
　若干敷衍すれば、絶対的放棄は、所有権を消滅させる目的の単独行為であ[18]

---

[17] 沖野眞已「所有権放棄の限界——『財団放棄』をめぐる議論の整理のために」事業再生と債権管理151号（2016年）5頁。司法研修所・前掲書（注7）187頁ほか、この区別を前提とする分析は広く承認されている。しかし、卑見の及ぶ限り、絶対的放棄と相対的放棄の区別ないし整理につき、近時の文献には少々混乱がみられるように思われる。本文は、絶対的放棄の効果を権利の消滅、相対的放棄の効果を権利の移転にそれぞれ求める伝統的な整理に準拠したものである。

[18] 我妻榮（有泉享補訂）『新訂物権法（民法講義Ⅱ）』（岩波書店・1983年）248頁、川井健『民法概論（2）物権〔第2版〕』（有斐閣・2005年）25頁等。

って、動産所有権の場合には放棄によって当該動産が無主となり、先占の対象になる（民239条1項）。また、不動産所有権の場合には放棄によって当該不動産は国庫に帰属する（同条2項。ただし、登記をしなければ第三者に対抗できない（同法177条））。以上によれば、絶対的放棄の効果は、放棄の対象とされた財産が無主物となることに尽きそうであるが、所有権の放棄によって無主物が生じるのであれば、放棄された財産に対する所有権は消滅するものと解するのが素直であり、これが所有権の放棄の本来的効果である。これに対して、放棄に伴って生じる先占や国庫帰属を視野に入れると、先占した者や国庫に所有権が移転するかのように把握できるとする見解もある。しかし、これは先占や国庫帰属の結果から観察した現象面をとらえたものであり、仮に移転的効果があると考えるときでも、それは所有権の放棄に付随する二次的・副次的な効果と解すべきである。

他方、相対的放棄の対象となる権利は、制限物権（地上権・抵当権等）であり、放棄によって無主物が生じる余地はない。しかし、放棄された制限物権の対象財産に係る所有権は、放棄によって無制限の所有権に復することになるため、放棄された権利が所有者に移転したときと同様の効果（以下、「移転的効果」という）が生じる。相対的放棄によって生じる移転的効果に鑑み、相対的放棄の場合には、放棄によって直接利益を受ける者に対する意思表示が必要となる。登記されている制限物権について登記を要する点は、絶対的放棄と同様である。

いずれの態様の放棄においても、物権の放棄が公序良俗（民90条）に反することは許されない。たとえば、抵当権の目的である地上権・永小作権の放棄によって抵当権者を害することはできない（同法398条）等の考慮は、他の物権

---

19 印藤・前掲論文（注3）71頁は、この場合、国が所有権移転登記の登記権利者になるが、そのような登記の事例はみあたらないとする。昭和41・8・27民事甲第1953号・民事局長回答、昭和57・5・11民三第3292号・民事局第三課長回答のいずれも、不動産（土地）の所有権放棄を認めていない。
20 我妻・前掲書（注18）248頁、川井・前掲書（注18）25頁。
21 沖野・前掲論文（注17）5頁は、「所有権の放棄は実質的な移転的処分であって、実は民法が想定するのは移転的放棄であるとも言えます」とする。
22 大判明治44・4・26民録17輯234頁は、地上権の放棄には土地所有者への意思表示が必要とする。
23 我妻・前掲書（注18）249頁、川井・前掲書（注18）25頁。
24 我妻・前掲書（注18）249頁、川井・前掲書（注18）25頁、印藤・前掲論文（注3）70頁等。

の放棄にも妥当するものと解すべきである[25]。

(2) 「権利の放棄」の意義

　破産管財人が破産財団に属する財産を放棄する場合（財団放棄）は、「権利の放棄」に該当し、裁判所の許可を要するのが原則である（破78条2項12号）。この許可制度は、裁判所による破産管財人の職務に対する監督権（同法75条1項）の表れである[26]。すなわち、財団放棄も、他の権利の放棄と並んで、破産財団の財産を減少させる行為であり、破産債権者に対して可能な限り高率な配当をなす職責のある破産管財人が財団放棄をするにあたっては、破産債権者の利益を害しないかどうかについて、裁判所が監督権に基づき介入する余地が認められる。しかし、あらゆる「権利の放棄」のために許可が必要とするときには、管財業務に支障を来すおそれがある。そこで、管財業務の円滑な遂行のため、100万円以下の財産権（同法78条3項1号、破規25条）や、裁判所が許可を要しないとしたもの（破78条3項2号）の放棄には裁判所の許可を要しないとされる。このように裁判所の許可なしに財団放棄をすることができる場合、恣意的な（安易な）財団放棄を防ぐ手立て（裁量統制の方法）としては破産管財人の善管注意義務（同法85条）しかない。確かに、財団放棄の対象となる財産が無価値であるか、価値の乏しい財産である限り（換価の困難な財産①（前述Ⅰ1参照））、問題が顕在化しないこともあろうが、財産自体になお価値がある場合には（換価の困難な財産②（前述Ⅰ1参照））、破産管財人の善管注意義務の観点から財団放棄の是非ないし方針を問うことができる[27]。しかし、本稿ではこの点は扱わない。

　ここでの課題は、破産管財人が「権利の放棄」として何ができるかである。すなわち、破産管財人は財団所属財産に対する管理処分権（破78条1項）に基づいて、財団所属財産につき「権利の放棄」をすることができる。たとえば、民法上の物権の放棄（絶対的放棄・相対的放棄）は、破産者ができる以上、破産

25　我妻・前掲書（注18）249頁、川井・前掲書（注18）25頁。
26　竹下守夫ほか編『大コンメンタール破産法』（青林書院・2007年）324頁〔中澤智〕、伊藤ほか・前掲書（注11）622頁、山本ほか・前掲書（注12）185頁〔長谷部由起子〕等。
27　この問題については、さしあたり印藤・前掲論文（注3）76頁以下、小畑・前掲論文（注5）303頁以下等を参照。また、破産管財人の善管注意義務違反が疑われる事例を具体的に検討した文献として、伊藤眞＝伊藤尚＝佐長功＝岡伸浩「破産管財人の善管注意義務──『利害関係人』概念のパラダイム・シフト──」金法1930号（2011年）64頁等がある。

管財人も同様にすることができる。また、破産管財人は裁判所の許可を得て訴えを提起することができるが（同条2項10号）、このこととの均衡上、請求の放棄・認諾、訴えの取下げも裁判所の要許可行為になると解されるため、破産管財人はこれらを「権利の放棄」に準じてすることができる。問題は、破産財団から財産を放棄すること（財団放棄）の可否であるが、財団放棄は、破産管財人が財団所属財産に対する管理処分権を放棄することととらえる前提で、可能と解することに異論はなかろう。では、管理処分権の放棄とはどのような行為であろうか。

　この点、個人破産においては、自然人たる破産者について自由財産が観念されるため、破産管財人が財団所属財産の管理処分権を放棄することにより、破産手続開始決定によって管理処分権をはく奪された破産者が当該財産の完全な管理処分権を回復し、もって破産者が自由に処分できるものと認められる。この側面をみれば、財団所属財産に対する管理処分権の放棄（財団放棄）は、物権の相対的放棄に通じるようにも思われるが、破産管財人の管理処分権それ自体は、破産法が破産管財人のために特別に創設した権限であり、裁判所の任命によりその者に専属的に付与され（破78条1項参照）、承継ないし移転を観念する余地がない。とすると、財団所属財産に対する管理処分権の放棄は、物権の消滅を帰結する絶対的放棄に類似するものと解すべきである（前述1(1)参照）。破産者は、財団放棄の前後を通じ、放棄対象財産が帰属する所有者であり、破産者において回復される管理処分権も、もともと破産者の手元にあるものが、破産管財人に付与された専属的管理処分権との関係で「制限」され、財団放棄による破産管財人の管理処分権の消滅によって、元の状態に回復したにすぎず、物権の放棄に伴う「先占」とは異質のものである。この意味で、財団放棄は、物権の放棄と完全には重ならない破産法独自のものであり、財団所属財産に対する管理処分権を消滅させることを内容とする単独行為と解すべきであ

---

28 加々美博久「財団放棄」山本克己＝山本和彦＝瀬戸秀夫編『新破産法の理論と実務』（判例タイムズ社・2008年）418頁。
29 破産管財人が財団所属財産を放棄する行為の趣旨を、本文のように管理処分権の放棄ととらえる立場は、すでに一般的であろうと思われる。今中ほか・前掲書（注5）850頁等。
30 すぐ前の本文では、一般の用語法に従い、破産手続開始決定と同時に、破産者はその財団に対して管理処分権が「はく奪」されると表現したが、厳密には、破産管財人に専属する管理処分権によって「制限」されているととらえる必要がある。

る。

　確かに、破産者が自然人である場合には、財団放棄により、自由財産の許された破産者の管理処分権が回復する[31]と解することには問題がない。また、法人破産においても、破産法人の自由財産について例外肯定説によるときは、財団放棄の限りで自由財産を観念するため、破産者が自然人である場合と同様の結論になる[32]。これに対して、法人破産において、例外否定説によるときは、本来、財団放棄は許されないのが素直な結論であろう。しかしながら、実務上財団放棄が行われる現状においては、例外否定説の下で、財団放棄が行われたときの処理も検討しなければならない。換言すれば、例外否定説も財団放棄を認める実務の中で存在意義を見出すことは可能である[33]。すなわち、財団放棄は、前述したように放棄対象財産に対する破産管財人の管理処分権を消滅させる単独行為であるところ、破産手続中は、破産法人もまた管理処分権が制限された状態にあることに鑑み、財団放棄された財産には、管理処分権を有する者がいないという状況が生じることになる。この場合、財団放棄された財産の担い手をどうするかという問題が浮上するが、この点は後述4以下で詳論することとし、ここでは法人破産において財団放棄された財産について判示した判例に検討を加えておきたい。

(3) **判　例**

　法人破産における破産法人の自由財産については、【1】が明確に否定している。しかし、前述(2)で検討したように、下級審裁判例である【2】が、比較的緩やかに財団放棄を認めたことにより、例外肯定説を前提とした管財実務が広く浸透した。この流れを汲むものと思われる最高裁判例として、【3】最決平成12・4・28判時1710号100頁があり、別除権者が別除権放棄の意思表示をする相手方が誰かが問われた事案において、「破産財団から特定の財産が放棄

31　この結果を観察すると、財団放棄によってあたかも管理処分権が破産管財人から破産者に移転するようであるが、このような現象面のみをとらえた説明は意味がなく、むしろ、解釈の方向を誤らせるおそれがあり、有害ですらある。
32　例外肯定説については、前述Ⅰ2(2)で詳論したところであるが、【2】とこれを踏襲する実務によって支持されている。
33　従来、例外否定説は、財団放棄そのものの否定という結論しか導かず、財団放棄が広く浸透した管財実務において顧みる余地のない見解と解されてきた可能性があるが、これは本稿の以下の考察を通じて明らかにするように、誤解である。

された場合には、当該財産の管理及び処分について、破産管財人の権限は消滅し、破産者の権限が復活する。したがって、右の場合に、当該財産を目的とする別除権につき別除権者がその放棄の意思表示をすべき相手方は、破産者であると解するほかはない。このことは、破産者が株式会社であっても、異なるところはない」と判示した。

【3】によれば、財団放棄は、①破産管財人の管理処分権の消滅、②破産者の権限の復活という効果を生じるものとされている。このうち、①については、前述(2)で検討したところと同様であり、賛同してよいものと思われる。これに対して、②については、破産者が自然人である場合には、そのとおりであるが、破産者が法人である場合には、破産法人の自由財産について例外肯定説を採用したことになる点で、【1】との整合性が問題になる。【3】の②の内容は、後述する【6】【9】の判例とも整合しない。要するに、判例の主流は、破産法人の自由財産について例外否定説にあるものと解されるところ、【3】の②の判示は、破産者が法人である場合に関して、明らかにこれを逸脱したものと思われる。これに対して、【3】は、下級審裁判例である【2】およびそれにより浸透した例外肯定説を前提とした実務とは整合的であるといえよう。

2．法人破産における取締役の地位

(1) 意 義

法人破産において、破産手続開始決定により、破産法人とその代表者の関係がどのような影響を受けるかという問題は、破産手続開始後の破産法人がどのような地位にあるかを検討するうえで重要である。法人とその代表者の関係は、委任関係に類似する。会社法が、会社と取締役の関係について明文で委任に関する規定に従う旨を規定するのが好例である（会社330条）。そして委任関係は、破産手続開始決定の影響を受けるものとされており、とりわけ委任者について破産手続開始決定があったことは、委任の終了事由とされている（民653条2項）。

(2) 判 例

では、判例はどのように解してきたであろうか。古くは、【4】大判大正14・1・26民集4巻8頁が、「株式会社カ破産シタルトキハ取締役ハ破産管財

人ノ権限ニ属スル破産財団ノ管理又ハ処分ヲ為スコトヲ得サルニ止リ<u>会社ノ破産ノ一事ヲ以テ当然取締役ノ資格消滅スト断スヘカラス</u>」(下線筆者。以下同じ)と判示し、委任者である会社の破産(破産宣告)は、取締役の地位に影響しないとしていた。ところが、【5】最判昭和43・3・15民集22巻3号625頁は、「商法254条3項によれば、会社と取締役との間の関係は委任に関する規定に従うべきものであり、民法653条によれば、委任は委任者または受任者の破産に因って終了するのであるから、<u>取締役は会社の破産により当然取締役の地位を失うのであって、同時破産廃止決定があったからといって、既に委任関係の終了した従前の取締役が商法417条1項本文により当然清算人となるものとは解し難い</u>。したがって、このような場合には、同項但書の場合を除き、同条2項に則り、利害関係人の請求によって裁判所が清算人を選任すべきものと解するのが相当である」と判示している。これによれば、委任者たる会社の破産により、取締役は直ちにその地位を失うことになる。

しかしその後、判例は再び、委任関係の存続へと転じている。【6】最判平成16・6・10民集58巻5号1178頁は、「本件免責条項にいう『取締役』の意義については、文字どおり、取締役の地位にある者をいうものと解すべきである。そして、<u>有限会社の破産宣告当時に取締役の地位にあった者は、破産宣告によっては取締役の地位を当然には失わず、社員総会の招集等の会社組織に係る行為等については、取締役としての権限を行使し得ると解されるから</u>、上記『取締役』に該当すると解するのが相当である(なお、最高裁昭和42年(オ)第124号同43年3月15日第二小法廷判決・民集22巻3号625頁は、株式会社が破産宣告とともに同時破産廃止の決定を受けた場合において、従前の取締役が当然に清算人となるものではないことを判示したもので、本件とは事案を異にする。)」と判示し、【5】とは事案を異にすることを明らかにしつつ、破産手続開始後も、会

---

34 加藤正治「判批」法協45巻5号(1927年)939頁。

35 従来、商法417条2項により、利害関係人の申立てにより裁判所が選任すべきとする見解(大阪高決昭和37・3・27高民集15巻4号249頁)と、同条1項の原則に従い取締役が清算人になるとする見解(大阪高判昭和41・11・9高民集19巻6号518頁。本件の原審)が対立していたが、本判決は前者を採用し、見解の統一を図ったものである。評釈として、千種秀夫「判解」最判解民〔昭和43年度〕210頁、弥永真生「判批」倒産判例百選〔第4版〕(2006年)176頁、宗田親彦「判批」法学研究(慶応)42巻7号(1969年)113頁等がある。

社組織に係る行為等については、取締役の権限が存続することを認めた。[36]その後、【7】最判平成21・4・17判時2044号74頁も、「民法653条は、委任者が破産手続開始の決定を受けたことを委任の終了事由として規定するが、これは、破産手続開始により委任者が自らすることができなくなった財産の管理又は処分に関する行為は、受任者もまたこれをすることができないため、委任者の財産に関する行為を内容とする通常の委任は目的を達し得ず終了することによるものと解される。会社が破産手続開始の決定を受けた場合、破産財団についての管理処分権は破産管財人に帰属するが、役員の選任又は解任のような破産財団に関する管理処分権限と無関係な会社組織に係る行為等は、破産管財人の権限に属するものではなく、破産者たる会社が自ら行うことができるというべきである。そうすると、同条の趣旨に照らし、会社につき破産手続開始の決定がされても直ちには会社と取締役又は監査役との委任関係は終了するものではないから、破産手続開始当時の取締役らは、破産手続開始によりその地位を当然には失わず、会社組織に係る行為等については取締役らとしての権限を行使し得ると解するのが相当である（最高裁平成12年（受）第56号同16年6月10日第一小法廷判決・民集58巻5号1178頁参照）」と判示したことにより、会社組織に係る行為等について取締役の権限が存続するとの判例は、ほぼ確立したものと考えられる。[37]

(3) 委任関係の終了とその範囲

会社と取締役の間の破産手続開始後の委任関係については、前掲【6】【7】によって会社組織に係る行為等に関しては、取締役の権限が存続するとの判例が確立した観がある。しかし、これらの判例を前提としても、その他の権限は、破産管財人の財団所属財産に対する専属的な管理処分権との関係で、取締役の権限が制限されることに変わりはない。

問題は、会社ないし取締役には会社組織に関する事項について一定の権限が

---

36 吉田健司「判解」最判解民〔平成16年度〕373頁、田中亘「判批」倒産判例百選〔第4版〕（2006年）32頁、山下丈「判批」重判解〔平成16年度〕113頁、大澤康孝「判批」民商132巻2号（2005年）226頁。

37 佐藤鉄男「判批」民商141巻1号（2009年）123頁、菱田雄郷「判批」重判解〔平成21年度〕153頁、長谷部由起子「判批」金法1905号（2010年）56頁、藤本利一「判批」リマークス40号（2010年）114頁、村田典子「判批」法学研究（慶應）83巻11号（2010年）86頁、杉本和士「判批」倒産判例百選〔第5版〕（2015年）34頁等。

留保されることが、破産会社の自由財産の有無、さらに財団放棄の可否ないし財団放棄された財産の担い手について一定の帰結を示唆するかという点である。確かに、破産会社の自由財産に関しては、例外肯定説が、破産会社には会社組織に関する行為等の権限が留保されることを論拠の一つにあげていた（前述Ⅰ2(2)参照）。しかしこの点に対しては、例外否定説により、会社組織に関する事項が破産管財人の権限に含まれないからといって、破産法人に自由財産を認めることはできないとの批判もあった（前述Ⅰ2(3)参照）。よって、ここでの問題は、会社組織に関する事項が破産会社ないしその取締役の権限として留保されることによって、破産会社の自由財産、つまり、破産財団から区別された会社固有の責任財産の存在が基礎づけられるかという点である。この点、取締役は破産手続中も会社組織に関する行為等をすることができるとしても、たとえば総会を開催して何らかの決議を行う場合に必要な経費を、破産財団に含まれる財産から調達することはできない以上、取締役の私費その他会社財産以外の財源で賄う必要がある。[38] 例外肯定説も、この点は認めることになろう。しかしそうであるならば、会社組織に関する行為等の権限が取締役等に留保されても、破産会社の自由財産を肯定する根拠にはならない。例外肯定説は、財団放棄された財産に限って自由財産を観念するのであろう。しかし仮にそうだとすると、財団放棄された財産に対して取締役が管理処分権を行使することは、会社の組織に関する行為等に該当するといわねばならないが、それは無理な注文である。[39] 結局、例外否定説の批判が正鵠を射ているのであり、【6】【7】

[38] 谷口・前掲書（注16）132頁注1は、破産法人が「組織法上の活動を行うための費用」について、「これら人格的な活動（株主総会招集など）の費用は管財人から扶養料（破47条9号）に準じて支弁すべきである」とする。引用文中の旧破産法47条9号は、債権者集会で扶養料を給与する旨の決議がされたことに基づいて扶養料を財団債権とする規律であるが、実例がほとんどなく、手続開始後の破産者の生活は自由財産・新得財産で保障するのが相当（自由財産の拡張制度の導入。破34条4項）との理由で、現行法では削除された。小川秀樹編『一問一答新しい破産法』（商事法務・2004年）210頁。現行法では自由財産からの支弁となろうが、破産法人ではこの点に難がある。すぐ後の本文で言及する例外肯定説は、会社組織に関する行為等が許されることを根拠に自由財産を肯定するが、それは単に「器」としての自由財産であり、自由財産として総会費用を賄えるだけの金銭があることまでは意味しない。よって、例外肯定説も、次に本文で述べる結論に至ると解される。

[39] 近時は、松下淳一「法人たる債務者の組織法的側面に関する訴訟の倒産手続における取扱いについて」竹下守夫先生古稀記念『権利実現過程の基本構造』（有斐閣・2002年）739頁（742頁以下）のように、会社組織に関する事項にも破産管財人の権限が及ぶことを認める見解もある。筆者も、この立場に与している。名津井吉裕「役員責任追及訴訟と法的倒産手続の開始」神作裕之ほか編『会社裁判にかかる理論の到達点』（商事法務・2014年）462頁（466頁）。この議論は、係属中の会社組

によって破産会社の取締役が会社組織に関する権限を保持することになったとしても、破産会社の取締役が財団放棄された財産の担い手になること（管理処分すること）を正当化する際には、役に立たないといえよう。

3．別除権放棄の意思表示の相手方

(1) 問題の所在

別除権者が配当に加わるには、不足額を証明するか（破198条3項）、別除権を放棄する必要がある。担保割れが著しい場合、後者のほうが簡明である。担保権の放棄は、制限物権の放棄と同様、相対的放棄であり、担保目的物の所有者（担保権設定者）に対する意思表示により行う必要がある（前述Ⅱ1(1)参照）。別除権の放棄も基本的にこれと同様であるが、担保権の目的物の所有者について破産手続が開始された場合、担保権者には別除権が認められ、別除権の目的物は破産財団に属するため、別除権放棄の意思表示は、財団所属財産の管理処分権（同法78条1項）を有する破産管財人を相手方としてしなければならない（同法108条、198条3項）。問題は、破産管財人が、別除権の目的である財産を破産財団から放棄した場合である。個人破産の場合には、財団放棄された別除権の目的である財産は破産者の自由財産となり、破産者が管理処分権を回復する以上、破産者に対して別除権放棄の意思表示をすればよい（【3】参照）。法人破産の場合にも、破産法人の自由財産について例外肯定説を採用する限り、個人破産と同様、別除権者は破産した法人を相手方として別除権放棄の意思表示をすればよい。これに対し、破産法人の自由財産について例外否定説に従うときは、財団放棄された別除権の目的である財産に係る管理処分の担い手が不在となる結果、別除権者は別除権放棄の意思表示の相手方を失うことになり、別除権を放棄することができない。円滑かつ迅速な破産手続の進行を図るには、この帰結が不便であることは明らかであり、いかにしてこの事態を回避で

織に関する訴訟の当事者適格を契機とし、会社組織に関する事項でも破産会社の財産関係に影響を及ぼすことがあることから、破産管財人の管理処分権を広くとらえることに主眼がある。よって、会社組織に関する事項も破産会社の財産的事項に該当するものとして、会社組織に関する事項の存在意義を否定することまで意味するわけではない。そうである以上、本文に述べたとおり、破産会社の取締役に会社組織に関する行為権限が留保されること自体から、「自由財産」に対する当該取締役の管理処分権を基礎づけることには疑問がある。

きるかが実務上問われることになった。

(2) 判　例

　別除権の目的である財産が財団放棄された場合の別除権放棄の意思表示の相手方については、【8】最決平成16・10・1判時1877号70頁が、「破産財団から放棄された財産を目的とする別除権につき別除権者がその放棄の意思表示をすべき相手方は、破産者が株式会社である場合を含め、破産者である（最高裁平成11年（許）第40号同12年4月28日第二小法廷決定・裁判集民事198号193頁（筆者注：判例【3】））。また、株式会社が破産宣告を受けて解散した場合（商法404条1号、94条5号）、破産宣告当時の代表取締役（以下「旧取締役」という。）は、商法417条1項本文の規定によって当然に清算人となるものではなく、会社財産についての管理処分権限を失うと解すべきものであって、その後に別除権の目的とされた財産が破産財団から放棄されたとしても、当該財産につき旧取締役が管理処分権限を有すると解すべき理由はない（最高裁昭和42年（オ）第124号同43年3月15日第二小法廷判決・民集22巻3号625頁（筆者注：判例【5】）参照）。したがって、別除権放棄の意思表示を受領し、その抹消登記手続をすることなどの管理処分行為は、商法417条1項ただし書の規定による清算人又は同条2項の規定によって選任される清算人により行われるべきものである」と判示している。

　【8】は、法人破産の場合も含め、破産者を相手方として別除権放棄の意思表示をすべきものとする一方で、破産会社の取締役は会社財産に対する管理処分権を失うため、旧商法417条1項本文（会社478条1項1号参照）により当然に清算人とはならないと判示した【5】を踏まえ、旧商法417条1項ただし書の規定による清算人または同条2項の規定により選任される清算人（会社478条2項参照）が、別除権放棄の意思表示の相手方になることを明らかにしたものである。【8】は清算人説の結論において賛同すべきであるが、判旨の前半

---

40 【5】では、会社の解散により取締役が清算人に就任する旨定めた旧商法417条1項が、破産の場合を除外する点について、破産管財人が「破産財団に属する財産の管理、換価、配当等の手続を担当するため、別個に清算人を選任する必要をみない」点に求めている。その内容は正当であると思われるが、この理論を徹底すると、破産手続中は、同条1項の取締役からスライドした清算人のみならず、同条2項の清算人であっても、破産管財人の権限と抵触する点では同じではないかという疑問も生じ得る。後者の疑問に対しては、権限を限定した「スポット」的な清算人であれば、破産管財人の権限との抵触があっても軽微かつ限定的であるが故に許されると説明することになろう。

で【3】に準拠して、財団放棄された財産を目的とする別除権を別除権者が放棄する際の意思表示の相手方は、破産者が株式会社であっても破産者であるとした点（破産者説）には疑問がある。というのも、判旨の前半が準拠した【3】は、法人破産において例外肯定説を採用した点において【1】（例外否定説）と整合しないという難点があり（前述1(3)参照）、【8】の判旨の前半はこれを引きずっているからである。ところが、【8】は、周到なことに、判旨の後半において、疑問のある前半から取締役の権限の問題を切り離し、破産手続中は、会社財産に対する管理処分権を失うという【5】に準拠しつつ、清算人を相手方とすべきとの結論（清算人説）に到達したことは、高く評価できる。[41]

ともあれ、【8】の登場が契機となり、別除権の目的である財産が財団放棄された場合、別除権放棄の意思表示の相手方を確保する目的で、利害関係人の申立てにより清算人を選任してその任にあたらせる「スポット清算人」の実務が浸透している。[42]

もっとも、法人破産において別除権の目的である財産が財団放棄された場合の当該財産の担い手は、財団放棄が担保権実行中にされた場合には、所有者たる破産会社に代えて訴訟上の特別代理人（民訴35条、37条）を選任してこれに担わせ、担保権実行手続を続行するという実務もみられる。[43]訴訟上の特別代理人は、担保権実行手続の例における相手方不在の問題に対応するには、当該手続が係属する裁判所の裁判長に選任権限がある点で機動的に対応でき、有用な面がある。[44]しかしながら、訴訟上の特別代理人は、訴訟無能力者（成年被後見人、未成年者）の実体法上の法定代理人が存在しないか、代理権を行使できない場合に、特定の訴訟事件に関して本来の法定代理人の選任を待たずに訴訟無能力者の相手方に訴訟行為をさせる応急的・補充的なものにすぎない。「ス

---

[41] 本来は、【3】を法人破産に限定して判例変更すべきところであるが、判旨の前半に引きずられて、破産者説を踏襲するよりははるかにマシである。ともかく、【8】が、【3】（例外肯定説）と【5】（例外否定説）の間の不整合を自覚して、苦しみながらも、【5】に準拠して結論を導いたことにより、判例上、【3】の存在意義を相対的に小さくすることができたことになる。

[42] 池田光宏「清算人選任事件」金判1141号（2002年）2頁、永井裕之「続・清算人選任事件」金判1182号（2004年）1頁、竹下ほか・前掲書（注26）906頁〔瀬戸英雄〕、印藤・前掲論文（注3）89頁等。

[43] 今中ほか・前掲書（注5）850頁、加々美・前掲論文（注28）419頁等。

[44] 印藤・前掲論文（注3）68頁。

ポット清算人」の運用が確立していなかった当時ならばともかく、清算人選任事件の実務が確立した観のある現状では、権利の放棄に必要な意思表示の受領といった実体法的事項に対応する目的のために、訴訟上の特別代理人を転用することには疑問が残る。したがって、別除権の目的である財産が財団放棄された場合の当該財産の担い手としては、【8】に準拠した「スポット清算人」を原則として想定すべきだろう。なお、この清算人は、利害関係人の申立てに基づいて裁判所が選任するが（株式会社につき、会社478条2項（旧商417条2項））、別除権放棄の意思表示の意向をもつ別除権者に申立権があることはいうまでもない。

(3) **財団放棄前の通知**

【8】によって、別除権者が別除権放棄の意思表示をなすべき相手方は、破産管財人が財団放棄する前は破産管財人であるのに対し、財団放棄した後は「スポット清算人」とされることになった。もっとも、別除権者にとっては、別除権放棄の意思表示をすべき相手方がいない状態になる前に、破産管財人に対して意思表示をする機会が保障されてしかるべきである。そのためには、破産管財人が別除権の目的である財産を破産財団から放棄する旨を別除権者に通知し、別除権放棄の意向があるならば財団放棄の一定期間前に意思表示をするよう促すことができなければならない。もっとも、こうした仕組みは、破産規則56条後段によってすでに制度化されているため、[45]現在は別除権者が意思表示の相手方不在で困ることはほとんどない。[46]せいぜい破産管財人による上記の通知にもかかわらず、別除権者が別除権放棄の意思表示をしない間に財団放棄されてしまったという場合が考えられるが、こうした事態は稀であろう。よ

---

[45] 菅原雅之「新破産法の運用1・破産規則の概要」銀法640号（2004年）12頁以下等。なお、浅生重機「判批（【8】最決平成16・10・1）」金法1753号（2005年）39頁は、別除権者に対する財団放棄の事前通知を怠った場合には破産管財人の責任問題（破85条）になると指摘するが、この観点からも、通知を怠る可能性は低い。

[46] 【8】は、本文で引用した決定要旨に続けて、「破産者が株式会社である場合において、破産財団から放棄された財産を目的とする別除権につき、別除権者が旧取締役に対してした別除権放棄の意思表示は、これを有効とみるべき特段の事情の存しない限り、無効と解するのが相当である」と判示する。山本和彦・前掲判批（注6）67頁、浅生・前掲判批（注45）39頁等は、破産管財人が財団放棄の前にすべき別除権者に対する通知を怠った場合（正確には、その結果財団放棄を知らず、最後配当の除斥期間内に清算人を選任して別除権を放棄できない場合）には特段の事情を認めるが、その場合には結局、例外肯定説と同じ結論を認めることになる。4以下で詳論するように、本稿は【8】の上記引用部分を含め、この見解を採用しない。

って、別除権放棄の意思表示の相手方との関係では、財団放棄を論じる実益が乏しくなったことは否めない。そこで以下では、財団放棄一般を念頭におきつつ、法人破産における自由財産否定の原則に関する例外否定説の下で顕在化する、財団放棄された財産の担い手の問題に絞って理論的な検討を加えることにしたい。

4．財団放棄された財産の管理処分

(1) 財団放棄された財産の担い手の不在

　破産管財人が財団所属財産の管理処分権を放棄した場合（財団放棄）、管理処分権の性質上、財団放棄は管理処分権の消滅を内容とする絶対的放棄を意味するものと解すべきであるから（前述1(2)参照）、個人破産の場合には、破産者が、財団放棄された財産に対する破産管財人の管理処分権が消滅した結果として、破産手続中は破産管財人の管理処分権との関係で制約を受けることになる破産者の（所有者としての）管理処分権が回復するものと解すべきである。これは自然人破産者に自由財産が認められることを前提とする。他方、法人破産の場合には、破産法人の自由財産は原則として否定されるが、財団放棄との関係で例外的に自由財産を認める例外肯定説に従えば、個人破産と同様、財団放棄の結果、破産法人の所有者としての管理処分権が回復すると解することになる。これに対して、例外否定説に従いつつ、財団放棄を当然に禁止しない本稿の立場（前述1(2)参照）によれば、財団放棄された財産に対する破産管財人の管理処分権が消滅しても、破産法人（の取締役）の管理処分権は回復しない（自由財産の観念が成立しない）ため、当該財産について管理処分権を有する者がいない状況が生じる結果、財団放棄された財産の担い手を検討する必要に迫られる。

　この状況に対処する方法には、複数の可能性が考えられる。第1に、財団放棄された財産に対する管理処分権は、破産管財人、破産者（の取締役）のいずれも有しないという意味で、担い手のない財産であるところ、この状況が破産手続の廃止決定後（あるいは終結決定後）に発見された財産に類似するものと解するときは、【8】に倣い、利害関係人の申立てに基づき清算人（会社478条2項）を選任し、その管理にあたらせることが考えられる。破産手続終了後に

判明した財産の取扱いを破産手続中に財団放棄された財産に及ぼす考え方である（以下、「清算人説」という）。第2に、法人破産において、破産した法人の取締役の権限は、判例上会社組織に関する行為等に及ぶが、財団放棄がされた場合には、破産会社の取締役の権限が財産関係にも及ぶと解することが考えられる。これによれば破産法人の自由財産に関する例外肯定説を徹底することになる（以下、「破産者説」という）。

　上記の見解は、財団放棄の結果として、対象財産に対する破産管財人の管理処分権が消滅するため、放棄された財産は（破産者説でもいったんは観念的に）担い手のない財産になることが前提となる。財団放棄によってこのような状況が生じること自体、好ましいことでないことはいうまでもない。例外否定説は、この状況を避けるため、これまでは財団放棄の当然禁止を主張してきたのだろう。そこで、以下ではまず、担い手のない財産を生じさせる財団放棄の許容性およびそのあり方について検討を加える（後述(2)）。次に、財団放棄により生じた担い手のない財産を誰が管理処分すべきかについて、上記2つの見解を検討する（後述(3)(4)）。

(2) 財団放棄の許容性とそのあり方

　まず、法人破産における財団放棄の許容性であるが、破産法人の自由財産否定の原則に関する例外否定説による場合、財団放棄は当然に禁止されると解する従来の見解は行き過ぎといわざるを得ない。すなわち、所有権・制限物権の放棄は、破産者がすることのできる範囲において破産管財人もすることができるところ（前述1(2)参照）、放棄対象財産が100万円を超えない限り、破産管財人は裁判所の許可なしに有効に放棄することができる。にもかかわらず、例外否定説の立場から財団放棄のみ当然に禁止するときは、所有権等の放棄との間で著しく均衡を失することになる。これに加えて、従来の例外否定説では、清算人説で運用されている現在の判例・実務を全く説明できないが（脚注（注16）参照）、これ自体大きな欠点であろう。理論的には、破産法人の自由財産を例外なく否定した場合、さしあたり財団放棄によって担い手のない財産が生じることになるだけであり、他に適切な担い手を確保できる限り、財団放棄を当然に禁止するまでの必要はないはずである。

　では、例外否定説の下で財団放棄の許容を前提とするとき、破産管財人はど

のようにして財団放棄をなすべきであろうか。法人破産における財団放棄は、担い手のない財産を生み出すことになるが、破産管財人がかかる財団放棄をする場合には、破産法内在的な制約として破産債権者一般の利益を害しないことのほか、財団放棄が公序良俗に反したものでないことが要請される。この点、財団放棄に裁判所の許可が必要な場合には、破産管財人は、裁判所はもちろん、行政その他の関係機関との間で事前に協議し、放棄対象財産の最終処分計画等を裁判所に提示し、財団放棄の相当性や最終処分計画等の遂行可能性に一応問題がないとの判断で意見が一致したことを条件に財団放棄を許可するようにすれば、財団放棄が爾後的に公序良俗に違反して無効になる事態を回避できるものと期待される。換言すれば、財団放棄の相当性は、このような事前協議の経由によって担保されるものと解すべきである。もっとも、こうした事前協議の手続は、裁判所の許可なく財団放棄ができる場合も同様に必要なはずである。というのも、破産債権者一般の利益との関係で、財団放棄の許可が不要とされていても、財団放棄が公序良俗に違反するかどうかはこれとは別問題だからである。結局のところ、破産管財人が管財業務の一環として財団放棄をする場合には、公序良俗違反を問われないようにするために、裁判所・行政その他の関係機関との間で事前協議を経由したことを条件とすべきである。そして、破産管財人が、財団放棄に関する事前協議を経由したことは、後になって万が一財団放棄された財産に起因して公序良俗違反が問われる事態が生じた場合、破産管財人の個人責任を阻却する事情として機能するものと解すべきであろう。[48]

　もっとも、上記のような事前協議の結果、財団放棄が許されなかった場合には、換価困難な財産がいつまでも破産財団に残留するため、手続の進行が妨げられるおそれがある。しかしながら、換価困難な財産は、破産財団から放棄し

---

[47] 鹿子木＝島岡・前掲書（注9）156頁〔松戸健一〕は、実務的観点から、破産財団から財産を放棄するかどうかの方針を決めるには、債権者の意見を聴くべきであるから、できる限り債権者集会で債権者に報告するのが望ましいと指摘する。なお、同書147頁〔下田敦史〕によれば、財団所属財産を換価するか、放棄するかの方針決定は、第1回債権者集会までにすることが求められるとされる。

[48] 印藤・前掲論文（注3）84頁は、破産管財人は善管注意義務をもって破産財団で賄える限りの措置を講じてから放棄すべきとする。本文に述べたように、破産管財人からの申立てに応じて財団放棄が許可される構造上、申立て前の段階で十分な検討が尽くされていることの必要性を指摘するものとして有意義である。

ても換価困難であることに変わりはないのであるから、手続の円滑な進行を優先して財団放棄を認めても、清算人説（判例・実務）の下では清算人の手元で同じ問題が生じるだけである（破産者説の下で、従前の取締役に任せてもこの点は無論変わらない）。そうである以上、破産管財人は、事前協議を通じて財団放棄の問題点を慎重に吟味すべきであり、その結果として財団放棄に至った場合には、清算人説の下では、清算人が最終的な処分を決定することになる。しかし、判例に表れた清算人説の内容には不明確な部分があることも否めない。そこで次に、清算人説の内容を再検討することにする。

(3) **清算人説の再構成**

清算人説は、前掲判例【5】の立場である。これによれば、「会社の破産は会社の解散事由とされているが、通常は破産宣告と同時に破産管財人が選任され、右管財人が破産財団に属する財産の管理、換価、配当等の手続を担当するため、別個に清算人を選任する必要をみないのであって、商法417条1項が、会社の解散の際取締役が清算人となる旨を規定するにあたり、破産の場合を除外したのも右趣旨を明らかにしたものに外ならないのである。しかしながら、同時破産廃止の決定がされた場合には、破産手続は行われないのであるから、なお残余財産が存するときは清算手続をする必要があり、そのためには清算人を欠くことができない」とされる。すなわち、①株式会社の破産は解散事由であるが（会社471条1号）、破産の場合には破産管財人が財団所属財産の管理・換価・配当等をするため、清算人は不要であるのに対し、②同時破産廃止の決定があるときは、清算人が必要であることを明らかにし、【5】が登場する以前に主張されてきた他の見解が退けられている。現行法（会社法）の下でも、上記①・②はそのまま妥当するものと解されている。[50]

---

[49] 従来、ⓐ破産手続開始決定と同時に破産手続廃止決定がされたときは即時に清算が必要であるから、一般の場合と同様、取締役が法定清算人となる（大阪高判昭和41・11・9高民集19巻6号518頁等）、ⓑ定款または株主総会決議により取締役以外の者を清算人と定めない限り、利害関係人の請求に基づき裁判所が清算人を選任する（【3】のほか、大阪高決昭和37・3・27高民集15巻4号249頁も参照）、ⓒ裁判所が清算人を選任することは破産手続廃止の規定の趣旨にもとり許されない（神戸地伊丹支決昭和36・11・17高民集15巻4号253頁）等が主張され、商法学説としてはⓑが最も有力であったところ、判例もこれを採用するところとなった。落合誠一編『会社法コンメンタール(12)』（商事法務・2009年）178頁〔畠田公明〕等参照。

[50] 江頭憲治郎『株式会社法〔第6版〕』（有斐閣・2015年）989頁等。なお、【3】の判旨は、旧商法417条1項（「会社カ解散シタルトキハ合併及破産手続開始ノ決定ニ因ル解散ノ場合ヲ除クノ外取締

もっとも、②には２つの要点がある。すなわち、法人破産の同時廃止決定により、破産財団に属する財産に対する破産管財人の管理処分権が消滅することは自明であるが、これと同時に、破産法人は財団所属財産に対する所有権に基づく管理処分権を回復すると解する余地がある（前述(1)に掲げた例外肯定説を参照）。この前提からは、同時破産廃止決定と同時に通常清算手続に移行し、管理処分権を回復した破産法人の取締役が清算人となるとの帰結が導出できそうであるが、【5】はこれを否定している。この場合、同時廃止決定により、従来の財団所属財産は、破産管財人の管理処分権にも、破産者の管理処分権にも服さない財産となるが（前述(1)に掲げた例外否定説を参照）、この状況を放置することはできないので、【5】は、利害関係人の請求に基づき裁判所が清算人を選任すべきものと判示したのである。このように【5】は、②の判旨によって、担い手のない財産が生じること（例外否定説）を前提としていると解さなければならない（第１の要点）。

　また、同時破産廃止の事件では、破産手続が配当により終結した場合のように、清算結了登記を経由して破産法人に清算の目的の範囲内で認められてきた法人格が消滅することはない。この点については、異時破産廃止の事件でも同様であり、要は、手続廃止により破産手続が終了した場合、破産法人は破産手続開始決定前と同様の状態（法人格）を回復することになる（第２の要件）。[51]

役其ノ清算人ト為ル但シ定款ニ別段ノ定アルトキ又ハ株主総会ニ於テ他人ヲ選任シタルトキハ此ノ限ニ在ラズ」）において、１項の法定清算人の規定を会社の解散が破産手続開始決定による場合を除外している点に着眼して、１項ではなく２項（「前項ノ規定ニ依リテ清算人タル者ナキトキハ裁判所ハ利害関係人ノ請求ニ依リ清算人ヲ選任ス」）を適用すべきとの結論を導出していた。旧商法417条１項に対応する現行規定は会社法478条１項であるが、会社の解散が破産手続開始決定による場合を除外する旨の規律は、会社法475条１号カッコ書の中に規定されている。

[51] 通説は、破産手続が配当により終結した場合には、破産手続の終了後に発見された財産について、破産管財人の権限の存続を認め、当該財産を換価して、追加配当をすることを否定してきた（旧破283条１項後段、現破215条１項後段）。取引安全等を理由に否定する見解として、山木戸克己『破産法』（青林書院・1974年）261頁、谷口・前掲書（注16）323頁等。これに対して、伊藤・前掲書（注13）688頁等は、追加配当を認める。なお、最判平成5・6・25民集47巻6号4557頁も、基本的には、上記通説と同旨を説いたものであるが、「破産手続が終結した後における破産者の財産に関する訴訟については、当該財産が破産財団を構成し得るものであったとしても、破産管財人において、破産手続の過程で破産終結後に当該財産をもって破産法283条１項後段の規定する追加配当の対象とすることを予定し、又は予定すべき特段の事情がない限り、破産管財人に当事者適格はないと解するのが相当である」と判示しており、追加配当すべき予定のものであるか、予定すべき特段の事情があれば、追加配当の任務が破産管財人に残る余地を認めている。

これに第1の要点を加味すれば、破産廃止による手続終了によって、破産法人は、財団所属財産の帰属者でありながら自ら管理処分することができない状態になる結果として、当該財産の担い手として利害関係人の請求に基づく清算人が必要となるのである。[52]

このように、【5】は、破産手続開始決定により財団所属財産となった財産が、破産廃止によって担い手のない財産になった場合には、従前の取締役ではなく、利害関係人の請求により裁判所が選任した清算人が当該財産の担い手となるべきことを明らかにしたものである。そうである以上、財団放棄によって担い手のない財産が生じた場合についても、【5】の②の判旨がそのまま妥当するものと解するのが自然である。そして、このように解する場合には、財団放棄の効果についても、再考の余地があることになろう。本稿ではこれまで、財団放棄によって破産財団に属する財産に対する破産管財人の管理処分権は消滅するものと解してきたが、【5】の②の判旨が財団放棄の場合にも及ぶと解する限り、財団放棄は、財団所属財産について個別的に破産廃止の効果を生じさせるものと再定義する必要がある。[53]

もっとも、上記のように解しても、本稿でこれまで説いてきたように、財団放棄によって放棄対象財産に対する破産管財人の管理処分権が消滅すると解すべき点は変わらない。では、これに加えて、放棄対象財産に関する個別的な破産廃止という意義を付加することにはどのような意味があるだろうか。この点、清算人説（財団放棄の場面に【5】の②の判旨を及ぼす立場）に対しては、破産手続中に清算人を選任することが許されるか、という疑問が成り立つ余地があった。すなわち、破産廃止の場合に関する【5】において清算人説が成立するのはよいとしても、財団放棄の場合には、破産管財人が存在する以上、同一人のために管理処分権を行使する者が二重に存在することは認めがたいとい

---

[52] なお、清算人説による実務としては、財団放棄の前（許可を要する場合はその前）に、利害関係人に清算人の選任を請求する準備をさせておき、財団放棄後まもなく、裁判所が清算人を選任できる運用が望ましい。

[53] 破産法において破産廃止の制度があるということは、破産法自身が破産財団に属する財産を換価しないままに手続を終了させること自体を許容していることを意味する。財団放棄は、破産手続中に、破産管財人が財団所属財産の管理処分権を消滅させるものである以上、その効果としては、破産財団に属する個々の財産の単位で、破産廃止と同様の効果を生じさせるものと解することができるだろう。

う疑問がそれである。しかしながら、財団放棄に対して放棄された財産の単位で破産廃止の効果を認めるときは、この疑問はもはや成立しないのではなかろうか。すなわち、清算人説では、破産管財人が財団放棄をした財産についてのみ清算人が管理処分権を行使するのであるから、両者の権限が競合することは、少なくとも理論上は否定される。確かに、いわゆる「スポット清算人」を選任したつもりが、財団放棄された財産以外の行為を利害関係人から請求され、破産管財人の権限と抵触が生じる事態の発生が皆無というわけではない[54]。しかしこの点は、清算人説の問題というよりは、「スポット清算人」の運用面の問題である[55]から、裁判所はそうした事態が生じない工夫をすべきというに尽きる。また、仮に破産管財人と清算人の権限の抵触が生じた場合には、行使できる権限の包括的な性格に照らし、破産管財人が優先するものと解すべきであろう。

以上のほか、財団放棄を財団所属財産に対する個別的な破産廃止と解することにより、財団放棄を破産法の中に体系的に位置づけることができることも利点の一つに加えられるように思われる。本稿の立場からは、別除権放棄の意思表示の相手方に関する【8】も、上記のような清算人説を踏襲したものと解することができる。

(4) **破産者説（自由財産肯定論）の問題点**

清算人説に対しては、たとえ財団放棄の効果として放棄された財産に関する個別的な破産廃止を認めたとしても、財団放棄された財産が、破産法人に帰属する財産であることに変わりはない以上、結局のところ破産法人に自由財産を認めたことに帰するのではないかといった疑問もあり得る。しかしながら、この疑問に至ってはもはや水掛け論であろう。すなわち、清算人説は、財団放棄された財産が担い手のない財産になることを前提とする以上、当該財産に対する破産者の管理処分権を否定することを出発点とするのであるから（例外否定説）、利害関係人の請求に基づく清算人が管理処分すべき放棄対象財産が、破産法人の自由財産に属することは論理的にあり得ない。にもかかわらず、破産財団の側からみれば、清算人が管理処分する財産は、実質的には破産法人の自

---

54 永井・前掲論文（注42）1頁。
55 永井・前掲論文（注42）1頁、池田・前掲論文（注42）2頁。

由財産に等しいと評価する見解があるとすれば、それは破産財団に属しない財産が破産管財人以外の者によって管理処分されるという現象面に気を取られた印象論にすぎない。

　他方、すでに検討したように（前述2(2)参照）、判例【6】【7】が破産手続中の破産会社の取締役の権限を認めたのは、会社の組織に関する行為等に限ってのことであるから、正面から破産者説を説くことは、【6】【7】の射程を超えることになるのみならず（前述2(2)参照）、【5】の論旨（前述(3)参照）とも整合しない。破産者は、破産手続中、財団所属財産の帰属者でありながら管理処分権を否定される以上、財団放棄によって放棄対象財産に対する破産管財人の管理処分権が消滅するとしても、破産者の管理処分権が当然に回復するはずがない。すなわち、法人破産における自由財産に関する例外肯定説は、個人破産における自然人の自由財産と同様に破産法人の管理処分権の回復を認めるが（前述(1)参照）、これは【5】の論旨（前述(3)参照）に反する。【5】と整合するのは例外否定説のみである以上、このように破産法および判例から析出される管理処分権の規律に照らせば、例外否定説の下で自由財産が否定された破産法人につき、財団放棄された財産に対する破産法人（の取締役）の管理処分権が回復すると解する余地はない。この結論は、私見のように、財団放棄の効果として、放棄対象財産に関する個別的な破産廃止を付加しても変わらない。

　なお、【5】が採用した清算人説（旧商法417条2項適用説）に対し、従来、反対の学説（旧商法417条1項1号適用説。取締役清算人説）が多数を占めてきた。[56] これは、破産手続終結後に残ったわずかな財産の処理のために新たに清算人を選任することは煩瑣であり、選任に係る費用面にも問題があることから、取締役がそのまま清算人に就任すべきであるとの手続効率に対する配慮に根差した考え方である。しかし、清算人説による判例・実務が確立した現在は、「スポット清算人」にみられる短期間かつ費用の低廉な運用上の工夫が浸透しており、破産者説（取締役清算人説）はすでに魅力を失っている等の批判

---

[56] 大阪高判昭和41・11・9判タ200号106頁（【5】の原審）、山木戸・前掲書（注51）290頁、谷口・前掲書（注16）333頁、伊藤・前掲書（注13）699頁、斎藤秀夫＝麻上正信＝林屋礼二編『注解破産法（下）』（青林書院・1999年）755頁〔谷合克行〕、西原寛一ほか編『注釈会社法(8)のⅡ』（有斐閣・1980年）191頁〔中西正明〕、伊藤眞ほか・前掲書（注11）629頁等。

がみられる。もっとも、本稿は実務の現状を追認する観点を重視するわけではなく、破産法人の自由財産否定の原則を手がかりとして【5】【8】に分析を加えれば、清算人説を再構成することができ、財団放棄の場合にも例外否定説を徹底することができるとの見地から、破産者説に反対したものである。

(5) **清算法人（清算人）による最終処分**

　以上の検討により、法人破産において財団放棄すべき財産がある場合、破産管財人は、裁判所・行政その他の関係機関と事前に協議して財団放棄の可否を慎重に検討すべきであり、財団放棄をした場合、当該財産は、私見により再構成された清算人説の下「スポット清算人」が管理処分すべきである。

　もっとも、事前協議を経て財団放棄された財産は、清算人にとっても換価困難な財産であることがむしろ通常であろう。すなわち、破産管財人が手を尽くして調査しても最終的な処分方法が決まらず、裁判所や行政の協力を仰いでも解決策がみつからないが、それでもなお手続を進行させる必要から財団放棄されたような財産は、債権者の費用負担において保守・管理する限界を超えた財産という意味をもつ。それだけに、財団放棄されたとしても、清算人による換価が終わらない間に、破産手続が終了する場合も十分考えられる。このような場合には、旧破産法人に帰属し、いまや清算人が管理処分する財産が存在する以上、破産手続が終了しても、旧破産法人の法人格は消滅することなく、清算法人として清算の目的の範囲内で法人格が継続することになる（会社476条）。さらに、当初「スポット清算人」のつもりで選任された清算人も、選任に伴う登記（同法928条1項・3項・4項、商登73条）その他手続は通常の清算人そのものである以上、とりわけ破産手続が異時廃止となった場合には、財団放棄された財産のほかに、旧財団所属財産についても清算人の管理処分が求められる事態が生じる（同時廃止の事例であるが、【5】も参照）。これは「スポット清算人」がしょせん運用上の存在である以上当然の帰結であって、清算人は本来の職務（同法481条）を果たす必要がある。この場合、清算人には財団放棄をする余地がなく、清算人による清算法人の財産処分は、実体法上の所有権・

57　竹下ほか・前掲書（注26）906頁〔瀬戸英雄〕等。
58　印藤・前掲論文（注3）84頁も、破産財団ひいては債権者の負担の限界を指摘する。行政的に可能な対応が尽きたその先の問題ということもできる。
59　小畑・前掲論文（注5）316頁、池田・前掲論文（注42）2頁、永井・前掲論文（注42）1頁等。

制限物権等の放棄を含む最終処分であるから、清算人による権利の放棄も、公序良俗に反しない形で行う必要がある（前述1⑴参照）。[60]

Ⅲ　結びに代えて

　本稿では、破産財団に属する換価困難な財産について、破産管財人が財団放棄をした場合、誰がその担い手になるのかについて、種々検討を加えてきた。結論として、筆者は、財団放棄には、財団所属財産に対する破産管財人の管理処分権の消滅という本来の効果に加えて、当該財産に関する個別的な破産廃止の効果を認めるべきであり、このように解することにより、破産法人の自由財産に関する例外否定説を前提にした判例や、破産法学において多数を占める破産法人の自由財産否定論（例外否定説）と整合的な法律構成を構築できることを明らかにしたつもりである。また、財団放棄された財産の担い手については（再構成後の）清算人説を採用すべきであるが、財団放棄の運用面では、破産管財人は、財団放棄に先立って裁判所、行政その他の関係機関と協議を尽くすことが条件となる。本稿では、理論と実務が錯綜する問題を扱ったため、双方で誤解が生じているおそれが否めないが、今後も検討を重ね、改善していきたいと思う。

　　　　　　　　　　　　　　　　　　　　　　　　　　（名津井吉裕）

60　実務では、破産手続終結後、財団放棄された財産（マンションの区分所有権等の不動産）が清算人により売却できる例も珍しくないようである。

第4章

倒産処理のグローバル化を見据えて

第1節 プレーヤーをめぐる各国の特徴

I はじめに

　第4章では、倒産処理のグローバル化を見据えて、研究会メンバーが、倒産処理のプレーヤー（担い手）に焦点をあてる形で、主要国の倒産法制について概観する。ただし、各国の倒産法そのものを紹介するのではなく、本研究会の関心事である、誰がどうこれを動かしているのかという、いわば倒産処理のManagementが切り口となっている。

　倒産という社会現象は、かつてそれ自体を否定しようとした旧社会主義国の体制転換により、洋の東西を問わず不可避となった[1]。しかし、これ（倒産）をどう処理するかは、実に各国で千差万別であり、また時代の変遷とともに変化してきた。今、その国にある倒産法制は、世界と時代に照らせば、相対的な存在にすぎない[2]。

　そして、今日のグローバル社会にあっては、倒産がクロス・ボーダー化、すなわち国境を越えて現れることも珍しくなくなった。企業の組織も取引も国際化したので、債務者財産が各国に点在したり、債権者が世界各地に存在したりというだけでなく、関連する倒産事件が世界各地で同時多発することもある。否でも応でも、国際倒産は倒産法のトレンドとなり、その理論と実務も展開し国際倒産法分野が確立した。当然、倒産手続のプレーヤーは、その活動に際し世界に目を向けなければならない機会も増えてきたといえる。その場合、国際倒産法の諸論点を把握しておくことが必要であることはもちろん、関係する国

---

[1] 社会主義をなお標榜する中国（中華人民共和国）も、市場経済原理を導入し、かかる経済体制を維持するうえで倒産法制が整備された（中国倒産法1条）。
[2] わが国の倒産法制はそうした所産であることについて、佐藤鉄男「倒産法制の明日へ――倒産処理の不易と流行」ジュリ1414号（2011年）107頁。

の倒産実質法の理解も不可欠であることも当然であろう[3]。これに対し、忘れがちとなるのが、各国の倒産処理の担い手の違いである。確かに、それは倒産実質法の違いにも由来するところがあるが、それに尽きるものではない。すなわち、司法制度、弁護士や各種専門職種のあり方、といった社会的な背景から異なることも多いからである。たとえば、A国とB国の2人が、ともにTrustee の肩書きで折衝する場面を想像してみよう。つい自国の Trustee の感覚で相手と接してしまいがちであるが、肩書きの名称が同じであっても各々の国における地位・役割が同じであるとは限らない。そもそも多くの場合、言葉が違っており、各国で現れるプレーヤー概念が互いに一致する保証はまずない[4]。したがって、日本の弁護士が管財人に就任しことにあたっていて、その際（外国の交渉）相手も Trustee と称しているので同類と思いきや、彼は公認会計士であるため発想が異なり話がうまく噛み合わない、といったようなことがしばしば起きているのではないかと想像する。その意味で、次節以下の各論考は、それぞれ切り口は異なるが、裁判所のほか、管財人、管理人、清算人といった倒産手続の担い手をめぐる各国の特徴や状況を最新の情報を交えつつ展開しており、わが国の関係者に裨益するところが多いだろう。そして、本節はそれらの前振りを意図するものである。

II　倒産処理の担い手をめぐる諸相

人間社会に不可避の倒産現象を誰がどう対処するか、これまで試行錯誤がくり広げられてきた。破産者に対し刑事罰をもってのぞんでいた時代もあったし、そこに反社会的勢力が巣食う時代もあった。しかし、今日の先進国では、

---

[3]　主要国の倒産実質法に関する著作は、すでに多くのものがある。英米独仏にわたる、竹下守夫監修『破産法比較条文の研究』（信山社・2014年）のほか、各国別のものがある。高木新二郎『アメリカ連邦倒産法』（商事法務研究会・1999年）、福岡真之介『アメリカ連邦倒産法概説』（商事法務・2008年）、阿部信一郎編著『わかりやすいアメリカ連邦倒産法』（商事法務・2014年）、小梁吉章『フランス倒産法』（信山社・2005年）、吉野正三郎『ドイツ倒産法入門』（成文堂・2007年）、松村和徳ほか『オーストリア倒産法』（岡山大学出版会・2010年）、福岡真之介＝金春『中国倒産法の概要と実務』（商事法務・2011年）。
[4]　プレーヤーに限らず、英米の倒産法の基本概念の異同に着目したものとして、中島弘雅＝田頭章一編『英米倒産法キーワード』（弘文堂・2003年）。

社会的インフラとして、システマティックに倒産に対処する仕組みを整備させている。それは、大きく分ければ、私的整理か法的整理かということであり、後者は多くの場合は裁判所の手続であるが、国家や行政が前面に出ることもある。そして、それらは時に境界があいまいで交錯している（ハイ・ブリッド手続）こともある。ただ、共通していえることは、債務者の経済的危機が深刻の度を増し、個々の債権者と相対でリスケジュールを協議するのでは済まなくなってくると、そこにおける当事者以外の者の関与が不可欠となっているということである。

　国や行政機関が倒産事件に対処するのは、超大型の倒産事件か、政策的な見地から金融機関の倒産を政府組織で扱うといった特殊な場合であろうから、差し当たり、ここでは共通性の高い裁判所の倒産手続で述べてみたい[5]。すると、まずそもそも裁判所が倒産手続を扱うといっても、そこでいう裁判所が国によって異なる。そして、裁判所が倒産処理の全部を担うなどということもなく、事柄の性質上、専門的な知識をもった第三者を関与させることがほぼ必然である。すなわち、わが国の例でいえば、管財人や監督委員といった手続機関である。この手続機関が、世界各国実に多様である。しかも、複数の手続（多くの場合、清算型と再建型）があれば、手続機関のあり方も異なる。また、この手続機関への就任が想定される専門職種が、弁護士が軸になるとはいえ、各国の歴史的背景もあり区々である。

　加えて、裁判所の手続となり、専門職種が手続機関に就任するからといって、倒産事件の当事者たる債務者や債権者が全く蚊帳の外に追いやられるわけではない。当事者の利害こそ手続を動かす原動力であり、究極的には裁判所や手続機関も当事者の利害を意識しその調整と実現をこそ任ぜられているといえる。しかし、当事者をして自らの利害のため利己的に行動するにまかせては収拾がつかなくなるであろうから、倒産法は、当事者にも機関性を帯びさせる工夫をみせる。債務者に関していえば、アメリカ倒産法の D.I.P. であり、債権者に関していえば、債権者集会ないし委員会である。

5　これはアメリカが金融機関の倒産処理を連邦預金保険公社で扱っているのが典型である。日本でいえば、公法人の破産能力が否定され、たとえば、地方自治体の破綻が総務省所管の財政再建団体となる場合である。

倒産手続は、まさにこれらのプレーヤーの熱いやりとりの場である。しかし、その様子は決してワンパターンなものではなく、さまざまに現れる。

Ⅲ　担い手の範囲とポイント

1．担い手リスト

　グローバルな視点の前に、わが国の会社更生を例にして、倒産処理の担い手をリストアップすることで、本章の狙いを具体化しておこう。会社更生を例にするのは、それがフル装備の重厚な倒産手続であるからである。すなわち、ここでのリストが Max であり、他の手続ではそこからはずれる者はあっても加わる者は少ないという意味である。

　まず、会社更生を扱う裁判所である。これには、2通りの意味があり、第1に、手続の流れに沿って一貫して当該事件を管理する、裁判体としての裁判所であり、法文で単に「裁判所」と表現されている。第2に、当該事件から派生する関連紛争を、第1の意味の裁判所とのつながりを確保する意味で、それを含む官署としての裁判所で、法文では「更生裁判所」と表現されている。[6] わが国では、どちらも職業裁判官が人事異動の一環で、かつ事務分担として機械的に割り当てられるものである。

　次に、当事者ではない第三者の立場で事件に関与するのが、保全管理人、更生管財人、調査委員といった手続機関である。いずれも裁判所によって選任され、通常は弁護士等の専門資格者である。[7] 保全管理人は関与が開始決定前に限定され、調査委員はその名のとおり調査業務に限定されているが、更生管財人は管理処分権を握る手続の中心的存在である。更生管財人に関しては、弁護士とともに、経営面を担う事業管財人が別に選任されることが多い。

---

[6] 両者の関係については、佐藤鉄男「わが国における裁判所と倒産手続」本書第1章第2節（21頁）。なお、派生する紛争のすべてが後者の更生裁判所に吸収されるわけではない。裁判所の決定につき、即時抗告がされ上級の裁判所にまわることもあるし、更生裁判所以外の裁判所における一般の民事事件がある更生事件から派生した関連紛争であることも少なくない。背景にあるのは、Vis attractiva concursus という、関連紛争の管轄集中をどこまで徹底するかという問題である。

[7] 調査委員には、地域によっては公認会計士が選任される例がある。弁護士が就任する場合は、補助者として公認会計士が協力することが多い。

そして、当事者プレーヤーが多いのが会社更生の特徴である。すなわち、更生手続開始前に形成された実体法上の地位が異なってもすべてこれを手続内に取り込み、抜本的な利害調整をすることによる。したがって、債権者に関して、優劣を問わず、また社債権者も含むことはもちろん、担保権者、株主も正規プレーヤーとされている。すなわち、更生計画における権利変更が予定されていることを意味する。そして、当事者プレーヤーは、関係人集会および関係人委員会の形で、利害関係を集団化して手続に関与させる扱いとなっている。また、会社更生にあっては、更生会社の従業員も利害関係を有しており、労働組合をもって関与させる場面が法定されている。さらに、どの倒産手続でも同様であるが、具体的な特定をせず、広く「利害関係人」に所定の権利を認めている場合が非常に多く存在している。[8]

倒産手続の担い手を単純にリストアップすれば、国が変わっても、名称はともかく、顔触れは上に示したところと似たようなものになるだろう。しかし、これらプレーヤーが倒産事件を動かす様は同じではない。[9]すなわち、彼らが権限を分配していることは共通していても、分配の構造とバランスが異なるからである。もっとも、これを見極めるポイントはそれほど複雑ではない。

2．担い手の役割分担のポイント

倒産処理も一種のパワー・ゲームといえるが、たとえば国家三権の分立のような均衡を旨とする権限分配は、倒産処理の世界では少ない。中心的な手続遂行者が想定される場合がほとんどである。したがって、どのプレーヤーがそれに相当するかが、当該倒産手続を大きく特徴づける傾向にある。

だが、裁判所の倒産手続であっても、裁判所が自ら倒産処理の最前線に立つ

---

[8] これについては、佐藤鉄男「倒産処理と社会正義――周辺的利害関係人をどう遇するか」今中利昭先生傘寿記念『会社法・倒産法の現代的展開』（民事法研究会・2015年）386頁。

[9] これは、たとえば、各種権利の優劣、担保権、否認権、相殺といった点が倒産手続では必ず問題になるものの、倒産実質法の規律が国によって違うのと同じである。それは経済圏としては垣根の低いヨーロッパでも、法の相違が著しかったため、統一倒産法は実現されず、EU構成国が相互に他国の手続を承認する形で今日に至っていることにも現れている。ペーター・ゴットバルト「ヨーロッパ倒産法の現在」二羽和彦編訳『ドイツ・ヨーロッパ民事手続法の現在』（中央大学出版部・2015年）91頁〔芳賀雅顯訳〕。なお、EU倒産規則では、何が各国の倒産手続に相当するか、各国の手続機関の名称はどうなっているか、リストアップがされている。

ことはまずない。基本的には、制度を設営し公権的な立場で監督する存在にとどまる。そうではあるが、倒産手続の特殊性もあり、裁判所そのものが特別の位置づけにあることには注意を要する。これは日本にはなじみがないが、具体的には、商事裁判所あるいは特別の倒産裁判所の存在である。おのずと裁判所の役割も変わってこよう。

　裁判所が主役たり得ないとしたら、誰が倒産処理の中心的遂行者であるか。これを形式ではなく実質でいうのであれば、手続の中枢を担う機関の存在ということになろう。わが国の管財人に相当するもので、日本語に訳すと異なった名称になるが、要は管理処分の全権を掌握する者が現れる場合である。これは、清算型の手続において多くみられ、再建型でも強制力が強い場合はその傾向にある。これに対し、債務者に早めの再建機会を提供する、あるいは私的整理を背景にしたような再建型の手続では、債務者自身が手続の中心にあり続けるというパターンがある。アメリカ連邦倒産法の第11章手続で知られるD.I.P.がその典型ということになる。このパターンでは、かかる債務者との関係で監督的ないし補佐的な立場で関与する手続機関が現れる傾向にある。なお、債務者自身が手続の中心になる場合、倒産法上の特別な権限が行使できるようになり、その意味では、債務者自身が手続機関になっているとの理解が成り立つ。ここで、中心的にであれ、監督的・補佐的にであれ、手続機関として倒産手続に関与する第三者は、専門的な能力・資格を有している場合がほとんどである。弁護士であることが多いが、イギリスのように公認会計士が主導権を握っている国もあるが、専門家がチームを組んで取り組む時代でもある。そうなると、この専門家の報酬が切実な問題となり、規定を整備する国も多い。[10]

　さて、これに対し、一方の当事者である債権者が手続の中心的な存在になることはない。もともとそれが唯一の存在であることが少なく、集団を形成しているので、牽制機能が働くこともあり、集団的意思を手続に反映させる意味で、債権者集会ないし委員会という形が合理的なわけである。ただ、それ自体は、バイ・プレーヤーの位置づけになる。しかし、債権者は通常、倒産手続に

10　しかるべき専門家の関与は当該事件処理の質の確保に資する一方で、それは倒産債権者への弁済源である債務者財産を目減りさせるという現実を突きつけるものであり、専門家のための倒産処理は回避されなければならない。

最も切実な利害関係を有している存在であるので、実質的あるいは形式的に（ここはかなり微妙である）、中心となる手続機関を何らかの形でコントロールできるものとされていることが多い。具体的には、管財人等の手続機関を更迭したり、あるいは職務遂行に問題があれば責任追及するなどである。

以上が担い手の役割分担のポイントであるが、国によりいろいろな現れ方をする。第2節以下で紹介する諸外国の状況は、日本の関係者にも参考になることが多いだろう。

Ⅳ 主要国の倒産処理プレーヤー概観

日本の倒産法は、立法史的にいろいろな国の影響を受け、今日の姿になった。[11]担い手の問題もその例に漏れないが、これは人、すなわち人材の問題であるので、固有の事情も大きな要素である。当然、各国ともそうである。したがって、国際倒産事件で折衝をする際には、そうした背景的要素にも想いを致す必要がある。

さて、他の法分野と同様、倒産法に関しても、①英米法、つまりコモン・ロー系諸国、②ローマ法・ゲルマン系諸国、③ナポレオン法系諸国、という3分類が有用とされる。

1．コモン・ロー系諸国の倒産法

現代につながる機能的な倒産法を逸早く発展させたのは、この法系諸国、なかでも、イギリス、アメリカである。清算型と再建型の両タイプを合わせもった統一倒産法制を確立させ、世界の倒産法をリードしている。もっとも、イギリスの倒産法とアメリカの倒産法は、用語や概念で共通性もあるが、今日では違いも大きい。イギリス法は、その歴史的経緯から（コモンウェルス・レルム）、カナダ、オーストラリア、ニュージーランド、香港、シンガポール、インドなど多くの国の法に影響を及ぼしている。これに対し、アメリカ法は、その経済的影響力から、法系の垣根を越えて、倒産法分野でも世界に影響を及ぼ

---

11 これについては、佐藤鉄男「担い手にみるわが国の倒産法概史――第三者機関中心モデルの生成と変遷」本書第1章第1節（2頁）。

しつつある。たとえば、経営権を維持する債務者 D.I.P. は、アメリカ発で世界中に理解が広まっているものである。しかし、イギリスとアメリカで決定的な違いをみせるのが、関与する専門家の点である。弁護士王国のアメリカでは、もちろん弁護士が中心で、弁護士の中で専門分化して役割分担している。これに対し、イギリスは、公認会計士が倒産処理の中心の輪の中にいる国である。ただ、他の専門職種を排除しているわけではなく、むしろ倒産実務家 (Insolvency Practitioner) の制度を確立し、質の確保を図っている。

(1) **イギリス**

イギリス（厳密には、イングランド＆ウェールズ）倒産法は、会社の倒産法と個人の倒産法が別々に発展してきたが、現在はこれを合流させ、強制力ないし管理色の強い手続から任意性ベースの手続までもち合わせたハイ・ブリッド倒産法である。古くは商業国家にとって倒産は公益にかかわるものであるとの理解で、裁判所の管理と国家（行政機関）の関与の度合いが強い制度であったが、機動力を欠き非効率になってしまった。裁判所や官製の管財官が前面に出るのではなく、むしろ、一番大きな利害関係を有する債権者が主導する形で、手続の中枢を担う「管財人[12]」を選任し処理を委ねる方向に変わってきた[13]。その際、倒産事件に不慣れな者が選任されてしまうのは困るので、関与しうる実務家に関する規律として導入されたのが、倒産実務家 Insolvency Practitioner の制度である。この資格を取得している最大勢力が公認会計士であり、その結果、イギリスでは公認会計士が倒産処理の最前線に立っているというわけである。

(2) **アメリカ**

アメリカの倒産法は複雑で豊富な内容をもつものであるが、経済的な結びつきが濃いこともあり、邦語文献も多い。屋下に屋は避けるが、本書の関心である担い手に関しても、話題にはこと欠かない。

まず、アメリカは連邦国家で州の権限が大きいが、倒産に関しては憲法により連邦議会が制定した連邦倒産法が全国的に施行されている。したがって、倒

---

[12] 個人の破産では、trustee、会社管理では、administrator、清算では、liquidator。
[13] イギリスの管財人制度について今日に至るまでの歴史的展開について、髙田賢治『破産管財人制度論』（有斐閣・2012年）。

産事件を管轄する裁判所は州裁判所ではなく連邦裁判所であるが、連邦地方裁判所に特別の破産裁判所が付設され、ここで専門的・集中的に扱う。そして、これを構成する破産裁判官は、憲法的地位が保障された連邦裁判官とは異なり、任期の定めのある裁判官（Bankruptcy Judge）となっている。つまり、裁判所も裁判官も倒産事件に特化した特別のものが存在する。そのため、その権限をめぐってしばしば問題となることがあった[14]。また、倒産事件に係る行政的事項を扱う連邦管財官（United States Trustee）という行政機関が関与する点も特徴的である。連邦管財官は、管財人候補者の名簿を作成したり、事件の進行をモニタリングしたりしている。

　これに対し、個別の事件を担う手続機関であるが、アメリカは、再建型の連邦倒産法第11章手続では、原則として管財人は選任されず、債務者が事業再生の任を担うD.I.P.制度が採用されていることで知られる。D.I.P.は手続機関として関係者ことに債権者に対し受託者責任を負うが、債務者自身でもあるので、これを牽制する工夫が必要となる。この点で、債権者委員会が活発に機能しているのがアメリカである[15]。なお、清算型の同法第7章手続では、他の国と同様に、管財人が選任され、管財人がほぼ全権を握り、債務者は権限を失う。第7章手続の管財人は弁護士が就任することが多いが、D.I.P.が原則の第11章手続では、一見すると専門家の関与機会が少ないように映るが、必ずしもそうではない。むしろ、各当事者プレーヤーにそれぞれ専門家がついて党派的なサポートをしているのが実情である。その場合、弁護士が多いが、それに限定されず、公認会計士、ファイナンシャル・アドバイザー、投資会社、コンサルタントとさまざまな専門家が関与している。それを前提に専門家の関与の可否や報酬は所定の基準に従い厳格に規制されている[16]。

(3) その他

　コモン・ロー系諸国は、当然のことながら、イギリス法の影響を受けている

14　木南敦「合衆国の司法権と破産裁判所」田原睦夫先生古稀・最高裁判事退官記念『現代民事法の実務と理論（下巻）』（金融財政事情研究会・2013年）2頁、浅香吉幹「アメリカ破産法の憲法問題」伊藤眞先生古稀祝賀『民事手続の現代的使命』（有斐閣・2015年）711頁。

15　D.I.P.のガバナンス問題である。阿部・前掲書（注3）36頁図表1−5参照。

16　この点は、ジェフ・フェリエル＝エドワード・J・ジャンガー（米国倒産法研究会訳）『アメリカ倒産法（上巻）』（LexisNexis・2011年）第4章「倒産事件における当事者とその他の参加者」『同（下巻）』（2012年）第19章「倒産手続における専門家の役割」。

ことが多い。

　たとえば、カナダは、倒産実務家の制度が整い、公認会計士が資格者として倒産手続関与の主流となっている点で、イギリスに近い。他方で、カナダの再建型手続にあっては、債務者の経営権が温存されるのが基本で（こうした実務はむしろ隣国アメリカの影響と思われる）、複数存在する再建型手続のいずれも、公認会計士が倒産実務家として関与するが、債務者を監督し裁判所や債権者に必要な報告をして判断材料を提供することに主眼があるもののようである。

　オーストラリアは、イギリス法に類似した複数の倒産手続を有している。清算人や管理人として手続に関与する者は、登録された資格者であることを要する。倒産手続に関して、裁判所はあまり積極的な役割は果たしていないようで、これに対し、清算人や管理人の役割が大きくなっている分、選任・権限・報酬・責任に関する規律が細かく定められているようである。

2．ローマ法・ゲルマン系諸国の倒産法

　ドイツに代表される法系に属する国は比較的多い。オーストリア、オランダ、スイス、デンマーク、フィンランド、スウェーデン、ロシア、そして日本や中国もここに位置づけられている。[17]

(1)　ドイツ

　日本の倒産法に最も大きな影響を与えてきたドイツの倒産法は、1999年から現在の（清算型と再建型を合わせもった）倒産法が施行され規律内容はかなり変わったが、理論枠組みは1877年制定の旧破産法が100年以上の命脈を保ったことでもわかるように非常にすぐれたものであった。規律は変わったが、担い手に関していえば、債権者主導の基調は変わっていない。これは、まず倒産事件の管轄裁判所が従来から区裁判所（Amtsgericht）であったことと無関係ではない。区裁判所といっても、裁判官の資格に差はないものの、一般の民事事件では最下級の裁判所であり、裁判所にとって倒産手続は本筋の事件という扱い

---

[17] 日本の倒産法は、厳密にいえば、3つの法系のすべての影響を受けているので、ここに位置づけることには疑問の向きもあろう。しかし、平成の倒産法改正に至るまで長い昭和の全時代で施行され続けた大正の倒産法が、紛れもなくこの法系に属しており、ドイツ法的な諸概念が浸透したといえるので当たっていると感じる。なお、中国は、社会主義国になる前に有した旧破産法が日本法の影響を受けたものであることが直接の原因である。

ではなかった観がある。もちろん、倒産手続の主宰者の位置づけで、手続の中枢を担う管財人（Insolvenzverwalter）を選任・監督し、手続進行を管理する立場であるが、具体的な管財人の選・解任については債権者の意向が反映されることになっており、倒産事件から派生する関連紛争に関しても管轄集中の発想は弱く、多くの紛争はむしろ通常の民事裁判所で扱われることが多い。債権者集会、債権者委員会は割と機能しており、担い手たる管財人に関しても、対債権者との関係での材料（責任や報酬）が豊富である。管財人に就任するのは弁護士が多くを占めているが、公認会計士（Wirtschaftsprüfer）や税理士（Steuerberater）等の例もある。清算型でも再建型でも管財人が選任されるのが原則である一方で、これを選任しない自己管理手続（Eigenverwaltung）も用意されているが、その例は少ない。ただ、管財人必置とあっては、本来はドイツを基盤とする企業まで国内での申立てを避け、経営権が維持できる海外のD.I.P.方式の手続を利用するような例も現れるに至り、自己管理手続をもう少し利用しやすくする方向での改正がなされたりもしている。なお、この手続では、管財人は選任されないが、債務者を監督することを主眼に所定の権限のみを行使する監督員（Sachwalter）[18]がおかれることになっている。その後も利用が大きく伸びている様子はみられないが、自己管理手続に関しては、実務の低調に比し理論的な関心は高く、関連の著作・文献はかなり多い。[19]

管財人や監督員に就任する者に関する特別の資格制度は特に存在しないが、その報酬は結局債権者への弁済分を目減りさせるものであることに照らし、厳格に規制されている。[20]監督員の報酬は管財人の報酬の６割という扱いとなっている。

(2) 中　国

中国（中華人民共和国）の倒産法は、社会主義市場経済という経済体制と関

18　会社役員に対する会社に生じた損害をめぐる責任追及や否認権行使は監督員の権限とされる（ドイツ倒産法 InsO §280）。日本の再生手続では、否認権は個別的に監督委員に行使権限が与えられるが（民再56条）、役員責任の査定申立てに関しては監督委員に委ねられることなく、債権者ができる（同法143条２項）扱いである。アメリカの連邦倒産法第11章手続では、D.I.P. 自身で否認権行使ができる。

19　玉井裕貴「ドイツ自己管理手続における自己管理人とその機関の責任」東北学院法学76号（2015年）302頁。

20　報酬は債務者財産の額に応じ７段階に分かれている（倒産報酬法 InsVV §§2, 12）。

係づけられた独特のものであり、比較的新しいものである。古くは、日本の律令制度は中国のそれに範を求めたものであったが、倒産法に関しては戦時期に当時の日本の破産法の影響を受けたものが制定されていた経緯もあって、社会主義革命による中断（それ以前の中華民国法の全廃）を経て、今世紀に入って（2006年）新たに制定された企業倒産法は個別の基本的な法概念はドイツ的なものが多くある。

　統一的倒産法として、清算型の破産のほか、再建型は更生（重整）と和議（和解）の２つが用意され、更生と和議は強制力を異にする。原則として、どの手続でも管財人が選任されるが[21]、役割が違っていても名称は同じである。管財人は裁判所によって選任され[22]、専門資格を有し裁判所の名簿にリストアップされた者である必要がある。管財人は、律師（弁護士）事務所、会計士事務所、破産清算事務所、清算組という形で事務所単位での選任が原則となっている。通常の事件では、律師（弁護士）と会計士が拮抗する形で実務を担っているが、社会的な影響の大きい事件になると清算組という形で行政がかかわる点は中国的である[23]。

　倒産事件を主宰する裁判所は通常の裁判所であるが、事件の規模や性質により、審級を異にした裁判所が管轄を分担している。この点は、世界的には珍しい例である。もっとも、裁判所の倒産事件への関与はそれほど強いものではない。むしろ、中国では、債権者が積極的に手続にかかわっていることが注目される。すなわち、形の上では裁判所の管財人選任に関しても、債権者集会の意向が反映されるべきものとされている。管財人の行為で債権者集会の許可を要するものも多い。また、管財人の報酬に関しても、報酬に関する司法解釈に基準が定められているが、管財人と債権者集会の間での協議が重視されていることも特徴的である。こうして債権者集会の権限事項が多くあるだけでなく、債権者委員会の活動も活発なようである。これは市場経済原理を導入したとはい

21　日本、ドイツ、中国の管財人制度の比較は、佐藤鉄男「管財人制度にみる日本・ドイツ・中国の倒産法比較」本書第２章第１節（90頁）。
22　管財人の選任、管財人の報酬等について、別に詳細な最高人民法院の司法解釈が出されており、個々の裁判所はこれに従って運用している。
23　政府の関係部局から人員を複数名指定して清算組が構成され、管財人として清算業務の責任を負う。もっとも、普段の現場業務は律師（弁護士）や会計士がこれを担う。

え、社会主義の感覚も残っているだけに、倒産に対する債権者のリアクションの大きさの証左ともいえよう。

(3) オーストリア

オーストリアは、倒産手続ごとに根拠法を異にしており、長く破産法と和議法が別建てで存在し、1997年に会社再建法が別に定められた[24]。しかし、破産であれ和議であれ、裁判所が手続機関たる管財人とともに[25]、債権者委員会の委員も選任する。管財人は、司法省に備え置かれた名簿に登録された弁護士その他の専門家が選ばれる。特徴的なのは、債権者委員会で、個々の事件の債権者が直接選ばれることもあるが、普段から債権者の利益を代表している組織の代表であるとか、労働者の代表であるとか、その道のプロフェッショナルが選ばれることも多いことである。管財人の報酬は、債務者財産の規模に従って法定の基準によって計算される。管財人の報酬に比べると1～2割であるが、債権者委員会の委員も直接の利害を離れて活動している者については報酬が授与されうる。首都ウィーンでは、商事裁判所が存在しこれが倒産事件を担当する管轄裁判所となるが、それ以外は通常の裁判所で扱われる。

1997年に追加された会社再建法は、支払不能・債務超過を前提にしていないので、厳密には倒産前の早期再建手続である。再建調査委員が選任されるが[26]、経営権は温存され、破産法、和議法におけるごとき特別の倒産実体法規定は存在しない。

(4) オランダ

オランダでは、ストレートに破産する場合は、裁判所によって選任される清算人がこれを進める。再建を試みる場合、基本的には債務者の経営権が温存されるが（D.I.P.方式）、監督的立場の管財人が裁判所によって選任される。管財人は、通常、弁護士の中から選任されるが、特別な資格要件が定められているわけではない。オランダでは、商事裁判所の伝統が残っており、倒産事件の管

---

24 松村ほか・前掲書（注3）参照。1914年制定のオーストリア和議法は、当時最新の再建型手続立法として日本の和議法制定に際して参照されたことで知られる。
25 正確には、破産管財人が Masseverwalter、和議管財人が Vergleichsverwalter。
26 再建調査委員に選任されるのは、経済法規もしくは経営学の専門知識を有する者または経済生活につき経験豊かなものとされている。ちなみに、破産管財人と和議管財人に選任される者については、経営学並びに倒産法、租税法および労働法に関する十分な知識が求められるものとしており、再建調査委員とはニュアンスを異にしている。

轄は商事裁判所となっており、つまり、担当するのは職業裁判官ではなく、経験ある商人ということになる。

(5) **スイス**

永世中立国であるスイスは、EU にも加盟せず、法体系的にも独自のものとなっているが、法概念などはドイツの影響を受けていると思われる。清算型の破産と再建型の和議が同じ法典で定められている[27]。破産は、登記された法人と商人たる自然人に適用され、債権者が選んだ管財人によって遂行される。管財人になるのは、役人、公の破産事務所、民間の破産事務所のいずれかとされている。和議は、登記の有無に関係なく誰でも使え、管理処分権は債務者に残るが、監督委員の監視を受けそのサポートで、再建計画を作成することで破産を回避する。

(6) **ロシア**

2002年に制定されたロシアの倒産法では、清算や特別管理では債務者の経営権が奪われ裁判所が選任する管財人が管理処分権を掌握するが、再建を試みる手続は、債務者の経営権は温存される（D.I.P. 方式）。しかし、その場合、債権者の意向が重視されるのがロシアの特徴で、債権者集会の議決を要する事項が多く定められ、監督的な役割で裁判所によって選任される管財人も、債権者集会の意向を尊重する。

(7) **北欧諸国**

スウェーデン、デンマーク、フィンランドは、この法系に属する。

スウェーデンでは、倒産事件は通常の裁判所で扱われる。清算では債務者は管理処分権を失い、再建型手続ではその地位にとどまるが、管理人の監督に服する。清算と再建で役割は異なるが、名称は同じ管理人で、通常、名簿に登録された弁護士から裁判所によって選任される。その報酬も、法定された基準に従い、裁判所が決める。

デンマークの破産の実務は、裁判所によって選任される管財人が担う。裁判所の役割は小さく、管財人を選任したり、派生した争訟について判断するのが

---

27 Schuldbetreibungs-und Konkursgesetz という名称が示すとおり、破産、和議のほか、債務取立関係（強制執行）も含んだ法律である。これについては、上谷清＝石川明訳『スイス債務取立・破産法（法務資料420号）』（法務大臣官房司法法制調査部・1974年）。

主である。管財人には弁護士が選任されることが多いが、資格等に関する規定は存在しない。債権者の意向を反映できるよう、債権者集会や債権者委員会の規定が割と充実している。再建型の和議は、D.I.P.方式をとるが、利用は少ない。

フィンランドでは、倒産手続における裁判所の役割は限定的で、弁護士が就任する管理人と債権者委員会の役割が大きいとされる。破産は通常の裁判所の管轄で、管理処分権は管理人に移るが、更生に関しては特別の裁判所に管轄があり、D.I.P.方式である。管理人の報酬等を管理する行政窓口（倒産助言局）が存在する。また、フィンランドには、倒産手続の展開に目を光らせる倒産オンブズマンの制度がある。

3．ナポレオン法系諸国の倒産法

このナポレオン法系に属する国は比較的少ない。

(1) フランス

フランスの倒産法制は、明治23年の旧商法破産編（いわゆる旧々破産法）の母法として日本に影響を与えたことで知られる。大正11年の旧破産法、和議法になって以降、フランスとのつながりが薄れてしまった間に、フランスの倒産法はたびたび大きな改正をくり返し今日に至っている。これは、倒産法制が社会のインフラの一環として国民の生活に影響するところが大きく、しばしば政治の行方に左右されることが多かったからである。今日に至るまで商事裁判所の伝統を維持し、商人破産主義を基調とするフランスは、倒産手続を商法典において規律している。支払停止を前提とした再建手続（redressement judiciaire）と清算手続（liquidation judiciaire）のほか、支払停止を前提としない倒産予防的な調停手続（conciliation）と保護手続（sauvegarde）を含む、包括的な倒産法制となっている。[28] これら一連の手続を管轄する商事裁判所の裁判官は、職業裁判官ではなく、各地の商工会議所に所属するビジネスマンで、名誉職（無

---

[28] その概略について、杉本和士「フランスに於ける物的担保法制と倒産法制の関係」池田真朗ほか編『動産債権担保――比較法のマトリクス』（商事法務・2015年）237頁。なお、非商人たる個人の倒産については、法体系も管轄裁判所も別のものが用意されているが、ここでは省略する。マリー＝エレーヌ　モンセリエ＝ボン（荻野奈緒＝齋藤由起訳「フランス倒産法概説（1）(2)(3・完)」阪大法学65巻4号（2015年）157頁、5号（2016年）149頁、6号（2016年）85頁。

給）であり、個々の事件につき主任裁判官（juge-commissaire）が指名される。

　清算手続以外では、債務者は当然に財産の管理処分権を奪われることはない（その意味で、D.I.P. 方式である）が、司法管理人（administrateur）、司法受任者（mandataire judiciare）といった手続機関が重要な役割を担う。司法管理人は、債務者を監督・補佐する存在、司法受任者は債権者全体の利益を代表する存在である。後者は必置機関で、手続が進行すると、認可された再建計画の履行監視人、あるいは清算人へと移行することが多い。[29] これらの手続機関になる者については、商法典において詳細な規定が定められている。学位などの資格要件、研修制度、試験、報酬について周到に規定されている。要件を満たした適任者は全国リストに登録され、登録された者のみが選任対象となる。これらは、原則として、弁護士などの他職との兼任は禁止されており、商事裁判所が扱う上記の手続について、フランスでは弁護士資格者の出番はほとんどない。また、債権者の利益を代表する機関が存在する関係で、個々の債権者が直接的に手続に参加する機会は少ないが、手続中に債権者が詐害行為取消権（action paulienne）を行使することを妨げられていない。[30]

(2)　ベルギー

　ベルギーも倒産手続を担当するのは商事裁判所であるが、職業裁判官1名と名誉職裁判官2名で構成される商事裁判所の特別部で対応するものとされている。そして、その中の名誉職裁判官の1人が主任裁判官となり、個別事件の手続機関の監督などにあたる。破産（faillissement）では、債務者の管理処分権は奪われ、裁判所によって選任される管財人が中心となって手続が進められる。これに対し、再建型の更生（gerechtelijke reorganisatie）では、債務者の経営権が温存されるD.I.P. 方式である。破産管財人（curator）に選任されるのは、原則として、ベルギー法曹会の弁護士で、かつ、管財人候補者として名簿に載っている者である（弁護士以外の専門家が選任される例もたまにあるとされる）。個々の事件における中立性を保つために、候補者の利害関係を18カ月さかのぼって

---

[29] フランスでは、かつては権限集中型の機関である管財人（syndic）の制度があったが、対立する債務者と債権者の双方の利害を背負わせていることの無理が認識され、役割を限定した複数の機関の分業体制となった。小梁・前掲書（注3）117頁。

[30] 杉本・前掲論文（注28）246頁。これに対し、法人の役員の責任追及は、清算手続において債権者全体に対する責任として、個々の債権者によってされることはない。

チェックすることになっている。更生手続では、D.I.P. 方式ではあるが、債務者は管理人（administrator）の監督・補佐を受けるべきものとされている。とりわけ、更生計画の作成では管理人の助力が不可欠とされる。管理人は、弁護士または公認会計士で適任の者を裁判所が選任する。ベルギーでは、債権者集会や債権者委員会の制度は公式には重視されておらず、債権者の利益は管財人や管理人によって配慮されるという理解である。管財人の報酬は破産財団の規模、管理人の報酬は業務の内容、に照らし法定の基準によって裁判所が決めるが、難易度によって調整もされる。

ベルギーでは、フランス法を参考に、裁判所の関与度合いが少なく、当事者間の合意をベースにした早期再建の手続も整備されている。ここでは、調停人（mediator）が裁判所によって選任され、再建へ向けての和解を仲介する。

(3) **イタリア**

イタリアは、破産法の中に、破産（fallimento）と和議（concordato）の両方をもつ。破産では、管財人（curatore）に権限が集中し、換価、配当まで行う。和議には、破産予防の和議（concordto preventivo）と破産回避の和議（concordato fallimento）がある。和議では、債務者に管理処分権が残るが、管理人（commissario）の監督を受ける。再建計画は債権者多数による議決と裁判所の認可を要する。破産法の中に、銀行や保険会社用の特別清算の制度が用意されているほか、破産法の枠外で、超大型倒産事件用で政府が主導する特別手続が用意されている。

(4) **スペイン**

スペインの倒産手続（concursal）は、再建をめざし D.I.P. 方式を採用する自主倒産と管理人が必ず登場する強制倒産から成る。倒産手続は、商人か非商人かの区別なく、商事裁判官が担当する。手続は、大きく資産・負債関係を調査する段階と再建の可能性を模索する調整段階の2つに分かれる。調整ができず、清算するほかない場合は、第3の清算段階へと突入する仕組みである。中心を成す調整段階では、管理人団が形成されるのがスペインの特徴である[31]。管理人団は、3名で構成され、弁護士、エコノミスト（会計士その他ビジネス

---

[31] 日本でも、金融整理管財人は、弁護士、公認会計士、預金保険機構のトロイカ体制であり、日本航空（JAL）の会社更生では、弁護士とともに企業再生支援機構が管財人に就任した。

の専門家)、そして(担保権を有しない)債権者の代表、の3名である(弁護士とエコノミストは5年以上の実務経験を有することが求められる)。中立性確保のため、利益相反に関する厳格なルールが存在し、債権者代表に関しても、債務者の事業上のライバルなどは避けられる。集団体制で実効性のある関与が求められ、義務違反や職責怠慢の場合は、関係者に対し連帯して責任を負わされる。所定の基準に従い報酬が授与されるが、スピーディーな対応が要請されていて、活動が1年以上に延びる場合は報酬がもらえなくなるおそれがある。

(5) **メキシコ**

メキシコは、フランス法系に属する。2000年に制定された倒産法では、入口では清算も再建も共通で、それを見極める間は、裁判所が指名する調査委員と調停委員の監督を受けるが、債務者の管理処分権は維持される。清算となれば、sindicoとよばれる管財人によって清算手続が遂行される。再建可能となれば、調停委員の監督の下、債務者と債権者の間で再建計画が練り上げられる。

V 結びに代えて

以上、誠に大雑把で取り上げた各国の様子も繁簡の差があるが、市場経済原理の下では万国共通となった倒産現象ながら、各国はいかに違った形で対処しているか、概観してみた[32]。それぞれの国には、特有の歴史的背景や時代背景があり、変遷しながら今日の姿になっている。倒産手続は誰がどう担うのがよいのか、それは正解のない問題かもしれない。しかし、国際倒産事件の処理にあたっては、関係国の状況に理解を示すことが重要であるというだけでなく、自国の状況を客観的にみつめ直し改善を図る際には、諸外国の状況は参考になるものである。以下、本章の各論文をお楽しみに。

(佐藤鉄男)

---

[32] 各国の記述については、主として、Philip R Wood, *Principles of International Insolvency*, 2nd ed. 2007, Emilio Beltran / Rafael Sebastian, *European Insolvency Regulations*, 2010, Jay Lawrence Westbrook / Charles D. Booth, *A Global of Business Insolvency Systems*, 2010 を参考にした。英文のため、表現にバイアスがある場合もあり、原語で確認できるものは確認したが、筆者の語学力が及んでいないものもあることをお許しいただきたい。

第2節 アメリカの倒産手続と裁判所
──未完の裁判所・裁判官に映るあるべき司法像の変遷

はじめに

　鈴木正裕教授は、近世オーストリーの民事司法制度の研究書において、「現代の国家は……国民全体の福祉の向上を目指す点で」司法が行政の役割を果たすことになる、と指摘される[1]。また、「国家が……社会的弱者のためにいろいろな政策を行う（社会政策を重視する）……考え方をいち早く取りいれたのが、1895年のオーストリア法」であり、「裁判所の職権の拡大が、民訴は社会政策の一環であるという理論に支えられ」ていたことも興味深いご指摘である[2]。これらの指摘を起点とし、そこから得た気づきを以下のアメリカ法の分析に敷衍して展開する。

　アメリカの行政法研究者の一部は、近時、これまで当たり前のように裁判所に管轄権が認められてきた事件類型に対し、異を唱え始めている[3]。裁判所は、法律を解釈することを通じて、独自の政策を展開しており、（民主政の基礎をもつ）立法府の本来の法政策を蔑ろにしているというのである。そのいわんとするところは、後者の法政策を実現するには、近代的行政国家を実現した今日、専門性と十分な資金を有する独立行政委員会にこそ権限を委譲するべきだ、という点にある。その1つの例としてあげられているのが、破産免責事件の裁判所からのはく奪である。確かに極端であり、日本法の研究者からすれば違和感のある主張でもあるが、債務カットを形式的にくり返すだけでは、債務者自身の本当の意味での「フレッシュスタート」にはつながらないという問題意識は重要であり、そもそも、裁判所が当該事件を担う意義、その場合に求められる

1　鈴木正裕『近代民事訴訟法史・オーストリア』（信山社・2016年）38頁。
2　鈴木・前掲書（注1）47頁。
3　Rafael I. Pardo and Kathryn A. Watts, *The Structural Exceptionalism of Bankruptcy Administration*, 60 UCLA L. Rev. 384（2012）.

裁判官の資質・能力、必要な補助者の手配など、考えるべき点は多くあるように思われる。

　倒産事件、特に再建型のそれを裁判所（司法権）が管轄し、事件処理を行うことに異議を明示的に述べる者は、わが国ではほとんど存在しない、といっても過言ではない。しかし、民事再生事件の件数は著しく減少し、D.I.P.型手続運用の採用により一時期増加傾向にあった会社更生事件も、例にもれず、多くはない。その一方で、私的整理や倒産 ADR の手続やその担い手は、着実な充実をみせている[4]。こうした傾向から、裁判所が倒産事件を処理することの「当たり前さ」に対し、ゆらぎが生じていると考えることは、うがちすぎであろうか。

　本稿は、比較法として、アメリカ法を担当する。アメリカ合衆国における裁判所制度[5]は、わが国と異なり、一般の裁判官とは異なる（保証される身分や行使できる権限が異なる）倒産裁判官が倒産事件の事件処理を担う。その点に注意するべきではあるけれども、会社更生法の母法国であり、D.I.P.制度[6]を完全ではないにしても共有する彼の地の倒産裁判所ないし倒産裁判官の役割をめぐる議論は、わが国の手続機関論を考えるうえで、参考に値するように思われる。またこうした点を明らかにすることで、倒産法理論上の重要問題の探究にも一定の貢献を果たすことができるかもしれない。

　以下では、まず、Frank R. Kennedy 教授による倒産裁判所の史的展開の概要を紹介する。続いて、現行法である1978年法制定前後に生じた、破産審理人の「裁判官化」により生じた制度の瑕疵について、Charles J. Tabb 教授の整理を引用したい。最後に、Tabb 教授の問題意識を受け、従前、訴訟手続の束であると解された倒産手続から、事業再生を中心に展開する現行法の下で、倒産裁判官の役割を論じる Melissa B. Jacoby 教授の分析を検証しつつ、若干の

---

[4] 藤本利一「倒産法の世界のこれから」法学セミナー717号（2015年）26頁参照。
[5] アメリカおよびイギリスの倒産裁判所の概要を知るために、高田賢治「Bankruptcy Court, Bankruptcy Judge」中島弘雅＝田頭章一編『英米倒産法キーワード』85頁以下（弘文堂・2003年）およびそこでの引用文献が有益である。また、正式裁判官（Article 3 judge）について、さしあたり、松井茂記『アメリカ憲法入門〔第7版〕』67～68頁、憲法第3条について、同書439頁～440頁参照。
[6] さしあたり、田頭章一「Debtor, Debtor in Possession」中島弘雅＝田頭章一編『英米倒産法キーワード』（弘文堂、2003年）76頁、80頁以下参照。

コメントを提示する。

I 倒産裁判所の生成と展開——Frank R. Kennedy 教授の分析[7]

本項では、アメリカ法において、裁判所が倒産事件を処理することとなった経緯を踏まえ、現行法であるアメリカ合衆国1978年連邦倒産法における倒産裁判所制度が確立した史的展開につき、当該法の立法に深く関与された Frank R. Kennedy 教授の論考を下に、その概要を確認する。[8]

1．倒産裁判所の不在

(1) 1800年法

1800年4月4日に制定されたアメリカ連邦倒産法（以下、「1800年法」という）[9]では、倒産裁判所は設置されなかった。倒産裁判所の不在は、アメリカ憲法が当初から「倒産条項」を有していたにもかかわらず、長く倒産法が立法されなかった時代と同様である。この1800年法は、「破産行為」[10]をした債務者が居住する地域を管轄する連邦地方裁判所の裁判官に、同地域に居住する1ないし3名の構成員から成る委員会を任命する権限を付与していた。この委員会の活動には、破産者であると申し立てられた者のために法律上定められた義務が伴う。1000ドルから2000ドルの債権を有する、1名もしくは複数の債権者による申立ての後、連邦地方裁判所判事は、委員会を設置する。その委員らは、適

---

7 本章の内容は、主として、Frank R. Kennedy, *The Bankruptcy Court*, 3-34 in THE DEVELOPMENT OF BANKRUPTCY & REORGANIZATION LAW IN THE COURTS OF THE SECOND CIRCUIT OF THE UNITED STATES（1995）、また、Frank R. Kennedy, *Restructuring Bankruptcy Administration: The Proposals of the Commission on Bankruptcy Laws*, 30 Bus. LAW. 399（1975）による。

8 Kennedy 教授と日本の倒産法理論とのかかわりについて、伊藤眞『伊藤眞 随想録Ⅱ 続・千曲川の岸辺』（有斐閣・2016年）65頁以下参照。

9 Bankruptcy Act of 1800. ch 19.2 Stat 19（repealed 1803）.

10 破産行為論については、宮川知法『債務者更生法構想・総論』（信山社・1994年）1頁以下参照。本書は、英米倒産法の歴史を破産行為論の視点から、詳細かつ精緻に紹介するものである。本稿は、宮川教授の歴史研究を基礎としつつ、裁判所の生成・発展という視点から、ごくわずかばかりの事柄を付加するものである。

正な審査に基づき、債務者が破産者であるか否かを判断し、破産者であるとの判断に至れば、債務者を逮捕し、その資産を差し押さえる権限が付与されている。委員らは、譲受人（assignee）を指名し、委員らから認可を受けた債権者が、譲受人を選任する。連邦地方裁判所判事は、委員らの報酬を定める権限を有していた。

　残念ながら、1800年法は、1803年12月19日に廃止される。その理由は、Charles Warrenによれば、当時、連邦地方裁判所の数が少なすぎて、当該管轄地域にいる債権者であっても、管轄裁判所に赴くことが極めて困難であり、裁判所に救済を求めることが現実的ではなかったことによるとされる。[11]また、Collier on Bankruptcy（14th）によれば、1800年法廃止の理由は、連邦地方裁判所の「不人気さ」にあったとも書かれているが、そのことを証する文献はないとKennedy教授は示唆される。[12][13]

(2) 1841年法

　1841年に制定された連邦倒産法（以下、「1841年法」という）においても、1800年法と同様に、「倒産裁判所」は設置されなかった。この法律では、破産者になることができる者を7種類に分類して限定していたけれども、破産者に対して少なくとも500ドルの債権を有し、アメリカに居住している者は、「適切な裁判所」に、破産手続の申立てをすることができることになっていた。[14]ここで、「適切な裁判所」とは、破産者の居住地を管轄する、またはその事業が行われている場所を管轄する、アメリカ合衆国連邦地方裁判所を意味した（1841年法7条）。破産者の資産は、連邦地方裁判所の任命した譲受人に帰属し（同法3条）、1841年法に基づく倒産事件に関連して生じるすべての手続や事項について、管轄権は連邦地方裁判所に付与された（同法6条）。債権者申立てにより破産者とされた者には、連邦地方裁判所において陪審による裁判を受ける権利が認められていた（同法1条）。また、債権者の反対により免責が付与されなかった破産者についても、同様の権利が認められていたし、連邦地方裁判所ではなく、裁判所法（Judiciary Act of 1789）に基づく巡回裁判所に異議を

11　Charles Warren, BANKRUPTCY IN UNITED STATES HISTORY 19 (1935).
12　1 Collier on Bankruptcy 0.04, at 8 (James W Moore et all ed., 14th ed. 1974).
13　Kennedy, *The Bankruptcy Court, supra* note 7, at 6.
14　たとえば、商人、銀行家、少なくとも2000ドル以上の債務を引き受けている業者等である。

申し立てることでもできた（同法4条）。連邦地方裁判所は、その権限に基づき、破産者の居住する郡（county）に居住する者の中から委員（commissioners）を任命することができた（同法5条）。この委員は、破産債権の存否を承認したり、1841年法において定められた種々の職務に従事したけれども、法廷において破産者を審尋する権限も有していた（同法4条）。もっとも、連邦地方裁判所にも債権の存否を承認する権限は認められていた。

この1841年法は、非常によく機能していると高く評価されたけれども、[15]1843年に廃止されてしまった[16]。その主たる理由は、この法律が、ごく少額の弁済に基づいて、破産者に対し安易に破産免責を付与したため、債権者の不興を買ってしまったからである[17]。手続費用は高額に過ぎ、裁判所と譲受人による手続の管理は、支持されなかった[18]。

2．倒産裁判所の生成と発展

(1) 1867年法

1867年法は、債権者の圧力によって制定されたものとされる。当時、債権者とは、アメリカ合衆国北部地域に居住する者であり、債務者とは、南部地域に居住している者を意味していた[19]。債務者にめぼしい資産はなく、唯一土地のみが存在していたが、これについては、州法により差押禁止財産として保護されていた。かかる州法に対する保護規定を倒産法から排除することが連邦議会で激しく論じられた[20]。

1867年法1条は、連邦地方裁判所等を倒産裁判所と規定した。かかる裁判所の権限は、明文で例示されており、破産者と債権者との間のあらゆる争訟事項、破産者の資産の回収、担保権の確定と清算、種々の優先権およびあらゆる

---

15 Warren, *supra* note 11, at 81.
16 5 Stat. 614（1842）.
17 Warren によれば、1841年法により免責の付与を受けた者は3万3739人、受けられなかった者は765人、免責された負債総額は4億4093万4000ドル、それに対し、債権者に支払われた債務者資産の価値は、4369万7357ドルであった（Warren, *supra* note 11, at 81.）。高木新二郎『アメリカ連邦倒産法』（商事法務研究会・1996年）4頁。
18 Richard C. Sauer, *Bankruptcy Law and the Maturing of American Capitalism*, 55 Ohio. St. L. J. 291（1944）.
19 Warren, *supra* note 11, at 32.
20 *Id.* at 106.

I　倒産裁判所の生成と展開——Frank R. Kennedy 教授の分析

利害関係人の利益の調整、破産財団に基づく最後配当がなされ、手続が終了するまでに生じるあらゆる事項に及んだ。同法2条では、破産者に権利を主張する者に対し、譲受人が訴えを提起した場合、その管轄権が連邦地方裁判所と巡回裁判所にあることを規定していた。同法4条によれば、連邦地方裁判所判事は、自己に課せられた責務を補助する者として、破産法上の登録官（registers）を選任することを義務づけられていた。同条には、手続の進行管理、債権者集会の主宰や破産債権の承認等、登録官のもつ11の権限と責務が列挙されていたが、争訟事項について審判を行う権限や免責を許可したり否決したりする権限は認められなかった。当事者や証人を尋問し、書面を提出させる権限は、連邦地方裁判所判事になお委ねられた（同法5条）。

　1867年法は、施行当初から、ありとあらゆる地域で不評を買い、他の立法と同様に、費用がかかりすぎるということを理由に廃止されてしまった。重要なのは、廃止理由よりも、不評の原因であろう。それは、南部諸州の倒産裁判所が不正や浪費を蔓延させたという認識が共有されていたことにある。Warrenは、登録官や譲受人に対する報酬が増大し、破産者の資産の多くがそれに充てられ、債権者への配当率は10％を超えない、と指摘した。連邦地方裁判所判事が登録官を選任することは、1867年法4条により認められていたけれども、その選任のあり方について議論が存在したようである。特に、ルイジアナ州を始め、南部諸州の無責任な連邦地方裁判所の裁判官（Carpet-bag Judges）によって、財団が不正に利用されたり、浪費されていたと、広く認識されていた。たとえば、ニューオーリンズでは、1800件の破産事件のうち、配当までたどり着いた事件はわずか1件であった。こうした事象に、北部諸州に所在する債権者らは嫌悪感を示しつつ、激怒していたとされる。Warren が引用した American Law Review の論考では、登録官の選任について、在職期間を3年とすることや、選任する者について、「役立たずの政治屋（broken-down politi-

---

21　Bankruptcy Act of 1867, §§1, 14 Stat. at 517.
22　*Id.* §§2, 14 Stat. at 518.
23　*Id.* §§4, 14 Stat. at 519.
24　*Id.* §§4, 14 Stat. at 520.
25　Warren, *supra* note 11, at 113.
26　*Id.*

329

cians)」を雇わないことが提言されていた[27]。そうすることで、1867年法に対する不満は直ちに解消されるというのである。

(2) 1898年法

1867年法の廃止後、1898年法の制定までの間、連邦地方裁判所は、歴史的な事業に取り組んでいた。すなわち、エクイティ・レシーバーシップを用いた鉄道会社更生事件である。この事件の特徴は、連邦議会の立法ではなく、裁判所が創造した手続(the judge-made procedure)が用いられたことにある。この手続は、一定の修正とともに、1933年の改正法に取り入れられるまで、機能していたとされる。

1898年法制定に関する議会資料によれば、連邦地方裁判所の庇護の下で行われたレシーバーシップ手続は、高く評価されていたわけではなかった。とりわけ、南部諸州選出の連邦議会議員は、1898年法制定に際し、連邦地方裁判所の役割が増大することに敵意をあらわにした。すなわち、従前、連邦地方裁判所は、鉄道会社の更生事件を処理するだけであったはずが、今や自己を巨大な「百貨店」として、どのようなものでも売り買いができ、どのような事業でも遂行できる裁判所になろうとしている、と[28]。また、1898年法が制定されれば、連邦地方裁判所は、その地方の事柄を支配できるようになり、貧しい人ではなく、独占企業やカルテルを保護するための権限を手に入れることができる、ともいわれた。このように、1898年法への批判は、連邦地方裁判所の権限拡大への批判と重なり、それは、連邦地方裁判所が地域のコミュニティからかけ離れた存在であったことが原因の一つとされている。このことは、当時、州裁判所が地域に密着した存在であったことと対照的である[29]。Richard C. Sauer によれば、レシーバーシップ手続において、連邦地方裁判所は、その鉄道を利用し商品を遠隔地に送付する地方の荷送人よりも、必ずしも当該州に存在するとはいえない破綻した鉄道会社の経営者と株主を優遇しており、このことは地方が

---

27 *Id.*
28 31 Cong. Rec. 1940 (1898). 鉄道会社のような巨大企業から、南部諸州によくみられる路肩でゆでたピーナッツを売る屋台まで、その対象としようとしていると揶揄されている。
29 Sauer, *supra* note 18, at 321-322, quoting Henry Wollman, *The New Bankruptcy Law—Its Inadequacies and Shortcomings*, 6 Am. Law 410, 411 (1898).

困窮する原因であったと指摘されている。[30]

　このような議論状況から制定された1898年法における裁判所関連規定を概観する。同法１条は、連邦地方裁判所等が倒産裁判所（courts of bankruptcy）であることを明示した。[31]また、同条において、裁判所とは、諸手続が係属する倒産裁判所を意味し、破産審理人（the referee）を含む概念であるとした。[32]同法２条では、倒産裁判所がコモンローおよびエクイティ上の管轄権をもつことが示され、また、18の権限や機能が定められている。同法22条ａによれば、[33]破産手続が開始された後、裁判官は、財団を管理するため、管財人（trustee）を選任することや、財団を破産審理人に委託することができた。同法33条は破産審理人のオフィスについて規定している。[34]同法38条には、連邦地方裁判所判事の審査の下、破産審理人に認められる５つの権限が記されている。[35]破産審理人は自己の権限に基づく行為はすべて適法とされ、その発する命令も、[36]連邦地方裁判所判事に権限がある場合を除き、異議の対象とならない。[37]

　破産審理人の役割については議論があった。Edwin C. Brandenburgによれば、１つには、破産審理人は、1867年法の下での破産登録官と同様の地位に立ち、自己を選任した連邦地方裁判所判事を補助する存在であるという考えがある。破産審理人の責務は、ほぼ補助裁判官（special master）のそれに等しい[38]ともいわれる。他方、破産審理人は、倒産裁判所のもつ司法権の大部分を行[39]使しているのであり、連邦地方裁判所が倒産事項について司法機関として行為[40]する場合と同一の権限と責務をもつともされる。[41]

30　*Id.* at 319-320.
31　Bankruptcy Act of 1898, ch 541, §1(8), 30 Stat. 544.
32　*Id.* §1(7). 破産審理人については、入江菊之助判事による詳細な調査報告書『アメリカ合衆国連邦裁判所における裁判官の補助機構としての破産審理官制度』（法曹会・1967年）が存在する。
33　*Id.* §2, 30 Stat. 545.
34　*Id.* §22a, 30 Stat. 552.
35　*Id.* §33, 30 Stat. 555.
36　*Id.* §38, 30 Stat. 555-556.
37　Edwin C. Brandenburg, ON BANKRUPTCY, at 269 (4th ed. 1917), citing Kilgore v. Barr, 114 Va. 70, 75 S.E. 762 (1912).
38　*Id.* at 259.
39　*Id.* at 266.
40　*Id.* at 259.
41　*Id.* at 266.

331

いずれにせよ、憲法上、連邦政府がその権限を限定されているように、連邦地方裁判所もその権限を限定されているけれども、倒産裁判所は、倒産事項にかかわる問題を処理する専属管轄権を有するとされた。[42]

(3) **1938年改正法（チャンドラー法）**

1898年法は、1938年6月22日、全面的な改正を受けた。この改正法がチャンドラー法と呼称されることは周知のとおりである。連邦議会下院の報告書に[43]よれば、当該改正の端緒となったのは、Thomas D. Thacher 判事（ニューヨーク州南部地区連邦地方裁判所）による倒産事件処理の調査研究であった。この調査は、1929年に詐欺的な倒産手続申立てに対する非難が巻き起こったこと、また、複数のニューヨークの法曹団体がそうした調査を求めたことによるものである。この調査が、William J. Donovan（前アメリカ合衆国司法副長官）の命による倒産法改正提言を含む包括的調査報告書（Donovan レポート）[44]の引き金となった。この報告書には、事件処理の迅速化と、手続管理に関する裁判所の負担軽減について、提言が含まれていた。この報告書を踏まえ、倒産事件管理に関する全米の調査が、大統領命令（1930年7月19日付け）に基づき、実施されることとなった。この調査は、訟務長官となった Thacher 判事を中心に、Lloyd K. Garrison（ウィスコンシン大学ロースクール研究科長）の支援と商務省の協力の下、行われた。1931年12月5日に完成したこの報告書には、既存の法律の瑕疵の指摘とそれへの対策が示され、特に事件管理手法の改善についての提案が注目される。こうした提案を踏まえた Hastings-Michener 草案が下院に提出されたけれども、倒産事件管理のための機関を設置することと、倒産法を根本的に変革することへの反対が、かかる法案の実現を阻止することとなった。全米倒産法会議（the National Bankruptcy Conference）が設立され、当該機関が、各種利害関係団体やさまざまな利害関係人によってなされた諸提案や調査研究を調整することに成功し、それがチャンドラー法（1938年法）の制定

---

42 *Id.* at 19-20.
43 House Committee on Judiciary, 71th Cong., 3rd Sess.
44 Sen. Doc. No. 65, 72d Cong., 2d Sess. (1931). この報告書によれば、ニューヨーク州南部地区において、最も破産事件の申立てをした4名のうち、3名が弁護士倫理に違反したことを理由に、辞職している。また、レシーバーや管財人として横領罪に問われた弁護士も複数存在し、その中には、自裁した者も存在した。もっとも、この報告書について、James A. MacLachlan 教授は、「入手が困難な」ものだという評価をされている（MacLachlan, BANKRUPTCY, at 26 n5 (1956)）。

I 倒産裁判所の生成と展開——Frank R. Kennedy 教授の分析

につながった。

　チャンドラー法1条(10)に規定される「倒産裁判所」には、連邦地方裁判所等が含まれている。同法2条aによれば、倒産裁判所は、当該裁判所が所在する領域内において、コモンロー上およびエクイティ上認められる管轄権を有し、また、同法が適用される諸手続に固有の管轄権を行使することができる。倒産裁判所が行使できる権限は22に及ぶ。「裁判所」には、手続が係属している倒産裁判所の正式裁判官および破産審理人が含まれる。「裁判官」とは、倒産裁判所の正式裁判官を意味し、破産審理人は含まれない。「破産審理人」とは、当該事件について管轄権を有する審理人、もしくは、当該倒産事件が委ねられた審理人を意味し、または、その者に代わって職務を遂行する者をいう。破産審理人は、その後、1973年に連邦最高裁判所が連邦倒産規則を公布した折に、「倒産裁判官」と呼称されるようになった（同規則901条(7)）。

　倒産裁判所に認められる権限で最も重要なものは、チャンドラー法2条a(7)に規定される。これは、倒産財団の管理・換価・配当にかかわる権限であり、かつ、それらに関連して生じる紛争を処理する権限である。同法2条a(15)によれば、倒産裁判所には、チャンドラー法の諸規定を実現するために必要な命令を発し、令状を発布し、かつ判決をするための広範な権限が認められている。しかし、連邦地方裁判所が通常の訴訟手続を実施する場合には、かかる倒産裁判所の権限は制限された。しばしば指摘されていたのは、倒産裁判所における手続はすべて略式手続であったということである。ただし、チャンドラー法だけでなく、いかなる訴訟手続規則にも、そのような手続を利用することを示唆する条文は存在しなかったことには注意が必要である。略式手続の特徴は、理由開示命令（a show cause order）により開始され、陪審員は選任されず、破産審理人が審尋し、地方裁判所判事がそれを審査する、というものであった。また、かかる略式手続は、①事件管理に関連するもの、②倒産裁判所の

45　Bankruptcy Act of 1898, ch 541, §1(10), 52 Stat. 840, 841, amended by the Chandler Act. Ch. 575, 52 Stat. 840 (1938).
46　1 Collier, *supra* note 12, ¶¶ 2.04, 2.06, 2.08, 2.09 (1968, 1974).
47　*Id.* ¶ 1.26.
48　*Id.* ¶ 2.41, 2.42, 2.44, 2.46 (1968, 1974).
49　*Id.* at 75.
50　MacLachlan, *supra* note 44, at 204.

333

管轄下にある財産をめぐる紛争処理、③相手方の同意がある倒産裁判所の手続、④チャンドラー法により、明示または黙示で、倒産裁判所の略式管轄権に服するとされた手続、の４つの領域に分類される。[51]ちなみに、倒産債権の確定は、②の分類になる。倒産裁判所は略式管轄権を行使するべきものと理解されていたが、２つの異例な出来事によって、こうした概念は変更されてしまった。まず、1903年改正法により、否認権に関する通常の訴訟手続[52]について、倒産裁判所が裁判管轄権をもつとされた（同法60条b、67条e、70条e）。[53]また、第２巡回区連邦控訴裁判所は、チャンドラー法第X章手続において、通常訴訟手続の管轄権を倒産裁判所に肯定し、連邦最高裁判所もその判断を支持した。[54] MacLachlan教授によれば、これら２つの事柄によって混乱が生じたとされる。[55]

「裁判所」の定義には、すでにみたように、倒産裁判所の裁判官だけではなく、破産審理人が含まれるけれども、1898年法２条aにより倒産裁判所に付与される権限と、同法38条により破産審理人に認められるそれは一致しない。後者の権限には、破産免責の許可、棄却、取消し、非免責債務の決定、債権に関する判決の言渡し、再建計画の認可、不認可、および認可の取消しが含まれる。[56]同条には、裁判官による審査に服することが明記されている。同法39条には、破産審理人の責務が規定されている。たとえば、配当、通知および事件記録に関する手続上の責任がそれであり、また、破産審理人の命令により権利を侵害された者に、10日以内に裁判官による当該命令の審査を求める権限が付与されている（同法39条 c）。ただし、この異議権は、10日以内に行使されなければならず、それを徒過した場合には、当該命令は終局性を備えることになる。

1898年法34条により、倒産裁判所の裁判官は破産審理人を選任する権限をも

51　2 Collier, *supra* note 12, ¶¶ 23.03-23.11.
52　通常訴訟手続は、1898年法23条により扱われていたけれども、その定義は法律上存在しなかった。一般には、連邦地方裁判所や州裁判所で提起される、コモンロー上およびエクイティ上の訴訟を意味すると解されていた。
53　MacLachlan, *supra* note 44, at 213.
54　Austrian v. Williams, 159 F 2d. 67（2d Cir.), *aff'd*, 331 U.S. 642 (1947).
55　MacLachlan, *supra* note 44, at 213-214.
56　2A Collier, *supra* note 12, ¶¶ 38.02-38.10.

I 倒産裁判所の生成と展開——Frank R. Kennedy 教授の分析

つ[57]。破産審理人の任期は、当初2年であったが、1946年に6年に延長された[58]。任期終了後も、ほとんどの地域で、破産審理人は再任されていたようである[59]。1946年以前には、フルタイムで働く破産審理人は稀であったけれども、チャンドラー法は、フルタイムでの勤務を推奨したとされる（同法37条b）[60]。いずれにせよ、特定の裁判官と特定の破産審理人との関係性が問題とされ[61]、その後、連邦地方裁判所判事のもつ選任権限ははく奪されることとなった。

　チャンドラー法は、破産審理人の報酬制度を従前のものから変更しなかった。従前の報酬制度は、破産審理人間で明らかな不公平を生ぜしめるものであり、申立事件数に大きな影響を受けるものであった。第2次世界大戦時には、申立手数料収入が枯渇し、破産審理人は、しばしば、自分の事務所の運営費用すら支出できなくなったともいわれる。かかる報酬制度への不満は、連邦議会の知るところとなり、1946年に破産審理人の報酬に関する法律が制定され、破産審理人はこの法律に基づいて定期的な収入を得ることとなった[62]。この法律の制定によって、破産審理人の報酬が安定し、かつ増大しただけではなく、より重要なのは、訴訟当事者、弁護士、連邦地方裁判所判事、マスコミ、国民全般からの破産審理人に対する敬意と信頼が高まったとされる[63]。倒産事件の申立手数料は全米で定額となり、各章の手続ごとに追加すべき費用も定められ、それらは財務省に納付されることとなった。かかる手数料等が、破産審理人やその他職員の報酬となり、諸費用の財源となった。破産審理人の報酬のためのファンドは1978年法において廃止されたが、当該報酬等の安定した支払いは立法事項となった[64]。現在、倒産裁判所は、他の連邦裁判所と同様に、一般財源から資金を交付されている[65]。

57　*Id.* ¶34.02.
58　*Id.* ¶34.03.
59　MacLachlan, *supra* note 44, at 66.
60　*Id.*
61　Kennedy, *Restructuring Bankruptcy Administration, supra* note 7, at 400.
62　1 Collier, *supra* note 12, ¶¶40.01[4].
63　Claud D. Hughes, *The Image of the Bankruptcy Court*, 42 Ref. J. 41（1968）. 手続機関の報酬制度について論じたものとして、倉部真由美「倒産手続における手続機関の報酬とその規制——日米英独の比較」本書第2章第3節（128頁）参照。
64　*See* 28 U.S.C. §§153, 156（1988）.
65　1 Collier, ¶¶3.04[4][b]（Lawrence P. King, ed., 15th ed. 1993）.

(4) 1978年法

現行法である1978年法の実現において、倒産裁判所の連邦地方裁判所からの独立が企図された。[66] 連邦議会は、連邦地方裁判所に対し、Title11が適用されるすべての事件について、第1順位の、かつ専属管轄権を付与し、かつ、Title11が適用されるすべての民事訴訟手続について、第1順位の管轄権は認めつつ、専属管轄権は付与しなかった。[67] 一方、倒産裁判所には、財産を占有しているか否か、被告の同意があるか否かにかかわらず、連邦地方裁判所のもつ管轄権が自動的に認められると、連邦議会は定めた。倒産裁判所には、連邦地方裁判所に与えられた権限を行使することができるのである。[68] 倒産裁判所には、コモンロー裁判所、エクイティ裁判所、および海事裁判所の権限と同一のものが付与されたけれども、たとえば、裁判所侮辱罪を科すことなどは許されなかった。[69]

現行1978年法の下で、倒産裁判所は、連邦地方裁判所に準じる存在となった。[70] 倒産裁判所の裁判官は大統領から任命され、任期は14年とされた。[71] 倒産裁判所の裁判官は、定期的な調整を含みつつ、年間5万ドルの定期収入を得ることができた。[72] 倒産裁判官は、肉体的、精神的原因による職務遂行能力の喪失や不正行為等があった場合、連邦控訴裁判所裁判官会議によって罷免された。[73]

1978年法は、第三者との争訟について、倒産裁判所が略式管轄権を行使できるとしていたが、[74] 一方で、略式管轄権と正式手続の管轄権との区分を廃した。[75] 連邦議会は、倒産法改正委員会の提言を受け容れ、それらの区分に頼ることなく、包括的な管轄権を倒産裁判所に付与したのである。こうした規律を採用したのは、倒産裁判所が包括的な管轄権を行使することを通じて、倒産財

66　*Id*. ¶ 2.01.
67　92 Stat. 2668-2669（1978）.
68　*Id*. at 2669.
69　*Id*. at 2671.
70　*Id*. at 2657.
71　*Id*.
72　*Id*. at 2658.
73　*Id*. at 2657-2658.
74　MacLachlan, *supra* note 44, at 205-210.
75　Kennedy, *The Bankruptcy Court, supra* note 7, at 275.

団の管理等に適用される実体法および手続法が、効率的で、統一性のあるものとして発展する、という考えに基づく。倒産裁判所の管轄権に関する合憲性の問題は、専門家の意見を踏まえ徹底的に議論され、草案作成に関与した改正委員会が説得されたのであった。しかしながら、その後、著名な Northern Pipeline Construction Co. v. Marathon Pipe Co. 事件[77]によって、「倒産裁判官」の合憲性に関する重大な問題が発生し、1984年改正法を経て、近時の Stern 事件[78]に至るまで、長く議論されることになった。[79]

3. 小 括

　倒産法の倒産は、上記倒産裁判所の沿革という視点からみれば、倒産裁判所の倒産の歴史であるかもしれない。つまり、倒産裁判所の不評、不人気が、倒産法の廃止等に連関しているともいえる。この点、アメリカ法に特有の事情ではあるが、倒産裁判所が連邦地方裁判所に設置されたということが重要である。これは、倒産事件にかかわる取引等が、当該州内で完結しないことから、当然に予想されるところであるけれども、州法による差押禁止財産の範囲を倒産法により拡大するべく、倒産事件を連邦事件とする必要があったことは、法政策的観点から看過すべきでない理由の一つであろう。しかし、連邦地方裁判所の数は多くなく、当時の交通機関の整備状況からすれば、市民は、事実上、倒産申立てができない状態に陥った。また、地域に密着した州裁判所とは異なり、当時、連邦地方裁判所に対する地元州民の支持が必ずしも高かったわけではないことも影響していよう。一方、1867年法の下での倒産事件処理は、南北戦争の対立図式をそのまま引き継いでいるかのようであり、戦争に勝利した北部の債権者が、倒産した南部の債務者からいかにして債権を回収するか、とい

76　*Id.* at 278.
77　458 U.S. 50 (1982).
78　131 S. Ct. 2594 (2011). かかる判決をめぐる論考として、木南敦「合衆国の司法権と破産裁判所」田原睦夫先生古稀・最高裁判事退官記念論文集『現代民事法の実務と理論（下巻）』（金融財政事情研究会・2013年）2頁、浅香吉幹「アメリカ破産法の憲法問題——破産条項、契約条項、司法権条項をめぐって」伊藤眞先生古稀祝賀論文集『民事手続の現代的使命』（有斐閣・2015年）、同「Stern v. Marshall, 564 U.S. ___, 131 S.Ct. 2594 (2011)——破産債権届出に対する反訴である私人間の州法のコモン・ロー上の請求について、連邦破産裁判所が終局判決を下すのは、合衆国憲法第3編に反して違憲である〈最近の判例〉」アメリカ法2012-1, 173頁等参照。
79　詳細については、さしあたり、高木・前掲書（注17）11〜15頁参照。

う物語でもある。このとき、債権者（北部）は、何より、財団の価値のほとんどが、倒産裁判所の選任した管理者の報酬に費やされてしまったという、その不公正な事件処理に憤っていたのである。

　連邦地方裁判所を倒産裁判所としたことを端緒として、その後、倒産裁判所が連邦地方裁判所から独立するという展開がみられた。このことは、倒産事件およびそこから派生する争訟事件にかかわる管轄権の所在について、難しい問題を引き起こした。倒産事件に関する管轄権を倒産裁判所に専属させることは、おそらく事件処理の効率性や実効性を考えれば、不可避の事柄と思われ、事実、そのような方向に事態は進展したのである。しかし、たとえば、財団の管理に関連し、訴訟対応が必要となるような場合、1898年法やチャンドラー法（1938年法）の下では、倒産裁判所が実施できたのは、通常の訴訟手続ではなく、略式手続にすぎなかった。1978年法はこの点を解消しようとしたわけであるが、はたして成功できたのか。次項で検討してみたい。

　倒産裁判所の独立のプロセスにおいて、さらに言及するべきことは、連邦地方裁判所判事から委託を受けて倒産事件を処理する機関の発展であろう。譲受人から始まり、管財人、破産登録官、さらに破産審理人へと展開する。破産審理人は、いわば補助裁判官（special master）としての地位をもつものであり、1973年には、ついに倒産裁判官となる。機関の多様性が生じた理由としては、事件数の増大、事件処理の複雑化およびその専門化が考えられるところであるが、それは正式裁判官（連邦地方裁判所判事）からの権限の委託（delegation）によって行われてきた。かかる権限の委託には、権限行使に伴う責任の移転を伴うはずである。正式裁判官の場合、自己の行為について、免責法理（judicial immunity）が適用されるが、「裁判官」でないものには、こうした免責法理は妥当しないため、自己のした行為に基づく個人の損害賠償責任の負担が問題となる。[80] また、機関の多様化は報酬に関する問題を惹起する。その財源につい

---

[80] 裁判官の免責法理については、さしあたり、藤本利一「破産管財人の個人責任」倒産法改正研究会編『続・提言倒産法改正』（金融財政事情研究会・2013年）194頁、210頁以下参照。裁判所に認められた権限を行使する裁判官は、免責法理により保護される。ところが、この権限の委託を受けた機関（たとえば、管財人等）は、その権限行使の結果生じる損害について賠償責任を問われることになる。要するに、委託された権限と責任は表裏の関係にあり、換言すれば、裁判所から権限の委託を受けないものについては、少なくとも、倒産法に基づく責任を問うことは難しいのではないか。近時、こうした問題を乗り越える議論として、申立代理人の財産散逸防止義務論が注目を集め

て、正式裁判官のように国庫からの定期収入が保障されているわけではないからである。それゆえ、当該事件の財団から報酬を得るという形式をとらざるを得ず、その場合、財団を枯渇させるという難点がある一方、機関に対する利害関係人や社会一般の信頼の度合いが高まらないという問題があったとされる。また、後述するように、優秀な人材を確保するという点においても、機関に対する報酬制度を安定的に整備することは、重要な問題であったことがわかる。

一方、このような史的展開において興味深いことは、1867年法と1898年法の空白期間に、その後絶大な影響を及ぼすエクイティ・レシーバーシップ手続が、立法に依拠せず、裁判所を中心として、「創造」されたことであろう。かかる手続に対する評価それ自体、理論的には重要であるが、なぜこの時期においてのみ、judge-made の手続が許容されたのかは別途検討がなされるべきかもしれない。[81]

いずれにせよ、倒産法の発展の歴史は、連邦地方裁判所の権限の増大とともにあった。かかる連邦地方裁判所の肥大化が批判されたのは、1つには、連邦地方裁判所が、その所在する地元州民の利益ではなく、都市部の企業等に対して親和的であると思われたからである。このように、倒産裁判所に対する利害関係人や市民の信頼が失われたとき、倒産法が倒産する。このことはわが国の法制を考えるうえでも重要であるように思われる。

II　倒産裁判所制度の確立とその瑕疵――Charles J. Tabb 教授の整理

Charles J. Tabb 教授によれば、1978年法に対して最も問題視され論じられたのは、当該法律による倒産裁判所制度の変更であったとされる。[82]本項では、かかる変更の原因となった1898年法の問題点を指摘したうえで、それが1978年

ている（伊藤眞「申立代理人の財産散逸防止義務」事業再生と債権管理155号（2017年）4頁、松下祐記「再生債務者代理人の地位に関する一考察」伊藤古稀・前掲書（注78）1069頁。

81　1960年代から70年代にかけて、連邦民事訴訟規則と同様に、倒産法ではなく、裁判所の管轄する倒産規則による規律を企図した動きがあったが、成功しなかった（藤本利一「申立て直後の取引の継続」今中利昭先生傘寿記念『会社法・倒産法の現代的展開』（民事法研究会・2015年）505頁、526～528頁参照）。

82　Charles J. Tabb, THE LAW OF BANKRUPTCY, at 321（4th, 2016）.

法においてどのように対処されたかを概観する。

1．1898年法における2つの問題点

　Tabb教授は、倒産裁判所の管轄権に関する「奇妙な物語」を理解するために、現行法以前の歴史を知ることが重要であり、近時の重要なStern v. Marshall判決がなされて以降、その重要性がますます増していると述べられる[83]。なぜなら、連邦最高裁判所は、1898年法がとっていた管轄権スキームを合憲化したと思われるからである[84]。この法制度の下では、「委託制度（reference system）」が利用されていた[85]。それはこういうことである。この法によれば、倒産事件の管轄権は連邦地方裁判所に付与されていたが、連邦地方裁判所は倒産事件から生じる問題のほとんどを処理するため、「破産審理人（referees）」と呼称される、裁判官に従属する存在であり、かつ裁判所の構成員となる者を任命した。倒産事件を破産審理人に委託することが一般的に行われていたけれども、連邦地方裁判所判事は当該委託を取り消すことができた。この破産審理人が、1973年に「アメリカ合衆国倒産裁判官」となるのである。

　Tabb教授の指摘する第1の問題点は、倒産裁判所の管轄権が「略式管轄権（summary jurisdiction）」に限定されていたことである[86]。1898年法2a条によれば、略式管轄権は、①倒産裁判所が現実に占有している財産、または占有しているとみなされる財産、②債務者、および③倒産裁判所の管轄権に同意している者に及ぶ。これら以外のすべての事項は、通常裁判所（連邦地方裁判所）や州裁判所において、通常の訴訟手続（plenary lawsuits）により処理されなければならないとされた[87]。管轄権に関するこの二分法は、面倒で役に立たないものとして批判された。なぜなら、倒産裁判官は担当する倒産事件から生じる多数の重要な争点について判断することができず、また、管轄権の有無自体を事前に争う訴訟を誘発したからである[88]。

83　131 S. Ct. 2594（2011）．
84　Tabb, *supra* note 82, at 318.
85　*Id.*
86　*Id.*
87　Ralph Brubaker, *On the Nature of Federal Bankruptcy Jurisdiction: A General Statutory and Constitutional Theory*, 41 Wm. & Mary L. Rev. 743, 765-790（2000）．
88　Tabb, *supra* note 82, at 318.

第２の問題点は、倒産裁判官が、その司法上の職務に加えて、多岐にわたる行政上の職務を遂行しなければならなかったという点である。[89]この２つの役割は、裁判官にとって、過重な負担であると考えられ、また、その公平性や客観性に懸念が生じていた。[90]さらに、倒産裁判官が通常裁判所の裁判官に従属する存在であったため、その地位が高く評価されることはなく、その結果、優秀な人材は倒産裁判官になることを望まなかったとされる。[91]

2．1978年法制定時の３つの問題点

　1978年法制定過程において、倒産裁判所制度の改革につき、以下の３点が論点化された。[92]①倒産事件から生じる問題について、連邦地方裁判所から独立した倒産裁判所に、統一的な管轄権を付与すること、②倒産裁判官の担う司法作用と行政作用を分離すること、および③倒産裁判官の地位を向上させること、である。

　これらの諸論点を解決するため、連邦議会は、倒産裁判所を連邦地方裁判所から独立させるとともに、倒産裁判官を正式裁判官（Article III judges）としなければならなかったはずである。[93]ここで、正式裁判官とは、憲法上、終身雇用が保障されており、かつ給与の減額がなされないことが保障される地位を有することを意味する。立法政策として、二分されていた裁判管轄権が統一されることになれば、倒産裁判官は、通常訴訟手続を主宰し、司法権を行使することが予想されるからである。しかし、倒産裁判官に正式裁判官の地位を付与しなければ、このことは憲法問題を惹起する。結論において、連邦議会は倒産裁判官にそうした地位を保障しなかった。その議論の経緯を簡単に確認しておく。

　下院は、かかる憲法問題について独自に調査研究をし、有力な憲法の研究者の意見を聴取したうえで、「独立した倒産裁判所は憲法第３条（Article III）に

89　*Id.*
90　*Id.*
91　*Id.*
92　*Id.* at 318-319.
93　*Id.* at 319.

基づき形成されなければならない」と結論づけた[94]。また、下院は、倒産裁判官を正式裁判官とすることで、優秀な人材を確保することができると確信していたのであり、それゆえ、その倒産法改正草案（H.R.8200）では、倒産裁判所は正式裁判所とされることになっていた[95]。しかしながら、上院はこの構想に反対し、連邦最高裁判所長官の Burger 判事および合衆国司法会議（the Judicial Conference of the United States）もそれに同調した[96]。現職の正式裁判官は、その地位に倒産の専門家を招き入れたいとは思わなかったようである[97]。上院の倒産法改正案（S. 2266）は、倒産裁判所を連邦地方裁判所に付属するものとしつつ、倒産裁判官が拡大した裁判管轄権を専属的に行使することは、それが通常裁判所である連邦地方裁判所の審査に服するがゆえに、合憲であるとの見解に立った[98]。結果として、上院の法案が採択されることとなった。ちなみに、倒産事件に関する行政作用を担う連邦管財官制度についても、上院は下院の提案を拒否している[99]。しかし、この制度については、1986年の改正法[100]により、最終的に下院が勝利することになる[101]。

　かかる経緯についての Tabb 教授の分析を紹介する。Tabb 教授は、連邦議会が、一方で、倒産裁判所に包括的な裁判管轄権を付与しながら、倒産裁判官には正式裁判官の地位を与えなかったことを問題視される[102]。1978年法の下での新しい倒産裁判所制度には、憲法上の疑義が当初から存在したにもかかわらず、連邦最高裁判所が当該制度について違憲判断をすると考えていた論者はほとんどみられなかったと評する[103]。しかし、そうした楽観論者は間違っていたのであり、かかる瑕疵ゆえに、1978年法における倒産裁判所制度は、まず

94　H.R. Rep. No. 95-595, 95th Cong., 1st Sess., at 39（1977）.
95　Tabb, *supra* note 82, at 319.
96　このことの詳細は、Vern Countryman, *Scrambling to Define Bankruptcy Jurisdiction: The Chief Justice, the Judicial Conference, and the Legislative Process*, 22 Harv. J. on Legis. 1, 10-11（1977）. 参照。
97　Tabb, *supra* note 82, at 319.
98　S. Rep. No. 95-989, 95th Cong., 2d Sess., at 16（1978）.
99　さしあたり、高木・前掲書（注17）297 頁以下参照。
100　Tabb, *supra* note 82, at 320.
101　*Id.*
102　*Id.* 詳細については、Tabb, *The Bankruptcy Reform Act in the Supreme Court*, 49 U. Pitt. L. Rev. 477, 486（1988）.
103　Tabb, *supra* note 82, at 320.

Marathon判決[104]で破綻し、1984年改正法で手当てされるも、再びStern判決[105]で重大な問題として論じられた。要するに、Tabb教授によれば、1978年法の立法に際し、倒産裁判官に正式裁判官の地位を認めなかったことは明らかな間違いであった、とされる[106]。

3．審理人から裁判官へ

　ここで現行法における倒産裁判官の地位を簡単に示しておく。倒産裁判官は、倒産事件の処理を主宰する連邦地方裁判所の構成員であるけれども、終身雇用が保障された正式裁判官ではなく、14年の任期をもって連邦控訴裁判所により任命される[107]。倒産裁判官は、いわば、正式裁判所である連邦地方裁判所の補助者として機能する存在である[108]。

　倒産裁判官の役割は、「裁判官」として活動することである[109]。こうした言明は、一見したところ、トートロジーのようにも思われるが、1970年代の倒産裁判官の役割を見直す際に重要なものとなる、とTabb教授は強調される[110]。1973年まで倒産裁判官は、「破産審理人（referees）」とよばれていた。破産審理人の役割は、倒産事件の行政作用（administration）に積極的に関与することであった[111]。たとえば、破産審理人は、債権者集会を主宰し、事件処理を通じて利害関係人と面談し、事件管理に積極的な関与を行っていたのである[112]。しかし、破産審理人の行政作用への関与により、その裁判官としての中立性に懸念が表明されていた[113]。また、事件数の増大とともに、2つの作用を破産審理人が単独で担うことが実際上困難になっていたという事実もある[114]。こうして、合衆国管財官が行政作用を担い、倒産裁判官が司法作用を担うとい

104　458 U.S. 50 (1982).
105　131 S. Ct. 2594 (2011).
106　Tabb, *supra* note 82, at 320.
107　28 U.S.C. §152 (a) (1).
108　28 U.S.C. §151.
109　Tabb, *supra* note 82, at 85.
110　*Id.*
111　*Id.* 高田・前掲論文（注5）85頁参照。
112　*Id.*
113　*Id.*
114　*Id.*

うように、司法と行政の役割を二分する決定が1970年代の改正において自覚的になされたのである。[115]

4．小　括

　アメリカの倒産裁判所制度がわかりにくくなっている理由の一部が、本項によってある程度明らかにできたようにも思われる。従来、倒産裁判所には、原則として略式管轄権しか認められなかったところ、現行法はその管轄権を拡大し、野心的にも裁判所の機能を高めようとした。ところが、訴訟手続の下、権利義務を確定する典型的な司法作用を担う可能性が倒産裁判所に生じたにもかかわらず、実際に事件を担当する倒産裁判官に、正式裁判官の地位は付与されなかった。このギャップが憲法問題をはらんでいることは当初から認識されていたが、連邦最高裁判所が違憲判断をすることはないとの楽観的な見方が支配的であったようである。Tabb 教授は早くからこの問題点を指摘していたが、結局、1984年の改正法によっても解決されず、近時も Stern 判決をめぐる議論が生じた。この点はアメリカ法の文脈において重要なものであるが、日本法への示唆を考えた場合には、ややその価値は後退する。日本の裁判所において倒産事件を担当するのは、いわゆる正式裁判官であるため、アメリカ法のような悩みは存在しないからである。さはさりながら、そもそもアメリカ法における正式裁判官とはどのような存在であるのか、終身雇用と給与の保障が何ゆえその地位と密接に結びつけられているのか、ということ自体、理論的探求の対象になり得る。そもそも、法曹のトップともいえる連邦最高裁判所長官が倒産裁判官を正式裁判官とすることに反対する基礎がどこにあるのか、ということの探査も、彼の地の司法制度を理解する一助となるかもしれない。

　本稿の関心からすると、注目するべきは、破産審理人が担っていた機能のうち、「裁判官」となることで失われてしまったものであろう。すなわち、破産審理人が有していた行政作用に果たす役割である。このことは、「審理人」から「裁判官」へという言葉の意味を分析することでよく理解できた。これは、倒産事件を主宰する者に中立性、公平性が強く求められたことの帰結ともいえる。典型的には、倒産裁判所が選任した管財人等が、利害関係人たる第三者と

---

[115] Id.

の間で争訟事項を抱えた場合、倒産裁判所が当該事項を判断することに異論があった、ということであろう。

しかし、かかる変更に行き過ぎはなかったか。破産審理人は、債権者集会を主宰し、利害関係人と面談し、事件の進行管理等を担っていたとされる。倒産裁判官がこうした役割から距離をおいたとき、倒産事件の処理にはどのような問題が生じるのであろうか。次項において、Melissa B. Jacoby 教授の論考を手がかりに、連邦倒産法第11章手続の改正提案に関するシンポジウムにおいて提起された問題を検討してみたい。

III 倒産裁判官の役割論――Melissa B. Jacoby 教授の警鐘

American Bankruptcy Institute は、1982年に創設され、会員数1万2000人を超える倒産専門家（弁護士、裁判官、金融機関、大学教授等）を擁する団体である。[116] その目的の一つは、議会や社会に対し、倒産法に関連する問題点の指摘や提案を行うことにある。かかる団体は、近時、連邦倒産法第11章手続の改正提案を行った。[117] この提案に際し、2014年春にイリノイ大学で学識者を含むシンポジウムが開催された。Melissa B. Jacoby 教授は、このシンポジウムにおいて、倒産裁判官の役割について研究報告を行い、その成果がイリノイ大学の紀要に掲載されている。[118] 本項では、Jacoby 教授の報告内容を中心に、現行法下における倒産裁判官のあり方をめぐる問題点について検討する。

1. Jacoby 教授の問題提起

倒産裁判官の役割について論じる場合、倒産裁判官に認められる憲法上の権限に着目することがまず重要であるとされる。[119] かかる権限については、これ

---

116 URL〈http://www.abi.org/about-us〉.
117 URL〈http://commission.abi.org/full-report〉.
118 Melissa B. Jacoby, *What Should Judges Do in Chapter 11?*, 2015 U. Ill. L. Rev. 571 (2015).
119 *Id.* at 573. 憲法第3条と裁判官制度に関する近時の注目するべき論考として、Anthony J. Casey & Aziz Z. Huq, *The Article III Problem in Bankruptcy*, 82 U. Chi. L. Rev. 1155 (2015) がある。

までにもみたように、確定的な見解が存在したわけではない。たとえば、Stern v. Marshall によれば、倒産裁判官は、正式裁判官ではないため（a non-Article III judge）、権利義務の存否（core claims）について審判することはできないとされた。[120] Executive Benefits Insurance Agency v. Arkison では、問題となった詐欺譲渡訴訟について、倒産裁判官は、連邦地方裁判所のために、事実を認定し、結論を下すことが許されるということが前提とされた。[121]倒産裁判官の権限に憲法上の瑕疵があったとしても、当事者の同意があれば、その瑕疵は治癒されるのではないか、という論点がそれまでにも存在していたが、この判決では、かかる「同意問題」には踏み込まなかった。当該請求は、通常裁判所（Article III court）による覆審的審理を受けたためであるとされる。[122] その後、連邦最高裁判所が裁量上訴を認めた Wellness Int'l Network Ltd. v. Sharif では、[123]倒産裁判官に憲法上審判が認められる請求権の範囲と、当事者の同意問題を判断することが予想されたため、倒産実務家には、連邦最高裁判所が倒産裁判官の権限を今まで以上に制限するのではないかとの不安があったとされる。[124]かかる限定が行われた場合、旧法（1898年法）時代のように、種々の訴訟が、たとえば、州裁判所に係属することになってしまう。しかし、州裁判所は、未処理の事件をため込み、それを解決するための十分な資力をもたないところだと認識されていたため、当該訴訟事件が10年にわたり放置されたり、場合によっては、塩漬けにされることにもなりかねない、と危惧されたのである。[125]

旧法（1898年法）では、訴訟事件の処理が倒産事件処理制度の中核的役割であるとされた。[126]しかし、Jacoby 教授は、連邦議会、裁判所、利害関係人等が倒産裁判官に求める資質や能力は、それを超えているという。倒産事件処理に際して裁判所に求められる事柄の多様さは、倒産法に特有のものではなく、たとえば、これまでにも、裁判所は、公職に就く人を選任したり、相続財産の管

---

[120]　131 S. Ct. 2594, 2620 (2011).
[121]　134 S. Ct. 2165, 2172-2175 (2014).
[122]　*Id.* at 2170 n.4.
[123]　727 F.3d 751 (7th Cir. 2013), cert. granted, 134 S. Ct. 2901 (2014).
[124]　Jacoby, *supra* note 118, at 573.
[125]　*Id.*
[126]　*Id.*

理を行い、また、離婚裁判に関与してきた。裁判所は判決をするためだけの機関ではない。それゆえ、Jacoby 教授は、1978年法の起草者が第11章手続における倒産裁判官の役割を限定したことを問題視される。[127] かかる論点は、現行法下において、誰もが気づいていたけれども、公に論じられてこなかった問題であるとも評される。かつて John D. Ayer 教授は、利害関係人の誰もが裁判官に処理をしてほしいとは思わない問題について、裁判官は、どの程度まで、それを処理する権限をもつのか、あるいは義務を負うのか、という問いを立てられた。[128] 現行法である1978年法の起草者らは、この問いに対する答えを用意していないというのが Jacoby 教授の仮説である。以下では、事件管理論と裁判官の義務論の２つを取り上げて検討してみたい。

2．事件管理論

1973年倒産規則および1978年法において、破産審理人は倒産裁判官へと変貌した。これは、Tabb 教授の指摘にあるように、たんなる名称の変更にとどまらない、実質的な変更を意味する。すなわち、倒産事件の担当者がアンパイアという比喩で語られる、いわば「消極的な」存在となった。ところが、同時期に、連邦地方裁判所では、訴訟爆発を背景として、裁判官のあり方について革新的な変化が生じていた。1978年法が「古典的な」裁判官像を前提としたことによるつまずきをここで確認しておく。

(1) 連邦地方裁判所における裁判官像の転換——積極的な裁判官

本項では、1978年法制定時における、連邦地方裁判所に生じた動向を確認しておく。歴史をひもとけば、1978年以前から、連邦地方裁判所は、徐々に、事件管理を推し進めるようになっていた。[129] いわゆる「訴訟爆発」を契機として、過重事件負担に喘ぐ裁判所と訴訟当事者らを救うべく、1978年頃、事件管理を積極的に行い、トライアルを回避すべきであるという強力な指示が連邦地方裁判所に対して行われた。[130] たとえば、新規採用判事に対する研修プログラム

---

[127] Id. at 572.
[128] John D. Ayer, *The Forms of Action in Bankruptcy Practice: An Exposition and a Critique*, in 1985 Ann. Surv. Bankr. L. 307, at 329 (William L. Norton ed., 1985).
[129] Resolutions Adopted at the Seminar on Protracted Cases, 23 F.R.D. 614, 614-15 (1958).
[130] *See* Marc Galanter, *The Emergence of the Judge as a Mediator in Civil Cases*, 69

347

第4章 第2節 アメリカの倒産手続と裁判所——未完の裁判所・裁判官に映るあるべき司法像の変遷

において、シカゴの Hubert Will 判事は、自分たち裁判官は、弁護士という格闘家（combatant）が、戦う準備はできているといったときにリングにあがる「熟練したレフェリー」ではない、と語った。なぜなら、そうすることで、費用と時間がかかり、高品質の司法が実現できないからである。[131] James Lawrence King 判事は、「ここで示されている事件管理の哲学は、司法積極主義（active judicial control）の一つである」と述べ、William Schwarzer 判事は、「裁判官が民事訴訟に介入し、手続の始まりから事件管理に積極的な役割を適切に担うべきである」と主張した。[133] また、彼は、「訴訟手続が消極的な裁判官により遂行されることは適切でない。そのような裁判官は、何もしないことで無駄な費用を生み、そうして当事者を消耗させ、訴訟を失敗に終わらせるのだ」とも強調した。[134] Edward Levi は、1979年に開催された高名なパウンド会議において、紛争解決から問題解決への転換が司法に生じた、と総括し、[135] 司法界の頂点に立つ Burger 連邦最高裁判所長官は、「訴訟爆発」に対応するため、積極的な事件管理を推進した。[136]

正式裁判官（Article III judges）が皆、積極的に事件管理を行い、審理・判

JUDICATURE 257, 261 (1986)

[131] Hubert L. Will, *Judicial Responsibility for the Disposition of Litigation*, 75 F.R.D. 89, 121, 124-25 (1976).

[132] James Lawrence King, *Management of Civil Case Flow from Filing to Disposition*, 75 F.R.D. 89, 166 (1976).

[133] William W. Schwarzer, *Managing Civil Litigation: The Trial Judge's Role*, 61 JUDICATURE 400,402 (1978).

[134] *Id.* at 404. 手続の初期から管理者として振る舞うことで、事件負担を過重にしないために不可避である点を指摘するものとして、Robert F. Peckham, *The Federal Judge as a Case Manager: The New Role in Guiding a Case from Filing to Disposition*, 69 Cal. L. Rev. 770, 770 (1981). 司法の積極的な役割を説くものとして、Alvin B. Rubin, *The Managed Calendar: Some Pragmatic Suggestions About Achieving the Just, Speedy, and Inexpensive Determination of Civil Cases in Federal Courts*, 4 Just. Sys. J. 136, 136 (1978), cited in COMM. ON COURT ADMIN. & CASE MGMT., JUDICIAL CONFERENCE OF THE U.S., CIVIL LITIGATION MANAGEMENT MANUAL 5-6 (2d ed. 2010)).

[135] Edward H. Levi, *The Business of Courts: A Summary and a Sense of Perspective*, in THE POUND CONFERENCE: PERSPECTIVES ON JUSTICE IN THE FUTURE 269, 270-71 (A. Leo Levin & Russell R. Wheeler eds., 1979).

[136] Warren E. Burger, *Isn't There a Better Way?*, 68 A.B.A. J. 274, 275-76 (1982). *See generally* Robert G. Bone, *The Process of Making Process: Court Rulemaking, Democratic Legitimacy, and Procedural Efficacy*, 87 Geo. L. J. 887, 901 n.72 (1999).

決を下す責任から免れることに熱心であったわけではないし、理論研究者の中にも、事件管理に対し、鋭い批判を展開する者が存在した。[138]とはいえ、連邦地方裁判所に生じた事件管理という革命は、倒産裁判官を理解するために必要な枠組みである。[139] Jonathan C. Lipson 教授によれば、倒産裁判官こそが、管理者的裁判官（managerial judging）の「典型」だからである。

(2) 倒産裁判官の「消極性」

1978年法の制定時に生じた倒産裁判官の役割の変化について、Jacoby 教授の分析を紹介する。[140]旧法の下で、破産審理人は、連邦地方裁判所判事により任命され、[141]かつ、管財人を選任する地位にあった。[142]もっとも、こうした関係性が、倒産村（bankruptcy ring）などと揶揄され、倒産制度や倒産実務に対する社会の評価を低くしていた。[143]また、破産審理人は、債務者の契約交渉を手伝ったり、事業経営のアドバイスをしていたともいわれる。[144]いずれにせよ、倒産事件の性質上、このような非司法的な作用の存在が認識されていた。[145]これらは伝統的な裁判官の職務から乖離したものであったが、民事司法制度の研究者の中には、その点を評価し、教育の人種分離廃止や監獄改革など制度改革訴訟における新たな裁判官モデルになり得ると考える者も存在した。[146]こうした見解に対して、それらの制度改革訴訟とは異なり、倒産事件においては社会政策の実現に重きをおくべきでないと考える者もいた。[147]

137　See, e.g., Patrick E. Higginbotham, *Bureaucracy- The Carcinoma of the Federal Judiciary*, 31 Ala. L. Rev. 261, 264-70 (1980).
138　See, e.g., Judith Resnik, *Managerial Judges*, 96 Harv. L. Rev. 374, 414-26 (1982). これは管理者的裁判官論について根本的な理論的批判を展開する著名な論考である。
139　Jonathan C. Lipson, *Debt and Democracy: Towards a Constitutional Theory of Bankruptcy*, 83 Notre Dame L. Rev. 605, 657-58 (2008).
140　Jacoby, *supra* note 118, at 576-581.
141　David T. Stanley & Marjorie Girth, BANKRUPTCY: PROBLEM, PROCESS, REFORM 160 (1971).
142　H.R. REP. NO. 95-595, at 89-90 (1977).
143　*Id.* at 93-95.
144　*Id.* at 90.
145　Jacoby, *supra* note 118, at 577.
146　Owen M. Fiss, THE CIVIL RIGHTS INJUNCTION 9-10 (1978); Ralph Cavanagh & Austin Sarat, *Thinking About Courts: Toward and Beyond a Jurisprudence of Judicial Competence*, 14 LAW & SOC'Y REV. 371, 404, 406 (1980); Theodore Eisenberg & Stephen C. Yeazell, *The Ordinary and the Extraordinary in Institutional Litigation*, 93 Harv. L. Rev. 465,485-86 (1980), etc..
147　Christopher W. Frost, *Bankruptcy Redistributive Policies and the Limits of the Judicial*

1978年法では、1973年の連邦倒産規則に加え、さらに破産審理人の負担が減じられた。それは行政作用に関連するものであり、その目的は、事業再生の主要部分への司法関与を減らし、かつ、当該再生案件の成功に対する利害関心を削ぐことにあった。[148] なぜなら、倒産裁判官は、担当する倒産事件を「自分の事件 (my case)」と考え、債務者企業の再建の成否を自己の責任ととらえてしまう傾向にあったからである。かかるバイアスは、倒産事件から生じる争訟において、不公正な判断を導くとされた。[149] それゆえ、立法過程においては、倒産裁判官の中立性、不介入の姿勢を強く推奨する見解が多数を占めていた。[150] J. Ronald Trost 弁護士によれば、倒産裁判官は、当該事業の管理運営を考えるべきではなく、紛争を処理することこそがその職務であるという。手続遂行を主宰する者の経験や知識の不足ゆえに、当該事件の財団資産が無意味に費消されてしまうとしても、倒産裁判官が一方当事者のみに肩入れをすることは好ましくなく、こうした出来事を避けるために必要とされる社会的コストは、あまりに過大なものとなる、とする。[151] かかる意見が、連邦地方裁判所の積極化の指令と同時期になされたことは興味深い。

(3) 消極性による弊害と対策

　しかし、1978年法が債務者主導の手続遂行を認め、裁判所の監督を排除したことで、Samuel Bufford 判事[152]がいうように、手続は著しく遅延し、いつ果てるともないものとなった。[153] もっとも、1980年代から1990年代にかけて、遅延した第11章手続と事件管理の技法を結びつけて論じる研究者はほぼ存在しなか

Process, 74 N.C. L. REV. 75, 129, 133 (1995), Ted Janger, *Crystals and Mud in Bankruptcy Law: Judicial Competence and Statutory Design*, 43 Ariz. L. Rev. 559, 580-581 (2001). 前者について、水元宏典『倒産法における一般実体法の規制原理』(有斐閣・2002年) 123頁以下に詳しい紹介がある。

148　Jacoby, *supra* note 118, at 578.

149　H.R. REP. NO. 95-595, at 91 (1977).

150　ROBERT M. UJEVICH, CONG. RESEARCH SERV., REPORT No. 80-225A, SECTIONAL ANALYSIS OF THE MAJOR PROVISIONS AND PRINCIPAL OPERATIVE CHAPTERS OF THE BANKRUPTCY REFORM ACT OF 1978 (Pub. L. No. 95-598,92 Stat. 2549, codified as 11 U.S.C.) 4 (1980).

151　J. Ronald Trost, *Business Reorganizations Under Chapter 11 of the New Bankruptcy Code*, 34 Bus. LAW. 1309, 1316 (1979).

152　Lynn M. LoPucki, *The Debtor in Full Control - Systems Failure Under Chapter 11 of the Bankruptcy Code?*, 57 Am. Bankr. L. J. 247, 249 n.83 (1983)

153　Samuel L. Bufford, *Chapter 11 Case Management and Delay Reduction: An Empirical Study*, 4 Am. Bankr. Inst. L. Rev. 85, 85 (1996).

ったけれども、裁判官の中にはこれに注目した者が存在した。たとえば、Lisa Hill Fenning 判事は、21世紀には連邦地方裁判所で実施されている事件管理手法が第11章手続に応用されることになると予言し、連邦倒産法の廃止を論じる理論研究者にも多大な影響を与えた。[155]一方、1987年に、ノースカロライナ州の A. Thomas Small 判事が小規模再生事件処理の迅速審理モデルを構築したことで、[156]そうした審理モデルの実験的な導入が進み、また、研究論文が多数公表されることとなった。[157]その結果、1990年代半ばには、倒産裁判官は連邦地方裁判所の事件管理技法を駆使するようになった。1994年には、期日管理に関する命令等を発する権限が倒産裁判官に認められたけれども、そうした制定法よりも、裁判官の姿勢の変化のほうが大きな意味をもったとされる。[158]

　倒産法の理論研究者は、とりわけ、法と経済学の方法を用いる論者は、当初、第11章手続の廃止を論じていた。なぜなら、第11章手続の遅延等はあまりに非効率であり、また、倒産裁判官は、存続させるべき事業と清算するべきそれとを区別することができないと考えられたからである。[159]また、Douglas G. Baird 教授と Thomas H. Jackson 教授は、倒産裁判官のもつ偏った考えを批判した。たとえば、担保権者に対し偏見をもっていること、債務者企業に対する市場の価値評価は低すぎるため、倒産手続を利用すれば再生は可能だというその信念である。[160]こうした批判も21世紀に入って、事件管理が適正になされた頃、下火となった。[161]

154　その例外が、Ayer, *supra* note 128, at 331-332. である。
155　Lisa Hill Fenning, *The Future of Chapter* 11: *One View from the Bench*, in 1993 Ann. Surv. Bankr. L. 113, 114-15 (William L. Norton, Jr. ed., 1993); Fenning, *Judicial Case Management Is No Hostile Takeover*, 15 Am. Bankr. Inst. J., 35, 35 (1996); Fenning, *Business Management: The Heart of Chapter 11*, 15 Am. Bankr. Inst. J., 35, 38 (1996).
156　A. Thomas Small, *Small Business Bankruptcy Cases*, 1 Am. Bankr. Inst. L. Rev. 305, 307-11 (1993).
157　Bufford, *supra* note 153, at 85, Randall J. Newsome, *Vanishing Trials What's the Fuss All About?*, 79 Am. Bankr. L. J. 973, 977 (2005).
158　Jacoby, *supra* note 118, at 580.
159　Douglas G. Baird & Anthony J. Casey, *No Exit? Withdrawal Rights and the Law of Corporate Reorganizations*, 113 Colum. L. Rev. 1, 8 n.29 (2013).
160　Douglas G. Baird & Thomas H. Jackson, *Corporate Reorganizations and the Treatment of Diverse Ownership Interests: A Comment on Adequate Protection of Secured Creditors in Bankruptcy*, 51 U. Chi. L. Rev. 97, 126-27 (1984).
161　Jacoby, *supra* note 118, at 580.

3．利害関係人による合意への倒産裁判官の介入

(1) 問題の所在

倒産裁判官が、連邦地方裁判所判事のように、管理者的裁判官となり、かつての機能を一部であれ回復することで、第11章手続の危機は回避されたともいえる。しかし、このことは、たとえば、計画認可の可否を論じる審理期日においても、債権者ら利害関係人の意向を尊重し、和解的な処理を試みることにつながる。その場合、利害関係人の誰もが異論を挟まずに合意が形成された場合、裁判官はどこまでその合意内容の正しさについて干渉する権限あるいは義務を負うのであろうか。このことが、30年ほど前に、John D. Ayer 教授により立てられた重要な問いかけである。[162]

(2) 設例──*In re* Las Vegas Monorail Co. 事件

Jacoby 教授は、とある第11章手続事件（In re Las Vegas Monorail Co.）を例としてあげられる。ラスベガス市内を走るモノレール（Las Vegas Monorail）を建設し所有する非営利法人（以下、「LMVC」という）が、連邦倒産法第11章手続の開始を申し立てた。[163] 非営利法人にそもそも申立適格があるかを数カ月議論した後、主要な債権者らの支持の下、再建計画案が提出された。当該計画案に対しては、100％近い同意がなされ、反対した者についても、その後、和解的処理がなされた。このような場合、倒産裁判官は計画を認可して、手続を終了させることが通常であるけれども、この事件では、認可を与えなかった。[164] 本件では、3800万ドルの資金調達計画に不安があり、[165] 計画案の遂行可能性（feasibility）について十分な証拠が示されておらず、[166] また、債権者の同意ないし交渉では、かかる制定法の要件の充足を不要とすることはできないから

---

162 Ayer, *supra* note 128, at 329. 近時、倒産手続における合意のあり方に関する理論研究が存在する（Daniel J. Bussel and Kenneth N. Klee, *Recalibrating Consent in Bankruptcy*, 83 Am. Bankr. L.J., 663 (2009), Daniel J. Bussel, *Bankruptcy & Consent* (with Kenneth Klee), 6 UCLA Journal of Scholarly Perspectives (2010).).
163 *In re* Las Vegas Monorail Co., 429 B.R. 770, 774 (Bankr. D. Nev. 2010).
164 *Id*. at 804.
165 *Id*. at 798 n.3.
166 *Id*. at 798, 803.
167 再建計画については、裁判所の認可決定が必要とされ、その場合、当該計画には遂行可能性のあることが求められている（11 U.S.C. § 1129, 1225, 1325）。

である。かかる裁判官の判断は、結果として、事業再生の実現可能性を高めたといえる。債権者ら利害関係人は、あらためて計画案を練り直し、それを裁判所が認可したからである。

LMVC事件における裁判所のアプローチは、United Student Aid Funds, Inc. v. Espinosa における連邦最高裁判所の判断と一致するともいわれる。連邦最高裁判所は、当事者からの異議がなかったとしても、計画に誤りがあれば、裁判所はそれを正すべきである、とした。また、連邦控訴裁判所は、事業再生に関与する裁判官には固有の義務が認められる、と以前から主張していた。

(3) 裁判官の不介入の理由

LMVC事件にもかかわらず、多数の裁判官は、同じような状況下において、計画を認可する傾向にあったようである。Jacoby教授は、なぜそのようなことになるのか、その理由を分析されている。

① 和解的処理をすることで事件処理を促進すること。1つの事件を長引かせないことで、事件負担が軽減される。

② 連邦裁判所および連邦倒産法が、合意に基づく事件処理を重視していること。ある裁判官は、利害関係人が、債務者企業の事業の継続、従業員の雇用維持、再び課税主体となることを認めているにもかかわらず、それを否定することが倒産裁判官の役割とは思えない、という。認可手続における裁判官の役割を問われたとき、その裁判官は、債権者が債務者企業との取引の継続を望んだ結果、計画案に賛成しているのであれば、その事実をいわば追認するのが、裁判官の職務である、と述べている。

③ 倒産裁判官は、密室の交渉で何が起きたのかということがわからないということ。計画案の遂行可能性に対して異議を述べないというのであれ

168　*Id.* at 804 n.14.
169　559 U.S. 260 (2010).
170　*Id.* at 277 n.14.
171　Williams v. Hibernia Nat'l Bank (In re Williams), 850 F.2d 250, 253 (5th Cir. 1988); *In re* Bos. & Providence R.R. Corp., 673 F.2d 11, 12 (1st Cir. 1982).
172　Jacoby, *supra* note 118, at 583-585.
173　*The Judge's Role in Insolvency Proceedings: The View from the Bench; The View from the Bar*, 10 Am. Bankr. Inst. L. Rev. 511, 559-60 (2002).

ば、何らかの譲歩がその者に対してなされているはずである。また、裁判官が、正式な審理手続を経ずに、遂行可能性の根拠について、十分な証拠等を獲得することは難しい。[174]

④ LVMC事件では、債務者企業が破綻した場合の清算条項が計画に定められていたこと。[175]計画認可後に事業が破綻した場合に、債務者企業の清算処理をあらかじめ規定しておくことは、一部の裁判官にとっては好意的に評価される事柄である。

⑤ 債務者企業と債権者の双方が、倒産裁判所の不認可決定を上訴した場合、当該上訴審手続において、倒産裁判所の地位を代表する者が存在しないこと。倒産事件ではないが、Securities & Exchange Commission v. Citigroup Global Markets, Inc.において、[176]Rakoff判事は、両当事者の和解を認めず、トライアルの実施を命じた。両当事者の上訴に際し、第2巡回区連邦控訴裁判所は、Rakoff判事のための代理人弁護士（無報酬）を選任した。[177]倒産裁判官のためにこのような公益弁護士を選任してもらえるとは倒産裁判官自身考えない。

⑥ たとえ倒産裁判官の介入に理由があったとしても、こうした介入により、債権者のインセンティブは低下すること。[178]債権者が通知を受けたにもかかわらず、たとえば、絶対優先原則違反のある計画に異議を述べなかったとしても、倒産裁判官の当該論点への審査の有無とは関係なく、上訴審に対するその異議権は失われないとした裁判例が存在する。[179]

(4) クラスアクション和解との類比

たとえば、利害関係人全員が同意している計画の認可を許さないというような状況は、倒産裁判官にのみ生じる事柄ではないとJacoby教授は述べられ

---

174 かつて、計画案の瑕疵が明白であるとして、認可しなかった事例も存在する（Coones v. Mut. Life Ins. Co. of N.Y., 168 B.R. 247, 251（D. Wyo. 1994））。
175 *In re* Las Vegas Monorail Co., 462 B.R. 795,802-03（Bankr. D. Nev. 2011）.
176 827 F. Supp. 2d 328, 335（S.D.N.Y. 2011）.
177 SEC v. Citigroup Global Mkts. Inc., 673 F.3d 158, 169（2d Cir. 2012）.
178 Robert Martin, *Mediation-Schmediation-Let's Play Ball*, 16 Am. Bankr. Inst. J. 34, 35（1997）.
179 Ala. Dep't of Econ. & Cmty. Affairs v. Lett（In re Lett）, 632 F.3d 1216, 1227-28（11th Cir. 2011）; Everett v. Perez（In re Perez）, 30 F.3d 1209, 1213（9th Cir. 1994）.

る。[180] たとえば、連邦民事訴訟規則23条(e)に基づくクラスアクション和解の許可がこれに相当するとされる。かかる規則の下で、連邦地方裁判所は、全員が同意している和解内容の相当性を審査しなければならない。[181]

連邦最高裁判所は、Ortiz v. Fibreboard Corp. において、連邦地方裁判所が、和解内容について、独自の評価を行わず、かつ、第三者の評価に安易に依拠したことを非難し、大量被害不法行為訴訟の和解を賛成多数で否定した。[182] 和解を認めなかった連邦最高裁判所判事らが懸念したのは、クラス構成員同士、およびクラス構成員と弁護士との利害対立とエージェンシー問題である。[183]

一方、連邦控訴裁判所は、通常、クラスアクション和解の担当裁判官を和解に参加しなかったクラス構成員の「受託者 (fiduciaries)」にたとえる。[184] Reynolds v. Beneficial Nat'l Bank は消費者金融関連のクラスアクションであるが、連邦地方裁判所判事が和解を審査する際の構造論を考えたうえで、示唆的な事件である。[185] この事件の被告が和解のために提供した資金は第三者からの借入れによる2500万ドルであったけれども、第7巡回区連邦控訴裁判所は、原審の和解許可を裁量権濫用を根拠に覆した。2500万ドルという金額の根拠が示されておらず、どのような額が適切であったかについて、原審裁判官がなすべきことをなさなかった、というのである。[186] 異なった資金提供先を主張していたクラス構成員間には利害の対立があったにもかかわらず、原審はこのことを考慮していないとも述べている。[187] この判決において、第7巡回区連邦控訴裁判所は、連邦地方裁判所には、自己利益を優先する原告側代理人弁護士か

---

180 Jacoby, *supra* note 118, at 585.
181 Barbara J. Rothstein & Thomas E. Willging, FED. JUDICIAL CTR, MANAGING CLASS ACTION LITIGATION: A POCKET GUIDE FOR JUDGES 8 (2005).
182 527 U.S. 815,821 (1999).
183 *Id*. at 852-853.
184 *See, e.g.,* Reynolds v. Beneficial Nat'l Bank, 288 F.3d 277, 279-80 (7th Cir. 2002); Grunin v. Int'l House of Pancakes, 513 F.2d 114, 123 (8th Cir. 1975).
185 288 F.3d at 277.
186 *Id*. at 281, 286.
187 *Id*. at 280, 284-285.
188 *Id*. at 282.

ら、クラス構成員の利益を守る司法上の義務が存在すると判示した。Richard Posner判事曰く、連邦地方裁判所判事は、クラスアクション和解の局面において、クラス構成員の受託者（fiduciary）であり、それゆえに、高度な注意義務を負う、とされる。[189]

このようにクラスアクションと第11章手続の裁判官には共通性がある。どちらも、和解的処理を積極的に行う事件管理の目的と、和解的処理を否定することとの相克に悩むことになる。また、連邦地方裁判所判事に受託者としての地位を認めることは、その中立性を損なうことにもなりかねない。クラスアクション和解を審査するための手続ツールは、アドバーサリー・システムではなく、糾問主義的な手続であるとも論じられている。[190]クラスアクション和解に対する連邦地方裁判所の審査が、連邦控訴裁判所の基準に満たないものであるということは、一般に認められている見解である。[191]そしてここに、第11章手続とのもう１つの類似性が存在する。すなわち、連邦控訴裁判所は理想を語るけれども、連邦地方裁判所は現実の事件においてできる限りのことをしているということである。Jacoby教授は、かかる分離が生じていることに、より注意が払われるべきであると強調される。[192]

---

[189] *Id.* at 279-280.

[190] Howard M. Erichson, *Mass Tort Litigation and Inquisitorial Justice*, 87 Geo. L.J. 1983, 1985 (1999); *see also* Jed S. Rakoff, *Are Settlements Sacrosanct?*, 37 Litig. 15, 16 (2011). Daniel J. Bussel 教授（UCLA）は、近時、公益にかかわるような第11章手続事件の場合、債権者委員会のような中立性が疑われる存在よりも、審判官（Examiner）制度を利用することがより適切であると主張する興味深い論考を公表した（Bussel, *A Third Way: Examiners As Inquisitors*, 90 Am. Bankr. L.J. 59 (2016).）。18世紀イギリス法の沿革を踏まえた歴史的研究である点においても重要と思われる。Bussel教授の債権者委員会制度に対する著名な分析として、Bussel, *Creditors' Committees as Estate Representatives in Bankruptcy Litigation*, 10 Stanford Journal of Law, Business & Finance 28-37 (2004), Bussel, *Coalition Building Through Bankruptcy Creditors' Committees*, 43 UCLA Law Review 1547-633 (1996) がある。

[191] *See, e.g.*, S. Elizabeth Gibson, FED. JUDICIAL CTR., CASE STUDIES OF MASS TORT LIMITED FUND CLASS ACTION SETLEMENTS & BANKRUPTCY REORGANIZATIONS 106, 152 (2000); Lisa L. Casey, *Reforming Securities Class Actions from the Bench: Judging Fiduciaries and Fiduciary Judging*, 2003 BYU L. Rev. 1239, 1276; James D. Cox, *Making Securities Fraud Class Actions Virtuous*, 39 Ariz. L. Rev. 497 (1997), etc..

[192] Jacoby, *supra* note 118, at 585.

4．小　括

　前項において、Tabb 教授の指摘にあるように、破産審理人が裁判官となることで失われた事柄について、Jacoby 教授は検討を行っていると思われる。1973年倒産規則および1978年法で定められた倒産裁判官は、日本の司法制度における裁判官とは異なっていることに留意しなければならない。あくまでも、彼の地での古典的な裁判官像が前提とされたようである。その結果、倒産裁判官は、アンパイアともたとえられ、それまで破産審理人が担っていた行政作用が失われた。しかし、このことを契機として、D.I.P. 型手続である第11章手続は遅延し、莫大な手続コストが生み出された結果、一部の理論研究者から廃止論が有力に展開されることとなった。しかし、Small 判事など、現場の裁判官は、日々の実務から事件管理の手法を編み出し、それが全米に広がっていった。その結果、21世紀に入って以降、廃止論は下火になる。倒産裁判官もようやく「管理者的裁判官」として職務を行うようになったのである。

　一方、皮肉なことに、連邦地方裁判所では、1978年法が制定される前後に、革命的な裁判官像の転換が起きる。これは、訴訟爆発を契機とするものであり、手続進行に沈黙し、アンパイアに徹する伝統的なやり方では、裁判所が破綻してしまうからである。少し敷衍する。UC バークレー校の Sean Farhang 准教授（司法制度論）の最近の研究によれば[193]、連邦議会は、1960年代に、強大な大統領権限（行政権限）を規制するため、民事訴訟を利用することを考え、裁判所と結託し、そのための法や制度を整備したとされる。前者は、著名な公民権法、特に雇用差別禁止の法律であり、後者は、たとえば、ロースクールの

---

[193] Sean Farhang, THE LITIGATION STATE: PUBLIC REGULATION AND PRIVATE LAWSUITS IN THE U.S. (Princeton University Press, 2010)。かかる問題意識は著名な民事訴訟法研究者との共同研究などに発展している。アメリカにおける訴訟制度改革とは、民事訴訟を利用する機会とインセンティブを減退させる努力であることを前提に、大統領、連邦議会と連邦最高裁判所のかかわり方の変化、および先頃制定75周年を迎えた連邦民事訴訟規則の展開を論じる Stephen B. Burbank & Sean Farhang, *Litigation Reform: An Institutional Approach*, 162 U. Penn. L. Rev. 1543 (2014) がある。また、アメリカの民事訴訟が好んで「規制手段」として使われてきたことを指摘するものとして、Paul MacMahon, *Proceduralism, Civil Justice, and American Legal Thought*, 34 U. Pa. J. Int'l L. 545 (2013)。この論考は、イギリスと異なりなぜアメリカの研究者が手続を重視し研究してきたのかという問いにつき、リーガルリアリズムとの連関を示唆する点で興味深い。

増設である。ちなみに、1960年代に制定された法律の前後、1935年と1970年に整備された労使関係法において、トラブルの調査・審判は、行政機関に委ねる立法となっている。今日でも、連邦裁判所で最も訴訟事件数の多い類型は、雇用差別訴訟であり、これは、厳しく批判された「訴訟爆発」の典型事例であるともいわれているけれども、かかる立法府の選択は、いわば、民事訴訟を利用し、社会的弱者保護を図ることを目標に掲げたものの、副作用が生じてしまった貴重な例であるかもしれない。訴訟爆発という副作用は、立法により訴権が生まれ、弁護士も増えたけれども、アメリカの裁判官の職権は強化されなかったから、敷衍すれば、アドバーサリー・システムと陪審制度が温存されたことから生じたものといえるのではないか。

　倒産裁判官がかつての機能を回復したことで、裁判官をめぐる問題は解消されるはずであったけれども、Jacoby教授が引用するAyer教授の重要な問題提起が存在した。すなわち、管理者的裁判官として、積極的に和解的処理を進め、手続の遅延を回避することには一定の価値が認められるけれども、債権者等利害関係人全員が計画案に合意しているような場合であったとしても、裁判官はその計画の認可を許さないことができるか、というものである。たとえば、絶対優先原則違反や、計画の遂行可能性といった制定法上の要件に反している場合には、認可は認められないことになる。しかし、倒産裁判官の多くは、実際上、法令違反であるそうした事態への対応にさえためらいを覚えるとされる。こうした構造を理解するために、クラスアクション和解に直面する連邦地方裁判所判事との類比が行われた。高名なPosner判事の判決理由を引用するまでもなく、連邦控訴裁判所は、クラスアクション和解を評価する原審裁判官に対し、より重い責任を課す傾向がある。しかし、Jacoby教授は、こうした傾向に対しては、現実を直視することの大切さを指摘しているように思われる。連邦地方裁判所であれ、倒産裁判官であれ、利害関係人の合意した内容を精査するには、その方法をより深く検討する必要がある。

194　近時、消費者や労働者が原告となる訴訟事件が減少傾向にあるとされ、民事訴訟手続は、「1％」の人々のための手続になってしまったとの批判もある（Cf. Brooke D. Coleman, *One Percent Procedure*, 91 Wash. L. Rev. 1005 (2016)）。こうした中、Alexandra D. Lahav, *The Roles of Litigation in American Democracy*, 65 Emory L.J. 1657 (2015-2016) 等、訴訟手続とは何かを問い直す論考が登場しており注目に値する。

まとめと展望

　本稿は、アメリカ法における倒産裁判所の生成と展開について、その概略を示した。倒産事件が連邦地方裁判所に係属したことで、州裁判所との軋轢が存在し、それは裁判管轄権の所在をめぐる問題を中核としながら、長く論じられた。倒産法の倒産が、倒産裁判所の不人気から生じた可能性があるというのも、興味深い分析であった。倒産事件がそもそも裁判所に係属したのは、おそらく、それが訴訟手続の束を処理することだと理解されていたからではないであろうか。少なくとも、旧法（1898年法）の時代まではそうであった。しかし、事業再生という新しい目標が、19世紀後半の倒産立法の端境期に、裁判所に導入された。これは裁判所を中心とした「倒産村」の成果でもある。その後、長きにわたり、裁判所を通した事業再生は定着し、今日、世界に冠たる連邦倒産法第11章手続をもつまでに至っている。現行法において、倒産裁判所制度は確立したためか、裁判所をめぐり戦わされる議論は下火となった。その代わりに、「審理人」から「裁判官」となった倒産裁判官のあり方について問題が生じた。現行法制定時、連邦地方裁判所では裁判官像の革新的変革が行われていたにもかかわらず、破産審理人は、伝統的な裁判官になってしまい、その結果、D.I.P.が主導する第11章手続は遅滞し、社会的批判を受けることとなった。理論研究者からはかかる手続を廃止するべきであるとの提言もなされた。実務の改善を経て、管理者的裁判官として行動するようになった倒産裁判官の存在により、こうした批判も今世紀にはほぼ消えることとなった。しかしながら、倒産裁判官は、和解的処理を積極的に行う事件管理の目的と、和解的処理を否定することとの相克に悩むことになる。クラスアクション和解を担当する連邦地方裁判所判事との類比も、興味深い分析であった。

　こうした彼の地での史的展開から日本法を眺めた場合、どのような示唆を読み込むことができるか。多くの事柄は、前提となる制度等の相違により、参照することは難しいかもしれない。しかし、いくつかの点において、日本の制度とそのあり方を検証することには役立つかもしれない。アメリカ法が失敗した点について、たとえば、裁判官による事件管理の不在についていえば、民事再

生法では当初から徹底したスケジュール管理が行われたともいえ、その後も係属して迅速化の検証や研究が、研究者を交えて行われてきた。民事再生法の基礎となった D.I.P. 型手続である1978年法の瑕疵を回避できたともいえる。また、アメリカ法でいったん失われたとされる倒産裁判官の行政作用についても、相互に比較検証するべきことは有意義かもしれない。債務者の契約交渉や事業のあり方についてまでも、裁判官は介入していくべきなのか。たとえば、民事再生法では、計画案を付議する段階で、事業の遂行可能性を先取りして検証することになっている。こうした仕組みは、裁判所による計画案への介入を生みやすくしないとも限らない。このことは肯定的にとらえられるべきなのか、あるいは否定的に評価されるべきなのか。債権者ら利害関係人全員が合意している場合、最終的に計画の遂行可能性がないと判断して、付議決定をしなかったり、不認可とする判断を裁判所が行う場合、利用者である債務者や、債権者を始めとする利害関係人の裁判所の手続利用に対するインセンティブはどうなるであろうか。今後も、より精密な事柄に着目しつつ、実証的な視点も加味して、日本とアメリカとの比較研究を継続するべきであろう。

　最後に鈴木教授の言明に戻る。事業再生は、ざっくりといえば、貸借対照表の左側において収益性を改善し、その右側において負債を圧縮することで達成される。アメリカ連邦倒産法、特にその第11章手続はこうした処理を実施することにおいて、他国の追随を許さないともいわれる。拙稿は、裁判所が事業再生を担う過程において、アメリカ法上、種々生じた問題を時系列で追いかけたものである。アメリカの裁判所は、delegation（権限付託と外部機関の利用）をくり返しつつも、事業再生を担うという点ではぶれなかった。冒頭の鈴木教授の言葉を借りれば、わが国の裁判所は、事業再生を社会政策の一環ととらえ、コアな司法作用を超えたとしてもなお国民全体の福祉に貢献する意思があるのか、換言すれば、裁判所（司法）はこれからも継続して事業再生の担い手たるべきかという問題に直面していると思われる。再建型手続の利用事件数の

195　山本和彦＝山本研編『民事再生法の実証的研究』（商事法務・2014年）271頁、294頁以下、特に297頁〔藤本利一〕。
196　合意の問題について、前掲（注162）参照。
197　その手段として、双方未履行契約に対する管財人等の解除権行使や商取引債権の保護等が有効である。

減少に直面する今日であるからこそ、真摯に向き合うべき問いであろう。[198]

(藤本利一)

---

[198] 先駆けとして、山本和彦「倒産法改正と理論的課題——利害関係人の法的地位を中心として（倒産法の現状と将来2）」NBL751号（2002年）23頁。近時の動向として、松下淳一＝中井康之「〔対談〕これからの倒産・事業再生実務」ジュリ1500号（2016年）68頁、園尾隆司「破産者への制裁の歴史と倒産法制の将来」民訴雑誌61号（2015年）51頁、同「債務者の破産申立義務の歴史からみた倒産法制の課題」金法2012号（2015年）6頁。なお藤本・前掲論文（注4）も参照。

第3節 イギリス企業倒産手続の担い手――裁判所を中心に

I　はじめに

1．本稿の目的

　本稿は、イギリス企業倒産手続の担い手について整理・検討することを目的とする。わが国において法的整理の担い手として重要な位置を占めるのは、裁判所である。わが国の裁判所の役割は、多岐にわたるが、狭義の倒産裁判所（倒産事件の係属する裁判所）の職務に限定しても、倒産手続開始の決定など手続申立てに対する裁判、管財人・監督委員等の機関の選任など重要な役割を果たす。また、裁判所は、再生手続・更生手続のように再生型の手続において、付議決定・認可決定など計画を成立させる手続の要所において関与する。

　イギリス1986年倒産法（Insolvency Act 1986, c. 45. 以下では、「1986年倒産法」と表記する）およびイギリス1986年倒産規制（Insolvency Rules 1986, SI 1986/1925. 以下では、「1986年倒産規制」と表記する）に定められる倒産手続には、複数の倒産手続があるが、倒産手続の担い手については、わが国の倒産手続と大きく異なっている。本稿は、イギリスの倒産手続の担い手について、裁判所の関与のあり方を中心に整理し、わが国の倒産手続との相違点を明らかにすることを目的とする。

　なお、イギリスの倒産手続は、個人を対象とする手続と企業を対象とする手続とに分かれて定められており、本書の研究対象が主に企業を対象とするものであることから、本稿の検討対象も、企業を対象とする手続に限定している。

1　イギリスでは、債務者企業のことを「Company」という言葉で表現するため、本稿では、会社という訳を用いている。

2．イギリス企業倒産手続の種類

　1986年倒産法に定められる企業倒産手続には、同法1条以下の会社任意整理（Company Voluntary Arrangement）、同法別表B1の会社管理（Administration）、同法42条以下の管理レシーバーシップ（Administrative Receivership）、同法97条以下の債権者による任意清算（Creditors' Voluntary Winding up）、および同法117条以下の裁判所による清算（Winding up by the court）がある。なお、裁判所による清算は、強制清算（Compulsory Winding up）とよばれることが多いため、以下では、強制清算と表記する。

　1986年倒産法は、株主による任意清算（Members' Voluntary Winding up）という手続も定めるが、会社の取締役が清算開始後12カ月以内に会社の全債務を支払可能である旨の宣言をして進める手続であって、狭い意味における倒産手続には含まれないため、本稿の検討対象から除外している。

　また、2002年エンタープライズ法（Enterprise Act 2002, c. 40. 以下では、「2002年エンタープライズ法」と表記する）による改正によって、管理レシーバーシップの適用対象が大幅に制限されるとともに、新しく裁判外の会社管理という手続が導入された。これにより、会社管理は、管理命令による会社管理（裁判上の会社管理とよばれることがある）と裁判外の会社管理の2種類となった。この改正により、実際、管理レシーバーシップの事件数が減少して、会社管理の事件数が増加した。このような現状を踏まえ、本稿では、管理レシーバーシップについては、沿革的な紹介にとどめている。

2　会社任意整理の詳細な先行研究としては、中島弘雅「イギリスの再建型企業倒産手続（三・完）」民商119巻1号（1998年）1頁以下、会社管理の詳細な先行研究としては、中島弘雅「イギリスの再建型企業倒産手続（二）」民商118巻6号（1998年）1頁以下、管理レシーバーシップの詳細な先行研究としては、中島弘雅「イギリス倒産手続における担保権の処遇──再建型企業倒産手続を中心に──」民商120巻4・5号（1999年）95頁以下参照。
3　個人倒産を含むイギリス倒産法の概要について、竹下守夫ほか『破産法比較条文の研究』（信山社・2014年）13頁〔長谷部由起子〕、高田賢治『破産管財人制度論』（有斐閣・2012年）45頁参照。
4　株主による任意清算について、中島弘雅「イギリスの再建型企業倒産手続（一）」民商118巻4・5号（1998年）148頁参照。
5　エンタープライズ法について、倉部真由美「イギリスにおける倒産文化のアメリカ化」福永有利先生古稀記念『企業紛争と民事手続法理論』（商事法務・2005年）629～658頁、高田・前掲書（注3）47頁参照。

整理計画（Scheme of Arrangement）[6]は、2009年10月1日に施行されたイギリス2006年会社法（Companies Act 2006, c. 46. 以下では、「2006年会社法」と表記する）の895条以下に定められている。整理計画は、1986年倒産法に定められていないという形式からみると倒産手続に含まれないが、事業再生手法として利用されることがあるため、本稿の検討対象に含めている。

以上のイギリス企業倒産手続の種類を表にすると次のようになる（〈表1〉参照）。なお、イギリスの倒産手続の実務においては、手続の単独利用のみならず、複数の手続の併用や手続の移行をすることが少なくない。この点は、後述する会社管理の部分で言及する。

〈表1〉 イギリス企業倒産手続の種類

法律	企業手続の名称	
1986年倒産法 （Insolvency Act 1986, c. 45.）	会社任意整理（Company Voluntary Arrangements）	
	会社管理 （Administration）	管理命令による会社管理
		裁判外の会社管理
	管理レシーバーシップ（Administrative Receivership）	
	債権者による任意清算（Creditors' Voluntary Winding up）	
	強制清算（Winding up by the Court）	
2006年会社法 （Companies Act 2006）	整理計画（Scheme of Arrangement）	

3．検討の方法

手続の担い手（裁判所の関与のあり方）を検討するにあたり、上記手続の中で後述するような共通の構造をもつ2つの手続を対比する方法を採用する。この方法により、複数存在するイギリス企業倒産手続における担い手（裁判所の関与のあり方）の相違を明確に示すことができるからである。

ここで共通の構造をもつ手続とは、次の3つである。すなわち、第1に、清算人（liquidator）が手続を進める手続（清算型手続）であり、これには、強制

---

[6] Roy Goode, *Principles of Corporate Insolvency Law*（4th edn, Sweet & Maxwell 2011）40, 484. 2006年会社法における整理計画について、中島弘雅「イギリスの事業再生手法としての『会社整理計画』」伊藤眞先生古稀祝賀論文集『民事手続の現代的使命』（有斐閣・2015年）961頁、Jennifer Payne, *Schemes of Arrangement*（CUP 2014）参照。

清算と債権者による任意清算がある。第 2 に、手続の開始によって個別的権利行使禁止の効力（この効力は、モラトリアムとよばれる）が生じ、管理人（administrator）が債務者財産を管理する手続（モラトリアム型手続）であり、これには、管理命令による会社管理と裁判外の会社管理がある。第 3 に、計画案の提出・決議を経て債務免除等の権利変更の効力が生じる手続（計画案決議型）であり、これには、会社任意整理および会社法上の整理計画がある。

以上のような共通の構造および財産管理処分権限をもつ機関の名称と裁判所の関与の大小とを組み合わせて表にしたものが〈表 2〉である。

〈表 2〉 共通の構造をもつ手続

共通点と機関の名称	裁判所の関与が大きい	裁判所の関与が小さい
①清算型 　清算人（liquidator）	強制清算	債権者による任意清算
②モラトリアム型 　管理人（administrator）	管理命令による会社管理	裁判外の会社管理
③計画案決議型 　原則 D.I.P 型（会社管理と併用する場合は管理人）	会社法上の整理計画	会社任意整理

II　強制清算と債権者による任意清算

1．強制清算

(1)　強制清算の開始

強制清算手続は、裁判所の清算命令によって開始する。ここでの裁判所とは、ハイ・コート（High Court of Justice）を意味する（1986年倒産法117条(1)）。ただし、資本金が12万ポンド以下であって、ロンドン倒産管轄区以外に登記所在地のある会社の場合は、カウンティ・コートもハイ・コートとともに強制清算事件の管轄を有する（同条(2) (2A)）。なお、ハイ・コート大法官部（Chancery

---

[7]　強制清算の管轄について、Len Sealy and others (eds), *Annotated Guide to the Insolvency Legislation* (18th edn, Sweet & Maxwell 2015) Vol. 1, 123；中島弘雅＝田頭章一編『英米倒産法キ

Division）内の会社裁判所（Companies Court）とよばれる専門の裁判官に強制清算事件が割り当てられる。[8]

強制清算の手続が裁判所に申し立てられて、所定の要件（1986年倒産法122条、123条）を満たすと裁判所によって清算命令が発令されて強制清算の手続が開始される。強制清算の開始によりモラトリアムの効力が生ずる。強制清算の申立原因は、支払不能に限定されないが、以下では、支払不能を原因とする強制清算を前提に紹介している。強制清算の申立権者は、会社、取締役、債権者などである（同法124条、124A条、124B条参照）。

(2) 清算人

裁判所は、清算命令の発令後直ちに、清算命令があったことを管財官（official receiver）に通知しなければならない。[9]

強制清算の開始の通知があった後、他の者が清算人に選任されるまでの間、管財官が清算人として、会社の財産を管理する。管財官とは、経済破綻の公正かつ効率的な処理の確保、起業の促進、詐欺・非行・違法行為等の抑止を目的とする倒産局（Insolvency Service）の職員を指す。倒産局とは、ビジネス・イノベーション・技能省（Department for Business, Innovation, and Skills）のエージェンシー（executive agency）である。[10] なお、強制清算の申立てから手続開始までの間、管財官が仮清算人（provisional liquidator）となり、モラトリアムの効力が生ずる場合がある。

清算人は、清算手続開始後に開催される債権者集会および株主総会において選任されるのが原則である（1986年倒産法139条）。ただし、これらの集会が開催されない場合は、管財官が清算人となることがあり、債権者集会において清算人が選任されないときは、倒産局が清算人を選任する（同法137条）。[11]

ーワード』（弘文堂・2003年）93〜95頁〔髙田賢治〕参照。強制清算の手続について、同書112〜113頁〔髙田賢治〕参照。なお、個人破産の土地管轄については、Ian F. Fletcher, *The Law of Insolvency Second Cumulative Supplement to the Fourth Edition* (Sweet & Maxwell 2014) 20.

8　URL 〈https://www.gov.uk/courts-tribunals/companies-court〉.
9　Ian F. Fletcher, *The Law of Insolvency* (4th edn, Sweet & Maxwell 2009) 698.
10　通商産業省（Department of Trade and Industry）が、ビジネス・企業および規制改革省（Department of Business, Enterprise, & Regulatory Reform.）に再編されて、さらにその後、ビジネス・イノベーション・技能省（Department for Business, Innovation, and Skills）に再編されて現在に至っている。
11　清算人の選任手続について、髙田・前掲書（注3）58頁参照。

管財官以外の者が清算人に選任される場合、その者が倒産実務家（insolvency practitioner）[12]の資格を有していることが必要とされる。その資格をもつ倒産実務家が清算人となると、その清算人が会社財産の管理・換価・債権者への配当といった職務を果たすことになる。

ただし、倒産実務家が清算人となった後も、管財官は、そこで職務がすべて終了するのではなく、調査機関としての職務等を継続する。

(3) **清算委員会（liquidation committees）**

債権者集会が設置することができる機関として清算委員会がある。清算委員会は、債権者3～5名によって構成される任意の機関であり、わが国の債権者委員会に相当する。清算委員会が設置された場合、清算人は、所定の事項について清算委員会の同意を得る必要があるが、清算委員会が設置されない場合は、清算人は、これらの事項について、裁判所の許可を得る必要がある。[13]

2．債権者による任意清算

(1) 任意清算の開始

任意清算は、株主総会において特別決議[14]により任意清算を承認したときに、開始される（1986年倒産法84条(1)(b)、86条）。この決議は15日以内に登記申請し、14日以内に公告しなければならない。任意清算は、会社が支払可能宣言（同法89条）[15]をして進める株主による任意清算の場合を除き、債権者による任意清算として扱われる。なお、株主による任意清算の手続中に会社が支払不能であることが判明したときは、清算人が債権者集会を招集し、債権者による任意清算へ移行する（同法95条）。[16]

会社は、債権者による任意清算の決議前に、適格浮動担保権者（holder of a

---

12 倒産実務家について、高田・前掲書（注3）182頁以下参照。
13 Fletcher (n 9) 746-749.
14 4分の3以上をいう（2006年会社法283条）。定款で解散時期が定められている場合など普通決議でよい場合もあるが、例外的であろう（1986年倒産法84条(1)(a)）。
15 支払可能宣言は、取締役会において取締役が、任意清算開始から12ヵ月以内の所定の期間内に債務と所定の利息を弁済することを宣言するものをいう。支払可能宣言は、任意清算開始前5週間内であって、任意清算の決議前までにされない限り効力を生じない（1986年倒産法89条(2)(a)）。支払可能宣言は、貸借対照表を添付し、任意清算の可決後15日以内に登記しなければならない（同法89条(2)(b)、89条(3)）。
16 Fletcher (n 9) 627.

qualifying floating charge）に対して通知しなければならない（1986年倒産法84条 (2A)、72A 条）。適格浮動担保権者とは、会社管理の管理人もしくは管理レシーバー（administrative receiver）の選任権限を付与されており、かつ会社財産のすべてまたは実質的にすべてについて担保権を有する浮動担保権者をいう（同法別表 B1, para14）。[17]

適格浮動担保権者に対する通知から5営業日経過後、またはそれ以前であって適格浮動担保権者の同意が得られた場合にはその同意後、債権者による任意清算の決議をすることができる（1986年倒産法84条 (2B)）。適格浮動担保権者への通知は、適格浮動担保権者に会社管理の管理人を選任する機会を与えるための措置であり、2002年エンタープライズ法により導入された規定である。前記期間を経過して清算手続が開始された後は、適格浮動担保権者は、会社管理の管理人を選任することができなくなる（同法別表 B1, para8）。もっとも、清算人は、任意清算手続中に会社管理の申立てをすることができる。[18]

(2) **任意清算開始の効果**

債権者による任意清算は、株主総会の特別決議における承認により開始する。債権者による任意清算が開始すると会社の事業が停止するが、会社が解散するまでの間、会社の法人格が存続する。

なお、債権者による任意清算の開始時に清算人の選任または推薦がされていない場合、債権者集会等における清算人の選任があるまでの間、取締役は、減価の著しい財産の処分その他債権者のための会社財産の保全に関する行為、または債権者集会の開催および概況書の作成準備に必要な行為に限り、権限を行使することができる（1986年倒産法114条）。これは、債権者による任意清算の開始から清算人選任までの間、取締役の権限を一定範囲に制約することで、会社財産の保全を図る趣旨である。

その後、清算人が選任されると、清算委員会または債権者集会の許可がある場合を除き、取締役は完全に権限を失うことになる。[19]

---

[17] 他の担保権と組み合わせて会社財産の実質的すべてについて担保権を有していれば足りる。中島弘雅「近時のイギリスにおける事業再生の枠組みについて」青山善充先生古稀祝賀論文集『民事手続法学の新たな地平』（有斐閣・2009年）814頁参照。

[18] 1986年倒産法別表 B1, para38。

[19] Fletcher（n 9）637-638.

債権者による任意清算は、総会決議によって開始する手続であるため、強制清算のように裁判所への申立てから清算命令による開始までの期間が存在しない。また、債権者による任意清算の開始は、強制清算と異なり、モラトリアムの効力を生じさせない。そのため、債権者による任意清算の開始時に訴訟が係属中の場合、または債権者による任意清算の開始後に新たに訴訟が提起された場合、清算人は、それらの手続を中止するために裁判所に中止命令の申立てをする必要がある（1986年倒産法112条）。

(3) **債権者集会（meeting of creditors）**

債権者による任意清算の決議を行う株主総会後14日以内に債権者集会（meeting of creditors）を開催しなければならない。株主総会において債権者による任意清算の承認決議がされる見込みがある場合、通常は、株主総会に引き続いて債権者集会が開催される。取締役は、債権者集会までに財産と負債の詳細を記載した財務状況の概況書（statement of affairs）を作成しなければならない。債権者集会の決議の主な議題は、清算人の選任と清算委員会委員の選任である[20]。

(4) **清算人の選任**

債権者による任意清算の手続は、清算人が進める。清算人は、株主総会の決議および債権者集会の決議によって、倒産実務家から選任される。会社の取締役は、株主総会における決議事項として、任意清算とともに清算人の選任を掲げ、さらに清算人候補者を提案することができる。株主総会において、議決権の過半数の賛成があれば、清算人候補者が選任される（1986年倒産規則4.63条(1)）。

株主総会の後に、債権者集会において清算人が選任される。清算人の選任に関して、債権者は、株主よりも優先的な立場にある。すなわち、原則として債権者集会において選任された清算人が清算人となる。例外的に、債権者集会において清算人が選任されない場合に、株主総会によって選任された候補者が清算人となる（1986年倒産法100条(2)）。株主総会と債権者集会がそれぞれ異なる者を清算人に選任した場合、取締役、株主または債権者は、裁判所に対して債権者によって選任された清算人に代えてもしくはその清算人に追加して、会社によって選任された者を清算人にすること、または債権者によって選任された

---

[20] ibid 640-642.

清算人に代えて、別の者を清算人に選任することを命じる申立てをすることができる（同条(3)）[21]。

　債権者による任意清算において、債権者がより実効的な役割を果たせるようにするため、1986年倒産法および倒産規則は、議決権を行使した債権者の債権額（担保付債権の場合は不足額）の過半数を可決要件と定めている（1986年倒産規則4.63条）。従来の可決要件は、債権者の頭数および債権額の過半数であったが、債権者集会の出席率が低いという問題を解決するため、定足数は、議決権を有する債権者1名とした（同規則12A.21条）。その結果、議長だけで債権者集会が成立しうる。なお、清算人が選任されると、その旨が公告され、登記される[22]。

(5) 清算委員会

　債権者は、清算の実施について債権者のために活動する清算委員会委員（5名以内）を選任することができる。会社も清算委員会委員（5名以内）を選任することができるが、債権者は、拒否権がある。すなわち、債権者に拒否された者は、裁判所の命令がない限り、清算委員会委員として活動することができない。裁判所は、債権者が拒否した者に代えて別の者を清算委員会委員に任命することができる。

　清算委員会の職務は、①清算人の報酬の決定、②取締役の権限保持の許可、③債権の弁済・債権者等との和解の許可、④事業譲渡・事業再編の許可、⑤清算人に対する定期的報告の指示、⑥会社の財務報告書の保管に関する指示・監査のために清算人が提出した財務報告書の受領である[23]。

(6) 裁判所に対する申立て

　債権者による任意清算において不確実または困難な問題が生じたときは、清算人、株主、または債権者は、裁判所に対して申立てをすることができる。裁判所は、その問題について裁判をし、または当該会社に強制清算の手続が適用されていれば裁判所が行使することができたはずの権限を行使することができる（1986年倒産法112条）。裁判所には、広範な裁量が付与されているといえ

21　ibid 642. この申立ては、債権者による清算人の選任から7日以内にしなければならない。
22　Fletcher (n 9) 643 ; Len Sealy and others (eds) (n 7) 1223.
23　Fletcher (n 9) 647.

る。不確実または困難な問題の例としては、債務整理手続の競合等の例があげられる。たとえば、清算中の会社が債権者との間で債務整理の和解が成立したような場合、裁判所は、上記権限に基づいて、会社が事業を再開することができるように清算手続の中止命令を発令することができる。

3．強制清算と債権者による任意清算の比較

(1) 清算命令の有無と管財官による調査の有無

強制清算と債権者による任意清算は、清算人によって進められる清算型手続という共通の構造をもつが、手続の開始が裁判所の清算命令という裁判によるか、総会決議によるかという点が異なる。また、管財官が関与するか否かという点も異なる。清算命令の有無は、モラトリアム（個別的権利行使禁止の効力）の有無と関係していると考えられる。もっとも、債権者による任意清算においても、個別執行がされた後、裁判所に中止命令を求める申立てをすることによって、個別執行を中止することができる。

実務においては、強制清算よりも債権者による任意清算が多く利用されている。その主な理由は、費用の低廉さと手続の迅速さにある。さらに、裁判所や管財官が関与することによって、管轄や取締役の資格はく奪の原因となる行為などが問題とされやすくなることから、経営者にとっては、裁判所や管財官の直接の関与がなく、民間の倒産実務家から選任される清算人が管財事務を遂行する手続であることが、債権者による任意清算の魅力であるとの指摘もある。しかし、そのような指摘に対しては、そういった要素よりも、会社自身が手続の開始を決定する仕組みになっていることが、債権者による任意清算が利用される大きな要因であるとの反論がされている。

(2) 清算人の要許可行為の範囲

清算人が選任されると、取締役は権限を失うことになるが、会社財産に関す

---

24 ibid 649.
25 Len Sealy and others (eds) (n 7) 120.
26 株主による任意清算は、会社の取締役が清算開始後12カ月以内に会社の全債務について支払可能宣言をする手続であることから、債権者による任意清算は、支払不能を厳密には要求されていないことになるが、本稿では、債権者による任意清算を倒産手続として検討している。Fletcher (n 9) 611–612.
27 ibid 613.

るコモン・ロー上の権原は、会社自体に残る。清算人が、それを債権者のために管理処分し、換価金を法の定める順序に従って配当することになる。

清算人の権限については、裁判所、清算委員会または債権者集会による許可の要否を基準として、1986年倒産法別表4に規定されており、パート1（債権者への全額弁済、債権者との和解、否認訴訟・不当取引（Wrongful trading）[28] 役員責任追及訴訟の提起）、パート2（訴訟の当事者となること、有利な清算に必要な範囲での事業継続）、パート3（財産の処分その他の管財事務、代理人選任等）の3つのカテゴリーに分かれている。

1986年倒産法別表4のパート1は、裁判所等の許可を要する権限、パート2が任意清算の清算人は裁判所等の許可を要せず、強制清算の清算人はその許可を要する権限、パート3が裁判所等の許可を要しない権限となっている。[29]

Ⅲ 管理命令による会社管理と裁判外の会社管理

1．1986年倒産法における管理レシーバーシップと会社管理

(1) 管理レシーバーシップ

まず、会社管理を理解するうえで重要と思われる管理レシーバーシップ創設の経緯を簡単に確認しておこう。

イギリスにおいて金融機関が融資する際に利用される担保権には、譲渡抵当（mortgage）やチャージがある。チャージには、固定担保（fixed charge）と浮動担保（floating charge）がある。[30] 浮動担保は、会社財産を包括的に担保取得するという特徴ももつが、むしろ浮動担保権の実行手続であるレシーバーシップの柔軟性に特徴がある。イギリスでは、債権回収のためにレシーバーシップ

---

[28] 不当取引について、佐藤鉄男『倒産取締役責任論』（信山社・1991年）129頁、本間法之「イギリス倒産法における『不当取引(Wrongful Trading)』——破産手続内における取締役の個人責任の追及の可能性——」中村英郎教授古稀祝賀『民事訴訟法学の新たな展開(上)』（成文堂・1996年）563頁以下、中島弘雅「新再建型倒産手続の一つの方向(上)(下)——イギリス倒産法からの示唆——」ジュリ1141号（1998年）130頁、1142号（1998年）95頁など参照。

[29] Fletcher (n 9) 648.

[30] 中島・前掲論文（注2）民商120巻4・5号658頁以下、高田賢治「イギリス担保法制の概要」池田真朗ほか編『動産債権担保——比較法のマトリクス』（商事法務・2015年）439頁以下参照。

が多く用いられてきた。レシーバーシップにおいて浮動担保権者の選任するレシーバーは、会社の資産を換価することが多かったが、レシーバーが事業再生をして、事業の継続・雇用の確保の機能を果たす場合もあった。[31]

　1986年倒産法は、「浮動担保を有する社債権者、または浮動担保および他の担保の1つまたはそれ以上を有する社債権者によって、もしくはそれらの者のために任命された会社財産の全体（または事実上全体）のレシーバーまたはマネージャー」を管理レシーバーとして倒産手続の機関と位置づけて、倒産実務家資格を要求し、オフィス・ホルダーとして清算人等と同じ扱いをするものとした。[32]

(2) **会社管理の創設**

　会社管理は、従来のレシーバーシップがもっていた事業再生機能に着目して、コーク・レポートの提案に基づき1986年倒産法において新たに導入された手続である。会社管理は、会社、取締役、または債権者の申立てにより裁判所の管理命令によって開始し、裁判所が任命する管理人が中心となって手続を進めるものである。

　ところが、1986年倒産法には、管理レシーバーシップと会社管理とが競合する場合、管理レシーバーシップが優先すると定められていた。つまり、会社管理が申し立てられた後に、会社管理申立ての通知を受けた浮動担保権者が管理レシーバーを選任する場合、会社管理の申立てが棄却され、管理レシーバーシップが進められる仕組みであった。

　管理レシーバーは、自らを選任した浮動担保権者の利益のために行動する義務のみ負い、一般債権者の利益を考慮して行動する義務を負わないと解されていた。たとえば、管理レシーバーは、担保権者の満足が得られる場合は、事業継続ではなく、迅速な資産売却を選択することができるという問題があった。[33]

31　中島・前掲論文（注2）民商120巻4・5号660〜663頁。
32　中島・前掲論文（注2）民商120巻4・5号663〜665頁。オフィス・ホルダーについて、高田・前掲書（注3）182頁参照。
33　中島・前掲論文（注2）民商120巻4・5号664頁。この状況を評して、浮動担保権者は、会社管理に対する拒否権をもつといわれてきた。

2．2002年エンタープライズ法による改正

(1) 管理レシーバーシップの制限

2002年エンタープライズ法により、管理レシーバーの選任を大幅に制限して会社管理を強化するために、次のような改正がされた。すなわち、原則として浮動担保権者による管理レシーバーの選任を制限し、例外的に2003年9月13日以前に設定された浮動担保権、および資本市場、プロジェクト・ファイナンス、ファイナンス市場、一定の鉄道会社など市場に影響を与えかねない浮動担保権、または政策的に保護すべき浮動担保権の場合に限り、管理レシーバーの選任を認めることとされた。[34]

(2) 裁判外の会社管理の創設

2002年エンタープライズ法により、裁判所の管理命令によって開始する会社管理に加えて、裁判外の会社管理が創設された。裁判外の会社管理とは、適格浮動担保権者（前述Ⅱ2(1)参照）、会社、または取締役が、管理命令の申立てを要せず、裁判外で管理人を選任することができる手続である。この結果、2002年改正前は、浮動担保権者は、従来、管理レシーバーを裁判外で選任することができたが、2002年改正後は、原則として、裁判外の会社管理における管理人を選任するほかなくなった。これは、浮動担保権者の利益追求を最優先とする管理レシーバーではなく、①継続企業としての会社の救済、②会社の清算よりも債権者にとってよい結果の達成、③担保権者と優先債権者への配当のための換価という優先順位に従って職務を遂行する管理人を選任するほかないということを意味する。

以上のように、会社管理には、管理命令による会社管理と裁判外の会社管理の2つの開始方法が存在する。以下では、裁判所の役割の観点から両者を比較検討する。

3．管理命令による会社管理[35]

管理命令の申立権を有する者は、会社、取締役、債権者（条件付債権をもつ

---

34 中島・前掲論文（注17）811頁。
35 中島・前掲論文（注17）809〜821頁；Gavin Lightman and Gabriel Moss, *The Law of Admini-*

債権者や将来生ずべき債権をもつ債権者を含む)、または会社に罰金が科されている場合に、1980年治安判事裁判所法87A条により授権された権限行使における治安判事裁判所の裁判長である。[36]このほか、会社の清算人、会社任意整理の監督委員、または一定の場合における金融サービス機関（FSA）も管理命令の申立権をもつ。[37]管理命令の申立人は、申立てに際して、倒産実務家を管理人候補者として推薦しなければならない。

管理命令の発令要件は、支払不能またはそのおそれである。ただし、適格浮動担保権者（前述Ⅱ2(1)参照）が申し立てる場合、支払不能またはそのおそれという発令要件が不要となる。[38]適格浮動担保権者は、その権利を行使するにあたっては、現実に生じている管理人選任権限を有する必要があるところ、浮動担保権者に管理人選任権限が生じる事由としては、被担保債権について債務不履行があった場合などがある。

裁判所は、申立てについて審理するが、通常は、申立人の推薦する管理人候補者が管理人として選任される。ただし、適格浮動担保権者以外の申立人が申立てをする場合は、適格浮動担保権者は、申立ての審理において異なる倒産実務家を選任するように求めることができる。この場合、裁判所は、適格浮動担保権者の意向を尊重することが多いようである。

適格浮動担保権者は、管理命令による会社管理において、管理人の選任（または候補者推薦）に関して優位な地位にあるといえる。

4．裁判外の会社管理

裁判外の会社管理は、裁判所に対する管理命令申立てを必要としないで、裁判外で管理人を選任することによって開始する会社管理手続である。

裁判外の会社管理によって管理人を選任することができる者（管理人選任権者）は、適格浮動担保権者および会社または取締役に限定されている。適格浮動担保権者は、債務不履行等の事由が発生した場合に管理人を選任する権限が付与される。管理人の選任にあたって、先順位の適格浮動担保権者がある場合

strators and Receivers of Companies (5th edn, Sweet & Maxwell 2011) 164；Goode (n 6) 379参照。
36 Lightman and Moss (n 35) 178.
37 ibid 179.
38 ibid 179-181.

は、管理人候補者について、先順位担保権者に事前に通知するか、事前に承諾を得る必要がある。管理人の選任は、裁判所に通知し、会社登記簿に登記しなければならない。

会社または取締役が、裁判外の会社管理の管理人を選任する場合、事前に適格浮動担保権者に対して管理人選任の通知をするとともに、裁判所に対してこの通知を送付しなければならない。裁判外の会社管理において、適格浮動担保権者が事前に管理人選任通知を受けることによって、適格浮動担保権者に別の管理人を選任する機会を確保する仕組みとなっている[39]。

5．管理人の権限

会社管理が開始されると、個別的権利行使が禁止される（モラトリアム）。これによって、管理人が計画案を準備し、利害関係人と交渉する時間的余裕が生まれる。管理人の権限は、会社の事業遂行全般に及ぶ。管理人は、取締役を解任・選任することができるほか、従前の取締役に事業遂行を委ねることもできる。管理人は、選任後8週間以内に計画案を作成して利害関係人に送付し、会社登記簿に登記しなければならない。

債権者への配当が全額弁済または（カーブアウト部分を除いて）無配当である場合を除いて、10週間以内に債権者集会を招集しなければならない。計画案は、債権者集会において出席または委任状により議決権を行使する無担保債権者の議決権額の過半数の賛成で可決される。なお、債権者集会において債権者委員会の設置が可能であるが、債権者委員会は、管理人を監督する機関ではない。もっとも、管理人の行為に対して債権者は、裁判所に不服申立てをすることができる。

会社管理は、モラトリアムを中心とする手続であるため、当初は、管理人に配当権限を付与する一般規定がなく、会社任意整理や会社法上の整理計画など他の手続を利用して配当することが予定されていた。ところが、2002年エンタープライズ法による改正によって、会社管理において管理人による配当の手続が整備された。すなわち、管理人は、担保権者と優先債権者に対して配当することができ、裁判所の許可を得て無担保債権者にも配当することができる（イ

---

39 中島・前掲論文（注17）815頁参照。

ギリス倒産法別表 B1第65条)。しかし、事業を継続する場合は、通常、後述の会社任意整理の手続を通じて弁済するのが簡易かつ安価といわれている。[40]

そのため、会社管理において事業再生を図りつつ計画弁済する場合、後述の会社任意整理または会社法上の整理計画を用いることになる。

6．管理命令による会社管理と裁判外の会社管理の比較

(1) 申立権者と管理人選任権者の範囲

裁判外の会社管理において管理人選任の権限をもつ者は、適格浮動担保権者と会社または取締役に限定されている。これに対して、管理命令による会社管理は、一般債権者（裁判外の会社管理において管理人選任権限をもたない債権者）等にも申立権が認められる点が異なる。実務上、取締役と適格浮動担保権者は、裁判外の会社管理を好む傾向にあり、[41]管理命令による会社管理は、一般債権者による申立てが多いといわれている。[42]

手続開始段階において裁判所が管理命令という裁判をすることの意味について、イギリスの沿革と実務を踏まえて考察すると、会社管理（沿革的にはレシーバーシップ）を開始する権限を一般債権者にも拡大することを正当化するために管理命令の裁判があるといえよう。これは、適格浮動担保権者が管理命令の申立てをする場合に支払不能等の要件が不要とされていることからも裏付けられる。

わが国のように法的倒産手続において開始決定という形で裁判所が関与することが自明の国からの視点で特徴を述べるならば、債務者（会社または取締役）および包括的な担保権者による申立ての場合、裁判所による開始決定自体を省略したり、開始決定の要件が緩和されたりすることに特徴があるといえる。

また、冒頭で述べたとおり、会社管理の手続的な特徴は、モラトリアム（個別執行禁止効）にある。そうすると、一般債権者がモラトリアムを享受するには、管理命令という裁判所の裁判を求める申立てが必要になるという整理もできよう。

40　Goode (n 6) 450.
41　Lightman and Moss (n 35) 178.
42　ibid 179.

(2) 管理命令の不存在

　会社または取締役（あるいは適格浮動担保権者）という裁判外の会社管理の管理人選任権限を付与されている者が、あえて管理命令による会社管理を裁判所に申し立てる場合がある。それは、外国裁判所において倒産手続を承認してもらうにあたり、管理命令という裁判所の裁判がないことが不利にはたらくリスクがある場合である。外国裁判所において裁判外の会社管理の効力が承認されないというリスクを回避するために、管理命令による会社管理を選択することがあるといわれる[43]。

　このように倒産手続の国際的効力が否定されるリスクを回避するために管理命令による会社管理が選択されることがある。

Ⅳ　整理計画と会社任意整理

1．整理計画

(1) 整理計画の概要

　整理計画は、次の３つの段階を経る手続である[44]。①裁判所に対して計画案承認のための債権者集会や株主総会（以下、「債権者集会等」という）の開催命令の発令を求める申立てをして、裁判所が開催命令を発令する段階、②計画案が債権者集会等において承認の決議がされる段階、③承認された計画について裁判所が認可する段階である。以下では、この３つの段階に分けて、整理計画における裁判所の関与について検討する。

(2) 債権者集会等の開催命令

　債権者集会等の開催命令の申立権は、会社、債権者、株主、会社清算の清算人、または会社管理の管理人がもつ（2006年会社法896条(2)）。実務上は、申立て前の段階で、主要債権者との間で計画案について事前に合意がされている場合が多い[45]。

43　ibid 179.
44　中島・前掲論文（注6）961頁参照。
45　中島・前掲論文（注6）962頁。

債権者集会等の開催命令の申立ては、承認決議後の計画の認可を求める申立て、認可のための審尋を求める申立て、各集会の議長が裁判所に報告書の写しを提出することの申立てを含む。[46]申立てにより、裁判所は、債権者集会等を開催するか否かを決定する。債権者集会等の開催を命じる場合、裁判所は、債権者集会等を招集する者を決定する。[47]

　なお、裁判所は、債権者集会等の開催命令の段階では、計画案が公正か否かを判断しないが、組分けについては判断する。[48]すなわち、整理計画においては、異なる債権者が異なる利益をもつ場合、組分けをして、それぞれの組の集会を招集する必要がある。逆にいえば、共同で協議することが適切に求められうる他の債権者と類似の利益をもつ債権者は、組分けが認められるべきではない。さもなければ、少数派のグループに拒否権を付与することになるからである。[49]

　もっとも、組分けの当否の判断は容易でない。従来の実務は、組分けの当否の問題について計画認可の段階に審理していた。そして、認可段階において、裁判所は、組が同じである、または組が異なるという理由によって、計画を不認可とする扱いをしてきたようである。その結果、計画全体が認可の段階で頓挫するということがあった。

　この実務に対する批判を受けて、裁判所の実務は、次のように変更されている。すなわち、組分けの要否を判断して組分けの適正さを保証するのが申立人の責任である点に変わりはないが、裁判所が債権者集会等の開催命令の段階で組分けについて相当の審理をする扱いに変更されている。[50]

　裁判所が組分けについて承認すると、その組分けに従ってそれぞれの集会が招集される。[51]

　裁判所が債権者集会等開催命令を発令し、その開催命令書と通知書が会社に届くと、会社は、債権者等に対して招集通知を債権者集会等の開催日の21日前

46　中島・前掲論文（注6）963頁。
47　裁判は裁判官または登記官が担当するが、重要な内容を含む整理計画案の場合は、裁判官が担当する。中島・前掲論文（注6）963頁。
48　以上について、中島・前掲論文（注6）963頁参照。
49　Goode (n 6) 488.
50　Goode (n 6) 488.
51　組分けの意義について、中島・前掲論文（注6）964〜965頁。

までに送付しなければならない。[52]

(3) 債権者集会等における承認決議

整理計画案には、債務免除、支払猶予、デット・エクイティ・スワップ等の方法による権利変更条項が含まれる。権利変更の対象には、担保付債権者・優先債権者を含めることができる。M&A、事業譲渡、資産売却を行うこともできる（2006年会社法900条(2)参照）。

会社任意整理においては、担保付債権者や優先債権者を権利変更の対象として計画に含めることができないが、整理計画においては、担保付債権者や優先債権者も権利変更の対象債権者とすることができる。

開催命令の通知書が到達した後、会社は、債権者集会等を招集する。なお、整理計画案によってその権利が影響を受けない者、および会社に対して経済的利害を有しない者には、集会の招集通知を送付する必要がない。整理計画によって何らの利益も受ける見込みがない者は、経済的利害を有しない者にあたると解されている。[53]

計画案の可決要件は、2006年会社法896条により招集された集会において出席または委任状により議決権を行使する債権者（または債権者の組）または株主（または株主の組）のうち議決権額75％および頭数において過半数が計画案に賛成することである（2006年会社法899条(1)）。[54]

(4) 裁判所の認可

整理計画案が債権者集会等で可決されると、裁判所は、整理計画案の認可について裁判する。その際、①整理計画案の妥当性、②集会の参加者によって各組の意見が正当に代表されているかどうか、③招集通知、集会の開催、説明文書の送付、議決権行使などが法律の規定に従って行われたかどうか等を審査す

---

52 中島・前掲論文（注6）963頁。
53 中島・前掲論文（注6）966～967頁。判例について、藤本利一「『債権者一般の利益』概念の意義と機能」本書第3章第3節（212頁）参照。
54 頭数要件の議論につき、中島・前掲論文（注6）966頁参照。
　2006年会社法899(1)条は、次のとおり。
　　If a majority in number representing 75% in value of the creditors or class of creditors or members or class of members (as the case may be), present and voting either in person or by proxy at the meeting summoned under section 896, agree a compromise or arrangement, the court may, on an application under this section, sanction the compromise or arrangement.

整理計画案に反対する債権者は、審尋において、認可要件を満たさない等の理由に基づいて、裁判所に異議申立てをすることができる。

裁判所が計画を認可すると、計画の効力が生じて、計画は、対象債権者等と会社を拘束する。対象債権者以外の権利者の権利は影響を受けない。[56]

以上のように、整理計画における裁判所の役割をみると、債権者集会等を開催して決議に付すべきか否かを審査し、さらに組分けが妥当かどうかを審査する役割がある。もっとも、計画の公正さを判断する必要はないとされていることから、債権者集会等の開催命令における審査の段階において、不認可事由に相当する事項をすべて審査しているわけではないと考えられる。裁判所は、認可段階においては、計画の妥当性等わが国の不認可事由に類似する事項を審査している。大まかにいえば、申立て段階では、組分けの相当性に重点をおいて審査し、認可段階では、計画の公正さや決議の適法性等に重点をおいて審査していると思われる。

2．会社任意整理

(1) 会社任意整理の概要[57]

会社任意整理は、債務の弁済または財産関係の債務整理計画に関する当事者（会社、株主、債権者）間の合意を本質とする手続である。担保権者と優先債権者の保護を必要とするが、合意内容はほぼ自由に決めることができる。合意した当事者は、制定法上の規律に服することになる。会社任意整理計画案（proposal）は、無担保債権者集会と株主総会における可決を必要とする。計画案が可決されると、計画案の内容は、議決権をもつ債権者を拘束し、会社は、事業を継続することができる。[58]

(2) 会社任意整理の開始

会社任意整理は、取締役が会社と債権者に計画案を提出し、さらに、整理委員（nominee）予定者に計画案と会社の財務状況書（statement of company's

---

55 中島・前掲論文（注6）966頁。
56 中島・前掲論文（注6）968頁。
57 根拠となる1986年倒産規則等の詳細は、中島・前掲論文（注2）民商119巻1号2〜15頁参照。
58 Vanessa Finch, *Corporate Insolvency Law* (2nd edn, CUP 2009) 179.

affairs）を送付することによって開始する（1986年倒産法1条(1)および1986年倒産規則1.2〜1.5）[59]。1986年倒産規則上は、取締役が計画案を整理委員予定者に送付する建前になっているが、実務上は、整理委員予定者である倒産実務家の助言に基づいて計画案が作成されている[60]。倒産実務家の関与なしに計画案を作成することは、実際上困難なようである。また、計画案には、監督委員（supervisor）予定者の名前等が含まれる（1986年倒産規則1.3(2)(p)）。

　取締役が整理委員予定者に対して計画案を送付して計画案の通知をすると、整理委員予定者は、整理委員となることに同意する場合、計画案に裏書する。この裏書によって特定の日付に整理委員予定者が計画案を受領したという効力が生じ、報告書提出期限の起算日となる。すなわち、整理委員予定者は、この日から28日以内または裁判所が延期を認めた場合はその日までに、債権者集会と株主総会（以下、「集会等」と表記する）を招集すべきかどうか、招集すべき場合には、いつ、どこで集会等を開催すべきかについて記載した報告書を裁判所に提出しなければならない（1986年倒産規則1.4(3)）。整理委員候補者は、集会等の招集をする場合、整理委員となる。整理委員は、計画案の作成段階からすでに関与しているため、実際は、肯定的な報告書が作成されるのが通常である。

(3) 会社任意整理の決議

　集会等を開催する旨の報告書が提出された場合、整理委員は、裁判所が異なる命令をしない限り、報告書に記載された日時・場所において集会等を招集しなければならない（1986年倒産法3条）。なお、整理委員が管理人または清算人の場合（会社管理または会社清算との併用型の場合）、裁判所への照会なしに適切と考える日時・場所で集会等を招集する。集会等は、同日に開催され、債権者集会が先に開催される。整理委員が集会等の議長となる。集会等において計画案の可否または修正の決議を行う。債権者集会の可決要件は、議決権を有する債権者の債権額75％の賛成であるが、株主総会の可決要件は、議決権50％の賛成で足りる。計画案が可決されると会社任意整理が効力をもち、議決権をもつ債権者と株主を拘束する。なお、会社管理または会社清算との併用型の場合、

59　Goode（n 6）498.
60　ibid 500.

計画案が可決されると、裁判所は、管理命令の取消し、または清算手続の中止等を命じることができる。

議長は、裁判所および招集通知を送付した債権者に対して集会等の決議の結果を報告する。会社任意整理の効力が生じると、整理委員（通常は議長自身）が監督委員となる。監督委員は、議長の報告書の写しを会社登記官に送付しなければならない。

(4) **計画の履行**

計画案が可決されると、計画の履行段階へ移り、監督委員（通常は、整理委員となっている者が担当する）が履行する。なお、監督委員は、計画を履行するが、会社の事業経営は、取締役が行う。ただし、計画において事業経営権、財産の管理処分権を監督委員に付与している場合は別である。

履行期間中、監督委員は、経営を監督し、帳簿を維持するとともに、毎年、裁判所、会社登記官、会社、債権者、株主、会計監査人に対して、コメントを付した収支報告書・履行状況報告書を、送付しなければならない。また、監督委員は、履行の過程において、裁判所に指示を求めることができ、管理命令または清算命令の申立てをすることができる。履行の過程において、監督委員の行為、不作為、またはその指示に不服がある債権者は、裁判所に対して不服申立てをすることができる。裁判所は、監督委員の行為を修正することなど、監督委員に対して適当な指示を与えることができる。

監督委員は、裁判所のオフィサーとなり、裁判所の監督に服する。1986年倒産法に基づいて、裁判所に対して、監督委員の行為の修正等を求め、監督委員に対する指示等を求めることができるが、不服のある者は、私法上の訴訟による救済を求めることができない。[61]

履行が完了して会社任意整理が終了すると、28日以内に、対象債権者、株主、裁判所、会社登記官に対して、会社任意整理の終了の通知および収支報告書の送付をしなければならない。

以上のように、会社任意整理において通常、ある倒産実務家が整理委員候補者、整理委員、議長、および監督委員を担当する。

---

61 ibid 516-517.

3．整理計画と会社任意整理の比較

　倒産手続における担い手の役割という観点から、整理計画と会社任意整理を比較すると、次のようになる。

　まず、整理計画の場合は、会社のみならず債権者または株主にも、裁判所に債権者集会等の開催命令の申立てをする権限が付与されている。これに対して、会社任意整理の場合、計画案を整理委員予定者へ送付する権限は、取締役に付与されており、債権者および株主は、計画案の送付権限をもたない。

　次に、手続の開始段階における裁判所の関与の有無が異なる。会社任意整理においては、手続開始段階において裁判所の関与がない。倒産実務家という資格をもつ専門家が計画案の内容をチェックするため、集会等の開催の当否は、倒産実務家の判断に委ねる仕組みといえる。その前提として、会社任意整理の計画案において組分けがされないという特徴がある。裁判所が整理計画において行っているような組分けの相当性の審査は、会社任意整理では組分けをしないことによって回避されている。こうして、組分けをしない会社任意整理においては、倒産実務家の調査・判断の対象が絞り込まれ、手続が簡素化されていると考えられる。整理委員という倒産実務家が計画案の公正さを担保して、少数派債権者を保護する仕組みとなっている[62]。

　なお、会社任意整理の可決要件には、頭数要件が存在せず、債権者の議決権額75％の賛成で足りることとなっており、株主の可決要件は、75％から50％に緩和されている。これらの点も整理計画と異なる。

　整理計画においては、計画の可決後、裁判所が認可する。つまり、整理計画は、開始決定段階と認可段階の２つの局面において裁判所の関与がある。これは、費用と時間がかかる手続であることを意味し、整理計画は、この手続コストの観点から、小企業に適さないと評されている[63]。これに対して、会社任意整理は、裁判所の関与を必須とするのではなく、債権者等が、平等原則違反等の「不当な不利益」または決議の不正・重要情報の不開示などの「重大な手続違反」を理由として、裁判所に対して不服申立てをすることができるという仕

---

[62] Payne (n 6) 207.
[63] ibid 215.

組みを採用する。したがって、整理計画のように債権者の不服が認可という計画の効力発生前の段階で事前に判断されるか、会社任意整理のように計画の効力が生じた後に、取消しという事後的な裁判所の判断となるかという点が異なる。[64]ただし、倒産実務家が計画案の内容を事前にチェックする仕組みのため、実際に計画が取り消されることは少ないと考えられる。

会社任意整理は、1986年倒産法および1986年倒産規則において多くの規定がおかれているが、整理計画には、それほど詳細な規定がないという点も異なる。つまり、整理計画においては、裁判所に広範な裁量が与えられている。それゆえ、整理計画は、柔軟な手続といえるが、会社にとっては、不透明な手続といえる。[65]

会社任意整理において計画の履行は、監督委員となる倒産実務家が担当する。監督委員は、裁判所のオフィサーとして裁判所の監督を受ける。その代わり、裁判所の認可を省略していると考えられる。

V　おわりに

本稿では、イギリスの企業倒産手続について、共通の構造をもつ手続をそれぞれ比較することによって、手続の担い手の役割を検討した。その結果、おおよそ、次のような点が明らかになった。

強制清算と任意清算は、どちらも清算人が手続を進める清算型手続であるが、清算命令という裁判が強制清算にあり、任意清算にはない。また、管財官の関与が強制清算にはあり、任意清算にはない。これらの相違は、手続開始後の個別的権利行使禁止の効力の有無および公的機関による調査の有無という2つの相違に結びついていると考えられる。

管理命令による会社管理と裁判外の会社管理とを比較すると、裁判所による管理命令の有無が異なる。これは、申立権者の範囲が裁判外の会社管理の管理人選任権者の範囲よりも広いという相違に関係する。また、国際倒産の場面に

64　もっとも、裁判所の判断基準は、整理計画と会社任意整理との間で、大きく異なるものではないようである。Payne (n 6) 209-211.
65　ibid 215.

おいて、会社管理の対外的効力が否定されるリスクを回避することとも関係する。

　整理計画と会社任意整理とを比較すると、集会等開催命令と計画認可の２つの場面で裁判所が関与するかどうかが異なる。整理計画は、集会等開催命令の審査において組分けの適否を判断するが、会社任意整理は、集会等開催命令を省略する代わりに組分けのない手続となっている。整理計画は、裁判所の認可を得る必要があるが計画の効力が安定しているのに対して、会社任意整理は、裁判所の認可を省略することで、早期に計画の効力が生じる代わりに、計画の取消しのおそれが残る。そして、計画の取消しの余地をできる限り減らす工夫として倒産実務家による計画案の内容チェックという仕組みが採用されている。計画の公正さと手続の迅速性を両立させる役割が倒産実務家に期待されている。

（高田賢治）

第4節 ドイツ倒産法における自己管理手続の展開と「D.I.P.型」再建手続定着への模索

I　はじめに

　本稿は、ドイツ倒産法（Insolvenzordnung）における「D.I.P.型」手続とされる、自己管理（Eigenverwaltung）手続について取り上げる。

　わが国の民事再生法は、債務者が倒産手続開始以後も財産管理処分権・業務遂行権を維持し、倒産手続を進行させることを原則としている（民再38条）。民事再生法は、アメリカ連邦倒産法第11章手続（Chapter11）を参考に制度設計がなされたといわれており、当該手続の特徴になぞらえて、わが国の再生手続も「D.I.P.型」の手続であるといわれる。再生手続において「D.I.P.型」の手続がとられる理由としては、債務者やその代表者の経験・知識を活用できること、管財人選任費用等を低減できること、早期申立てのインセンティブを債務者に付与できることといった点があげられている[1]。このようなメリットを念頭に、「D.I.P.型」の倒産手続は、多くの国で採用・導入の検討がなされるなど、世界各国に影響を及ぼしてきている[2]。わが国の破産法の母法国であるドイツの倒産法も例外ではなく、現行のドイツ倒産法は、自己管理（Eigenverwaltung）手続とよばれる「D.I.P.型」手続を整備している。

　わが国は、民事再生法の施行以後、「D.I.P.型」たる再生手続を発展・定着させ、一定の要件の下では、会社更生手続においても、いわゆる「D.I.P.型会

1　山本和彦＝中西正＝笠井正俊＝沖野眞已＝水元宏典『倒産法概説〔第2版補訂版〕』（弘文堂・2015年）426頁〔笠井正俊〕。
2　田頭章一「Debtor, Debtor in Possession」中島弘雅＝田頭章一編『英米倒産法キーワード』（弘文堂・2003年）80頁参照。

社更生」の運用を認めるなど、「D.I.P. 型」の倒産手続を充実させてきている状況にある。

　ところが、ドイツにおいては、その手続の採用から現在に至るまで、「D.I.P. 型」の倒産処理が、再建の局面においても主要な手続として定着していない。後述するように、ドイツもわが国と同様に、アメリカ連邦倒産法第11章手続（Chapter11）の影響を強く受けながら倒産法の改正が行われ、「D.I.P. 型」手続たる自己管理手続を整備することとなった。また、わが国の再生実務が採用する「後見型」の手続に類似した手続構成、具体的には、監督人（Sachwalter）とよばれる第三者機関を必置とする形態を採用している。それにもかかわらず、なぜ、ドイツにおいて「D.I.P. 型」手続の利用は伸び悩んでいるのか。

　本稿では、この疑問に応えるべく、ドイツ倒産法が自己管理手続を導入するに至った歴史的経緯を紐解くとともに、近時、自己管理手続に関連して行われた法改正の状況について述べる。それを踏まえ、現状の自己管理手続が抱える問題について検討することにより、なぜドイツにおいて「D.I.P. 型」手続が定着しないのか、また、どのような形で手続の発展に向けて模索しているのかを明らかにすることとしたい。

II　ドイツにおける自己管理手続の位置づけ

1．序　説

　本項では、ドイツにおける「D.I.P. 型」手続とされる自己管理手続の生成過程について述べる。自己管理手続は、ドイツの和議法（Vergleichsordnung）および、アメリカ連邦倒産法の第11章手続（Chapter11）という2つの手続から強い影響を受け成立したものだとされている。現在のドイツ倒産法における自己管理手続の運用については、和議法の伝統が色濃く反映されていることがうかがわれるため、ここでは、まず、ドイツ倒産法成立以前の和議法の展開を

3　難波孝一＝服部勇次＝鈴木謙也＝徳岡治「会社更生事件の最近の実情と今後の新たな展開――債務者会社が会社更生手続を利用しやすくするための方策：DIP 型会社更生手続の運用の導入を中心に」NBL 895号（2008年）10頁。

4　Matthias Hoffmann, Die Eigenverwaltung in der Insolvenz, 2006, S. 26-27.

概観し、1994年成立・1999年施行のドイツ倒産法(以下、「1994/1999年法」という)における自己管理手続の成立および展開について述べることとする。また、2011年に行われた倒産法の改正に伴う2012年改正倒産法における自己管理手続の改革の内容についても説明する。

2．和議法の展開

(1) 和議法の成立

現行ドイツ倒産法（Insolvenzordnung）の成立以前、ドイツにおいては、倒産処理法として、破産法（Konkursordnung）、および和議法（Vergleichsordnung）が存在していた[5]。

このうち、和議法に基づく和議手続は、破産（Konkurs）を回避するための制度として、第一次世界大戦期の戦時立法という形で1914年に発布された「営業監視命令（Geschäftsaufsicht zur Abwendung des Konkursverfahrens)」に由来する。営業監視命令は、当初、戦争による破産を回避するための支払猶予（モラトリアム）の制度として成立したが、1916年の改正に際して、当事者間の和議を可能とする手続を導入した。また、1924年には、手続の対象となる債務者を、戦争に関係する破産を回避しようとする債務者以外にも拡大させた[6]。これを発展させる形で、1927年には和議法が成立する[7]。和議法に基づく和議手続では、債務者自身が、手続開始以後も財産の管理処分権を維持しつつ手続を遂行することができた。和議法の成立は、ドイツにおける自己管理型の再建手続の生成とみることができる。和議手続では、一般に、債務者は和議提案をあらかじめ債権者に提示して説明を行い、これに債権者の多数が同意していなければならないこととされており、債権者が手続に重大な影響力をもっていたと

---

[5] なお、現行倒産法は、破産法・和議法に加えて、旧東ドイツ領域で成立していた、包括執行法（Gesamtvollstreckungsordnung）が統合されて成立したものである（吉野正三郎『ドイツ倒産法入門』（成文堂・2007年）1頁)。

[6] 笠原毅彦「西ドイツにおける倒産法改正の動向」比較法研究49号（1987年）116頁、木川裕一郎『ドイツ倒産法研究序説』（成文堂・1999年）3頁。また、1916年までの業務監視法の沿革については、斎藤常三郎『墺太利破産法及和議法並ニ獨逸破産豫防業務監視法』（弘文堂・1922年）44〜46頁、同法の条文邦訳は、同書197頁以下参照。

[7] 1927年ドイツ和議法については、斎藤常三郎「獨逸の新和議法草案」国民経済雑誌55巻1号（1933年）503頁以下参照。

される[8]。

しかし和議法は、次第にその濫用が問題視されるようになる。その大きな要因は、債務者が、自身の財産をほとんど消費したような状況になってから、あるいは、債務者が財産を隠匿した後に、和議手続の開始申立てをすることによって、和議の成果として債権者になされる弁済が非常に少額になっているという点であった[9]。さらに、和議認可後に、その履行を監督する機関がなかったため、債務者が適時に弁済を行わないという問題も生じた。また、それに対して、債権者も和議を取り消すことができないうえに、債権者表に基づく強制執行も煩雑であるという問題もあった[10]。加えて、和議申立てと認可後の処置について、債務者に悪知恵をつけ、債権者の利益とならない行動をとらせるような、いわば三百代言のような者まで現れていたとされる[11]。

これらの問題に対処するため、1935年には和議法の改正が行われた[12]。ここでは、和議にふさわしくない債務者を手続から遠ざけておくという目的から、和議手続の利用資格の引き上げが行われ、債務者を監視するために、和議管財人（Vergleichsverwalter）の選任が強制されることとなった[13]。和議管財人には、業務に通じ、債務者・債権者から独立した者が選任され（Vergleichsordnung（以下、VerglOと表記する）38条）債務者の監督や調査（VerglO 39条）、和議の履行（同法96条）など、広範な職務を担うこととされた。また、通常の業務に属さない債務の負担は、和議管財人の同意を伴ってのみ可能とされていた。

以上のように、和議手続は、破産を回避するための制度として成立することとなるが、債務者による手続の濫用という問題を契機として、手続の利用資格を制限し、また、債務者の行動を制約するという方向で、手続の改革が行われることとなった。なお、和議手続の利用対象者としては、自然人や単独商人が

---

[8] Bruno M. Kübler, Der Sanierungsgedanke im Deutschen Insolvenzzrecht, in: Bruno M. Kübler (Hrsg.), Handbuch Restrukturierung in der Insolvenz――Eigenverwaltung und Insolvenzplan――, 2. Aufl., 2015, §1. Rn. 4

[9] 斎藤常三郎「獨逸和議法の下に於ける見解及び實際と我が和議法」国民経済雑誌52巻4号（1932年）3～4頁。

[10] 斎藤・前掲論文（注9）5頁。

[11] 斎藤・前掲論文（注9）6頁。

[12] 1935年ドイツ和議法については、斎藤常三郎（中野貞一郎補遺）『現代外国法叢書（13）獨逸民事訴訟法〔Ⅳ〕破産法・和議法』（有斐閣・1956年）1頁以下。

[13] Kübler, a.a.O. (Fn. 8), §1. Rn. 5.

想定されており、この頃、立法者は、企業の破産が法的に組み込まれるべきかという点について、はっきり認識していなかったといわれる。[14]

(2) **和議法成立後の倒産法改正議論**

その後、ライヒ司法省は、1937年・1938年に破産法改正草案を作成したが、その時期における経済状況が、改正要求を後押しするほどに急迫性を有していなかったため、議論が進展することはなかった。また、第二次世界大戦の勃発も、この改正を推し進める上で、事実上の障害となった。[15]第二次世界大戦以後は、その後の改正につながる、債権者の利益に立脚した統一的倒産法の実現に向けて、大規模な倒産法改正の提案がなされていた。[16]しかし、この改正議論も、持続的な経済成長を背景として、ほとんど意義が見出されることはなかった。[17]

このような状況を、1973年のオイルショックが一変させる。これにより、当時の破産法・和議法が、特に企業の再建について有効な機能を全く備えていない、ということが認識されることとなる。すなわち、破産法は、強制執行の一態様としてとらえられており、これが企業倒産の対処には適していなかったこと、また、和議法については、手続の力点の誤解、会社の手続の無視、再建における債務者や出資者の不参加という欠陥があり、ほとんど役割を果たしていないことが指摘された。[18]また、和議の利用資格について高い要件を要求している点や、別除権者・優先権をもつ債権者を考慮していない点、また、和議の役割が債務の調整に限られていたため、倒産の原因を取り除くことができなかった点も指摘されている。[19]

その後、1978年には、破産手続の機能回復、および、倒産に瀕した企業の再建を可能とする新たな手続の構築をその目標として、政府から独立した倒産法

---

14 Friedrich Weber, Die Funktionsteilung zwischen Konkursverwalter und Gesellschaftsorganen im Konkurs der Kapitalgesellschaft, KTS 1970, S. 73.
15 木川・前掲書（注6）3頁。
16 A.M.Berges, Zwanzig Jahre ganzheitlicher Insolvenzrechtsreform im Blickfeld einer Fachzeitschrift : Vermögens- und Schuldenabwicklung im Zeichen struktureller Konzentration, KTS 1975, S. 83; その他の改正提案については、Weber, a.a.O. (Fn. 14), S. 73 ff、木川・前掲書（注6）4頁参照。
17 Kübler, a.a.O. (Fn. 8), §1. Rn. 6.
18 Kübler, a.a.O. (Fn. 8), §1. Rn. 7.
19 Kübler, a.a.O. (Fn. 8), §1. Rn. 8.

委員会（Die Sachverständigenkommission für Insolvenzrecht）が設置されるなど、倒産法改正論議が活発化した。[20]これ以後の議論を受けて、後述する1994年の倒産法制定に至ることとなる。

(3) **和議手続による企業の再建**

ドイツにおいては、1935年の和議法成立以来、1994年の倒産法制定に至るまで、和議法の改正は行われなかったが、実務上は、和議手続を用いて企業の再建をめざす動きがみられた。いわゆる「ケルン型和議（das Vergleichsverfahren Kölner Prägung）」とよばれる実務運用であり、この運用では、和議手続の申立てと同時に、手続開始前から、仮和議管財人に債務者の監督権を与え、債務者に対しては、処分権の制限を課すことで、申立て直後から手続全体にわたり、（仮）和議管財人に債務者と対等な経営者の地位を与えようとするものであったとされる。[21]

このようなケルン型和議の運用は、和議手続の中心を担うこととなっていったが、その理由としては、債務者に財産管理処分権を温存させるという和議手続の建前が、事業を破綻に至らしめた債務者に甘すぎるものであり、その手続遂行には債権者の不安があったことによるといわれる。[22]

3．1994/1999年法における自己管理手続

(1) **倒産法委員会の議論**

前述のとおり、1973年のオイルショックを契機として、ドイツの倒産法の改正論議が活発化し、1978年には、政府から独立した機関である、倒産法委員会が設置された。

ドイツの倒産法に、債務者による自己管理の手続を導入すべきか、という問題は、この倒産法委員会においても議論の対象とされていた。倒産法委員会は、債務者の自己管理による手続の遂行に一定の利点が認められることは確認

---

20 木川・前掲書（注6）9頁。
21 ケルン型和議については、田頭章一「和議手続きの機能について（1）」民商100巻1号（1989年）98頁。
22 佐藤鉄男「経営者温存型倒産手続の法政策的検討：ドイツ自己管理手続からの示唆」同志社政策科学研究1巻（1999年）38頁。なお、ケルン型和議は、債務者の手続上の負担（添付書類の作成など）を軽減すること、仮和議管財人の力を借りて債務者の信用を回復させることができることなどのメリットも強調されていた。このことについて、田頭・前掲論文（注21）99頁。

しつつも、その導入については明確に否定していた。具体的には、倒産法委員会が1985年に公表した第一報告書（Erster Bericht）のうち、倒産管財人について規定する要綱【1.1.3.1】の中で、次のような説明がなされている。すなわち、自己管理を認めることのメリットとして、債務者が倒産手続の開始によって経営権限を失わないことが予想される場合には、とりわけ、再建に意欲を示す債務者にとっては、早期の申立てのインセンティブを与えることになること、企業の継続と再建のために、従前の債務者の経営内外の知識と経験を役立てることができること、外部の管財人が必要とする、事業についての習熟期間が必要とならないこと、という点があげられていた。[23]

その一方で、企業の倒産は、多くの場合、会社経営者の過失が原因であり、その責任を負うべき者が、継続して業務執行することが適切かどうか明らかではなく、たいていの場合は、債権者からの信用が失われていること、仮に債務者自身が自主管財人（Selbstverwalter）として手続を行うこととなれば、会社の経営者が、「倒産管財人としての職務」・「その他倒産機関としての職務」・「会社の機関としての職務」という3つの職務を担わなければならなくなり、これは経営者にとって過大な要求になること、という点が指摘されていた。そのため、倒産手続においては、「手続開始と同時に倒産管財人が裁判所によって選任されるべきであり、倒産管財人は債務者の会社の業務執行者の一員であってはならない」と結論づけていた。[24]これについては、再建と清算を統一的に処理する倒産手続をつくるにあたって、再建と清算の間を移行する際に、管財人の変更の必要がないという点も考慮されていた。[25]

(2) 1994/1999年法の立法過程

ところが、1988年に連邦司法省が公表した討議草案（Diskussionsentwurf）[26]は、通常の倒産手続においては、倒産財団についての管理および処分権を独立

---

23 Bundesministerium der Justiz, Erster Bericht der Kommission für Insolvenzrecht, 1985, S. 125.（以下、「Erster Bericht」として引用する）。
24 Erster Bericht, S. 125-126.
25 Erster Bericht, S. 126.
26 Bundesministerium der Justiz, Diskussionsentwurf Gesetz zur Reform des Insolvenzrechts, 1988,（以下、「Diskussionsentwurf」として引用する）。この草案の概要につき、上原敏夫「西ドイツ倒産法改正草案について（上）（下）」判タ693号（1985年）23頁、694号（1985年）32頁参照。

した倒産管財人が行使すべきであるとの原則を確認する一方で、自己管理型[27]の手続の提案も盛り込んだ。具体的には、「監督人の監視の下での自己管理（討議草案320条以下）」と「小規模倒産における監督人なしでの自己管理（討議草案336条以下）」の2種類の自己管理倒産手続を規定していた[28]。このうち、「監督人なしでの自己管理」は、営利活動を行っていない自然人が、倒産管財人や監督人の選任なく倒産手続を利用できるものとして用意されていた。他方「監督人の監視の下での自己管理」は、法人も利用できる規定となっており、現在、倒産法に規定されている自己管理手続の基礎となる提案であった。

その後1989年には、連邦司法省によって参事官草案（Referentenentwurf）が公表されているが、2つの自己管理手続については、討議草案からの変更はない[29]。

1991年に、連邦司法省は、討議草案および参事官草案に若干の改正を加えたものを政府草案（Regierungsentwurf）として公表した[30]。これを受けて、連邦参議院は、政府草案に対する態度決定書（Stellungsnahme）を提出して、総計41にわたる項目について変更を申し立てた[31]。このうち、自然人を想定して整備されていた小規模倒産における「監督人なしでの自己管理（政府草案347条以下）」については、次の理由から、削除すべきとの結論が導かれた。すなわち、自然人が自己管理による倒産処理を行うこととすると、手続の処理の実現のためにも、また、制度の濫用防止のためにも裁判所の積極的な関与が必要となり、結果として国家財政負担の増大につながると考えられる、という理由である[32]。その後、政府草案は、連邦議会に送付され、その立法作業の中で行われた公聴会においても、経済的困窮に陥った倒産者たる債務者に対して、債権者のために換価することを求めるのは妥当ではなく、また、裁判所には債務者に

27　Diskussionsentwurf, S. 289.
28　Diskussionsentwurf, S. 299.
29　Bundesministerium der Justiz, Referentenentwurf Gesetz zur Reform des Insolvenzrechts, 1988. この草案の概要と翻訳について、三上威彦「1989年のドイツ連邦共和国改正参事官草案の基本構想とその評価」横浜市立大学論叢（社会科学系列）41巻3号（1989年）167頁以下、同『ドイツ倒産法改正の軌跡』（弘文堂・1995年）113頁以下。
30　木川・前掲書（注6）26頁。
31　木川・前掲書（注6）29頁。
32　木川・前掲書（注6）31頁。

関する情報がないから、債権者への損害の発生を防ぐことができないといった理由から、監督人なしでの自己管理の手続は導入すべきでないとの反対意見が出された。[33]

以上のように、政府草案に規定された「監督人なしでの自己管理」については批判が集中し、結果、1994/1999年法への導入には至らなかったが、主として企業倒産の場合における、「監督人の監視の下での自己管理」は、最終的に1994/1999年法の270条以下に規定され、導入されるに至った。[34]

1994/1999年法への自己管理導入の理由としては、各草案において、従前の会社経営者の知識・経験の活用、外部の管財人が必要とする習熟期間の回避、費用の削減、早期申立てへのインセンティブの付与が提示されていた。[35]

(3) 1994/1999年法における自己管理

1994年にドイツ倒産法（Insolvenzordnung）は成立し、1999年に施行される。[36]ドイツ倒産法は、その第1条で、「倒産手続は、債務者の財産を換価してその換価金を配当することにより、または倒産計画において特に事業のために異なる規律をすることによって、債権者に集団的に満足を与えることを目的とする」[37]と定め、倒産手続の目的が「債権者の満足」にあることが宣言されている。倒産処理の目標を、清算・再建のどちらにおくかは、単一の倒産処理手続の中で、債権者の多数決によって議決されることとなっており、あくまで、「債権者」の満足のために、「倒産計画手続」や「自己管理」がオプションとして選択できるという建前になっている。[38]自己管理は、その第7章

33　木川・前掲書（注6）39頁。
34　なお、監督人のつかない自己管理の適用対象として想定されていた、消費者や労働者、および小規模事業者などの、「独立した経済活動を営まないか、または、その活動を小規模に営むにすぎない」自然人については、InsO 304条以下に従って、消費者倒産手続を利用することが可能となっている。この場合、自己管理による倒産手続の遂行は認められていない（InsO 312条3項）。
35　Diskussionsentwurf, S. 289; BT-Drucks. 12/2443, S. 223.
36　東西ドイツの統合に際して、旧西ドイツと旧東ドイツの経済的格差が著しく、新たな倒産法を施行するための準備期間が必要であったため、制定から施行までに期間を要したといわれる。このことについて、吉野・前掲書（注5）1頁。
37　ドイツ倒産法の条文邦訳については、吉野正三郎＝木川裕一郎「〔資料〕ドイツ倒産法試訳(1)～(4・完)」東海法学16号（1996年）362頁以下、18号（1997年）184頁以下、19号（1998年）270頁以下、20号（1998年）266頁以下、吉野・前掲書（注5）84頁以下、竹下守夫監修『破産法比較条文の研究』（信山社・2014年）43頁以下を参考とした。
38　吉野・前掲書（注5）5頁、竹下・前掲書（注37）21頁〔上原敏夫〕。

(Insolvenzordnung（以下、「InsO」と表記する）270条以下）に、特別な手続として盛り込まれることとなった。

後述するように、1994/1999年法は2011年に改正され、改正法が2012年に施行されることとなるが、基本的な手続構造には変化がない。そのため、ドイツ倒産法における自己管理手続の基本的な構造について、ここで確認することとする。[39] なお、2012年改正の倒産法により条文番号の変更等がある場合については、これを反映した形で述べることとする。

(ア) 自己管理手続の構造

ドイツ倒産法においては、通常、倒産手続が開始されると、個々の事件にとって適切な自然人、とりわけ、債権者・債務者とは独立している経営に詳しい者が、倒産管財人（Insolvenzverwalter）として選任される（InsO 56条1項）。この場合には、債務者の財産管理および処分権は、倒産管財人に移転する（同法80条1項）。

しかし、一定の要件に基づいて、債務者が自己管理を申し立て、裁判所が自己管理命令を発した場合[40]には、倒産管財人の選任はなされず、代わりに、第三者機関である監督人（Sachwalter）が選任され、その監督の下で、債務者自身が管理処分権を行使し手続を遂行する権限を有する（InsO 270条1項）。

ドイツ倒産法における自己管理手続は、倒産管財人の選任される通常の倒産手続に対して、特別な倒産手続の一種として位置づけられている。なお、倒産計画（Insolvenzplan）手続[41]を利用し、企業の再建をめざす場合だけではなく、法構造上は、清算のために自己管理手続を利用することも可能となっている。[42]

(イ) 自己管理手続における債務者

自己管理の倒産手続が開始された場合には、倒産管財人が選任されることなく、債務者の下に財産の管理および処分権が残される。会社の倒産事件の場

---

39 1994/1999年法における自己管理の構造については、佐藤・前掲論文（注22）38頁以下参照。
40 2011年改正（2012年改正倒産法）の眼目は、自己管理命令の発令要件の緩和であった。この点については後述する。
41 倒産計画とは、アメリカ連邦倒産法第11章手続における再建計画を模範として導入された手続であり、別除権を有する債権者および倒産債権者の満足、倒産財団の換価および関係人に対するその財団の配当、並びに、倒産手続終了後の債務者の債務について、倒産法とは異なる定めをすることができるものである（InsO 217条）。詳細につき、吉野・前掲書（注5）44～58頁参照。
42 佐藤・前掲論文（注22）46頁。

合、債務者は会社それ自体であって、会社の機関ではないと考えられている[43]。また、会社法上の権利と義務についても、そのまま残存するが、これは、ドイツ倒産法270条以下の自己管理の規律に劣後するものと考えられている[44]。

自己管理において債務者がもつ管理処分権は、債務者自身が倒産手続開始以前に有していた管理処分権そのものではないと解されている。つまり、自己管理の倒産手続において、債務者は、債権者の利益代表者となるべきであり、債権者のために最善の財産処理を行わなければならない。したがって、法律上規制された権利および義務を有する「債権者のための職務者（Amtswalter）」として行動すべきものとされる[45]。

自己管理における債務者は、財産の管理処分権に加えて、通常の倒産手続においては、倒産管財人が担うさまざまな職務を引き受け、基本的には、倒産管財人と同様の職務を果たすものとされている[46]。また、倒産計画（Insolvenzplan）の作成についても、債務者の権限である（InsO 284条）。他方、双方未履行双務契約の履行拒絶権の行使については、監督人との合意のうえで行使しなけれ[47]

---

[43] ただし、自己管理手続において、会社の経営機関が、倒産管財人と同様の責任を負うべきかについては議論がある。これについては、Chiristoph Thole/ Cristian Brünkmans, Die Haftung des Eigenverwalters und seiner Organe, ZIP 2013, S. 1097 ff.（同論文の紹介として、玉井裕貴「ドイツ自己管理手続における自己管理人とその機関の責任」東北学院法学76号（2015年）302頁）参照。

[44] Eberhard Braun, Insolvenzordnung Kommentar, 6. Aufl., 2014, §270, Rn. 1 [Rainer Riggert]; なお、会社法上の権限と自己管理の関係については、会社法上の権限が、自己管理において、どのような制約を受けるのか、あるいは受けないのかといった点について、議論が分かれていた。Gerhard Pape/ Wilhelm Uhlenbruck/ Joachim Voigt-Salus, Insolvenzrecht, 2., vollstandig überarbeitete Aufl., 2010, §39, Rn. 9 [Gerhard Pape] 参照。しかし、2012年改正倒産法において、「債務者が法人または法人格なき社団である場合、監査役会、社員総会、または、それに準ずる機関は、債務者の経営について、一切の影響力をもたない」（InsO 276a 条）との規定が新設されたことから、会社機関の影響力の不存在が法文上も確認されたと考えられている。このことについて、Hans-Georg Landfermann, Das neue Unternehmenssanierungsgesetz（ESUG）—Überblick und Schwerpunkte- Teil II, WM 2012, S. 872.

[45] Ludwig Häsemeyer, Insolvenzrecht, 4., vollständig überarbeitete Aufl., 2007, Rn. 8.13; Pape/ Uhlenbruck/ Voigt-Salus, a.a.O.（Fn. 44）, §39, Rn. 1 [Pape]; 佐藤・前掲論文（注22）39頁、Wilhelm Uhlenbruck/ Heribert Hirte/ Heinz Vallender, Insolvenzordnung, Kommentar, 14. Aufl. 2015, §270, Rn. 12 [Helmut Zipperer]。

[46] Uhlenbruck/ Hirte/ Vallender, a.a.O.（Fn. 45）, §270, Rn. 12 [Zipperer]。

[47] ドイツ倒産法における倒産管財人の履行拒絶権については、水元宏典『倒産法における一般実体法の規制原理』（有斐閣・2002年）168頁以下、ハンス・プリュティング（三上威彦訳）「ドイツにおける近時の判例にみられる倒産管財人の選択権——倒産法103条をめぐって——」慶應法学6号（2006年）303頁以下参照。

ばならず(同法279条)、また、倒産財団に属する財産の減少により債権者全体が被った損害の賠償(間接損害の賠償:Gesamtschaden)を請求する権限(同法92条)の行使や、否認権(Insolvenzanfechtung)の行使は、監督人に限って認められている(同法280条)。そのほかにも、自己管理における債務者は、後述する第三者機関である監督人によって、さまざまな監督を受ける。

　(ｳ)　監督人(Sachwalter)

　ドイツ倒産法における自己管理手続では、第三者機関である監督人が、自己管理手続の開始と同時に選任される(InsO 270c条)。監督人は、和議手続における和議管財人をモデルとして構築されている[48]。監督人は後述するような広範な監督権限に加えて、立法者が、手続の処理について債務者を信用できないと判断した領域の問題や、利害関係人の権利の保全に関する領域の問題について対処することが求められている[49]。

　監督人の強制的な選任は、債務者による自己管理が、濫用の危険をはらんでいることや、従前の経営者の信用の欠如に対する懸念などが立法時に示されたことから、これらの問題に対処する1つの方策として採用されたものである[50]。

　監督人の選任や、倒産裁判所による監督、監督人の責任および報酬については、倒産管財人に関する規定が準用されている(InsO 274条1項)。そのため、倒産管財人に求められる個人的な適性および独立性は、監督人についても求められることとなる(同法56条参照)。ただし、監督人の法的地位は倒産管財人とは異なり、専門知識があり中立な倒産裁判所の補助者として位置づけられている[51]。なお、倒産法上は監督人の就任資格についての定めはないが、倒産報酬法(Insolvenzrechtliche Vergütungsverordnung(以下、「InsVV」と表記する))上は、弁護士、会計士、税理士、その他有資格者が、その選任対象者として想定されている(InsVV 10条、5条参照)。

　倒産裁判官が、誰を監督人に選任するかについては、法律上、広い裁量が認

---

[48] Klaus Wimmer (Hrsg.), Frankfurter Kommentar zur Insolvenzordnung, 8. Aufl., 2015, §270c, Rn. 6 [Richard Foltis].

[49] Pape/ Uhlenbruck/ Voigt-Salus, a.a.O. (Fn. 44), §39, Rn. 19 [Pape].

[50] Wilhelm Uhlenbruck, Chancen und Risiken eines plangesteuerten Insolvenzverfahrens als Eigenverwaltung, in: FS Metzeler, 2003, S. 86 f.; Horst Pipenburg/ Peter C. Minuth, Rechtsstellung und Aufgaben des Sachwalters, in: Kübler (Hrsg.), a.a.O. (Fn. 8), §12, Rn. 5.

[51] Harald Hess, Kommentar zur Insolvenzordnung mit EGInsO, 3. Aufl., 2007, §274, Rn. 9 ff.

められているが、個々の事件について適切で、とりわけ、実務経験があり、債権者・債務者から独立した自然人が選択され、選任される必要があるといわれる[52]。実務上は、倒産裁判官が登録を行う「事前選択リスト（Vorauswahllisten）」に従って行われるものとされている[53]。

なお、監督人の権限が、倒産管財人に比べて限定されていることから、その報酬は、基本的に、倒産管財人報酬の60％と定められている（InsVV 12条1項）。

監督人の職務は、特に、債務者による手続の処理を確実にするための包括的な監督義務に特徴がある[54]。具体的には、債務者の経済状況の調査と、手続処理の際の監督が職務の中心とされている（InsO 274条2項）。加えて監督人は、自己管理の継続が債権者にとって不利益となる事情が確認される場合には、債権者委員会（Gläubigerausschuss）[55]、債権者委員会がない場合には、届出倒産債権者・別除権者、そして、倒産裁判所に対して、その旨を報告しなければならない（同条3項）。このような報告によって、債権者は自己管理手続の取消し（同法272条）や、債務者の処分権限の制限（同法277条）を申し立てるための情報を得ることができる[56]。また、倒産計画手続を利用した場合に、監督人は、その計画の履行についての監督も行うこととされている（同法284条2項）。しかし、自己管理が、債務者自身で積極的に手続処理を行い、場合によっては、倒産計画をつくり上げることに目標をおいていることから、監督人自身が倒産計画を作成・実行することはできず、債務者の倒産計画の提出に協力することとされている（同条1項第2文）[57]。

以上のような監督権限に加えて、監督人は、通常の営業に属さない債務の負担について、同意または異議を述べることによって手続の処理に協力する（InsO275条1項）。また、債務者が双務契約について履行拒絶権を行使するに

---

52 Wimmer, a.a.O. (Fn. 48), §270c, Rn. 11 [Foltis].
53 Rolf Rattunde/ Jesko Stark, Der Sachwalter, ZIP Praxisbuch, 2015, Rn. 69.
54 Heinz Vallender, Eigenverwaltung im Spannungsfeld zwischen Schuldner- und Glaubigerautonomie, WM 1998, S. 2136.
55 ドイツ倒産法における債権者委員会は、任意機関としてInsO 67条以下の規律に従って選任することができるが、その職務は、倒産管財人に対する監督が中心とされている。
56 Braun, a.a.O. (Fn. 44), §274, Rn. 12 [Riggert].
57 Pape/ Uhlenbruck/ Voigt-Salus, a.a.O. (Fn. 44), §39, Rn. 32 [Pape].

あたっては、監督人との合意の下で行使しなければならない（同法279条）。ただし、これに反して、債務者が単独で権限を行使したとしても、それ自体は有効であると考えられている。[58]なお、この場合に、債務者に対する制裁としては、自己管理の取消し、または、債務者の処分権限の制限が考えられる。[59]さらに、債権者集会や、緊急の場合、個々の債権者や別除権者の申立てに基づき、裁判所により、必要的同意の命令（Anordnung der Zustimmungsbedürftigkeit）が発令された場合には、債務者の処分権限の制限として、債務者の特定の法律行為について、それを有効に行使するために、監督人は同意を与える必要がある（同法277条1項・2項）。通常、監督人が、債務者の行為に対して同意を与えたとしても、それについて個人的に責任を負うことはないが、必要的同意の命令が発令され、監督人が財団債務を発生させることに同意した場合には、その財団債務の発生について、倒産管財人と同じように責任を負う[60]（同条1項第3文）。具体的には、財団債務の完全履行ができなかった場合に、財団債権者に対して損害賠償義務を負うことになる（同法61条）。

これに加えて、監督人には、間接損害の賠償請求および、社員の人的責任の追及、否認権の行使権限が与えられている（InsO 280条）。これらについては、債務者が自身の利益のためにその権限を行使あるいは行使しないという事態が生じうるため、監督人にこれらの権限を行使させることで、そのジレンマから債務者を逃れさせることができること、また、それが望ましいこと、との考慮に基づき、監督人への権限付与がなされている。[61]つまり、間接損害の賠償請求（InsO 92条）や、倒産会社に無限責任社員が存在する場合における、社員の人的責任の追及（同法93条）は、債務者自身ではおろそかになりかねず、これを個々の債権者に委ねたとすると、債権者間の不公平にもつながる。さらに否認権は、これによって債務者自身の行為が詐害行為という観点から厳しく問われるものであるため、これらの権限行使は、第三者機関に委ねるのが有効と考えられたためである。[62]

---

58 BT-Drucks. 12/2443, S. 225; Braun, a.a.O. (Fn. 44), §279, Rn. 2 [Riggert].
59 Braun, a.a.O. (Fn. 44), §279, Rn. 2 [Riggert].
60 Pape/ Uhlenbruck/ Voigt-Salus, a.a.O. (Fn. 44), §39, Rn. 24 [Pape].
61 BT-Drucks. 12/2443, S. 225; Pape/ Uhlenbruck/ Voigt-Salus, a.a.O. (Fn. 44), §39, Rn. 31 [Pape].
62 佐藤・前掲論文（注22）45頁。

(4) 1994/1999年法下の自己管理手続の評価と実際
(ア) 自己管理手続の評価

　以上のような立法過程を経て、債務者が財産管理処分権を維持しつつ、第三者機関たる監督人がその手続進行を監督する特別な手続として成立した自己管理手続であるが、これは、導入の議論が取り沙汰された当初から、多くの批判を浴びていた。

　たとえば、自己管理手続が、実際には失敗との評価を受けていた和議法のモデルに相当程度依拠していることが批判された[63]。具体的には、原則として倒産を回避できなかった債務者は、倒産財団を最適に換価したり、自己の利益に優先して債権者の利益のために倒産手続を追行したりすることはできないことや、手続の濫用の原因となる、債務者の管理および処分権の存続をほぼ無条件で認めていることが批判の対象となった[64]。これは、しばしば、自己管理手続が「猫に鰹節の番をさせる（den Bock zum Gärtner machen）」ことになる、と表現されることにも現れている。また、債務者の再建の見込みや、再建する価値の有無を自己管理の要件としていないこと、自己管理の手続が、債権額によって算定された多数派債権者によって、他の債権者の意思に反する目的で命じられる可能性があることなどが批判された[66]。

　また、誠実な債務者の知識や経験は、通常の倒産手続においても同様に利用されるべきであり、それを倒産手続に活用する目的ならば、倒産管財人の事務の遂行に債務者を協力させることで十分であるとも批判された[67]。自己管理手続においては、債権者の利益のため、債務者が自己利益を追求することは厳しく制限されることになるが、債務者の職務者としての立場と、自己利益追求との葛藤を乗り越えるうえでは、否認権など限定的な権限しかもたない監督人に

63　Dieter Leipold, Eigenverwaltung mit Sachwalter und die Eigenverwaltung bei Kleinverfahren, Insolvenz im Umbruch, 1991, S. 169.
64　Leipold, a.a.O. (Fn. 63), S. 169;三上・前掲書（注29）94頁。
65　Reinhard Bork, Einführung in das Insolvenzrecht, 7. Aufl., 2014, Rn. 464.
66　Leipold, a.a.O. (Fn. 63), S. 169-170;三上・前掲書（注29）94～95頁。
67　Leipold, a.a.O. (Fn. 63), S. 171;三上・前掲書（注29）95頁。なお、この見解は直接的には参事官草案に対する批判であるが、前述のとおり、1994/1999年法の自己管理は、参事官草案に規定されていた監督人の監視の下での自己管理と、基本的な枠組みに変更はみられないため、1994/1999年法に対する批判と同視することができる。

よる対処では、不完全であるとの批判もあった[68]。

さらに、実務においても批判的な立場が支配的であった。たとえば、全国の著名な破産管財人経験者によって形成されたグループである Gravenbrucher Kreis は、政府草案に対する批判の中で、政府草案が過度に債務者に友好的であるとして、自己管理に対しても、次のような批判を行った。すなわち、監督人の監視の下での自己管理が、倒産債務者とその債権者の間の当然の利害対立を見誤っており、倒産手続は依然として、債権者のための包括執行であり、債権者の満足のために最善に利用されるべきである、としたうえで、債務者は、自分自身の執行官となることは許されない、と結論づけている[69]。

ほかにも、倒産の責任のある経営者を倒産処理にあたらせることが、本当に賢明であるかはわからないこと、債権者が弁済を長期間待たされるような状況を引き起こすおそれがあること、監督人が副次的な監督機関とみなされていることなどが批判の対象となっていた[70]。

(イ) 大規模事件における成果

以上のような批判を浴びた自己管理手続は、1994/1999年法の下で、実務上もほとんど利用されていなかったとされる[71]。とりわけ、倒産裁判所が自己管理命令を発するのに消極的であったことが、利用低迷の大きな要因となっていた[72]。

しかし、件数自体は少ないものの、自己管理手続は、特に大規模事件において有効な手段として機能してきたともいわれている[73]。大規模事件においては、事前に、コンサルタント（Berater）や、再建経営者（Sanierungsgeschäftsführer）

---

68 Häsemeyer, a.a.O. (Fn. 45), Rn. 8.04.
69 Gravenbrucher Kreis, „Große" oder „kleine" Insolvenzrechtsreform?, ZIP 1992, S. 658.
70 Volker Grub, Der Regierungsentwurf der Insolvenzordnung ist Sanierungsfeindlich!, ZIP 1993, S. 397.
71 2005年から2010年までの、ドイツ国内における倒産事件の件数と、自己管理命令の発令件数、および、その割合については、Moritz Brinkmann/ Helmut Zipperer, Die Eigenverwaltung nach dem ESUG aus Sicht von Wissenschaft und Praxis, ZIP 2011, S. 1337参照。なお、これによると、自己管理命令の発令件数は、およそ0.5％の割合で推移している。
72 Ludger Westrick, Chancen und Risiken der Eigenverwaltung nach der Insolvenzordnung, NZI 2003, S. 72.
73 三上威彦＝中島弘雅「ドイツ倒産法の近時の運用状況について」小島武司先生古稀祝賀『民事司法の法理と政策（上巻）』（商事法務・2008年）1104頁、Pape/ Uhlenbruck/ Voigt-Salus, a.a.O. (Fn. 44), §39, Rn. 1 [Pape]。

といった倒産専門家を経営陣に迎え入れたり、これらの者と従前の会社経営陣との交替を行ったうえで、自己管理を申し立てるという方法で、会社の再建を図っている事例がある。[74] CRO（Chief Restructuring Officer）型ともいわれる手続形態であり、Phillip Holzman、Kirch Media[75]、Babcock Borsig[76]、Ihr Platz、Sinn Leffers といった会社の再建事件において、このような手法が活用されている。[77]

しかし、大規模事件における以上のような手法は、一部では批判されていた。前述したBabcock Borsig事件は、自己管理命令が発令された著名な事件であるが、自己管理命令発令の理由づけの中で、当該事件を担当したDuisburg区裁判所は、このような手法について批判している。

Babcock Borsig事件では、倒産手続申立てに先立って、代表取締役がすでに辞任し、代表取締役の席が空席の状態にあった。また、この事件には、ノルトライン＝ヴェストファーレン州政府が介入し、当時の州首相がBabcock Borsig社と銀行との交渉を仲介しているという事情があった。Babcock Borsig社が倒産手続の開始を申し立てた後に、倒産専門家である弁護士が代表取締役に就任し、この時点では自己管理手続を利用するとの申立てや、それに関連する協議はなかった。ところが、当時の州首相が、報道において「われわれの目的は、自己責任の倒産手続（eigenverantwortlichen Insolvenzverfahren）をうまく処理することである。言い換えれば、会社の再建をめざす以外の何ものでもない倒産手続である」と発言したことから、"自己責任の倒産手続"が、"自己管理"による倒産手続を指示するものであるととらえられ、最終的に、経営陣が自己管理の申立てを行ったという事件であった。[78]

Duisburg区裁判所は、この事件において、「倒産手続開始前後の債務者の財

---

74 Pape/ Uhlenbruck/ Voigt-Salus, a.a.O. (Fn. 44), §39, Rn. 1 [Pape]; 2011年改正以後の状況については、Christian Klein/ Frank Thiele, Der Sanierungsgeschäftsführer einer GmbH in der Eigenverwaltung—Chancen und Risiken im Spannungsfeld der divergierenden Interessen, ZInsO 2013, S. 2233 ff. 参照。
75 この事件については、Klaus Hubert Gorg, Grundzüge der finanziellen Restrukturierung der Philipp Holzmann AG im Winter 1999/ 2000, in: FS Uhlenbruck, 2000, S. 117 ff. 参照。
76 AG Duisburg, ZIP 2002, S. 1636 ff.
77 SinnLeffersの事例については、経済産業省経済産業政策局産業再生課編『各国の事業再生関連手続について――米英仏独の比較分析――』（金融財政事情研究会・2011年）39～40頁参照。
78 AG Duisburg, ZIP 2002, S. 1637-1638.

産管理における人的継続性を欠き、従前の会社経営者の知識や経験を利用するとの法の趣旨を見誤っている。法人の場合、その人的継続性は、その法主体ではなく、責任ある自然人と結びつけられるべきである。したがって、会社の専門分野の知識や経験をもたない債務者によって選ばれた、外部の再建・倒産専門家に倒産の克服を委ねることは、法の趣旨に反する」と述べており、このような手法は、「自己管理の仮装をした外部管理を意味し、倒産管財人の独立性を要求する、InsO 56条の要請を回避することとなる」と批判している[79]。

Duisburg区裁判所の理解によれば、このような自己管理の利用は原則として認められないと考えられるが、この事件については、前述したような州政府の介入との関係からか、「仮に自己管理の命令を行わなかったとすると、新たな取締役が信用に値せず、仮倒産管財人と取締役によって行われた再建の努力は、成功の見込みがないと判断されることになるため、最終的に自己管理の命令を発令する」としている[80]。

Babcock Borsig事件におけるDuisburg区裁判所の懸念と同じく、倒産専門家を経営陣に受け入れたうえでの自己管理は、独立した倒産管財人による管理を回避するための単なる変形にすぎないとも批判され、自己管理によって、社員や大債権者の影響力が維持され続ける可能性があるといわれている[81]。

以上のような批判は存在するものの、会社経営陣の人的継続性が自己管理において保証される必要はなく、倒産や再建の専門家に助言を求めることを禁止しているわけではないため、経営者の交替や補充を伴っての自己管理は、効率的で、目的に適った手続運営を行うことができると評価されている[82]。また、このような手法による自己管理での倒産手続は、通常の倒産手続に比べて、より迅速に終結できるとも指摘されている[83]。さらに、現実問題として、倒産手続を利用する以上、債務者に倒産法上特有の義務が課せられ、また、さまざまな利害関係者への配慮を行わなければならないため、倒産法を熟知した専門家

---

79 AG Duisburg, ZIP 2002, S. 1639.
80 AG Duisburg, ZIP 2002, S. 1641.
81 Karsten Förster, Wem nützt die Eigenverwaltung?, ZInsO 2003, S. 403 f.
82 Bruno M. Kübler/ Hanns Prütting/ Reinhard Bork (Hrsg.), InsO Kommentar zur Insolvenzordnung, 2. Aufl., 2009, §270, Rn. 24 [Gerhard Pape].
83 Pape/ Uhlenbruck/ Voigt-Salus, a.a.O. (Fn. 44), §39, Rn. 1 [Pape].

の助言や CRO 等の選任がなければ、手続遂行がうまくいかないとも指摘されている。[84]

4．2012年改正倒産法による自己管理手続の改革

(1) ESUG による倒産法改正

　以上のように、ドイツにおいて自己管理での倒産手続は、法律上も、また、実務上も、例外事例とされ、その重要性は極めて限定的であった。[85]しかし、近年、ドイツの倒産手続が、全体として企業の再建のために使いづらいものになっているとの問題意識から、2011年に倒産法、および、それに関連する法律の改正が、「企業再建をさらに簡易化する法律（Gesetz zur weiteren Erleichterung der Sanierung von Unternehmen：ESUG）」によってなされ、これを受けて、2012年から改正倒産法が施行されている。[87]

　改正のきっかけは、ドイツの倒産法が、企業の再建の障害となっており、過去、いくつかの企業が、その本店所在地をより再建に有利であると考えられたイギリスに移転するといった行動がみられたことにある[88]　これは、2002年5月31日に発効した、倒産手続に関する EU 規則によって、EU の域内では、債務者企業の「主たる利益の中心地（Center of Main Interest: COMI）」が存在する国の倒産手続が唯一の主要手続とされたことに原因がある。これにより、債務者企業が、会社の合併などの手段を通じて、より柔軟な法制をもつ国を倒産手続の申立地として選択する「法廷地漁り（フォーラム・ショッピング）」が行

84　Thole/ Brünkmans, a.a.O.（Fn. 43）, S. 1097.
85　Hoffmann, a.a.O.（Fn. 4）, S. 34.
86　改正当初、ドイツにおいては ESUG という略称が使われていたが、近時 "SanG" と表記する文献も増加している。
87　ESUG の背景および改正草案段階の概要については、「〈海外情報〉ドイツにおける倒産法改正の動き」商事1914号（2010年）46頁参照。また、ESUG に関する先行研究としては、久保寛展「ドイツ企業再建法における企業再建手法としてのデット・エクイティ・スワップ」福岡大学法学論叢58巻1号（2013年）259頁、谷口哲也「ドイツ倒産法の改正──企業再建のさらなる緩和のための法律」中央大学大学院研究年報43号（2014年）39頁以下、松村和徳＝棚橋洋平＝内藤裕貴＝谷口哲也「ドイツ倒産法制の改正動向（1）」比較法学49巻2号（2015年）267頁以下。ESUG による自己管理手続に関する改正については、玉井・前掲論文（注43）299頁参照、松村和徳＝棚橋洋平＝内藤裕貴＝谷口哲也「ドイツ倒産法制の改正動向（2）」比較法学49巻3号（2016年）227頁以下（以下、松村ほか「改正動向（2）」として引用する）。
88　Begründung zum RegE BT-Drucks. 17/5712, Teil A. I, S. 17.

405

われ、その結果、ドイツの倒産手続が回避されるようになっていった[89]。なお、このような場合には、再建をめざす企業は、イギリスの整理計画（Scheme of Arrangement）を、しばしば利用していたといわれる[90]。

また、外国の投資家からも、ドイツの倒産手続は、再建に適していないと評価されていた。具体的には、ドイツの倒産手続の進行が、債務者や債権者にとって予測できず、特に、倒産管財人の選択についての影響力が全く得られないこと、債権の株式への変更（デット・エクイティ・スワップ）ができないこと、倒産計画の有効性が個々の債権者による上訴で先延ばしにされる可能性があることなどがその要因としてあげられている[91]。

以上のような理由から「新たな倒産文化（neue Insolvenzkurtur）[92]」の必要性を迫られたドイツ倒産法は、倒産管財人の選択について債権者の影響力を強化すること、倒産計画手続を拡充・合理化すること、そして、自己管理手続を強化することを主たる内容として改正された。

改正理由においても、自己管理が、裁判所による消極的な態度を要因として、ほとんど利用されてこなかったことが確認されている。また、支払不能の"おそれ"が生じた時点で倒産手続を申し立て、その債務者を債権者が信用している場合であったとしても、その債務者による自己管理での倒産手続が許可されるか否かについて確実性がなかったという点も指摘されている[93]。他方、自己管理が命じられた限りにおいては、大規模会社だけでなく、中小企業においても、再建が成功しているとも指摘されている。そこで、「企業再建をさら

89　経済産業省経済産業政策局産業再生課・前掲書（注77）40～41頁。
90　井出ゆ＝河合健「ドイツの倒産法制と私的整理の実務」国際商事法務44巻6号（2016年）84頁。イギリスの整理計画（Scheme of Arrangement）については、中島弘雅「イギリスの事業再生手法としての『会社整理計画』」伊藤眞先生古稀祝賀論文集『民事手続の現代的使命』（有斐閣・2015年）947頁、高田賢治「イギリス企業倒産手続の担い手──裁判所を中心に」本章第3節（362頁）参照。
91　Begründung zum RegE BT-Drucks. 17/5712, Teil A. I, S. 17.
92　新たな「倒産文化」が必要である、との言及は、2010年に開催されたドイツ倒産法大会において、当時の連邦司法大臣が式辞で述べた発言に由来する。これに関連して、ドイツの倒産文化の変遷について解説された論稿として、Christoph Thole, Vom Totengräber zum Heilsbringer? Insolvenzkurtur und Insolvenzrecht im Wandel, JZ 2011, S. 765 ff.（同論文の翻訳として、河野憲一郎「クリストフ・トーレ『墓堀り人夫から救世主へ？──変遷する倒産文化と倒産法──』」熊本法学128号（2013年）141頁）。
93　Begründung zum RegE BT-Drucks. 17/5712, Teil A. I, S. 17.

に簡易化する法律（ESUG）」では、自己管理命令のための要件を緩和することによって、債務者に早期の倒産手続開始申立てのためのインセンティブを提供することが企図された[94]。

(2) **ESUGによる自己管理の改革**

次に、2012年改正倒産法（以下、「2012年法」という）による自己管理の規律についてみていくこととする。ここでは、特に、自己管理手続の担い手たる手続機関に関連する改正点を中心に検討することにする[95]。

(ア) 自己管理命令発令要件の緩和

2012年法では、1994/1999年法と比べて、自己管理命令の発令要件が緩和されている。具体的には、1994/1999年法では、債権者が倒産手続の申立てを行い、債務者が自己管理を申し立てた場合には、この債権者が自己管理について同意することが必要であった（旧InsO 270条2項2号）が、2012年法では、この要件が廃止され、個々の債権者が自己管理を防ぐことはできなくなった[96]。

また、1994/1999年法では、「自己管理命令が手続の遅延とならず、または、債権者にとってその他の不利益を生じさせないことが諸事情から予想される場合」（旧InsO 270条2項3号）にのみ、自己管理の命令を発令することができるという実体的な要件を規定していた。しかし、この規定の判断にあたって、裁判所が少しでも疑念をもったならば、自己管理がことごとく拒絶されてきたといわれる。そのため、2012年法では、「自己管理命令が債権者にとって不利益となるであろうことが予想される事情が認められないこと」（InsO 270条2項2号）との要件に改められた。これにより、自己管理が、債権者に不利益をもたらすか否かが明らかでないときにも、裁判所は自己管理命令を発令することができるようになった。この改正は、自己管理の厳しい要件をいくらか緩和するものであると説明される[97]。

(イ) 仮債権者委員会（vorläufiger Gläubigerausschuss）の関与

2012年法では、債務者が一定規模の企業である場合に、倒産手続開始決定前

---

94 Begründung zum RegE BT-Drucks. 17/5712, Teil A. II, Nr. 5.
95 2012年法上の自己管理手続の詳細については、松村ほか・前掲論文（注87）「改正動向 (2)」227頁以下参照。
96 Landfermann, a.a.O.（Fn. 44）, S. 870; 松村ほか・前掲論文（注87）「改正動向 (2)」234頁。
97 Begründung zum RegE BT-Drucks. 17/5712, S. 38.

(開始手続中)に、倒産手続開始後の債権者委員会と同様の権限を有する仮債権者委員会(vorläufiger Gläubigerausschuss)が設置されるようになった(InsO 21条2項1a号、22a条)。具体的には、債務者が前期事業年度において、①商法(HGB)268条3項所定の資産の部に記載されている欠損額を控除した後の貸借対照表総額が少なくとも600万ユーロであること、②決算日前12カ月間における売上収益が少なくとも1200万ユーロであること、③年平均で少なくとも50人の労働者がいること、という3つの要件のうち、少なくとも2つの要件を満たしている場合に、裁判所は、仮債権者委員会を設置しなければならないこととされている。この仮債権者委員会が設置されている場合には、債務者が自己管理を申し立てた際に、裁判所は、仮債権者委員会に対して意見表明の機会——その意見表明が債務者の財産状況に有害な影響を与えない限り——を与えなければならないこととされた(同法270条3項1文)。また、自己管理の申立てが、仮債権者委員会において、全会一致で認められた際には、裁判所は、自己管理の申立てを、「債権者の不利益」を理由として拒絶することはできないこととなっている(同2文)。これにより、申立ての段階で、重要な債権者が自己管理での手続遂行に賛成していることを確認できる場合には、自己管理命令が発令されることとなる[99]。

(ウ) 開始手続における仮監督人(vorläufiger Sachwalter)

1994/1999年法の下では、通常の倒産手続と同じく、倒産手続申立て後から開始決定前の段階において、仮倒産管財人(vorläufiger Insolvenzverwalter)が選任される可能性があった。しかし裁判所により、いわゆる"強い"仮倒産管財人("starker" vorläufiger Verwalter)[100]の選任がなされると、債務者の財産管理

---

[98] 2012年改正による仮債権者委員会については、松村和徳=棚橋洋平=内藤裕貴=谷口哲也「ドイツ倒産法制の改正動向(3)」比較法学50巻1号(2016年)168頁以下。
[99] Landfermann, a.a.O. (Fn. 44), S. 870; 松村ほか・前掲論文(注87)「改正動向(2)」235頁。
[100] 仮倒産管財人が選任され、かつ、一般的処分禁止が発令された場合、債務者の財産に関する管理処分権は仮倒産管財人に移転する(InsO 22条1項)と定められ、この場合には、仮倒産管財人の権限が、極めて広範囲に及ぶこととなる【強い仮倒産管財人】。一方で、一般的処分禁止が発令されていない場合には、裁判所によって義務が定められることとなる(同条2項)【弱い仮倒産管財人】。仮倒産管財人の権限と責任については、安達栄司「ドイツ新倒産法における保全管財人の権限と責任——民事再生法および倒産法改正のための比較法的視点——」佐々木吉男先生追悼論集『民事紛争の解決と手続』(信山社・2000年)603頁以下、松下祐記「ドイツ倒産法における『仮管財人』の権限(2・完)」名城法学58巻3号(2008年)1頁以下参照。

処分権がはく奪されることになり、結果、債務者の取引先の信頼を毀損し、債務者の再建の意向も損なわれるという問題があった。そのため、2012年法は、裁判所が、債務者に対する一般的な処分禁止を課すこと、および、債務者によるすべての処分が、仮倒産管財人の同意によってのみ有効となる保全措置を行うことを禁じた。その代わりに仮監督人（vorläufiger Sachwalter）を選任することとしている。

仮監督人は、自己管理での倒産手続開始後と同様に、債務者に対する監督権を行使する（InsO 270a条1項2文）。

(エ) 保護手続（Schutzschirmverfahren）における仮監督人[102]

2012年法における自己管理手続改革の目玉として、新たに、保護手続（Schutzschirmverfahren）とよばれる手続が導入された。これは、支払不能のおそれ、または債務超過に際して、自己管理での倒産手続の開始を申し立てた債務者が、債権者による執行からの保護を受けつつ、倒産計画（Insolvenzplan）の準備のため、最大で3カ月の期間を得ることができるというものである（InsO 270b条）。保護手続は、仮の自己管理手続と位置づけられており[103]、自己管理手続と倒産計画手続を結びつけるものと評価することができる[104]。この手続の利用を求める債務者は、まだ支払不能に陥っておらず、目標とされた再建が明らかに見込みのないものでないことが明らかとなる、倒産事件において経験を積んだ税理士、公認会計士、弁護士、またはそれに匹敵する資格をもった

---

101 Begründung zum RegE BT-Drcks. 17/5712, S. 40. なお、強い仮倒産管財人だけでなく、「弱い仮倒産管財人」が選任された場合でも同様であったといわれる。このことにつき、松村ほか・前掲論文（注87）「改正動向（2）」233頁。

102 Schtzschirmverfahren の訳出については、「保護パラソル手続」とするもの（久保・前掲論文（注87）265頁）、「シュッツシルム手続」とするもの（松村ほか・前掲論文（注87）「改正動向（2）」237頁）、「包括保護手続」とするもの（芳賀雅顕訳「ヨーロッパ倒産法の現在」ペーターゴットバルト（二羽和彦編訳）『ドイツ・ヨーロッパ民事手続法の現在』（中央大学出版会・2015年）96頁）などがあるが、当該手続期間中の債権者による執行から債務者を保護するという側面を踏まえて、直訳からはやや離れるが、本稿では「保護手続」の訳語を用いることとする。

103 Bork, a.a.O.（Fn. 65）, Rn. 468. 保護手続の導入に際して、立法者は、イギリスの会社任意整理（Company Volantary Arrangement）や、フランスの調停（conciliation）、保護手続（procedure de sauvegarde）などを参考にしたといわれる。このことについて、Marie Luise Graf-Schlicker（Hrsg.）, Kommentar zur Insolvenzordnung, 3. Aufl., 2012, §270b, Rn. 1. イギリスの会社任意整理については、髙田・前掲論文（注90）本書381頁、フランスの保護手続については、杉本和士「フランス企業倒産手続を担う専門職――司法管理人および司法受任者」本章第6節（445頁）参照。

104 松村ほか・前掲論文（注87）「改正動向（2）」236頁。

人物の証明書を提出しなければならないこととされている(同条1項)。

この保護手続期間中も仮監督人が選任されるが、特徴的なのは、この仮監督人の提案権が債務者に与えられていることである。具体的には、裁判所が「提案された人物が明らかに職務の引受けにとって適切ではない」場合にのみ、債務者の提案と異なる人物を仮監督人に選任できることとされている(InsO 270b条1項2文)。加えて、仮監督人については、監督人の規定が準用され、また、倒産管財人に必要とされる条件とも関連することから、債務者・債権者から独立した者が選任されることとされている[105]。そのため、たとえば、倒産手続申立て前から再建について助言を与えていた人物は、仮監督人には選任されない。結果、裁判所の「事前選択リスト」にある人物を推薦する必要があるとされている[106]。なお、保護手続利用に際して証明書を提出した人物とは別の者が選任されなければならない点については、法律上明示されている(同条2項)。

仮監督人は、保護手続期間中も、債務者に対する監督権を行使することになるが、保護手続の継続が債権者にとって不利益となる事情を確認した場合には、債権者委員会や裁判所、届出債権者や別除権者に報告しなければならず、この結果として、保護手続が取り消される可能性がある(InsO 274条、270b条4項参照)。

Ⅲ 自己管理手続の課題

以上のような改正を経てきた自己管理手続は、ドイツ倒産法制において「再建手続」を発展させるための大きな要素の一つとして位置づけられたと考えられるものの、今なお、実務上、主要な倒産手続としては定着をみていない状況にある。

本項では、自己管理手続の担い手たる手続機関に着目して、現状の自己管理手続に対する批判を検討し、なぜ、ドイツにおいて自己管理手続が定着しない

---

105 Begründung zum RegE BT-Drucks. 17/7511, S. 37. なお、これに疑問を呈するものとして、Gerhard Pape, Gläubiger- und Schuldneranträge im Regelinsolvenzverfahren—aktuelle Rechtsanwendungsprobleme, ZInsO 2011, S. 2157.
106 Landfermann, a.a.O. (Fn. 44), S. 873.

のかについて、考察することとする。

1．裁判所の対応

(1) 自己管理命令発令の予測可能性

　前述のとおり、2012年法は、自己管理手続を特別な手続として位置づけることについては変更を加えず、自己管理手続へのアクセスの緩和という形で手続の利用の促進を図った。そのため、第一義的には、債権者の利益の保護は、自己管理手続の利用の可否を判断することを通じて、裁判所が担うこととなっている。[107]この判断にあたって、2012年法は「自己管理命令が債権者にとって不利益となるであろうことが予想される事情が認められない」（InsO 270条2項2号）場合に、裁判所は自己管理命令の発令ができるという手続開始要件の緩和を行った。ところが、この要件は不明確であり、自己管理命令発令の予測可能性は、依然として低いままであるといわれる。

　この要件の下でも、裁判所によって「債権者の不利益」の調査は行われるが、これは、債務者を信用できない事実の有無を調査することにつながる。また、債権者の不利益の有無については、債務者の事業の継続といった側面とは無関係に判断されるために、再建をめざす債務者にとって、自己管理での倒産手続申立てであっても、これは可能な限り回避したい最終手段として把握されているといわれる。[108]

　また、自己管理命令発令の予測可能性の低さは、債権者にとっても不利に働く。2012年法では、自己管理の申立てが仮債権者委員会の全会一致の決議によって支持された場合には、この命令は「債権者にとっての不利益」にならない（InsO 270条3項2文）ものとみなされる。自己管理命令発令に際しての「債権者の不利益」の判断を、仮債権者委員会に委ねていることとなるが、そもそも、仮債権者委員会が設置されるためには、債務者企業が InsO 22a条の要件に合致していなければならない。また、すべての債権者が債務者による自己管理に利益を見出していること、そして、債権者委員会構成員が債権者から信頼

---

[107] Stephen Madaus, Zustand und Perspektiven der Eigenverwaltung in Deutschland, KTS 2015, S. 133.
[108] Madaus, a.a.O. (Fn. 107), S. 120-121.

されたうえで、短時間の間に債務者企業について十分に情報を取得し、それを意思決定の基盤としなければならないこととなるため、この制度は、極めて限定的な場合にしか機能しないと指摘される。[109]

結果、多くの場合は、裁判所の判断により、自己管理手続が開始されるか否かが決められることとなるが、前述のとおり、その予測可能性の低さから、債務者にとっても、債権者にとっても、自己管理手続の利用に対して消極的にならざるを得ない状況になっている。

(2) 再建手続を引き受ける裁判所の経験不足

また、倒産裁判所が自己管理を含め、「再建手続」に不慣れな現状も指摘されている。そもそも再建のための手続に精通した裁判官自体が少ないことや、倒産事件の管轄の集中といった対処も立法上行われていないために、これらの裁判官あるいは司法補助官（Rechtspfleger）の集中も見込めない現状にある。[110] 実際、多くの倒産裁判官も、破産（Konkurs）手続による清算の時代を脱却できていないといわれる。加えて、さまざまな専門知識を要求され、その判断に責任が伴うにもかかわらず、裁判官は自発的に倒産法に習熟しなければならず、また、裁判官が熱心に事件に取り組んだとしても、報酬に大きな変化が生じないという点も問題であると指摘されている。[111]

2．監督人による監督

自己管理手続においては、監督人による債権者保護が期待されるところ、現行法上、その役割は、企業再建の場面に適合していないことが指摘されている。

まず、監督人は、すべての利害関係人の仲介人となるために、情報へのアクセス権を行使するなど、手続に、より積極的なプレーヤーとして貢献することが可能となっている。また、監督人は、裁判所の開始決定に重大な影響を与え、必要な救済措置を得ることができる。そのため、情報の流れをコントロー

---

109 Madaus, a.a.O. (Fn. 107), S. 131.
110 なお、2012年法改正の立法作業においては、管轄の集中を通じて、裁判官・司法補助官の権限の強化を図ることも検討されていたが（vgl. BT-Drucks. 17/5712, S. 7, 9, 11）、立法化には至らなかった。このことについて、Landfermann, a.a.O. (Fn. 44), S. 875.
111 Madaus, a.a.O. (Fn. 107), S. 133-134.

ルし、異議権や出納権を行使することを通じて、倒産管財人のように債務者の経営を制約することも可能となる。この場合は、監督人の役割を、再建をめざす経営陣の一員、いわば、チームプレーヤー（Teamplayer）と解することができる。その一方で、監督人を消極的な観察者（Beobachter）と解することもできる。この場合は、監督人は業務執行に取り込まれることなく、検査や監督のみを後見的に行うこととなる[112]。

以上のように、監督人の役割は積極・消極に柔軟に解することができるものの、再建に資するように積極的に行動すればするほど監督人の責任は増大し、さらには、それに対する報酬も期待することができないために、結局のところ、手続への関与は消極的にならざるを得ないとされる[113]。

また、監督人の選任については、仮債権者委員会が設置されている手続では、当該委員会が監督人の選任権限を有し、債権者が信頼する監督人を選択することができる（InsO 274条1項、56a条）。しかし、仮債権者委員会の設置が前提となっていることから、このようなケースは限定的といえるし、債務者が保護手続の申立てを行った場合には、債務者に監督人の人物の提案権があるため（同法270b条2項）、債権者の影響力は排除される。さらに、仮に、信頼に値する監督人が選任された場合であっても、監督人は、債権者の利益を効果的に代表することができないと指摘されている[114]。

加えて、自己管理手続では、債務者が、倒産手続特有の義務を履行するにあたって、通常、再建コンサルタントやCROなど、外部の専門家を雇い入れるが、それらに対する報酬と、監督人への報酬が、財団に「二重のコスト」を負担させることとなり、結果、倒産管財人を選任する通常の手続に比べて、自己管理手続は高コストな手続とみられている[115]。

3．債権者委員会を通じた債権者の手続への関与

また、債権者がその利益を確保するために、債権者委員会へ関与することもできる。債権者委員会は、監督人に対する監督だけでなく、債務者の重要な法

---

112 Madaus, a.a.O. (Fn. 107), S. 128.
113 Madaus, a.a.O. (Fn. 107), S. 130.
114 Madaus, a.a.O. (Fn. 107), S. 132-133.
115 Madaus, a.a.O. (Fn. 107), S. 135.

律行為への同意（InsO 276条）、業務執行の監視（同法69条）を行うことになる。

ところが、多数決原理で動くこととなる債権者委員会において、個々の債権者の影響力は小さい一方で、債権者委員の義務違反に伴う責任リスクが大きいことが指摘されており、債権者委員会を通じても、債権者の自己管理手続への影響力は限定的にとどまるとされる。[116]

Ⅳ 検　討

　以上、ドイツ和議法の成立から、現行の倒産法における自己管理手続成立までの歴史的展開について述べ、2012年法に基づく自己管理手続の改革、および、それを踏まえたうえで、現状の手続が抱える問題点について説明してきた。本項ではこれを踏まえて、わが国の「D.I.P.型」倒産処理手続と若干の比較法的考察を試みたい。

1．裁判所の問題

　ドイツ倒産法に自己管理手続が導入されるまでの経緯を紐解くと、ドイツにおいては、倒産手続は、債務者から独立した倒産管財人による手続遂行が原則であり、自己管理手続は、あくまで例外であるとの理解が一貫してとられてきていた。これは再建の局面においても同様である。債務者に再建の可能性があり、また、債権者もそれを望んでいる場合には、債務者に財産管理処分権を残す「D.I.P.型」がむしろ原則的な形態とも考えられる。[117] これは再建の局面においても同様である。再建型の手続においては、債務者に再建の可能性があり、また、債権者も、債務者の再建を望んでいる場合には、債務者に財産管理処分権を残す「D.I.P.型」がむしろ原則的な形態とも考えられる。しかし、ドイツにおいて、倒産手続は、債務者の責任を実現し、債権者の利益を最大化するものと解する見解が有力であり、[118] その観点からすると、自己管理は例外であり続けることになると予想される。これは、破産・和議を統一した倒産法の下

116　Madaus, a.a.O. (Fn. 107), S. 135.
117　佐藤鉄男「担い手にみるわが国の倒産法概史――第三者機関中心モデルの生成と変遷」本書第1章第1節（17頁）。
118　Vgl. Thole, a.a.O. (Fn. 92), S. 771（河野・前掲論文（注92）153〜155頁）。

で、倒産法の目的が「債権者の利益の最大化」であり、「再建」それ自体が、法の目的として重視されてこなかったこととも関連する。もちろん、ドイツにおいて倒産法による企業の再建が無視されていたわけではなく、前述のとおり、和議の時代には、「ケルン型和議」の実務が発展していたし、企業譲渡による再建（übertragende Sanierung）[119]といった形で、事業単位での再建（Sanierung）がめざされることはある。しかし、自己管理手続が、先述した「猫に鰹節の番をさせる（den Bock zum Gärtner machen）」ことになる、という表現が端的に象徴するように、倒産に至らしめた債務者に手続の遂行を委ねることは、常に「濫用」の危険をはらみ、一般的には、債権者のためにはならないという思想が根強く存在するように思われる。制度設計上も、1935年の和議法改正以降、自己管理型の手続の構築に際して、常に手続の「濫用」の防止が念頭におかれていた。倒産裁判所による自己管理命令発令要件の設定の仕方や、第三者監督機関たる監督人の必置といった要素からも、その点がみてとれる。また、2012年法に導入された保護手続（Schutzschirmverfahren）においても、独立した有資格者による、再建の見込みに関する証明書の提出を要求するなど、慎重な姿勢が貫かれている。

　2012年法では、自己管理について、手続の予測可能性を高めるべく、裁判所による自己管理命令発令の要件の緩和が行われたが、現在も、裁判所による自己管理命令発令の消極的態度から、自己管理手続の利用は大きく増加していない[120]。法制度が変わったとしても、自己管理での倒産手続への裁判所の懸念が強いこと、また、自己管理での倒産手続を受け入れるだけの体制が必ずしも十分ではないことが要因となり、自己管理手続の門戸は依然として狭く、自己管理が主要な手続としては定着をみていないとみることができる。2012年法では、債権者の手続への関与も強化されているが、一部にとどまっており、結局のところ、最終的な判断をなす裁判所の対応が手続の成功の鍵を握っているというのがドイツの現状ということができよう。このことは、法的倒産処理手続

119　企業譲渡による再建（übertragende Sanierung）については、山本弘「ドイツ連邦共和国における倒産法改正の試み──Übertragende Sanierung の位置づけを中心として──」三ケ月章先生古稀祝賀『民事手続法学の革新（下巻）』（有斐閣・1991年）531頁以下参照。

120　おおむね、倒産事件のうち２％前後で推移している。これについては、Rattunde/ Stark, a.a.O. (Fn. 53), Rn. 5.

における債権者の関与のあり方と裁判所の関与のあり方を、いかに規律するかという問題にも関連すると思われる。裁判所による手続へのアクセスの制限のあり方や、再建可能性を裁判所が判断することの是非など、ドイツが今後、自己管理手続を発展させるにあたり、どのようにこの点を考慮していくかは、注目に値する。

　また、2012年法では、債務者が支払不能のおそれに際して自己管理での倒産手続開始申立てを行ったものの、倒産裁判所が自己管理の要件を具備しないと考える場合には、倒産裁判所は、債務者にその懸念を告知し、その倒産手続開始申立てを取り下げる機会を与えなければならない（InsO 270a条2項）こととされた。この条文の趣旨は、早期の倒産申立てを行った債務者を処分権喪失から保護し、債務者が裁判外での再建の努力を続ける可能性を残すことであるとされている[121]。

　通常、わが国では、私的整理などの裁判外の倒産処理が失敗した場合に、最後の手段（ultima ratio）として利用されるのが法的倒産手続であると位置づけられていること[122]と比較すると、法的倒産処理で自己管理が認められない場合に、裁判外での処理に委ねる——少なくとも、望みを残す——という判断は、興味深いものといえる。自己管理での倒産処理を裁判所が引き受けることに対する慎重さを、ここからもみてとることができる。加えて、自己管理の倒産処理がうまく機能していない現状に鑑みて、私的整理の発展が誘発される可能性もあると考えられよう[123]。

2．監督機関の問題

　次に、自己管理手続における監督機関である監督人について検討する。前述のとおり、自己管理手続では、手続開始と同時に、裁判所により第三者監督機

121　Landfermann, a.a.O.（Fn. 44）, S. 871.
122　山本ほか・前掲書（注1）329頁〔水元宏典〕。
123　ドイツにおいては、現段階では、わが国のように公的に制度化された私的整理の枠組みや、私的整理ガイドラインのような手続準則も存在していないが、社債法（SchVG）を用いた私的整理が今後広がる可能性も期待されているといわれる。このことについて、井出＝河合・前掲論文（注90）853〜854頁。ドイツの社債法については、井出ゆり「ドイツの2009年社債法——社債権者集会決議による社債の元本減免を認めた立法例——」事業再生研究機構編『事業再生と社債——資本市場からみたリストラクチャリング——』（商事法務・2012年）212頁参照。

関である監督人が選任されることとなるが、これは、手続構成に関する限り、わが国の民事再生実務が採用する「後見型」の手続に類似する。わが国の再生手続において、──法律上は債務者を監督する機関を選任しない「純粋D.I.P.型」を許容しながらも──、実務上、監督委員（民再54条）が全件選任されることとなった当初の理由の一つには、再生手続を利用する債務者が誠実であることは保障できず、再生手続の信頼を確保するうえでも、債務者の監督を担う機関が必要とされたことにあるとされる。[124] 自己管理型の手続における債務者の監督をいかなる機関が、どのようにして担うかについては、「D.I.P.型」手続のあり方にとって重要な意味をもつと考えられるが、債務者による濫用防止を1つの目的として、第三者監督機関を活用するという思想は、わが国とドイツとで共通性を見出すことができる。[125]

この前提に立つと、第三者機関たる監督人の役割については、わが国の監督委員のあり方にも貴重な示唆を与えてくれるものと思われる。現状、ドイツの自己管理手続における監督人は、前述のとおり「裁判所の補助者」と位置づけられつつも、その広範な権限から、倒産企業の再建に積極的に関与する「チームプレーヤー」にも、消極的に債務者を監督・調査する「観察者」にもなりうるところ、積極的に手続に関与した場合の責任問題や、報酬の関係上、消極的にならざるを得ないとの分析がなされていた。とりわけ、裁判所が、倒産に陥った債務者を原則として信用しない、というスタンスを維持し続けるのであれば、「債権者の満足」を主たる目的とするドイツの倒産手続において、──仮に自己管理手続の利用を促進するという政策判断がなされるのであれば──、監督人の役割は、今後、より重要性が高まっていくことが予想される。

[124] なお、わが国の再生実務において、現在に至るまで監督委員を選任する運用が維持され続けている理由としては、手続の適正さ・公平さを担保すること、②債務者に適切な情報提供を行うこと、③裁判所に必要な情報を提供すること、と分析されている。このことについて、村田典子「民事再生手続における監督委員の意義」事業再生研究機構編『民事再生の実務と理論』（商事法務・2010年）383頁。

[125] わが国の民事再生法の母法とされるアメリカ連邦倒産法第11章手続は、原則として、債務者を監督する機関は、債権者の代表である債権者委員会が担うこととされている（玉井裕貴「『D.I.P.型』再建手続における監督メカニズム──アメリカ連邦倒産法第11章手続における監督機関構成とその実情──」慶應法学28号（2014年）248頁以下参照）。このことの主たる理由は、──濫用防止というより──直接の利害関係者たる債権者に監督を委ねるほうが、経済合理的であると考えられたためであるといえる。詳細については、村田典子「再建型倒産処理手続の機能（2・完）」民商129巻3号（2003年）663頁。

また、大規模事件における、いわゆるCRO型の自己管理手続が中心として定着することとなれば、再建コンサルタント（Berater）やCROと、監督人との権限配分のあり方や、これらの費用に関する「二重のコスト」の問題にどのように対処していくか興味深いところである。

V　結びに代えて

　以上、本稿では、ドイツ倒産法における自己管理手続の歴史的展開を検討し、なぜ、ドイツにおいて「D.I.P.型」の倒産手続が定着していないのかについて述べてきた。

　検討の結果、わが国の「後見型」再生手続と類似する手続構成を採用しながらも、ドイツの自己管理手続が定着しない理由として、旧和議手続の時代から続く、債務者への不信および、手続の濫用の危険性を危惧する裁判所の消極的な姿勢を背景に、自己管理手続を積極的に利用しようとしてこなかったこと、それに伴って、手続の予測可能性が低下していることが理解できた。また、手続の担い手である裁判所・監督人が抱える問題によって、自己管理手続が、利害関係者たる債権者や債務者にとって魅力的な手続とはなっていないこと、そして、2012年の改正法の下でもこれらの阻害要因を取り除くまでには至っていないという実情についても理解できたと思う。

　ドイツにおいては、そもそも「D.I.P.型」たる自己管理手続を積極的に利用してこなかったために、運用レベルでの進展も必ずしも十分ではないと思われる。その意味においては、ドイツにおける「D.I.P.型」手続は、発展途上にあるといえる。2011年の倒産法改正（2012年法）を端緒として、ドイツでは、倒産法改正に関する議論が活発に行われているが、ドイツにおいて「再建手続」[126]

---

[126] 企業倒産に関しては、結合関係にある企業の倒産手続を統一的に処理するための制度の導入をめぐる議論が進められてきている。このことについては、久保寛展「企業結合関係における倒産処理――ドイツにおける企業結合倒産法（Konzerninsolvenzrecht）の制定に向けた近年の軌跡――」福岡大学法学論叢58巻4号（2014年）941頁、萩原佐織「同一企業グループに属する複数会社の倒産手続が並行して開始される場合における統一的倒産手続創設への可否――EU並びに独倒産法改正から我が国倒産法改正への示唆――①ドイツにおける企業総括倒産手続創設に至る経緯とその概要」摂南法学48号（2014年）1頁以下、同「企業グループ倒産に関する一考察――ドイツ倒産法改正作業における協議草案から政府草案への改正点より見える諸問題――」摂南法学50号（2015年）

の発展を指向するという流れが継続することとなれば、自己管理手続の利用増、および、それに伴う議論の深化も予想されるところであり、今後の展開次第では、第三者監督機関の選任を必要とする「(後見型の) D.I.P. 型」手続を運用の基本とするわが国の倒産手続のあり方にも、有益な示唆を与えてくれるものと期待される。

なお、2012年のドイツ倒産法改正に際して、ドイツの連邦議会は、施行後5年で改正法の適用状況について報告するよう、連邦政府に対して要請するという附帯決議を行った。自己管理手続に関しては、「保護手続が早期申立てのインセンティブを与え自己管理の強化につながったか」そして「保護手続以上に、倒産手続開始前の手立てが必要か」という点についての報告が求められている。[127] これらは、自己管理手続の入口部分にあたる保護手続の手立てが十分であるか否かを検証することを目的とするものであるが、これに伴って、保護手続に続く、自己管理手続の本体についても改革の検討がなされる可能性がある。これらの動向を踏まえ、「D.I.P. 型」倒産処理手続のあり方について、引き続き検討を重ねていきたい。今後の課題である。

(玉井裕貴)

---

1 頁以下。
[127] Beschlussempfehlung und Bericht des Rechtsausschusses (6. Ausschuss) zum RegE BT-Drucks.17/7511, S. 5.

第5節 ドイツ倒産手続の担い手の役割に関する覚書
——裁判所、管財人および債務者

I はじめに

　本稿は、ドイツにおける裁判所（裁判官）、管財人および債務者が倒産手続においてどのような役割を担っているかについて、ドイツの研究者および弁護士に対するインタビュー調査（以下、「現地調査」という）の結果を交えて紹介することを目的とする。

　今回の現地調査を実現させることができたのは、ペーター・ゴットバルト名誉教授（Prof. Dr. Dr. h.c. Peter Gottwald（レーゲンスブルク大学））のご協力の賜物である。ゴットバルト教授の仲介により、ニュルンベルク大学で教鞭をとりつつ、市内で法律事務所（Dr. Beck & Partner Rechtsanwälte）を開設し、倒産事件を数多く手がけるズィークフリード・ベック名誉教授（Prof. Dr. Siegfried Beck）、および、同事務所の若手であり、ゴットバルト教授のかつての教え子でもある、ウルフ・ペヒャチェック弁護士（Dr. Ulf Pechartscheck）に対するインタビューが実現した。ベック教授、ペヒャチェック弁護士は、ともにいわゆる倒産事件に関する専門弁護士（Fachanwalt）である。

　現地調査は、まず事前にゴットバルト教授に対して筆者から質問事項を提示

1　2015年3月23日、本文記載の法律事務所の一室にて行ったものである。
2　ドイツ倒産法の運用に関するインタビュー調査の記録として、三上威彦＝中島弘雅「ドイツ倒産法の近時の運用状況について」小島武司先生古稀祝賀『民事司法の法理と政策（上）』（商事法務・2008年）1073頁以下がある。
3　同事務所については、URL〈http://www.ra-dr-beck.de/〉を参照。また、インタビューに応じてくれた2人のプロフィールについては、Prof. Dr. Siegfried Beck〈http://www.ra-dr-beck.de/rechtsanwaelte/dr-siegfried-beck.php?b=null〉、Dr. Ulf Pechartscheck〈http://www.ra-dr-beck.de/rechtsanwaelte/dr-ulf-pechartscheck.php?b=null〉を参照。
4　ドイツの専門弁護士については、ペーター・ゴットバルト（出口雅久訳）「ドイツにおける弁護士の現在」ペーター・ゴットバルト（二羽和彦編訳）『ドイツ・ヨーロッパ民事手続法の現在』（中央大学出版部・2015年）55頁以下（58頁）でも言及されている。

し、ゴットバルト教授から書面で回答を得た後、ベック教授の法律事務所において、同一の質問事項および関連事項についてインタビューを行うという方法で行われた。質問事項は、本研究会（495頁）から募集した質問事項を取りまとめ、筆者がドイツ語に訳したものであり、筆者の個人的な関心のみによるものではない。また、インタビューは所要2時間にも及ぶものであり、そのすべてを紹介することは困難であるため、いくつかのポイントに絞って紹介することとする。

以下では、まずⅡにおいて、ゴットバルト教授に対する質問事項とそれに対する回答を紹介する。質問事項や回答の趣旨がわかりにくいと思われたところには、適宜筆者が注釈を付して便宜を図っている。次にⅢにおいて、ベック教授、ペヒャチェック弁護士に対するインタビューの模様を掲載する。最後にⅣにおいて、今回の現地調査に関して若干のコメントを付すことにする。

Ⅱ　事前調査

以下の囲み枠の質問事項に対する回答は、すべてゴットバルト教授によるものである。

1．倒産裁判所

> 1-1　倒産手続を管轄する区裁判所には専門部ないし集中部はあるか。その特別部にはどれほどの裁判官・司法補助官（Rechtspfleger）[5]が属しているか。個々の事件は、機械的に一定の裁判所・司法補助官に配てんされるか。

【回答】　区裁判所は、常に単独裁判官が担当する（裁判所構成法（GVG）21条）。部は、上級地方裁判所において初めて存在し、連邦最高裁判所にもある

---
[5]　司法補助官は、裁判官の負担軽減を目的としてその事務の一部を委譲される裁判所職員であり、わが国の裁判所書記官に相当する。中野貞一郎『民事執行法〔増補新訂6版〕』（青林書院・2010年）48頁および50頁以下注3、中村英郎「ドイツの司法補助官制度について」同『訴訟および司法制度の研究』（成文堂・1976年）175頁以下等。

（同法116条、130条）。ドイツ法では、あらかじめ厳格な職務分担の義務がある（同法21e条）。たいていの裁判所では、1人の倒産裁判官と1人の司法補助官しかおらず、これが倒産事件を担当する。比較的大きな裁判所（ミュンヘン、ケルンなど）では、複数の倒産裁判官がいるが、その仕事は、債務者の頭文字またはその住所によって、規則的に配てんされる。

> 1-2　倒産法には債権確定訴訟の管轄規定がある。これに対し、否認訴訟に関する管轄規定はないが、なぜか。否認訴訟の管轄規定がなければ、否認訴訟と倒産手続は不統一になるのではないか。そのために問題が生じていないか。

【回答】　ドイツ法は、いわゆる vis attractiva concursus（「関連事件の集中」等の意味に解されている[6]）を知らない。つまり、倒産裁判官は、訴訟手続について裁判をしない。ドイツ倒産法（InsO）180条1項によれば、債権確定は、倒産裁判所が所在する地区の訴訟裁判所が裁判する。倒産手続が開始した当時、争いのある債権に関する訴訟手続が他の裁判所に係属するときは、当該裁判所がそのまま管轄権をもつ[7]（同条2項）。倒産管財人が原告または被告として関与する他のすべての訴訟手続には、一般の管轄規定が適用されるのであり、否認

---

[6] この問題は、わが国でも論じられることが少なく、中務俊昌「西独における vis attractiva concursus 論の再生について」法学論叢88巻1＝2＝3号（1970年）43頁があるくらいであったが、最近、佐藤鉄男「わが国の vis attractiva concursus に関する一考察——倒産関連紛争をどこで解決するか——」同誌62巻6号（2011年）21頁によって再び光が当てられた。

[7] ドイツ倒産法180条1項は、債権確定のためには、通常の民事訴訟手続を利用すべきものと規定する。この前提の下で、同項は、債権確定の訴えについては、倒産手続が係属中であるかまたは係属していた区裁判所（Amtsgericht）が専属管轄を有すること、訴訟物が区裁判所の管轄に属しない場合においては、倒産裁判所（Insolvenzgericht）をその管轄区域に含む地方裁判所（Landgericht）が専属管轄を有する旨規定する。他方、同条2項は、倒産裁判所が、倒産手続が開始した当時、争いのある債権に関する訴訟が係属していた場合には、当該訴訟を受継することにより当該債権を確定しなければならないと規定する。他方、同条2項は、倒産手続の開始当時に債権に関する訴訟が係属していた場合、当該債権は係属中の訴訟の受継によって確定しなければならない旨規定し、係属中の訴訟がある限り、それを利用（受継）すべきことを明らかにしている。この規律は、当然のことながら、中断した係属中の訴訟が存在することを前提とするところ、係属中の訴訟の一方当事者につき倒産手続が開始した場合、当該訴訟が中断することについては、ドイツ民事訴訟法（ZPO）240条1文に明記されている。ゴットバルト教授の回答は、係属中の訴訟の一方当事者に倒産手続が開始し、当該訴訟の受訴裁判所と倒産裁判所が異なる場合、上記の規定により、前者の裁判所が管轄権を失わないことを指摘したものである。

訴訟も同様である。ドイツ法においてこの点に関する問題はいまだ見受けられない。ただし、EU の事件では、上述したほか、併合手続に関する EU 倒産規則（EuInsVO）3 条の類推適用がある[8]。

> 1-3　倒産裁判所が、債権者集会の選出した管財人候補者を、ドイツ倒産法57条に基づき「職務を引き受けるのに適しない」として拒否した事例はあるか[9]。選任拒否によって、倒産手続の遅延が問題となることはないか。倒産管財人の選任制度について、倒産債権者の影響が強すぎると評価されることはないか。

【回答】　ドイツ倒産法56条によれば、倒産管財人は、当該事件に適任で、専門知識を有し、独立していなければならない[10]。倒産管財人がそうでない場合、同法57条の関係で不適任である。つまり、その者の選任は、拒否される（同法57条に関するコンメンタールをみれば、裁判例から明らかである）。

　2012年3月1日、ドイツ倒産法56条1項に第3文が追加され、一般的な形式

8　この回答は、ヨーロッパ司法裁判所（Europaeischer Gerichtshof）の2009年2月12日 DekoMary 事件判決（NZI2009, S. 199）を指すものと解される。すなわち、ゴットバルト教授は、前掲書（注 4）102頁以下において、債務者が倒産直前にドイツの銀行に開設された被告（ベルギーに本拠を有する企業）口座宛にした送金による支払いについて、ドイツの倒産管財人がこれを否認し、倒産裁判所が所在する地域を管轄するドイツの地方裁判所において当該否認に係る金銭の給付訴訟を提起したところ、受訴裁判所は国際裁判管轄を認めなかったが、ヨーロッパ司法裁判所は、EU 倒産規則3条1項（「倒産手続の開始については、債務者の主たる利益の中心地である EU 構成国の裁判所が管轄する。債務者が団体および法人である場合には、反対の証明がされるまで、その定款に記載された住所地が主たる利益の中心地であると推定する」）を類推適用してこれを認めたことに言及している。要するに、債務者の主たる利益の中心地を管轄する裁判所の国際裁判管轄に関しては、例外的に関連事件の管轄集中が認められる。

9　ドイツ倒産法57条「倒産管財人が選任された後に開催される第1回債権者集会において、債権者は、倒産管財人として他の者を選出することができる。選出には、同法76条2項の定める多数に加えて、投票した債権者の多数の賛成を要する。倒産裁判所は、被選出者が、倒産管財人の職務を引き受けるのに適しないときに限り、被選出者の選任を拒否することができる。裁判所が選任を拒否した場合、倒産債権者は即時抗告をすることができる」。

10　ドイツ倒産法56条1項「倒産管財人は、倒産管財事件を引き受ける用意のある者の集団の中から、個別事件に適した自然人、特に、事業に詳しく、債権者および債務者から独立した者を選任しなければならない。倒産管財事件を引き受ける用意は、一定の手続を経ている限り認められる。倒産管財人に必要な独立性は、その者が、①債務者または債権者から提案されたこと、または、②開始申立ての前に、債務者に対し、倒産手続の経過およびその効果に関して一般的な形式で助言をしたこと、によっては、排除されないものとする」（2項省略）。

による事前関与があっても、独立性は排除されないことが明確になった。これには、債務者または債権者による管財人の提案も含まれる。新しいドイツ倒産法56a条2項[11]によれば、裁判所は、仮の債権者委員会の同意に基づいて提案された管財人候補者を選任しなければならない。たとえそれが不適任な候補者であったとしてもそうである。[12]

2．倒産管財人

2-1　ドイツ倒産法56条が規定する「倒産管財事件を引き受ける用意のある者の集団」とは、もっぱら倒産管財人協会（VID）[13]を指しているのか。あるいは、他の団体があるのか。会計士、税理士その他の有資格者が、倒産管財人に選任される事例はあるか。

【回答】　そうではなく、その団体はこの件には関係がない。その名称にかかわらず、当該団体は、一部の倒産管財人が属するどこにでもある私的な団体である。これと並んで、一連の労働（共同）組合等が含まれる。当然のことながら、法律家でない者も倒産管財人に選任することができるし、現に選任されている。

2-2　倒産裁判所は、ドイツ倒産法56条に基づく候補者が、専門知識を有し、債権者および債務者に対して中立であり、個々の事件との関係で倒産管財人として適任であることをどのようにして審査するのか。

11　ドイツ倒産法56a条2項「倒産裁判所は、提案された候補者が、倒産管財人の職務を引き受けるのに適さないときに限り、倒産管財人の候補者に関する仮の債権者委員会による提案を拒否することができる。倒産裁判所は、倒産管財人を選任する場合には、仮の債権者委員会が決議した倒産管財人の候補者の要求に基づき、倒産管財人を選任しなければならない」。

12　要するに、倒産裁判所が債権者の提案を拒否することは、法文上はともかく、皆無に等しいという趣旨であり、本件質問に対する回答はこれで完結する。

13　"Verband Insolvenzwewrwalter Deutschlands e.V." の略称である〈http://www.vid.de/der-verband/〉。研究会では、全国倒産処理弁護士ネットワークに似た存在ではないかという意見もあった。いずれにせよ、ドイツの専門弁護士制度を前提として倒産管財人経験者やその候補者が自己研鑽を積むために結成した任意団体である。

【回答】　倒産手続では、職権調査原則が妥当する（ドイツ倒産法5条[14]）。よって、裁判所は、自ら情報を取得し、利用できる情報のすべてを評価できる。新たな事件について候補者に専門知識や適任性があるかどうかは、通常は、提出された従来の活動状況から明らかになる。仮の債権者委員会または債務者が管財人候補者の独立性について意見を述べ、あるいは、債権者が事後的に異議を提出した場合、裁判所は、当該管財人の任を解くことができる（ドイツ倒産法59条[15]）。

> 2-3　倒産管財人は、いかなる行為基準を有するか[16]。たとえば、財産価値最大化、市場価値適合性、公正公平等、行為基準について、裁判所と倒産

---

[14] ドイツ倒産法5条1項「倒産裁判所は、倒産手続に関して重要なあらゆる事実を探知しなければならない。この目的を達するため、倒産裁判所は特に証人及び鑑定人を尋問することができる」。竹下守夫監修『破産法比較条文の研究』（信山社・2014年）75頁参照。

[15] ドイツ倒産法59条1項「倒産裁判所は、重大な事由があるときは、倒産管財人をその職務から解くことができる。解任は、倒産管財人、債権者委員会または債権者集会の申立てによりまたは職権ですることができる。倒産裁判所は、決定に先立ち、倒産管財人を審尋しなければならない」、2項「解任の決定に対して、倒産管財人は即時抗告をすることができる。申立てが棄却されたときは倒産管財人、債権者委員会が、または債権者集会が申し立てたときは各債権者が、即時抗告をすることができる」。竹下・前掲書（注14）270頁参照。

[16] 一見自明の質問であるが、この質問の背景には、次の例示から看取されるように、アメリカ合衆国倒産法の文脈で形成された理論が、ドイツ倒産法ないし実務においてどのようにとらえられているかという比較法的関心がある。佐藤鉄男「倒産手続の目的論と利害関係人」田原睦夫先生古稀・最高裁判事退官記念論文集『現代民事法の実務と理論（下）』（金融財政事情研究会・2013年）30頁以下から、本問の背景にある問題意識を鳥瞰することができる。「財産価値最大化」は、ジャクソン（Thomas H. Jackson）の提唱に係る理論であり、倒産処理の目的論において大きな比重を占め得るだけでなく、倒産管財人の行動基準に関する基本原則として機能し得る。財産価値最大化理論は、その限界を視野に入れる限り、財産価値の再配分の発想を伴うことになる。もっとも、ドイツ法においても、民事訴訟法学の黎明期に生じた訴権論の流れを汲んだ「私法的破産請求権」論が生じ、債務者が支払不能に陥った場合には、債務者に対する債権者の個別的権利行使を禁止すると同時に債務者の財産管理処分権を制限して債権者財産を拘束・固定し、債権者集団に対して比例的・平等的満足を与えるための理論的基礎を提供した（詳細については、水元宏典『倒産法における一般実体法の規制原理』（有斐閣・2002年）5頁以下参照）。しかし、旧破産法（KO）下で「破産の破産」（破産制度の機能不全）が顕在化し、より機能的な倒産制度を構築する必要性が自覚されるに至り、倒産法制定過程では「市場適合的倒産理論」が提唱された。以上を踏まえると、本問は、ドイツ倒産法の下での倒産管財人が、市場適合的倒産理論を自覚した管財業務を遂行しているのか、あるいは、アメリカ流の議論の影響が見受けられるかを確認する趣旨である。しかし、回答をみる限り、この種の原理的思考が倒産管財人の行動基準を形成ないし規定する、といったとらえ方はされていないように見受けられる。

> 管財人の間に違いはあるか。

【回答】　倒産管財人は、ドイツ倒産法1条[17]の目的を実現しなければならない。すなわち、財産をできる限り高く換価するか、もしくは、債権者にとってそのほうが有利なときは、債務者を再建しなければならない[18]。裁判所は、法的基準によってのみ判断する。これに対して、倒産管財人は、極めて頻繁に経済的な判断をしなければならない。

> 2-4　どのような事件で、倒産管財人は責任を追及されるか。典型例はあるか。これにより、弁護士の懲戒手続が開始されることがあるか。

【回答】　ドイツ倒産法60条[19]による倒産管財人の責任は、個人的かつ私的な責任である。必要な請求が、個々の被害者によって行われる。倒産裁判所は、これを把握しない。倒産裁判所は、当該管財人を単に重大な事由（ドイツ倒産法59条）[20]に基づいて任を解くことができるだけである。典型例については、同法60条に関するコンメンタールを参照。利害関係人に対する倒産管財人の義務違反のすべてが、弁護士の職務上の義務違反となるわけではない。職務上の義務違反を犯した弁護士のみが、ドイツ連邦弁護士法（BRAO）113条[21]に基づき、

---

[17] ドイツ倒産法1条「倒産手続は、債務者の財産を換価してその換価金を分配することにより、または、倒産処理計画においてとくに事業の維持のために異なる規律をすることによって、債権者に集団的に満足を与えることを目的とする。誠実な債務者には、残債務から解放される機会が与えられる」。竹下・前掲書（注14）43頁参照。

[18] ドイツ倒産法1条が、倒産手続の目的を、債務者財産の換価または事業の維持をめざす倒産処理計画によって債権者に満足を与えること（第1文）に求めていることを確認したにとどまり、質問に対する回答としてはやや不十分さが否めない。

[19] ドイツ倒産法60条1項「倒産管財人は、故意または過失により、この法律により課された義務に違反したときは、すべての関係人に対し損害を賠償する責めに任ずる。倒産管財人は、几帳面で誠実な倒産管財人の注意をもって任務を行うことを要する」、2項「倒産管財人が、その義務を履行するために、債務者の従業員を従前の職務の範囲内で起用する必要があった場合において、この者が明らかに不適格ではなかったときは、倒産管財人は、この者の故意または過失につき民法第278条の規定によりこの者に替わって責めを負わず、この者の監督および特別に重要な意思決定に対してのみ責任を負う」。竹下・前掲書（注14）302頁参照。

[20] 前掲（注15）参照。

[21] ドイツ連邦弁護士法113条1項「この法律または職務規程（Berufsordnung）に定められた義務に有責的に違反した弁護士は、弁護士裁判の措置を課する」。

弁護士会によりまたは弁護士裁判の手続で、罰せられる。

> 2-5 債務者の代理人は、倒産手続にどのように関与するか。代理人は、倒産手続の開始を申し立てるだけか、それとも開始後も何らかの形で倒産手続に関与するか。この点に関して、通常の倒産手続と自己管理手続との間に違いはあるか。

【回答】 債務者が代理人を通じて倒産手続の開始を申し立てた場合、代理人は、もはやその後の手続に原則として関与しない。もっとも、債務者はその後の手続の代理についてもその弁護士に委任することはできる[22]。

3．自己管理

> 3-1 自己管理[23]の事件数は、あまり増加していない[24]。その原因はどこにあるか。自己管理の事件数について、2012年3月1日に施行された「企業再建を更に簡易化する法律」（以下、「ESUG[25]」という）による影響はあるか。

【回答】 公刊された文献を参照。ESUG は、ドイツ倒産法270条を改正し、270b 条を新たに追加した。
〔補足：筆者〕 ESUG により、自己管理手続は、開始申立てから開始決定までの間、通常の仮の自己管理手続と後述する保護手続（Schutzschirmverfahren）

---

[22] 最後の質問に対する回答はないが、基本的に違いはないという趣旨と考えられる。しかし、倒産手続開始後も債務者を代理することがあるとされているため、実際には違いが生じ得る。
[23] 1994年1月1日施行のドイツ倒産法に関する文献として、佐藤鉄男「経営権温存型倒産手続の法政策的検討」同志社政策科学研究1巻（1999年）37頁。
[24] 三上＝中島・前掲論文（注2）1105頁は、自己管理の事件数は増えてきていると指摘するが、同論文の刊行後まもない時期の文献である、Beck/Depré, Praxis der Insolvenz, 2.Aufl., 2010, S.1509. によると、2008年の連邦の統計では、2008年1月～5月の間の時期は、1万2245件の倒産事件中61件でのみ自己管理命令が発令されたにすぎず、全体のわずか0.5％であったとの記述がみられる。
[25] Das Gesetz zur weiteren Erleichterung der Sanierung von Unternehmen vom 7.12.2011, BGBl.2011, Teil I Nr.64, S.2582. なお、ESUG の条文については、松村和徳＝棚橋洋平＝内藤裕貴＝谷口哲也「〈資料〉ドイツ倒産法制の改正動向(2)」比較法学49巻3号（2016年）244頁以下の条文試訳を参考にした。その他、ESUG を概観できる文献として、谷口哲也「ドイツ倒産法改正――企業再建のさらなる緩和のための法律――」中央大学大学院研究年報43号（2014年）39頁がある。

の2系統になった。前者（ドイツ倒産法270a条）は、債務者の管理処分権が維持されることを前提に、裁判所が合目的的裁量により仮監督人を選任するのに対し、後者（同法270b条）は、債務者に仮監督人を提案する権利が認められ、監督人の職務を担う者として明らかに不適任でない限り、裁判所は債務者が提案した者を監督人に選任しなければならない。回答において特に後者に言及されたのは、債務者に認められた仮監督人の提案権が自己管理手続の利用促進に寄与するとの見方が背景にある（後掲Ⅲ4(1)参照）。

3-2 どのような者が監督人の地位に就くのか。弁護士でなければならないか。監督人に選任された者は、すべてVIDの構成員か。

【回答】 上記2-1の回答を参照。VIDは、純粋に私的な団体である。そのため、監督人は、たいていは構成員ではない。監督人には、ドイツ倒産法274条1項のほか、同法56条も適用されるので、監督人が弁護士である必要はない[27]。

3-3 監督人は倒産処理計画の作成に関与することがあるか。また、監督人はどのように関与するのか。

【回答】 監督人は、倒産処理計画の作成をすることができる。しかし法律によれば、これは監督人の任務ではない[28]（ドイツ倒産法274条2項、275条）。

---

26 松村ほか・前掲論文（注25）238頁。詳細については、玉井裕貴「ドイツ倒産法における自己管理手続の展開と『D.I.P.型』再建手続定着への模索」本章第4節（387頁）を参照。

27 引用されたドイツ倒産法274条1項は「監督人の選任、倒産裁判所の監督並びに監督人の責任及び報酬については、第27条第2項第5号、第54条第2号及び第56条ないし第60条、第62条ないし第65条は、これを準用する」と規定する。56条が、倒産管財人について、弁護士であることを必要としていないことは、条文上明らかである。本問では、VIDの構成員であることが、選任にあたって何かしらの意味をもつかどうかに重点があったが、回答は本文のとおりである。

28 引用されたドイツ倒産法274条2項は「監督人は、債務者の経済状況を調査し、事業の遂行及び生活にかかる支出を監督しなければならない。第22条第3項は、これを準用する」と規定し、また同法275条1項が「債務者は、通常の業務に属しない債務については、監督人の同意を得てのみ、これを負担しなければならない。債務者は、監督人が異議を述べた場合には、通常の業務に属する債務もまた、負担することができない」、2項が「監督人は、債務者に対して、監督人のみがすべての入金を受領し、かつ支払いをすることを、求めることができる」と規定している。このように、倒産処理計画の作成が監督人の任務ではないことは、少なくとも法文上は明らかである。

> 3-4 通常、倒産手続の申立て前に従前の役員は退任し、経験豊富な弁護士等の専門家である新たな役員が、倒産手続の開始を申し立てる。実務ではこのようにしているのか。

【回答】 どうやってこれを知ったのか。これは、ESUG の前から、一部ではそうだったかもしれない。保護手続（ドイツ倒産法270b条。上記3-1参照）の下では、従来の業務執行者がその職務にとどまり、自主的な再建を実現しようとしている。

> 3-5 上記3-4の指摘が正しいとすると、問題は生じていないか。自己管理の場合に、従前の役員が倒産手続を自ら遂行する事件はないか。そのような事件がないとすると、その主たる原因は何か。

【回答】 上記3-4の回答を参照。[29]

> 3-6 ドイツ倒産法280条[30]が規定する自己管理の監督人による否認訴訟において、債務者は、どのような地位に就くか。債務者は、補助参加人あるいは共同訴訟的補助参加人として否認訴訟に関与することができるか。

【回答】 債務者は、何もすることがない。[31]ドイツ民事訴訟法（ZPO）66条（補

---

29 本問については、前問に対する回答で尽きているという趣旨であるが、ESUG によって導入された保護手続は、法人倒産事件において、事前に専門家が債務者企業の役員に就任している場合、より一層効果を発揮するものと思われる。その意味で、本問の第1文に対しては問題があるはずはない、第2文に対しては当然ある、と回答されたことになり、結果的に、第3文の質問は的はずれであったことになる。

30 ドイツ倒産法280条「監督人のみが、第92条及び第93条の責任を倒産財団のために主張することができ、かつ第129条ないし第147条により、法律的行為を否認することができる」。

31 倒産管財人が否認訴訟をする場合と同様ということである。この回答については、民事再生法138条2項が否認権限を有する監督委員が当事者である否認の訴えが係属する場合において、再生債務者が、相手方を被告として、当事者として訴訟参加することを許容していることと比較すると、補助参加・共同訴訟的補助参加を否定する必要はないようにも思われる。そこで、念のため、ドイツの議論状況を参照してみると、確かに、監督人は、否認権行使に関しては倒産管財人と同様に解されており（「準倒産管財人」と表現するのは、後掲 Wimmer/Fotis の280条の解説（Rdnr.1））、訴訟

429

助参加)または同法69条(共同訴訟的補助参加)の前提条件が存在しないからである。

> 3-7 倒産手続において監督人はどのようにみられているか。たとえば、裁判所の補助者、あるいは、債務者の補助者であるか。

【回答】 どちらでもない。監督人は、倒産管財人と同様、独立した職務者であり、縮減された権限を有するのみである(ドイツ倒産法274条)。[32]

III 現地調査

1．インタビューに対する回答

インタビュー調査は、ベック教授、ペヒャチェック弁護士がゴットバルト教授の回答(前述II参照)に目を通していることを前提として実施した。具体的

上の地位について倒産管財人と区別されていない。否認訴訟との関係では、債務者が証人として訴訟に関与することはできても、主参加(ドイツ民事訴訟法64条)はもちろん、補助参加人・共同訴訟的補助参加人(同法66条、69条)として参加することも予定されていない(A. Schmidt/Fiebig, Hamburger Kommentar zum Insolvenzrecht, 4.Aufl., 2012, §280 Rdnr.1.; Wimmer/Dauernheim/Wagner/Gietl/Thiele, Handbuch des Fachanwalts, Insolvenzrecht, 7.Aufl.,2015 ,Kapitel4, Rdnr.357.)。なお、280条の否認訴訟に関して、比較的詳細な検討を加えた文献では、否認訴訟の被告が債務者を被告とする反訴を提起しようとする場合の取扱いが検討されている。そこでは、反訴要件である本訴請求との関連性(ドイツ民事訴訟法33条)が具備されるか、訴え変更の一種として当事者を追加できるか(同法263条)、といった点も問題になるが、どちらも肯定できるとしたうえで、債務者が反訴被告として当事者になると、唯一の人証というべき債務者(証人)を失うことを指摘しつつ、債務者の証人資格喪失に対して懐疑的なコメントが付されている(Wimmer/Foltis, Frankfurter Kommentar zur Insolvenzordnung, 3.Aufl.,2002, §280 Rdnr.9.)。他方、債務者が被告となった訴訟において、否認請求権に基づく防御(根拠条文：ドイツ倒産法146条2項「否認請求権が時効により消滅したときであっても、倒産管財人は、否認しうる法的行為に基づいて生ずる給付義務の履行を拒絶することができる」(竹下・前掲書(注14)498頁参照))が問題となる場合には、否認請求権は監督人にのみ帰属するため、監督人が当該訴訟に補助参加ないし共同訴訟的補助参加をして介入し、否認の抗弁として否認権を行使することができる。しかし、監督人が反訴を提起して否認権を行使する場合には、主参加をしなければならない(Wimmer/Foltis, a.a.O, Rdnr.9a)。なお、監督人による主参加訴訟との対比では、民事再生法138条1項を参照されたい。

[32] 引用されたドイツ倒産法274条については、前掲(注27・注28)を参照。しかし、質問事項3-4に関する実務(開始申立て前に専門家が債務者企業の役員に就任)を前提とする場合とそうでない場合とでは、監督人の役割に違いが生じる可能性は否めない。

な進行方法については、ベック教授から、ゴットバルト教授の書面による回答を踏まえ、これを補充する形で実務的な視点から回答したいとの提案があり、筆者がこれを了承したものである。したがって、事前に提示された質問事項の中には、ベック教授、ペヒャチェック弁護士によるコメントがないものも含まれるが、その場合はゴットバルト教授の回答に尽きているという趣旨である。

2．倒産裁判所

(1) 倒産裁判官の職務

ベック教授「ドイツにおいて、倒産裁判官の仕事は非常に嫌われています。たいていの裁判官についていえることですが、倒産裁判所の裁判官はできる限り早く他の裁判官の職に就きたいと願っているのです。裁判官の方々は、すべてを判断したいと考えるので、区裁判所の別の部、あるいは、地方裁判所に行きたいのです。残念なことではありますが、われわれは、倒産裁判所では聞く耳をもたない裁判官に出くわします。はっきり言ってよいのでしょうか、実務では頻繁にあることですが、たとえば女性裁判官は、子育て休暇から戻ってくると、倒産裁判所に配属されるのですが、彼女たちはそこで（融通のなさから）不快な思いをし、比較的早く配置転換を希望します。われわれはその典型のような裁判所をいくつか知っています。そこでは、裁判官は型にはまった仕事しかしません。具体例としては、ハンブルク、ケルン、マンハイムがそうで、いまでも全く融通が利きません。ベルリン近郊のポツダムの○○氏[33]は、本当に司法を型にはめる裁判官なのです」。

ペヒャチェック弁護士「私に補充させてください。われわれは、一度は裁判官が頻繁に入れ替わる経験をしますが、裁判所はその制度の継続性を確保する中で、必然的に生じてくる事情への対応としてポストを埋めるのです。その事情とは、たとえば子をもつ母親の保護です。裁判官も職場を得なければなりませんが、この状況はいつも子育て期間の後に生じます。もちろん、非常に献身的に職務に専念する女性裁判官もいます。他方で、裁判所には司法補助官[34]（Rechtspfleger）がいますので、それなりに一定の継続性が確保され、裁判所

---

33 インタビューでは個人名があがっていたが、筆者の判断で不開示とした。
34 前掲（注5）参照。

として一定の法的判断が継続的に行われます。本問は、倒産裁判所における役割分担に関するものですので、裁判官ではなく教育を受けた司法補助官が（裁判官の交代の）間隙を埋めてきたことを指摘しておきたいと思います」。

(2) 管轄集中

ゴットバルト教授「倒産における vis attractiva concursus という問題は、長い期間をかけて EU 全体で管轄集中のようなものを手に入れようと取り組んできましたが、現在のところ、倒産裁判官自らが同一の裁判所において事件を扱うようにしなければならないという意味では、実現されていません」。

ベック教授「質問事項1-2に対するゴットバルト教授の回答に関係しますね。管轄権は受訴裁判所がもつわけですが、ドイツにおいてはさまざまな専門裁判所があります。つまり、私が、否認訴訟やその他の争いのある訴訟を遂行する場合、通常は区裁判所ですが、場合によっては、労働裁判所、財政裁判所、さらには行政裁判所にも行くことになります。甚だ四分五裂の状態でして、一部の裁判所では、ある手続が労働裁判所の事件なのか、通常裁判所の事件なのかについて統一的処理がされていません。この問題は、否認事件について、連邦通常裁判所と連邦労働裁判所の間でも生じています」[35]。

ゴットバルト教授「確かにそうですね。ご指摘の大きな部はそのように判断しました」。

ベック教授「そう、誤った判断をね。（笑）」。

3．倒産管財人

(1) 管財人の資格審査

ゴットバルト教授「債権者集会（Gläubigerversammlung）が、選出された人物を不適格として認めなかった事例があるかという質問について、私個人としてはそういった事例を知りません。というか、裁判例が存在しません。何かのコンメンタールには、そうしたことも起こり得ると書かれていますが、しかしそれは割合的に稀でしょう」。

---

[35] たとえば、支払不能後の退職に伴って支給された多額の退職金の返還を求める否認訴訟が個別労働事件として労働裁判所に提起されたところ、被告が労働裁判所の管轄権を争い、通常裁判所における審判を求めるような場面が想起されるが、本文の対話中で話題になった具体的事件を特定するには至らなかった。

ベック教授「われわれの（倒産）制度は、事前選出制を採用しているので、裁判所が『あなたは不適格です』と判示したような事例を、私は1つも知りません。この点について、われわれが簡単に述べてよいものか、私にはわかりません」。

ゴットバルト教授「確かに、それはそのほうがよいと思います」。

(2) 倒産管財人という職業

ベック教授「ドイツにおいては、相応の教育を受けた自然人は誰でも倒産管財人になることができます。通常、それは弁護士です。しかし、税理士や会計士もまた倒産管財人になることができます。ドイツにおいて、倒産管財人はここ数年来、独立した1つの職業であり、弁護士の職業と並び立つ存在です。つまり、倒産管財人は、弁護士であることに加えてそれと別の職業の倒産管財人でもあるということです。これはVIDの前理事という立場からの発言です」。

(3) 倒産管財人協会（VID）

ベック教授「VIDは、ドイツの倒産管財人の団体です。これについて少し前置きします。以前は、破産管財人あるいは倒産管財人といえば、弁護士でした。弁護士は、連邦弁護士法（BRAO）によってその職務が規律されています。倒産管財人の職業は、弁護士の活動の中から発展したもので、倒産管財人の活動そのものに関する法律は存在しません。われわれ（筆者注：倒産管財人）には法律上の資格試験はありませんし、職務規則もありません。要は、全く規制がないのです。そこで、専門的な倒産管財人が集まって、団体を設立しました。これがVID、Verband der Insolvenzverwalter Deutschlands[36]です」。

(4) 職務原則

ベック教授「法律も規則もないのですから、われわれが座席保有者として自ら規則をつくったのです。これはもちろん団体内部の規則にすぎず、団体構成員にしか拘束力がありません。この内規とはVID職務原則[37]のことですが、これに従う倒産管財人のための職務原則でもあります。VIDの一員である倒産管財人にはこの職務原則を順守する旨を証明した証明書が交付されます。この

---

36 前掲URL（注13）参照。
37 VID-Berugsgrundsatze（Fassung gemass Mitgliederversammlung vom 03.05.2013）.URL〈http://www.vid.de/der-verband/qualitaetsstandards/berufsgrundsaetze/〉から入手することができる。

職務原則は、経験のある倒産管財人が必要と認めたルールの集積であり、多くの裁判所がいまやこの職務原則に配慮し、倒産管財人の行為、とりわけ倒産管財人の不適切な行為は、この職務原則の基準に従って判断されます」。

(5) 倒産管財人の選抜・選任（一般）

ペヒャチェック弁護士「私は若い管財人でして、2012年以来現在までにミュンヘンとランツフートで倒産管財人をしています。現在、出発点となるのは、管財人候補者名簿（Vorauswahlliste）への登録です。管財人の職業に就きたい志願者ないし候補者は非常に数多く存在します。志願者は、専門的な能力を備えていることを証明しなければならず、さらに各人の能力を基準として候補者名簿に登録されます。しかし、これはまだ第一段階にすぎません。つまり、私は候補者名簿に登録されていますが、それだけではまだ必ず事件をもらえるとは限りません。というのも、個々の事件ごとに管財人を誰にすべきかが判断されるのですが、ランツフートにはおそらく70名以上の管財人がいますし、ミュンヘンでは数百名になるのでしょうが、適切な候補者を選抜することは裁判官にとって非常に困難な課題です。選抜手続は確かに段階的な仕組みになってはいますが、より一層形式化を試みなければなりません。過去には職業選択の自由に関する憲法抗告もありました。つまり、現在の一連の手続はいずれ規制されるべきであり、最終的にはやはり裁判官が独自に管財人を選抜すること自体が問題になるだろうと思います。しかし現在は、管財人の選抜は裁判官の職務の一つです。私は最近、ある裁判官が『私が管財人を決定する。その時私は、足場を組みたくない』と言ったことの意味を、実体験として知ることができました」。

ゴットバルト教授「しかし、少なくとも法律による限り、管財人の選抜の際には仮債権者委員会が意見を述べ、提案すべきものとされていますね」。

ベック教授「言わせてもらえば、どの裁判所においても誰がどこで倒産管財人になることに関心があるかを示した名簿が作成され、その人の事務所がどれくらいの大きさであり、その人がどれほどの経験をもっており、そしてどのような事務所と関係しているかといったことが裁判所に通知・報告され、そのうえで当面は裁判所が合理的に判断すること、たとえば、大きな事件か、小さな事件か、その人は倒産犯罪事件を担当したことがあるか、事業継続を伴う手続

を経験したことがあるか、等を考慮して判断すべきであるといった考え方が基本に据えられるように、われわれは努力しているのです。したがって、裁判所が事前に名簿に基づいて候補者を分類しておいてくれるならば、倒産法の起草者や連邦憲法裁判所が理想とするような適切な者が選抜されることになります。そして、最近になってESUGが、仮債権者委員会が倒産管財人を提案する権限を規定しましたが（ドイツ倒産法56a条2項。なお、質問事項1-3の回答および脚注（注11）参照）、これによれば、仮債権者委員会の提案につき全構成員が満場一致で『その通り』と述べたとき、裁判所は提案された者を管財人に選任しなければならないのです。ただし、提案された者が素人で、合理的に考えて不適任であるとき、利益相反があるとき、一方の関係人との間に非常に強い利害関係があるときは、この限りではありません。もっとも、今はそのようなことは強くいわれなくなりました。保護手続（Schutzschirmverfahren）[38]がある場合、これらの問題、つまり事前関与は原則として問題にならないのです。事前に行われる通常の法的助言が害をなすことはないので、不適任事由の問題は小さくなりました。また、裁判官の一部は、まだこの新しい規定になじんでいません。われわれの事務所が扱った極端な事例を紹介しますと、同僚のエクスナー（Joachim Exner）弁護士がテュービンゲンの自動車引渡事件の管財人として満場一致で提案されたのですが、裁判官は自らの裁判官としての能力を悲観して落ち込んでおり、倒産手続が申し立てられたその日に病気になったと連絡してきたのです。代わりの裁判官が出てきましたが、真相は実際に行われた手続から明らかでした」[39]。

(6) 倒産管財人の選抜・選任に対する債権者の影響力

ゴットバルト教授「私の関心事であり、隠語で語られることもありますが、銀行またはその他の大口債権者が、何らかの影響力をもつことはありますか。この点について、実務の観点から、多少なりとも肯定し、あるいは、強く否定することができますか」。

ベック教授「私から口火を切ります。かなり前のことになりますが、私が弁

---

38 質問3-1参照。
39 ベック教授は、ESUG施行後も管財人の選抜権限に固執する（「足場を組みたくない」）裁判官が仮病を使って職務を放棄したものの、代わりの裁判官の下では、ESUGに従って債権者主導で管財人が決定された、と言いたかったのではなかろうか。

護士を始めた頃、管財人の提案といったことは、およそ許されませんでした。むしろ、提案された者は結局管財人にはなれなかったのです。その後裁判所も幾分かは開放的になり、提案に耳を傾けるようになり、提案が実質的に根拠のあるものであれば、裁判所も通常はその提案に従い、それから次の段階、つまり、債権者委員会が一致して誰かを提案したときはその者が管財人になるようになりました。以上は公式の回答ですが、非公式には、企業のコンサルタント (Berater) が非常に重要な役割を果たします。[40] コンサルタントは、倒産手続に入らなければならないことを最初に知る立場にあるからです。つまり、コンサルタントは、債権者委員会との関係を適時に制御し、通常は管財人を満場一致で提案できるような仮債権者委員会を編成するように努力するわけです。任命権限は、大きな事件ではますますコンサルタントに移っているといってよいでしょう。コンサルタントなしでは誰も納得しない事態になりますが、しかし将来的には裁判所および倒産管財人は、コンサルタントの権限が大きくなりすぎないように注視していかねばなりません。当然のことですが、いまや多くの管財人がコンサルタントと結びついており、その結果、カルテルができています。これは、新しい展開ですが、われわれはこれに納得していません」。

ペヒャチェック弁護士「われわれにとってますます重要になっているのが、最後に出てきた独立性 (Unabhängigkeit) の問題です」。

ゴットバルト教授「コンサルタントというのは、危機が到来したときに呼び寄せられる会社ですか、あるいは、従来の税理士や弁護士といった類のものですか」。

ベック教授「私がいま問題にしているのは、もちろん数百人の従業員を擁する大企業です。こうした企業は、危機が到来すると、大手のコンサルタントを

---

[40] 倒産状態に入る前から企業の財務・経営について助言する存在であり、後掲（注41〜注44）の具体例からして、コンサルタントないしはフィナンシャル・アドバイザー（FA）に相当するものと考えられる。本稿では、用語としての汎用性から、研究会でも異論が少なかった「コンサルタント」の訳語を用いるが、FAを排除する趣旨ではない。なお、FAについては、林康司「アドバイザリー契約をめぐる問題点」清水直編著『企業再建の真髄』（商事法務・2005年）383頁等を参照。

個別に呼び寄せます。たとえば、KPMG[41]、Ernst & Young[42]、PWC[43]、Roland Berger[44]その他です。これらのコンサルタントは、問題を抱えた企業が倒産手続に入らず、再び正しい軌道に復帰するよう努力するのです」。

4．債務者

(1) 自己管理手続

㋐ 監督業務

ゴットバルト教授「保護手続（Schutzschirmverfahren）の場合、少なくとも理論上、経営者は手続開始後も依然としてその職にとどまります。この場合、経営者は監督人を獲得し、つまり仮監督人および本来の監督人が就任し、その同意が留保されますが、法律によれば、経営者は倒産管財人と同様の地位を有するということになりますか」。

ベック教授「まず役員（Vorstand）はその職にとどまります。これは非常に意義深いことです。役員は、業務に精通しています。われわれの象徴的な事例をあげますと、レーヴェ社（Loewe）[45]です。レーヴェ社の役員は、再建を準備するために、すでに中国のハイセンス社（Hisense）[46]と提携関係にありました。この関係は相当進展していて、業務提携については、倒産手続開始申立てや保護手続にかかわらず、役員が引き続き推進しました。この関係は成功し、両社の間で契約締結に至りました。レーヴェ社の役員がその職にとどまらなけれ

---

41 KPMG（Deutschland）のホームページ〈https://home.kpmg.com/de/de/home.html〉を参照。世界四大会計事務所の一つとされるKPMGのドイツ法人であり、KPMG自体については、日本法人のホームページ〈https://home.kpmg.com/jp/ja/home.html〉を参照。

42 Ernst & Young（Deutschland）のホームページ〈http://www.ey.com/de/de/home〉を参照。世界四大会計事務所の一つとされるErnst & Young（略称：EY）のドイツ法人であり、EY自体については、日本法人のホームページ〈https://www.eyjapan.jp/〉を参照。

43 PWC（Deutschland）のホームページ〈http://www.pwc.de/〉を参照。世界的に展開する大手会計事務所の一つであるPWCのドイツ法人であり、PWC自体については、日本法人のホームページ〈http://www.pwc.com/jp/ja.html〉を参照。

44 Roland Berger（Deutschland）のホームページ〈https://www.rolandberger.com/en/〉を参照。世界的に展開する大手会計事務所の一つであるRoland Bergerのドイツ法人であり、Roland Berger自体については、日本法人のホームページ〈https://www.rolandberger.com/ja/〉を参照。

45 現在のLoewe社についてはホームページ〈https://www.loewe.tv/de〉を参照。

46 Hisense（Deutschland）のホームページ〈http://hisense.de/〉を参照。中国の家電のドイツ法人であり、Hisense自体については、日本法人のホームページ〈http://www.hisense.co.jp/index.html〉を参照。

ば、ハイセンス社は監督人と協力して継ぎ目なく事業を継続することは不可能だったでしょう。これは、自己管理が成功した例です。保護手続における監督人は、実際には裁判所の補助者です[47]。実務では、監督人は、法律の定めに従って監督するだけでなく、現実に自らも日常業務に従事します。さもないと再建はうまくいきません。先ほどのレーヴェ社の場合、同僚のエクスナー弁護士が、製造会社であるレーヴェ・オプタ社の監督人に就任しましたが、ほぼ毎日会社に通い、企業に必要なすべての措置を役員と相談していました」。

ペヒャチェック弁護士「いまの例は、自己管理における監督業務の成果です。監督人は自ら組織を調整して初めて、役員もまた自己管理を果たすことができると感じます。また、利害の対立する債権者も、頭を切り替えて『監督の仕組みを利用すれば、債権回収ができる』という見地から行動すべきなのです。他方でわれわれには非常に強力な清算手続もあり、場合によっては出納事務が仕事になるのですが、これと重なる形で、監督業務ないしは同意の留保があるのです。われわれは必要なときはすぐに裁判所と連絡をとりますが、極端な場合には監督が終了します。すなわち、債権者に不利なことをみつけた場合、監督人はその旨を報告しなければなりません」。

(イ) 債務者代理人

ペヒャチェック弁護士「本題に戻ります。われわれは債務者代理人（Bevollmächtigte）について質問を受けています。代理人は、基本的には債務者を代理し、申立てをすることによってその任務を果たすことができます。われわれ（仮監督人）が仮の倒産手続において債務者の処分につき仮倒産管財人の同意を要する旨の命令の留保（ドイツ倒産法270a条1項1号・2号：仮監督人の選任）を得た場合には、債務者（の機関）において今後どの程度コンサルタントの支援を必要とするかという問題になります。われわれがこの問題を判断することはできません。債務者の役員が自分たちの手で処理できるかどうかを決定するのです。われわれはこの場合、第4原則に従い[48]、役員からの提案を

---

[47] 質問事項3-7に対するゴットバルト教授の回答と異なる。
[48] VIDの職務原則（前掲注37）に含まれる第4原則（第4条）を指すものと思われる。これによれば、「倒産管財人は、債権者およびその債務者から独立した立場にある。したがって、その独立性に対する正当な疑いを生じさせる一切の事柄を回避しなければならない」（職務原則4条1項。以下省略）とされている。

待って、仮監督人の立場でこれに同意するかどうかを判断します。役員が自らの提案に助言を必要とするときは、彼の代理人を呼び寄せるべきです。公式の手続に移行した時は、債務者代理人の任務は終了します。われわれがKPMGの業務を依頼されたときは、企業が生み出す価値を再建に結びつけることが重要な任務になります。一から始めるわけではないので、われわれが現在おかれた状況を検討します。自己管理、監督人および保護手続に関しては、ドイツ倒産法270a条、270b条の新しい手段があるため[49]、債権者はこれらの手段をどこまで警戒すべきかという問題が生じます。監督人がこれらの手続の有効性を保証してやれば、自己管理はうまくいくのです」。

ゴットバルト教授「NZI（Neue Zeitschrift für Insolvenzrecht）の記事を読むと、そうした事例が非常に多いようですが、実際にはどうでしょうか」。

ペヒャチェック弁護士「われわれの事務所で扱った倒産事件に関してですが、市場の状況に関する統計数値を調べてみました。10名以上の従業員のいる企業の倒産手続はわずかに15％であり、その他の85％の倒産財団は、50万ユーロ以下でした。10名より少ない従業員の企業の倒産事件では、50万ユーロは比較的高額といえます。自己管理事件もしばしばありますが、これにはお金がかかります[50]。私がこれを合理的なものにしたいと思っても、経営権を有する業務執行者は倒産に関する知識がありません。彼らは運よくその知識をもたずに来たのですが、確かにその知識は彼らには全く必要のないものです。ですから、彼らは倒産に対処する必要が生じたら、コンサルタントを雇用するのです。従業員の少ない小規模な事業所等では、危機的状況において処分可能な金銭は少ないですから、コンサルタントの雇用は事実上無理です。ドイツの景気が非常に良かった当時、倒産事件の数は現在よりはるかに少ないものでした。再び景気が良くなれば、自己管理事件は今よりずっと少なくなるでしょう。しかし、だからといって、私は新法のモデルが失敗したとは思いません」。

ベック教授「しかし、多くの大規模な事件では、全く正反対のことがいえます。たいていの大規模事件は、この間ずっと自己管理によって処理されてきま

49　質問事項3-1参照。
50　自己管理手続については、従来低廉な費用で実施できると指摘・紹介されてきたことに留意されたい。佐藤・前掲論文（注23）39頁を参照。

した」。

　ゴットバルト教授「あなたがいま間接的に言及したフリント（Frank Frind）氏は、自己管理手続をこき下ろしていて、自己管理を始めると必ず出てくるコンサルタントが、いまだ何とかなる企業のおいしいところを独り占めし、最終的にその光を消してしまう、自己管理はそのための道具だと言っています」。

　ベック教授「違います。私はどうやら誤解のある表現をしてしまったのですね。コンサルタントは、もはや立ち行かない企業から報酬をもらっているのであって、委任されたことを単に確実にこなそうとしているだけです」。

　ゴットバルト教授「いやいや、私があなたの発言をそう理解したのではなく、フリント氏の記事にそう書かれているのです」。

　ペヒャチェック弁護士「彼は非常に誇張した表現を使っているので、われわれはそれを修正しようとしたのです」。

　ゴットバルト教授「まだ残っているところからもらうが、最後には何もなくなる、と」。

　ペヒャチェック弁護士「確かに、そのような事例もないわけではないと思います。しかし、われわれが自己管理で扱った事件には、専門的に準備したものもありました。そうした事件までも十把一絡げに扱うことはできないと思います」。

(2) **監督人の属性、倒産処理計画の作成に対する監督人の関与**

　ゴットバルト教授「どのような者が監督人の地位に就くのでしょうか。弁護士は間違いないとして、そのほかはどうでしょうか」。

　ベック教授「私がみたところでは、監督人として選任されるのは、倒産管財人でもある人だけです。その人がVIDの構成員であるかどうかは関係ありません。つまり、監督人は、倒産管財人の追加的な職業のようなものです」。

　ゴットバルト教授「監督人は、倒産処理計画の作成に関与しますか。またどのように関与するのですか」。

　ベック教授「私はこの点については、法律に規定されていることと実務で行われていることの間に違いがあるように思います。法律上は、倒産処理計画は確かに債務者自身か、または倒産管財人によって提出されることになっています（ドイツ倒産法218条1項1文）。監督人は、債務者が倒産処理計画を作成する

ように申し立てられた場合には助言によって債務者に協力しますが、そうではなく債権者集会が監督人に作成するよう申し立てた場合には、監督人自ら倒産処理計画を作成することができます（ドイツ倒産法284条）[51]。実務では、この点は、監督人が常に最初から倒産処理計画の作成に組み込まれる形になっています。つまり、倒産処理計画の作成は、債務者つまりそのコンサルタント（KPMG、PWC、Roland Berger）、監督人、そして債務者自身の共同作業なのです。ですから、皆が集まって一緒に作成するわけでして、これが実務です。ただ、われわれの事務所ではこれと異なる例も実際にはありますが。ともあれ、法律の解釈は開かれているのです」。

(3) 開始申立て前の役員退任と専門家の役員就任

ゴットバルト教授「自己管理において、従来の役員が辞任して、新しい役員が入るという実務についてですが、ESUGによってこのような実務は、少なくとも現在はかなり減っているのではないですか」。

ベック教授「私はこの点についても、通常倒産手続と自己管理倒産手続とを対比したいと思います。通常倒産手続では、倒産管財人が管理処分権を取得し、従来の役員は、倒産管財の領域においてもはや自らの権限を有しておりません。役員は権限のない地位に後退するのです。自己管理手続では、役員はその職にとどまり、辞任することはなく、むしろ、追加的に倒産専門家を役員会に迎え入れます。これはつまりイギリスにいうCRO（Chief Restructuring Officer）です。こうして倒産専門家は追加的な役員となり、ほぼ倒産関連事項についてだけ面倒をみます。これが平の役員なのか、業務執行者なのか、それとも総括代表者（Generalbevollmächtigter）なのかという点は1つの問題です。ここで再びレーヴェ社を例としますが、役員、財務役員、代表役員が通常の業務を行い、あるいはハイセンス社との連携に注力しこれを前進させるのですが、ここで総括代表者になったのは、ウェレンシーク法律事務所のハーゲブッシュ弁護士であり、彼が倒産関連事項を担当しました[52]。われわれは監督人と

---

[51] ドイツ倒産法284条1項「債権者集会が倒産処理計画の作成を申し立てる場合には、監督人または債務者に対してしなければならない。債務者に対する申立てがあった場合、監督人は債務者に助言して協力するものとする」。2項「倒産処理計画の遂行の監督は、監督人の職務とする」。
[52] Wellensiek法律事務所のホームページ〈http://wellensiek.com/〉を参照。プロフィールについては、Alfred Hagebusch〈http://wellensiek.com/experten/hagebusch-alfred-2/〉を参照。

して定期的な打合せや会議で、次に何をすべきかについて綿密に意見を交換しました。私が監督人として役員らとの厚い信頼関係を形成できなかったとすれば、企業全体が破綻していたことでしょう」。

ゴットバルト教授「文献では、以前から再建の目的のために役員全員を交替させることがあったという記述があり、今回の質問はこのことを示唆するものでしたが、今ようやく正しい理解が得られたように思います」。

ベック教授「役員交替が問題となる局面については、私が相談を受けていた銀行の役員が信頼を失った際に経験したことがあります。当時、その銀行はすでに危機的状態にあり、倒産手続の申立て前に役員交替になるのではないか、しかしそうなれば倒産を回避できるのではないかと気を揉んでいました」。

(4) 否認訴訟への債務者の訴訟参加

ゴットバルト教授「自己管理手続では、監督人による否認訴訟において債務者はどのような地位を有するか。債務者は、否認訴訟に補助参加人または共同訴訟的補助参加人として関与できるか。この質問に対する私の回答は明確であり、できないと答えます」。

ベック教授「ドイツ倒産法280条について、この質問から素晴らしい論文のテーマをみつけました。否認訴訟は、監督人が追行します。監督人には、この否認訴訟の目的のために管理処分権が付与されます。ところで、質問ですが、この訴訟において債務者は証人になることはできますか」。

ゴットバルト教授「それは元より可能です。証人になろうと思う人はいないでしょうが、債務者は証人になることができます」。

ベック教授「債務者はその他の点では自己管理人であるにもかかわらず、ですね。私は、今この質問に対して明確に答えることはできません。これは訴訟法の領域の特別なテーマだと思います」。

(5) 監督人は裁判所の補助者か、債務者の補助者か

この質問に関するベック教授の見解は、前述(1)(ア)で示されている[53]。

---

53 前掲（注47）参照。

IV　若干の検討

　ここでは、事前調査、現地調査を通じて筆者の印象に残った点について、若干の検討を試みることにする。
　倒産裁判所に関する現地調査の結果は、おおむね事前の想定に沿ったものとなったように思われる。その中でも際立ったのは、倒産裁判官に対して倒産弁護士が抱くイメージの悪さではなかろうか。女性裁判官が子育て期間を経て職場に復帰する際に、倒産裁判所に配属されるのも、今回の調査結果を踏まえて考えれば、人気がないからであろう。一般に人事異動が少ないといわれるドイツでは、倒産裁判所における頻繁な人事異動は、とりわけ珍しい事態なのだろう。また、型にはまった融通の利かない倒産裁判所というイメージも、裁判官の仕事を下支えする司法補助官に由来する面があることを看過してはならない。インタビューの結果は、ベック教授の個人的体験による部分も少なくないため、倒産裁判所における実務とそこで執務する裁判官とは明確に区別しておく必要があると思われる。
　次に、倒産管財人については、VID の発起人として協会を設立して以来、長らく理事を務められたベック教授の問題意識は高く、倒産管財人を1つの職業に高め、任意団体構成員の職務原則としてではあるが、倒産管財人を職業とする者に求められる倫理ないし規律（行動準則）の客観化に努め、ひいては裁判所による管財人の選任手続の透明化につなげる努力は、わが国からみても興味深いものではなかろうか。他方、倒産管財人の選抜に関しては、ESUG 施行後の実務の一端を垣間みることができた。ただ、仮債権者委員会（ドイツ倒産法270条）に債権者主導型倒産手続のモデルを求めることは、ベック教授や倒産管財人（協会）の見方による限り、必ずしも適切とはいえないようである。もっとも、企業が倒産手続を回避したいと望むのは当然のことであり、それに協力するコンサルタントが幅を利かせ、倒産管財人の一部がこれに迎合する構図が生じることは、ある意味自然の成り行きともいえそうである。今回の調査結果のうち、この成り行きを食い止めるのに役立つものがあるとすれば、それは VID 職務原則4条にいう倒産管財人の独立性（Unabhängigkeit）であろう。

しかし、任意団体の内規に多くは期待できない。他の有効な手段の可能性については、今後の課題とせざるを得ない。

最後に、自己管理の担い手である債務者について、倒産手続の申立て前に再建を目的とした役員の交替を行う実務の存在とその実際の運用の一端が明らかになった点は今回の調査の大きな収穫であったと思われる。もっとも、わが国にも同様の実務がありそうであり、比較法的には必ずしも大きなインパクトはないかもしれないが、仲介の労をとっていただいたゴットバルト教授の関心を引くことができたことは、筆者のささやかな喜びである。他方、監督人による倒産処理計画の作成が、実務上当然のこととされていた点は、文献調査の限界を超える収穫といえるように思われる。

V　結びに代えて

今回実施したインタビュー調査においては、ゴットバルト教授はもちろんのこと、ベック教授を始めとする多くのドイツの実務家（倒産専門弁護士）のお世話になった。ベック教授の法律事務所においてお目にかかることのできた弁護士は例外なく覇気があり、事務所は活気に満ちていた。普段実務から縁遠い研究生活を送っている筆者にとって、今回のような調査は、あらためて身の丈を超えるものであったことに気づかされるが、今回の調査結果が倒産法の研究にとって多少なりとも寄与するところがあれば、望外の幸せである。

（名津井吉裕）

第6節 フランス企業倒産手続を担う専門職──司法管理人および司法受任者

I フランス企業倒産法制の概観

1．総説

　本稿では、フランス企業（正確には、広く事業者を対象とする）倒産法制を担う専門職として、主に司法管理人（administrateur judiciaire）および司法受任者（mandataire judiciaire）をとり上げて解説する。まず、フランス企業倒産法制の全体像を示しつつ、そこで司法管理人および司法受任者を始め、各倒産手続に関与する裁判所・裁判官や各種の手続機関について概観する。なお、本稿において参照する条文は、いずれも商法典（Code de commerce）のものである。

　フランスにおける主要な企業倒産手続は、1985年1月25日法律85-98号（以下、「1985年法」という。その後、1994年6月10日法律94-475号等により改正）により設けられた「裁判上の再建（redressement judiciaire）」（以下、「再建手続」（procédure de redressement judiciaire）という）および「裁判上の清算（liquidation judiciaire）」（以下、「清算手続」（procédure de liquidation judiciaire）という）と、2005年7月26日法律2005-845号によって創設された「保護手続（procédure de sauvegarde）」である。

1　フランス企業（事業者）倒産法制については、杉本和士「フランスにおける物的担保法制と倒産法制の関係」池田真朗ほか編『動産債権担保──比較法のマトリクス』（商事法務・2015年）237頁、同「企業倒産法制の改革──企業の経営難予防及び倒産手続の改正に関する2014年3月12日のオルドナンス第326号及びその適用に関する2014年6月30日のデクレ第736号」日仏法学28号（2015年）225頁参照。フランス倒産法全般の最新の状況については、マリー＝エレーヌ・モンセリエ＝ボン（荻野奈緒＝齋藤由起共訳）「フランス倒産法概説（一）〜（三・完）」阪大法学65巻4号157頁、5号149頁、6号85頁（2015〜2016年）が参考となる。

　なお、事業者以外の消費者に関する倒産処理に関しては、消費法典において規律されている。

第4章　第6節　フランス企業倒産手続を担う専門職——司法管理人および司法受任者

　上記3つの手続の中心的な担い手となる専門職が、裁判補助者（auxiliaires de justic）の一種としての司法管理人と司法受任者である（両者はあわせて «les mandataires de justice» と総称されることがある）。フランス法では、1985年法によって伝統的な破産管財人（syndic de faillite）の制度が廃止され（同時に、債権者団体（masse des créanciers）の制度も廃止されている）、その職務は管理人（administrateur）と債権者代表（représentant des créanciers）に分離された。この2つの職務は、前者においては企業再建を志向する性質を有するのに対して、後者においては企業再建よりも債権者の利益保護を志向する性質を有する。このような分離は、企業再建を企業倒産法制の第一の目的に掲げる1985年法の登場により、上記2つの職務を管財人という1つの専門職の下で両立させるのはもはや困難とならざるを得なかったためだと考えられる[2]。そして今日、これら2つの職務をそれぞれ担うのが、司法管理人と司法受任者である[3]。

　その他、本格的な倒産手続を利用する前段階の手続として、2005年法により、企業の経営難予防（prévention des difficultés des entreprises）としての調停手続（procédure de conciliation）が設けられている（これは、1984年3月1日法律84-148号で導入された「経営難予防」における同意整理（règlement amiable）を改めたものである）。この調停手続は、債務者と債権者等との間における合意締結を目的とする点では、わが国の私的整理に近いが、他方で、終始、裁判所が関与する点において、厳密には、わが国における私的整理と異なるものである（ただし、司法型倒産ADRとしての特定調停とは類似する）。

　以下において、各手続の概略を説明するが、上記のうち保護、再建および清算の3つの手続に関して、債務者が支払停止（cessation des paiements）にない場合の保護手続と、債務者が支払停止にある場合の再建・清算手続に分類したうえで説明を行う。なお、調停手続を含むいずれの手続についても、債務者が

2　V. Bernard SOINNE, *Traité des procédures collectives*, 2e ed., Litec, 1995, n°s 782 et s. 山本和彦『フランスの司法』（有斐閣・1995年）344～345頁参照。
3　1985年法により、当初、債権者を代表する専門職として «mandataire-liquidateur»（受任者-清算人）が創設され、その後、この専門職の名称は、«mandataire judiciaire à la liquidation des entreprises»（企業清算における司法受任者。1990年12月31日法律90-1259号）から «mandataire judiciaire au redressement et à la liquidation judiciaires des entreprises»（企業の裁判上の再建および清算における司法受任者。2003年1月3日法律2003-7号）へと変遷をたどり、2005年法により、今日の «mandataire judiciaire»（司法受任者）という名称に落ち着いた。

商業または手工業に従事する場合、その管轄は、商事事件を担当する例外裁判所である商事裁判所（tribunal de commerce）にあり、その他の各手続対象となる債務者についての管轄は大審裁判所（tribunal de grande instance）にある（L.611-4条、L.611-5条1項、L.621-2条1項、L.631-7条1項、L.641-1条Ⅰ-1項）[4]。

2．調停手続

　企業の経営難予防として、まず、債務者の申立てを受けて、裁判所所長（債務者が商業または手工業に従事する場合は商事裁判所所長、その他の場合は大審裁判所所長。以下も同様）が特別受任者（mandataire ad hoc）を選任し、その任務を定めることができるとされている（L.611-3条1項。なお、債務者が特別受任者の候補者名を提示することができる）。その任務は、金融機関等の主要債権者との交渉等、内外の紛争解決にあたることである。

　さらに、商業または手工業の活動を行い、法的、経済的または財政的な経営難に陥ることが明白である、または予想され、かつ、45日を超える期間において支払停止の状態にない債務者は、商事裁判所において調停手続を利用することができる（L.611-4条。商業または手工業に従事する者以外に関する大審裁判所における手続については、L.611-5条参照）。債務者は裁判所所長に申立てを行い、これにより所長は調停手続を開始し、調停人（conciliateur）を選任する（L.611-6条1項・2項。なお、ここでも債務者が調停人の候補者名を提示することができる）。調停人は、債務者と主要債権者、さらに通常の契約における相手方（co-contractants habituels）との間において、企業の経営難の解消に向けた合意締結を促すことを任務とするほか、企業の保護、経済活動の遂行および雇用の維持に関するあらゆる提案を行うことができる（L.611-7条1項）。さらには、2014年3月12日オルドナンス2014-326号の改正により、調停人は、債務者からの要請を受け、かつ主要債権者からの意見聴取を経たうえで、事業（entreprise）の全部または一部の譲渡を準備する任務（ただし、後に保護、再建または清算の手続が開始された場合には、実際の事業譲渡の実施はその手続内で行われる）を負うことが認められている（同条項）。

---

[4]　商事裁判所については、山本・前掲書（注2）223頁以下、大審裁判所については、同書173頁以下を参照。

3．保護手続

　債務者が支払停止にないときには、債務者はその自発的な申立てにより、保護手続を利用することができる（L.620-1条1項）。債務者の申立てにより保護手続を開始する裁判（開始裁判）がなされると、保護計画（plan de sauvegarde）の作成・認可のために最長6カ月間の観察期間（période d'observation）が開始する（L.621-3条1項）。なお、観察期間中、支払停止の要件等を満たす場合に再建手続への移行が認められるほか、債務者が支払停止の状態にあり、かつその事業の再建が明らかに不可能であると判明した場合、具体的には、実現可能な計画案を観察期間中に提示することができない、または債務者の状況が悪化した場合には、清算手続への移行が認められる（L.622-10条2項。後掲の図表を参照。再建および清算手続については、後記4を参照）。

　開始裁判において、主任裁判官（juge-commissaire）、司法管理人および司法受任者が裁判所により選任される（L.621-4条1項・3項）。ただし、司法管理人については、従業員数および税別の総売上高につきコンセイユ・デタの議を経たデクレの定める数値（従業員数20名かつ税別の総売上高300万ユーロ。R.621-11条1項）未満の債務者企業に関する限り、その選任は任意的である（L.621-4条4項）。司法管理人とは異なり、司法受任者は、債権者の集団利益保護のために裁判所により必ず選任される。実際には費用面での理由により司法管理人と司法受任者の双方を選任する例は稀だという。司法受任者は、計画認可後、計画遂行管理人（commissaire à l'exécution du plan）となり、また、清算手続へ移行した場合は、清算人となる（清算人については、後記4で説明する）。

　保護手続において、司法管理人は債務者を監督し（surveiller）または補佐する（assister）ことを任務とし、債務者の従前の権限にはほとんど影響を及ぼさない（L.622-1条。ただし、補佐の場合には、債務者と司法管理人が共同経営にあたることになる）。債務者は、開始裁判後も自己の財産に対する管理処分権を失わず、通常営業行為（acte de gestion courante）を行うことができる（L.622-3条）。保護手続における司法管理人の任務の範囲がこのように制限されている（逆に、債務者の権限にほとんど影響を及ぼさないとされている）のは、保護手続が支払停止を前提とせず、債務者の自発的な申立てに委ねられていることから、債

務者のイニシアティブを尊重するためである。

4．裁判上の再建・清算手続

　債務者が支払停止にあるときには、債務者は「再建・清算手続」（まず再建手続を試みたうえで、場合によっては清算手続に移行する）という単一構造の倒産手続の申立てを強制される（L.631-4条）。その後、原則として再建手続を開始する裁判（開始裁判）がなされ、再建計画（plan de redressement）の作成・認可のために最長6カ月間の観察期間が開始する（L.631-7条1項がL.621-3条1項を準用）。ただし、申立ての時点で再建が明らかに不可能な場合には、即時に清算手続を開始することも可能である（L.640-1条1項。即時清算手続）ほか、観察期間中に清算手続へ移行することもありうる（L.631-15条Ⅱ。後掲の図表を参照）。

　保護手続の場合と同様、開始裁判において主任裁判官、司法管理人および司法受任者が選任される（L.631-9条1項がL.621-4条を準用）。

　再建手続における司法管理人の必要的選任は、やはり保護手続の場合と同様、一定規模以上の企業が債務者である場合に限られている（L.631-9条1項がL.621-4条4項を準用）。ただし、再建手続において裁判所により司法管理人が選任されたときには、保護手続の場合とは異なり、司法管理人が債務者の管理処分権限の一部を担うこととなり（L.631-12条2項）、反面、債務者の権限は一定の制約を受けることとなる。司法管理人の権限の具体的な内容は開始裁判における裁判所からの授権によって定められ（同条1項）、その内容は開始後いつでも変更が可能である（同条4項）。多くの場合、司法管理人は債務者の補佐をその任務とし、債務者とともに財産管理に関する法律行為に関与することとなるが、裁判所は司法管理人に対して事業（entreprise）の全部または一部の管理（administration）を単独で行う権限を付与することもできる（同条2項）。そして、上記いずれの場合においても、司法管理人はその任務遂行にあたり、債務者に課されている法定または約定の義務を遵守しなければならない（同条3項）。

　他方、司法受任者は、債権者の集団的利益保護のために必ず選任され、計画認可後、計画遂行管理人となる。この点も保護手続と同様である。また、清算

手続が開始された場合においては、裁判所は主任裁判官を選任するとともに、全国リストに登録された司法受任者（または全国リスト外の者につき、L.812-2条II-1項の要件を満たす者。後記Ⅲ2(1)参照）を清算人（liquidateur）の資格におい

〔図〕 各倒産手続開始段階の基本構造[5]

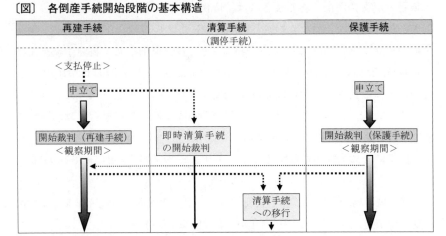

〈表〉 各倒産手続に関与する主な手続機関・専門職

手続の種類	関与する専門職
経営難予防調停手続	・特別受任者（mandataire ad hoc）：裁判所所長による選任 ・調停人（conciliateur）：裁判所所長による選任
保護手続 再建手続	・主任裁判官（juge-commissaire）：裁判所による必要的選任 ・司法管理人（administrateur judiciaire）：一定規模以上の債務者企業に限り、裁判所による必要的選任 ・司法受任者（mandataire judiciaire）：裁判所による必要的選任 ・計画遂行管理人（commissaire à l'exécution du plan）：通常、司法受任者から移行
清算手続	・主任裁判官（juge-commissaire）：裁判所による必要的選任 ・清算人（liquidateur）：裁判所による必要的選任。全国リストに登録された司法受任者または L.812-2条II-1項の要件を満たす者が選任される

---

5 杉本・前掲論文（注1）「フランスにおける物的担保法制と倒産法制の関係」242頁に掲げる図表につき若干加筆したものを再掲する。

て選任する（L.641-1条II-1項・2項）。債務者は、開始裁判後も自己の財産に対する管理処分権を失わないが、清算手続へ移行した場合または清算手続が即時に開始した場合は、債務者は管理処分権を喪失し、一部の例外を除き、その行使をすることができなくなる（L.641-9条Ⅰ）。

II 司法管理人の地位と資格[6]

1. 地 位

(1) 任務・地位

司法管理人の地位と資格については、商法典の法律部におけるL.811-11条からL.811-16条まで、同規則部R.811-1条からR.811-59条まで、および同アレテ（2009年1月14日アレテ）A.811-1条からA.811-12条までの諸規定によって規律されている。[7]

司法管理人は、裁判所の裁判により、他人の財産の管理、もしくはその補佐または監督の職務を任務とする、自然人または法人の受任者（mandataire）である、と定義されている（L.811-1条1項）。司法管理人は公権力（puissance publique）を行使するものではなく、司法公役務（service public de justice）の協力者としての裁判補助者であり、規制自由職（profession libéral réglementée）の一種である。ただし、固有の顧客をもつものではなく、事件ごとに裁判所によって選任される点は、前述のとおりである。司法管理人は、後述する全国リスト（後記2(1)）に登録されると、全国各地における活動資格を有する。また、原則として、同リストに登録された司法管理人は他の職（profession）との兼職が禁止されているが（当然、司法受任者との兼職も禁じられる）、例外的に弁護士のみ兼職が認められている（L.811-10条1項）。また、特別受任者、調停人または合意履行受任者（mandataire à exécution de l'accord）としての権限

---

[6] 以下の説明にあたっては、主にJocelyne VALLANSAN (sous la direction de) *et al.*, *Difficultés des entreprises, Commentaire article par article du Livre VI du Code de commerce*, 6ᵉ éd., LexisNexis, 2012の各該当箇所の解説を参照した。

[7] 1985年法における司法管理人の任務と役割、その歴史的背景については、山本・前掲書（注2）343頁以下を参照（なお、同書では、「司法管財人」という訳語が充てられている）。

451

(L.611-3条、L.611-6条およびL.611-8条）や計画履行監督人の権限の遂行等の一定の活動については、全国リストに登録された司法管理人の資格があっても行うことが認められている（L.811-10条3項）。

なお、司法管理人、司法受任者、計画履行監督人および清算人の報酬については、コンセイユ・デタ（Conseil d'État）の議を経たデクレ（2006年12月23日デクレ1709号）により詳細に定められている（L.663-2条、R.663-3条以下）。[8]

(2) 監督・懲戒

司法管理人は、さまざまな監督（contrôle）下におかれている。具体的には、選解任権限を有する裁判所（L.621-7条）、会計に関して会計監査役（L.811-11-1条）、司法管理人の専門職を代表する司法管理人・司法受任者全国評議会（Conseil national des administrateurs et des mandataires judiciaires）（L.814-2条）による、それぞれの監督に服する。特に2011年3月28日法律2011-331号により同評議会による監督が強化されており、司法管理人は、デクレの定める内容の年次財政状況を同評議会に送付することが義務づけられている（L.811-11条5項、D.811-40-1条、D.814-3-1条）。さらに、司法管理人は、基本的にその専門職活動につき検察官の監視（surveillance）の下におかれている（L.811-11条1項）。

また、司法管理人は、職務執行の内外を問わず、あらゆる法律および規則上の違反、職務規程（これは上記の評議会が定める）違反および信義誠実性の欠如を理由に、懲戒を受けることとなる（L.811-12-A条）。2003年1月3日法律2003-7号により、このように懲戒事由が私生活にまで拡大されている。

2. 資　格

(1) 司法管理人全国リストへの登録

司法管理人が、他人の財産管理、もしくはその管理の補佐または監督の職務を遂行するには、原則として、司法管理人登録全国委員会（Commission

---

[8] 前述した特別受任者および調停人（前記Ⅰ2）の報酬についても、L.611-14条、R.611-47条以下において定められている。なお、行政諮問機関としてのコンセイユ・デタ（山口俊夫『概説フランス法〔上〕』（東京大学出版会・1978年）254頁以下参照）は、「政府から付託を受けた問題または政府提出法律案に対する答申を義務的にまたは任意に表明する」権限を有しており、コンセイユ・デタの議を経たデクレ（décret en Conseil d'État）とは、このように「コンセイユ・デタ〔Conseil d'État〕の意見を聴いた後に採択されるデクレ」をいう（中村紘一ほか監訳『フランス法律用語辞典〔第3版〕』（三省堂・2012年）108頁、140頁）。

nationale d'inscription des administrateurs judiciaires. その構成につき、L.811-4条参照）の設置する司法管理人全国リスト（liste nationale des administrateurs judiciaires）に登録されなければならない（L.811-2条1項）。つまり、この全国リストに登録されている者が原則として司法管理人に選任される（なお、2008年12月18日法律2008-1345号により、全国リスト外から選任される例外が認められている。同条2項以下）。全国リストは、少なくとも年に一度は改訂される（R.811-36条1項）。なお、全国リストは、全国の各控訴院の管轄に応じて区分されているが（L.811-3条）、前述のとおり、このリストに登録されている者は、司法管理人として国内のいずれの地域においても活動する資格を有する（L.811-9条）。

(2) **全国リスト登録のための条件**

全国リストに登録されるための条件は、①候補者の国籍（フランス国籍を有するか、またはEU圏内に属する者であること。1号）、②誠実性（具体的には、刑事罰、罷免等の懲戒または行政上の制裁、もしくは倒産法上の個人制裁（faillite personnelle）または倒産犯罪（banqueroute）の前科がないこと。2号から4号まで）、および③職業研修受講試験に合格して、職業研修を修了し、さらに司法管理人職務適正試験に合格すること（5号）である（L.811-5条1項各号）。

このうち③の司法管理人としての資格を得るプロセスを詳細に説明すると、2003年1月3日法律2003-7号以降、まず、司法管理人・司法受任者全国評議会が実施する職業研修受講試験（examen d'accès au stage professionnel；いわゆる「事前試験（examen préalable）」である）に原則として合格しなければならない。この試験の受験資格として、法学修士や経済学・経営学修士等のデクレの定める一定の学位が要求される（L.811-5条2項、R.811-7条およびR.811-8条）。さらに、この試験については、R.811-9条からR.811-12条までで詳細に定められている（なお、受験回数は3回までに制限されている。R.811-9条2項）。以上の例外として、最低3年間の職務経験を有する司法受任者（1号）、最低5年間の職務経験を有する弁護士、公証人、執行吏、商事裁判所書記、公認会計士、会計監査役（2号）、およびR.811-7条の定める一定の学位を有し、かつ最低15年間の専門実務経験を証する企業法務に従事する者（3号）については、この事前試験は免除される（R.811-13条各号）。

その後、最短3年間、最長6年間の職業研修（stage professionnel）を受講す

453

る（R.811-15条1項。職業研修については、R.811-15条からR.811-18条までに定められている）。この職業研修においては、司法管理人の専門職領域における十分な経験を得るべく、司法管理人の協力者という資格において、司法管理人による直接の監督の下、実務修習が行われる（R.811-15条2項）。研修を修了し、研修終了証書（certificat de fin de stage）の交付を受けると（交付の条件について、R.811-18条）、司法管理人・司法受任者全国評議会が実施する司法管理人職務適性試験（examen d'aptitude aux fonctions d'administrateur judiciaire）を受験する資格を得る（R.811-22条）。この試験の受験回数は2回に制限されている（R.811-24条。その他、同試験については、R.811-19条からR.811-24条までの条文で詳細な規定がおかれている）。この試験に合格すると、晴れて全国リストに登録されることとなる。

　なお、以上の各試験および研修の一部または全部について（ただし、研修の全部免除は認められていない）、例外的に一定の専門職業人に対して免除が認められている（L.811-5条3項、R.811-25条およびR.811-26条。フランス以外のEU圏内に属する者に関する免除の例外につき、L.811-5条5項、R.811-27条およびR.811-28条）。

III 司法受任者の地位と資格[9]

1．地　位

(1) 任務・地位

　司法受任者の地位と資格については[10]、商法典の法律部におけるL.812-1条からL.812-13条まで、同規則部R.812-1条からR.811-23条まで、および同アレテA.812-1条からA.811-21条までの諸規定によって規律されている。なお、司法受任者に関する規律の多くは司法管理人に関する規律（前記II参照）を準用し

---

[9] 以下の説明にあたっては、主にVALLANSAN (sous la direction de) *et al., op. cit.* の各該当箇所の解説を参照した。

[10] 今日の司法受任者に相当する、1985年法における «mandataire judiciaire à la liquidation des entreprises»（企業清算における司法受任者。前掲（注3）参照）の任務と役割については、山本・前掲書（注2）350頁以下を参照（なお、同書では、「企業清算人」という訳語が充てられている）。

ており、両者は重複する部分が多い。

　司法受任者は、裁判所の裁判により、債権者の代表および企業の清算を任務とする、自然人または法人の受任者（mandataire）である、と定義されている（L.812-1条1項）。つまり、司法受任者とは、債権者の集団的利益を代表するとともに、債務者の財産の清算を任務とする裁判補助者である（L.622-20条参照）。司法受任者は、後述する全国リスト（後記2(1)）に登録されると、全国各地における活動資格を有するという点は、司法管理人の場合と同様である（なお、司法受任者に関する全国リスト制度を創設する2003年1月3日法律2003-7号以前は、控訴院管轄区域でしか活動資格を認められていなかった）。また、上記リストに登録された司法受任者は他の職（profession）との兼職が全面的に禁止されており、弁護士との兼職も認められていない（L.812-8条1項）という点では、前述の司法管理人の場合と異なる。ただし、司法管理人の場合と同様、特別受任者、調停人または合意履行受任者（mandataire à exécution de l'accord）としての権限（L.611-3条、L.611-6条およびL.611-8条）や計画履行監督人の権限の遂行等の一定の活動については、全国リストに登録された司法受任者の資格があっても行うことが認められている（L.812-8条3項）。

　なお、前述のとおり、司法受任者の報酬についても、コンセイユ・デタ（Conseil d'État）の議を経たデクレ（2006年12月23日デクレ1709号）により詳細に定められている（L.663-2条、R.663-3条以下）。

(2)　**監督・懲戒**

　司法受任者に対する監督については、司法管理人と同様の規律が妥当する。すなわち、裁判所、検察官、会計監査役および司法管理人・司法受任者全国評議会の監視・監督に服し、また、懲戒の規律も司法管理人における場合と同様である（L.811-9条等）。

2．資　格

(1)　**司法受任者全国リストへの登録**

　司法受任者として選任されるには、原則として、司法受任者登録全国委員会（Commission nationale d'inscription des mandataires judiciaires）の設置する司法受任者全国リスト（liste nationale des mandataires judiciaires）に登録されなけ

ればならない（L.812-2条Ⅰ項。例外については、同条Ⅱ項以下）。司法受任者に関して、全国リスト登録という司法管理人の場合と同様の制度は、2003年1月3日法律2003-7号によって創設されたものである。上記委員会および全国リストに関する規律は、司法管理人に関する規律の多くを準用しており、これと基本的に同じである。すなわち、全国リストは、少なくとも年に一度は改訂される（R.812-20条によるR.811-36条1項の準用）、また、全国リストは、全国の各控訴院の管轄に応じて区分されているが（L.812-2-1条）、このリストに登録されている者は、司法受任者として国内のいずれの地域においても活動する資格を有する（L.812-7条）。

(2) **全国リスト登録のための条件**

全国リストに登録されるための条件についても、司法管理人について説明したのと同様である。すなわち、①候補者の国籍（フランス国籍を有するか、またはEU圏内に属する者であること。1号）、②誠実性（具体的には、刑事罰、罷免等の懲戒または行政上の制裁、もしくは倒産法上の個人制裁（faillite personnelle）または倒産犯罪（banqueroute）の前科がないこと。2号から4号まで）、および③職業研修受講試験に合格して、職業研修を修了し、さらに司法受任者職務適正試験に合格すること（5号）である（L.812-3条1項各号）。

③については司法管理人に関する前述の説明とほぼ同様の内容であるが、まず、司法管理人・司法受任者全国評議会が実施する職業研修受講試験（examen d'accès au stage professionnel；事前試験（examen préalable））に原則として合格しなければならない。この試験の受験資格として、法学修士や経済学・経営学修士等のデクレの定める一定の学位が要求されるのも同様である（L.812-3条2項。なお、R.812-4条がR.811-7条およびR.811-8条を準用しており、要するに、司法管理人と司法受任者の資格を得るのに要求される学位は同じである）。受験回数が3回までに制限されている点等、試験に関する規律も司法管理人の場合と同様である（R.812-5条による関連条文の準用）。以上の例外として、最低3年間の職務経験を有する司法管理人（1号）、最低5年間の職務経験を有する弁護士、公証人、執行吏、商事裁判所書記、公認会計士および会計監査役（2号）については、この事前試験は免除される（R.812-7条各号）。

その後、最短3年間、最長6年間の職業研修を受講するのも司法管理人の場

合と同様である（R.812-8条1項）。この職業研修においては、倒産手続の領域における十分な経験を得るべく、司法受任者の協力者という資格において、司法受任者による直接の監督の下、実務修習が行われる（R.812-8条2項）。研修を修了し、研修終了証書の交付を受けると（交付の条件について、R.812-10条によるR.811-18条の準用）、司法管理人・司法受任者全国評議会が実施する司法受任者職務適性試験（examen d'aptitude aux fonctions de mandataire judiciaire）を受験する資格を得るが、この試験の受験回数も2回に制限されている（R.812-11条およびR.812-12条により司法管理人に関する諸規定が準用されている）。以上の各試験および研修の一部または全部についての一定の専門職業人に対する免除についても、司法管理人におけるのと同様である（L.812-3条3項・5項、R.812-7条、R.812-13条からR.812-16条まで）。

IV 若干の比較法的検討

　以上において、フランス企業倒産手続を担う代表的な専門職である司法管理人と司法受任者についての概略を説明してきた。最後に、日本法の観点から、フランス法における司法管理人と司法受任者についての若干の比較法的検討を行うこととする。[11]

　まず、日本法の立場からみて最も特徴的なのは、フランス法が、1985年法以降、伝統的な管財人制度を廃止し、従来の管財人の役割をこの司法管理人と司法受任者とに分業させている点であろう。前述のとおり、これは、従来、管財人が担っていた「管理人としての職務」と「債権者代表としての職務」を異なる2つの専門職に分担させたものである。たとえば、保護手続において、司法管理人が選任されているとしても、債務者は従前どおりの管理処分権と経営権限を有することとなり、その点においては日本法の再生手続と同様、ある種のD.I.P.型手続とよぶことができそうである。一方で、フランス法においては、司法受任者が債権者の集団的利益を代表するため、債務者は債権者代表としての地位を担うことがない（また、司法管理人も従前の債務者と同様の義務を負うに

11　フランス法を含む各国の倒産手続の担い手に関する横断的な比較法的考察については、佐藤鉄男「プレーヤーをめぐる各国の特徴」本章第1節（306頁）を参照。

すぎない)。これに対して、日本法での再生手続における再生債務者には、債権者の集団的利益の追求と自らの事業再生の模索という、事例によっては必ずしも軌を一にするとは限らない2つの要求があわせて課されるという構造になっており、この点で両者は大きく異なる。その意味で、フランス法の立法的決断は、比較法の観点から、上記の構造的課題を抱える再生債務者の法的地位を考えるうえでも興味深いものといえよう。

　次に、司法管理人および司法受任者という企業倒産処理の担い手として特化した資格制度の存在は、フランス法における重要な特徴である。この点は、さまざまな専門職が発達し、それぞれにつき試験と職業研修を前提とする資格制度が用意されているという、フランス社会一般にみられる特徴であるともいえよう。そして、このように企業倒産処理に特化した専門職の資格制度を設けることにより、前提として一定の学位は要求されるものの、さまざまなバック・グラウンドをもつ人材に対して企業倒産処理を担う専門職への門戸を開くことが可能となる。このことから、フランス法においては企業倒産手続の担い手の多様性が確保されうる、と評価することもできよう。同時に、厳格な資格制度の下、試験と職業研修を義務づけることで、企業倒産手続の担い手の質を確保するというフランス式の専門職養成制度は、わが国においても、法的整理・私的整理を問わず、広く企業倒産処理における担い手のあり方を考えるうえで示唆に富むと思われる。

(杉本和士)

12　この点に関する問題意識につき、中西正「『再生債務者＝D.I.P.』概念の再検討――民事再生における事業再構築のプロセスの検討」本書第3章第1節（178頁）を参照。

第7節 オーストラリアの企業再生手続における裁判所の関与のあり方——任意管理手続・会社整理計画における裁判所の事後的、後見的な役割を中心として[1]

はじめに

　本稿は、オーストラリアの企業再生手続の中心となる、会社法第5章Part5.3Aの任意管理手続（'Voluntary Administration'）・会社整理計画（'Deed of Company Arrangement'）における裁判所の関与のあり方について考察するものである。

　会社法第5章Part5.3Aの会社整理計画は、任意管理手続を経て成立する再建計画のことであり、任意管理手続とは、倒産した会社について会社整理計画の成立やそれができない場合には清算等への移行を目的として、倒産実務家（Insolvent Practitioner）が包括的に管理を行う手続である。したがって、任意管理手続が終わっても必ず会社整理計画が締結されるわけではないが、後者は前者を必ず経なければならないとされている点で、事実上は両者が一体となって企業再生の機能を果たしている。ところで、任意管理手続では裁判所に対する申立てを要することなく、倒産会社等が倒産実務家から管理人（Administrater）を選任した時より債権者の権利行使の禁止等一時停止（statutory moratorium）の効力が自動的に生じる。加えて、会社整理計画においても裁判所の認可を要することなく債権者の多数決によってその効力が生ずる。裁判所は利害関係人の申立てがあれば任意管理手続や会社整理計画の執行を廃止できる

---

[1] 本稿は、金春「オーストラリアの企業再生手続における裁判所の関与のあり方について——私的整理と法的整理の中間型モデルへのアプローチ」NBL1037号（2014年）55頁以下を基に、本稿の考察の視点を加味して、かつ、現在進行しつつあるオーストラリアの倒産法改正の動向を含めて、修正を加えたものである。

459

等、あくまでも事後的、後見的な役割を果たすことに重点をおいている[2]。

本稿は、このような裁判所の事後的、後見的な役割について、任意管理手続・会社整理計画の立法経緯や手続の枠組みを通じて紹介したうえ、裁判所のこのような関与のあり方を導入した正当化根拠は何であったのか、このような枠組みをもっている任意管理手続・会社整理計画が実際企業再生手続としての機能をうまく果たしているのかを検討する。さらに任意管理手続・会社整理計画と現在日本で注目されている制度化された私的整理手続との関係等についても若干考察することを通じて、管理人等倒産手続を担う倒産実務家の役割を中核として、裁判所は一歩退いたところで事後的、後見的役割を果たすような枠組みも企業再生手続の一つの選択肢であることを論証することを試みる。

I　オーストラリアにおける企業再生手続の種類

1．企業倒産手続の沿革

イギリス法に起源を有するオーストラリア法では、企業の倒産手続は会社法において規律されてきた。1990年に連邦管轄区の一つである首都特別区において会社法（Corporation Law）が制定され、その後他の州でも同一の内容が州法として採択されたことから、全国において同内容の会社法が統一的に適用されていた。会社法は、その後も数度の改正を経て、連邦議会が制定した現行の会社法（Corporations Act 2001（Cth））に至り、2001年会社規則（Corporation Regulations 2001（Cth））も定められた。会社法のうち、倒産法部分に関連する大きな改正としては、1992年改正会社法（Corporate Law Reform Act 1992（Cth））と2007年改正会社法（Corporations Amendment（Insolvency）Act2007（Cth））がある。本稿の考察の対象となる任意管理手続・会社整理計画は、1992年改正会社法によって導入されており、現行の企業倒産手続の全般的な枠

2　このようにみると、任意管理手続・会社整理計画は、会社法上の企業再生手続の一種ではあるが、その枠組みからは日本で議論されている制度化された私的整理たる事業再生ADRに多数決が認められたことと同様の構図もうかがえる。このような認識から、前掲（注1）の拙稿は本稿の問題意識とも密接に関連するが、事業再生ADRにおける多数決導入の問題と関連づけて考察を行ったものである。

組みもこれによって形成された。これに対して、2007年改正会社法は、その後の十数年間にわたる倒産実務の総括と反省を反映したものであり、企業倒産手続の基本的な枠組みを変えるものではないが、いくつかの重要な改正に及んでいるので、本稿ではこれについても適宜紹介する。なお、後述のように、オーストラリアでは、倒産手続における裁判所の関与は緩やかであるが、その代わりに行政機関が重要な役割を果たしている。たとえば、1966年破産法 (Bankruptcy Act 1966 (Cth)) を根拠法とする現行の個人破産においては、自己破産のケースにつき Australian Financial Security Authority (AFSA) が管轄をしている。他方、企業倒産については、Australian Securities and Investments Commission (以下、「ASIC」という) が監督官庁として、会社の業務を監督するのみならず、後述のように会社の倒産手続においてさまざまな役割を果たしている。

2．企業再生手続の種類

2001年会社法第 5 章は、企業の倒産手続として、外部管理手続 ('External administration') というタイトルの下で、順次、財産関係の整理協定 (Part 5.1)、レシーバーシップ (Part 5.2)、任意管理手続・会社整理計画 (Part 5.3A)、清算手続 (Part 5.4～Part 5.6) を定めている。

---

3 任意管理手続・会社整理計画に関する邦語文献として、阿部昭吾＝片山英二＝北原潤一「オーストラリアにおける倒産法——新しい会社再建型手続を中心として (一～三)」NBL570号24頁、571号31頁、574号34頁 (いずれも1995年)、アレンズ・アーサーロビンソン・グループ (斉藤隆広訳)「オーストラリアの任意的会社管理手続 (一～六)」国際商事法務23巻 4 号393頁、5 号507頁、7 号775頁、8 号897頁、9 号1003頁、10号1119頁 (いずれも1995年)、根本敏光ほか「オーストラリア企業倒産・再生法制」国際商事法務42巻 8 号 (2014年) 1193頁、加納寛之『オーストラリア会社法概説』(信山社・2014年) 312頁以下。

4 2007年改正会社法については、House of Representatives, *Explanatory Memorandum to the Corporations Amendment (Insolvency) Bill 2007* 〈http://www.austlii.edu.au/au/legis/cth/bill_em/cab2007390/memo_0.html〉; Colin Anderson and David Morrison, *'Part 5.3A: The impact of changes to the Australian corporate rescue regime'*, 2007, 15 *Insolv LJ*, at 243; 金春「オーストラリアにおける結合企業の倒産処理について——2007年改正会社法 (倒産部分) において導入された清算手続におけるプーリングシステム (実体的併合制度) を契機として(1)」民商143巻 6 号 (2011年) 49頁以下。

5 同機関は、法務長官 (Attorney-General) 傘下の行政機関であり、2013年 8 月15日までは Insolvency Trustee Service Australia (ITSA) とよばれていた。オーストラリアの個人破産手続に関する早期の邦語文献として、田頭章一「オーストラリアの個人破産・会社清算手続 (上) (下)」NBL706号30頁、707号68頁 (いずれも2001年) 以下。

このうち、レシーバーシップ（Receivership）は、会社が経済的危機に陥ったときに、担保権者が担保権設定契約に基づいて会計士たる登録清算人からレシーバー（Receiver）またはレシーバー兼管理人（Manager）を選任し、これらの者により担保目的物の管理・処分および配当が行われる手続であり、実質的には一種の担保権実行手続である。

 財産関係の整理協定（Schemes of arrangement）は、会社と債権者・その他の権利者との間で、支払猶予や債務免除等を含む債務整理協定（compromise）、または資本構成の変更や合併等の事業再編をも含む財産関係の整理協定（arrangement）を行うことによって、再建が図られる手続である。具体的には、会社または債権者等は、整理協定案を作成した後、裁判所に対し関係人集会の招集を申し立てなければならないが、その前に証券投資委員会に対し協定案についての審査期間を14日間与えなければならない。裁判所の関係人集会の招集命令により集会が開催されれば、権利者の性質に応じて組分けが行われ、各組において議決権を行使した権利者の過半数でその有する債権額が総債権額の75％を有する者の同意が得られたことを条件として整理協定案が可決される。その後、さらに裁判所の認可を得られれば、整理協定は効力を生ずる。このように、財産関係の整理協定は、すべての権利者を取り込む手続であるが、裁判所と証券投資委員会が手続に大きく関与し、時間とコストがかかることから、会社合併の事例を除いてほとんど利用されていないのが現状である。[6]

II　任意管理手続・会社整理計画の枠組み

1．手続の導入の背景

 任意管理手続・会社整理計画は、2001年会社法第5章Part5.3Aにおいて、'administration of a company's affairs with a view to executing a deed of company arrangement' の名において定められている。Part 5.3A 手続の目的は、経営危機に陥った会社について、①会社の存続および事業の継続の可能性

---

[6] 2001年から2013年度までの利用件数は、わずか9件である。ASIC, *Insolvency Statistics Series 1, Companies Entering External Administration*, 4, Sep 2014, Table 1.3.

の最大化を図り、②これが不可能である場合に、直ちに清算を行うよりもよい結果を債権者や株主にもたらすことができるよう、その財産および事業を管理することである（2001年会社法435A条）。したがって、同手続は、必ず再建の見込みのある会社のみでなく、直ちに清算するよりもより多くの配当をもたらす見込みのある会社による利用をも想定しているが、立法過程では再建型としての性質が強調されていた。具体的には、Part5.3A 手続は、オーストラリア法改正委員会（Australia Law Reform Commission）により公表された「倒産法現状調査報告書」（'General Insolvency Inquiry Report Vol1, Report No 45, 1988'。同委員会 Harmer 委員長の名前を借りて、「ハーマーレポート」（Harmer Report）と通称されている）への応答として成立した1992年改正会社法によって立法化され、翌1993年6月23日から施行された。同手続が導入される前に、オーストラリアでは財産関係の整理協定が存在していたが、前述のように、関係人集会の招集・整理協定の認可等における裁判所と証券投資委員会の関与、さらに決議の際における組分けの必要等により、手続が煩雑で、時間とコストがかかることが問題点として指摘されていた。そして、もう1つの再建型手続たる旧公的経営管理（Official Management）[9]も会社再建のための有用な仕組みではなかった。こうした状況の下、ハーマーレポートでは、corporation administration 手続の導入を始めとするイギリス1986年倒産法改正の契機となった1982年倒産法改正委員会レポート（'Cork Report'）やアメリカ連邦倒産法第11章手続等も参照したうえ、オーストラリアでも簡易迅速で、利用しやすい再建型手続を導入すべきことが提案された[10]。そして、同提案にあたって核心的な原則（"design principle"）として位置づけられたのは、①会社が再建か清算かを決定するまでの短い期間において、債務者の財産と事業価値を最大限に保全し、有益で秩序ある債務者財産の管理を可能にすること、②可能な限り事業の維持と労働者の

---

[7] 以下の法律の名称は特段の説明がない限り、2001年会社法のそれを指す。
[8] Colin Anderson and David Morrison, *Crutchfield's Corporate Voluntary Administration*, 3rd Edition,（2003, Lawbook Co, Pyrmont, Australia）, pp6-7; Michael Murray, Jason Harris, *Keay's Insolvency: Personal and Corporate Law and Practice*, 9th Edition,（2016, Lawbook Co, Australia）, p667.
[9] 旧公的経営管理手続は、任意管理手続の導入により廃止された。その概要については、Colin Anderson and David Morrison, *supra* note 8, p5.
[10] Michael Murray, Jason Harris, *supra* note 8, p667.

保護を図ること、③経営危機に陥った会社について、取締役が迅速に措置をとることであった。また、個人債務者の債務合意手続（Debt Agreement）（1966年破産法PtX章手続）上の2つの重要な特徴たる、①債務者が財産の管理処分権を資格ある倒産実務家に移転する制度、②裁判所の認可を要することなく整理計画が成立するメカニズムが企業再生手続においても重要であることが確認された。このような立法に至る背景は、後述のように、Part5.3A手続における裁判所の機能を後見的な役割にとどめたことに重要な影響を与えたといえよう。

2．任意管理手続

(1) 任意管理手続の開始

㋐ 管理人の選任

任意管理手続は、①会社、②任意清算手続中の会社の清算人・仮清算人、③会社の全部財産等（the whole, or substantially the whole, of a company's property）に担保権を有する者（以下、「全部担保権者」という）が、倒産実務家から任意管理人（voluntary Administrator）（以下、「管理人」という）を選任することによって開始される（435C条(2)(a)、(b)、(c)、436A条、B条、C条）。会社や清算人・仮清算人が管理人を選任する場合は、取締役会において会社がすでに倒産状態（insolvent）に陥ったかそれに陥るおそれがある旨および管理人を選任すべきである旨を決議する必要がある（436A条、436B条）。

清算人・仮清算人により管理人が選任されるケースは、すでに任意清算手続に入った会社が任意管理手続による再建を望む場合が少ないため、あまりみられない。さらに、全部担保権者たる銀行の場合も、自己の社会的評判の低下を気にしているため自ら管理人を選任することは稀である。したがって、ほとん

---

11 *Harmer Report* at Paragraph 53-54; Colin Anderson and David Morrison, *supra* note 8, at 6; Colin Anderson and David Morrison, *supra* note 8, p244. なお、③に関して導入されたのが、取締役の倒産取引責任制度（588G条）である。
12 Michael Murray, Jason Harris, *supra* note 8, p603.
13 債権者のインセンティブにより手続を開始させる仕組みを導入すべきことについての立法提案もあったが、2007年改正会社法では採用されなかった。Colin Anderson and David Morrison, *The commencement of the company rescue: how and when does it start?*, In Omar P (eds.), *International Insolvency Law : Themes and Perspective*, (2008, Ashgate, London) p98.

どの任意管理手続は、大口債権者と事前相談のうえ、会社が管理人を選任することにより開始される[14]。

管理人等は、選任された日の翌営業日の終了前にASICに選任の事実を通知するとともに、Insolvency notices websiteに選任の事実および第1回債権者集会の開催通知を公表し（435A条(1)）、全部担保権者等にも選任の事実を通知しなければならない（450A条(3)ほか）。

このように、任意管理手続の開始にあたっては裁判所への申立てや裁判所による審査等司法機関による直接の関与は一切ないが（'out-of-court appointment'とよばれている）、後述のように、任意管理手続が開始されると一時停止等の効力が自動的に生ずる。そこで、法は、手続の正当性を担保するために、債権者やASIC等の申立てに基づいて、会社が倒産状態等でない場合やその他同手続の規定の濫用がみられる場合等には、裁判所は事後的に手続の廃止を命ずることができるとされている（435C条(3)(a)、447A条(2)）。また、管理人の中立性・独立性を確保することが肝心であるので、法は、管理人の資格や解任等の面で以下のさまざまな規制を設けている。

(イ) 管理人の資格と解任等

まず、管理人の資格を有するのは、登録清算人（Registered liquidator. そのほとんどは公認会計士であり、弁護士は少数である）であるが（448B条）、登録清算人となるためには、次の3つの要件が必要である（1282条(2)）。第1に、申請者は、ASICが指定する大学や専門機関で会計・商法学位や専門資格を取得し、所定の試験を受けた者、またはASICが認める相当の資格、実務経験を有する者でなければならない（1282条(2)a）。第2に、申請者は、会社清算や任意管理手続等会社の外部管理手続の実務経験を有する者でなければならない（1282条(2)(b)）。第3に、申請者が登録清算人になるためには、ASICにより、登録清算人の能力を有しかつ適任であると認められる者でなければならない[15]。

---

14 Colin Anderson and David Morrison, *supra* note 8, p243-257.
15 2007年改正会社法では、特別なライセンスを求めるイギリス型の倒産管財人資格制度の導入が検討されたが、450人ぐらいの小規模の人数のために新たな資格制度を制定するのは資源の無駄であると指摘されていたことから、登録清算人の登録制度を整備することにとどめた。Explanatory Memorandum, *supra* note 4, at paragraph 3.85. イギリスの管財人資格制度については、高田賢治『破産管財人制度論』（有斐閣・2012年）参照。

また、登録清算人になった後も、自己・所属事務所と会社・関連会社との間で5000オーストラリアドル以上の債権債務関係を有する者、会社の役員、従業員、会社の会計監査人（auditor）、またはこれらの者とパートナーや雇用関係にある者は、裁判所の許可がない限り、当該会社の任意管理手続の管理人となることができない（448C条）。さらに、裁判所は、ASICや債権者等の申立てに基づいて、中立性・独立性が欠けていると認めるときは、管理人を解任し、新たな管理人を選任することができる（449B条、436E条）。したがって、管理人の中立性・独立性が欠けているが、会社は倒産状態等になっているときは、任意管理手続の廃止（435C条(3)(a)、447A条(2)）でなく、新たな管理人が選任される[16]。

以上の規定にもかかわらず、実務では、会社と上記利害関係がある管理人が選任されるケースがしばしばみられた。そこで、2007年改正会社法では、管理人の中立性・独立性の確保の実質化を図るとともに、債権者への情報提供を可能にするための制度が導入された。具体的には、任意管理手続において、管理人は、選任された後直ちにその中立性・独立性に関連する宣誓書たる'declaration of relevant relationships'および'declaration of indemnities'を提出しなければならない。前者においては過去24カ月における上記利害関係の有無、後者においては会社への請求権[17]の存否を明らかにしなければならない（436DA条、449E条、60条。なお、443D条およびE条、556条）。これらの宣誓書の副本は、第1回債権者集会の通知とともに速やかに債権者に送付するとともに、債権者集会でも提出し（436DA条(3)(4)）、債権者の求めがあれば追加資料を提出しなければならない。これらの制度により、自己と利害関係のある事案では会計士等が管理人就任を辞退することが期待されている。

(2) **任意管理手続の開始の効力——一時停止**

任意管理手続開始に伴う効力の中で特に重要なのは、一時停止である。

(ア) 訴訟手続・強制執行手続、清算手続等

任意管理手続が開始された時から、会社または会社所属の財産に対する訴訟

---

16 Michael Murray, Jason Harris, *supra* note 8, p695.
17 管理人の報酬請求権や個人的責任の負担による会社財産への事後求償権等が含まれる（後記(3)(イ)を参照）。

手続や強制執行手続（enforcement process）は、管理人の書面による同意または裁判所の許可がない限り、開始・係属することはできず（440D条、440F条、440G条）、清算手続も開始・係属することはできない（440A条）。また、債権者に対する弁済や会社財産の売却は原則として禁止される[18]。

　(イ)　担保権者、リース債権者および所有権留保主の処遇

一時停止の効力は、原則として、担保権者やリース債権者等に対しても及ぶ。すなわち、動産債権担保法（Personal Property Securities Act 2009（Cth）。以下、「PPSA」という）[19]の下で登記した動産債権担保権、または留置権、質権のような占有型担保権（possessory security interest）については、財産の売却等担保権実行が中止されるし（Item 2 under S440B）、その他の担保権者についても担保権実行は中止される（Item 1 under S440B）。そして、リース債権者（lessor）および財産の所有権留保主（owner）（PPSA下の担保権者となるものを含む）は、目的財産に対する占有・取戻しをすることはできず、その他担保権実行は中止される（Item 3 and 4 under S440B）。

もっとも、このような一時停止の効力は次の者には及ばない。すなわち、まず、①全部担保権者で、任意管理手続開始（または全部担保権者が手続開始の通知を受けた日）から13営業日以内のいわゆる「猶予期間」（decision period）満了までに、レシーバーの選任を含む担保権実行を開始した者である（441A条）[20]。もっとも、実務では、全部担保権者たる銀行は、任意管理手続・会社整理計画による再建を望むことが多く、同権利を行使するケースはあまりみられ

18　*Re Capital General Corporation Ltd* [2001] VSC570；(2001) 19 ACLC 848, 851)。
19　2009年12月15日に制定（2012年1月30日から施行）されたPPSAは、土地・建物を除くほぼすべての財産権（Personal Property）上に設定される担保権について、全国規模で統一的にオンライン電子登録を可能にする制度である。具体的には、従来担保権の対象とされなかったファイナンス・リース契約、委託販売契約および条件付売買契約（所有権留保条項を含む）に基づく権利いわゆる売買代金担保権（Purchase Money Security Interest）や、担保機能を有しなかった特定の取引たる1年以上の期間の物品のリース（土地は除く）、売掛債権の譲渡、業務委託に基づく権利についても、連邦政府のPersonal Property Securities Registerにおいて担保権として登録することが可能となった。なお、PPSAの制定に伴う会社法の一部改正については、Michael Murray, Jason Harris, *supra* note 8, p685.
20　担保権実行とは、(a)目的財産についての占有または支配を取得したこと、(b)目的財産を売却する合意をしたこと、(c)目的財産について競売にかける合意をしたこと、(d)目的財産の売却のためにオークションを実施したこと、(e)目的財産に対するその他の権利行使をしたことである（441B条）。

ない。次に、②任意管理手続の開始前にすでに担保権を実行した者（441B条）および③毀損しやすい財産上に担保権を有する者（441C条）である。さらに、④リース債権者および所有権留保主で、任意管理手続を開始する前に目的財産を取り戻すための手続を開始した者である（441F条。PPSA担保権者となっている場合は、②および③が適用される）。

ただし、これらの規定により任意管理手続が頓挫することがあり得るので、裁判所は、管理人の申立てに基づき、上記②、③や④の場合において適切な保護（adequately protect）があると認めるときは、担保権者等の権利行使を制限することができるとされている（441D条、441H条）。

　(ウ) 取締役等による保証責任の履行中止

一時停止の効力の延長として、管理人が選任された後、会社債務についてその取締役や親族等による保証を受けている債権者は、裁判所の許可を得た場合を除き、保証債務の履行を求めることができない（440J条）。取締役が会社債務の保証人となるケースが一般的であるところ、保証債務の履行中止により、取締役が躊躇せずに管理人を選任することを期待できるからである。もっとも、保証債権の行使は後の会社整理計画の拘束を受けないので（444J条）、この履行中止は暫定的なものにすぎない。

(3) 管理人の法的地位・権限、責任等

前述の管理人の資格等の問題と同じく、管理人の法的地位・権限等の問題も、本稿の関心事項である裁判所の役割の問題と密接にかかわる。

　(ア) 法的地位・権限

管理人の選任により、会社の財産管理処分権や事業・その他業務遂行権は管理人に帰属するため（437A条）、会社財産を対象とするすべての取引は、管理人が会社名義で行うものでない限り原則として無効である（437D条）。管理人は、会社の代理人（company's agent）として、原則として会社の役員（officers）のすべての権利を行使し（437B条）、その職務行使にあたって善管注意義務および忠実義務（care and diligence, good faith）を負う（180条、181条）。会社の役

---

[21] Andrew Keay, 'A Comparative Analysis of the Administration Regimes in Australia and the United Kingdom', In Omar P (eds.), International Insolvency Law: Themes and Perspective（2008, Ashgate, London）p116.

[22] Michael Murray, Jason Harris, supra note 8, p717.

員は、管理人の書面による承認がない限り、原則としてその職務を停止される（437C条）。

　このように任意管理手続が開始された後は、管理人が手続主体となるが、アメリカ連邦倒産法第11章手続や民事再生手続のD.I.P.、会社更生手続の管財人と比べると、管理人は、会社の本来の権限に由来する部分と任意管理手続の進行に必要不可欠な限度での権限しか与えられていない。

　まず、管理人には、双方未履行双務契約の処理の権限が与えられていない。清算手続においては、清算人は負担の大きい財産についての放棄権限（disclaimer of onerous property）の一環として、未履行契約を放棄できる（568（1A）条）が、任意管理手続では類似の規定が存在しないため、管理人は、契約を放棄・解除することはできない。[23]そこで、管理人による未履行契約の放棄・解除や裁判所による倒産解除特約（ipso facto）の無効確認等の制度の導入が論じられてきたが、債権者の予見可能性や手続の簡易化を確保する趣旨から、導入に至らなかった。[24]もっとも、倒産解除特約の効力の制限については、後述のように、近時進行しつつある倒産法改正作業において導入される見込みが大きい。次に、任意管理手続においては、会社再建を図るために大方の債権者の協力が必要であるとの認識から、否認権（voidable transactions. 588条FE参照）制度が設けられていない。否認権行使による財産回復によって債権者がより多くの配当を受けられる場合は、管理人は、第2回債権者集会に先立って会社整理計画ではなく清算を提案することになる。[25]

　このように管理人の権限が相対的に制限されていることは、後述のように、管理人選任により裁判所の関与を要せずして一時停止の効力が自動的に生ずる

[23] 管理人が契約の履行を拒絶する場合は、相手方は損害賠償請求をすることができると解されている。Michael Murray, Jason Harris, *supra* note 8, p685.
[24] Corporations and Markets Advisory Committee , *Voluntary Administrations (VA) in its Rehabilitating of large and complex enterprises in financial difficulties Report (2004)*, pp71-74 (Recommendation 28), N53; Michael Murray, Jason Harris, *supra* note 8, p618; Stacey Steele, *The Collapse of Lehman Brothers and Derivative Disputes: The Relevance of Bankruptcy Cultures to Roles for Courts and Attitudes of Judges*, In Ann Wardrop (eds), *Banking and Finance : Perspectives on Law and Regulation*, (2014, Federation Press, Australia), p67. なお、実務では、相手方が解除特約を行使することが多いが、それが行使されない場合でも、開始後の債権は開始前に生ずるものと同じく、一般債権として扱われるにすぎない。
[25] Christopher Symes, John Duns, *Australian Insolvency Law*, 2nd Edition, (2012, LexisNexis, Australia) p246.

ことを正当化する根拠の一つとなっている。
　(イ)　管理人の個人的責任と会社への事後的求償権
　管理人は、職務遂行の過程において、会社の代理人として（437B条）自己との契約に基づく第三者によるサービスの提供、商品の購入、財産の賃借・利用および新たな借入れ・利息等によって生じた債務について、個人的責任を負わなければならず（443A条(1)(a)-(c)）、その結果、これらの債権については随時弁済が図られる。レシーバーシップ（419条(1)）に倣ったこの管理人の個人的責任についての仕組みは、ハーマーレポートの最も重要な提案の一つであり、その趣旨は任意管理手続における第三者の会社への信用供与・会社の再建を促すところにある。もっとも、管理人は、個人的責任の負担によって生じる求償権（indemnity）についてその報酬請求権とともに会社の全財産上に Lien を有し（443F条）、会社の財産から、無担保債権者、対抗要件を具備していない担保権者、流動（動産債権譲渡）担保権者（circulating security interest）に先立ってほぼ最優先で弁済を受ける（443D条、443E条、556条(1)(c)）。しかし、会社の財産が不十分である場合は管理人の求償権が全額満足を受けられないおそれがあるため、管理人は、会社財産を超える部分につき個人的責任を負わない旨の命令を裁判所に求めることができる（447A条）。
　(4)　債権者集会
　第1回債権者集会は、管理人が選任された後8営業日以内に開催され（436E条(2)）、管理人の続投・新たな管理人の選任の有無（同条(4)）、債権者委員会の組織の有無（同条(1)）等について決議を行う。
　第1回債権者集会後、管理人は、会社の財産や業務状態について調査し（438A条、438B条、438C条）、再建か清算か等について意見を形成したうえ、第2回債権者集会の招集を債権者に通知するとともに、ASIC に公表しなければ

26　なお、PPSA 下の担保権の目的財産となっている財産を含めて、任意管理手続開始前の契約に基づいて会社が所有権留保主やリース債権者の財産を利用、占有している場合に、管理人が手続開始後5営業日以内にこれらの者に対して今後権利を行使しない旨を通知しなかった場合でも、利用料等について個人的責任を負う（443B条）。
27　Colin Anderson and David Morrison, *supra* note 8, p149; Michael Murray, Jason Harris, *supra* note 8, p706.
28　ただし、新たな借入れ・利息についての管理人の個人的な責任に基づく求償権については、流動担保権者の同意がない限り流動担保権者に劣後して弁済を受ける（443E条(5)）。

ならない（439A条(3)）。これにあたって、管理人は上記意見を記載した意見書・報告書を添付し、特に会社整理計画の締結を提案する場合はその主な内容を記載した計画草案を添付する必要がある（439A条(4)）。第2回債権者集会は、招集期間（convening period）（管理人選任から20日以内。例外的に25日）終了後5営業日以内に開催されるため、原則として管理人選任から25営業日以内に開催される（439A条）が、大規模な事件では第2回債権者集会初日から45営業日まで期間延長がされている（439B条(2)、439A条(6)）。もっとも、第2回債権者集会において決議が成立することによって任意管理手続が終結するところ、この任意管理手続期間は短すぎるとの批判があったが、2007年改正会社法では、債権者の支持を得て会社の再建を可能にするためには手続の簡易迅速が不可欠であるとして、法文上「日」の文言を「営業日」に修正することにとどめた。[29]

第2回（または第3回）債権者集会においては、①会社整理計画を締結すること、②任意管理手続を終結し、取締役の管理下に復帰すること、または③会社を清算することのいずれかを決議する（439C条）。投票（poll）[30]により決議が成立するためには、議決権を行使した債権者の過半数でかつその有する債権額が議決権を行使した総債権額の半数以上を占める者の同意が必要である（2001年会社規則5.6.21(2)）。清算手続と異なり、担保権者は、担保権を放棄しなくてもすべての債権額をもって議決権を行使できる（同規則5.6.24）。後述のように、担保権者は原則として会社整理計画の拘束を受けないが、議決権の付与によって、（とりわけ事業継続に不可欠な財産に担保権を有する）担保権者の手続への積極的な関与・協力を得られると考えられたためである。[31]そして、担保権者が原則として会社整理計画の拘束を受けないことを考慮すると、担保権者の反対により決議が可決されない危険性はあまりないと判断されたと思われる。なお、決議にあたっては、財産関係の整理協定における組分けがもたらした煩雑さを踏まえたためか、組分けは一切行われないとされている。

---

29 Colin Anderson and David Morrison, *supra* note 8, pp243-257; Explanatory Memorandum, *supra* note 4, at paragraph 7. 114.
30 発声や手をあげる方法によって決議されることもある（2001年会社規則5.6.19(1)、(2)）。
31 Michael Murray, Jason Harris, *supra* note 8, p730.

(5) 任意管理手続の終了

任意管理手続は、第2回債権者集会において会社整理計画の締結、管理手続の終結、または会社清算の決議がされたときに終結する（435C条(2)）。実務においては、会社清算の決議によって終結するケースが半数以上存在するが[32]、立法者が想定していた任意管理手続の終結の基本型は会社整理計画の締結による会社再建であったといえる。会社整理計画の締結が可決された場合は、会社および管理人は原則として集会が終結した日から15営業日以内に会社整理計画に署名し[33]、これにより同計画はその効力を生じる（444B条(6)、(2)）。しかし、会社整理計画の締結が可決された後は、債権者は計画の内容に反する行為をすることができないため（444C条(2)）、事実上計画が効力を生じ、任意管理手続が終了するのは決議が行われた日である。

3. 会社整理計画

会社整理計画が効力を生じた後は、従来の管理人が原則として計画執行人として（444A条(2)）、計画を執行する。

(1) 会社整理計画の内容

会社整理計画の必要的記載事項は、計画執行人、弁済に供すべき財産、支払猶予期間（moratorium period）、債務免除の範囲、計画執行の条件、計画が効力を生ずる条件、計画が効力を継続する条件、計画の終了事由、債権の配当順位、債権発生の基準日である[34]（444A条(4)）。なお、2001年会社規則の附則（Schedule）8Aには、計画執行人の権限や債権の配当順位（556条）、免責効果等についての諸規定があり、計画では特別の規定がない限り同附則の適用を排除できない（444A条(5)）。

上記の必要的記載事項のうち、債権の配当順位が重要となるが、計画では清

---

[32] 初期の統計では、会社清算が全体の53％を、会社整理計画の締結が38％を占めているようである。David Morrison and Colin Anderson, 'The Australian Corporate Rescue Provisions: How do they Compare?', In Omar, Paul (Ed.), *International Insolvency Law : Reforms and Challenges* (2013, Ashgate Publishing, London), p192.

[33] なぜ会社および管理人が署名するのかについては明らかでなく、裁判例でもこれは「奇妙な条文である」とされている。Colin Anderson and David Morrison, *supra* note 8, p192.

[34] 一般的な債権発生の基準日は、管理人が選任された日である。Michael Murray, Jason Harris, *supra* note 8, p703.

算手続における債権の配当順位（556条[35]）が適用される（2001年会社規則附則8A、444A条(5)）。また、労働者保護の観点から、労働債権の弁済については、清算手続における弁済順位（550条、560条、561条）以上の保護が再生計画で定められなければならない（444DA条）。

(2) **会社整理計画の効力**

会社整理計画は、債権者集会によって可決されたことによりその効力を生じ、執行の段階に入るため、裁判所はそれにあたって直接に関与しないという大きな特徴がある。

会社整理計画は、会社（444G条）やすべての債権者を拘束するため（444D条(1)）、計画の執行中における強制執行等は原則として禁止される（444E条）。しかし、担保権者（51E条、51A条）は、計画にその拘束を受ける旨の定めがあり、かつ債権者集会で当該担保権者が賛成した場合および裁判所が計画の目的達成のために必要であると認めるとともに債権者に適切な保護がされている例外的な場合を除いて、原則として計画の拘束を受けない（444D条(2)、444F条(2)、(3)、444D条（3A））。同旨の規定は、リース債権者や所有権留保主（PPSA担保権者となっている場合は、上記担保権者関連の規定を適用する）についても存在する（444D条(3)）。以上のとおり、オーストラリアの会社再建手続においては、担保権者およびリース債権者等について、原則として一時停止の拘束力を及ぼすものの、再建計画執行中は原則としてその権利行使を認めるという枠組みがとられている。

(3) **会社整理計画の終了、変更（variation）、執行廃止（termination）**

債権者への弁済が終了すると、会社整理計画はその目的を達成し、終了する（445C条(d)）。しかし、裁判所は、会社整理計画の終了後から重要な役割を担うことになる。

まず、いったん締結された計画であっても、債権者集会の決議や裁判所の命

---

[35] 2001年会社法556条によれば、①会社の財産の売却等や事業維持にかかわる費用、②清算手続の申立てにかかわる費用、③清算手続に先立って管理手続が係属されていた場合における管理人が負担した個人的責任や報酬請求権に基づく求償権、④任意清算の決議のための債権者集会にかかわる費用、⑤①以外の清算手続にかかわる費用、⑥清算人・管理人等の報酬等、⑦監査委員会（a committee of inspection）にかかわる費用等、⑧労働者の給料、年金、年金保証税（Superannuation Guarantee Charge）、法廷休暇期間の手当、退職金は、無担保債権に優先して弁済を受けられる。なお、租税債権の優先性は、1991年法改正によって廃止された。

令によって、計画の内容は変更され得る（445A条、445B条）[36]。さらに、裁判所の命令、計画違反を理由とする債権者集会の決議がされたとき（445CA条）またはその他計画に定める事由が生じたときに、計画の執行は廃止され得る（445C条(a)、(b)、(c)）。このうち、裁判所の命令による計画の執行廃止は、会社整理計画が裁判所の認可を経ずにその効力を生ずる関係で、計画の正当性を図るための制度であるといえる。具体的に、裁判所の命令による計画の執行廃止が認められるのは、債権者、会社、ASICおよび管理人等利害関係人の申立てに基づいて、会社に次の事由があると認められたときである（445D条(1)）。すなわち、計画締結を決議した債権者集会の意思決定にとって重要な情報が債権者または管理人に提供されていない場合（445D条(1)(a)）、計画締結を決議した債権者集会の招集に添付された管理人の報告書等に情報の誤り（同条(1)(b)）または重大な遺漏があった場合（同条(1)(c)）、計画の拘束を受ける者による計画内容の重大な違反があった場合（同条(1)(d)）、計画の効力を生じさせると著しい不公正や遅延が生ずる場合（同条(1)(e)）、計画の内容が特定の債権者の利益を害するか債権者全体の利益に反する場合（同条(1)(f)）等にあたる事由があるときである。これらの事由にあたる場合でも裁判所は職権で計画執行を廃止しないこともあるが、計画が廃止されると会社は清算へ移行する（446B条、2001年会社規則5.3A107条）。

　裁判例で計画執行の廃止が問題となった事案は少なくないが、これらは主に反対債権者によって問題提起されている。その中でも頻繁にみられるのは、445D条(1)(c)を理由とする廃止申立てである（もっとも、債権者の決議を覆す等の重大な情報遺漏でない限り、廃止されない）。また、否認権該当事由が存在し、清算によるほうが債権者に有利であったにもかかわらず、当該情報が計画締結を決議した債権者集会に提供されなかったため、債権者のわずかな過半数の賛成によって計画の締結が可決された事案で、裁判所が、反対債権者の申立てに

36　なお、裁判所は、会社整理計画の効力について疑問を主張する利害関係人等の申立てに基づいて、会社整理計画の全体または一部の項目について無効（avoidance）を宣言することができ（445G条）、特定の項目について無効と宣言されたときは、当該項目を変更する命令を下すことができる（同条(4)）。他方、会社整理計画の全体について無効となる場合は後述の計画執行の廃止制度との峻別は明確でなく、裁判例では同一の事由が無効事由と廃止事由の双方にあたることを理由として、計画の無効ないし廃止を求める事案が多い。Michael Murray, Jason Harris, *supra* note 8, p790.

基づいて445D条(1)(a)、(b)、(c)および(e)、(f)の廃止事由にあたるとして計画を廃止した裁判例がある。[37] さらに、会社整理計画において個人保証責任の免除を定めた事案において、(f)の廃止事由たる「特定の債権者の利益」を害する事由があるとして廃止を認めた裁判例がある。[38] これに対して、債権者の間に差を設けること自体は、同条(1)(f)の廃止事由たる「特定の債権者の利益を」害する事由にあたらないとした裁判例がある。[39] Part 5.3A手続は清算手続よりも多くの弁済を債権者に与えることを目的とするものであり、清算手続のように債権者平等原則（555条）を徹底する手続ではないからである。[40] もっとも、債権者の間に差を設けるにはPart 5.3A手続の目的に適うとの合理的な理由が必要であり、ある裁判例では事業継続に必要でない債権者に対し事業継続にとって必要な債権者よりも少ない弁済を与えた場合につき合理的な理由があると判断されている。[41] 任意管理手続では管理人が手続開始後における自己との契約に基づく債権についてのみ個人的責任を負うところ、事業継続に必要な商取引債権については（手続開始前に生じた債権であるため）随時弁済等のような保護は与えられないと推測されるが、前述の裁判例のように、後に再建計画で優先弁済または全額弁済の形でその保護が図られていることがうかがえる。任意管理手続の期間が短いことを踏まえると、以上のような処理の方法でも事業価値の毀損をさほど妨げないと思われたのかもしれない。

---

37 *JA Pty Ltd v Jonco Holdings Pty Ltd* (2000) 33 ACSR 691.
38 *M & S Butler Investments Pty Ltd v Granny May's Franchising Pty Ltd* (1997) 15 ACLC 1501.
39 *DCT v Portinex Pty Ltd (No l)* (2000) 156 FLR 453 at [102].
40 *Fleet Broadband Holding Pty Ltd v Paradox Digital Pty Ltd* [2005] WASC 261, (2005) 228 ALR 598 at [62].
41 *Lam Soon Australia Pty Ltd v Molit (No 55) Pty Ltd* (1996) 70 FCR 34. 他方、事業継続に必要なリース債権者との継続的な取引を確保するために、当該債権者の債権について全額弁済した例として、*Employers' Mutual Indemnity (Workers' Compensation) Ltd v JST Transport Service Pty Ltd* (1997) 70 FCR 450. なお、David Morrison and Colin Anderson, *supra* note 32, p778.

III 若干の検討

1．裁判所の事後的、後見的な役割の根拠

　ここまで考察したところから明らかなように、任意管理手続・会社整理計画は、会社が管理人を選任することによって手続が開始し、一時停止の効力が自動的に生じる一方、裁判所は手続全体（手続の開始、債権者集会、計画の成立）において事後的、後見的な役割をするにとどまる等手続が極めて簡易迅速で、かつ、柔軟な構造となっている。裁判所の関与を極力抑えた点については、任意管理手続・会社整理計画が諸外国の倒産手続と区別される最も重要な特徴であり、このような立法は画期的であったと評価されている。[42]

　さて、このような裁判所の関与のあり方をめぐっては、とりわけ手続開始段階ないし自動的一時停止との関係で、立案作業の過程で異論も多く述べられていた。しかし、立法者は、裁判所の審査等を介在させると入口の段階で時間がかかるため倒産状態に早期に対応できないこと、任意管理手続においてはアメリカ連邦倒産法第11章手続の自己倒産の申立てと異なり取締役が管理人を選任することの前提条件として会社が倒産状態に陥ったか倒産状態に陥るおそれがあることが必要とされており、かつ、D.I.P.型でなくきめ細かな規制の下で中立性・独立性が保証された専門家による管理型が採用されていること等から、手続開始・一時停止の要件として裁判所への申立てや司法審査等を不要にしても公正さは担保できると結論づけた。[43] 加えて、任意管理手続の開始に伴う効果ないし管理人の権限が前述のようにアメリカ連邦倒産法第11章手続と比べて弱いことも要素の一つとして考慮されたようである。

　以上に対して、任意管理手続開始後、債権者集会の招集における裁判所の不関与や会社整理計画が裁判所の認可を経ずに債権者の多数決により当然にその

42　Andrew Keay *supra* note 21 p122.
43　Harmer Report at paragraphs 70-71, Colin Anderson and David Morrison, *supra* note 8, pp 243-257, 245; David Morrison and Colin Anderson, *supra* note 32, p174. なお、立法の段階では管理人の独立性・中立性を確保するために、清算人候補の名簿から無作為で選任する仕組みの導入が検討されたが、採用に至らなかった。

効力を生ずることの当否については、手続開始段階における場合と比べてそれほど議論はされなかった。その理由は、裁判所はこれらに直接の関与はしないが、事後的に、さまざまな後見的な役割が与えられているからであると思われる。いわゆる一般監督裁判権（general supervisory jurisdiction）であり、重要なものとして裁判所は利害関係人の申立てに基づいて Part 5.3A 手続の具体的な遂行の過程で必要と思われる命令を発令することができる点（437A 条。なお、437B 条、437E 条）や会社整理計画を廃止できる点等がある。このほか、すでに紹介した管理人の解任等や一定の担保権の実行・不実行についての許可等の権限もある。このうち、とりわけ437A 条に基づく権限については裁判所の裁量に任されているため予測可能性の面等で批判もあるが、その発動はあくまでも利害関係人の申立てに基づくものであることにも留意が必要である。ハーマーレポートでは、手続の簡易迅速性、柔軟性を維持するために裁判所の直接の関与を回避しつつも、法の目的に適う形で手続全体の効果的な運用を確保するためには裁判所が事後的、後見的な役割を果たすことが必要不可欠であるとされており、このような考え方が立法においてそのまま反映されたといえる。[45]

2．裁判所の事後的、後見的な役割と再建型手続の機能および近時の改正の動向

(1) 再建型手続の機能との関係

任意管理手続は、1993年6月に施行されて以来、毎年平均1000件のペースで利用されている。[46] 近時においては、世界最大規模の Pasminco 亜鉛生産会社および国内第2位の規模の航空会社である Ansett 航空等のような大型会社においても利用されている。もちろん、前述のように、任意管理手続に入ってからも相当数の事件は清算手続へ移行しているが、なお、多くの事件では会社整理計画が締結されているため、同手続が再建型手続としての機能を効果的に果

---

44 David Morrison and Colin Anderson, *supra* note 32, p125. なお、裁判所は、commercial judgments の面ではその権限の使用に消極的な傾向がある。
45 Harmer Report p34.
46 任意管理手続の利用数は、毎年企業倒産事件全体の35〜40％を占めているようである。Andrew Keay, *supra* note 21, p195.

たしていることについてはおおむね評価されている。比較法的には、母法であるイギリスのEnterprise Act 2002によるadministration手続の改正（裁判外の会社管理の導入）は裁判所の関与のあり方を始めとするオーストラリアの企業再生手続のアプローチが一定程度採用された結果であり[47]、その後もイギリスの研究者からは、オーストラリアで独自の発展を遂げた任意管理手続は、さらに参照すべき価値が大きいとの声が指摘されている[48]。

(2) 近時の改正の動向との関係

ところで、比較法的には裁判所の関与が相対的に強いアメリカ連邦倒産法第11章手続も注目されており、アメリカ方式の導入を主張する見解もみられないこともない。特にこれまでの数度の改正では、大規模で複雑な会社の倒産については、裁判所の関与を強化すること等を目的としてアメリカ連邦倒産法第11章手続のアプローチを導入すべきではないか等との提案がされていたようである。しかし、これまでオーストラリアの政府機関により発表された調査報告書では、これらの提案は採用されず、いずれも、微調整 'fine tuning' の必要性はあるものの、裁判所の関与のあり方を始めとする現行の企業再生手続の本質を成す諸制度はそのまま維持すべきであることが結論づけられた[49]。

この点は近時の倒産法改正作業においても変わらない。近時、オーストラリアでは、25年ぶりの大規模な倒産法改正が行われている。改正はおおむね2段階に分かれている。第1の段階は倒産実務家の規制に関する整備であり、主として会社倒産と個人倒産との間でその根拠法が異なっていたため長年存在していた倒産実務家の登録、報酬およびその他の規制に関する規定の相違点を解消するものであった。この段階の改正については、すでにその成果として「2016年倒産法改正法」（Insolvency Law Reform Act 2016）[50]が成立しており、2017年3月1日より施行された。現在進行中のものは第2段階であり、会社倒産と個人倒産の重要な内容にかかわる改正を伴うものであるため、大きく注目されて

---

[47] Colin Anderson and David Morrison, *supra* note 13, p99. なお、イギリスの倒産手続については、中島弘雅「近時のイギリスにおける事業再生の枠組みについて」青山善充先生古稀祝賀論文集『民事手続法学の新たな地平』（有斐閣・2009年）795頁以下。
[48] Andrew Keay, *supra* note 21, p105~133.
[49] 以上については、Colin Anderson and David Morrison, *supra* note 8, p249 ; Andrew Keay, *supra* note 21, p99.
[50] 〈https://www.legislation.gov.au/Details/C2016A00011/CanPrint〉.

いる。第2段階については、これまでの成果として、2015年12月7日に政府の独立諮問機関である生産力強化委員会（Productivity Commission）[51]より長年の調査を経た「調査報告書」（Inquiry Report on 'Business Set-up, Transfer and Closure'）[52]が公表されている。そこでは、まず、改正の基本方針として倒産手続、とりわけ会社倒産手続の全面的かつ根本的な見直しが必要であるかについて再び問われた。この点、検討の結果、「調査報告書」では、現行法の任意管理手続・会社整理計画と清算手続はおおむねその目的を達成していること、これらの基本的な構造は維持されるべきことが確認されていた。とりわけ、D.I.P制度を導入すべきかどうかが議論されたが、「調査報告書」では、その導入は必然的に裁判所の関与の強化をも伴うところ、それはコスト上昇を招くとともに手続の迅速性を損なうものであること、他方ではオーストラリアの現行の企業再生手続の弁済率は決してアメリカより低くないことなどから、否定的な結論を示した。すなわち、明確にアメリカ連邦倒産法第11章手続のようなアプローチは望ましくないと結論づけたのである。他方で、「調査報告書」では、現行の企業倒産手続について手続の迅速性と実行性を高めるとともに、創業活動を促進する趣旨から、主として、以下の4つの改正課題があげられた。[53]①取締役の倒産取引禁止義務（insolvent trading）に関連してセーフハーバー条項（safe harbour）を導入し、倒産実務家等専門家のアドバイスの下で行った倒産取引については、同義務に反しないとの明文規定を設けること、②倒産解除特約（ipso facto clauses）について、管理人は裁判所に対してその効力制限を申し立てることができること、③任意管理手続が開始される前にすでに契約した財産の買受先（Pre-positioned sales）等について、手続開始後管理人は契約を基本的に守り、買受先等を保護すべきであること、④簡易な企業清算手続を導入すべきであること、および⑤個人破産免責期間を原則3年から1

51　生産力強化委員会はオーストラリア政府の独立した諮問機関であり、経済、社会および環境等重要な分野に関する問題について研究し、長期的な観点から政府に政策的な提言を行う機能を有する。
52　〈http://www.pc.gov.au/inquiries/completed/business/report〉.
53　調査報告書のほか、以下のホームページを参照〈http://www.kwm.com/en/au/knowledge/insights/innovation-australia-insolvency-laws-reform-20151208〉;〈http://www.claytonutz.com/publications/edition/26_november_2015/20151126/safe_harbour_for_directors_will_not_save_more_companies.page〉。

年へ短縮すること（ただし、給与の財団組入れについては原則3年とする）[54]である。このうち、①、②および⑤については、Turnbull首相が率いる新政権の目玉政策として政府が発表した「国の革新と科学に関するエゼンダー」（National Innovation and Science Agenda）[55]において、その早期の改正の必要性が示され、次いで、2016年4月29日にオーストラリア政府により公表された「個人と会社倒産の改正に関する提案書」（a Proposals Paper, *Improving Bankruptcy and Insolvency Laws*）[56]において、具体的な提案が示され、意見公募を終えたところであり、近いうちに立法化される見込みが高い。いずれにせよ今般の25年ぶりの法改正においては、管理人等倒産実務家の権限を強化する方向性がみられるものの、裁判所の関与のあり方については現行法のスタンスの正当性が確認されたといえよう。

3．法的整理か私的整理かの問題と裁判所の役割

ところで、これまでみてきたオーストラリアの任意管理手続・会社整理計画の構造からすると、事業再生ADRの多数決化が議論されている日本からの関心としてこれが法的整理か私的整理かが問題となる。オーストラリアの倒産法の体系書からすると基本的に裁判所の関与が大幅に後退した法的整理と位置づけられているようにみえる。他方、アジア銀行協会が2005年11月のメルボルンの年次大会で承認した「私的整理ガイドライン」（'Asian Bankers' Association Informal Workout Guidelines – Promoting Corporate Restructuring in Asia'）[57]の方針書（Position Paper））[58]では、オーストラリアの任意管理手続のように、フォ

---

54 個人倒産と企業倒産に関する法律を一本化すべき問題についても盛んに議論されていたが、生産力強化委員会の調査報告書では結論的に否定の立場が示されている。生産力強化委員会の「調査報告書」・前掲（注52）333頁以下。なお、オーストラリアにおける個人倒産手続の枠組みと近時の改正の動向については、別稿を予定している。

55 同エゼンダーの背後には、産業革命と企業家精神こそが一国の経済発展、仕事の創造と未来の繁栄のための根幹であるという発想がみられる（〈http://www.innovation.gov.au/〉）。

56 〈http://www.treasury.gov.au/ConsultationsandReviews/Consultations/2016/Improving-bankruptcy-and-insolvency-laws〉参照。

57 高木新二郎「APEC ABACによるアジア太平洋地域私的整理ガイドラインの承認とアジア銀行協会の私的整理ガイドライン（修正）の採択——100％同意を要する日本の事業再生ADRの改正が必要」事業再生と債権管理142号（2013年）95頁以下。

58 PROVIDING THE LEGAL AND POLICY ENVIRONMENT TO SUPPORT EFFECTIVE INFORMAL WORKOUT REGIMES IN THE ASIA-PACIFIC REGION 〈http://www.aba.org.tw/

ーマルなプロセスが定められた裁判外の仕組みの立法を各国によびかけていた。オーストラリアでは、純粋私的整理はあるものの、任意管理手続とは別途に制度化された私的整理は存在しないのが現状であり、そのような立法の必要性を説く声もあまりみられない[59]。このことからすると、任意管理手続・会社整理計画は、オーストラリアが諸外国よりも一歩先に、いわば法的整理と私的整理の中間型モデルへのアプローチを試みた結果によるものであり、法的整理と私的整理のどちらであるのかという議論はもはや重要ではないようである。比較法的に注目に値するのは、このような手続が現にある程度広範に利用されていることの主な理由として、倒産実務家の手続主宰者としての役割を強調し、裁判所の関与を極力抑えたことによる簡易迅速性、柔軟性があげられること[60]、他方では同手続の公正さについて特段の問題を指摘する声も聞こえてこないことではないかと思われる。

(金春)

---

images/upload/files/22ndLegalandPolicyEnvironment.pdf〉.
59 〈http://www.pwc.com.au/deals/assets/Distressed-Investing-Mar10.pdf〉.
60 Andrew Keay, *supra* note 21, p111; David Morrison and Colin Anderson, *supra* note 32, p202. このほか、金融機関が当初から同手続の利用に前向きであったことも理由の一つとしてあげられている。

終章　倒産処理プレーヤーの今後
──真の専門家集団へ──

I　はじめに

　倒産処理・事業再生を良くするも悪くするも、その現場を支える担い手たる専門家次第といってよい。私たちは、この倒産手続の担い手問題について研究を進めてきた。世界的には、弁護士 or ／ and 公認会計士が中心的な担い手となっていることが多いが、それ以外の専門家が関係することもある。そして、より適切な処理の実現のため、専門家は団体を形成し、情報交換、研鑽そして後進育成を図っている。そのことにはどのような意義があるのか、担い手の行く末に思いをめぐらせながら、本書の終章としたい。

　今日、経済的破綻つまり倒産への対処を、専門家を交えることなく、もっぱら関係する債務者と債権者らの折衝でのみ行うような私的整理はほとんどないであろう。公共空間となる裁判所の倒産手続が発展し、私的整理も制度化されたものが利用されるようになっている。これらにおいては、当該事案とは利害関係を有しない第三者で、かつ、高度で複雑な事象に対処できる専門家、そうした者の関与がほぼ必然的なものとなっている。担当裁判官しかり、申立代理人・破産管財人・監督委員となる弁護士しかり、制度化された私的整理の現場を担う手続実施者しかり、である。これは、職務の関係上機械的に、あるいは当事者からの依頼で、そして裁判所からの選任によって、と関与の契機は異にしつつ、倒産事件への対処を、しかも適切な対処を任ぜられるという点で軌を一にしている。

　ところが、こうした倒産処理・事業再生に関与する者は、すでに高学歴そして高度職業人であることが多いので、意識して更なるプラスアルファの資格等を標榜することはあまりない。しかし、倒産処理・事業再生という問題が単に法律に限らず、会計、経営といった分野とも交錯する複雑な社会事象であることに照らすと、やがて格別な能力を備えた専門家の中の専門家、新たなタイプ

の資格者、が出現しても不思議ではない。そもそも、最も倒産処理・事業再生に関与している専門家である弁護士にしても、司法試験の選択科目の一つが倒産法であるというにとどまり、登録と同時に自他ともに許す倒産（処理）弁護士であるといったことはまずない。意識的な研鑽と経験の積み重ねでそう称しうるようになるのが現実であろう。

　もちろんどの専門職業集団であれ、資格はボトムであり、資格者がすべて同じ仕事をしているわけではないという意味で、OJT を経て個性的な活躍を果たすものであろうことは変わりない。しかし、倒産処理・事業再生に関与する弁護士は、とりわけ「倒産（処理）弁護士」という言い方が認知されていることでもわかるとおり、一種独特の存在となっている観がある。それでは、いかにしてそうした専門家が形成されるのか、またそのような存在態様にはどういった意義があるのであろうか。法科大学院生には倒産弁護士をめざす法曹像として掲げる者もいるので、彼らへの参考に供する意味でも、愚考をめぐらせてみたい。

II　倒産弁護士の誕生と成長

　経済活動がつまずきその処理（清算であれ再建であれ）に第三者が関与するとなると、生半可な知識や覚悟では通用しない。破綻する債務者の業種や規模はさまざまであるし、関与の仕方もいろいろありうるので、定型的な知識をリピートすれば足りるようなことは少ないだろうし、「整理屋」とよばれる反社会的勢力が隙を狙ってくることも稀ではないとされる。すなわち、現在に至るまで、倒産処理・事業再生に特化した資格制度が十分に展開してこなかったわが国では、倒産事件における整理屋の跋扈は日常的であったのである[1]。しかし、火中の栗を拾うような危険な現場ながら、ここに挑んだ弁護士らがいた。彼らは深い識見と不正義に屈しない精神力で、倒産処理に法的秩序をもたらしたといえる。だが、それがひと握りの卓越した弁護士による個人技にとどまっ

1　宮﨑乾朗「『整理屋』の実態と対応策」NBL194号（1979年）14頁、鬼追明夫「私的整理と整理屋」金判679号（1983年）131頁、田原睦夫「整理屋の時代と弁護士の倒産実務――事業再生に活躍する弁護士の礎のために」松嶋英機弁護士古稀記念論文集『時代をリードする再生論』（商事法務・2013年）270頁。

ている限りは、依然として、倒産事件の多くで整理屋が巣食い続けるおそれがあった。[2]

　適切な倒産処理で好評価を得た弁護士は、やがて自分の担当事件を超えて、連携・協力・切磋琢磨することで、倒産処理全体の正義の総量を増やすことにも目を向けるようになった。もとより、弁護士は重大事件や問題には、所属事務所や弁護士会の垣根を越えて弁護団であるとか委員会で対処することをしてきたが、倒産事件に関与する弁護士のそれは突出していた。その証左といえる書物がある。[3]それ自体は、東西の倒産実務に違いがあるとされていたところ、東京と大阪の倒産弁護士が研究者を交えての座談会方式で議論を展開するというものであったが、専門家が、自分が関与する事件にとどまらず倒産処理全体を視野に入れて組織的に取り組もうとしたことがよくわかる。

　この頃からであろう、倒産処理の分野で特に実績を上げる弁護士や公認会計士を指して「倒産村」という言い方も聞かれるようになった。[4]もとより吟味のうえで使用された言葉ではないであろうから真意は明らかではないが、倒産処理という特定分野に注力する弁護士が自他ともに認める形でグループとして認知される一方で、それが数の上では「村」と比喩されるほどの少数にとどまっていたこと、そのようなニュアンスであったかと想像する。

　しかし、今日では「倒産村」という表現はおそらくあたっていないだろう。というのも、そこに属する弁護士の実力と実績は特筆すべきものがあるからである。それはおそらく彼らが研究者に迫る「書く」力をもっていたことによると思われる。すなわち、もともと倒産処理の分野は理論家と実務家の垣根が低く、『条解会社更生法』あるいは谷口、霜島、伊藤らの体系書と研究の蓄積が進む一方で、実務家も負けずに書いて発信し理論家を刺激した。のみならず、

---

[2] それは、手形不渡り等から推測される倒産件数と破産等の裁判所の倒産手続の新受件数の比率が現在とは全く違っていることから推測できる。現在では、裁判所の倒産手続の利用比率は高くなっているが、かつては1～2割にすぎなかったのであり、卓越した弁護士が私的整理を仕切らない限り、整理屋の意のままであった可能性がある。

[3] それは、東西倒産実務研究会が研究者（谷口安平、青山善充、伊藤眞）を交えて、倒産処理の東西（東京方式・大阪方式）比較を行った、『和議』『会社更生・会社整理』『破産・特別清算』（商事法務研究会・1988年～1989年）の3部作である。この研究会の意義については、田原睦夫編著『裁判・立法・実務』（有斐閣・2014年）314頁。

[4] そこに属する当人らよりも、属さない人間が、まとまりをみせる倒産弁護士や公認会計士の集団を指して使う場合も多かったように感じられる。

民事保全法、民事訴訟法、そして一連の倒産法改正の過程においては、弁護士グループが極めて活発にこれに関与したことが知られている。学会に所属する弁護士も増えたし、法科大学院の発足後は研究者も弁護士登録する例が増え交流は深まった。

この間、倒産村に属すると目される実務家の手になる著書は数えきれないほどであり、博士学位を取得したり、最高裁判事に就任したりする弁護士が相次いだ。これを「村」などと称することは全く不適切になってしまったのである。では、これを格上げして、たとえば「倒産メガ・シティ」と呼び換えればよいのか、そんな単純な話でもない。

Ⅲ　倒産手続の担い手の集団化

では、なぜ倒産弁護士のように、倒産手続の担い手は母体集団からいわば半独立の集団を形成するのであろうか。それは、弁護士にとっての倒産事件への関与が、日常機会的に現れるものではなく、ある程度の経験を経た後に、本人の意欲と覚悟とともに、ある程度の評価が備わったところで可能なものであることに由来するのではないかと考える。言い換えれば、弁護士という職業生活に特徴的なページを付け加えるものであり、最初は仲間の後押しが必要で、その後も継続的に腕を磨き、やがて後進にはそれを伝授したいと思うようになる、そういった性質に照らすと、同志が集う集団化は自然であろう。

1．世界の傾向

実は、こうした倒産手続の担い手の集団化はわが国だけの現象ではない。すなわち、倒産処理の現場を想像すれば、それが裁判所の手続による場合であれ、私的整理による場合であれ、法律、経営、会計等の専門知識をもった第三者の助力が必要なことは容易に想像がつく。しかし、適任の人材が昔から豊富に揃っていたなどという国があるわけではないので、試行錯誤で取り組んだ者が同志としてネットワークを構築するのは必然と思われる。なぜなら、情報を蓄積し、切磋琢磨を図り、専門家相互の監視で質を確保し悪しき人材を排除する、そのために専門家が結集することは有益だからである。

こうした視点で世界に参考を求めると、イギリス、フランスの例が参考になる。イギリスにおいては、清算人や管理人に就任する人材いかんで倒産処理の成果が大きく異なってきた歴史を教訓に、1986年倒産法は倒産実務家（Insolvency Practitioner）なる制度を導入した。それは、倒産事件を処理するにふさわしい学識・経験を保障しうる専門家団体のメンバーの中から個別事件の清算人や管理人を選任するというものである[5]。また、フランスでも、1985年倒産法以来、倒産手続に関与する専門家に関し、学位、試験、研修、実務経験による裏付け確保のため詳細な明文法規をもつに至っている[6]。英仏のような倒産処理に関与する専門家の団体についてのまとまった法規定の存在は確認できないが、アメリカやドイツでも、倒産弁護士が団体を組織し存在感を発揮しているようである。

 倒産処理に関与する専門家が組織化するのは、当該団体の自浄作用が安定した事件処理の確保に資し関係者の信頼が得られるといったドメスティックな事情にとどまらない。それは、今日のボーダーレス社会にあって、倒産事件も国境を越えること、すなわち、倒産の国際化に関係する。今でこそ、国際倒産処理の規律が相当に整備されたものの、国際倒産事件の発生は現実が先行した。条約等の共通の規律が存在しない状況において、各国の専門家は協力関係のネットワークを世界に広げることで国際倒産事件の処理にあたることになった。とりわけ、1991年のBCCIの国際倒産は世界69カ国に関係した事件で、処理の成否を握ったプーリング・システムは各国の専門家が自国関係者のみの利益擁護に走ることなく、ワールド・ワイドな債権者平等への理解を示したことによって可能となったものである[7]。さらには、私的整理も国際化は必至となり、その世界標準の確立を指向するのが自然の流れであり、倒産処理そして事業再

---

5 これについては、小原将照「倒産専門家制度について——イギリスにおける倒産実務家制度を参考に」岡山商大法学論叢13号（2005年）78頁、髙田賢治『破産管財人制度論』（有斐閣・2012年）第7章、現在の認定団体については、185頁。その後、認定団体に属さない者を排除する姿勢は緩和されているようである。

6 フランスでは、2000年以降は、倒産法は再び商法典に編纂されるようになったが、管理人（Administrateur judiciaire）、受託者（Mandataire judiciaire）等に関しては、商法典第8部に詳細な規定がある。

7 土橋哲朗＝真船秀郎「国際金融倒産とBCCI事件」石黒一憲ほか『国際金融倒産』（経済法令研究会・1995年）128頁。

生に関与する専門家は自国内で組織化するだけでなく、国際的組織をも展開させることになるわけである。

そのうち最も知られているのが、INSOL Internationalである（以下、「INSOL」とする）。INSOLは、1982年に設立された、倒産処理や事業再生案件に関与する弁護士、公認会計士等の専門家で構成される国際組織である。現在、メンバーは世界で40団体、9000人に及んでおり[8]、世界レベルでの専門家間の協力、国際的な政策立案、フォーラム開催や出版等[9]の活動を行っている。

アジア地域でも、日本・中国・韓国の3カ国の専門家によって構成される東アジア倒産再建協会が創設され、3カ国持ち回りでセミナーを開催している。

2．日本の状況

さて、では日本はどうか。名のある倒産弁護士らが「倒産村」と称されるほどのまとまりをみせ、実務情報の蓄積・共有化、そして研究者との交流も盛んに行ってきたことは先に示したとおりであるが、ここでは特に今世紀に入ってからの状況に注目したい。それは、組織の全国化という点である。すなわち、従来から単位弁護士会レベルで倒産弁護士が委員会の形で活動していたが[10]、現在は単位会を超えたものに格別な動きが認められるからである。それは、2002年から2003年にかけて相次いで立ち上げられた[11]。実務と無縁な筆者はこれらの団体に所属してはいないため詳細・正確な情報にアクセスできる立場にはないので、一般にアクセス可能な情報の範囲で話を進める。

まず第1に、事業再生研究機構で、2002年3月に設立された（以下、「機構」

---

[8] 日本では、倒産実務家日本協会（JFIP）がメンバー団体となっている。2013年11月には日本でも国際セミナーが開催されている。

[9] 現在、制度化された私的整理がわが国でも発展してきているが、その先駆けとなった私的整理ガイドラインは、INSOLが策定し関係各国にその採用を勧告した、INSOL 8原則が手本となったものであることが知られている。

[10] 単位弁護士会の委員会は裁判所と事件処理の協議にもあたってきた。特に、東京三会のそれは、倒産関係のセミナーや書籍で成果を発信し続けている。東京弁護士会法律研究部の倒産法部、第一東京弁護士会総合法律研究所倒産法研究部会、第二東京弁護士会倒産法研究会、がそれである。大阪弁護士会も倒産法実務研究会を立ち上げた。森恵一「倒産法実務研究会の発足」金法2022号（2015年）1頁。

[11] 国内外の関係団体のすべてについて中心的に関与されている高木新二郎弁護士の証言として、須藤正彦＝小林信明＝山本和彦編『事業再生と民事司法にかけた熱き思い』（商事法務・2016年）。

とする)。その名に「研究」の文字があるところに特徴があり、倒産・事業再生の分野の研究、実務に携わる者を特定の資格、職業に絞ることなく会員とし、これまでシンポジウムの開催や専門書籍の出版を続けている。実務家、研究者とも超一流の人材が名を連ねている。その分、敷居が高くなっていて、会員数はそれほど多くないようである。

第2は、全国倒産処理弁護士ネットワークである。これは、代理人、管財人、監督委員等といった形で弁護士が倒産事件運用の鍵を握っていることに鑑み、弁護士間で問題意識を共有しより良い運用をめざすことを目的とした、弁護士の全国組織で、2002年に設立されている。通称「全倒ネット」とよばれ、文字どおり全国の倒産弁護士を網羅し、全国大会、地区大会と活発な活動を続けており、すでに会員は5000名を超えているという。そして、会員はメーリングリストによってリアルタイムで全国的な意見交換が可能となっている。会員は弁護士に限られているがあっという間に会員数を増やした。この点で若干問題も生じたようであるが、他と比較して大きな組織である。

第3は、事業再生実務家協会で、2003年4月に設立されている(以下、「協会」とする)。同協会は、経済産業省、中小企業庁、金融庁、日本商工会議所、産業再生機構(当時)、整理回収機構の支援を受け、弁護士、公認会計士、税理士、コンサルタント、金融機関、ファンド等を会員に、わが国の事業再生のインフラ整備に務めるものとして発足した。そして、同協会はその後(2008年11月)、「事業再生ADR」と命名された私的整理メニューを提供する団体となって今日に至っている。それは、産業活力の再生及び産業活動の革新に関する特別措置法(現在は、産業競争力強化法)に基づく経済産業省の認定および裁判外紛争解決利用促進法による法務省の認証を受け、協会に所属する事業再生実務家を手続実施者として進める、民間型の倒産ADRである。前二団体と同様に、セミナーやシンポジウムの開催等の活動もしているが、やはり有力実務

---

12 英文名は、Japanese Association for Business Recovery となっている。
13 その意義について、野村剛司「ようこそ倒産法の世界へ」法学セミナー717号(2014年)9〜10頁。
14 このメーリングリストから、全倒ネットは倒産実務のQ&Aシリーズ(全5冊)の出版に至ったが、このシステムも功罪半ばとするのは、才口千晴「倒産法改正 思うことそして考えること」東京弁護士会倒産法部編『倒産法改正展望』(商事法務・2013年)(11)頁。
15 英文名は、Japanese Association of Turnaround Professionals である。

家を勢揃いさせ、「事業再生 ADR」を展開していることは特筆に値する。

こうして現在活動している３つの団体を紹介したが、これらはわが国の倒産処理・事業再生にとってどのような意味をもっているのか、また、三団体の関係はいかなるものなのか。たとえば、弁護士になって数年、この間、少しは倒産事件の経験も積んだので、どこかの団体に所属して倒産弁護士として更なる飛躍を期したいが、どこがよいのか。あるいは、専門職大学院を出てコンサルタント会社で事業再生の現場で場数を踏んできたが、これらの団体の会員になれるのか、実は必ずしも明確ではない。

3．専門家相互の関係

全倒ネットが倒産弁護士の団体であることは明確だが、和文名に「研究」の文字を入れているのが事業再生研究機構、「事業再生 ADR」を展開しているのが事業再生実務家協会、という具合に、特徴点で差別化はされているが、会員として想定されているところは、弁護士のほか、公認会計士、税理士、コンサルタント、ファンド関係者、行政・司法当局者、ターンアラウンド・マネージャー、研究者、等々、倒産処理・事業再生にかかわりのある専門家である点では表向き差はみられない。むしろ、全倒ネットが弁護士のみで会員が5000名超であるのに対し、機構と協会は弁護士が中心でそれ以外の専門家を含めても会員数が全倒ネットの10分の１にとどまっていることは不思議に思えるところである。

倒産弁護士を任ずる者が5000名にも上ること自体は、倒産処理・事業再生のシステムが現代経済社会の基本的なインフラの一つであることに照らせば喜ばしいことではある。しかし、ほんの少し前まで整理屋が跋扈しひと握りの弁護士を除き敬遠されがちで、だからこそ「倒産村」なる言い方がされていたことを思うと、現時点では実力未知数という層も含まれているのではないかと想像する。ここでは、むしろ機構や協会に弁護士以外の専門家が含まれている点に着目してみたい。というのは、本来、倒産処理・事業再生というものは、法律

---

16 倒産処理・事業再生を扱うという事柄の性質上、三団体とも弁護士が中心を担っていることは不思議ではないが、公表されている役職者には重複があるので、会員もまた重複していると思われる。その場合、重複会員は３つをどのように差別化しているのであろうか。

終章　倒産処理プレーヤーの今後——真の専門家集団へ——

問題の坩堝(るつぼ)であるだけでなく、会計、経営、金融等も絡む複雑な事象であり、平均的な弁護士の手には余る側面をもっていると思われるからである。諸外国をみても、この分野が弁護士の独壇場となっている例は少なく、弁護士とそれ以外の専門家が時に競争し合い、また協力・分業する光景こそが、多いように見受けられる。そして、それはおそらくわが国でも同じなのではないかと思われる。

奇しくも機構や協会が弁護士以外の専門家も交えて団体を構成していることが、その証左であると思われる。たとえば、現在、全倒ネット、機構、協会と三団体すべてで顧問の地位にある高木新二郎弁護士が、その著書において、弁護士のみならず種々の専門家が倒産処理・事業再生にかかわっていることを的確に描き出している。そこからは2つの示唆が読み取れる。1つは、この分野が弁護士の独壇場ではなく、弁護士に当然にアドバンテージがあるわけではないこと、もう1つは、とかく清算型の破産からの類推で再生型を考える弁護士（法律家）の発想では再生に手遅れになりがちであること、である。そのような認識を前提に、今後この分野をめざす者（とりわけ、弁護士であろう）には、専門性を超えた広い視野と柔軟な発想、そして倒産前の早期取組みの必要性を説いているのであると思われる。

4．チーム INSOL

複雑な社会では、高度な専門家が必要になる。そして、今日の専門家には社会に対する説明責任が伴う。すなわち、専門知識も常に一般人の批判にさらされる時代となっており、仲間内の「常識」という発想は通用しないのである（脱専門家）。社会はもはや孤立する専門家に大きな存在意義は見出さず、連携し高度なサービスを提供できる専門家にこそ期待を寄せているように思われる。わが国は、従来とかく小さな村社会を形成しがちで、この道一筋の名人・職人を神格化してしまう傾向があったが、時代はまさに彼らがコラボレーションして相乗効果を発揮することをこそ希求するようになったのである。

17　平均的な弁護士というもの自体がフィクションであるが、法律の専門家であり、一般民事の訴訟事件で生計を立てているというくらいの意味である。法科大学院制度の導入後の弁護士増員に伴い、プラスアルファの特長が重視されるようになってきている。

18　『事業再生』（岩波書店・2006年）。

この点で思い起こされるのは、わが国では、弁護士のほかに、多様な隣接法律専門職が存在してきたことに絡んだ話である。確かに、登記は司法書士、行政手続は行政書士、税務は税理士、といった具合に、個別の問題にその道の専門家が存在する意味はある。しかし、分野をまたいで現れる総合的・複合的な問題ではこうした体制は不便であり、ワンストップ・サービスへの需要が高まりをみせることになる。これに応えるべく、世界では法務・会計・ビジネスの専門家の共同事業（MDP：Multi-Disciplinary Practice）が大きな話題となり、複数種類の専門家を揃えた共同事務所が登場してきている。[19]しかし、わが国では、弁護士と隣接法律専門職の間では職域問題という積年の課題もあり、急速にその種の異業種共同事務所が増える状況にまでは至っていないように思われる。[20]

　ある意味で異業種共同事務所によるワンストップ・サービスは、一般市民からすると、問題の分野を問わず専門家に求める要請といえよう。これに対し、倒産処理・事業再生の分野における複数種類の専門家関与の必要性・有効性は、すでに具体例を見出せる複数専門家共同の現実から明白なものである。この点、医療の世界では、医師、看護師、薬剤師、理学療法士、管理栄養士等の多職種の医療関係者が連携して患者の治療にあたる「チーム医療」という考え方が普及し、しかも目的に応じさまざまなタイプのチームが組まれている状況にあり、参考になる。そこにヒントを求めて表現すれば、それは「チームINSOL」とでもいおうか、弁護士、公認会計士、税理士、ファンド、コンサルタントといった複数専門家が個別の倒産ないし再生案件にチームとして取り組む体制ではなかろうか。[21]もっとも、既存の資格や職歴で当然に「チーム

19　これについては、小原望「社会・経済活動の国際化と弁護士の対応」日本弁護士連合会編『21世紀弁護士論』（有斐閣・2000年）405頁参照。
20　個人レベルでは、弁護士と公認会計士等のダブル資格で活躍する者もいる。また、隣接専門職ではダブル資格者がもともと多い。
21　組織として幅広い専門家人材の力を結集し、個々の案件の性質に応じて適切なチームを組んで事業再生に取り組むことは、産業再生機構がそのモデルを構築したといってよい。産業再生機構編著『事業再生の実践Ⅲ』（商事法務・2006年）223頁には、「事業再生実務は、財務、会計、税務、法務、ビジネス、マネジメント等の総合芸術である」との指摘をみることができる。チーム体制は、同趣旨の政府系組織である、企業再生支援機構、地域経済活性化支援機構に引き継がれているだけでなく、このモデルを意識すると否とにかかわらず、どのような倒産処理・事業再生であれ必要な形となってきているように思われる。

INSOL」一員たりうるわけではない。ここで実現されるべき目的・価値を理解し高い倫理観を有していることが必要であり、前述の全倒ネット、機構、協会にはそうした人材の点検・評価作用が今後とも期待されよう。

Ⅳ　おわりに

　弁護士でありながら、法律学にとどまらない広い学識を有し、柔軟な発想と確固たる決断力のある、スーパーマンともいうべき倒産弁護士が存在していたことは確かである。これに憧れる受験生が法科大学院の門を叩くことも多いが、皆がそうした存在になれるわけではない。そして、倒産弁護士の大御所も高齢となり、世代交代の時を迎える。今後は、ス―パーマンよりは、多職種の専門家とコミュニケーションがとれる弁護士、そんな人材が「チーム INSOL」を支えることが望ましいのではないか。次世代の弁護士は、旧来とは違った形で、倒産処理・事業再生のプロフェッショナルをめざすことになるのではないかと考える。10年後、20年後には、わが国の倒産処理の担い手をめぐる状況は更なる展開をみせているだろう。

〔初出：NBL1061号（2015年）〕

（佐藤鉄男）

●編者略歴●

佐 藤 鉄 男（さとう　てつお）

中央大学大学院法務研究科教授・法学博士（東京大学）
〈略歴〉
1980年　　中央大学法学部卒業
1982年　　法政大学大学院社会科学研究科修士課程修了
1986年　　東京大学大学院法学政治学研究科博士課程修了
　　　　　北海道大学法学部助教授、同志社大学法学部助教授・同教授を経て
2008年　　中央大学大学院法務研究科教授　現在に至る
〈著書・論文〉
『担保権消滅請求の理論と実務』（共編著。民事法研究会・2014年）、『破産法・民事再生法概論』（共編著。商事法務・2012年）、『民事手続法入門〔第4版〕』（共著。有斐閣・2012年、初版2002年）、『テキストブック現代司法〔第6版〕』（共著。日本評論社・2016年、初版1992年）、『現代倒産手続法』（共著。有斐閣・2012年）　その他論文多数

中 西　　正（なかにし　まさし）

神戸大学大学院法学研究科教授
〈略歴〉
1982年　　京都大学法学部卒業
1984年　　京都大学大学院法学研究科博士前期課程修了
1986年　　司法修習修了
1992年　　Duke University　LL.M
　　　　　関西学院大学法学部助教授、東北大学法学部助教授を経て
1998年　　東北大学法学部教授
2002年　　神戸大学大学院法学研究科教授　現在に至る

編者略歴

〈著書・論文〉
『倒産法演習ノート〔第3版〕』(共著。弘文堂・2016年、初版2009年)、『ロースクール民事訴訟法〔第4版〕』(共著。有斐閣・2014年、初版2005年)、『レクチャー倒産法』(共著。法律文化社・2013年)、『条解民事再生法〔第3版〕』(共著。弘文堂・2013年、初版2003年)、『争点・倒産実務の諸問題』(共著。青林書院・2012年)、『新法学講義・民事訴訟法』(共著。悠々社・2012)、『詳解民事再生法〔第2版〕』(共著。民事法研究会・2009年、初版2006年) その他論文多数

●科学研究費研究会メンバー一覧●

北島（村田）典子（成蹊大学法学部教授）
金　　　春（同志社大学法学部准教授）
倉部真由美（法政大学法学部教授）
佐藤　鉄男（中央大学大学院法務研究科教授）
杉本　和士（千葉大学大学院専門法務研究科准教授）
杉本　純子（日本大学法学部准教授）
高田　賢治（大阪市立大学大学院法学研究科教授）
玉井　裕貴（東北学院大学法学部助教）
中西　　正（神戸大学大学院法学研究科教授）
名津井吉裕（大阪大学大学院高等司法研究科教授）
藤本　利一（大阪大学大学院高等司法研究科教授）
松下　祐記（千葉大学大学院専門法務研究科教授）
水元　宏典（一橋大学大学院法学研究科教授）

（所属は、2017年2月末現在）

倒産処理プレーヤーの役割
——担い手の理論化とグローバル化への試み

Players and Professionals in Corporate Insolvency:
Theoretical Approach and Global Perspective

平成29年3月25日　第1刷発行

定価　本体5,800円＋税

編著者　佐藤鉄男　中西　正
発　行　株式会社　民事法研究会
印　刷　藤原印刷株式会社

発行所　株式会社　民事法研究会
　〒150-0013　東京都渋谷区恵比寿3-7-16
　　〔営業〕TEL 03(5798)7257　FAX 03(5798)7258
　　〔編集〕TEL 03(5798)7277　FAX 03(5798)7278
　　http://www.minjiho.com/　　info@minjiho.com

落丁・乱丁はおとりかえします。　ISBN978-4-86556-147-0　C3032　￥5800E
カバーデザイン：関野美香

最新実務に役立つ実践的手引書

判例要旨334件、最新法令・ガイドラインに加え、民法改正法案（債権関係）反映条文も収録！

コンパクト　倒産・再生再編六法2017 ―判例付き―

編集代表　伊藤　眞・多比羅誠・須藤英章　　　　　　（Ａ５判・718頁・定価　本体3500円＋税）

利害関係人間の公正平等を図り、組織や財産価値を保全し、迅速な解決に至る指針を詳解！

【専門訴訟講座８】倒産・再生訴訟

松嶋英機・伊藤　眞・園尾隆司　編　　　　　　　　　（Ａ５判・648頁・定価　本体5700円＋税）

会社法および民法改正等、最新の法令・実務動向を踏まえ集積された理論・実務の検証・分析から今後の展開を展望！

［今中利昭先生傘寿記念］会社法・倒産法の現代的展開

編集代表　田邊光政　　　　　　　　　　　　　　　（Ａ５判上製・852頁・定価　本体12000円＋税）

民事再生手続の全体にわたり最新の理論的探究と、実務の視点からの新たな分析を加えて体系的に詳説！

詳解　民事再生法〔第２版〕
―理論と実務の交錯―

福永有利　監修　編集委員　四宮章夫・高田裕成・森　宏司・山本克己　（Ａ５判上製・775頁・定価　本体6600円＋税）

最新の判例を織り込み各種文書の証拠開示基準の理論的・実務的検証をさらに深化させた決定版！

文書提出命令の理論と実務〔第２版〕

山本和彦・須藤典明・片山英二・伊藤　尚　編　　　　（Ａ５判上製・672頁・定価　本体5600円＋税）

企業再建・事業再生のための「材料」を、多様な執筆陣が豊富な図表を織り込み解説！

あるべき私的整理手続の実務

事業再編実務研究会　編　　　　　　　　　　　　　　（Ａ５判・584頁・定価　本体5400円＋税）

発行　民事法研究会

〒150-0013　東京都渋谷区恵比寿3-7-16
（営業）TEL 03-5798-7257　FAX 03-5798-7258
http://www.minjiho.com/　　info@minjiho.com

■東京大学名誉教授 伊藤眞氏推薦！

担保権消滅請求の理論と実務

佐藤鉄男（中央大学法科大学院教授） 編
松村正哲（弁護士）

Ａ５判上製・665頁・定価　本体6,000円＋税

▷▷▷▷▷▷▷▷▷▷▷▷▷▷▷▷▷ **本書の特色と狙い** ◁◁◁◁◁◁◁◁◁◁◁◁◁◁◁◁◁

▶ 研究者が精緻な理論的考察を試み、弁護士・金融機関関係者・司法書士・公認会計士・税理士・不動産鑑定士・リース会社関係者が豊富な図・表・書式を織り込み、制度を「どう使うか」を追究！

▶ 要件論から手続論および制度の射程を民事訴訟法の研究者により底流に流れる法理を詳細に解明！

▶ 民法における担保法理論と担保権消滅請求との関連を民法の研究者が、制度の経済学的分析を法社会学者が、法分野を越えた考察を提示！

▶ 裁判例の詳細な分析から、担保権実行中止命令・担保権消滅請求の申立および裁判の各手続から価格決定請求、登記手続、会計・税務上の取扱いを現場に立つ実務家がこれまでにない切り口で論究！

本書の主要内容

第１章　担保権消滅請求の意義と課題
第２章　担保権消滅請求の法的構造
　第１節　担保権消滅請求の要件論
　第２節　担保権消滅請求の手続論
　第３節　担保権消滅請求の射程──非典型担保への適用をめぐる問題を中心として
第３章　担保権消滅請求の理論分析
　第１節　担保法理論と担保権消滅請求
　第２節　担保権消滅請求制度の経済学──分析と展開
第４章　担保権消滅請求の手続と書式
　第１節　破産手続
　第２節　民事再生手続
　第３節　会社更生手続
　第４節　登記手続
第５章　評価人による担保物の評価
　第１節　不動産の評価
　第２節　動産の評価
第６章　担保権消滅請求の会計・税務
　第１節　会計上の取扱い
　第２節　税務上の取扱い
第７章　担保権消滅請求等の裁判例
第８章　担保権消滅請求の実務上のポイント
　第１節　各利害関係人からみた実務上のポイント
　第２節　金融機関からみた実務上のポイント

○執筆者（執筆順。肩書きは執筆当時のもの）
佐藤鉄男（中央大学法科大学院教授）・倉部真由美（法政大学法学部教授）・高田賢治（大阪市立大学法科大学院准教授）・山本　研（早稲田大学法学部教授）・梶山玉香（同志社大学法学部教授）・田中　亘（東京大学社会科学研究所准教授）・松村正哲（弁護士）・松井裕介（弁護士）・矢中　悠（弁護士）・田尻佳菜子（弁護士）・片桐　大（弁護士）・田口靖晃（弁護士）・小俣　徹（不動産鑑定士）・篠原俊哉（昭和リース株式会社）・加藤俊明（司法書士）・高木　融（公認会計士）・山根陽介（税理士）・黒木正人（飛騨信用組合）

発行　**民事法研究会**

〒150-0013　東京都渋谷区恵比寿3-7-16
（営業）TEL. 03-5798-7257　FAX. 03-5798-7258
http://www.minjiho.com/　info@minjiho.com